Jürgen Elvert:
Geschichte Irlands

Deutscher
Taschenbuch
Verlag

dtv

Die Karten zeichnete Angela Röber,
Mielkendorf

Originalausgabe
November 1993

Umschlagtypographie: Celestino Piatti
Gesamtherstellung: C. H. Beck'sche Buchdruckerei,
Nördlingen
Printed in Germany · ISBN 3-423-04599-X

Das Buch

Irland, die »Grüne Insel« am westlichen Rand Europas, hat eine sehr bewegte und wechselvolle Geschichte, deren Spuren bis heute sichtbar und wirksam sind. Immer war die Insel Anziehungspunkt verschiedener Völkerschaften, für die Wikinger etwa als vielversprechendes Ziel ihrer Raubzüge, für die britischen Nachbarn als Eroberungs- und Siedlungsgebiet zur Erweiterung und Abrundung ihres Machtbereiches. Der Weg Irlands in die erst Mitte des 20. Jahrhunderts erworbene Unabhängigkeit war kurvenreich und blutig, das schließlich erreichte Ziel um den Preis der Abtrennung Nordirlands teuer erkauft: Der seit zweieinhalb Jahrzehnten schwelende Konflikt ist die tragische Folge, seine Lösung auch heute noch nicht absehbar. Der Autor zeichnet die Geschichte Irlands nach, von der schemenhaft aus den »Nebeln der Geschichte« auftauchenden Frühzeit über die keltische Besiedlung, die Ausbreitung des Christentums, die Invasionen der Wikinger und Anglo-Normannen, die Konsolidierung der englischen Herrschaft bis zu der 1949 schließlich erlangten Selbständigkeit Irlands und seiner Geschichte bis heute. Dabei findet auch die Sozial- und Wirtschaftsgeschichte ausführliche Berücksichtigung. Karten, eine Zeittafel und eine Aufstellung der englischen, britischen und irischen Herrscher bzw. Regierenden runden die Darstellung ab, ein Literaturverzeichnis bietet reichhaltige Hinweise zu weitergehender Lektüre.

Der Autor

Dr. Jürgen Elvert, geb. 1955, lehrt Geschichte an der Christian-Albrechts-Universität in Kiel und ist Member of Board der European Society for Irish Studies. Veröffentlichungen zur neueren und neuesten Geschichte, u. a. ›Vom Freistaat zur Republik. Der außenpolitische Faktor im irischen Unabhängigkeitsstreben 1921–1948‹ (1989); ›Neutralität und totalitäre Aggression. Nordeuropa und die Großmächte im Zweiten Weltkrieg‹ (Hg. zus. mit R. Bohn u.a.; 1991); ›Der Umbruch in Osteuropa‹ (Hg. zus. mit M. Salewski; 1993).

Inhalt

Vorwort 7

Erstes Kapitel
Irland im Überblick 11
Erste Spuren 21
Große Steingräber 24
Glockenbecher und Bronzeäxte 27
Von der Bronze zum Eisen: Die »Kelten« 30
Die La-Tène-Kultur 33
Die keltisch-irische Gesellschaft 40
Die Ausbreitung des Christentums 52

Zweites Kapitel
Die Wikinger 65
Hegemonialstreben im frühen Mittelalter 73
Die anglo-normannische Invasion 90
Iren und Anglo-Normannen im hohen und späten Mittelalter 97
Wirtschaft und Gesellschaft im hohen und späten Mittelalter 109

Drittes Kapitel
Irland, die Rosenkriege und der Aufstieg des Hauses Tudor 121
Irland in der Tudor-Zeit 136
Wirtschaft und Gesellschaft um 1600 178

Viertes Kapitel
Die »Plantation« von Ulster 187
Die Grundlagen des protestantischen Königreiches 195
Die Rebellion von 1641 und ihre Folgen 213
Die Restauration der Monarchie 235
Wirtschaft und Gesellschaft im 17. Jahrhundert 255

Fünftes Kapitel
Die Entstehung der »Protestant Ascendancy« 265
Die Thronfolge Georgs I. 275

Irland in der Zeit des amerikanischen Unabhängigkeits-
krieges 284
Reformen, Revolution und Union 296
Wirtschaft und Gesellschaft um 1800 321

Sechstes Kapitel
Daniel O'Connell: Für Gleichberechtigung und gegen die
Union 331
Die große Hungersnot und ihre Wirkungen 349
Fenier, Landprobleme und »Home Rule« 362
Erste Schritte in die Unabhängigkeit 1900–1916 388

Siebtes Kapitel
Der lange und schwierige Weg in die Unabhängigkeit:
Irland 1916–1922 397
Nordirland im 20. Jahrhundert 417
Vom Freistaat zur Republik: Irland 1922–1949 433
Der Weg nach Europa 455

Zeittafel 481
Die irischen Staats- und Ministerpräsidenten 493
Die Könige Englands und des »United Kingdom« 494
Literaturverzeichnis 497
Register 513

Vorwort

Im Jahre 1806 erschien bei Johann Friedrich Hammerich in Altona die ›Uebersicht der irlaendischen Geschichte zur richtigen Einsicht in die entferntern und naehern Ursachen der Rebellion 1798, der Union Irlands mit Großbritannien 1801, und der noch nicht erfolgten sogenannten Emancipation der Katholiken‹. Auf 310 Seiten im Quartfolioformat behandelt der Verfasser, der königlich dänische Etatrat und ordentliche Professor für Geschichte an der Universität Kiel Dietrich Hermann Hegewisch, die Geschichte Irlands von der teilweisen Eroberung des Landes durch Heinrich II. bis zur anglo-irischen Union. Als ein Historiker des 18. Jahrhunderts schrieb Hegewisch unter dem Einfluß der Aufklärung. Dabei stand die Suche nach rationalen Erklärungen politischer Prozesse ebenso im Mittelpunkt seiner Überlegungen wie das Lob vermeintlich oder tatsächlich rationaler politischer Taten. Vor diesem Hintergrund wird seine vorbehaltlose Anerkennung der Unionsakte von 1801 verständlich, die er als die logische und sinnvolle Vollendung eines politischen Prozesses sieht, der Irland aus den Tiefen jahrhundertelanger und zutiefst irrationaler Bürgerkriege nun als gleichberechtigten Teil in ein großes, mächtiges und fortschrittliches Königreich eingehen ließ.

Auch wenn Hegewisch durchaus abwägend die verschiedenen Interessen und Motive gegenüberstellt, die in Irland und in Großbritannien die Voraussetzungen für die Union schufen, bedeutete deren Vollzug für ihn einen höchst begrüßenswerten, weil rationalen politischen Akt. Heute, fast 200 Jahre später, können und müssen wir die Ereignisse im Umfeld der Union differenzierter und vielleicht auch ein wenig kritischer sehen. Schließlich wissen wir von dem langwierigen und blutigen Prozeß, der schon bald nach dem Vollzug der Union begann und erst 120 Jahre später mit der Entstehung eines wenigstens teilunabhängigen irischen Staates endete. Bevor jedoch die britische Regierung bereit war, Irland aus dem Vereinigten Königreich zu entlassen, mußten die irischen Nationalisten der Teilung ihres Landes zustimmen. Die Folgen der Abtrennung des protestantischen Nordens vom katholischen Süden sind nur allzu bekannt – der Nordirlandkonflikt, den manche gar als Bürgerkrieg bezeichnen, dauert mittlerweile schon 24 Jahre.

Die Arbeit von Hegewisch war die erste in Deutschland geschriebene Geschichte Irlands, dies ist meines Wissens erst die zweite – sieht man von einigen ideologisch gefärbten Publikationen aus nationalsozialistischer Zeit ab. Daß beide Bücher am selben Ort entstanden sind, ist ein reiner, wenn auch schöner Zufall, denn weder in Kiel noch an einer anderen deutschen Universität wird der irischen Geschichte besondere Aufmerksamkeit gewidmet. Dabei ist sie mindestens so kompliziert wie die Geschichte Schleswig-Holsteins, die Palmerston seinerzeit bekanntlich schon an den Rand der Verzweiflung zu treiben drohte. Eine neue irische Geschichte, für den deutschsprachigen Leser geschrieben, war also überfällig. Die Gesamtdarstellung der Geschichte eines Landes auf notwendig begrenztem Raum kann keine Vollständigkeit beanspruchen, sie ist lediglich die Summe der vom Verfasser für erinnerungswürdig befundenen Fakten, die, zusammen mit ein wenig Interpretation und Intuition ein völlig subjektives Geschichtsbild ergibt. Dennoch hoffe ich, daß das hier entworfene Bild ein wenig zum besseren Verständnis Irlands, der irischen Menschen, ihrer Geschichte und Kultur sowie der ganz alltäglichen Besonderheiten des Landes beitragen wird.

Das Buch hätte nicht erscheinen können ohne die vielfältige und tatkräftige Mithilfe, die mir von vielen Seiten zuteil wurde. Zunächst gilt mein Dank Brigitte Hellmann und Walter Kumpmann vom Deutschen Taschenbuch Verlag, die das Projekt betreut haben und auch nicht das Interesse daran verloren, nachdem sich die Fertigstellung des Manuskripts beträchtlich verzögerte, sondern im Gegenteil stets bereit waren, dem Verfasser die erbetene Fristverlängerung zu gewähren. Dank schulde ich ebenfalls Thomas O. Bolster von der Botschaft der Republik Irland in Bonn, der mir schnell und unbürokratisch alle Informationen zukommen ließ, um die ich bat. Christian A. Winter und Robert Bohn lasen Teile des Manuskripts und gaben mir viele hilfreiche Hinweise und Tips.

Ein ganz besonderer Dank geht indes an Thomas E. Fischer, der nicht nur fast das ganze Manuskript las, sondern dessen Korrekturen und Verbesserungsvorschläge manchmal eigenen Manuskriptcharakter hatten. Darüber hinaus hatte er maßgeblichen Anteil an der Entstehung des Literaturverzeichnisses, der Zeittafel sowie des Registers.

Die Last familiärer Vernachlässigung, die zwangsläufig mit der Entstehung eines Buches verbunden ist, mußten meine Frau

Renate und meine beiden Töchter Julia und Freya tragen. Sie ertrugen meine häufige physische und psychische Abwesenheit mit unerschütterlicher Ruhe und Gelassenheit und schufen mir damit den Rückhalt, den ich benötigte, um das Manuskript abschließen zu können. Es sei ihnen daher gewidmet.

Kiel, im April 1993 Jürgen Elvert

Irland im Überblick

Etwa 4,5 Millionen Menschen bevölkern heute die irischen Inseln. Sie leben in einem politisch geteilten Land, zirka 3 Millionen von ihnen in der »Republic of Ireland« oder »Éire«, 1,5 Millionen in der zum »United Kingdom of Great Britain and Northern Ireland« zählenden Provinz Nordirland. Die jährliche Zuwachsrate der Bevölkerung beiderseits der Grenze beträgt zur Zeit ca. 1,5 Prozent. Sie leben zu etwa 60 Prozent in den Städten, in Dublin und Belfast allein etwa eine Million beziehungsweise 500000 – also jeweils ungefähr ein Drittel der Einwohner Éires und Nordirlands. Über 90 Prozent der Bevölkerung der irischen Republik sind römisch-katholischen Glaubens, nur etwa vier Prozent Protestanten. In Nordirland klafft eine weniger große Lücke: Der Anteil der Protestanten an der Gesamtbevölkerung liegt dort bei etwas über 50 Prozent, der der Katholiken bei gut 35 Prozent.

Éire ist eine parlamentarische Demokratie; sein Parlament *(Oireachtas)* setzt sich aus zwei Häusern zusammen, dem Abgeordnetenhaus *(Dáil Éireann)* und dem Senat *(Seanad Éireann).* An der Spitze des Staates steht der Staatspräsident *(Uachtarán na hÉireann),* der normalerweise an Weisungen der Regierung gebunden ist, einige Amtsfunktionen indes nach Rücksprache mit einem beratenden Staatsrat auch eigenständig ausüben kann. Staatsoberhaupt der Republik Irland ist seit 1990 Mary Robinson. Die Regierung handelt als Gemeinschaftsgremium und ist dem Dáil verantwortlich. Der Regierungschef *(Taoiseach)* wird vom Staatspräsidenten bei der Einberufung des Abgeordnetenhauses ernannt, muß jedoch zurücktreten, wenn seine Regierung sich im Parlament nicht mehr auf eine Mehrheit stützen kann. Nordirland wird im Gegensatz dazu seit 20 Jahren direkt von London aus regiert, wo ein eigener Nordirlandminister am Kabinettstisch von Downing Street No. 10 sitzt. Vorher, zwischen 1921 und 1972, besaß die Provinz ein eigenes Parlament und eine eigene Regierung, die für die innere Selbstverwaltung des Landes zuständig waren.

Die Republik Irland verfügt über eigene Verteidigungsstreitkräfte, die einschließlich der Reservisten etwa 35000 Mann stark sind. Die aktiven Streitkräfte, also die Berufssoldaten in Heer, Marine und in der Luftwaffe zählen etwa 17000 Mann. Éire gehört keinem Verteidigungsbündnis an, irische Soldaten haben seit 1958 jedoch oft an Einsätzen der UN-Friedenstruppen mitgewirkt. Den Polizeikräften der irischen Republik *(Gardai)* gehören noch einmal etwa 10000 Frauen und Männer an. Nordirland ist über die Mitgliedschaft des United Kingdom Teil der NATO, doch aufgrund der Unruhen in der Provinz sind dort außer britischen Einheiten keine NATO-Truppen stationiert. Dennoch stehen die Zahlen der Sicherheitskräfte in Nordirland in keinem Verhältnis zur Größe des Landes: Etwa 12000 britische und nordirische Soldaten versuchen zusammen mit weiteren 12000 Frauen und Männern der nordirischen Polizeikräfte (*Royal Ulster Constabulary*, RUC einschließlich der Reserve) die innere Sicherheit des Landes so gut wie möglich zu gewährleisten.

Irland liegt etwa zwischen dem 51. und dem 56. Grad nördlicher Breite und zwischen dem 5. und 11. Grad westlicher Länge. Die Gesamtfläche der Insel beträgt 84421 qkm, von denen 70282 qkm der Republik Irland, 14139 qkm Nordirland zufallen. Die größte Nord-Süd-Entfernung beträgt 486 km, von Ost nach West 275 km. Die irische Küste ist genau 3173 km lang. Von der britischen Insel wird Irland durch die Irische See getrennt, die zwischen 18 und 320 km breit ist. Irland verdankt seine insulare Existenz der letzten Eiszeit, die ungefähr 12000 Jahre zurückliegt. Durch das Abschmelzen der Gletscher am Ende dieser Eiszeit stieg der Wasserspiegel der Weltmeere und überflutete die tiefer gelegenen Gebiete, die heutige Nordsee und die Irische See. So sind die Berge Irlands keine erdgeschichtlichen Einzelstücke, sondern Fortsetzungen kontinentaler Gebirgszüge. Die Höhenzüge im Norden, von Donegal bis Galway, sind Endglieder einer Kette, die sich bis nach Skandinavien erstreckt, die des Südens lassen sich über Südengland und die Bretagne bis zu den Alpen zurückverfolgen.

Die Gletscher haben die irische Landschaft nachhaltig geprägt. Ihre Spuren sind noch überall sichtbar. Der Mount Errigal im County Donegal und der heilige Berg der Iren, der Croagh Patrick bei Westport im County Mayo sind mit ihren charakteristischen kegelförmigen Silhouetten ebenso Produkte der Eismassen wie die Glens of Antrim, jene neun wunderschönen, u-förmigen, sanftgeschwungenen Täler im County Antrim im Norden der Insel oder die kleinen Eilande in der Clew Bay, die als Moränenreste aus den mitgenommenen Mineralen gebildet wurden.

80 Prozent der Fläche Irlands werden von Hügelketten oder Gebirgszügen bedeckt. Obwohl nur bis zu ca. 1000 m hoch, wirken die Berge auf den Betrachter weitaus dramatischer. Die Schroffheit und Kargheit der Gebirgslandschaften, die an manchen Stellen hochalpine Züge tragen, wie die steilen, felsigen und teilweise sogar furchteinflößenden Klippen an den Küsten stehen im starken Kontrast zu den sanften Hügelregionen der Lakelands im Zentrum der Insel oder zu den kargen Hochmooren im Norden und Westen.

Von den Gebirgszügen ergießen sich zahllose Bäche und Flüsse in die Niederungen. Unter günstigen Voraussetzungen bilden diese größere Ströme wie den Shannon, der mit 368 km Länge der längste Fluß Irlands ist. Die Quelle dieses Flusses ist der »Shannon Pot«, gelegen im Cuilcagh Mountain im County Cavan. Dort ist der »Pot« nur ein kleiner, brauner Tümpel, von niedrigen Bäumen und Büschen eingerahmt, der von einem guten Sportler mit einem Sprung überquert werden kann. Doch schon nach wenigen Kilometern fließt der kleine und unscheinbare Fluß in ein Tal und bildet dort den ersten einer Reihe von größeren Seen, den Lough Allan. Bis zur Mündung werden es dann noch fünf weitere Seen, von denen der größte, der Lough Derg, gut 50 km lang ist.

Für eine Beschreibung der Vielfalt der irischen Landschaft ist es sinnvoll, sich an die traditionelle Gliederung der Insel in vier Provinzen zu halten: Ulster im Norden, Leinster im Osten, Connacht im Westen und Munster im Süden.

Ulster bedeckt 26,3 Prozent der Fläche Irlands. Heute wird oft fälschlicherweise nur das zu Großbritannien gehörende Nordirland mit den Counties Antrim, Derry, Tyrone, Fermanagh, Armagh und Down (die seit 1921 die britische Provinz bilden) so bezeichnet. Tatsächlich gehören aber noch die drei Counties Donegal, Cavan und Monaghan (Republik Irland) dazu.

Bei der Betrachtung einer Landkarte ist Ulster derjenige Teil im Norden der Insel, der sich nach Nordosten, in Richtung Schottland, zu beugen scheint. In der Tat trennen an der schmalsten Stelle nur knapp 18 km Wasser – der sogenannte North Channel – die beiden Regionen voneinander. Wie das erdgeschichtlich verwandte Schottland ist Ulster eine von Gegensätzen geprägte Landschaft: Gebirgszüge aus Granit

(Mourne Mountains) oder vulkanische Phänomene (Giant's Causeway) stehen im starken Kontrast zu den Sand- und Dünenlandschaften im Nordwesten, im County Donegal.

Die Vielfalt an Bergen, Hügeln, Hochmooren, Heidelandschaften, atemberaubenden Felsenklippen und feinsandigen, flachen Stränden bietet eine unschlagbare Kombination des Spektakulären mit dem Friedlichen, Sanften. Unzählige Hügel, voneinander getrennt durch grüne Täler, die ihrerseits wiederum von zahlreichen Bächen und Flüssen durchquert werden, sind an drei Seiten vom Meer umgeben, das sich im Laufe der Zeit an vielen Stellen weit ins Land gefressen und dabei eine Vielzahl von Buchten, Halbinseln und Inseln geschaffen hat. Die landschaftlich reizvollsten Inseln, die dabei entstanden, sind wohl Tory, gegenüber der Küste von Donegal, und Rathlin, an der Nordküste von Antrim. Auch der größte See Irlands, der Lough Neagh, liegt in Ulster.

Charakteristisch für den Süden der Provinz sind die sogenannten *drumlins*, kleine, stromlinienförmige Hügel aus Lehm und Ton, die während der letzten Eiszeit durch Gletscher geformt wurden, die sich ihren Weg südwärts bahnten. Die *drumlins* erstrecken sich in einem weiten Bogen von den Counties Armagh und Down im Nordosten über den äußersten Süden Ulsters bis nach Donegal im Nordwesten.

Ein weiteres Kennzeichen für diese Provinz sind Hochmoore, *turf bogs* genannt. Diese *bogs* bedecken ein Sechstel der Provinz und sind teilweise erdgeschichtlich so jung, daß ihr Entstehen noch in die unmittelbare Menschheitsgeschichte fällt. Jahrhunderte hindurch war der Torf ein billiges, leicht zugängliches Brennstoffreservoir für viele Iren. Auch heute noch findet man auf der ganzen Insel Torfstecher bei der Arbeit oder sieht zum Trocknen aufgeschichtete Torfhaufen, zum Teil schon transportbereit in Säcke verpackt. Für die Bildung dieser Moore gibt es eine Vielzahl von Gründen. Einige entstanden bereits während der letzten Eiszeit, andere waren ursprünglich dichte Wälder, die aus unterschiedlichen Gründen überflutet wurden. Fast alle Hügel in Ulster sind mit einer ein bis zwei Meter hohen Torfschicht bedeckt. Man kann davon ausgehen, daß diese Hügel früher dicht bewaldet waren, jedoch aufgrund häufiger klimatischer Änderungen in der Zeit zwischen 5000 und 500 v. Chr. immer lichter wurden.

Auch Siedler trugen dazu bei, die vor ungefähr 6000 Jahren damit begannen, den Wald abzuholzen, um bessere Anbau- und

Weideflächen zu erhalten. Damals begann der langsame Prozeß der Zerstörung dieser Gebiete durch Menschenhand, der seinen Höhe- und Endpunkt im 17. und 18. Jahrhundert hatte, als fast alle restlichen Wälder den Äxten und Sägen zum Opfer fielen, um Material zum Häuserbau, zum Heizen und zum Bau der britischen Flotte zu liefern.

Heute werden wieder große Anstrengungen unternommen, diese Gegenden aufzuforsten. Dafür gibt es sicher eine Vielzahl ökonomischer und ökologischer Gründe, jedoch stehen die meist quadratisch angelegten neuen Waldgebiete in einem merkwürdigen Gegensatz zu der sie umgebenden Natur. Auch setzte sich der ursprüngliche Baumbestand Irlands sicher nicht nur aus Tannen und Fichten zusammen, die heute hauptsächlich zur Wiederaufforstung verwendet werden.

Die Provinz *Leinster* (23,4 Prozent der Inselfläche) umfaßt das Gebiet südlich Ulsters von der Irischen See bis zum Shannon im Westen und dem County Wexford im Süden. Neben Wexford gehören die Counties Louth, Meath, Longford, Westmeath, Offaly, Kildare, Dublin, Laois, Kilkenny, Carlow und Wicklow zu dieser Provinz. In der einschlägigen Literatur ist oftmals vom »keltischen Westen«, »rebellischen Süden« und »schwarzen Norden« die Rede, während der Osten, also Leinster, eher stiefmütterlich behandelt wird. Liegt es daran, daß die meisten Invasoren – und es gab in der wechselvollen Geschichte der Grünen Insel viele davon – gerade die flachen Sandstrände der Ostküste als ideale Landungsgelegenheit betrachtet hatten? Über die tatsächlichen Gründe schweigen sich die Chronisten aus. Und dies, obwohl der Osten auch ein wichtiges Eingangstor für die prägende Kraft in der Entwicklung der irischen Kultur, die Kirche war.

Der irische Nationalheilige, der heilige Patrick, landete irgendwann nach dem Jahr 432 an der Mündung des Boyne bei Drogheda auf irischem Boden. Von diesem Zeitpunkt an bis zum Einfall der Anglo-Normannen im Jahr 1169 war die Kirche der wichtigste Kulturträger auf der Insel. Noch heute zeugen zahlreiche Relikte von diesem »goldenen Zeitalter« der irischen Geschichte: Klosterruinen, Gebetsstätten, Rundtürme, Hochkreuze oder heilige Brunnen. Besonders beeindruckende Reminiszenzen an die Blütezeit des Christentums sind in Leinster das über fünf Meter hohe High Cross of Moone, der Rundturm von Timahoe oder die verfallene Kapelle von St. Mochta im County Louth.

Da hier mehr Menschen siedelten als in anderen Gegenden Irlands, haben sie auch deutlichere Spuren hinterlassen. Mit einer gewissen Berechtigung darf man von der »kultiviertesten« Provinz sprechen. Die Landschaft ist vom Menschen geprägt. Dies wird noch zusätzlich durch die hervorragende Qualität des Ackerbodens – des besten auf der Insel – gefördert. Nirgendwo sonst in Irland gibt es eine größere Vielfalt an Nutz- und Waldpflanzen. Die Fruchtbarkeit des Bodens war auch den englischen Eroberern nicht unbekannt. Im Laufe des jahrhundertelangen Kampfes der englischen Krone um die politische Macht in Irland wurden die angestammten Grundbesitzer nach und nach enteignet – meist als Folge irgendeiner fehlgeschlagenen Rebellion gegen die Invasoren – und das Land englischen oder anglophilen Staatsdienern übergeben. Diese Neubesitzer waren nun darauf erpicht, ihren frisch erworbenen Status auch nach außen hin zu demonstrieren, und ließen deshalb prunkvolle Herrensitze anlegen. Was damals jedoch als ein Symbol der Herrschaft und Unterdrückung angesehen wurde, ist heute eine der Attraktionen des Landes und zieht Jahr für Jahr viele Besucher an.

Wer heute nach Irland kommt, um rauhe und von der Zivilisation unbeleckte Natur zu finden, sucht diese in Leinster fast vergebens, obwohl an der Küste östlich der Berge von Wicklow, zwischen Bray und Arklow, einige der schönsten Strände der Insel zu finden sind. Nur in den Wicklow-Bergen, die sich südlich Dublins entlang der Küste erstrecken und deren höchste Erhebung der Lugnaquilla (927m) ist, hat der Mensch noch nicht allzu viele Spuren hinterlassen – sieht man einmal davon ab, daß die Waldarmut dieses Höhenzuges eine Folge des unkontrollierten Kahlschlags vergangener Zeiten ist. Durch die ganze Inselbreite vor den rauhen Westwinden geschützt, die die Vegetation an der Westküste bestimmen, hat sich hier eine Flora entwickelt, die zwar nicht so spektakulär und schroff wie die der Atlantikküste ist, aber durch den moderaten Charakter durchaus auch ihre Reize hat.

Das Herz der Berge von Wicklow ist Glendalough (Gleann dá Loch, das Tal der zwei Seen) mit den Ruinen einer Klosteranlage, die St. Kevin im 6. Jahrhundert gegründet hatte und die sich in der Folgezeit zu einem der führenden religiösen Zentren Europas entwickelte. Durch Wikingerüberfälle im 9. und 10. Jahrhundert schon erheblich geschwächt, wurde diese Anlage von den Engländern im Jahre 1398 völlig zerstört und verlor ihre Bedeutung, auch wenn einige Gebäude danach wieder aufgebaut wurden und bis zur vollständigen Unterdrückung der irischen Klöster im 16. Jahrhundert noch klerikalen Zwecken dienten.

Mit einem Anteil von 29,3 Prozent an der Gesamtfläche Irlands ist *Munster* die größte der traditionellen Provinzen der Insel. Sie liegt im Süden und Südwesten und setzt sich aus den Counties Tipperary, Waterford, Cork, Kerry, Limerick und Clare zusammen. In der frühen irischen Geschichte war die Provinz in fünf durch natürliche Grenzen voneinander getrennte Teile gegliedert. Diese einzelnen Gebiete wurden von regionalen Familien beherrscht. Noch vor dem anglo-normannischen Einfall entstanden aus diesen fünf Bezirken zwei regionale Königreiche, die von zwei Adelsfamilien, den Fitzgeralds im Süden und den O'Briens im Norden, regiert wurden.

Heute sind die Provinzgrenzen eher von neuzeitlichen Administrationszwängen bestimmt, doch an manchen Stellen folgen sie noch den historischen Vorbildern. Die Nordgrenze beginnt an der Bucht von Galway, verläuft dann nach Südosten an den Westausläufern der kargen und unwirtlichen Felsenlandschaft »The Burren« entlang, dann ostwärts durch die Slieve Aughty-Berge zum Lough Derg, einer seenförmigen Ausweitung des Shannon. Von dort erstreckt sie sich nordwärts entlang des Flusses bis zu einer kleinen Insel bei Meelick. An dieser Stelle treffen sich drei Grafschaften in drei Provinzen – Tipperary in Munster, Galway in Connacht und Offaly in Leinster. Nun verläßt der Grenzverlauf das historische Vorbild und folgt den neueren County-Grenzen in grob süd-südöstlicher Richtung bis Carrick-on-Suir, dann entlang des Flusses Suir bis zu dessen Einmündung in den Barrow bei Waterford.

Wenn Ulster als eine »Landschaft der Gegensätze« bezeichnet wurde, so könnte für Munster die Charakteristik »Land der Extreme« zutreffen. In den Knockmealdown-Bergen, bei Lismore im County Waterford, am 339m hohen The Gap, bietet sich dem Betrachter ein wunderbarer Blick auf ein fruchtbares Tal, das Golden Vale. Eine Fahrt von Glengarriff im zum County Cork gehörenden Südteil der Beara-Halbinsel entlang der kurvenreichen Straße Richtung Kenmare, County Kerry, im Norden Bearas führt durch Gegenden mit üppiger, teils sogar – durch den Golfstrom bedingter – subtropischer Vegetation. Dazwischen liegen die Caha-Berge, ein Höhenzug, der mit den Adjektiven »rauh« und »unwirtlich« nur unvollkommen beschrieben ist. Die höchste Stelle dieser Strecke ist der 304m hohe Turner's Rock. Heute führt ein Tunnel durch dieses Felsmassiv hindurch, früher jedoch mußten die Reisenden, die den Mut hatten, eine so beschwerliche Reise zu unternehmen, die Kutsche verlassen und zusehen, wie das Fahrzeug auf den Schultern von Einheimischen über diese Höhe getragen wurde, während sie selbst hinterhermarschierten.

Üppige, fruchtbare Vegetation auf der einen und rauhe, unfruchtbare Natur auf der anderen Seite sind typische Extreme für Munster. Doch nicht nur landschaftlich findet man solche Kontraste, die Natur scheint auch die hier lebenden Menschen und ihre Bauwerke beeinflußt zu haben. Diese Vermutung liegt nahe, wenn man beispielsweise den Rock of Cashel im County Tipperary mit Skellig Michael, einer Insel vor der Iveragh-Halbinsel, vergleicht.

Auf dem Felsen von Cashel, im Zentrum des oben erwähnten Golden Vale, liegt die wohl erlesenste Ruinenansammlung der Provinz. Einer der alten keltisch-irischen Provinzkönige, Cormac, hatte hier im 4. Jahrhundert seinen Herrschaftssitz. Der heilige Patrick wählte an diesem Ort im 5. Jahrhundert eine besondere Form des Klees, »Shamrock« genannt, als Symbol der heiligen Dreieinigkeit. Der Shamrock sollte später zum inoffiziellen Nationalemblem des freien und unabhängigen Irland werden. Im 12. Jahrhundert wurden die Anlagen auf dem Felsen endgültig und vollständig der Kirche übergeben. Die verschiedenen Besitzer hinterließen Bauten aus unterschiedlichen Epochen, die sowohl säkularen wie klerikalen Zwecken dienten.

Im Gegensatz dazu wurde Skellig Michael, die größere der beiden Skelligs, von Beginn an nur von Mönchen genutzt. Der 210m hoch aus dem Meer ragende, kegelförmige Felsen beherbergt heute einen Leuchtturm und die über 1000 Jahre alten Ruinen eines kleinen Klosters, die in ihrer Form einzigartig sind. Auf mehreren Terrassen stehen sechs an Bienenkörbe erinnernde Hütten. Ihre Mauern sind bis zu 2m dick. Der größte »Bienenkorb« bedeckt bei einer Höhe von fast 6m eine Grundfläche von ca. 20 qm. Daneben gibt es noch zwei Oratorien, bootsförmige Gebetshäuser – von der Form her vergleichbar mit der Gallarus-Oratory auf der Dingle-Halbinsel –, mehrere Kreuze und Grabmale sowie eine Kirchenruine, vermutlich aus dem 12. Jahrhundert. Die Größe der Anlage läßt den Schluß zu, daß nie mehr als 12 Mönche gleichzeitig auf der Insel lebten.

Gegründet wurde sie wahrscheinlich durch einen der beiden heiligen Finans und war im 9. Jahrhundert das Ziel einiger Wikingerüberfälle: Die Beute dürfte allerdings mehr als bescheiden ausgefallen sein. Der reguläre Klosterbetrieb hörte wohl im 13. Jahrhundert auf, als sich die Mönche auf das Festland nach Ballinskelligs zurückzogen. Seitdem dient die Insel nur noch Pilgern und Touristen als Ziel.

Mit einem Anteil von 21 Prozent an der Inselfläche ist *Connacht* im Westen Irlands die kleinste der Provinzen. Sie umfaßt die Grafschaften Leitrim, Roscommon, Galway, Mayo und Sligo. Connacht gilt als der »irischste« Teil Irlands, der von Felsen und Schafen, mildem Regen und Bergnebel bestimmt wird. Es ist die letzte noch unzerstörte Bastion der irischen Sprache, die allerdings viele Reisende mit einsprachig-irischen Wegweisern irritiert. Jahrhunderte hindurch hat diese Landschaft Maler, Dichter und Schriftsteller angelockt, die versuchten, die eigentümliche Faszination und Ausstrahlung Connachts einzufangen und wiederzugeben.

»To hell or to Connacht!« So lautete die Alternative, die unter Cromwell den besiegten aufständischen Iren geboten wurde. Sie hatten die Wahl zwischen dem Tod durch den Henker oder einer kümmerlichen Existenz am Rande des Hungertodes, die dann doch noch allzu häufig aufgrund von Mißernten oder anderen Widrigkeiten der Natur für die Übriggebliebenen den Tod bedeutete. Connacht ist keine Landschaft, die auf Eroberer früherer Zeiten irgendeinen Reiz ausüben konnte. Keinerlei Bodenschätze, landwirtschaftlich kaum nutzbar, für Invasoren ohne strategische Bedeutung. Für die Iren dagegen war diese Provinz oft die letzte Zufluchtsmöglichkeit in Zeiten auswärtiger Gefahr.

Schon die Wikinger, die auf ihren Beutezügen im Osten so manchen blutigen Pfad hinterlassen hatten, machten beim Anblick dieser unwirtlichen Gegend fluchtartig kehrt, um sich wieder den reicheren Klöstern und Siedlungen Leinsters zu »widmen«. Nach der Landung der Anglo-Normannen im 12. Jahrhundert suchten viele eingeborene Iren westlich des Shannon Schutz vor den Nachstellungen der Eroberer. Als diese sich dann doch dazu entschlossen, Connacht ihrem Herrschaftsbereich einzuverleiben, brauchten sie über ein Jahrhundert zur Verwirklichung dieses Vorhabens. Anhand der zurückgelassenen Spuren kann man heute nachweisen, daß sie auf dem Vormarsch mehrfach der Mut verließ. Man findet noch zahlreiche Hinweise auf ihre Vorstöße in den relativ fruchtbaren Gebieten entlang des Shannon, doch je weiter man sich nach Westen begibt, desto seltener werden die Spuren, um dann irgendwann völlig zu verschwinden.

Doch die Existenz einer Zufluchtsstätte für politisch Verfolgte im eigenen Lande führte zu einem langsamen, aber stetigen Anwachsen der Bevölkerung. Der karge Boden konnte in guten Zeiten kaum alle Bewohner Connachts ernähren, um so schlimmer wurde es, als in der Mitte des 19. Jahrhunderts mehrere aufeinanderfolgende Mißernten eintraten. Millionen starben, die Landschaft wurde durch die Auswanderung weiterer Millionen, die ein Leben in der unbekannten »Neuen Welt« dem Siechtum und langsamen Hungertod in der Heimat vorzogen, noch mehr entvölkert.

Wenn auch die Wikinger und später die Anglo-Normannen angesichts der Widrigkeiten der Natur darauf verzichteten, Connacht zu erobern, gibt es in der Geschichte dieser Provinz doch eine erfolgreiche Invasion zu verzeichnen. Sie erfolgte leise und unauffällig und benötigte Jahrhunderte, bis sie den letzten Flecken dieser Landschaft erobert hatte. Es war der Vormarsch der Kirche, die Eroberung durch das Christentum in der Form von religiösen Siedlungen, angelegt durch Mönche, die nicht mehr wollten als in Ruhe und Frieden zu leben und der Verbreitung ihres Glaubens zu dienen.

Davon ist heute noch einiges zu spüren. Die Kargheit und Armut des Landes ließen die Gründung von Klöstern in der Größenordnung jener von Leinster und Munster zwar nicht zu, doch entstanden in den fruchtbareren Regionen einige Anlagen, die erwähnenswert sind. Die wohl bekannteste Abtei Connachts ist die von Cong, an der Südgrenze der Grafschaft Mayo gelegen. Sie wurde im 12. Jahrhundert durch Roderick O'Connor, den letzten irischen König, erbaut und ersetzte eine Anlage aus dem 7. Jahrhundert. Berühmt wurde diese Abtei nicht zuletzt durch das »Cross of Cong«, ein mit Bronze und Edelsteinen verziertes Prozessionskreuz aus Eiche. Es wurde von einem Künstler aus Roscommon im Jahre 1123 gefertigt und ist heute im Dubliner Nationalmuseum zu besichtigen. Eine weitere sehenswerte Klosteranlage ist die nördlich von Cong gelegene Abtei von Ballintober, gegründet im 13. Jahrhundert durch König Cathal von Connacht.

Dietrich Herrmann Hegewisch, der Verfasser der ›Uebersicht der irlaendischen Geschichte‹, war als Zeit- und Zunftgenosse Johann Christoph Gatterers, Johann Gottfried Herders oder August Ludwig Schlözers ein typischer Vertreter der spätaufklärerischen Historiographie und verstand die Historie im Gattererschen Sinne als eine »Wissenschaft merkwürdiger Begebenheiten«. Für ihn begann die eigentliche, also quellenmäßig belegbare Geschichte des Inselstaates erst Ende des 12. nachchristlichen Jahrhunderts, als sich Heinrich II., König von England und direkter Nachkomme Wilhelms des Eroberers, in zunehmendem Maße für Irland interessierte. Zwar seien es die Engländer gewesen, die seither geschriebene Nachrichten über Irland hinterlassen hätten und diese Nachrichten müßten durchaus als parteiisch gewertet werden, schrieb Hegewisch, doch könne man trotzdem die nackten Tatsachen von den parteilichen Darstellungen der Engländer unterscheiden[1]. Dennoch begab er sich wenig später auf einen Exkurs in die damals quellenmäßig nicht oder kaum belegbare Frühgeschichte des Landes. Für Hegewisch waren die Ureinwohner Irlands – entsprechend dem Forschungsstand der Zeit – keltischen Ursprungs und zählten damit zu einem Völkerstamm, der sich »in den frühesten Zeiten« über das westliche Europa verbreitet hat.

Auch wenn noch heute viele Iren davon überzeugt sind, daß die Grüne Insel seit jeher von Kelten bewohnt worden sei, hat sich das Bild vom vor- und frühgeschichtlichen Irland seit Hegewischs Betrachtungen natürlich erheblich gewandelt. Heute wissen wir, daß die Kelten sich zwischen dem 6. und 3. vorchristlichen Jahrhundert in größerer Zahl in Irland niedergelassen haben. Erste Siedlungsspuren weisen jedoch viel weiter in die Geschichte. Sie reichen, wie Ausgrabungen am Mount Sandel bei Coleraine gezeigt haben, bis tief in das 8. vorchristliche Jahrtausend zurück. In der Kulturgeschichtsforschung bezeichnet man diese Zeit als Mesolithikum, als mittlere Steinzeit. Jüngste Einzelfunde scheinen sogar noch ältere Datierungstheorien zuzulassen.

Zu dieser Zeit hatte das Ansteigen des Meeresspiegels beim

[1] Dietrich Herrmann Hegewisch, Uebersicht der irlaendischen Geschichte. Zu richtiger Einsicht in die entferntern und naehern Ursachen der Rebellion 1798, der Union Irlands mit Großbritannien 1801, und der noch nicht erfolgten sogenannten Emancipation der Katholiken. Altona 1806, S. 8.

Rückgang der letzten Eiszeit Irland bereits vom europäischen Festland getrennt. Die Vorfahren der Ur-Iren waren als Jäger und Sammler von Skandinavien aus bis nach Britannien vorgedrungen. Von dort müssen sie zuerst jene Meerenge zwischen dem Mull of Kintyre in Schottland und Benmore in Nordirland überquert haben, die heute als North Channel bezeichnet wird. Schlüssige Funde und ziemlich konkrete Datierungen haben bewiesen, daß es im 8. vorchristlichen Jahrtausend schon durchaus solide Kenntnisse im Bootsbau gegeben hat. Nur kurze Zeit nach der erstmaligen Überquerung des North Channel wurden nachweislich auch andere Meerengen zwischen Britannien, teilweise sogar dem Kontinent und der irischen Insel von urgeschichtlichen Entdeckern auf der Suche nach neuen Jagdgründen genutzt.

Die ersten unter ihnen drangen an den Meeresküsten und an den Ufern des Bann im Norden der Insel entlang ins Landesinnere vor. Das war der einzig mögliche Weg, da Irland, wie große Teile Mittel- und Nordeuropas zu jener Zeit, dicht bewaldet war. Als Jagd- und Fischreviere blieben also nur die Fluß-, Seen- und Meeresufer. Eben dort findet man auch die ältesten Spuren der Nomaden: Werkzeuge und Waffen. Viel haben diese mittelsteinzeitlichen Jäger und Sammler den Archäologen von heute allerdings nicht hinterlassen – und das, was blieb, zeugt selbst im unmittelbaren Vergleich zu anderen mesolithischen Kulturen von keiner allzu hohen Entwicklungsstufe: eine begrenzte Auswahl an Steinschabern, einige unbearbeitete Steinsplitter, die als Pfeilspitzen verwendet wurden, kaum bearbeitete Knochen und wenige Exemplare von größerem Steinwerkzeug, das zum Mahlen oder Hämmern taugt. Lediglich eine größere Anzahl mesolithischer Abfallhaufen läßt als Hinweis auf größere Siedlungsplätze heute noch darauf schließen, daß die irische Ureinwohnerschaft aus mehr als nur einigen wenigen vereinzelten und vorwitzigen Abenteurern bestand.

Die Ur- und Frühgeschichtsforschung legt die Grenze zwischen Mesolithikum und Neolithikum (Jungsteinzeit) spätestens auf die ersten Jahrhunderte des 5. Jahrtausends. Charakteristisch für diesen neuen kulturgeschichtlichen Abschnitt ist das Zusammentreffen von vier konstitutiven Elementen, die zwar allesamt schon seit langem bekannt waren, in der Jungsteinzeit jedoch erst aufgrund veränderter Lebensweise zusammen kultiviert wurden: der Steinschliff, die Töpferei (durch Beimengung von Elfenbein zu Ton auch die Herstellung eines ersten steinzeitlichen »Kunststoffes«), die Domestikation von Wildtieren und von Wildpflanzen. Natürlich setzten sich die veränderten Anwendungstechniken nicht zeitgleich und völlig identisch überall in Europa durch. Darüber, wie die jungsteinzeitlichen Erkenntnisse größere geographische Räume erobern und sich dort verbreiten konnten, streiten jedoch die Gelehrten schon seit vielen Jahren, ohne bislang einer eindeutigen Lösung nähergekommen zu sein.

Eine Schule vertritt – mit guten Argumenten – die Überzeugung, daß es am Übergang vom Meso- zum Neolithikum eine Art Kulturgefälle vom südosteuropäischen und kleinasiatischen Raum über Zentral- bis nach West- und Nordeuropa gegeben haben muß. Wie das Wasser eines Bergbaches seien die neuen Errungenschaften durch den europäischen Kontinent von Südosten in Richtung Nordwesten vorgedrungen. Von Diffusionen oder gar einem Kulturgefälle zu sprechen und damit ein kontinuierliches Fortschreiten der neolithischen kulturellen Entwicklung vom Zweistromland oder aus Ägypten im Osten bis in die entferntesten westlichen Winkel des europäischen Kontinents zu meinen, wird von einer anderen Schule – ebenfalls mit guten Argumenten – erheblich angezweifelt. Dazu setzten bestimmte Entwicklungsschübe in weit voneinander entfernt liegenden Gebieten wiederum zu zeitgleich ein. Ohne ein endgültiges Erklärungsmuster vorweisen zu können, geht man bei der Suche nach einer Annäherung der beiden konträren Standpunkte heute davon aus, daß bestimmte Zivilisationsschübe von natürlichen Rahmenbedingungen abhingen, daß also die Menschen in der Jungsteinzeit in weit voneinander entfernt liegenden Gebieten zeitgleich ähnlich auf bestimmte, ihre unmittelbare Umwelt beeinflussende Naturereignisse wie zum Beispiel Klimaschwankungen reagierten.

Auf jeden Fall wurden aus den mesolithischen Jägern und Sammlern mit der Zeit seßhafte Landbewohner, die Getreide anbauten und sich Rinder-, Schweine-, Schaf- und Ziegenherden hielten. Die veränderten Lebensgewohnheiten bedingten veränderte Lebensumgebungen. Die Siedlungen wurden jetzt geplant angelegt, die Schaffung von Lagerungsmöglichkeiten für geerntetes Getreide oder Saatgut wurde notwendig. Die veränderten Lebensumstände wirkten sich auch auf die Zeit nach dem Tode aus: Neue Grablegungsriten und -verfahren sind für die Jungsteinzeit charakteristisch. All diese veränderten Rahmenbedingungen weisen auf einen für die Rekonstruktion jener

Zeit wichtigen Umstand hin: Der Mensch der Jungsteinzeit war enger mit seiner unmittelbaren Lebensumgebung verbunden als zuvor. Dies mußte zwangsläufig dazu führen, daß aus dieser Zeit größere Mengen an Überrestquellen zur Verfügung stehen und sich daraus ein ziemlich verläßliches Bild der neolithischen Kultur ableiten läßt.

Diese ist, wie wir heute wissen, in Irland älter, als noch vor einigen Jahren angenommen wurde. In den fünfziger Jahren schien die These gerechtfertigt, daß sich die neolithischen Charakteristika in Irland erst später als auf dem europäischen Kontinent durchgesetzt hatten, nämlich Anfang des 3. vorchristlichen Jahrtausends. Aus dieser Zeit stammen Siedlungsreste, die seit den dreißiger Jahren in recht großem Umfang am Lough Gur im County Limerick gefunden wurden. Diese Funde waren von überdurchschnittlich guter Qualität und ließen daher eine ziemlich sichere Rekonstruktion der Häuserform und Siedlungsanordnung zu. 1986/87 wurden bei Tankardstown, ebenfalls in der Grafschaft Limerick, Spuren einer noch etwas älteren Siedlung, zweifelsfrei ebenfalls neolithischen Ursprungs, gefunden, die rund 5100 Jahre alt ist[2].

Große Steingräber

Während die Kenntnisse über Siedlungsformen und Hausbautechniken nur über den Umweg mehr oder minder begründeter Annahmen und Rekonstruktionen erfahrener Archäologen gewonnen werden können, ist die Bedeutung anderer neolithischer Bauwerke auch für Laien offensichtlich. Die wichtigsten Bauten nämlich, die Aufschluß über das Neolithikum in Irland geben, sind die zahlreichen und oft gut erhaltenen monumentalen Grabanlagen, die etwa zwischen 4000 und 2000 v. Chr. errichtet wurden. Die Technik, die bei der Errichtung dieser Anlagen angewendet wurde, läßt auf einen recht hohen Entwicklungsstand der Erbauer schließen. Sowohl die Fähigkeit, schwere Lasten zu heben, als auch gute Kenntnisse der Regeln der Statik liefern den Gegnern der Diffusionstheorie gute Argumente. Denn als König Djoser aus der III. Dynastie die erste ägyptische Pyramide etwa um 2600 v. Chr. errichten

[2] Margaret Gowen, Three Irish Gas Pipelines: New Archaeological Evidence in Munster. Dublin 1988, dort bes. S. 26–42.

ließ, standen die ältesten, technisch durchaus gleichwertigen irischen Grabanlagen bereits seit 600 Jahren. Einige irische Ur- und Frühhistoriker widersprechen daher – meines Erachtens nicht ohne Grund – der These vom Kulturgefälle in ost-westlicher Richtung und konstatieren zumindest in der Frage der Bautechnik eine Gleichwertigkeit.

Ur- und Frühgeschichtler halten sich mit Schlußfolgerungen jenseits des wenigen unumstößlich Beweisbaren zumeist zurück und beschränken sich lieber auf die detaillierte Beschreibung der Grabungsergebnisse. Damit befinden sie sich im Vergleich zu »normalen« Historikern, deren Quellenmaterial üblicherweise wesentlich dichter ist, in einer ungleich schlechteren Position. Die Erforschung der Vergangenheit – und liegt sie noch so weit zurück – lebt von der persönlichen Interpretation, oftmals sogar unter bewußter Überschreitung der Grenzen des objektiv Beweisbaren. Diese Grenzen, oder besser: diese Gratwanderungen zwischen nachvollziehbarer Interpretation und purer Spekulation, sind allerdings stets fließend und abhängig von der Quantität und Qualität der Quellen.

Leider bieten die neolithischen Grabanlagen Irlands nach dem gegenwärtigen Erkenntnisstand keine sichere Grundlage für einleuchtende Interpretationsmodelle. Das weitere Umfeld der einzelnen Grabanlagen läßt zwar bei eingehenderer Betrachtung eine Reihe von Rückschlüssen auf das soziale Gefüge der jeweiligen Erbauer zu, doch die vier großen, über den Norden der Insel verteilten Nekropolen (am Boyne und bei Loughcrew im County Meath, Carrowkeel und Carrowmore im County Sligo), jeweils durch einige größere megalithische Grabstätten, die sogenannten *passage-graves,* geprägt (am Boyne z.B. durch Knowth oder Newgrange), sind zu unterschiedlich in Anlage und Alter, um Querverweise zu erlauben. Einzige zulässige Folgerung wäre die Erkenntnis, daß es am Ende des 4. vorchristlichen Jahrtausends keine homogene neolithische Gesellschaftsform in Irland gegeben haben kann.

Aus dem Vergleich von Grabungsergebnissen hat die Ur- und Frühgeschichtsforschung einen relativ einheitlichen Raum eines neolithischen Westeuropa rekonstruiert, der das heutige Spanien, Frankreich, die Schweiz, Belgien, Großbritannien und Irland umfaßt. Es ist das Gebiet, in dem der Kreidefeuerstein die gesamte Steingerätmanufaktur bestimmte. In diesem Gebiet ist in den vergangenen Jahren mehrfach eine typische Siedlungsform entdeckt worden: die auf Holzpfählen oder Holzunterbauten errichtete Siedlung am Rande von Seen – so bei Unteruhldingen am Bodensee oder zwischen Ennis und Limerick im Westen Irlands. Zwar hat man bis heute noch keine abschließende Erklärung dafür gefunden, warum die Menschen des Neolithikums diese Siedlungsart wählten, die in manchen Gegenden bis ins Mittelalter hinein bewahrt wurde, doch lieferte sie der Forschung dank der besonders guten Konservierungsbedingungen unter Luftabschluß zahlreiche Funde aus organischer Substanz. Ziemlich detaillierte Kenntnisse über Webtechniken, über Holzgefäße und Holzgeräte, aber auch über Nahrungsmittel und Eßgewohnheiten lassen darauf schließen, daß das westeuropäische Neolithikum weitgehend bäuerlich orientiert war.

Das Fehlen einer weiblichen Figur als Ausdruck eines Vegetationskults, der für andere Teile Europas nachgewiesen werden konnte, ist ein weiteres Charakteristikum des neolithischen Westeuropa. Doch natürlich gab es auch hier kultische Ausdrucksweisen und Erscheinungsformen. Die Größe der *passage graves* – Newgrange und Knowth messen beide bei einer äußeren Höhe von etwa 15 m ca. 70 m im Durchmesser – lassen auf eine regionale Bedeutung nicht nur als Begräbnisstätte, sondern auch als Kultort schließen. Für diese Deutung sprechen neben der auffallenden Größe ebenfalls Menge und Art der Grabbeigaben. Damit wären sie zumindest indirekt vergleichbar mit anderen Großsteinbauten wie etwa Stonehenge in England, Carnac in der Bretagne oder den zahlreichen Bauten im südskandinavischen Raum. Die über ganz Westeuropa verbreiteten Dolmen (Steintische) müssen gleichfalls dazu gezählt werden. Derartige Großbauten sind für den westeuropäischen Raum im Neolithikum typisch. Unter dem Oberbegriff »Megalithkultur« versucht man, die vielfältigen regionalen Ausprägungen dieser Bauweise zusammenzufassen.

Dieses so offensichtliche kulturgeschichtliche Phänomen sorgt in der Fachwelt noch heute für heftige Diskussionen darüber, ob man mit der Errichtung solcher Grabbauten nicht auch eine Diffusionstheorie verbinden könnte. Besonders die Ur- und Frühgeschichtsforschung im Nationalsozialismus ging davon aus, daß sich die kulturellen Errungenschaften des Großsteinbaus – ausgehend von Südskandinavien – in einer Nord-Süd-Richtung verbreiteten und vermutete hinter den kleinasiatischen und nordafrikanischen Großbauten bloße Imitationen des »nordischen« Vorbilds. Noch heute wird diese Theorie –

allerdings ohne den ideologischen Ballast – in der Ur- und Frühgeschichtsforschung mit durchaus nachvollziehbaren Argumenten vertreten. Jene Wissenschaftler indes, die sich der Diffusion in Süd-Nord-Richtung verschrieben haben, sind völlig gegenteiliger Meinung und suchen das Zentrum des Großsteinbaus im Nahen Osten. Eine dritte Theorie nimmt eine besondere, nahezu global verbreitete Megalithkultur an, die sich, von einem unbekannten Ursprungszentrum ausgehend, über die ganze Alte Welt einschließlich Asiens verbreitete. Eine vierte Schule lehnt all diese Interpretationsansätze kategorisch ab und bezeichnet es als einen quasi-natürlichen Vorgang, daß unsere Vorväter dort, wo es die Natur- und Bodenverhältnisse erlaubten oder sogar notwendig machten, ihre Toten mit Steinen umstellten und damit schützten. Besonders die Dolmen seien als Reaktionen auf natürliche Bedingungen zu verstehen, denn dort, wo die Bodenverhältnisse keinen Grabaushub zuließen, habe man die Toten mit vier großen Felsblöcken umstellt und das Ganze mit einer Deckplatte abgeschlossen. Diese Konstruktion wurde erweitert und ausgebaut, wenn mehrere Tote in einer gemeinsamen Anlage bestattet werden sollten. Davon ausgehend, daß eine solche Anlage stets über einen schmalen Zugang erreichbar sein mußte, ergibt sich fast von selbst die Konstruktion eines Ganggrabes. Wenn diese Anlage dann noch mit Erde überdeckt wurde, konnte sie sich durchaus zu einer eindrucksvollen Begräbnis- und Gedenkstätte entwickeln, die nach Größe und Konstruktion den Anlagen in Irland entsprach.

Glockenbecher und Bronzeäxte

In den ersten Jahrhunderten des 2. vorchristlichen Jahrtausends geriet das kulturelle Gefüge in Europa ins Wanken. Von Spanien ausgehend verbreitete sich eine neue, tiefwirkende Kulturströmung über das Mittelmeer nach Nordafrika und Sizilien sowie über Frankreich nach Norditalien und Belgien, von dort aus weiter bis auf die Britischen Inseln. Einzelne Spuren dieser wegen der charakteristischen Form ihrer Keramik »Glockenbecher« *(Bell-Beaker)* benannten Kultur sind sogar in der Gegend von Budapest und in Polen gefunden worden. Es darf vermutet werden, daß die Glockenbechler ihren Zeitgenossen in der Technik der Kupferverhüttung überlegen waren und auch sonst über weiterentwickelte Fertigungstechniken verfügten. Auf jeden Fall waren sie es, die erste Kenntnisse in der Metallverarbeitung, überwiegend Kupferverhüttung und Goldverarbeitung nach Irland brachten, wo vorher – im Gegensatz zum Mitteleuropa vor der Glockenbecherzeit – noch ausschließlich Stein, Holz und Knochen zur Fertigung von Gebrauchs- und Kultgegenständen benutzt wurde.

Vor der Ausbreitung der Glockenbecherkultur waren die neolithischen Bauern Westeuropas allen Anzeichen nach Selbstversorger, d.h. sie erzeugten sämtliche Gegenstände ihres täglichen Bedarfes in Eigenarbeit und griffen dabei auf die natürlichen und problemlos verfügbaren Werkstoffe wie Holz oder Stein zurück. Jede Form des Handels hatte es in einer solchen Gesellschaft zwangsläufig schwer und beschränkte sich daher in der späten Jungsteinzeit noch auf kontinentale Luxusgüter. Mit dem zunehmenden Gebrauch von Bronze und Gold als Rohstoffen zur Herstellung von Streitäxten, Dolchen und Schmuck entstand die Notwendigkeit des Aufbaus eines weitläufigen, ganz Europa und Nordafrika umspannenden Handelsnetzes zum Transport der metallischen Gegenstände aus den Produktionszentren in die nähere und weitere Umgebung. Nach dem heutigen Erkenntnisstand scheint dies ein weiterer Grund für die relativ rasche und weite Verbreitung der Glockenbechler über ganz Zentral- und Westeuropa gewesen zu sein.

Mit dem Vertrieb der Metallwaren ging die Erschließung neuer Erzvorkommen an der jeweiligen Peripherie des Handelsgebietes einher, was wiederum eine Erweiterung des Einflußbereiches selbst zur Folge hatte. Aufgrund günstig gelegener und daher leicht abbaubarer Kupfer- und Goldvorkommen gewann Irland dabei zunehmend an Bedeutung als Lieferant von Metallwaffen und -schmuck. Anhand von zahlreichen Funden, wegen ihrer charakteristischen organischen Grundstruktur durchaus lokalisierbar, kann heute davon ausgegangen werden, daß die bronzezeitlichen irischen Schmiede die Britischen Inseln fast exklusiv mit ihren Erzeugnissen belieferten. Weiter bestanden enge Handelsbeziehungen mit den Regionen am Niederrhein[3]. Bernsteinschmuck und ägyptische Fritte[4] als Beigaben in Grä-

[3] J.V.S. Megaw u. D.D.A. Simpson (Hg.), Introduction to British Prehistory. 3. Aufl., Leicester 1984, S. 196ff.

[4] Mit »ägyptischer Fritte« oder »ägyptischer Fayence« wird ein dunkelblauer Kunststein bezeichnet, der, am Nil hergestellt, im Altertum oftmals als Perlenersatz benutzt wurde und daher relativ weit verbreitet war – wie die Funde in Irland nachhaltig beweisen.

bern zeugen jedoch von noch weiteren Verbindungen der irischen Glockenbechler, die – wenigstens indirekt – bis an die Küsten der Ostsee und an den Nil gereicht haben müssen.

Kupfer- und Golderzabbau und -verhüttung waren demnach eine Hauptbeschäftigung der irischen Glockenbecherleute. Dies setzte eine Reihe von Spezialkenntnissen voraus. Auch waren die Minen und bronzezeitlichen Gießereien bereits zu groß, als daß sie als »Familienbetrieb« hätten geführt werden können. Ein weiterer Schritt in der Ausprägung einer komplexeren Gesellschaftsordnung war also getan: Der nahezu autarke Klein- oder Familienverband wurde nun sukzessive abgelöst durch die arbeitsteilige Spezialisierung größerer sozialer Gruppen. In diesem Zusammenhang darf man sicher schon von der Entstehung einer Art Stammesgemeinschaft sprechen.

Die Spezialisierung der frühbronzezeitlichen Gesellschaft bewirkte wohl auch eine Veränderung der Grablegungsriten. Denn während vordem die Beisetzung in größeren Anlagen üblich war, scheinen die Glockenbecherleute die Individualbestattung eingeführt zu haben. Einige Jahrhunderte lang bildeten die irischen Vertreter dieser Kultur in dieser Frage jedoch eine Ausnahme: Die Beisetzung in Ganggräbern konnte sich neben der gleichfalls praktizierten Individualbestattung bis etwa Mitte des 2. vorchristlichen Jahrtausends halten. In diesem Zusammenhang zeigt sich erstmals ein Phänomen, das in verschiedenen Formen noch öfter in der Geschichte des Landes auftauchen wird – die Assimilation neuer, in vielerlei Hinsicht überlegener kultureller Einflüsse durch die alteingesessene Bevölkerung, die zu neuen kulturellen Ausdrucksformen unter gleichzeitiger Wahrung einer Reihe von althergebrachten Traditionen führte. Es ist durchaus möglich, daß die abgeschiedene Lage der irischen Insel diesen Verschmelzungsprozeß und damit die Erschwernis weitergehenden und rascheren Kulturaustausches zusätzlich noch begünstigte. Diese Abgeschiedenheit jedenfalls ermöglichte es den Glockenbecherleuten und ihren Nachfahren, auf den Britischen Inseln, besonders jedoch auf Irland, länger als irgendwo sonst in Europa ihre kulturellen Eigenarten zu bewahren. Während auf dem Kontinent eine Reihe von Kulturen mit verschiedenerlei Charakteristika entstand, auch bereits vereinzelt schon der Gebrauch von Eisenwaren nachgewiesen werden konnte, dominierte in Irland weiterhin die Bronze. Abgesehen vom wesentlich schwierigeren Herstellungsverfahren gab es hier einfach weniger Eisen- als Kupfererzvorkommen.

Der regional und chronologisch unterschiedliche Gebrauch von metallischen Gegenständen erschwert in der Ur- und Frühgeschichtsforschung eine exakte ortsbezogene Datierung erheblich – chronologische Begriffe wie frühe, mittlere oder späte Bronzezeit werden, je näher die Gegenwart rückt, zunehmend relativ. So entwickelt sich beispielsweise die nordische späte Bronzezeit gleichzeitig mit der mitteleuropäischen Eisenzeit, und die westliche Bronzezeit findet ihren Abschluß zu einer Zeit, als sich der Gebrauch von Eisenwaren in Zentraleuropa bereits endgültig durchgesetzt hatte. Richard Pittioni ließ Anfang der sechziger Jahre unseres Jahrhunderts hier den urgeschichtlichen Horizont der Alten Geschichte erscheinen[5]. Die Ur- und Frühgeschichtsforschung bezeichnet diesen Zeitraum als »Hallstattzeit«, bzw. genauer: als den Übergang von der Bronze- zur Eisenzeit. In absoluter Datierung findet dieser Wechsel im späten 8. vorchristlichen Jahrhundert statt. Die »Hallstattzeit« erhielt ihren Namen nach einem Ort im Salzkammergut in Oberösterreich nahe der bayerischen Grenze, in dessen Nähe seit neolithischen Zeiten Salz abgebaut wurde. Zwei weitere prähistorische Salzminen liegen nicht weit entfernt: Hallein-Dürrnberg und Reichenhall. Alle drei Ortsnamen enthalten das Wort »Hall« – die Vermutung, daß dies ein keltisches Wort für »Salz« war, liegt nahe.

Teilweise sind die keltischen Minenarbeiter während des Abbaus salzführender Schichten bis zu 350 m tief unter die Erde vorgestoßen. Durch das Gewicht der darüberliegenden Erdschichten sowie durch das sich bei Lufteintritt erneuernde Salz wurden die durch den Abbau entstandenen Hohlräume im Laufe der Zeit wieder verschlossen und damit die in ihm enthaltenen, beim Abbau in ur- und frühgeschichtlicher Zeit vergessenen oder verlorenen organischen Gegenstände wie Fackeln, Schürfwerkzeuge, Kleidungsstücke und andere Gegenstände des täglichen Lebens konserviert und so der Nachwelt erhalten. Auch sind im 16. und 17. Jahrhundert vereinzelt gut erhaltene und vollständig bekleidete Körper verunglückter vorgeschichtlicher Bergarbeiter gefunden worden. Leider gibt es von diesen

[5] Richard Pittioni, Der urgeschichtliche Horizont der Historischen Zeit. In: Golo Mann u. Alfred Heuß (Hg.), Propyläen Weltgeschichte. Bd. 1: Vorgeschichte und Frühe Hochkulturen. Frankfurt a. M., Berlin 1986 (Sonderausgabe), S. 229–321, dort bes. S. 259 ff.

Funden nur noch schriftliche Berichte und keinerlei Zeichnungen. Immerhin lassen diese Berichte Schlüsse auf die Art der Kleidung zu, die durch die überlieferten Funde noch zusätzlich bestätigt wurden.

Der intensive Salzbergbau erforderte den Einsatz vieler Arbeitskräfte – die Gegend um Hallstatt, Hallein und Reichenhall war also in jener Zeit dicht besiedelt. Bereits im Jahre 1846 wurde bei Hallstatt ein frühgeschichtlicher Begräbnisplatz entdeckt und in den folgenden Jahrzehnten – wissenschaftlichen Ansprüchen genügend – freigelegt. Mehr als 2000 Gräber sind hier seitdem freigelegt worden. Bis sämtliche Funde und Grabungsergebnisse katalogisiert und ausgewertet werden konnten, vergingen allerdings über hundert Jahre. Erst in den fünfziger Jahren unseres Jahrhunderts konnte ein wissenschaftlich erschöpfender Abschlußbericht vorgelegt werden. Neben zahlreichen neuen Detailkenntnissen wurde darin auch festgestellt, daß dieser Friedhof fast 700 Jahre lang benutzt worden war – vom späten 13. bis zum späten 6. vorchristlichen Jahrhundert. Aufgrund vergleichbarer Grabungsfunde in der umliegenden Region und auch andernorts in Zentraleuropa hat sich die Ur- und Frühgeschichtsforschung daher entschieden, die Begriffe »Hallstattkreis« oder »Hallstattzeit« zum überregionalen Charakterisierungs- und Datierungsmaßstab zu erheben. Damit ist jedoch auch ein grundsätzliches Problem verbunden, denn wenn der durchgehende Gebrauch des Wortes »Hallstatt« eigentlich auf einen homogenen Kulturkreis schließen lassen sollte, sind doch Brüche zwischen einzelnen Unterabschnitten erkennbar. Der ganze Hallstatt-Kulturkreis im engeren Sinne wird daher zwischen die spätbronzezeitliche Urnenfelderkultur und die jüngereisenzeitliche La-Tène-Kultur eingeordnet.

Für uns von besonderem Interesse ist die jüngere Hallstattkultur (Ha D), da in ihr erstmals der keltische Kulturkreis, der für die Geschichte des irischen Volkes bis in die heutige Zeit von Bedeutung ist, Gestalt gewinnt. Sicherlich können bereits für die vorausgegangenen Zeitabschnitte vereinzelte, sozusagen »keltische« Charakteristika festgestellt werden, doch als leidlich geschlossene kulturelle Gruppe sind die Kelten, soweit es sich heute nachvollziehen läßt, erst ab etwa Mitte des 6. vorchristlichen Jahrhunderts nachweisbar. In dieser Zeit, der Späthallstattzeit, taucht erstmals die eiserne Fibel als sicherheitsnadelartige Gewandschließe in den Grabbeigaben auf, die von Konrad Spindler als das erste übergreifende Charakterstikum einer keltischen Kultur gewertet wird[6]. Trotzdem darf man die »Kelten« nicht als einen durch und durch homogenen Volksstamm begreifen, denn das griechische Wort *keltoi* (Krieger; die Hohen) ist eigentlich ein Sammelbegriff für alle jene Völker West-, Zentral- und Südosteuropas, die eines der vielen keltischen Idiome sprachen.

Die keltische Kultur hatte zwar im 4. vorchristlichen Jahrhundert bereits ihre größte Expansion erreicht, die von Spanien im Westen über Oberitalien, Mitteldeutschland, Ungarn bis nach Kleinasien (Galater) reichte, doch erst das Vordringen von keltischen Siedlern in andere Kulturräume, besonders nach Griechenland und in das Römische Reich, ließ diese Stämme geschichtsmächtig werden. Die ersten Berichte über kriegerische Vorstöße von *keltoi* verdanken wir griechischen Chronisten wie Hekataios aus Milet (ca. 550–ca. 480 v. Chr.) und Herodot (ca. 484–ca. 425 v. Chr.). Auch griechisch-römische Geschichtsschreiber wie Polybios (ca. 200–ca. 120 v. Chr.), Cäsar (100–44 v. Chr.) oder Strabo (ca. 63 v. –19 n. Chr.) haben ausführlich über die keltische Landnahme berichtet und damit unseren heutigen Kenntnisstand entscheidend mitgeprägt.

Seit wann keltische Siedler auf den Britischen Inseln anzutreffen waren, ist indes in der Forschung aufgrund fehlender archäologischer und historiographischer Evidenz noch heute umstritten. Genauso wie sich die Anfänge der keltischen Kultur in Europa überhaupt »in den Nebeln der Geschichte«[7] verlieren, tauchen die ersten keltischen Überreste in Irland zuerst nur schemenhaft irgendwann gegen Ende des 7. vorchristlichen Jahrhunderts auf. Während in vergangenen Jahren oft die Theorie von einer massiven »keltischen Invasion« favorisiert wurde, geht die heutige Forschung eher von einem evolutionären Prozeß aus, der viele Wurzeln des eisenzeitlich-keltischen Irland (und Britannien) in der ursprünglichen bronzezeitlichen Bevölkerung der Insel vermutet[8].

Der intensive und weitverbreitete Gebrauch von Eisenerzeugnissen ist in der Tat ein konstitutives Element der sogenannten keltischen Kultur. Die Anfänge der Eisenzeit auf dem europäischen Kontinent sind auf das späte 8. vorchristliche Jahrhundert zu datieren. In größerem Umfang lassen sich eisen-

[6] Konrad Spindler, Die frühen Kelten. Stuttgart 1983, S. 22f.

[7] Vgl. dazu den Beitrag von Paul-Marie Duval, Celtic Art. In: The Celts. Mailand 1991, S. 25 (Begleitband zur Keltenausstellung im Palazzo Grassi, Venedig).

[8] So Barry Raftery, The Island Celts. In: The Celts. Mailand 1991, S. 555.

zeitliche Funde auf den britisch-irischen Inseln für das späte 7. Jahrhundert nachweisen. Diese ersten Funde sind jedoch größtenteils eiserne Kopien spätbronzezeitlicher lokaler Erzeugnisse. Eben daraus leitet die Forschung den Sonderweg einer frühen inselkeltischen Kultur ab, die erst nach etwa 500 v. Chr. in zunehmendem Maß mit den Kontinentalkelten kommunizierte.

Die La-Tène-Kultur

In der Schweiz, am Nordostufer des Neuenburger Sees, ca. 30 km westlich von Bern, liegt ein kleiner Ort namens La Tène. Hier wurden seit 1857 über 2500 Objekte, vorwiegend aus dem 3. und 2. vorchristlichen Jahrhundert, geborgen und damit mehr als anderswo im ehemals keltischen Siedlungsgebiet. Daher steht der Name dieses kleinen Ortes synonym für eine ganze vorgeschichtliche Kultur, die die jüngere Eisenzeit Europas wesentlich mitbestimmte. Träger dieser Kultur, die sich vermutlich im Bereich der westlichen Hallstattkultur mit Schwerpunkten in Südwestdeutschland, am nördlichen Alpenrand sowie im Rhein-Moselgebiet herausbildete, waren die dort ansässigen keltischen Volksgruppen. Doch reichte die Wirkung der La-Tène-Kultur, ähnlich wie die der Glockenbecherkultur, weit über das keltische Gebiet hinaus bis in germanische, ligurische und illyrische Gebiete. Die Kultur wird anhand bestimmter Fibel-, Schwert- und Gefäßformen herkömmlicherweise in drei Phasen unterteilt: die frühe (5. bis etwa Mitte des 3. vorchristlichen Jahrhunderts), die mittlere (zweite Hälfte des 3. sowie das 2. Jahrhundert v. Chr.) und die späte La-Tène-Kultur, die mit dem Vordringen der germanischen Volksgruppen nach Süden und Westen sowie mit der Ausweitung des Römischen Reiches in Gallien und nördlich der Alpen kurz vor Ende des 1. vorchristlichen Jahrhunderts erlischt.

In Irland fehlte die äußere Bedrohung dieser Kultur, so daß die Blütezeit des irischen La Tène eigentlich erst in den frühen nachchristlichen Jahrhunderten anzusetzen ist. Der kulturelle Höhepunkt des irischen Keltentums und darüber hinaus des christlich-keltischen Irland hat seine Wurzeln also in jener Kultur, die im 5. vorchristlichen Jahrhundert irgendwo zwischen Donau und Alpenrand entstanden war. Schwieriger als die Datierung ihrer Spätphase ist indes der Nachweis, wann sie Irland erstmals erreichte. Wiederum gibt es kaum archäologische Evidenz. Die wenigen Funde, die in den vergangenen Jahren geborgen wurden, reichen nicht aus, um ein schlüssiges Bild des frühen keltischen Irland zu zeichnen. Allerdings kann man aus ihnen schließen, daß sich die irische Variante in mancherlei Hinsicht von den Erscheinungsformen auf dem Kontinent, ja sogar auf der britischen Nachbarinsel unterschied.

Doch da mittlerweile der urgeschichtliche Horizont der Geschichte des Altertums überschritten ist, bieten sich den Archäologen und Historikern bei der Suche nach Anhaltspunkten zur Rekonstruktion der frühen keltischen Geschichte in Westeuropa Alternativen in Form von zeitgenössischen schriftlichen Zeugnissen zur Vervollständigung des Vergangenheitsbildes an. Für die Suche nach der frühen keltischen Zeit in Großbritannien und Irland ist ein Bericht wichtig, den Pytheas von Massalia im ausgehenden 4. vorchristlichen Jahrhundert über eine Seereise verfaßt hat, die ihn nach Britannien, Norwegen und vermutlich sogar bis nach Island (Thule) geführt hat. Der Bericht selbst ist zwar nicht überliefert, doch bezieht sich eine Reihe von griechischen und römischen Autoren darauf, wobei sie die detaillierten Schilderungen aus dem Bericht ausführlich wiedergeben.

Nicht viele Zeitgenossen des Mannes aus Massalia, dem heutigen Marseille, sind so weit nach Norden vorgedrungen. Über die Gefahren, die in diesen Gefilden lauerten, war zuvor erst einmal von einem karthagischen Seefahrer und Kaufmann namens Himilcon berichtet worden, der sich etwa zweihundert Jahre vorher bis nach Britannien gewagt hatte. Dessen Aufzeichnungen wurden nach seiner Rückkehr ins Griechische übersetzt und waren vermutlich daher auch Pytheas bekannt[9]. Zahlreiche exakte Ortsangaben, die dieser mit selbstberechneten Breitenangaben untermauerte, beweisen zusätzlich, daß er auch tatsächlich die angegebenen Orte besucht hatte.

Beide Reiseberichte enthalten darüber hinaus Ortsnamen, die nur von Bewohnern jener Gegenden selbst übernommen worden sein konnten – so spricht Pytheas beispielsweise von der Insel »Ouximasa« oder »Uxisama« und meint dabei die der Bretagne vorgelagerte Insel Ouessant/Ushant. Von den Bewohnern dieser Insel sowie der dahinterliegenden Küstenregion (bei Himilcon »Oestrymniden«, bei Pytheas Halbinsel der »Osti-

[9] Dazu: Venceslas Kruta u. Werner Forman, Die Kelten. Die Herren des Westens. Luzern, Herrsching 1986, S. 15.

mioi«[10] genannt, womit das gallische Armorika, also die westliche Normandie und die Bretagne gemeint ist; das Wort selbst ist keltischen Ursprungs und bedeutet soviel wie »Land am Meer«) hieß es in beiden Berichten, daß sie intensiven Handel mit den Bewohnern der großen Inseln »Ierne« und »Albion«[11] – also Irland und Britannien – pflegten. Pytheas gar nannte diese beiden Inseln an anderer Stelle »Prettanikai« (britisch). Nach einer Fahrt entlang der britischen Westküste erreichte er die »Orkas«-Inseln (Orkneys).

Der Bericht des Pytheas liefert über die ziemlich konkreten Angaben hinaus der heutigen Geschichtsforschung zwei wichtige, wenn auch indirekte Einsichten. Erstens unterstreicht er die Erkenntnis, daß es im Nordwesten des europäischen Kontinents eine Kultur gegeben hat, deren Existenz wenigstens griechischen und karthagischen seefahrenden Händlern bekannt war, welche aus bestimmten, vorwiegend wirtschaftlichen Gründen von einer Intensivierung der Beziehungen zu profitieren hofften. Zweitens mußte hier bereits Mitte des 1. vorchristlichen Jahrtausends ein relativ dichtes Handels-, Verkehrs- und Kommunikationsnetz bestanden haben, denn ohne weiterführende navigatorische Angaben zu Gezeiten, Strömungen, Wetterverhältnissen und einprägsamen geographischen Orientierungspunkten hätten weder Himilcon noch Pytheas so problemlos derart weit nach Norden vordringen können. Damit tritt aus heutiger Sicht aber auch die kulturelle Gemeinschaft der Völker des europäischen Nordwestens und der Atlantikregion aus dem Schatten der späteren mediterranen Kultur.

Die Rückschlüsse auf Handelsbeziehungen zwischen dem nordwestlichen Europa und dem Mittelmeerraum korrespondieren mit archäologischen Erkenntnissen über lebhaften Waren- und Erfahrungsaustausch zwischen diesen Regionen, wobei der Nordwesten seit der frühen Bronzezeit eine bedeutende Rolle als Zinnlieferant spielte und damit einen nicht zu unterschätzenden Anteil an der Ausprägung der griechisch-römischen Kultur hatte, die heute gemeinhin als die alleinige Wiege der modernen abendländischen Zivilisation gilt. Doch erst die Berücksichtigung der eigenständigen kulturellen Errungenschaften im Norden, also auch im keltischen Kulturkreis,

[10] Caesar berichtet im ›Gallischen Krieg‹ über den keltischen Stamm der Osismi, die im heutigen Départment Finistère und dem westlichen Côtes-du-Nord siedelten.

[11] Auf Altirisch »Eriu« und »Albu«.

zusammen mit dessen Entstehungsgeschichte und den Einflüssen auf Hellenen und Römer erlaubt eine angemessene, gerechte und umfassende Beurteilung der Genese unserer Zivilisation.

Der Reisebericht des Karthagers Himilcon bietet aber noch mehr. Seine Verwendung der altirischen Namen »Ierne« und »Albion« für Irland und Britannien ermöglicht den Rückschluß auf enge Verbindungen zwischen der keltisch besiedelten Atlantikküste und beiden Inseln für das frühe 6. vorchristliche Jahrhundert. Sowohl das bereits erwähnte kontinuierliche Vordringen der Kelten gen Westen wie übliche handelspolitische Überlegungen sprechen dafür, daß parallel zu diesen Handelsbeziehungen dort auch erste keltische Siedlungen gegründet wurden. Die Archäologie bestätigt diese Theorie in erster Linie für Britannien, wo im Tal der Themse, zwischen London und Oxford, zahlreiche keltische Funde gemacht wurden, die teilweise verblüffende Ähnlichkeiten mit Überresten hatten, welche zuvor in der Champagne geborgen worden waren und aus dem 5. vorchristlichen Jahrhundert stammten.

Bis heute ist keine schlüssige Erklärung dafür gefunden worden, warum die britischen Funde mit keiner Siedlung oder Nekropole in Verbindung gebracht werden können, ob es sich bei den Funden um importierte Luxuswaren oder um Kriegsbeute gehandelt hat oder ob sie vielleicht doch schon aus heimischer Produktion stammten und lediglich von Handwerkern angefertigt wurden, die ihre Kenntnisse noch auf dem Kontinent erworben hatten. Eines aber wird durch sie bewiesen: Es hat auf jeden Fall im 5. vorchristlichen Jahrhundert eine keltische Einwanderungsbewegung von Gallien nach Britannien gegeben, die im Laufe der folgenden Jahrhunderte dann ständig zunahm, so daß Caesar in seinem ›Gallischen Krieg‹ auf die Existenz von keltischen Stämmen in Britannien hinweisen konnte, die dieselben Namen trugen wie Stämme im nördlichen Gallien[12].

Die archäologisch gesicherte Beweislage läßt den Schluß zu, daß es sich bei den britischen Kelten um die äußerste Spitze einer größeren Wanderungsbewegung gehandelt haben muß, die sich seit dem späten 6. oder frühen 5. vorchristlichen Jahrhundert kontinuierlich vom Donauraum ausgehend über Zen-

[12] Dabei handelte es sich um die Atrebaten (Hampshire, West Sussex/Belgien) und die Parisier (östl. Yorkshire/Champagne); Dazu: Kruta u. Forman, Die Kelten, S. 17ff.

tral- und Nordfrankreich bis nach Britannien ausdehnte und etwa 250 Jahre später abgeschlossen war. Wieder 250 Jahre später, gegen Ende des 1. nachchristlichen Jahrhunderts, hatte die römische Provinz Britannien dann ihre weiteste Ausdehnung erreicht, nachdem Caesar erstmals im Jahre 55 v. Chr. in der Gegend von Dover gelandet war. Die keltischen Völker im schottischen und walisischen Bergland konnten sich dem römischen Expansionsdrang indes genauso erfolgreich widersetzen wie das keltische Irland.

Für die Grüne Insel gibt es allerdings bis heute keine schlüssigen archäologischen Nachweise über Datum, Ursprung und Form der keltischen Einwanderung. Aufgrund von sprachlichen Untersuchungen[13] kann lediglich ausgeschlossen werden, daß die ersten keltischen Siedler Irlands Teil der Einwanderungswelle waren, die seit dem 5. vorchristlichen Jahrhundert die britische Insel überflutete. Eine Theorie geht von einer Wanderung iberischer Kelten nach Irland im 6. vorchristlichen Jahrhundert aus. Die sprachliche Nähe des Irischen zum schottischen Gälisch und zum Manx lassen auch die Vermutung zu, daß es – diesmal in west-östlicher Richtung – irisch-keltische Einflüsse auf die Kelten Schottlands und der Isle of Man gegeben hat. In Zusammenhang mit dieser Annahme könnte eine andere – gleichfalls zur Zeit nicht beweisbare – Hypothese von zwei keltischen Wanderungsbewegungen nach Britannien und Irland ausgehen, wobei die ältere im 6. vorchristlichen Jahrhundert stattgefunden und beide Inseln umfaßt hätte, während der Süden und die Mitte Britanniens dann in den folgenden Jahrhunderten von der zweiten Bewegung erreicht worden sein könnte, deren Dynamik die erste Einwandererwelle überdeckte. Dann allerdings hätte Irland während der ersten Einwanderungswelle über Schottland und die Isle of Man erreicht werden können, womit die bevorzugte ost-westliche Wanderungsrichtung gewahrt bleiben würde. Eine andere Überlegung geht von einer relativ frühen keltischen Wanderung zur iberischen Halbinsel aus. Ein Teil dieser Bewegung hätte dann auf dem Seewege direkt nach Irland gelangen können, ohne den »Umweg«

[13] Die keltischen Sprachen sind eine zum Indogermanischen gehörende Sprachgruppe. Man unterscheidet das ausgestorbene Festlandkeltisch, von dem neben wenigen Inschriften nur noch Eigennamen erhalten sind, und das zum Teil noch lebendige Inselkeltisch mit einem goidelischen (irischen) Zweig (Irisch, Gälisch und Manx) und einem britannischen Zweig (Kymrisch, Kornisch und Bretonisch).

über Britannien oder die iberische Halbinsel nehmen zu müssen[14].

Trotz dieser noch ziemlich ungeklärten Ausgangslage gehörten sowohl die irischen wie auch die britischen Kelten einer großen Kulturgemeinschaft an. So gibt es zahlreiche zeitgenössische Berichte über das Leben auf beiden Inseln, die viele Gemeinsamkeiten erwähnten. Tacitus berichtet beispielsweise, daß die Beschaffenheit des Bodens, das Klima, die ethnischen Merkmale und die Zivilisation der irischen Kelten sich nur wenig von denen Britanniens unterschieden (Agricola, XXXIV). Doch abgesehen davon, daß der Römer in diesem Fall mit ziemlicher Sicherheit die nicht unter römischer Herrschaft stehenden Kelten in Wales und möglicherweise in Schottland mit den Iren verglich, gab es neben der bereits erwähnten unterschiedlichen Sprachentwicklung eine Reihe von Elementen, die die irisch-keltische Kultur von der britisch-keltischen unterschied. So hat die Archäologie bislang im vorchristlichen Irland keinerlei Nachweise für die Existenz sogenannter *oppida* gefunden, also stadtähnlicher, befestigter Siedlungen, die für die kontinentale keltische Kultur seit dem 3. vorchristlichen Jahrhundert typisch waren und wenig später in ersten Ansätzen auch für den Süden Britanniens nachgewiesen werden können. Statt dessen scheinen unzählige regionale und lokale Führer in eher bescheidenen befestigten »Herrensitzen« gelebt zu haben, denen sicher keine urbanen Funktionen zugesprochen werden können. Diese stammesaristokratisch orientierte irisch-keltische Gesellschaft, die ihre Strukturen im wesentlichen bis ins Mittelalter hinein bewahrte, war der frühen kontinentalkeltischen Gesellschaftsform zweifellos wesentlich ähnlicher als jene mehr oder minder urbanisierten keltischen Gesellschaften auf dem Kontinent und im südlichen Britannien. Auch dies könnte die These von der frühzeitigen keltischen Besiedlung Irlands stützen. Die Insel war groß genug und mit etwa einer halben Million Menschen ausreichend dicht besiedelt, um die intensive Ausprägung solcher sozialer Strukturen zu ermöglichen und lag weit genug von anderen Kulturzentren entfernt, um fremde Einflüsse auf ein Mindestmaß zu reduzieren. Für diese These spricht auch das Fehlen einer eigenständigen Schrift im keltischen Irland bis ins

[14] Zu den verschiedenen Überlegungen zu diesem Thema vgl.: H. D. Rankin, Celts and the Classical World. London, Sidney 1987, S. 1–33.

Das Irland des Ptolemaios

Nach Liam de Paor, The People of Ireland. From Prehistory to Modern Times. London u.a. 1986.

5. nachchristliche Jahrhundert. Während für Britannien bereits in vorchristlicher Zeit die Entstehung einer Schrift mit lateinischen Buchstaben nachgewiesen werden kann, entstand in Irland erst kurz vor der Christianisierung eine eigenständige Schrift in Form der sogenannten Ogham (manchmal auch Ogam)-Schrift. Dabei handelt es sich um die Umsetzung lateinischer Buchstaben in eine Kerbschrift, nicht unähnlich der Runenschrift. Da stets entlang einer senkrechten Linie Kombinationen von senkrechten oder schrägen Kerben für einzelne Buchstaben standen – die Vokale wurden durch Punkte bestimmt –, eignete sich diese Schrift nicht für die Anfertigung längerer und komplexer Mitteilungen, sondern nur für kurze Orts- oder Personenangaben.

Die Beschreibungen des antiken Naturwissenschaftlers Klaudios Ptolemaios Mitte des 2. Jahrhunderts n. Chr. geben uns erstmals detaillierte Auskünfte über Irland und bestätigen im wesentlichen die These von der Eigenständigkeit der irisch-keltischen Kultur. Sein für unser Thema entscheidender Beitrag ist die Anfertigung der ersten Landkarten von Irland als Teil seines Versuchs, die damals bekannte Welt kartographisch zu erfassen. Zwar gibt es von den Karten keine Originalausfertigungen mehr, doch erlauben überlieferte Originalschriften sowie existierende angebliche Kopien ptolemäischer Werke ziemlich verläßliche Rekonstruktionen seiner Irland-Kenntnisse. Diese weisen nun zwar eine Reihe von Stammesnamen auf, enthalten aber weniger als zehn konkrete Ortshinweise, von denen die meisten ohnehin nur spekulativ sind. Man geht heute davon aus, daß Ptolemaios seine Kenntnisse über Britannien und Irland Berichten entnommen hatte, die der britannische Statthalter Iulius Agricola nach seinem Amtsantritt im Jahre 77 n. Chr. gesammelt hatte, als er eine Invasion Irlands vorbereitete. Durch Tacitus, seinen Schwiegersohn, ist diese Episode überliefert. Dieser hatte aber auch darauf hingewiesen, daß die Römer zwar die irischen Küstengewässer aus Berichten von Kaufleuten recht genau kannten, es jedoch für die inneren Landesteile erhebliche Informationsdefizite gab.

Die keltisch-irische Gesellschaft

Trotz einer so spärlichen Beweislage erlauben die Überreste zusammen mit der Analyse zeitgenössischer Berichte und der Vergleich mit entsprechenden Entwicklungen andernorts doch den Entwurf eines verhältnismäßig konturenscharfen Bildes der keltisch-irischen Gesellschaft. Dies wird zusätzlich noch dadurch begünstigt, daß die Strukturen – sieht man einmal von der Christianisierung der Insel ab – bis ins Mittelalter hinein verhältnismäßig stabil geblieben sind und zeitgenössische schriftliche Überlieferungen daher bereits in recht großem Umfang und relativ zuverlässig vorliegen. Daß es sich bei den irischen Kelten im Vergleich zu den späteren Kontinentalkelten um die archaischere Gesellschaft gehandelt hat, ist bereits angedeutet worden. Während das kontinentale Gallien und – mit einigen Abstrichen – auch das vorrömische südliche Britannien im 1. vorchristlichen Jahrhundert in sogenannte *civitates* (stadtzentrierte Verwaltungsbezirke) eingeteilt waren und mit den *oppida* bereits über eine im Ansatz urbane Struktur verfügten, deren Zusammenhalt im wesentlichen durch ökonomische und administrative Zwänge gewährleistet wurde, stellte in Irland die *fine* (Familie) die Grundform eines Gemeinwesens dar, das durch blutsverwandtschaftliche Beziehungen zusammengehalten wurde.

Unter *fine* müssen wir verschiedene Ahnen- und Nachkommengenerationen einer Einzelperson männlichen Geschlechts verstehen. Eine vollständige Familie wurde in Irland als *deirbhfine* bezeichnet und umfaßte vier Generationen vom *cenn fine* (Vater, Familienoberhaupt) bis zum Großneffen. Hier lag die Grenzlinie, hinter der eine neue Familienstruktur begann. Mehrere dieser *fine*, die gemeinsam in einem größeren Territorium lebten, bildeten die nächsthöhere Einheit, den *tuath* (Stamm), der von einem *rí* (König) beherrscht wurde. Dieser stand an der Spitze eines hierarchisch gegliederten Systems von Freien, Klienten und Unfreien, d.h. Leibeigenen oder Sklaven. Man nimmt an, daß es im keltischen Irland etwa 150 solcher *tuatha* gab. Der *rí* repräsentierte seinen *tuath* in inneren wie äußeren Angelegenheiten. Doch aufgrund der klaren Gliederung des sozialen Systems war seine tatsächliche politische Macht oftmals eher formal als real.

Ein Zusammenschluß mehrerer *tuatha* zu größeren Einheiten war grundsätzlich möglich, doch gab es für solche Fälle keine Richtwerte. Es darf davon ausgegangen werden, daß sich größere Bündnisse stets infolge kurzfristiger gemeinsamer Interessen bildeten, die aber selten von längerer Dauer waren. Diejenigen Könige, in deren Territorien überregional bekannte sakrale Stätten lagen, konnten damit zusätzliches Profil gewinnen. Solche Heiligtümer waren also seit jeher Ziel von besonders ehrgeizigen oder machthungrigen *riatha*, die sich zu Provinzkönigen aufschwingen wollten. So gab es denn seit frühester keltischer Zeit auf irischem Boden ausgedehnte Bündnis- und Abhängigkeitssysteme oberhalb der *tuath*-Ebene, aus denen sich im Laufe der späteren Jahrhunderte die vier klassischen irischen Provinzen Ulster, Leinster, Munster und Connacht herauskristallisierten. Zeitweise bestand noch eine fünfte Provinz – Mide (Mitte) –, doch fiel diese bald wieder den machtpolitischen Bestrebungen ehrgeiziger Stammesführer zum Opfer. Heute erinnern noch die Namen der Grafschaften Meath und Westmeath an deren Existenz. Auch das moderne irische Wort für »Provinz« *(cúige)* wird von dem altirischen Wort für »Fünftel« hergeleitet[15].

Für die vor- und frühkeltische Zeit weisen alte Überlieferungen und Sagen auf Provinzen hin, die nach den jeweils dominierenden Fürstenfamilien *Lagin* (im Südosten und Teilen Zentralirlands), *Ulaid* (nördlich von Boyne und Erne) und *Érainn* (im Süden) benannt waren. Schon in dieser frühen Zeit resultierte die politische Macht zu einem großen Teil aus der Hegemonie über bestimmte Heiligtümer. Diese frühen Bündnissysteme wurden in den folgenden Jahrhunderten von anderen Familienföderationen verdrängt. Darunter befanden sich unter anderen die Nachfahren eines »Conn der hundert Schlachten« im Westen und Nordwesten der Insel, Connachta genannt, und eines anderen Heroen namens »Niall der neun Geiseln« im Norden und in Zentralirland, fortan Uí Néill genannt. Einem Zweig dieser Familie entstammte die im 16. und 17. Jahrhundert in Ulster dominierende Familie der O'Neills of Tyrone. Sowohl die Connachta als auch die Uí Néill versuchten alsbald, die Konsolidierung ihrer jeweiligen heimischen Machtposition durch die Eroberung des berühmten Heiligtums von Tara zu unterstreichen. Heute ist von dieser sakralen Stätte, in der Grafschaft Meath gelegen, nur noch eine für Laien kaum von der Umgebung unterscheidbare Erhebung inmitten einer grünen Weidelandschaft übrig. Doch in vorchristlich-keltischer und vermutlich auch schon vorkeltischer Zeit zählte dieser Ort zu den bedeutendsten Heiligtümern der ganzen Insel. Hier wurde in unregelmäßigen Abständen im Rahmen einer festgelegten Ze-

[15] Zur keltischen Gesellschaft vgl. u. a.: Jean Markale, Die keltische Frau. München 1984, dort bes. Kap. 1: Der historische Kontext, und Kap. 2: Der juristische Kontext. Auch: Liam De Paor, The Peoples of Ireland. London 1986, dort das Kapitel ›Celtic Ireland‹.

remonie – *féis* – dem mächtigsten Herrscher der Zeit als oberstem König und Priester, als Gatte der höchsten Göttin und als Beschützer des Volkes vor den Geistern des Jenseits gehuldigt. Zwar sank die Bedeutung Taras in christlicher Zeit, doch bedeutete die Herrschaft über diesen Ort noch bis ins Mittelalter hinein ein erhebliches Maß an Prestige.

Diese Stammesföderationen dürfen nicht als proto-staatliche Einheiten gesehen werden. Dazu waren sie entschieden zu amorph und abhängig von kurzfristigen politischen Erwägungen. Die politische Grundeinheit der irischen Kelten blieb der *tuath* und damit ein geschlossenes autonomes System mit einer klar gegliederten inneren Hierarchie, eigener Rechtsordnung und teilweise sogar eigenen Göttern. Die soziale Stellung wurde vor allem durch den Besitz von Vieh bestimmt, das das älteste und lange Zeit auch einzige Zahlungsmittel auf der Insel darstellte, da Grund und Boden sich in gemeinschaftlichem Familienbesitz befanden. Das ist ein weiterer Hinweis auf die archaischen Grundmuster dieser Gesellschaft, die sich auch darin erheblich vom europäischen Kontinent und dem südlichen Britannien unterschied, wo sich längst das römische Prinzip vom Grundbesitz als Kapitalgrundlage durchgesetzt hatte.

Viehbesitz gab es nicht in allen Schichten dieser Gesellschaft, sondern war das Privileg der Klasse der *flaithi* (Freien), die sich aus Mitgliedern der dominierenden Familien – man könnte sie auch als den keltischen Adel bezeichnen – zusammensetzte. Einige Überlieferungen gehen davon aus, daß diese Klasse aus sieben hierarchisch gegliederten Untergruppen bestand. Aus ihren Reihen, genaugenommen aus dem kleinen Kreis jener Adligen, die das Privileg besaßen, Waffen tragen zu dürfen (*féni*), setzte sich die *oenach* (Stammesversammlung) zusammen. Eine der wesentlichen Aufgaben dieser Instanz war die Wahl des *rí*. Dieser war nicht unbedingt ein König auf Lebenszeit. Bei schwerwiegenden Verstößen gegen den Ehrenkodex seines Amtes – so bei ungerechten Schiedssprüchen – oder bei anderweitigen Schädigungen des *tuath* konnte er von derselben Versammlung wieder abberufen werden. Die Stammesversammlung gestand dem Herrscher in Kriegszeiten zwar nahezu diktatorische Vollmachten zu – vermutlich um eine möglichst schnelle Handlungsfähigkeit zu gewährleisten –, in Friedenszeiten indes wurden die wichtigsten Entscheidungen einvernehmlich in der *oenach* gefällt, der der *rí* dann lediglich vorsaß. Die Stammesversammlung war also keine mehrheitsdemokratische

Instanz, sondern bestand nur aus einer kleinen adligen Minderheit, von deren Entscheidungen die unverhältnismäßig größere Mehrheit der Stammesmitglieder auf Gedeih und Verderb abhing.

In der sozialen Hierarchie folgten dann zwei Hauptkategorien von nur noch bedingt freien Gefolgsleuten, *céile* (Begleiter oder Klienten) genannt. Die Form der Abhängigkeit drückte sich durch zwei klar definierte und voneinander verschiedene Vertragsformen aus, wobei den Klienten aus dem Besitz des Hochadels jeweils Vieh zur eigenen Nutzung verpachtet wurde. Als eine Form der Gegenleistung mußte der *céile* dem Verpächter hohe Abgaben leisten, deren Jahresvolumen etwa dem Gegenwert eines Drittels des überlassenen Viehbestandes entsprach. Die andere Form war zwar materiell weniger aufwendig, verlangte dafür aber vom *céile* die Aufgabe bestimmter Persönlichkeitsrechte zugunsten des Verpächters. Der Umfang des überlassenen Viehbestandes – in diesem Fall Ehrenpreis oder Abfindungspreis genannt – war abhängig von der gesellschaftlichen Stellung, die der Pachtnehmer aufzugeben hatte. Danach besaß der *céile* keinen eigenen Rechtsstatus mehr, sondern war fast völlig von seinem Gläubiger abhängig, da er die Beendigung eines solchen Pachtvertrages nur unter sehr schwierigen Bedingungen herbeiführen konnte. Angesichts der qualitativ so unterschiedlichen Vertragsbedingungen ist offensichtlich, daß die Variante des Pachtvertrages, die von den Klienten letztlich gewählt wurde – oder werden konnte – abhängig war von der Stellung auf der sozialen Leiter. Denn nur wer keine andere Alternative hatte, als durch die Aufgabe von Persönlichkeitsrechten den Lebensunterhalt für sich und die Familie zu sichern, dürfte vermutlich bereit gewesen sein, sich freiwillig in ein unmittelbares, persönliches und lebenslanges Abhängigkeitsverhältnis zu begeben.

Nach heutigem Verständnis mögen solche Strukturen zu Recht anachronistisch und menschenverachtend anmuten, doch aus der Situation der damaligen Zeit heraus, in der das Vieh die allein verfügbare Kapitalgrundlage darstellte, konnte erst eine derart fein aufeinander abgestimmte Gesellschaft das ökonomische Funktionieren und damit letztlich das Überleben des *tuath* sicherstellen. Zum besseren Verständnis dieser Aussage ist ein kleiner Längsschnitt durch dessen sozioökonomische Struktur hilfreich.

Bekanntlich befand sich das Stammesland in kollektivem Besitz. Der König hatte indes das Recht und die Pflicht, Mitgliedern des Stammes Nutzungsrechte an bestimmten Landesteilen zu übertragen. Dies konnte sowohl als Belohnung für der Stammesgemeinschaft erwiesene Dienste oder aber als »Vorschuß« für noch zu leistende Dienste geschehen. Diese Form des Abhängigkeitsverhältnisses kann als *unmittelbar* (im Verhältnis zum König) bezeichnet werden. Für die zweite Form sozialer Abhängigkeit sei in Anlehnung an Jean Markale auf die sogenannten *Hospitalier* verwiesen, die, vom König ernannt, die Aufgabe hatten, Stammesmitglieder und fremde Besucher zu beherbergen und zu bewirten. Dafür wurde ihnen – unmittelbar vom König – ein Gebiet von etwa 800 ha Land nebst zahlreichen Viehherden und einer größeren Zahl von Knechten oder Sklaven (*cumal* bzw. *mug* waren die irischen Wörter für Leibeigene bzw. Sklaven) zur Verfügung gestellt. Sollten diese nicht zur Bewirtschaftung des Besitzes genügen, besaßen die *Hospitalier*, in der Sozialhierarchie ohnehin schon direkt unterhalb des Königs angeordnet, das Recht, ihrerseits Teile dieses Besitzes an eigene Klienten weiterzugeben. Der Einfluß und der gesetzliche Status des jeweiligen *Hospitaliers* waren nun wiederum abhängig von der Anzahl der Klienten. Dieses konkrete Beispiel *mittelbarer* Abhängigkeit läßt sich natürlich auch auf alle anderen Formen sozialer Abhängigkeit anwenden.

Auf den ersten Blick könnten solche Formen persönlicher Abhängigkeit an das kontinentale Lehnswesen erinnern, doch unterschied sich der Zweck der Landgabe in der keltisch-irischen Gesellschaft bei genauerer Betrachtung erheblich vom festländischen Modell. Dort konnte – neben anderen Zwecken – das Lehen zwar auch als Belohnung für erwiesene Dienste gedacht sein, der Beliehene besaß dann aber das Recht, sein Lehen für eigene, individuelle Zwecke zu nutzen. Die unmittelbare Landgabe in Irland indes war stets mit dem Zweck verbunden, einen Beitrag zum Gemeinwohl des *tuath* zu leisten. Das mittelbare Abhängigkeitsverhältnis erbrachte – wenn auch indirekt über das persönliche Abhängigkeitsverhältnis zwischen Leihendem und Klienten – einen ebensolchen Beitrag. Die Hierarchie der Land- und damit verbunden auch der Vieh- (also Kapital-) Gabe erfaßte folglich sämtliche sozialen Schichten des *tuath*, bündelte diese und stellte sie in den kollektiven Dienst am eigenen Stamm.

Natürlich gab es das Abhängigkeitsverhältnis auch auf der Stammesebene. Besonders machthungrige Stammesfürsten versuchten, ihren Ehrgeiz durch die Angliederung möglichst vieler abhängiger *tuatha* zu befriedigen. Es ist wenig verwunderlich, daß sich angesichts solcher Rahmenbedingungen die politischen Machtverhältnisse häufig änderten und sich niemals längerfristige größere politische Einheiten herauskristallisierten, die als Grundlage für die Entstehung von Staaten kontinentaleuropäischer Prägung dienen konnten. Ein solches Gemeinwesen, in dem womöglich noch das römische Staatsverständnis von der *res publica* als höchstem Prinzip jeder Art politischen Denkens und Handelns vorherrschte, hat es im keltischen Irland niemals gegeben. Damit war allerdings auch der Untergang dieser Gesellschaftsform vorprogrammiert, denn die Staatsräson sollte sich im Verlauf der Geschichte als das erfolgreichere Prinzip erweisen.

So erinnern heute nur noch zahllose steinerne Zeugen aufmerksame Irlandreisende an das Zusammenleben der *flaithi* mit ihren Klienten und Leibeigenen. Es sind die Überreste von über 50000 befestigten Siedlungen, deren charakteristische runde Erd- und Steinwälle, wenn auch im Laufe der Jahrhunderte durch natürliche Einflüsse oder von Menschenhand teilweise abgetragen oder eingerissen, überall auf der Insel gefunden werden können. Zudem überlebten die unterschiedlichen Bezeichnungen solcher Siedlungen – *rath*, *liss* oder *dun* stehen mit ihren Derivaten sämtlich für »ringförmige Festung«[16] – in vielen Städte- oder Ortsnamen, auch wenn keinerlei Überreste der ursprünglichen Anlagen mehr vorhanden sind. Viele dieser Ringfestungen waren ursprünglich, wie Funde von hölzernen Hauskonstruktionen beweisen, als befestigte Bauernhöfe entworfen, wo Mensch und Tier mit- und nebeneinander lebten. Andere, bei denen sich keine oder nur wenige Wohnstätten nachweisen lassen, dürften lediglich der sicheren Haltung größerer Viehherden gedient haben. Darauf läßt auch die stets sorgfältige Ortswahl schließen, bei der sowohl Talsenken (Überflutungsgefahr und zu hohe Feuchtigkeit) als auch das Hochland (zu unfruchtbar) vermieden wurden.

Die *ratha* erinnern also an die zahlenmäßig relativ kleine keltische Oberschicht, die reichen Viehbesitzer oder -pächter. Doch wie lebten die anderen Menschen im keltischen Irland? Einige –

[16] Derivate von *rath* sind: *raw, rah, ray, ra* oder *raha*; Derivate von *liss* sind: *lios, lis, les, lish, lass* oder *lassa*; Derivate von *dun* sind: *dún, don, doon* oder *down*. *Dun* kann auch auf einen Königssitz hinweisen.

im Vergleich zu den Ringforts allerdings spärliche – archäologische Indizien lassen auf Haufendörfer *(clachans)* schließen, die lediglich mit Palisaden befestigt waren, ohne daß zusätzlich noch Wälle aufgeworfen oder Gräben ausgehoben wurden. Weiden und Äcker dieser Siedlungen lagen größtenteils außerhalb der Palisaden, doch gab es innerhalb des *clachan* genügend Grünfläche, um das Vieh in Zeiten der Gefahr zu versorgen. In den Feuchtgebieten Zentralirlands wurde die Tradition des bronzezeitlichen *crannog* fortgeführt, also der Bau von künstlichen hölzernen Inseln an See- und Flußufern, von denen einige zweifellos als Königssitze gedient hatten. Eine andere Form der Behausung stellten unterirdische Wohnräume dar, zur besseren Lebensqualität mit Trockensteinmauern verkleidet. Einige dieser Anlagen bestanden aus einem Labyrinth von Räumen, verbunden durch ganze Tunnelsysteme, die vermutlich zu Zufluchts- und Festungszwecken angelegt worden waren. Aus schriftlichen Überlieferungen weiß man heute ferner von anderen gesellschaftlichen Gruppen, die aufgrund ihrer Randstellung kaum Gelegenheit hatten, irgendwelche archäologisch verwertbaren Spuren zu hinterlassen. Dabei handelte es sich zum Beispiel um versprengte Reste der vorkeltischen Urbevölkerung, die offenbar noch lange Zeit als Nomaden neben der etablierten Gesellschaft existieren konnten. Halb-nomadische Handwerker versorgten auch den letzten Winkel der Insel mit selbsthergestellten Metallwerkzeugen, reisende Händler transportierten ihre Waren überall dorthin, wo sich Käufer fanden. Ferner ist bekannt, daß viele fahrende Schauspieler und Narren für die Unterhaltung der Landbewohner sorgten.

Eine Sonderrolle in der vorchristlichen keltischen Gesellschaft spielten die Gelehrten, die einem eigenen Stand, der *oes dána* (Stand der Gelehrten) angehörten. Dazu zählten Dichter, Rechts- oder Heilkundige genauso wie handwerklich besonders ausgebildete Künstler. Bei einem Besuch des Dubliner National Museum of Ireland, wo besonders viele und gut erhaltene Funde aus dieser Zeit ausgestellt sind, fallen stets die mit außergewöhnlicher Sorgfalt, Präzision und Geschicklichkeit hergestellten metallischen Gegenstände auf, deren ausgefeilte und künstlerisch kaum zu übertreffende Bearbeitung immer wieder beeindruckt, unabhängig davon, ob sie als Waffen dienen sollten oder für den täglichen Gebrauch gedacht waren. Sie lassen den Besucher auch heute noch etwas von der Bedeutung spüren, die der künstlerischen Symbolik und implizit den Künstlern in der keltischen Gesellschaft beigemessen wurde.

Noch höher schätzten die Vorfahren der heutigen Iren allerdings die Dichterpriester (*filid* oder *baird* genannt) ein. Auch unter ihnen gab es eine Vielzahl von sozialen Abstufungen. An der Spitze stand der *ollamh*, dessen Status dem eines *rí* gleichkam. In einem Land, in dem auch heute noch Märchen und Mythen liebevoll gepflegt werden, in dem zur keltischen Zeit jedoch ein ungewöhnlich intensiver Kontakt zur Welt der Mythen und Götter, der Geister, Feen, Elfen und Unholde bestand, kamen den Dichterpriestern besondere Aufgaben zu. Sie stellten gleichsam die Brücke zwischen dem Diesseits und dem Jenseits dar, sie besaßen die Kenntnisse und Erfahrungen, um für die heidnische Bevölkerung den Kontakt mit der mythischen Welt herzustellen. Ihre Tätigkeit ging daher weit über den Rahmen normaler »Unterhaltung« hinaus – sie waren Seher, Deuter und Magier. Daneben übten sie – in einer Zeit ohne oder mit nur gering entwickelter Schriftlichkeit – auch die Funktion des kollektiven Gedächtnisses aus. Sie bewahrten in ihren Epen die Erinnerung an die Geschichte des eigenen Volkes.

Dazu bedurfte es natürlich einer jahrelangen intensiven Ausbildung. Diese wurde auf speziellen »Schulen« vermittelt, in denen die Eleven im Laufe von sieben bis zwölf Jahren alles Wissen eingepaukt bekamen, das sie für ihre künftige Tätigkeit benötigten. Da es keine schriftlichen Vorlagen gab, dürfte sich der Unterricht im Dialog mit dem Lehrer erschöpft haben, wobei dieser vorsprach und seine Schüler solange wiederholen mußten, bis der Stoff saß. Dieser umfaßte mehr als nur alte Epen. Den Schülern wurde im Laufe des Unterrichts Einblick in die Grundlagen keltischer Lebensformen, in Gesetze und in Familienchroniken gegeben. Damit wuchsen nicht nur bloße Dichter und Sänger heran, sondern es wurde bewußt eine geistige Elite ausgebildet, die den Stammesführern oftmals beratend zur Seite stand und daher mit Fug und Recht ein hohes soziales Prestige genoß. Am Ende der Ausbildung entschieden sich die Absolventen für eine von zwei möglichen Tätigkeitsfeldern. Als *baird* hatte man sich im wesentlichen auf die Unterhaltung zu konzentrieren und dabei königliche Heldentaten oder historische Epen in Gesangsform, oftmals von Harfen begleitet, darzubieten. Die *fili* waren im Gegensatz dazu oft als Berater und Sachverständige tätig und mußten als Seher die Verbindung mit der Sagen- und Geisterwelt aufrechterhalten. Daß die Gelehrten aufgrund ihres Wissens und ihrer Fähigkeiten großen Einfluß besaßen, ist offensichtlich. Ihre Schlüsselstellung hat vielen Poeten zu großem Wohlstand verholfen. Ein begehrenswertes Ziel vieler Fürsten war es, in die Heldengalerie der Dichter aufgenommen zu werden. Dazu mußte man sich allerdings ihres Wohlwollens versichern. Oftmals schlugen solche Versuche aber auch fehl, und der Fürst wurde mit Hohn und Spott übergossen, was in der Regel mit der Absetzung des Herrschers verbunden war. Schließlich konnte es sich kein *tuath* leisten, von einem Versager angeführt zu werden. Ähnlich mag es auch jenem allzu sparsamen Stammesfürsten ergangen sein, von dem es in einem Vierzeiler aus dem 6. nachchristlichen Jahrhundert heißt:

»Ein Pferd
War mein Gedicht ihm wohl nicht wert
Es geben seinesgleichen stets für solche Mühe
Kühe.«[17]

Eine Sonderstellung im Stand der Gelehrten nahmen zweifellos die Druiden, die eigentlichen keltischen Priester, ein. Unser heutiges Wissen über die keltische Religion sowie die Stellung und Funktion der Druiden in der keltischen Gesellschaft verdanken wir Gaius Iulius Caesars ›Gallischem Krieg‹. Zwar hatte dieser seine Erfahrungen überwiegend mit gallischen und britischen Kelten gemacht, doch können seine Erkenntnisse mit einigen Einschränkungen auch auf die irischen Kelten übertragen werden. Danach darf man die keltische Religion wie die meisten anderen alten Religionen nicht als eine überschaubare und homogene Lehre begreifen, sondern muß sie als ein Mosaik aus zeitlich und örtlich unterschiedlichen Glaubensrichtungen verstehen, das von einem lockeren Geflecht einiger weniger keltischer Hauptgötter zusammengehalten wurde, die auf eine gemeinsame mythologische Herkunft schließen lassen. Um diese gemeinsamen Hauptfiguren aber kreist – regional und sozial verschieden – eine Vielzahl anderer Gestalten. Eine der bekanntesten keltisch-irischen Götter ist der König der letzten Göttergeneration, des *Tuath Dé Dannan*, namens Lugh oder Samildánach, dessen Name oft mit dem Zusatz »mit dem langen Arm« versehen wird, was seine Funktion als Sonnengott unterstreicht. In der keltischen Mythologie gilt Lugh als der Vater

[17] Zitiert nach: Gerhard Herm, Die Kelten. Das Volk, das aus dem Dunkeln kam. Herrsching 1990, S. 363f.

des mythologischen Heroen Cú Chullain, den er mit seiner Gefährtin Eithne, dem Land Irland, gezeugt haben soll und der dann durch Deichtire, die Schwester des Königs Conchobar, geboren wurde.

Die Druiden entstammten wie *baird* und *fili* der Oberschicht. Sie genossen im Gegensatz zu diesen allerdings noch einige Privilegien wie grundsätzliche Befreiung von Abgaben aller Art und vom Waffendienst. Ihre Ausbildung war indes noch länger – bei Caesar ist die Rede von 20 Jahren. Ein wesentlicher Teil dieser Ausbildung war dem Erlernen heiliger Texte gewidmet, deren Niederschrift einem religiösen Verbot unterlag. Caesar berichtet aber, daß die gallischen Druiden durchaus schreibkundig waren und für beinahe alle anderen öffentlichen und privaten Zwecke ein dem Griechischen ähnliches Alphabet verwendeten. Es darf bezweifelt werden, daß diese Angabe auch für Irland gilt. Sicherlich kannten die irischen Druiden aber diese Fähigkeit ihrer kontinentalen »Kollegen« – ob jedoch aus diesem Vorbild das Ogham-Alphabet entstand, ist in der Forschung umstritten. Als Priester regelten sie die religiösen Bräuche, hielten den Vorsitz bei Opferungen, beobachteten und deuteten Vorzeichen. Dabei kann es, sieht man einmal vom rein religiösen Aspekt ab, gelegentlich zu Kompetenzüberschneidungen mit anderen Vertretern des Gelehrtenstandes gekommen sein. Doch ob dies tatsächlich der Fall gewesen ist oder ob die keltisch-irische Gesellschaft hier eine klare Kompetenzenteilung vorgesehen hat, ist bis heute nicht endgültig geklärt. Über einen Schwerpunkt der keltischen Religion jedoch klärt uns Caesar auf, der schreibt, daß »der Kernpunkt der Druidenlehre der ist, daß Seelen nicht sterben, sondern nach dem Tod von einem Körper in einen anderen schlüpfen; sie glauben, daß diese Vorstellung der stärkste Anreiz für Mut ist, da die Männer so den Tod nicht fürchten« (De Bello Gallico IV, 14). Mit diesem Hinweis auf die Reinkarnationslehre der keltischen Mythologie verbindet sich auch die Betonung der legendären Tapferkeit der keltischen Krieger, die, wie alle zeitgenössischen Berichte belegen, offensichtlich keine Angst vor dem Tod hatten.

Eine Skizze der keltisch-irischen Gesellschaft wäre nicht vollständig ohne einen Hinweis auf die Rolle der Frau in ihr. Denn obwohl die Strukturen dieser Gesellschaft zweifelsohne patriarchalisch geprägt waren, verfügte die keltische Frau über ein selbst aus heutiger Sicht erstaunliches Maß an Freiheiten und Rechten. Diese lassen sich für alle sozialen Ebenen feststellen.

So galt der Mann zwar nach außen hin als das Familienoberhaupt, doch war er nach den Gesetzen der Zeit nicht unbedingt immer das Oberhaupt des Ehepaares. Diese Rolle wurde im Gegenteil durch Abstammung und Vermögen der Parteien bestimmt. Danach gab es drei verschiedene Fälle:

1. Bei gleichem Vermögen und bei gleicher sozialer Herkunft waren Gattin und Gatte rechtlich vollkommen gleichgestellt. Auch konnte die Gattin aus eigenem Willen und ohne die Zustimmung des Gatten jeden Vertrag abschließen, der ihr vorteilhaft erschien. Nur für den Fall, daß der Gatte durch den Vertrag persönliche Nachteile erleiden sollte, war dessen Einwilligung nötig. Doch gleichermaßen konnte die Gattin ihre Zustimmung zu Verträgen des Gatten verweigern, falls diese persönliche Nachteile für sie fürchten ließen.

2. Sollte die Gattin einer gesellschaftlich untergeordneten Schicht entstammen oder weniger vermögend als ihr Gatte sein, waren ihre Rechte stark eingeschränkt.

3. War indes ihr Vermögen größer als das des Gatten, so war die Frau nach dem Gesetz nicht nur das Oberhaupt des Ehepaares, sondern darüber hinaus auch Familienoberhaupt. Der Mann hingegen besaß keine eigene Autorität, sondern galt als *fer fognama* (dienender Mann) oder *fer for ban* (Untertan einer Frau).

Auch die Regeln der Partnerwahl und Eheschließung zeugen von einem hohen Maß an Gleichberechtigung. So besaß beispielsweise die Frau grundsätzlich das Recht, sich ihren künftigen Gatten selbst auswählen zu dürfen und nicht gegen ihren Willen verheiratet zu werden. Das schließt natürlich ein Mitspracherecht der Familien nicht aus, denn dazu waren die mit dem Wechsel von einem in einen anderen Familienverband verbundenen Auswirkungen zu gravierend. Auch mußten beide Partner möglichst gleich große Vermögenswerte mit in die Ehe einbringen – dies schon im eigenen Interesse, da sonst die rechtliche Stellung unterschiedlich gewesen wäre. Nach dem Tode eines Partners fiel nicht automatisch das Gesamtvermögen an den überlebenden Teil, sondern nur der zum Zeitpunkt der Eheschließung eingebrachte Anteil zuzüglich des anteiligen Zugewinns.

Die Frau brachte ferner ihr eigenes Witwengeld *(tinnscra)* mit in die Ehe, das aus der Gesamtheit aller von ihren Eltern erhaltenen Geschenke bestand. Dies blieb auch für den Fall einer Auflösung des Ehevertrages in ihrem persönlichen Besitz. Ohnehin war die Ehescheidung selbst in christlicher Zeit erstaunlich unkompliziert. Die Ehe wurde als ein Vertragsverhältnis gesehen, das keinen Bestand mehr hatte, sobald eine Partei die Vorschriften des Ehevertrages verletzte. Ein Mann hatte bereits Anrecht auf Scheidung, wenn seine Frau ihn mit den Worten »Schande komme über deinen Bart«[18] beleidigte. Die Frau konnte die unverzügliche Auflösung der Ehe verlangen, sollte sich der Ehemann des Ehebruchs schuldig machen. Beim Tod des Ehegatten wurde der Familie der Frau Vorrang bei der Nach- und Erbfolgeregelung eingeräumt.

Außerhalb des Eheverhältnisses genoß die Frau im keltischen Irland große Freizügigkeit. Sie konnte im Prinzip alle gesellschaftlichen Funktionen einnehmen und ausüben, sei es nun als Erzieherin, Seherin, Magierin oder Königin. Diese gleichberechtigte Stellung wurde auch in frühchristlicher Zeit beibehalten, in der die Frauen bestimmte Teile des Gottesdienstes zelebrieren durften; auch gab es in Britannien wie in Irland gemischte Klöster für Nonnen und Mönche – beides wurde aufs heftigste von den Bischöfen auf dem europäischen Kontinent kritisiert.

Die Ausbreitung des Christentums

Die Christianisierung der irischen Insel wird oft und gern mit dem Namen des hl. Patrick (um 385–461) verbunden. Noch heute bezeichnen populärwissenschaftliche Darstellungen oftmals die Ankunft Patricks in Irland im Jahre 431 n. Chr. als den Beginn der Christianisierung Irlands. Dabei ist das exakte Datum, an dem er als Missionar seinen Fuß auf die Grüne Insel setzte, quellenmäßig gar nicht nachweisbar. Vermutlich jedoch geschah dies erst nach 431 und zu einem Zeitpunkt, als es dort bereits seit über 100 Jahren Christen gab. Die heutige Forschung geht mit gutem Grund davon aus, daß Patrick zwar einen großen Anteil an der Missionierung der irischen Heiden hatte, daß die Mission aber vor und während seiner Zeit in größerem Umfang mit einer ganzen Reihe von Missionaren von Rom und von Gallien aus gefördert wurde.

Noch bevor das Christentum gleichsam in offiziellem Auf-

[18] Dieses Beispiel ist uns aus Wales überliefert, dürfte im Prinzip aber auch auf Irland anwendbar sein; zitiert nach Markale, Die keltische Frau, S. 37.

trag in Irland vertreten war, hatte man dort bereits einige Erfahrungen mit dem neuen Glauben machen können, denn genauso, wie sich das Christentum von Palästina aus durch Soldaten und reisende Händler immer weiter im Mittelmeerraum verbreiten konnte, gelangte es auch in die entfernteren Teile Europas. Im 2. Jahrhundert hatte der christliche Glaube in Gallien schon viele Anhänger gefunden und auch die Fühler nach Britannien ausgestreckt. Da es eine Reihe von direkten Handelsverbindungen zwischen dem westlichen Gallien und Irland gab, ist es wahrscheinlich, daß zur selben Zeit auch dort erste Erfahrungen mit der neuen Religion gemacht wurden.

Doch so plausibel und schlüssig diese Annahme auch sein mag, gibt es trotzdem seit nunmehr fast einem Jahrhundert in der Forschung einen intensiv geführten Disput darüber. Ausgelöst worden ist dieser Streit durch eine Studie des deutschen Keltologen Heinrich Zimmer, der zu Beginn des 20. Jahrhunderts die seinerzeit besonders in Irland verbreitete Ansicht verwarf, daß der christliche Glaube erst im frühen 5. Jahrhundert durch den hl. Patrick und über Britannien in nennenswertem Maße nach Irland gelangt war. Zimmer und nach ihm sein Schüler Kuno Meyer vertraten vehement die Ansicht, daß Patrick als Missionar ein Nachzügler gewesen sei, der zum Zeitpunkt seiner Ankunft ein bereits weitgehend christianisiertes Irland vorgefunden habe und dessen Wirkungskreis sich nur auf eine kleine Region beschränkt hätte[19]. In Deutschland war diese These nicht neu – schon 100 Jahre zuvor war Hegewisch davon ausgegangen, daß »die christliche Religion [...] im zweiten oder dritten Jahrhundert in Irland« verbreitet worden sei[20]. In Irland wurde diese These indes heftig befehdet. Schon 1905 konnte Bury die meisten von Zimmers Argumenten widerlegen[21] – hier rächte sich, daß der Deutsche die Argumente zur Untermauerung seiner Schlüsse zu selektiv gewählt und offensichtliche Gegenbeweise bewußt außer acht gelassen hatte. Doch trotz dieses aus heutiger Sicht zweifellos nicht korrekten Forschungsansat-

[19] Vgl. dazu den Beitrag von Heinrich Zimmer für die Realencyklopädie für protestantische Theologie und Kirche. Leipzig 1901; auch: Ders., Über direkte Handelsverbindungen Westgalliens mit Irland im Altertum und frühen Mittelalter. Berlin 1909 (Sitzungsberichte der kgl. Preußischen Akademie der Wissenschaften, Phil.-Hist. Klasse).

[20] Hegewisch, Uebersicht der irlaendischen Geschichte, S. 14f. Hegewisch gibt allerdings keinen Hinweis darauf, woher seine Informationen stammten.

[21] J. B. Bury, The Life of St. Patrick and his Place in History. London 1905, S. 384–391.

zes haben sich die meisten seiner Schlußfolgerungen durchsetzen können.

Eine der Ursachen des Disputs dürfte vermutlich darin liegen, daß der Missionsgedanke zur Verbreitung des christlichen Glaubens bis zum Beginn des 5. nachchristlichen Jahrhunderts noch keine große Rolle spielte. St. Patrick selbst hatte in seiner ›Confessio‹ darauf hingewiesen, mit der Missionierung der heidnischen Iren etwas sehr Ungewöhnliches zu unternehmen[22]. Bis dahin hatte sich das Christentum eben eher informell, trotzdem aber recht erfolgreich im Römischen Reich und den angrenzenden Gebieten ausbreiten können.

Der erste konkrete Beleg für die Existenz von Christen in Irland weist erneut in das »Schlüsseljahr« 431 n. Chr. Das Konzil von Ephesus hatte damals den Pelagianismus, die Lehre von der Willensfreiheit und Prädestination des britannischen Mönches Pelagius, die sich zu Beginn des 5. Jahrhunderts unter anderem in Britannien und Irland erfolgreich behaupten konnte, verworfen. Als einer der führenden gallischen Bischöfe, Germanus von Auxerre, Papst Cölestin I. in Rom über die unverändert hohe Akzeptanz dieser Irrlehre auf den Britischen Inseln informierte, schickte der Heilige Vater zur Durchsetzung des Konzilsentschlusses den Gallier selbst nach Britannien und einen seiner Vertrauten namens Palladius als ersten Bischof zu den irischen Christen. Es ist nicht bekannt, welches Schicksal den Kirchenmann in seinem neuen Wirkungsgebiet erwartete – die Quellen schweigen dazu. Möglicherweise war er in Irland unter einem anderen Namen tätig. Palladius hatte vermutlich die bekannten und direkten Handelswege von Gallien nach Irland gewählt und sich dann im südöstlichen oder südlichen Irland aufgehalten. Da sein Name jedoch nicht überliefert ist, könnte es sein, daß sich seine Person hinter einem der tradierten Namen verbirgt, von denen am häufigsten in diesem Zusammenhang Ibarus von Begerin, Declan von Ardmore, Ailbhe von Imlech Iubhair und Ciaran von Saighir genannt werden, die alle in der Zeit vor dem Eintreffen des hl. Patrick in Süd- und Mittelirland als Bischöfe oder Missionare tätig waren.

Mögen diese Bilder auch nur schemenhaft aus den Nebeln der Geschichte herausragen, bestätigen sie doch einmal mehr, daß

[22] Zitiert nach: Edward James, Ireland and Western Gaul in the Merowingian Period. In: Dorothy Whitelock, Rosamond McKitterick u. David Dumville (Hg.), Ireland in Early Mediaeval Europe. Studies in Memory of Kathleen Hughes. Cambridge 1982, S. 362–386, dort S. 366.

es bereits vor dem hl. Patrick Christen in nennenswerter Anzahl in Irland gegeben hat. Der irische Nationalheilige verdankt seinen Ruhm vermutlich dem Umstand, daß die beiden einzigen überlieferten Dokumente zur irischen und britischen Kirchengeschichte des 5. Jahrhunderts – ein kurzer Protestbrief an einen britannischen Stammesfürsten namens Coroticus, dessen Leute einige von Patrick selbst getaufte Iren als Sklaven verschleppt hatten, sowie die längere ›Confessio‹, die als eine Art biographische Rechtfertigungsschrift zu verstehen ist – mit hoher Wahrscheinlichkeit aus seiner Feder stammen.

In der ›Confessio‹ hat Patrick einige Angaben zu seiner Herkunft und seinem Wirken gemacht. Danach entstammte er einer römisch-britischen Familie mit einigem Grundbesitz im heutigen englisch-schottischen Grenzraum und wurde in seiner Jugend zusammen »mit Tausenden anderen« während eines Überfalls irischer Heiden als Sklave nach Irland verschleppt. Dort verbrachte er sechs Jahre als Viehhirte, bevor er seinem Herrn entkommen konnte. In dieser Zeit beschloß er, sein künftiges Leben in den Dienst Gottes zu stellen und eines Tages zurückzukommen, um die einstigen Peiniger zu bekehren. Nach vielen Schwierigkeiten – Patrick erwähnt unter anderem seine ungenügende Bildung – wurde er tatsächlich zum Bischof geweiht und konnte seine Mission beginnen.

Alle Anzeichen sprechen dafür, daß Patrick im Norden der irischen Insel tätig gewesen ist. So soll er bereits als Sklave in Slemish in der Grafschaft Antrim gefangen gehalten worden sein. Sein Grab liegt vermutlich in Downpatrick in der Grafschaft Down. Armagh, seine bedeutendste Kirchengründung, entwickelte sich später zu einem der wichtigsten Kirchenzentren der ganzen Insel. Auch die meisten anderen Orte und Plätze, die der Legende nach mit seinem Namen verbunden sind, liegen in der Nordhälfte der Insel. Vermutlich waren die Missionare im Süden der Insel zu sehr mit ihren Aufgaben in dieser Region beschäftigt gewesen, um auch noch den Norden der Insel zu beackern. Der blieb dann bis zur Ankunft Patricks Heidenland.

In bezug auf die Christianisierung der Insel dürfte das anfänglich informelle und zurückhaltende Vorgehen der ersten Missionare wesentlich dazu beigetragen haben, daß sich der neue Glaube dann doch vergleichsweise schnell auf der Insel verbreiten konnte. Die ersten christlichen Prediger mögen die heidnischen Iren an ihre eigenen Druiden erinnert haben – dies um so mehr, als die Christen viele der tradierten Regeln und Zeremonien übernahmen und sie lediglich neu interpretierten. Ein gutes Beispiel für diese Art der Transformation ist das der hl. Brigid von Kildare. Brigid war ursprünglich eine der höchsten keltischen Gottheiten und wurde als Göttin der Dichtung, der Musik, der Bildung, aber auch der Heilung und der Fruchtbarkeit verehrt. Eine der frühesten Kirchengründungen in Irland wurde vermutlich schon zu Beginn des 5. Jahrhunderts in der Grafschaft Kildare vorgenommen und ist uns als *civitas brigidae* bekannt. Die Gründerin soll der Überlieferung zufolge eine Leibeigene namens Brigid gewesen sein. Die Attribute der keltischen Göttin sind nach dem Tode der Klostergründerin allmählich auf sie als Schutzheilige übertragen worden. Ihr Namenstag wurde der 1. Februar und damit der einstige heidnisch-keltische Festtag *imbolc*, das Frühlingsfest. Auch nach dem Tode der Gründerin wurde die *civitas* zuerst durch eine Bischöfin geleitet, die dann in der Folgezeit irgendwann durch eine Äbtissin mit einem Bischof an ihrer Seite abgelöst wurde. Die *civitas brigidae* verfügte, so berichten zeitgenössische Quellen, im 7. Jahrhundert über eine große hölzerne Kirche, die reich mit Schnitzereien, Wandgemälden und Teppichen verziert war, und in der es genügend Platz für Nonnen auf der einen und Mönche auf der anderen Seite des Innenraumes gab. Diese Form des Gemeinschaftsklosters bestand dann noch viele Jahrhunderte fort, denn Ende des 12. Jahrhunderts berichtete ein walisischer Reisender darüber und erwähnte in diesem Zusammenhang auch ein ewiges Feuer, das die Nonnen in ihrem Bereich – angeblich seit Gründung des Klosters – hüteten. Möglicherweise hatte das ewige Feuer der Vestalinnen des vorchristlichen Roms hier Pate gestanden.

Auch wenn der Übergang vom heidnischen zum christlichen Irland nur ansatzweise erkennbar ist, lassen sich historisch gesicherte Erkenntnisse aus anderen Teilen des späten Römischen Reiches mit einigem Recht auf unseren Fall anwenden. Die Übertragung der urban geprägten römisch-christlichen Organisationsformen auf die bäuerliche Stammesgesellschaft Irlands muß ein grundsätzliches Problem der frühen irischen Kirche gewesen sein. Wie in anderen Teilen des Reiches nutzte man auch hier bereits vorhandene vorchristliche Riten und heilige Stätten und versah diese nur mit einer neuen Bedeutung. Damit wurde eine Doppelwirkung erzielt: Einmal erleichterte die Integration bekannter Strukturen die Gewöhnung an den neuen

Glauben, zum anderen demonstrierte die Kirche durch die Annektion heidnischer Stätten ihre Überlegenheit über die alte Religion. So entstanden die bedeutenden frühchristlichen Stätten Irlands fast alle direkt an der Stelle oder in der Nähe vorchristlicher Heiligtümer – wie zum Beispiel in Tara. Auch Patrick baute seine erste große Kirche auf dem Ard Macha, dem unmittelbaren Nachbarhügel des Emhain Macha, eines bekannten vorchristlichen Heiligtums. Damit konnten aber auch heidnische Bräuche in neuem Gewand überleben – neben dem bereits erwähnten *imbolc* sind dies für Irland auch die anderen jahreszeitlich bestimmten Feiertage. Aus dem heidnischen *beltaine* wurde der noch vor kurzer Zeit als Sommerbeginn gefeierte 1. Mai, aus dem heidnischen *lugnasad* wurde der letzte Sonntag im Juli, der, als Ende des Sommers, noch heute durch Messen in freier Natur mit anschließendem gemeinsamem Beerensammeln und -verzehr gefeiert wird; den Winterbeginn und das Gedenken der Toten, das heidnische *samain*-Fest, feiert man alljährlich (nicht nur in Irland) als Halloween.

Die frühe irische Kirche war episkopal strukturiert. Bei der Übertragung der römischen Organisationsstrukturen auf Irland mußten die frühen Bischöfe in Ermangelung größerer Siedlungen oder Städte als Bischofssitze auf die *tuatha* zurückgreifen. Natürlich war diese Form der Umgestaltung mit recht erheblichen Schwierigkeiten verbunden. Dem Prinzip vom gemeinschaftlichen Landbesitz war noch verhältnismäßig leicht zu entsprechen – zum Kirchenbau wich man auf Ödland oder in Grenzgebiete aus, die ohnehin nicht oder nur wenig landwirtschaftlich genutzt wurden. Schwieriger war die Integration des Klerus in die soziale Hierarchie. Von der Ausbildung her waren die Bischöfe und die anderen höheren kirchlichen Würdenträger mit dem Gelehrtenstand vergleichbar und wurden daher auch in die *oes dána* aufgenommen – wobei der Ehrenpreis eines Bischofs mit dem eines *ollamh* oder eines *rí* gleichgesetzt wurde. Daß es dabei oftmals zu Konflikten mit Vertretern der älteren Stände kam, die sich zurückgesetzt fühlten, und dabei manch kirchlicher Würdenträger einem Mordanschlag zum Opfer fiel, ist nachvollziehbar. Doch wogen die Vorteile, die die kirchlichen Würdenträger einbrachten, die vermeintlichen Nachteile bald auf: die lateinische Schrift und das römische Recht. Die *oes dána* akzeptierte daher das Christentum recht schnell und verinnerlichte es. Dies führte dazu, daß sich dessen äußeres Erscheinungsbild und das der Gesellschaft in der Folgezeit erheblich veränderten.

Die Veränderung der irischen Kirche und Gesellschaft erfolgte in mehreren Schritten. Ausgelöst wurde sie durch eine Entwicklung, die mehrere Jahrhunderte zuvor in Ägypten und Syrien ihren Ausgang genommen hatte, im 4. Jahrhundert Italien und Gallien erreichte, irgendwann gegen Ende des 5. Jahrhunderts bis nach Britannien und Irland vorgedrungen war und nun die vormals offene Grundstruktur der episkopalen Kirche durch eine bewußt weltabgewandte, nach Innen gerichtete monastische Form zurückdrängte. Die irische Variante des Klosterlebens orientierte sich im Gegensatz zu manchen kontinentalen Erscheinungsformen an den betont asketischen Vorbildern des Nahen Ostens. Einige der frühmittelalterlichen Asketen errichteten kleinere Zönobien auf den Gräbern von ihnen besonders vorbildlich erscheinenden Kirchenmüttern und -vätern, um ihre Ehrfurcht vor den Leistungen der Verstorbenen auszudrücken und die Erinnerung an sie wach zu halten. Dabei verschmolzen – bewußt oder unbewußt – römisch-kontinentale mit heidnisch-keltischen Vorbildern, denn die Verehrung von Märtyrern durch römische Christen während der Verfolgung diente hier ebenso als Vorbild wie die alte heidnisch-keltische Tradition der Meditation an ausgewählten heiligen Orten.

Daneben gab es aber auch die Gründung von Klostergemeinden, in denen die Mönche nach einem selbst vorgegebenen strikten Reglement nur für ihren Glauben leben wollten. Der uns überlieferte Verhaltenskodex St. Finians ist vermutlich eines der frühesten Zeugnisse dieser monastischen Tradition in Irland. Er sieht eine Reihe von mehr oder weniger harten Strafen für Abweichungen vom mönchischen Reglement vor. Die Gründungsgeschichte des Klosters von Iona, einer kleinen Insel an der schottischen Westküste, durch den hl. Columba im Jahre 563, das sich in der Folgezeit zu einem der bedeutendsten Bildungs- und Kulturzentren des frühen Mittelalters entwickeln sollte, ist durch seinen Biographen und Nachfolger Andomnán niedergeschrieben worden und gibt uns einen ebenso guten Einblick in die Strukturen einer solchen Gemeinde wie in die Motive der Gründer.

Columba (irisch Colmcille) hatte sich mit zwölf Schülern – das Vorbild von Christus und den Aposteln vor Augen – auf eine *peregrinatio*, eine »Pilgerfahrt für Christus« begeben, die mit der Gründung eines Klosters gekrönt werden sollte. Er selbst entstammte dem damals im Norden Irlands dominierenden Zweig der Uí Néill namens Cenél gConaill, war als Dichter ein hohes Mitglied der *oes dána* und verkörperte damit die Symbiose, die das irische Christentum im 6. Jahrhundert mit der traditionellen keltischen Kultur eingegangen war. Iona, das Ziel seiner Pilgerfahrt, lag damals direkt am nördlichen Rand einer irischen Kolonie in Schottland, allerdings bereits auf piktischem Gebiet. Piktische Fürsten hatten Columba die Insel zur Gründung des Klosters überlassen. Im Gegenzug wurden von Iona aus Missionsexpeditionen in piktisches Gebiet unternommen, doch dienten die Mönche auch häufig als Vermittler in politischen Disputen zwischen Pikten, Scoten, Britonen und Angeln. Durch ihre Herkunft – auch die Nachfolger Columbas entstammten alle derselben Familie –, ihre Bildung und ihre missionarischen wie politischen Erfolge genossen die Äbte von Iona hohes Ansehen im nördlichen Irland ebenso wie in Schottland und Nordengland. Die Ausstrahlung von Iona war so groß, daß eine Reihe von Tochterklöstern – Durrow, Melrose und Lindisfarne seien nur als Beispiele genannt – gegründet werden mußten, um die vielfältigen kirchlichen, schulischen und politischen Aufgaben erledigen zu können.

Iona steht daher paradigmatisch für die Entwicklung der irischen Kirche im 6. und 7. Jahrhundert: die Entstehung von klerikalen Dynastien und die Bildung von monastischen Föderationen. Auch in anderen Regionen Irlands entstanden etwa zeitgleich ähnliche Zusammenschlüsse. Clonmacnoise in Zentralirland sei hier genannt, da es sich in mancherlei Sicht von Iona unterschied. Von Ciarán, dem Sohn eines Tischlers, vielleicht ursprünglich als Einsiedelei gegründet, entwickelte sich Clonmacnoise in der Folgezeit zu einer veritablen Kirchenstadt, die sich über mehrere Kilometer entlang des Shannonufers erstreckte. Die Äbte dieses Klosters entstammten nicht adligen Familien, sondern waren durchweg Söhne von Handwerkern oder sogar von Abhängigen aus allen Teilen Irlands. Das Kloster selbst war integrierter Bestandteil eines autonomen *tuath*, an dessen Spitze allerdings ein weltlicher Fürst stand. In seiner Blütezeit kontrollierte es eine Reihe von Tochterklöstern und Kirchen in Zentralirland. Auch die Äbte von Clonmacnoise nutzten ihre Stellung und ihren Einfluß, um Anteil an der politischen Entwicklung in den umliegenden Fürstentümern zu nehmen. Als Lohn für ihre Kooperation winkte den Fürsten neben dem kirchlichen Segen auch die Aussicht auf ein standesgemäßes Grab auf dem großen Friedhof des Klosters, der in den folgenden Jahrhunderten zur letzten Ruhestätte vieler hoher Adliger, aber auch zahlreicher Dichter und Denker des Landes wurde.

Andere monastische Machtzentren, die in jenen Jahren neben Iona und Clonmacnoise entstanden, waren Armagh, Kildare und Glendalough. Je weiter sich diese Klöster entwickelten, desto komplexer und vielfältiger wurden ihre Funktionen – was wiederum das nähere und fernere Umland beeinflußte. Einige Klöster mit als besonders wundertätig geltenden Reliquien entwickelten sich zu bedeutenden Pilgerstätten, die Jahr für Jahr Tausende von Gläubigen aus dem ganzen Land anzogen. Das bedingte die Bildung einer völlig neuen Infrastruktur. Herbergen für die Besucher mußten genauso errichtet werden wie größere Lagerhäuser und spezielle Unterkünfte für jene weltlichen Herrscher, die die Klöster unterstützten und zu bestimmten Zeiten des Jahres dort auch residierten. Handwerker und Künstler siedelten sich an, die am Ausbau und an der Ausschmückung der kirchlichen und weltlichen Gebäude beteiligt waren. In stetig steigendem Umfang wurden religiöse und weltliche Texte in immer prunkvolleren Ausgaben kopiert. Die Ausbildung an einer – möglichst renommierten – Klosterschule wurde bald zu einer notwendigen Voraussetzung für die Karriere angehender weltlicher Fürsten des Landes. Kurzum – die großen Klöster des Landes wandelten sich zu kulturellen Zentren, die, teilweise sogar schon weltlich geführt, ihrem ursprünglichen Zweck nur noch in geringem Umfang nachkamen. In einigen Fällen entstanden daher in der Nähe neue, kleinere Klöster, in die sich jene Mönche zurückzogen, die sich nicht einer der zahllosen kleineren Mönchsgemeinden irgendwo, an einem möglichst abgeschiedenen Ort im Lande anschließen wollten. Die Bewohner dieser kleineren Klöster – vorzugsweise nach altem Vorbild nur zwölf Mönche und ein Abt – hatten sich von jeher ausschließlich um die eigenen und unmittelbaren Belange gekümmert und sahen ihren Lebenszweck ausschließlich im Gebet und in der Meditation. Doch zweifellos hatte sich die Kirche in Irland zwischen dem 5. und 7. Jahrhundert, nach dem Übergang von der episkopalen zur monastischen Struktur, verbunden mit der Integration des Klerus in die Gesellschaft, nicht nur konsolidiert, sondern war darüber hinaus zu einem maßgeblichen Faktor geworden, der nun seinerseits auf die weitere kulturelle, soziale, ökonomische und politische Entwicklung des Landes und weit über dessen Grenzen hinaus ausstrahlte.

Seit seiner Gründung war Iona zu einem Bindeglied zwischen Britannien und Irland geworden, das nicht nur den kirchlichen, sondern auch den kulturellen und politischen Austausch zwischen den Iren und den Völkern im Norden Britanniens vertiefte. Von Iona aus waren weite Teile Britanniens bekehrt worden, das Kloster und seine Tochteranlagen hatten aber auch als Ausbildungsstätte für viele weltliche Fürsten dieser Region gedient. Doch reichte der Einfluß irischer Kleriker weit über die Britischen Inseln hinaus. Ein Namensvetter des Gründers von Iona, ein anderer Columba, heute üblicherweise Columbanus genannt, aus dem Kloster St. Comgall bei Bangor in Nordirland, wirkte zu Beginn des 7. Jahrhunderts im heutigen Ostfrankreich, in Norditalien und in der Schweiz. Er gilt als der Gründer der Klöster von Annegray, Luxeuil und Bobbio. Einer seiner Schüler, Gall, ließ ein Kloster bei St.Gallen errichten, in dem heute noch eine wichtige Sammlung irischer Handschriften aufbewahrt wird. Andere waren weniger glücklich. Der Ort Irschenberg in Bayern erinnert mit seinem Namen an die Tätigkeit und das Martyrium von zwei irischen Missionaren namens Anian und Marian in dieser Gegend. Drei weitere Iren, Kilian, Colonat und Totnan, fanden um 689 in Würzburg ein blutiges Ende[23]. Immerhin wurde einer von ihnen, Kilian, im Jahre 752 von Burkhard, dem ersten Würzburger Bischof, zum Schutzpatron der Würzburger Kirche erhoben, die damals für die ganze Diözese Franken zuständig war. St. Kilian gilt heute als der Schutzpatron aller Franken[24].

Zwar wurde dem Einfluß der irischen Kirche auf England auf der Synode von Whitby im Jahre 664 Einhalt geboten, als sich die dort versammelten Kleriker bewußt für die von der irischen Osterdatierung abweichende römische Zeitrechnung entschieden. Auch gewann die etwas weniger rigide monastische Lehre

[23] Vgl. dazu: Alfred Wendehorst, Die Iren und die Christianisierung Mainfrankens. In: Heinz Löwe (Hg.), Die Iren und Europa im frühen Mittelalter. Stuttgart 1982, S. 319–329, dort bes. S. 319–321.

[24] Zur 1300-Jahrfeier des Kiliansmartyriums fand in der Festung Marienberg zu Würzburg vom 1.7.–1. 10. 1989 eine vielbeachtete Ausstellung zum Thema »Kilian. Mönch aus Irland – aller Franken Patron (689–1989)« statt. Dazu ist ein sehens- und lesenswerter zweibändiger Katalogband erschienen, der vom Mainfränkischen Museum Würzburg, dem Haus der Bayerischen Geschichte und dem Bayerischen Landesamt für Denkmalspflege herausgegeben wurde.

des Benedikt von Nursia dort gegen Ende des 7. Jahrhunderts zunehmend mehr Anhänger. Dennoch ist die Bedeutung der irischen Kirche gerade für den schottisch-englischen Grenzraum noch lange Zeit spürbar gewesen. Einer der größten Kirchenmänner dieser Zeit, der um 673 im Gebiet des Klosters Wearmouth in Nordostengland geborene Benediktinermönch Beda, genannt Beda Venerabilis, war in dieser Tradition ausgebildet worden. Beda ist der Autor der ersten englischen Kirchengeschichte, der bis in das Jahr 731 reichenden ›Historica ecclesiastica gentis Anglorum‹, und darf daher als der eigentliche Begründer der englischen Geschichtsschreibung angesehen werden. In seinen Werken konnte er den immer noch schwelenden Disput um die Datierung des Ostertermins endgültig beilegen und – gleichsam als Nebenprodukt – die christliche Zeitrechnung in Britannien einführen.

Beda urteilt auch durchaus differenziert über Wirken und Werk der irischen Mönche. Sie hätten, so betont er, stets das gelebt, was sie predigten, seien durch und durch integre Kirchenmänner gewesen, die kein Interesse an weltlichen Dingen gehabt hätten. Die Begeisterung für ihren Auftrag sei indes oftmals in Ungeduld umgeschlagen und hätte es ihnen erschwert, manche Regeln zu akzeptieren, die die römische Kirche gerade erst auf dem europäischen Kontinent durchgesetzt hatte und die auch von den Germanen akzeptiert worden seien. Diese Charakterisierung zeigt zweierlei: Einmal wird die Rolle durchaus anerkannt, die die irische Kirche fast 100 Jahre lang im Rahmen der Entwicklung der europäischen Kirche spielte, zum anderen aber auch deutlich darauf hingewiesen, daß dieser Einfluß zwischenzeitlich von einer anderen, römisch geprägten Kirchenpolitik abgelöst wurde.

Natürlich waren irische Mönche noch in den folgenden Jahrhunderten gerngesehene Gäste auf dem Kontinent. Der Ruf, den ihre Vorväter seit dem ersten Columba als hochgebildete und kultivierte Kirchenmänner überall auf den Britischen Inseln, in Süd-, West- und Zentraleuropa erworben hatten, und ihre Verdienste um die Verbreitung der typischen irischen Kirchenkunst des 7. Jahrhunderts auf dem Kontinent wirkte lange Zeit nach – zum Teil sogar noch bis heute. So diente die gestochen scharfe lateinisch-irische Schrift eines der ältesten erhaltenen irischen Kirchendokumente, eine Sammlung von Psalmen, genannt ›Cathach‹, aus dem späten 6. Jahrhundert, die der erste Columba eigenhändig niedergeschrieben haben soll, als Vorlage für die irisch-sächsische Minuskel, welche ihrerseits die karolingische Minuskel entscheidend beeinflußte – jene Schrift also, die in der Renaissance wiederentdeckt wurde und damit als Vorgänger unserer heutigen Schrift im weitesten Sinn bezeichnet werden kann.

Ohnehin waren die irischen Klostermetropolen von Anfang an auch Kulturzentren, die, mangels verfügbarer direkter Vorbilder, einen besonders in der Ornamentik eigenen, immer noch von der La-Tène-Zeit beeinflußten charakteristischen Stil entwickelten, der dann von den reisenden Mönchen auf den Kontinent gebracht wurde. Die große frühmittelalterliche »Kulturrevolution«, die sogenannte karolingische Renaissance[25], die in der Kunst hauptsächlich in einer neuen Form der Baukunst, der Buch- und Wandmalerei zum Ausdruck kam, ist gerade in der Ornamentik stark von diesem irisch-angelsächsischen Stil geprägt, der noch in der romanischen Malerei und Kleinkunst weiterwirkte. Umgekehrt drangen auch karolingische und romanische Elemente bis nach Irland und hinterließen dort ebenfalls nachhaltige Eindrücke. So orientierten sich die ersten steinernen Kirchbauten Irlands, die im 9. Jahrhundert errichtet wurden, sämtlich an karolingischen Vorbildern. Zum Beispiel sind die für Irland charakteristischen *cloicthech*, die als »Rundtürme« bezeichneten Glockentürme, dem karolingischen Campanile nachempfunden.

In dem Maße, wie sich die Kirche in der irischen Gesellschaft etablieren und ihren Einfluß ausweiten konnte, wuchs das Interesse der politischen Führer des Landes, sich dieses neuen Machtfaktors zum eigenen Nutzen zu bedienen. Auch dafür gab es Vorbilder aus der vorchristlichen Zeit: Damals hatte der Besitz von Kultstätten die politische Macht eines *rí* erheblich erhöht, wodurch die Kontrolle über andere, weniger mächtige *tuatha* möglich wurde. Sich des Segens Gottes für die Erweiterung der eigenen politischen Macht zu versichern, erschien manchen christlichen Herrschern im Irland des 6. und der folgenden Jahrhunderte – wie die Weltgeschichte im übrigen gezeigt hat, nicht nur damals und dort – ein durchaus probates Mittel zu sein. Der bereits erwähnte Adomnán wußte beispielsweise von einem Zeitgenossen des ersten Columba, Diarmit

[25] Als »karolingische Renaissance« wird das Bemühen Karls des Großen bezeichnet, seinen Herrschaftsanspruch durch eine bewußte Rückbesinnung auf kulturelle Ausdrucksformen des Römischen Reiches zu unterstreichen und die Reichskontinuität zu betonen.

mac Cerbhaill, König von Tara, zu berichten, daß er »durch die Macht Gottes zum Herrscher von ganz Irland« gekrönt worden sei. Mag es sich dabei noch um eine eher rhetorische Formulierung gehandelt haben, so ist es für das späte 7. und frühe 8. Jahrhundert durch die Schriften Adomnáns und Bedas belegt, daß die Kirche es sehr gern sah, wenn sich gewöhnliche Stammesfürsten durch die Einholung von Gottes Segen gleichsam zusätzlich legitimierten. Damit wurde natürlich – nolens volens – manch ehrgeiziger Fürst dazu angehalten, sich durch diese ergänzende Legitimation zu einer Position aufzuschwingen, die die Kontrolle über große Gebiete garantierte. Seit dem 7. Jahrhundert taucht in Irland vermehrt der Begriff *imperator* als Alternative zum »gewöhnlichen« *rí* auf, der zweifellos eine Herrschaftsform definieren sollte, die über die normale Königsherrschaft in einem *tuath* hinausreichte. Im 8. Jahrhundert hatte sich dann auf der Grünen Insel der Begriff vom »christlichen Königreich« durchgesetzt und damit ein Modell mit ansatzweiser staatlicher Regierung, das – in abgeschwächter Form – dem Vorbild des straff zentral organisierten Römischen Reiches unter Kaiser Konstantin im frühen 4. Jahrhundert nachempfunden war. Natürlich wurde eine derartige Politisierung der Kirche in den eigenen Reihen nicht widerspruchslos hingenommen. Ende des 8. Jahrhunderts formierte sich eine Art Protestbewegung gegen die Verweltlichung der Kirche, die sich »Céli Dé« (Gefolgsleute Gottes) nannte und strenge Askese, Bibelexegese und bewußte Enthaltsamkeit in jeder Beziehung forderte. Gegen Ende des Jahrhunderts berichten die irischen Annalen aber auch erstmals von ungebetenen Besuchern aus Nordeuropa, die sich im darauffolgenden Jahrhundert häuften und die weitere Entwicklung Irlands überschatteten und nachhaltig beeinflussen sollten.

Zweites Kapitel

Die Wikinger

Im Long Room, dem großen Saal der Bibliothek des Trinity College zu Dublin sind einige der größten Kulturschätze des Landes ausgestellt – unter ihnen die wohl berühmteste illustrierte irische Handschrift des frühen Mittelalters, das ›Book of Kells‹. Dieses Buch, irgendwann zwischen dem späten 8. und frühen 9. Jahrhundert in irischer Majuskel von fleißigen Mönchen geschrieben, enthält die vier Evangelien, dazu Vorworte sowie einige Inhaltsangaben und Heiligenverzeichnisse. Alle Seiten, besonders jedoch die Kapitelanfänge, sind großartig verziert und zeugen vom hohen Standard der irischen Ornamentik jener Zeit. Für uns von besonderem Interesse ist ein Umstand, der bei Führungen durch die Bibliothek allerdings nur selten erwähnt wird: Das ›Book of Kells‹ ist offensichtlich unvollständig, die Mönche konnten ihre Arbeit, die noch im Kloster St. Columbas auf Iona begonnen wurde, nicht abschließen.

Der Grund für die Unvollständigkeit der Handschrift ist bis heute nicht endgültig geklärt – vielleicht wurden die Mönche durch jene seefahrenden Krieger und Eroberer aus Nordeuropa in ihrer Arbeit unterbrochen, die seit dem ausgehenden 8. Jahrhundert drei Jahrhunderte lang mit ihren seetüchtigen Schiffen und ihren überlegenen Waffen in fast ganz Europa Angst und Schrecken verbreiteten. Wie groß die ständige Furcht irischer Mönche vor diesen Überfällen war, belegt jener Stoßseufzer, den ein namenloser Mönch in irgendeinem irischen Kloster im 9. Jahrhundert an den Rand eines Manuskriptes geschrieben hatte, an dem er gerade arbeitete und das heute im St. Gallener Kloster aufbewahrt wird:

»Stark ist der Wind heut Nacht
Und weiß die Köpfe der Wellen.
Ich habe keine Angst, daß Wikingerhorden
die See befahren in so einer Nacht.«[1]

Diese »Wikingerhorden« kamen von der jütischen Halbinsel und aus Skandinavien über die Nordsee und den Nordatlantik.

[1] Hierbei handelt es sich um die Übersetzung der englischen Version dieser Zeilen, entnommen aus: Magnus Magnusson, Vikings! London 1980, S. 152.

Ein erster Vorstoß nach England ist bereits für das Jahr 787 belegt: Eine angelsächsische Chronik berichtet von einem Raubzug mordender und plündernder Nordmänner an der Küste von Dorset. Die Wikinger scheinen besonders von den reichen Klöstern angezogen worden zu sein, denn solche und ähnliche Belege häufen sich für die Folgejahre und zeigen, daß Lindisfarne, Jarrow und eben auch Iona zu den beliebtesten Objekten wikingischer Angriffe zählten. Für das Jahr 795 wird erstmals von einem Überfall der Wikinger auf das Kloster von Iona berichtet, sechs Jahre später folgte der zweite Angriff, und nach der dritten Attacke im Jahre 806, die 68 Mönche das Leben kostete, verließen die Überlebenden unter Führung des Abtes Cellach die Insel, um ein neues Kloster bei Kells im südlichen Herrschaftsgebiet der Uí Néill in der heutigen Grafschaft Meath zu errichten. Für den Erhalt des ›Book of Kells‹ war vielleicht entscheidend, daß die Wikinger als Heiden kein Interesse an christlichen Schriften hatten, vielleicht ist es auch von einem tapferen Mönch, der das Produkt langjähriger Arbeit bewahren wollte, versteckt und auf diese Weise vor der Zerstörung bewahrt worden.

Die Gründe für die normannischen Raubzüge sind in der Forschung umstritten. Die plausibelste Erklärung deutet das Phänomen als Folge eines unverhältnismäßig starken Bevölkerungszuwachses in den Herkunftsregionen der Wikinger, ursprünglich eingeleitet durch eine verbesserte Lebensmittelversorgung der Bevölkerung aufgrund technischer Neuerungen in der Landwirtschaft, die dann allerdings nicht ausreichte, um den erhöhten Bedarf vollständig zu decken. Zusätzliche innenpolitische Auseinandersetzungen hätten einen Teil der jungen Bevölkerung dann dazu veranlaßt, eine neue Heimat außer Landes zu suchen oder zumindest das eigene materielle Wohlergehen für eine Weile durch den Raub von Schätzen in Übersee zu sichern.

Wenn man berücksichtigt, daß vor Beginn der wikingischen Expansion die Nordgrenze des karolingischen Reiches bis an die Eider vorgeschoben worden war und die Gebiete südlich davon durchaus noch zur Interessenssphäre dänischer Fürsten gehörten und daher im Verlauf des 9. Jahrhunderts stets umkämpft waren, leuchtet es ein, daß gerade die relativ naheliegenden Britischen Inseln zu den ersten und bevorzugten Zielen wikingischer Attacken gehörten. Doch schon bald darauf zählten solche Raubzüge auch auf dem europäischen Kontinent gleichsam zum »Tagesgeschehen«. Dabei beschränkten sich die Normannen keinesfalls nur auf die Küsten, sondern konnten mit ihren relativ flachen Booten auch Flußläufe hinaufrudern und somit weit in das Hinterland vorstoßen. Auf diese Weise wurden im Zuge der Expansion große Teile Westeuropas, der nordatlantischen Inselwelt von den Shetlands über die Faröer, Island, Grönland bis nach Neufundland, aber auch der mediterrane Raum und große Gebiete in Osteuropa bis zur Wolga erreicht.

Bis etwa 830 müssen die wikingischen Vorstöße nach Britannien und Irland als anfänglich eher kleine, im Laufe der Zeit dann immer aufwendiger inszenierte Raubzüge gesehen werden. Dabei gab es zuerst durchaus so etwas wie territoriale Abgrenzung der Interessengebiete. Die Wikinger aus Norwegen konzentrierten sich hauptsächlich auf den Norden und Westen der Britischen Inseln sowie auf das westliche Frankenreich, die im heutigen Dänemark ansässigen Nordmänner auf die südliche Nordsee und das Kanalgebiet. Diese räumliche Trennung war wohl eher zufällig. Nach erfolgreichen und gewinnträchtigen Exkursionen erscheint es nur verständlich, wenn Anschlußexpeditionen zunächst in bereits bekannte Regionen führten. Man wußte dann relativ genau, welche Plätze den meisten Gewinn versprachen, auch war das mit einer solchen Seefahrt verbundene Risiko durch die Beschränkung auf bekannte Gewässer schon fast kalkulierbar.

Die irischen Annalen notieren daher erst relativ spät, für das Jahr 851, die Ankunft von dänischen Wikingern, welche sich in mancherlei Hinsicht von ihren norwegischen Vettern unterschieden. In den nächsten Jahren erfolgten noch einige weitere dänische Landungen. Doch zeigte sich schnell, daß die Nordmänner untereinander keine natürlichen Bundesgenossen waren, sondern – jedenfalls noch zu dieser Zeit – ihre Loyalität ausschließlich ihren unmittelbaren Führern bewiesen. Statt sich gegen die Iren zu verbünden und gemeinsame Raub- und Feldzüge zu organisieren, führten die Dänen anfangs heftige Auseinandersetzungen mit den schon etablierten Norwegern, wobei letztere bereits in befestigten Stützpunkten lebten.

Die ersten dieser Festungen waren zehn Jahre zuvor, im Jahre 841, zum Schutz gegen Überfälle irischer Stämme errichtet worden; eine bei Annagassan an der Bucht von Dundalk, die andere an einer Furt über den Liffey, dort, wo sich heute Dublin befindet. Die Wikinger nannten ihre Konstruktionen *longphorts*. Die

Bezeichnung läßt darauf schließen, daß es sich ursprünglich um Holzpalisaden handelte, die man um die Schiffe herum errichtete. Die Palisaden wurden dann sukzessive verstärkt und durch Erdwälle und Gräben ergänzt. Ausgrabungen am Dubliner Wood Quay zwischen 1974 und 1980 haben gezeigt, daß die damaligen Bewohner weit mehr als bloß wagemutige Seefahrer und grausame Räuber waren. Denn schon bald nach der Errichtung des ersten, noch recht provisorischen *longphort* am Ufer des Liffey wurden Ausbau, Befestigung und Vergrößerung der Siedlung zügig vorangetrieben. Dazu gehörte die Anlage eines mit Holzbohlen befestigten Wegenetzes innerhalb des Ortes genauso wie die Sicherung der Wasserseite vor Hochwasser durch Flutwälle und Wellenbrecher. Gerade der Bau von Wellenbrechern hatte noch einen zusätzlichen Nebeneffekt: Der sich zwischen ihnen ablagernde Schlick des Flusses führte im Laufe der Jahre zu beträchtlichem Landgewinn. Das erklärt, warum die Ausgrabungsstätte am Wood Quay etwa 100 Meter vom heutigen Flußbett des Liffey entfernt liegt.

Ohnehin hat gerade die Arbeit der Dubliner Archäologen in den letzten drei Jahrzehnten erheblich dazu beigetragen, das Bild der Wikinger auf den Britischen Inseln (und darüber hinaus im ganzen wikingischen Einflußgebiet) zu korrigieren. In mittelalterlichen irischen Kirchenchroniken, die lange Zeit als wichtige Quelle für diesen Abschnitt der Geschichte herangezogen wurden, waren die Taten der Wikinger in Irland bewußt einseitig dargestellt worden, was die Nordmänner holzschnittartig als herzlose Räuber und Mörder erscheinen ließ. Besonders ein Epos sei in diesem Zusammenhang genannt, das aus dem 12. Jahrhundert stammende Werk mit dem klangvollen Namen ›Cogadh Gáedhel re Gallaibh‹ (Krieg der Iren gegen die Fremden): »... hunderte von Köpfen mit hunderten von Zungen [...] könnten nicht wiedergeben, was alle Menschen Irlands, ob Männer oder Frauen, Laien oder Priester, alt oder jung, adlig oder nicht, gemeinsam an Not, Bedrängnis und Unterdrückung [...] durch diese rücksichtslosen, grimmigen, fremden und durch und durch heidnischen Menschen erlitten hatten.«

Diese und ähnliche Schilderungen haben Generationen von Historikern nachhaltig beeinflußt. Sicher: Überfälle hat es gegeben und zweifellos sind diesen zahllose unschuldige Mönche zum Opfer gefallen. Doch waren schon lange vor der Ankunft des ersten Wikingerschiffs in Irland Überfälle auf Klöster im

Zuge von Stammesstreitigkeiten durchaus bekannt. In den Annalen wird von mindestens dreißig solcher Raubzüge aus der Zeit vor 795 berichtet. Dabei wird nicht verschwiegen, daß sich auch Mönche oftmals aktiv an solchen Zügen beteiligten, besonders wenn sie gegen konkurrierende Klöster gerichtet waren. Raubzüge gegen feindliche oder einfach nur nicht verbündete Nachbarn waren im 8. und 9. Jahrhundert also nichts Ungewöhnliches. Somit entsprach das Verhalten der Wikinger in vielerlei Hinsicht »nur« den zwischengesellschaftlichen »Umgangsformen« jener Zeit.

Für uns ist daher die Kreativität der Nordmänner (und -frauen) von größerem Interesse als die Verwüstungen, die sie anrichteten. Die rasche Entwicklung der Siedlung am Liffey vom ersten provisorischen *longphort* zur ausgebauten und wohlbefestigten Hafensiedlung belegt eindrucksvoll die Veränderungen, die sie für die bis dahin größtenteils agrarisch ausgerichtete keltisch-irische Gesellschaft bedeuteten. Cum grano salis könnte man sogar soweit gehen und konstatieren, daß erst der Modernisierungsschub in Folge der wikingischen Invasion die irische Gesellschaft ins Mittelalter geführt hat.

Der Handel stellte die wichtigste Einkommensquelle der Wikinger dar. Im Zuge der Expansion war gegen Ende des 9. Jahrhunderts ein weitverzweigtes und engmaschiges Netz von Handelsrouten entstanden, das von Grönland über Island, Irland und Britannien bis tief nach Asien hineinreichte. In Irland selbst wurde neben Dublin noch eine Reihe von weiteren befestigten Handelsposten errichtet, die sich ebenfalls schnell zu größeren Siedlungen entwickelten. Noch heute erinnern viele Städtenamen an ihre wikingische Herkunft: Waterford (Vadrefjörthur), Wexford (Veigsfjörthur), Wicklow (Víkingaló) und Limerick (Hlymrekur).

Limerick und Dublin wurden im Verlauf des 9. und 10. Jahrhunderts zu den beiden wichtigsten Wikingersiedlungen auf der irischen Insel. Besonders die systematischen Ausgrabungen in Dublin haben gezeigt, daß die Invasoren aus Skandinavien, nach den anfänglich eher sporadischen und unsystematischen Raubzügen, spätestens seit der zweiten Hälfte des 9. Jahrhunderts mit festen Siedlungsabsichten nach Irland kamen. Davon zeugen Wikingergräber, die schon Mitte des 19. Jahrhunderts bei Erdarbeiten im Westen Dublins entdeckt worden waren. Zwar wurden damals systematische Grabungen noch versäumt, doch läßt schon die große Zahl der Funde den Schluß zu, daß es sich bei diesem Friedhof aus der Mitte des 9. Jahrhunderts um den größten seiner Art auf den Britischen Inseln gehandelt haben muß.

Eine Analyse der Fundstücke, angereichert durch systematische Grabungsergebnisse des 20. Jahrhunderts auch an anderen Plätzen der irischen Hauptstadt, erlaubt die Rekonstruktion eines recht verläßlichen Bildes der irischen Wikingergesellschaft in der zweiten Hälfte des 9. Jahrhunderts[2]. Diese setzte sich eben nicht nur aus wohlbewaffneten Kriegern und ihren Familien zusammen, sondern es gab daneben zahlreiche Handwerker und Händler, die in eigenen Stadtvierteln lebten und wirkten. Unter den Funden befanden sich auch die nachweislich ersten auf irischem Boden geschlagenen Münzen, die König Sigtrygg Seidenbart im Jahre 997 nach angelsächsischem Vorbild anfertigen ließ. Mit der Einführung des Münzwesens war damals ein erster entscheidender Schritt zur Überwindung der archaischen Viehwirtschaft durch die modernere Form der Handels- und Geldwirtschaft unternommen worden.

Spontaner Erfolg dürfte dieser Maßnahme allerdings nicht beschieden gewesen sein, denn die Funde weisen auch darauf hin, daß sich die Handelsbeziehungen weniger auf das irische Binnenland, als vielmehr auf die skandinavischen Herkunftsländer und auf die von Wikingern kontrollierten Gebiete Britanniens konzentrierten. Analog zu Irland waren auch diese seit Beginn des 9. Jahrhunderts von einigen Angriffswellen überflutet worden. Nach einem ersten Überfall auf London im Jahr 841 hatten sich dänische Nordmänner im Winter 850/51 auf der Insel Sheppey an der Themsemündung niedergelassen. Von dort aus waren die Überfälle auf englisches Territorium wesentlich einfacher zu organisieren und so häuften sich in den Folgejahren Überfälle auf lohnenswert erscheinende Ziele wie London oder Canterbury.

Um 870 war die Unabhängigkeit der angelsächsischen Herrschaftsgebiete Britanniens ernsthaft bedroht. Weite Teile Nord-, Zentral- und Ostenglands standen bereits unter wikingischer Herrschaft. Wessex, das zu dieser Zeit mächtigste angelsächsische Königreich Englands, wurde zum bevorzugten Angriffsziel. Doch König Alfred von Wessex gelang es in mehreren Schlachten, die Wikinger aus seinem Land zu vertreiben – was

[2] Zu den verschiedenen Ausgrabungen in Dublin vgl.: Magnusson, Vikings, S. 160–165.

ihm den Beinamen »der Große« einbrachte. Die Siege auf dem Schlachtfeld hatte Alfred durch eine Reform des Militärwesens (nebenbei nach wikingischem Vorbild) erringen können, eine langfristige politische Sicherung seiner Erfolge aber gelang ihm nur bedingt. In einem Vertrag mit dem normannischen Fürsten Guthrum mußte der Angelsachse die normannische Herrschaft über jene Regionen Englands anerkennen, die östlich einer Linie London – Bedford – Leicester – Chester lagen. Damit standen nun etwa zwei Drittel der Fläche Englands unter *Danelaw*, dem »Dänischen Gesetz«, während lediglich etwas mehr als ein Drittel unter der Herrschaft Alfreds verblieb – wahrlich ein teuer erkaufter Frieden.

Aus dem Begriff *Danelaw* geht deutlich hervor, daß es sich bei den Herrschern über dieses Territorium um dänische Wikinger gehandelt hat. Irland und Schottland waren Mitte des 9. Jahrhunderts noch Bestandteil des norwegischen Königreiches von Harald Schönhaar. Nach dessen Tod gab es eine Reihe von Erbauseinandersetzungen, die schließlich in der Aufteilung des Reiches endeten. Dabei gelang es dem dänischen König Sven Gabelbart Ende des 10. Jahrhunderts, zusätzlich zu dem ohnehin kontrollierten britannischen Süden die irischen und schottischen Teile des ehemals norwegischen Besitzes seinem Einflußbereich einzugliedern.

Diese Entwicklung mußte zwangsläufig die Spannungen zwischen Angelsachsen und dänischen Normannen steigern. Alfred dem Großen war es noch gelungen, die Herrschaft über Wessex durch weitgehende Zugeständnisse an die Dänen unter Anerkennung ihrer Herrschaftsrechte im *Danelaw* zu erhalten. Damit hatte er seinem Reich eine Konsolidierungsphase beschieden, die es seinen Nachfolgern sogar ermöglichte, zu einer Gegenoffensive überzugehen. Im Jahre 937 konnte König Aethelstan die vereinigten dänischen und norwegischen Truppen (aus Irland und Schottland) vernichtend schlagen. Nach dem Fall der ehemals norwegisch kontrollierten Territorien in Schottland und Irland an den Dänen Sven Gabelbart aber wendete sich das Schicksal endgültig gegen die Angelsachsen. Im Jahre 991 wurde ihr Heer von den Dänen in der Schlacht bei Maldon geschlagen, 25 Jahre später unterwarf sich die Stadt London und damit das letzte Bollwerk angelsächsischer Freiheit den Dänen. Unter König Knut dem Großen, 1016 zum König von England gekrönt, wurde die dänische Herrschaft durch die Niederschlagung einer Reihe von angelsächsisch geführten Aufständen weiter gefestigt. Neben der dänischen und der englischen Krone trug Knut seit 1026 auch die Krone Norwegens, der die regionalen Wikingerführer Schottlands und Irlands die Vasallentreue erklärten. Einschließlich einiger weiterer Besitzungen am Unterlauf der Oder war das Imperium Knuts nun zum größten Reich Europas angewachsen, das indes bald nach seinem Tod im Jahre 1035 wieder zerfiel und Norwegen, Dänemark und England erneut eigene Wege erlaubte. In England beispielsweise erlosch die dänische Dynastie 1042, also nur sieben Jahre später, als mit Eduard dem Bekenner wieder ein Angelsachse den englischen Königsthron besteigen konnte.

In Irland indes hatte sich trotz aller Anfangserfolge niemals eine vergleichbar starke Wikingermacht etabliert. Die Gründe dafür mögen in der grundsätzlich eher nach Westen ausgerichteten Handelspolitik der Wikinger ebenso zu finden sein wie in der traditionell dezentralen Herrschaftsstruktur Irlands, die eine systematische Eroberung erheblich erschwerte. Die politische Herrschaft der Wikinger hatte sich folglich stets auf die wenigen Siedlungen beschränkt, die im Laufe der Jahrzehnte an besonders geeigneten Plätzen entstanden waren. Mit den benachbarten Stämmen arrangierte man sich, so gut es ging und schloß sogar manche Koalition mit Regionalfürsten gegen andere Provinzkönige. Zwar gab es gelegentliche Versuche, gerade von Dublin aus das normannische Herrschaftsgebiet zu erweitern, doch in zwei Schlachten, der von Tara im Jahre 980 und der von Clontarf im Jahre 1014, wurden alle wikingischen Expansionsträume endgültig begraben. Lediglich Dublin behauptete sich noch für einige Jahrzehnte als wikingischer Brükkenkopf auf dem Boden Irlands, von dem aus sich – wie in der Vergangenheit – mit einigen Erfolgsaussichten, wenn auch stets nur kurzfristig Territorialgewinne in Schottland und Nordengland erzielen lassen konnten.

Die Auswirkungen der Wikingerherrschaft auf die weitere Entwicklung Irlands waren also nur in bescheidenem Umfang politisch-territorialer Art. Deutlicher läßt sich seit dem 10. Jahrhundert der Einfluß skandinavischer Stilelemente – hier sei besonders der sogenannte »Ringerike-Stil« mit seinen verflochtenen Mustern und den rankenden Blumensymbolen erwähnt – auf das irische Kunsthandwerk feststellen. Diese Einflüsse hatten eine nachhaltige Wirkung, fand doch diese Ornamentik ihren Höhepunkt erst im 12. Jahrhundert, also lange nach dem Niedergang der Wikingermacht in Irland. Besonders schöne

Exemplare dieser Stilrichtung sind der in der Kunstgeschichte zu einiger Berühmtheit gelangte Bischofsstab der Äbte von Clonmacnoise sowie das »Cross of Cong«, ein etwa 75 cm hohes Prozessionskreuz, wie der Bischofsstab im 12. Jahrhundert geschaffen. Der entscheidende und wirksamste Beitrag der Wikinger für die weitere Entwicklung der irischen Gesellschaft war jedoch zweifellos der Bau der großen Siedlungen mit ihrer bis dahin im Lande unbekannten urbanen Sozialstruktur und ihrer gleichfalls vorher nicht gekannten ökonomischen Kraft und Funktion.

Hegemonialstreben im frühen Mittelalter

Wie bereits im ersten Kapitel angedeutet, lassen die politischen Entwicklungen seit dem frühen 7. Jahrhundert auf eine grundlegende Änderung des Herrschaftsdenkens in Irland schließen. Zwar gab es auch in der archaischen irischen Stammesgesellschaft stets das Streben nach politischer Vorherrschaft, doch waren solche Absichten immer nur regional begrenzt, und die daraus entstandenen Stammesföderationen bestanden in der Regel nur kurze Zeit, da sie stets an die Person eines besonders durchsetzungsfähigen und ehrgeizigen *rí* gebunden waren. Das Christentum, der damit verbundene Einfluß römisch geprägter zentraler Strukturen auf die Kirche, der Aufbau solcher Strukturen auch im weltlichen Bereich sowie die Kenntnis von anderen politischen Systemen auf dem europäischen Kontinent und natürlich die Invasion der Wikinger schufen veränderte Rahmenbedingungen.

Diese Veränderungen wirkten stufenweise. Seit Ende des 6. Jahrhunderts hatte sich das Binnenverhältnis der irischen Stammesgemeinschaften erheblich gewandelt. Unterschiedliche Grade der Abhängigkeit voneinander kannte man zwar seit jeher, doch hatte sich die Abhängigkeit eines *tuath* von einem anderen im Regelfall nur durch eine bestimmte jährliche Tributzahlung ausgedrückt. Nun jedoch begannen mächtigere Herrscher in zunehmendem Maß in die inneren Angelegenheiten schwächerer Stämme einzugreifen und scheuten sich auch nicht, ihre eigene Position durch konkrete Personalpolitik zu Lasten der unterlegenen Partei weiter zu stärken. Während vorher also das Wohl des gesamten *tuath* stets Priorität besessen hatte, wendete sich die Aufmerksamkeit vieler irischer Fürsten seit dem

7. Jahrhundert zunehmend der Entwicklung längerfristiger Herrschaftssicherungsstrategien zu. Dynastisches Denken ersetzte das ältere, leistungsorientierte Prinzip. Daß ein solcher Paradigmenwechsel erhebliche Auswirkungen auf die politische und soziale Grundstruktur Irlands haben mußte, ist offensichtlich.

Auf der Suche nach auslösenden Momenten für diese Entwicklung bieten politische Gewichtsverlagerungen des späten 6. Jahrhunderts einen möglichen Anhaltspunkt. Zwei Zweige des im Nordwesten Irlands schon seit langem dominierenden Familienverbandes der Uí Néill, die Cenél gConaill (Nachfahren von Conall, eines Sohns von Niall) mit dem Stammland in Donegal westlich des Lough Swilly (Tír Chonaill = Conalls Land; die alte Bezeichnung von Donegal), und die Cenél Eógain (Nachfahren von Eógan, eines anderen Sohns von Niall) mit dem Stammland auf der Halbinsel Inishowen (Inis Eógan = Eógans Insel) konnten ihre Position in Nordirland (Tír Eógan = Eógans Land) zu Lasten der bis dahin im Osten Ulsters dominierenden Familienföderation der Ulaid erheblich erweitern. Deren Zweige, die Dál Riata im Norden, in der heutigen Grafschaft Antrim ansässig, und die Dál Fiatach im Gebiet der Grafschaft Down, wurden unterworfen. Zwar versuchten die Dál Riata noch, der Hegemonie der Eóganachta durch Erweiterung des eigenen Herrschaftsgebiets östlich des North Channel, im englisch-schottischen Grenzraum zu entgehen – womit übrigens die eigentliche irische Missionsarbeit in Britannien begann –, doch war diesem Coup nur zeitweiliger Erfolg beschieden. Mitte des 7. Jahrhunderts hatten die Nachfahren Conalls und Eógans ihre dominierende Stellung festigen und ausbauen können und damit die Grundlage für die beiden großen mittelalterlichen Fürstentümer Tyrconnell und Tyrone gelegt. Dieser Paradigmenwechsel wurde zusätzlich noch dadurch beschleunigt, daß die Konsolidierung der Machtverhältnisse in direktem Wechselspiel mit der Idee von der göttlichen Bestimmung der Königsherrschaft und der christlichen Reichsidee erfolgte, welche von politisch denkenden Klerikern zur Sicherung des kirchlichen Einflusses auf weltliche Angelegenheiten kräftig mitgeprägt worden war.

Das 7. Jahrhundert bedeutete für die irische Geschichte somit die Entstehung bislang unbekannter, fester und klar erkennbarer gesellschaftlicher und staatlicher Strukturen. Aus der vormals amorphen Masse der Stammesgemeinschaften mit ihren jeweils durchaus unterschiedlichen sozialen Mustern kristallisierten sich in diesem Zeitraum deutlich umrissene Herrschaftsgebiete mit in vielerlei Hinsicht vergleichbarer Binnengliederung heraus. Ein ähnlicher Kristallisationsprozeß läßt sich auch für die Entwicklung der irischen Kirche feststellen. Nachdem sich das Klosterföderationswesen im Vergleich zur vorklösterlichen irischen Kirche als das erfolgreichere Modell herausgestellt hatte, war es bald zu Auseinandersetzungen um die Führungsrolle innerhalb der irischen Kirche gekommen. Das Kloster Armagh, das sich auf den hl. Patrick als Gründervater berufen konnte und damit als eine der ältesten Anlagen auf irischem Boden galt, ging als Sieger aus diesem Streit hervor und erreichte die Suprematie in Irland, was zwangsläufig auch dazu beitrug, die Person des Gründers in der irischen Kirchenlegende weiter in den Vordergrund zu rücken. Neben Armagh konnte jedoch noch eine größere Anzahl von regional einflußreichen Klöstern – so zum Beispiel Kildare in Leinster, oder Ardmore und Emly in Munster – ihre Stellung behaupten.

Ohnehin überlagerten sich seit dieser Zeit weltliche und klerikale Interessen zunehmend. Dafür gab es sowohl wirtschaftliche als auch politische Gründe. Durch die internationalen Verbindungen der Kirche war eine Reihe von technischen Neuerungen nach Irland gelangt, die unter anderem die landwirtschaftlichen Anbaumethoden erheblich verändert und eine Verbesserung der Nahrungsmittelversorgung ermöglicht hatten. Dies wiederum führte zu einem ungewöhnlich starken Anwachsen der Bevölkerung mit erhöhtem Bedarf an Siedlungsraum, der nur durch die Rodung von Waldflächen gewonnen werden konnte. Der Rückgang des Waldes war bald so stark, daß die ersten Edikte zum Schutz von besonders wertvollen Baumbeständen erlassen werden mußten. Als Folge der erhöhten Nachfrage nach Acker-, Weide- und Baugrund gewannen Grund und Boden erheblich an Wert. Da von diesem Preisanstieg besonders die sozial schwächeren Schichten der Gesellschaft getroffen wurden, erscheinen Berichte über eine Reihe von Revolten gegen grundbesitzende Familien in dieser Zeit durchaus plausibel[3].

Die Überlagerung von weltlichen und klerikalen Interessen im Verlauf des 7. Jahrhunderts schuf die Voraussetzungen dafür, daß es seit dem 8. Jahrhundert für Kleriker auch in Irland

[3] Vgl dazu: De Paor, The Peoples of Ireland, S. 75.

durchaus möglich wurde, weltliche Herrschaft auszuüben. Zwei frühe Beispiele für diese Doppelfunktion bieten Cashel und Tara. Noch heute lassen die imposanten Ruinen auf dem Felsen von Cashel im County Tipperary – die allerdings größtenteils erst im 12. Jahrhundert errichtet wurden – die einstige Bedeutung des Ortes erahnen. Der Ort selbst war vermutlich seit seiner Gründung im 5. Jahrhundert Sitz christlicher Könige gewesen und zählte damit im späten 7. und frühen 8. Jahrhundert zu den aussichtsreichsten Kandidaten für die Führung eines christlichen, die ganze Insel umfassenden Reiches. Dieses Ziel schien erreicht, als Feidlimid mac Crimthainn, vormals Abt der Klöster von Cork und Clonfert, im Jahre 820 die Königswürde von Cashel übertragen wurde. Feidlimid darf also mit Fug und Recht als eine der ersten Verkörperungen der Doppelung von kirchlicher und weltlicher Macht dieser Zeit gesehen werden.

Als Eóganacht entstammte er einem Zweig jener Familie, die bereits seit Jahrhunderten in vielen Teilen des Landes politische Herrschaft ausgeübt hatte, wenngleich in Cashel selbst seit zwei Jahrhunderten nicht mehr. Als Kirchenmann zählte der ehemalige Abt von Cork und Clonfert zu den »Céli Dé« und damit zu der Bewegung innerhalb der irischen Kirche, die eine rigorose Rückbesinnung auf die angeblich ursprünglichen christlichen Werte forderte. Offensichtlich hatte Feidlimid keine Schwierigkeiten, diese religiöse Rigorosität mit seinem neuen Amt in Einklang zu bringen – zur Durchsetzung seiner Politik, des Supremats Cashels in Kirchenangelegenheiten und der politischen Vorherrschaft über ganz Irland, führte er zahlreiche Feldzüge gegen klerikale wie weltliche Rivalen auf der ganzen Insel, wobei auch »sein« ehemaliges Kloster Clonfert nicht verschont wurde.

Wenn die ›Annalen von Munster‹ nun darauf verweisen, daß sogar die Könige von Tara sich diesem Machtwillen beugten und Feidlimid als »König von Irland« huldigten, so mag dies vermutlich aus einer Art von mittelalterlichem Provinzialstolz heraus bewußt übertrieben worden sein, denn die anderen Provinzannalen Irlands enthalten keinen solchen Passus. Doch kann eine derartige Aussage auch als glaubwürdiger Hinweis auf das politische Programm des Königs von Cashel gewertet werden: die Errichtung einer obersten politischen Zentralgewalt in Irland. Gerade der Bezug auf die Unterwerfung der Könige von Tara – so wenig verläßlich er auch ist – bestätigt indirekt einige Abschnitte aus den ›Annalen von Ulster‹. Darin werden zwei Könige aus der Uí Néill-Dynastie des 7. Jahrhunderts als »Könige von Irland« geführt. Doch auch dieser Verweis ist sicherlich mehr dem politischen Wunschdenken jener Zeit als der tatsächlichen Realität zuzuordnen.

Am Wendepunkt vom 8. zum 9. Jahrhundert hatte die Idee von der Schaffung eines christlichen Imperiums auf irischem Boden zweifellos erheblich an Kontur gewonnen. Die Invasion der Wikinger beeinflußte jedoch diesen Entwicklungsprozeß erheblich. Dies gilt insbesondere für die Zeit der aktiven Siedlungspolitik seit der zweiten Hälfte des 9. Jahrhunderts. Zwar war das irische Hinterland niemals integrierter Bestandteil des normannischen Handelsimperiums gewesen, doch bedeuteten die von den Wikingern gegründeten Handelssiedlungen mit ihrer internationalen Marktfunktion in vielerlei Hinsicht eine neue Herausforderung für die immer noch vorwiegend agrarisch strukturierte keltisch-irische Stammesgesellschaft. Hauptsächlich galt es wohl, dem wikingischen Expansionsdrang zu widerstehen, doch auch die Wirtschaftskraft der Städte, deren Ausstrahlung auf das irische Hinterland und der Einfluß der moderneren skandinavischen Sozialstrukturen auf die archaische irische Gesellschaft dürfen nicht unterschätzt werden.

Als besonders erfolgreich in der Abwehr wikingischen Expansionsstrebens erwiesen sich die Uí Néill im Norden Irlands, die sich nach anfänglichen Niederlagen durch Übernahme normannischer Waffentechnik und Strategie schnell zu gleichwertigen Gegnern entwickelten und sich in ihren Territorien behaupten konnten. Doch mußten auch sie Opfer bringen: Niall Glúndubh, König von Tara, verlor im frühen 10. Jahrhundert im Kampf mit den Dubliner Wikingern sein Leben. Einer seiner Nachfolger, Maelsechnaill, schlug indes die Dubliner Kolonie bei Tara im Jahre 980 vernichtend und konnte den Wikingern hohe Tributzahlungen abfordern.

Größere Probleme hatten die Eóganachta in Ost- und Zentralirland mit den »Ostmännern«, wie die zeitgenössische Bezeichnung für Wikinger in Irland lautete. So wurde dem Expansionsdrang eines der Nachfolger Feidlimids, Bischof und König Cormac mac Cuilennáin von Cashel im Jahre 908 in der Schlacht von Belach Mugna von den Wikingern eine vernichtende Niederlage beigebracht, die den König und viele andere Stammesführer aus der Familie der Eóganachta das Leben kostete. Damit schien das Schicksal dieser Königsdynastie in Cashel besiegelt.

Eine bis dahin kaum durch militärische oder politische Erfolge hervorgetretene Sippe, die Dési, ehemals Vasallen der Eóganachta und Herren eines kleinen *tuath* namens Dál Cais im Westen Irlands, in der heutigen Grafschaft Clare, wußte das Machtvakuum in Munster zu ihren Gunsten zu nutzen. Es gelang ihnen, sich als neue Herren von Cashel zu etablieren. In mehreren Feldzügen konnten sie die Wikinger in Limerick schlagen, ihre Stadt zerstören und – unter Führung von König Cennetig – im Norden sogar Maelsechnaill von Tara, den Sieger über die Dubliner Wikinger von 980, herausfordern. Seine Söhne, der später auf Betreiben der Eóganachta ermordete Mathgamain, und dessen Bruder und Nachfolger BrianBorú, bauten die erreichte Machtposition weiter aus, bis an der Wende zum 11. Jahrhundert sämtliche Königreiche der Insel – wenigstens nominell – Vasallen der Dési von Cashel in Munster waren. Maelsechnaill unterwarf sich Brian im Jahre 1002. Nach der Niederlage und der Unterwerfung der Uí Néill war dieser endgültig der mächtigste Herrscher Irlands. Viele traditionsbewußte Iren der Zeit indes hatten diesen Aufstieg mißtrauisch verfolgt, da, dem Gewohnheitsgesetz folgend, bislang alle landesweiten Herrscher stets aus den Reihen der Uí Néill gekommen waren. Doch BrianBorú selbst, der wie vorher sein Vater und dann sein Bruder seine Macht kontinuierlich erweitert hatte, dürfte sich nach der Unterwerfung Maelsechnaills am Ziel gewähnt haben. Darauf läßt ein Eintrag im ›Book of Armagh‹ schließen, der anläßlich seines Besuchs in Armagh im Jahre 1005 die Suprematie der dortigen Kirche über ganz Irland in seiner Funktion als *imperator scotorum*, als »Herrscher der Iren« bestätigte. Doch hatte er zu diesem Zeitpunkt wirklich das Ziel erreicht, wonach so viele irische Herrscher in den vergangenen zwei Jahrhunderten gestrebt hatten: die Hegemonie in Irland? Schon der Grund, der ihn in jenem Jahr in den Norden der Insel führte, legt die Vermutung nahe, daß Brian selbst die Konsolidierung seines Lebenswerks als noch nicht abgeschlossen betrachtete.

Der Besuch Armaghs erfolgte während seines zweiten Feldzuges nach Ulster, den der König von Munster hauptsächlich zum Zweck der Geiselnahme führte. Zwar war dies eine seit altersher weit verbreitete Art der persönlichen Sicherung von Gefolgschaft und Loyalität, doch wenn wir berücksichtigen, daß es seinerzeit – je nach Maßstab – zwischen 100 und 200 unterschiedlich große und einflußreiche *regna*, also Kleinkönigreiche, in Irland gab und daß das einzige einigende Element Brians militärische Stärke war, mit der all diese Territorien unterworfen und kontrolliert werden mußten, wird die Zerbrechlichkeit dieses Konstrukts deutlich. Sobald die Armee des Hochkönigs sich aus einem gerade unterworfenen Territorium zurückzog, um anderswo Machtansprüche durchzusetzen, drohte das eben besiegte Gebiet wieder abzufallen oder sich irgendeiner gegnerischen Koalition anzuschließen.

Das Beispiel Brian Borús läßt deutlich erkennen, wie nachhaltig das tradiert dezentrale archaische Herrschaftssystem die langfristige Schaffung einer politischen Zentralgewalt über ganz Irland trotz aller technischen Innovationen immer noch behinderte. Spätestens seit dem 7. Jahrhundert hatte es zwar auf irischem Boden politisch einflußreiche Territorialfürsten gegeben, die aus verschiedenen Motiven nach regionaler Hegemonie strebten, doch stets verhinderte eine Vielzahl von Gründen die allzu große Kumulation von politischer Macht. An erster Stelle wäre hier die traditionelle Struktur der irischen Stammesgesellschaft zu nennen, die nur einzelne Stämme oder Stammesföderationen kannte, deren Führung stets von einer (Groß-)Familie ausgeübt wurde. Eine derartige Konstruktion schloß die Übernahme politischer Herrschaft durch einen nicht zur Familie gehörenden Usurpator jedoch von vornherein aus, da ein solcher Herrschaftswechsel dem jedenfalls im 8. und frühen 9. nachchristlichen Jahrhundert trotz mancher Ausnahmen noch geltenden Gewohnheitsrecht widersprochen hätte. Auch bot die Eroberung fremden Territoriums keinen Ausweg, da sich dies – ebenfalls dem Gewohnheitsrecht entsprechend – im kollektiven Besitz einer Familie befand. Ein Fürst konnte also niemals »Herrscher über das Land« im feudalen Sinne sein und mußte daher andere Ausdrucksformen seiner Macht finden. So ließen die engen konventionellen Schranken politisch ehrgeizige Monarchen vor der wikingischen Invasion kaum zu – jedenfalls solange die Konventionen selbst nicht zur Disposition standen[4].

Ein solches Staatsverständnis ordnete die Fürsten wie alle anderen Bewohner einem starren und unflexiblen Gesetzeskodex unter und versagte ihnen eine wesentliche Kompetenz, die in anderen Gegenden Europas zu den selbstverständlichen königlichen Grundrechten gehörte und die entscheidend zur Heraus-

[4] Vgl. dazu und zum Folgenden: James F. Lydon, The Lordship of Ireland in the Middle Ages. Dublin 1972.

bildung größerer Reiche beigetragen hat – die Legislatur und damit implizit das Recht, politische Macht auszuüben, die den konventionellen Rahmen sprengte. Auch wenn es, wie wir gesehen haben, im vorwikingischen Irland durchaus schon erste Versuche zur Bildung größerer Machtbereiche gab, verhinderten starre archaische Sozialstrukturen die Ausbildung einer allgemein akzeptierten Reichsidee, die auf dem Kontinent spätestens seit Karl dem Großen (wenigstens für eine Weile) regionalem Partikularismus übergeordnet war (um dann allerdings doch wieder auf dem Altar territorialen Machtstrebens geopfert zu werden) oder indirekt zum Beispiel in Frankreich und England als politisches Modell diente. Auch bot die Insellage nur unter schwierigen Umständen und nur in begrenztem Umfang Herrschaftsmöglichkeiten über außeririsches Gebiet im schottisch-englischen Grenzraum oder in Wales.

Politische Macht im gesamtirischen Kontext war auch zur Zeit Brian Borús noch unmittelbare Folge des individuellen persönlichen Durchsetzungsvermögens, das größer sein mußte als das der Konkurrenten. Es fehlte die grundsätzliche Bereitschaft zur Akzeptanz einer zentralen politischen Machtinstanz mit bestimmten, klar definierten Merkmalen wie zum Beispiel der Legislation, wie sie auf dem europäischen Kontinent zur selben Zeit bereits bekannt war. Während also dort die Krönung allen Machtstrebens in der Erlangung jener höchsten Machtposition lag, die jedoch selbst nicht mehr in Frage gestellt wurde, ging es in Irland immer noch um die Schaffung einer solchen Position. Doch muß festgehalten werden, daß die politischen Erfolge Brians nur vor dem Hintergrund der veränderten sozialen und politischen Rahmenbedingungen der Zeit möglich waren, daß darüber hinaus seine Politik selbst maßgeblichen Anteil an einer weiteren Veränderung dieser Rahmenbedingungen hatte.

Trotzdem scheiterte letztlich auch Brian Ború wie alle seine Vorgänger an der fehlenden Bereitschaft der übrigen irischen Regionalfürsten, neben seiner zeitweiligen, ausschließlich auf militärischer Überlegenheit begründeten Hegemonie die Instanz eines zentralen irischen Hochkönigtums anzuerkennen. Den politischen Willen, eine solche Instanz zu schaffen, gab es zweifellos, nur waren im 11. Jahrhundert jene zentrifugalen, partikularistischen Kräfte in der irischen Gesellschaft immer noch zu stark, die dann sofort zu wirken begannen, wenn die zentrale Kraft schwächer wurde. Brians Militärmacht war nicht groß genug, um die ganze Insel so lange zu kontrollieren, bis eine permanente zentrale Macht mit allen notwendigen Erscheinungsformen auch legislativ etabliert worden wäre. Im Jahre 1014 erhoben sich die regionalen Fürsten der Provinz Leinster zusammen mit den Wikingern aus Dublin und von der Isle of Man gegen den irischen Hochkönig. Zwar gelang es den königlichen Truppen, die Aufständischen am Karfreitag, dem 23. April des Jahres, in der Schlacht von Clontarf zu schlagen, doch wurde der König selbst zusammen mit seinem ältesten Sohn und designierten Nachfolger in der Schlacht getötet.

Mit der Niederlage bei Clontarf war die politische Macht der Wikinger in Irland endgültig gebrochen, neben dem Monarchen hatten jedoch auch viele seiner Gefolgsleute den Tod gefunden. Die Klientel der beiden überlebenden Söhne Brians reichte nicht mehr aus, um einem von ihnen die Thronfolge zu sichern. Der jahrzehntelange Kampf um die Vorherrschaft in Irland hatte der Sippe der Dési also nicht die Hegemonie gebracht, sondern sie im Gegenteil für eine Generation politisch nahezu handlungsunfähig werden lassen. Das irische Hochkönigtum blieb auch in den Jahrzehnten nach dem Tode Brians im wesentlichen ein temporärer Ehrentitel ohne größere politische Vollmachten, der einzig auf die militärische Stärke des jeweiligen Trägers schließen ließ. Eine der Veränderungen jedoch, die Brian Borús Herrschaft bewirkt hatte, war die Eröffnung des Wettbewerbes um das Amt. Das Hochkönigtum war nicht mehr länger tradiertes Privileg einer einzigen Familie, sondern stand im Prinzip allen ambitionierten Herrschern offen. In den folgenden 150 Jahren konnte indes keiner von ihnen jenen entscheidenden Machtvorsprung gegen die konkurrierenden politischen Kräfte gewinnen, der notwendig gewesen wäre, um den programmatisch vorgedachten Titel auch in allen implizierten Aspekten inhaltlich zu rechtfertigen. Im wesentlichen wurde die Auseinandersetzung bis zum Eingreifen Heinrichs II. im Jahre 1166 von drei großen Dynastien bestritten: den O'Briens im Süden, den MacLoughlins im Norden und den O'Conors im Westen.

Der erste Inhaber des Ehrentitels »Hochkönig« nach dem Tode Brians war jener Maelsechnaill, der sich seiner Macht im Jahre 1002 gebeugt hatte. Er blieb es bis zu seinem Tode im Jahre 1022. Danach verzeichnen die Annalen einen Bruderkampf um die Königskrone von Munster zwischen den beiden überlebenden Söhnen Brians, Tadg und Donnchad. Letzterer ließ seinen Bruder im Jahre 1023 ermorden, um seinerseits in die

Fußstapfen des Vaters zu treten und von Munster aus die anderen Provinzen des Landes zu unterwerfen. Doch diese Pläne scheiterten am Widerstand anderer, nicht weniger ehrgeiziger Könige. Einer davon, Diarmait mac Mael-na-mBó von Leinster, sah in der Herrschaft über Dublin den Schlüssel zu größerer Macht. Zwar konnte er die Stadt in den vierziger Jahren des 11. Jahrhunderts erobern, doch sein Plan, sich das Wohlwollen der Provinz Munster durch einen inszenierten Herrscherwechsel zu sichern, gelang nur bedingt. In der Tat konnte der Sohn des ermordeten Tadg, Turlough ua Briain, als Turlough O'Brien in die Geschichte eingegangen, mit Hilfe des Königs von Leinster im Jahre 1063 seinen Onkel Diarmait vom Thron verdrängen, auch verhielt sich Turlough seinem Förderer gegenüber bis zu dessen Tod im Jahre 1072 durchaus loyal, doch hinderte diese Loyalität ihn nicht daran, nach dem Ableben des Gönners die Provinz Leinster in sein eigenes Herrschaftsgebiet einzugliedern.

Turlough, der noch zu Lebzeiten vom Erzbischof von Canterbury als »der berühmteste König von Irland«[5] gepriesen worden war, darf in der Tat als ein für die damalige Zeit erfolgreicher Herrscher bezeichnet werden. Zwar hatte sich sein direkter Einflußbereich stets nur auf die Provinzen Munster und Leinster sowie auf Dublin beschränkt, doch stabilisierte er diesen Einfluß durch geschicktes Ausnutzen von dynastischen Fehden in Connacht und Ulster so weit, daß sein Sohn Muirchertach, vom Vater bereits vorher zum König von Dublin ernannt, nach dessen Tod im Jahre 1086 auch die Krone von Munster ohne größere Schwierigkeiten übernehmen konnte. Seine Herrschaft jedoch stand unter einem entschieden schlechteren Stern als die seines Vaters. Die internen Auseinandersetzungen in Connacht und im Norden waren beigelegt worden, und die Fürsten, die sich dort durchgesetzt hatten, begannen sich nun auch für Munster und Leinster zu interessieren. Das Reich Muirchertachs war in den folgenden Jahren mehrfach das Ziel vereinigter Heere aus Connacht, Ulster und Mide, die weite Teile des Landes verwüsteten und den König für kurze Zeit sogar dazu zwangen, Geiseln zu stellen und sich den überlegenen Fürsten zu unterwerfen. Erneute Zwistigkeiten unter den Siegern ermöglichten es ihm jedoch, das Ruder noch einmal herumzuwerfen: Er konnte Dublin zurückgewinnen, den Kö-

[5] Zitiert nach: De Paor, The Peoples of Ireland, S. 86.

nig von Mide absetzen und sogar das Königreich Connacht erobern.

Um 1096 gab es nur noch einen nennenswerten Gegner für Muirchertach O'Brien: Domnall MacLoughlin, den Herrscher über den Norden der Insel. Aus der mit großer Erbitterung geführten Auseinandersetzung, die zur Verwüstung weiter Teile der nördlichen Provinz führte, ging kein eindeutiger Sieger hervor. Indes verfügte der König von Munster nicht nur im irischen Kontext über den größeren politischen Einfluß. Auch international genoß er ungewöhnlich hohes Ansehen, wie sein Bündnis mit König Magnus Barfuß (so genannt wegen seiner Vorliebe für Kilts) von Norwegen, mit walisischen Adligen (im Rahmen einer Verschwörung gegen König Heinrich I. von England), aber auch seine Korrespondenz mit dem Erzbischof von Canterbury und dem Heiligen Stuhl in Rom belegen[6]. Doch im Jahre 1114 sollte sich – analog zu den Ereignissen ein Jahrhundert zuvor – erneut zeigen, wie wenig tragfähig das Fundament eines Herrschaftsbereiches war, das ausschließlich aus militärischer Überlegenheit bestand. Genau 100 Jahre nach dem Tode seines Urgroßvaters erkrankte Muirchertach O'Brien schwer. Sein Bruder nutzte diese vermeintlich günstige Gelegenheit, verbannte den kranken König ins Kloster von Lismore und übernahm selbst die Macht. Angesichts der zahlreichen Angriffe, denen sich Munster nach diesem *Coup d'État* ausgesetzt sah, zeigte sich schnell die Hilf- und Ratlosigkeit des neuen Herrschers, der alsbald zugunsten des abgesetzten Bruders wieder zurücktrat. Doch durch dessen Verbannung nach Lismore war auch seine politische Durchsetzungskraft geschwächt worden, so daß sich der alte und neue König bald wieder nach Lismore zurückzog, wo er 1119 starb.

Der Machtverlust der O'Briens ging einher mit dem Aufstieg einer Familie, die sich lange der Übermacht der Könige von Munster hatte beugen müssen: der O'Conors aus Connacht unter der Führung des ehrgeizigen Turlough O'Conor, der bereits im Jahre 1106 die Regierungsgeschäfte übernommen hatte. Bevor der König von Connacht sich mit der äußeren Erweiterung seines Herrschaftsbereiches befaßte, hatte er bereits eine beachtliche Aufbauarbeit im Inneren seines Reiches geleistet. Clonmacnoise war unter seiner Patronage zu einem bedeutenden Wirtschaftszentrum im westlichen Irland aufgestiegen, das

[6] Vgl dazu: Lydon, The Lordship of Ireland in the Middle Ages, S. 17f.

es in vielerlei Hinsicht sogar mit den blühenden Wikingerstädten im Osten und Süden Irlands aufnehmen konnte. Die Klöster von Tuam und Cong erlebten eine ähnliche Blütezeit und wurden wie Clonmacnoise im typisch irisch-romanischen Stil jener Zeit ausgebaut. Im ganzen Land wurde auf königlichen Befehl eine Vielzahl von steinernen Festungsanlagen nach skandinavischem Vorbild errichtet: Mit Turloughs Namen verbindet sich der Bau der ersten »Burgen« auf irischem Boden[7].

Turlough O'Conor war keineswegs der erste oder gar der einzige irische Fürst, der durch die Förderung von Wirtschaft, Wissenschaft, Kunst und Kirche in die Annalen des Landes einging. Im Gegenteil: Das Irland des 12. Jahrhunderts erlebte trotz der ständigen Machtkämpfe und Kriege eine ähnliche kulturelle Blütezeit wie der europäische Kontinent, wo diese Phase seit den 1930er Jahren allgemein als die »Renaissance des 12. Jahrhunderts« bezeichnet wird. Die kulturelle Blüte in Irland konnte an Erfahrungen und Kenntnisse aus der Zeit vor der wikingischen Invasion anknüpfen und zusätzlich noch skandinavische und kontinentale Elemente einbinden. Erneut wurden zahlreiche Künstler und Handwerker aus ganz Europa angezogen, die kamen, um zu lernen, daneben aber auch eigene Kenntnisse mitbrachten und folglich selbst unübersehbare Spuren hinterließen. Der permanente Kampf um die politische Hegemonie konnte demnach dem Kulturleben Irlands kaum schaden. Man ist im Gegenteil gelegentlich sogar versucht, angesichts der großzügigen Förderung der Kunst durch die verschiedenen Landesherren, die diese als Ausdrucksmittel der jeweiligen politischen Hausmacht verstanden, von der Verlagerung des Hegemonialstrebens auf die kulturelle Ebene zu sprechen.

Das Mäzenatentum Turlough O'Conors von Connacht ist insofern bemerkenswert, als seine verhältnismäßig arme und unterentwickelte Provinz im Vergleich zum Osten und Süden Irlands bislang nur wenige eigene Kulturschätze vorweisen konnte. Mit Fug und Recht kann er also als der Begründer einer eigenständigen westirischen Kultur gelten.

Der Ausbau seiner äußeren Macht verlief weniger reibungslos. Zwar war O'Conor bis zu seinem Tod im Jahre 1156 der mächtigste Herrscher Irlands, der vortrefflich die neuesten Erkenntnisse der Kriegführung in Erfolge umzusetzen verstand, doch mußte auch er mit dem Ehrgeiz anderer Landesfürsten

[7] Dazu: De Paor, The Peoples of Ireland, S. 93.

rechnen. Um diesen zu brechen, hatte er zur Sicherung seiner politischen Macht nach dem Vorbild der O'Briens aus Munster oftmals zum altbewährten Mittel der Teilung konkurrierender Territorien zurückgegriffen. Dieses Schicksal widerfuhr auch dem traditionsreichen Königreich Munster, wo O'Conor den Machthunger von zwei ambitionierten Familienclans dadurch zu stillen wußte, daß er den nördlichen Teil der Provinz (Thomond) der Herrschaft der O'Briens und den Süden (Desmond) der Familie MacCarthy anvertraute. Damit war nicht nur der Ehrgeiz der beiden Familien befriedigt, sondern auch dafür gesorgt worden, daß sich die beiden Territorien machtpolitisch neutralisierten und auf diese Weise den Aufstieg möglicher Rivalen um das Hochkönigtum in Irland verhinderten.

Die Jahre nach dem Tode Turloughs sind geprägt vom Machtkampf zwischen seinem Sohn Ruaidri O'Conor und dem direkten Widersacher der Könige von Connacht, Muirchertach MacLoughlin aus Ulster. Für einige Jahre durfte sich Muirchertach mit Hilfe Diarmait MacMurroughs von Leinster sogar als »König von Irland« fühlen, bis er im Jahre 1166 durch Ruaidri gestürzt und getötet wurde. Dieser versuchte nun, seine Machtposition durch die möglichst vollständige Zerschlagung oppositioneller Kräfte zu sichern. Als Hauptkonkurrent war das Reich Diarmaits, des ehemaligen Bundesgenossen Muirchertachs, noch im selben Jahr Ziel der Truppen O'Conors und seines Verbündeten, Tiernan O'Rourke von Breifne. Diesen bewegten ganz persönliche Gründe zum Kampf gegen den König von Leinster: Diarmait hatte Devorgilla, die Ehefrau Tiernans, während eines Feldzuges gegen Breifne im Jahre 1152 entführt. Obwohl Tiernan seine Frau binnen Jahresfrist zurückerhielt, hatte sein Ansehen im Lande erheblichen Schaden gelitten, da Devorgilla vor ihrer Eheschließung mit Tiernan die Geliebte Diarmaits gewesen sein und sich ihrem Entführer immer noch gewogen gezeigt haben soll.

Diesem vereinigten politisch-persönlich motivierten Ansturm war Diarmait nicht gewachsen. Allerdings war er auch nicht bereit, sich in sein Schicksal zu fügen, sondern entschlossen, die Macht im Lande zurückzugewinnen. Da sich in Irland selbst keine Alliierten finden ließen, mit denen der Kampf gegen Ruaidri und Tiernan erfolgversprechend hätte geführt werden können, suchte und fand der abgesetzte König Hilfe bei Heinrich II. Plantagenet, König von England und als Urenkel des Herzogs Wilhelm von der Normandie, der 1066 die normannische Herrschaft auf dem englischen Thron begründet hatte, Kronvasall mit Herrschaftsrechten über etwa ein Drittel Frankreichs. Der Kampf um die Hegemonie in Irland hatte durch diesen Hilferuf an einen außenstehenden König eine völlig neue Dimension erreicht, die die weitere Zukunft des Landes nachhaltig und bis heute deutlich erkennbar beeinflussen sollte.

Oberflächlich betrachtet mögen die politischen Ereignisse im Irland des 11. und 12. Jahrhunderts bis zum Einbezug des »englischen Faktors« durch Diarmait MacMurrough ein ziemlich monotones Bild ergeben, das hauptsächlich durch kurzfristig vielleicht sogar begründbare, langfristig indes wenig ergiebige militärische Auseinandersetzungen um die politische Vorherrschaft auf der irischen Insel bestimmt wurde. Doch werden bei der Konzentration auf diesen allgemeinen Kontext oftmals die Veränderungen auf regionaler Ebene übersehen, die seit dem frühen 11. Jahrhundert stattgefunden haben.

So hat zum Beispiel R. Dudley Edwards auf die Entstehung von ansatzweise zentralen Verwaltungen in den irischen *regna* verwiesen und diese mit der Entwicklung in England und Frankreich verglichen[8]. Mutatis mutandis könnte man solche regionalen Evolutionsprozesse in Irland als eine Folge des Hegemonialstrebens bezeichnen, das für das 11. und 12. Jahrhundert charakteristisch war. Damals hatten die an der Auseinandersetzung beteiligten Fürsten erkannt, daß zur Schaffung einer möglichst guten Ausgangsbasis im Kampf um die politische Vorherrschaft zuerst die eigene Hausmacht konsolidiert und gefestigt werden mußte. Diese Erkenntnis begann im frühen 11. Jahrhundert erst langsam zu reifen, war aber Mitte des 12. Jahrhunderts bei Turlough O'Conor von Connacht bereits ein wesentlicher Bestandteil seines politischen Gesamtkonzepts. Die Geschichte der Herrscher- und Herrschaftswechsel in den Provinzen legt den Schluß nahe, daß die Erkenntnis von der Notwendigkeit einer inneren Konsolidierung vor äußerer Expansion zunächst im südöstlichen Leinster gewonnen wurde und sich dann in nordwestlicher Richtung ausbreitete. Als sich in Leinster und Munster sowie in den südlichen und östlichen Wikingerstädten die Provinzialherrschaft bereits fest in der Hand von einigen wenigen Familien unter der Führung der O'Briens befand, gab es in Ulster und Connacht noch heftige dynastische Auseinandersetzungen. Doch war es dann ein Kö-

[8] R. Dudley Edwards, A New History of Ireland. Dublin 1972, S. 24f.

nig aus dem Süden, der der Übermacht des Königs von Connacht nicht gewachsen war und der um Hilfe beim englischen König nachsuchte.

Heinrich II. besaß zwar keinerlei erbrechtliche Ansprüche auf irisches Territorium, indes war ihm Irland bereits zwölf Jahre zuvor durch ein päpstliches Privileg, die Bulle ›Laudabiliter‹ Hadrians IV. von 1154/55, als Lehen übertragen worden. Diese Übertragung war nach dem Staatsverständnis des Heiligen Stuhls im hohen Mittelalter durchaus möglich, sah er doch die weltliche Macht als von Gott gegeben an, die de iure einzig durch Vermittlung des Papstes, also gleichsam als ein päpstliches Lehen übertragen werden konnte. Damit hatte sich das Papsttum zwar für eine Weile einen Einfluß auf die weltliche Politik sichern können, doch forderte dieser Anspruch von vornherein natürlich die weltliche Macht heraus. Als der englischstämmige Hadrian dem englischen König die irischen Herrschaftsrechte übertrug, hatte er zweifellos gehofft, damit den Einfluß Roms auf die seit Jahrhunderten verhältnismäßig unabhängige irische Kirche verstärken zu können. Zwar war auch dort die grundsätzliche Notwendigkeit einer Kirchenreform seit der Regentschaft Brian Borus in Kirchenkreisen unumstritten, sämtliche Versuche scheiterten jedoch lange Zeit an der politischen Instrumentalisierung der Kirche durch die am Kampf um die Hegemonie beteiligten weltlichen Fürsten.

Dabei hatten nicht solche für das 11. und 12. Jahrhundert in ganz Europa typischen Erscheinungen wie Simonie, Verweltlichung oder ethisch-moralische Abweichungen die Reformpläne des irischen Klerus reifen lassen, sondern ein eher grundsätzliches Problem, nämlich der jahrhundertelange Sonderweg der Kirche in Irland selbst, die sich daher in ihrer administrativen Struktur erheblich von der des Kontinents und Britanniens unterschied. Während überall sonst in der christlichen Welt die diözesane und episkopale Organisation dominierte, war für die irische Insel die monastische Form typisch geworden. Zwar gab es auch hier Bischöfe, doch im Gegensatz zu ihren kontinentalen Amtskollegen sah die irische Variante für sie lediglich die exklusive Ausübung bestimmter sakraler Funktionen vor. Die eigentlichen klerikalen Entscheidungsträger waren statt dessen die Äbte als Vorsteher der kirchlichen Machtzentren, der Klöster. Auch wurden die Bischöfe der römischen Kirche als maßgebliche Glaubenslehrer in den Diözesen, als Leiter in geistlichen wie ökonomischen Belangen, direkt vom Papst ernannt, die Äbte (und Äbtissinnen) in Irland, mit vergleichbaren Befugnissen ausgestattet, hingegen vom jeweiligen Klosterkonvent auf Lebenszeit gewählt.

Die vorzugsweise gegen die größeren Klöster Irlands gerichteten Überfälle der Wikinger hatten deren Position und Funktion besonders im 9. Jahrhundert erheblich beeinträchtigt. Eine weitere Schwächung klerikaler Institutionen war die Folge der zunehmenden Laisierung ehemals klerikaler Ämter im Verlauf des 10. und 11. Jahrhunderts. Da es aufgrund der regionalspezifischen Entwicklung in Irland niemals zur Einrichtung von Pfarreien gekommen war, hatte die seelsorgerische Betreuung der Bevölkerung stets auch in der Kompetenz der Klöster gelegen. Der Verfall klösterlicher Macht in Verbindung mit zunehmender Laisierung des Klerus mußte zwangsläufig auch erhebliche Auswirkungen auf die Seelsorge haben, was den Niedergang des Christentums auf der Grünen Insel weiter beschleunigte – ein Prozeß, der fraglos im Kontrast zur kulturellen Blüte des 11. und 12. Jahrhunderts stand.

Auch vor dem Hintergrund wiedererstarkender heidnischer Einflüsse war die Notwendigkeit einer Reform der Kirchenstrukturen schon früh erkannt worden – es sei in diesem Zusammenhang nur auf die Céli Dé-Bewegung hingewiesen. Der eigentliche Reformimpuls ging jedoch vom Zisterzienserorden, dem großen Reformorden des hohen Mittelalters aus. Erzbischof Malachias von Armagh hatte auf einer Fahrt nach Rom den Abt Bernhard von Clairvaux kennengelernt und war von der besonderen Strenge und Einfachheit der zisterziensischen Lebensführung so beeindruckt, daß er sie angesichts der kritischen Lage des Christentums in Irland für die dort bestgeeignete Ausdrucksform des Glaubens hielt. Einige seiner Begleiter blieben als Novizen in Clairvaux, während Malachias selbst von Rom aus zurück in seine Heimat reiste, um dort die Gründung des ersten irischen Zisterzienserklosters Mellifont vorzubereiten, dessen Bau mit Hilfe der in Clairvaux geschulten irischen Mönche und einiger Zisterzienser im Jahre 1142 begonnen wurde – es war dies das 122. von insgesamt 729 Zisterzienserklöstern. Daneben bereitete Malachias auch die längst überfällige grundlegende Strukturreform der irischen Kirche nach römisch-abendländischem Muster vor, die allerdings erst vier Jahre nach seinem Tod auf der Synode von Kells im Jahre 1152 endgültig beschlossen wurde und die Aufteilung des Landes in

36 Diözesen und vier Erzbistümer (Armagh, Cashel, Dublin und Tuam) vorsah.

Papst Hadrian IV. ging es bei dem Erlaß des Privilegs zwei Jahre später also nicht mehr um eine Reform der irischen Kirche, sondern ausschließlich um die direkte Kontrolle über irische Kirchenangelegenheiten und damit auch die indirekte Kontrolle über die irische Politik. Somit stellt ›Laudabiliter‹ in der Tat ein überzeugendes Beispiel päpstlichen Machtstrebens der Zeit dar[9]. Hadrian wußte aufgrund seiner Herkunft nur zu genau, daß er wegen der engen Beziehungen zwischen Staat und Kirche in Irland kaum einheimische, also keltisch-irische Könige zur Durchsetzung derart weitreichender Pläne hätte gewinnen können. Ein junger, feudaler und ambitiöser Herrscher römisch-kontinentaleuropäischer Prägung, dessen Reich zudem noch in direkter Nachbarschaft Irlands lag, erschien dagegen als ein idealer Partner. Dies um so mehr, als eine Okkupation Irlands schon vor der Abfassung der Bulle Thema einer Sitzung Heinrichs mit seinen Beratern unmittelbar nach seiner Amtsübernahme im Jahr 1154 gewesen war. Zu oft hatte die Grüne Insel seiner Meinung nach Feinden des englischen Throns Schutz und Zuflucht geboten, so daß die direkte Kontrolle über die Insel politisch sinnvoll erschien. Eine Übertragung Irlands als Königreich auf seinen Bruder Wilhelm von Anjou wäre ein möglicher Weg gewesen, doch in seinem ersten Amtsjahr hatten Heinrich II. dann letztlich doch drängendere, für die Konsolidierung der Macht im anglo-angevinischen Reich maßgeblichere Probleme an der Durchführung des Irlandprojektes gehindert, auch wenn dies zwischenzeitlich durch das päpstliche Privileg rechtlich abgesichert worden war. Bis Mitte der sechziger Jahre des 12. Jahrhunderts konnte Heinrich sich dann nicht mehr um die Irlandfrage kümmern. Als jedoch Diarmait MacMurrough zwölf Jahre später den König von England im Südwesten Frankreichs aufsuchte und um Hilfe bat, hatte sich dieser als unangefochtener und beim Volk beliebter Monarch etabliert und galt als der mächtigste Herrscher Westeuropas. Grundsätzlich war er nun nicht mehr abgeneigt, das irische Abenteuer zu wagen, zumal die Herrschaft über diese Insel in ausgezeichneter Weise die englischen Gebietsgewinne in Schottland und Wales ergänzt hätte.

[9] Vgl. dazu auch: De Paor, The Peoples of Ireland, S. 96.

Einige Indizien sprechen dafür, daß Gefolgsleute Heinrichs II. bereits im Jahre 1165, also ein Jahr vor dem Hilfeersuchen Diarmaits, Kontakte zu Irland geknüpft hatten, als sie um den Einsatz der Dubliner Flotte gegen aufständische walisische Grundherren baten. Die Relevanz dieser Kontakte für die spätere Intervention ist zwar umstritten, da jedoch einige Punkte Zusammenhänge wenigstens wahrscheinlich werden lassen, sei an dieser Stelle kurz darauf eingegangen.

Dublin war Mitte des 12. Jahrhunderts immer noch eine im wesentlichen wikingisch geprägte Stadt. Obwohl die Niederlage bei Clontarf den politischen Einfluß der »Ostmänner« in irischen Angelegenheiten endgültig beendet hatte, war die ökonomische Bedeutung der von ihnen gegründeten Siedlungen nach wie vor groß. Auch wenn die Stadt mittlerweile zum Einflußbereich der Könige von Leinster gehörte (Diarmait MacMurrough selbst besaß dort eine Residenz), hatte die für Irland untypische urbane Sozialstruktur eine Integration der städtischen Bevölkerung in das vorwiegend agrarisch geprägte Umland verhindert und die Aufrechterhaltung eines halbautonomen Status ermöglicht – was im übrigen auch für die meisten anderen wikingischen Stadtgründungen galt. Der Seehandel mit einer eigenen, etwa 200 Schiffe umfassenden Flotte bestimmte seit zwei Jahrhunderten das Bild dieses wohlhabenden Handelszentrums. Die zivile, aber mehr noch die militärische Nutzungsmöglichkeit der Flotte war zweifelsohne für alle irischen Herrscher, aber auch für die englische Krone von nicht unerheblichem Interesse.

Die Überseebeziehungen der Dubliner dienten den verschiedenen Landesherren häufig zur Herstellung von Kontakten nach Britannien oder zum Kontinent. Auch Diarmait pflegte über sie enge Beziehungen nach Wales und England. So war denn auch Bristol sein erster Zufluchtsort nach der Vertreibung durch Ruaidri O'Conor und Tiernan O'Rourke. Dort lebte ein Freund, eventuell sogar entfernter Verwandter in Person des wohlhabenden Kaufmannes Robert FitzHarding. Von diesem erhielt der abgesetzte König von Leinster erste finanzielle und materielle Hilfe für seine Weiterreise sowie, was für Diarmaits weitere Pläne noch wichtiger war, ein Empfehlungsschreiben FitzHardings für Heinrich II. Ob es letztlich dieses Empfehlungsschreiben war, das MacMurrough und seinen Begleitern die Audienz beim anglo-angevinischen König verschaffte, oder sich dieser an die Kontakte des Vorjahres in Zusammenhang mit dem Einsatz der Dubliner Flotte gegen die Waliser erinnerte, wird nicht mehr geklärt werden können.

Viel war es nicht, was Heinrich an Hilfe geben konnte. Zu sehr war er als Vasall des Königs von Frankreich in Probleme verstrickt, die den Zusammenhalt seines französischen Herrschaftsbereichs betrafen. Doch abgesehen von den Geschenken, möglicherweise auch der direkten finanziellen Unterstützung, die die irische Delegation vom englischen König erhielt, konnte Diarmait trotzdem mit dem Erreichten zufrieden sein. Ein Privileg, versehen mit dem großen königlichen Siegel, erlaubte dem Iren, überall dort Hilfstruppen im Herrschaftsgebiet Heinrichs II. anzuwerben, wo es ihm zweckmäßig erschien. Dieser Freibrief gibt darüber hinaus jedoch auch Aufschluß über den Preis, den der anglo-normannische König dem Iren für seine Hilfe abgefordert hatte. Er wird darin als »Vasall und Lehnsmann« bezeichnet. Der ehemalige König von Leinster mußte also die Unterstützung des englischen Königs bei der Rückgewinnung seines eigenen Reiches mit der Anerkennung von dessen Lehnsherrschaft wenigstens über sein Königreich, faktisch – aufgrund der Bulle ›Laudabiliter‹ – allerdings über ganz Irland bezahlen; aus den Händen des Königs würde er dann im Falle eines erfolgreichen Feldzuges als Vasall die Herrschaft über Leinster empfangen. Ein solches Verfahren war indes keineswegs ungewöhnlich, da die vornehmste Aufgabe eines jeden Feudalherren im Schutz seiner Vasallen lag. Doch wäre es im Erfolgsfall Heinrich erstmals seit Erlaß des päpstlichen Privilegs von 1154/55 gelungen, seine Herrschaftsrechte einem irischen König gegenüber durchzusetzen.

Zunächst jedoch standen Diarmaits Versuche, ein Expeditionsheer zur Rückeroberung Leinsters aufzustellen, unter keinem guten Stern. Schon aufgrund der geographischen Nähe, aber zweifellos auch wegen seiner guten persönlichen Kontakte dorthin, hatte er seine Suche nach Freiwilligen in Wales begonnen. Doch trotz der Unterstützung durch FitzHarding und des königlichen Freibriefs, trotz großzügiger Geldangebote in Verbindung mit Land- und Machtversprechungen in Irland im Siegesfalle dauerte es mehrere Monate, bis er in der Person Richard FitzGilberts, des Earl of Pembroke, der aufgrund seiner Leistungen im Bogenschießen »Strongbow« genannt wurde, einen geeigneten Partner gefunden hatte. Strongbow hatte während des Aufstandes in den Jahren zuvor auf der Seite der Rebellen gestanden und hätte daher auf absehbare Zeit weder in England noch in Wales eine seinen Ehrgeiz befriedigende Rolle spielen können. So kam ihm das Angebot Diarmaits gerade recht, zumal der Ire dies mit der Aussicht auf die Hand seiner Tochter Aoife und der Krone Leinsters nach seinem Tode (er war zu dieser Zeit bereits über 60 Jahre alt) zusätzlich versüßte. Trotz Strongbows politischen Schwierigkeiten mit der englischen Krone muß dieser, der zunächst nicht persönlich nach Irland kommen wollte, immer noch über gute Beziehungen zu seinen Landsleuten verfügt haben, denn nach seiner prinzipiellen Hilfszusage gab es für Diarmait keine Schwierigkeiten mehr, andere Freiwillige für sein Unternehmen zu finden.

Im August 1167, ein Jahr nach seiner Vertreibung, betrat Diarmait MacMurrough bei Waterford im Süden Leinsters an der Spitze seiner Getreuen und eines relativ kleinen walisisch-flämischen Söldnerheeres wieder irischen Boden. Dort hatten sich die Verhältnisse kaum geändert. Nach wie vor war der Hochkönig in ständigen Feldzügen gegen mögliche Konkurrenten darum bemüht, seine Machtposition zu erweitern oder wenigstens zu erhalten. Im August 1167 wurde die Stellung Ruaidri O'Conors von Connacht als Hochkönig in Irland ernsthaft durch den König von Munster bedroht. Somit konnte er sich nur am Rande mit den politischen Entwicklungen in Leinster beschäftigen, wo Diarmait daher relativ problemlos seinen alten Stammsitz in Ferns wieder in Besitz nahm. Im Winter 1167/68 kam es dann doch zu einer Schlacht zwischen den Truppen des Hochkönigs und Diarmaits, die der König von Connacht zu seinen Gunsten entschied. Der Gewinner verzichtete aber darauf, seinen alten Widersacher erneut des Landes zu verweisen. Statt dessen wurden die familiär begründeten Herrschaftsrechte MacMurroughs im südlichen Leinster mit der Auflage wiederhergestellt, O'Conor als Hochkönig anzuerkennen und künftig nicht mehr die Kontrolle über Leinster anzustreben.

Die Aussicht auf weitere Hilfstruppen aus Wales hatten es MacMurrough vermutlich erleichtert, auf diese Bedingungen einzugehen, denn die Annalen geben uns keinen Hinweis darauf, daß er im Verlauf des Jahres 1168 gegen die Auflagen verstoßen hätte. Als im Mai 1169 jedoch Verstärkung in Form eines weiteren Söldnerheeres aus Wales in Südostirland landete und sich mit den bereits im Lande befindlichen Truppen Diarmaits vereinigte, glaubte dieser, einen günstigen Zeitpunkt für die Rückgewinnung seiner alten Macht erreicht zu haben. Ohne auf größere Gegenwehr zu stoßen, konnte er systematisch den ganzen Süden Leinsters einschließlich der wohlhabenden Wikingerstädte Waterford und Wexford zurückerobern. Als er jedoch weiter nach Norden vorstieß, um auch den Rest des alten Reiches zu annektieren, reagierte der Hochkönig und schickte eigene Truppen in die Region. Im Herbst 1169 trafen die gegnerischen Truppen aufeinander und erneut verließ Ruaidri O'Conor als Sieger das Schlachtfeld.

Welche Gründe ihn dazu bewogen haben mochten, zum zweiten Mal auf weitergehende Sanktionen gegen den wiederholt vertragsbrüchigen und unzuverlässigen MacMurrough zu verzichten, sondern dessen Illoyalität durch Restitution seiner alten Rechte als König von Leinster im Gegenzug für die Akzeptanz der eigenen Hochkönigschaft noch zu belohnen, ist nur zu vermuten. Zwei Erklärungen erscheinen plausibel: Entweder schätzte er die Bedrohung durch den rebellischen König von Munster nach wie vor als größer ein und wollte sich mit den Zugeständnissen an Diarmait dessen Wohlwollen, möglicherweise sogar dessen aktive Unterstützung sichern, oder aber er versuchte mit allen Mitteln ein weitergehendes Eingreifen anglo-normannischer Kräfte zu verhindern, die mit ihren ausgefeilteren Waffen- und Kampftechniken den Iren überlegen waren und bisher nur durch deren starke personelle Überlegenheit in Schach gehalten werden konnten. In diesem Fall wäre sich der König von Connacht der weitreichenden politischen Implikationen einer Niederlage irischer Truppen im Kampf mit überlegenen anglo-normannischen Einheiten durchaus bewußt gewesen, die das faktische Ende unabhängiger irischer Herrschaft bedeutet hätte.

Wie auch immer: Das hochmittelalterliche »Appeasement« Ruaidri O'Conors zahlte sich nicht aus. Im Gegenteil schien Diarmaits Ehrgeiz nun erst recht geweckt worden zu sein. Anstatt sich, wie erhofft, mit der Rückgewinnung der Königswürde von Leinster zu begnügen, schloß er mit dem König von Munster ein gegen den Hochkönig gerichtetes Bündnis und konnte diesen sogar schlagen. Ein solcher Erfolg gegen den langjährigen Widersacher schien ihm die geeignete Voraussetzung für einen weiteren Ausbau der eigenen Machtposition zu sein. Doch waren die gegnerischen Kräfte noch zu stark, als daß er sie mit den ihm zur Verfügung stehenden Truppen allein hätte erfolgreich herausfordern können. Weitere Verstärkung aus Wales wurde angefordert, wo Strongbow aufmerksam die Entwicklung in Irland verfolgt hatte. Er teilte die Auffassung Diarmaits, daß der Zeitpunkt für ein direktes Eingreifen nun gekommen sei, schickte im Mai 1170 eine noch relativ kleine Vorhut über die Irische See, der er dann an der Spitze eines etwa 1000 Mann starken Expeditionsheeres im August desselben Jahres folgte.

Damit hatte der Kampf um die Macht in Irland eine neue Dimension erreicht. Während vordem die Auseinandersetzung zwischen Diarmait und Ruaidri noch als innerirische Angelegenheit gewertet werden konnte, an der auf einer Seite lediglich kleinere auswärtige Söldnerheere beteiligt waren, handelte es sich bei der Landung der Armee Strongbows um eine veritable Invasion. Sie führte eine grundsätzliche Änderung der politischen Machtverhältnisse auf der Grünen Insel herbei und markierte einen der entscheidenden Wendepunkte der irischen Geschichte: den Beginn der direkten britischen, vorläufig noch anglo-normannischen Präsenz in Irland.

Richard FitzGilbert, der Earl of Pembroke, nutzte die sich ihm bietenden Gelegenheiten geschickt aus. Im Herbst 1170 heiratete er Aoife, die Tochter Diarmaits, die ihm dieser bereits drei Jahre zuvor versprochen hatte. Damit waren ihm – dem Fremden aus Wales – als Schwiegersohn des Königs erbrechtliche Ansprüche auf die Thronfolge zugefallen, die er trotz erheblichen Widerstandes in der Bevölkerung nach dem Tode Diarmaits im Frühsommer des Jahres 1171 kraft seiner militärischen Überlegenheit auch durchsetzen konnte. Der Widerstand gegen die Thronfolge Strongbows hatte sich an dem offenen Traditionsbruch entzündet, der im Widerspruch zur traditionellen blutsverwandtschaftlichen Sukzession innerhalb eines *tuath* stand. Doch die letztliche Erfolglosigkeit der Traditionalisten kann synonym mit der offensichtlichen Unterlegenheit des archaischen Familienverbandssystems im Vergleich zur neueren Form der Feudalherrschaft gesehen werden. Ein weiterer Erfolg war der erfolgreiche Kampf gegen die zahlenmäßig überlegenen Truppen Ruaidri O'Conors, denen sich viele unzufriedene Einheiten aus Leinster angeschlossen hatten. Zusammen bildeten sie das gewaltigste Heer, das jemals von einem einzelnen irischen Hochkönig angeführt wurde. Diese Streitmacht konnte anfangs gegen die Anglo-Normannen durchaus einige Erfolge verbuchen. Im Sommer 1171 war Dublin das Ziel einer wochenlangen Belagerung. Eine Reihe von schwerwiegenden taktischen und strategischen Fehlern zwang den irischen Hochkönig dann allerdings zum Rückzug.

Der Rückzug O'Conors bedeutete nicht nur einen militärischen Sieg für den neuen König von Leinster, sondern darüber hinaus eine erhebliche psychologische Stärkung der anglo-normannischen Expansionspolitik in Irland. Strongbows Erfolge waren auch in England aufmerksam verfolgt worden. Seit der Inthronisation des Walisers in Leinster hatte Heinrich II. eine eigene Expedition zur Nachbarinsel vorbereitet, zumal die Führer des anglo-normannischen Invasionsheeres nicht, wie zuvor verabredet, vor dem Osterfest des Jahres 1171 bei ihrem König erschienen waren, um diesem ihre Loyalität zu versichern und die Herrschaft über die eroberten Gebiete zu übertragen.

Nach dem Rückzug der Truppen Ruaidri O'Conors hatten die Sorgen des Königs von England über den Machtzuwachs seines Vasallen in Irland weiter zugenommen. Angesichts der vielfältigen Probleme, mit denen der anglo-angevinische König in seinen zahlreichen Herrschaftsgebieten konfrontiert war, konnte das Entstehen eines weiteren Machtzentrums, geführt von einem ehrgeizigen Herrscher, auf dessen Loyalität nachweislich nicht immer gezählt werden konnte, im relativ ungeschützten und unsicheren Westen der britischen Insel weitere Probleme bereiten. Zwar reiste Strongbow, nachdem er von den Vorbereitungen der königlichen Expedition gehört hatte, persönlich nach England, um seinem König zu huldigen. Doch obwohl er seinen Treueid erneuerte und darüber hinaus Heinrich die Herrschaft über Dublin, Wexford und Waterford nebst Umland übertragen konnte, hielt der König an seinen Reiseplänen fest. Zu groß war offensichtlich die Bedeutung, die er einer zufriedenstellenden Lösung des irischen Problems zumaß.

Darunter verstand er vor allem die Errichtung eines funktionsfähigen Systems gegenseitiger Abhängigkeit und Kontrolle der verschiedenen irischen Territorien unter bewußtem Einbezug der keltisch-irischen Territorialfürsten und der Kirche. Die Herstellung eines so feinmaschigen Netzes bedurfte jedoch der gründlichen Vorbereitung und vielfältiger geschickt geführter Verhandlungen. Strongbow hatte dem König bereits in Gloucester gehuldigt, doch das Verhalten der zahlreichen irischen Provinzherrscher war schwer vorhersehbar. Daß sich diese nahezu einhellig unter die Oberhoheit der englischen Krone stellten, überrascht zunächst angesichts der jahrhundertelangen Hegemonialkämpfe in Irland. Die Gründe, die sie letztlich zur Anerkennung der englischen Lehnsherrschaft bewogen haben mögen, sind indes ebenso einleuchtend wie schwerwiegend. Zunächst wäre der psychologische Effekt zu nennen, den der Rückzug der vereinigten Heere von der Belagerung Dublins überall im Lande erzeugt hatte. Dann berichten die Annalen von zahlreichen Beschwerden, die die irischen Fürsten dem englischen König vorgetragen hätten und die Eingriffe der anglo-normannischen Invasoren um den Earl of Pembroke in althergebrachte Strukturen und Rechte betrafen. Schließlich dürfte auch das große und wohlausgerüstete königliche Heer, das noch größer war als die Armee Strongbows sechs Monate zuvor, seine Wirkung nicht verfehlt haben.

Abgesehen von Ruaidri O'Conor und einigen wenigen Verbündeten hielten es alle anderen keltisch-irischen Regionalherren für geboten, die Lehenshoheit Heinrichs II. anzuerkennen und sich dadurch gleichzeitig unter den Schutz des mächtigsten Herrschers Westeuropas zu begeben. Ähnlich verhielten sich die irischen Kirchenherren, denen der englische König anläßlich einer Synode in Cashel im Gegenzug Schutz vor dem Machtstreben des Erzbischofs von Canterbury gewährte, der sein Interesse an der Suprematie über die irische Kirche nachdrücklich zum Ausdruck gebracht hatte. Nachdem er die irischen Territorial- und Kirchenfürsten recht schnell für sich einnehmen konnte, mußte Heinrich noch jene anglo-normannischen Eroberer zügeln, die allzu großen politischen Ehrgeiz gezeigt hatten. So blieb zwar der größte Teil Leinsters unter der Herrschaft Strongbows, doch verlor dieser die wichtigen Wikingerstädte – Dublin zum Beispiel wurde durch ein königliches Dekret den Kaufleuten von Bristol zugesprochen. Mit der Übertragung der Lehensrechte von Meath an Hugh de Lacy, einen seiner Begleiter, schuf Heinrich II. in unmittelbarer Nachbarschaft zu Leinster zudem noch ein ähnlich großes Herrschaftsgebiet, das offensichtlich als Gegengewicht zu Strongbows Reich konzipiert war. Bis zu seinem Tod im Jahre 1186 nahm denn auch de Lacy und nicht der Earl of Pembroke, wie aufgrund der militärischen Verdienste möglicherweise hätte erwartet werden können, die Aufgaben des königlichen Statthalters in Irland wahr. Zwar hatte Heinrich bei seiner Abreise im Frühjahr 1172 trotz mehrfacher Versuche noch keine Verständigung mit dem nominellen Hochkönig von Irland erreichen können, doch war es ihm während seines ersten und einzigen Besuchs zweifellos gelungen, die anglo-normannische Macht in Irland zu konsolidieren.

Die Kontrolle über Irland stellte ein bedeutendes Element im Gesamtgeflecht der Machterhaltungsstrategien Heinrichs II. dar. Der König mußte seit 1171 mehrere Rebellionen niederschlagen, die direkt gegen seine Herrschaft gerichtet waren. Durch stabile politische Verhältnisse in Irland konnte dort zumindest gewährleistet werden, daß es auf absehbare Zeit keinen Herrscher geben würde, der stark genug wäre, um eigene Interventionsabsichten in England zu entwickeln. Auch wurde es für englische, schottische oder walisische Rebellen schwieriger, sich mit irischen Herrschern gegen die englische Krone zu verbünden. Das galt auch für solche politischen Renegaten, die in Irland Asyl suchten, um von dort aus möglicherweise weiter gegen England oder andere Teile des Reiches zu agitieren.

Die Bedeutung der Grünen Insel für Heinrich wird durch die Hartnäckigkeit unterstrichen, mit der er einen Ausgleich mit seinem großen Widersacher Ruaidri O'Conor anstrebte. Schließlich gelang es ihm, über seinen Statthalter de Lacy ein Abkommen mit dem König von Connacht auszuhandeln. Es wurde im Oktober des Jahres 1175 im Vertrag von Windsor besiegelt. Darin erkannte der Ire die Lehenshoheit des englischen Königs über ganz Irland und die anglo-normannische Herrschaft über Teile Ost- und Südirlands an und war auch zur Tributzahlung bereit. Als Gegenleistung wurde er dafür aber von Heinrich als Hochkönig in den Territorien außerhalb des normannischen Einflußbereichs bestätigt. Das allerdings hinderte den Engländer nicht daran, seine anglo-normannischen Gefolgsleute in Irland zu weiteren Landeroberungen anzuspornen und sie mit großzügigen Lehen notfalls auch auf Kosten alteingesessener irischer Fürsten und unter bewußter Verletzung älterer Verträge zu belohnen.

Es ist zu vermuten, daß dies eine Reaktion auf den zunehmenden politischen Druck war, unter den Heinrich II. in der zweiten Hälfte der siebziger Jahre geriet. Eine Reihe von Aufständen unter maßgeblicher Beteiligung seiner Söhne zwangen ihn zu weitgehenden Zugeständnissen und letztlich bis 1177 sogar dazu, sein Reich bereits zu Lebzeiten aufzuteilen und seine Nachfolger zu bestimmen. Dem ältesten Sohn sollte das englische Königreich einschließlich des Herzogtums Normandie und der Grafschaft Anjou zufallen, Aquitanien dem zweiten, die Bretagne dem dritten und Irland dem vierten und jüngsten, dem 1167 geborenen Johann. Die Weichen für eine relativ eigenständige, von England unabhängige Entwicklung Irlands waren also gestellt, denn es war unwahrscheinlich, daß der vierte Sohn auch das Haupterbe, also die englische Krone nebst französischen Gebieten würde antreten können. Wider Erwarten erbte Johann im Jahre 1199, nach dem Tode seines Bruders Richard Löwenherz jedoch auch die englische Krone. Das weitere Schicksal Irlands blieb also im Gegensatz zur ursprünglichen Planung direkt mit dem des Königreichs England verbunden.

Johann war zum Zeitpunkt der Ernennung zum »Lord of Ireland« noch zu jung gewesen, um dort entschlossen eigene Interessen verfolgen zu können. Statt dessen führten die wachsenden Schwierigkeiten seines Vaters zu einem deutlich spürbaren Machtverlust der königlichen Zentralgewalt, was ein kräftiges Anwachsen partikularistischer Kräfte im Lande zur Folge hatte. Viele der alten keltisch-irischen *regna* konnten sich somit zunächst nahezu unversehrt auch gegenüber den neu entstandenen anglo-normannischen Territorien behaupten. Andere fielen den politischen Ambitionen der Neuankömmlinge zum Opfer und wurden unter ihnen aufgeteilt. Wieder andere blieben territorial unverändert, erhielten mit anglo-normannischen Fürsten jedoch neue Herrscher, die neue Dynastien gründeten. Nach dem Tod Ruaidri O'Conors verlor die Idee der irischen Hochkönigswürde merklich an Einfluß, trotzdem beeinflußte sie noch für lange Zeit in vielerlei Hinsicht das politische Denken und Handeln der alteingesessenen Fürsten keltisch-irischer Herkunft.

Unter den neuen Rahmenbedingungen nach 1171 war eine vergleichsweise archaische Institution wie die Hochkönigswürde indes nicht mehr durchsetzbar. Im Gegenteil: Nachdem sich die Anglo-Normannen in Ost- und Zentralirland festgesetzt hatten, begannen sie, ihren Einfluß- und Herrschaftsbereich kontinuierlich zu erweitern. Dabei nutzten sie genauso wie ihre irischen Gegner die gängigen politischen Praktiken der Zeit wie Vertragsbruch, Bestechung oder Rechtsbeugung weidlich aus. Zudem waren die Neuankömmlinge ihren Widersachern militärisch weit überlegen. Sie verfügten über die bessere Waffentechnik – Langschwert und Lanze seien in diesem Zusammenhang genauso erwähnt wie Eisenhelm und Kettenpanzer – und die bessere Ausbildung, die sich zum Beispiel in diszipliniert eingehaltener Schlachtordnung ausdrückte. Besonders gefürchtet waren die walisischen Bogenschützen, deren Waffen eine wesentlich größere Reichweite hatten als die Steinschleudern der Iren. All dem hatten die Iren in den ersten Jahrzehnten nach der Invasion außer der eindeutigen zahlenmäßigen Überlegenheit auf dem Schlachtfeld nicht viel entgegenzusetzen.

Bis etwa 1250 konnten die Invasoren daher zirka drei Viertel des Landes unter ihre Kontrolle bringen. Eine wichtige Rolle spielte in diesem Zusammenhang der Bau von befestigten Stützpunkten in feindlichem Gebiet. In den ersten Jahren nach der Invasion handelte es sich um hölzerne Bastionen, die auf eigens dafür aufgeschütteten Erdhügeln errichtet wurden. Diese sogenannten »Motten« prägen auch heute noch vielerorts die irische Landschaft und zeugen von dem kolonisatorischen Ehrgeiz ihrer Erbauer. Um 1200 entstanden die ersten großen steinernen Königsburgen, so etwa in Limerick oder in Carrickfergus. Kleinere Steinfestungen wurden bald darauf auch in anderen Gegenden des Landes errichtet. Die Festungen sicherten zunächst einmal die militärische Vorhut der Eroberer. Neben der Sicherungsfunktion wurden dort auch alltägliche Versorgungsgüter wie Nahrungsmittel und technische Geräte hergestellt und verarbeitet. Die Garnisonen wuchsen daher in verhältnismäßig kurzer Zeit zu größeren Siedlungen oder gar zu Städten heran, die in ihrem Umland maßgeblich zur weiteren Konsolidierung anglo-normannischer Macht beitrugen.

Die Geschwindigkeit, mit der die Neuankömmlinge ihre Machtposition in Irland ausbauen konnten, nahm ab Mitte des 13. Jahrhunderts merklich ab. Neben dem immer noch verhältnismäßig geringen anglo-normannischen Bevölkerungsanteil außerhalb der Hauptsiedlungsgebiete in Leinster und Teilen von Munster erschwerten gravierende politische Schwierigkeiten der englischen Krone im englisch-schottischen Grenzraum und in Frankreich die direkte Kontrolle der irischen Angelegenheiten zunehmend. Die irischen Lehensfürsten des englischen Königs blieben sich daher entweder mehr oder weniger selbst überlassen oder mußten sogar mit eigenen Streitkräften den Kampf ihres Lehensherren außerhalb Irlands unterstützen.

Dies ermutigte die noch verbliebenen keltisch-irischen Fürsten zu neuem Widerstand. Ein erstes Indiz dafür war das Treffen von drei irischen Fürsten in Caol Uisce am Erne im Jahre 1258. Tadg O'Brien von Thomond, Aed O'Conor von Connacht und Brian O'Neill von Cenél Eógan verständigten sich darauf, O'Neill als neuen König von Irland anzuerkennen und unter seiner Führung den militärischen Widerstand gegen die Anglo-Normannen zu vereinen. Der neugewählte König und Heerführer wurde indes schon kurze Zeit später in einem Scharmützel bei Downpatrick getötet, und die Allianz, ohne daß sie Erfolge gezeitigt hätte, wurde wieder aufgelöst. Das Abkommen ist jedoch von grundsätzlicher Bedeutung, da es zwischen drei in der Vergangenheit zutiefst miteinander verfeindeten Familienverbänden geschlossen worden war. Die Iren hatten offensichtlich erkannt, welche Gefahr für ihre politische Stellung genauso wie für das Überleben ihrer Kultur von der anglo-normannischen Invasion ausging. Dafür spricht auch die Einladung einer größeren Zahl irischer Stammesfürsten an König Haakon von Norwegen aus dem Jahre 1263, der sich zu dieser Zeit gerade mit seiner Flotte an der schottischen Westküste aufhielt, den irischen Widerstand gegen die Anglo-Normannen zu führen. Zwar lehnte der Norweger ab, doch das Hilfeersuchen an einen auswärtigen Monarchen ist gleichfalls Indiz für die Dimension der Bedrohung und für den grundsätzlichen Willen zur Abwehr dieser Gefahr – was jedoch nicht ausschließt, daß nach erfolgreicher Abwendung der Bedrohung die Notwendigkeit einer solchen Allianz möglicherweise schnell wieder in Frage gestellt worden wäre.

Der Wille zum Widerstand und die Schwäche der Anglo-Normannen werden zusätzlich durch zwei siegreiche Schlachten unterstrichen. Der Sieg bei Callann im Jahre 1261 ermöglichte die Rückgewinnung der Kontrolle über die Südhälfte Kerrys durch die keltisch-irischen Familien MacCarthy und O'Sullivan. Im Jahre 1270 bewies Aed O'Conor Lernfähigkeit, als er in der Schlacht bei Athankip den bislang strategisch und waffentechnisch überlegenen Anglo-Normannen mit dem Einsatz von ebenbürtigen schottischen Söldnern erfolgreich Paroli bieten und damit seine Herrschaft über Connacht aufrechterhalten konnte.

Das ausgehende 13. Jahrhundert war also geprägt von wachsenden Spannungen zwischen den Iren keltischer Abstammung und den Anglo-Normannen, deren Familien mittlerweile jedoch auch schon in der dritten, vierten oder gar fünften Generation in Irland lebten. Dabei gewannen die Keltiren aufgrund der relativen Handlungsunfähigkeit der englischen Krone in irischen Angelegenheiten zunehmend Vorteile. Die Konflikte entluden sich in einer Vielzahl kleinerer oder größerer Schlachten mit unterschiedlichem Ausgang. Noch heute gibt es viele steinerne Zeugen der instabilen politischen Lage jener Zeit: Die meisten erhaltenen Stadtmauern wurden im späten 13. Jahrhundert errichtet, und die damals erbauten oder umgebauten Klöster glichen eher weltlichen Festungsanlagen als kirchlichen Zentren.

Dieser Machtkampf hatte nachhaltige Wirkungen auf die irische Gesellschaft jener Zeit, denn er verhinderte das kontinuierliche Zusammenwachsen des keltisch-irischen mit dem anglo-normannischen Bevölkerungsteil. Zwar gab es besonders an der Peripherie des anglo-normannischen Siedlungsgebietes erste Entwicklungsansätze einer grundsätzlich neuen gemeinsamen Kultur, doch wurden solche Tendenzen von der englischen Krone mit Argwohn verfolgt, bargen sie doch implizit den Verlust an Einfluß und Autorität in sich. Statt dessen pochte sie auf den Fortbestand zweier prinzipiell unterschiedlicher, einander gleichsam ausschließender sozialer Systeme. Diese mittelalterliche Form der Apartheid kulminierte an der Wende vom 13. zum 14. Jahrhundert. So wurde im Jahre 1297 in einem Parlamentsbeschluß exakt festgelegt, wie der Frieden (aus anglo-normannischer Sicht) zu bewahren und wie Krieg (gegen die Iren keltischer Abstammung) zu führen sei. Ferner sah dieser Beschluß vor, das englische Gewohnheitsrecht *(common law)* auch in Irland einzuführen. Dieses Recht sollte allerdings nur auf die Iren anglo-normannischer Abstammung Anwendung finden, keltischstämmige Iren hatten keinen Anspruch darauf. Um nicht versehentlich wie ein rechtloser Ire behandelt zu werden, empfahl das Parlament den Anglo-Iren, sich bewußt durch ihr äußeres Erscheinungsbild von den Keltiren zu unterscheiden. Diese Verfügungen unterstreichen die Angst der anglo-normannischen Elite in Dublin vor einer sukzessiven Assimilation durch die Iren keltischer Abstammung besonders in den Randgebieten ihres Herrschaftsbereichs und, damit verbunden, vor dem Verlust sowohl an sozialem Einfluß als auch an politischer Macht, die sich beide untrennbar aus ihrer Herkunft ableiten ließen.

Die »irische Frage« wurde aufgrund dieser Entwicklung somit spätestens seit Ende des 13. Jahrhunderts zu einem festen Bestandteil des irischen wie des englischen historischen Erbes. Auf den ersten Blick könnte man daher durchaus geneigt sein, F. X. Martin zuzustimmen, der als die eigentliche Tragik der normannischen Invasion nicht die Eroberung Irlands sieht, da es diese nicht gegeben habe, sondern die Okkupation lediglich einer Hälfte der Insel[10]. Die Folge dieser »unvollendeten Invasion« sei die Koexistenz zweier unterschiedlicher ethnischer Gruppen gewesen, die sich gegenseitig paralysierten, anstatt wie in der Normandie, in England oder auf Sizilien zu einer neuen und homogenen Ethnie zu verschmelzen und die positiven Merkmale beider Ursprungsgruppen in sich zu vereinen.

So einleuchtend diese These zunächst auch klingen mag, ist sie doch in dieser Rigorosität nicht zutreffend. Natürlich hat es Berührungspunkte zwischen den beiden Kulturen genauso gegeben wie gegenseitige Beeinflussung und dadurch bedingte Modifikation sozialer Eigenarten. Im Gegensatz zu den vom normannischen Herkunftsgebiet weit entfernten späteren Siedlungsgebieten in Britannien, Frankreich oder im Mittelmeerraum lag Irland nur wenige Stunden Seefahrt von England entfernt, so daß der anglo-normannische Bevölkerungsteil jedenfalls teilweise eine stete Verbindung mit dem Mutterland aufrecht erhalten konnte und damit eher als in weiter entfernten Gebieten in der Lage war, möglichen Assimilations- oder Penetrationstendenzen zu widerstehen.

Neben den sozialen Problemen beeinträchtigten noch andere äußere Einflüsse die Geschicke des Landes erheblich. Besonders die Jahre 1315 bis 1318 und dann noch einmal 1348/49 sollten sich als wahrhaft schwarze Zeiten in der irischen Geschichte erweisen. Mehrere aufeinanderfolgende Mißernten führten zwischen 1315 und 1318 zu einer großen Hungersnot. Jene Menschen, die nicht bereits im Verlauf des ersten Winters an Unterernährung gestorben waren, wurden anfällig für vielerlei Krankheiten und Seuchen, die in den folgenden Jahren noch einen weiteren hohen Blutzoll forderten. Im Winter 1348/49 erreichte der »Schwarze Tod«, die Pest, die zuvor schon einige Jahre auf dem Kontinent gewütet hatte, die Insel. Da es keine zuverlässigen Angaben über die tatsächliche Zahl der Opfer gibt – für das Gebiet des Heiligen Römischen Reiches geht die heutige Forschung bei großen regionalen Unterschieden von dem Verlust etwa eines Drittels der Reichsbevölkerung aus –, lassen sich deren katastrophale Auswirkungen nur anhand von historisch überlieferten Aussagen ansatzweise rekonstruieren.

So kann mit Sicherheit davon ausgegangen werden, daß in

[10] F. X. Martin, The Anglo-Norman Invasion (1169–c. 1300). In: T. W. Moody u. F. X. Martin (Hg.), The Course of Irish History. 10. Aufl., Cork 1977, S. 142f.

den Krisenzeiten die dichtbesiedelten Territorien unter anglonormannischer Herrschaft im Vergleich zum keltisch-irischen Siedlungsgebiet ungleich härter betroffen waren, da gerade die Städte besonders unter den verheerenden Auswirkungen des Nahrungsmangel und der Seuchen litten. Innerhalb weniger Wochen nach Ausbruch der Pest, so berichtete ein Zeitzeuge im Winter 1348/49, seien Dublin, Drogheda und Kilkenny nahezu völlig entvölkert gewesen[11]. Ähnliche Überlieferungen aus anderen Teilen des Landes bestätigen diese Darstellung.

Doch es waren nicht nur innerirische Ereignisse, die den anglo-irischen Einfluß zugunsten eines ersten »Gaelic Revival« zurückdrängten. Im Jahre 1314 konnte Robert Bruce durch seinen Sieg über Edward II. von England bei Bannockburn die schottische Unabhängigkeit erringen. Der neue König von Schottland, um die Konsolidierung seiner eben gewonnenen Macht bemüht, pochte noch im selben Jahr auf alte erbrechtliche Ansprüche im Nordosten Irlands. Hinter der umstrittenen Legitimität dieser Ansprüche standen pragmatisch-politische Gründe, die den Schotten nach Irland blicken ließen. Zum einen hatte er zwar das edwardianische Heer schlagen können, doch stellte die bewaffnete Macht Englands nach wie vor eine unleugbare Bedrohung der schottischen Unabhängigkeit dar, zumal sie in der jüngeren Vergangenheit oftmals auf anglo-irische Ressourcen zurückgegriffen hatte. Der Eröffnung einer zweiten Front im Nordosten Irlands kam daher also durchaus eine im strategischen Sinn entlastende Bedeutung zu. Zum anderen galt es, den politischen Ehrgeiz seines jüngeren Bruders Edward zu befriedigen, ohne die eben gewonnene Krone in einem familiären Machtkampf aufs Spiel zu setzen. Folglich wurde Edward von seinem Bruder Robert mit der Wahrnehmung schottischer Interessen auf irischem Boden betraut.

Die Landung des königlich-schottischen Gesandten bei Larne im Sommer des Jahres 1315 wurde von vielen Iren keltischer Abstammung wohlwollend verfolgt. Schließlich gab es bereits seit Jahrhunderten gute und enge nachbarschaftliche Beziehungen zwischen Irland und Schottland, zumal die Sprachverwandtschaft, im Gegensatz zur schwierigen Kommunikation mit den Anglo-Normannen, eine problemlose Verständigung erlaubte. Die Keltiren beschränkten ihre Sympathie für die

[11] So der Bericht des Franziskanermönches Clyn aus Kilkenny, der seine Chronik nicht abschließen konnte, da er selbst der Pest zum Opfer fiel.

schottischen Absichten jedoch nicht nur auf bloße Gesten, sondern stellten in kürzester Zeit eine ziemlich große Hilfstruppe auf und bemühten sich gleichzeitig bei Papst Johann XXII. um eine Übertragung des irischen Lehens, wie es seinerzeit in der Bulle ›Laudabiliter‹ bestimmt worden war, von Edward II. auf Edward Bruce.

Dabei darf die keltirische Unterstützung für Bruce nicht als grundsätzliche Einverständniserklärung mit der politischen Herrschaftsabsicht des schottischen Königs verstanden werden. Im Gegenteil: Die schottische Armee stellte in den Augen der keltisch-irischen Provinzherrscher im Norden Irlands ein vortreffliches Instrument zur Bekämpfung des anglo-irischen Machtanspruchs dar, dessen man sich solange zu bedienen gedachte, wie es nutzbringend erschien. Vermutlich hätten Edward und Robert Bruce nach einer erfolgreichen Zurückdrängung des anglo-irischen Elements aus der irischen Politik selbst mit bewaffnetem Widerstand keltirischer Territorialfürsten rechnen müssen. Doch wurde die schottisch-keltirische Zweckallianz niemals einer derartigen Zerreißprobe ausgesetzt, denn das »schottische Abenteuer« stand unter keinem guten Stern. Zwar blieb die Kraftprobe drei Jahre lang ziemlich ausgeglichen, doch im Jahre 1318 endete das ganze Unternehmen abrupt, als der Schotte während eines Scharmützels bei Faughart im County Louth sein Leben verlor.

Der zunehmende Rückgang des anglo-normannischen Einflusses resultierte auch aus dem allmählichen Machtverlust der englischen Krone bedingt durch Kriege gegen die Franzosen (zwischen 1338 und 1461 wurde – mit Unterbrechungen – der Hundertjährige Krieg zwischen Franzosen und Engländern ausgetragen) und die Schotten genauso wie durch innenpolitische Unruhen und die katastrophalen Auswirkungen der Pest zwischen 1348 und 1350. Die schwindende Rückendeckung durch den König von England und seine Stellvertreter in Dublin zwang die meisten anglo-irischen Fürsten im Lande, dem wiedererstarkenden Einfluß der Keltiren Rechnung zu tragen. Die durch die Seuche drastisch dezimierte Bevölkerung im angloirischen Siedlungsgebiet war vielerorts schon durch Keltiren ersetzt worden, die sich schnell manche Lebensgewohnheiten der Kolonisatoren angeeignet hatten und damit – nolens volens – einen Eigenbeitrag zum Fortbestand des verhältnismäßig modernen anglo-normannischen Gesellschafts- und Wirtschaftsgefüges leisteten. Damit erkannten sie zwar faktisch die politische

Macht der Kolonisatoren an, wurden aber für diese aufgrund ihres hohen Anteils an der Gesamtbevölkerung und der damit verbundenen wirtschaftlichen Rolle gleichzeitig unentbehrlich.

Ein weiterer Faktor für den anglo-normannischen Machtverfall im Verlauf des 14. Jahrhunderts war die gegenseitige Beeinflussung und Durchdringung zweier vormals vollkommen unterschiedlicher Kulturen. Neben dem äußeren Modernisierungseffekt hat der anglo-normannische Einfluß offensichtlich auch nachhaltige Wirkung auf das keltirische Sozialgefüge gehabt. Dies ist dadurch zweifellos den kontinentaleuropäischen Gepflogenheiten erheblich nähergerückt worden. Umgekehrt sind jedoch auch in der anglo-normannischen Gesellschaft zunehmend keltirische Einflüsse spürbar. Bereits im ausgehenden 13. Jahrhundert schienen diese Auswirkungen so gravierend zu sein, daß per Parlamentsbeschluß Gegenmaßnahmen ergriffen wurden. Seit Mitte des 14. Jahrhunderts, in Folge der Krisenjahre und der schwächer werdenden Bindungen Irlands an die englische Krone, wurde die »Irisierung« der anglo-normannischen Elite aus englischer Sicht besorgniserregend.

In einer der wenigen Friedensperioden während des Hundertjährigen Krieges gegen Frankreich entsandte daher König Edward III. seinen Sohn Lionel nach Irland, der dort eine Restitution anglo-normannischer Macht vornehmen sollte. Schon bald mußte Lionel feststellen, daß sich die Nachfahren der anglo-normannischen Kolonisatoren auf der Nachbarinsel in ihren Sitten und Gebräuchen erheblich von denen des englischen Hofes unterschieden. Besonders an der Peripherie des Siedlungsgebietes, aber auch weiter im Zentrum war der kulturelle Einfluß der offiziell immer noch als feindlich eingestuften Keltiren auf die anglo-normannische Lebensweise offensichtlich geworden. Die Anglo-Iren hatten viele der Gewohnheiten ihrer keltirischen Nachbarn übernommen. Diese äußerten sich in der Präsenz von Barden, Musikern und Erzählern aus keltischer Schule an den Provinzhöfen der Kolonisatoren genauso wie in der Vorliebe für keltirische Sprache, Kleidung und andere Sitten und Gebräuche.

Im Jahre 1366 versammelte Lionel die anglo-irischen Territorialfürsten in Kilkenny, um sie an ihre Pflichten gegenüber der englischen Krone zu erinnern und um Maßnahmen zur Erhaltung des englischen Einflusses in Irland durchzusetzen. Zwar verabschiedete die Ständeversammlung in einem Statut rigorose Schritte zur Aufrechterhaltung einer eigenen kolonisatorischen

Identität, die von der Verpflichtung zum Gebrauch der englischen Sprache über den Verzicht auf keltirische Kleidung bis zum Verbot der Patronage von keltirischen Künstlern reichte, doch fehlte der Krone aufgrund der bald wieder aufflammenden Kriegsgefahr auf dem Kontinent die Möglichkeit, die Durchführung dieser Beschlüsse effektiv zu überwachen.

Die eigenen Mittel der Kolonisatoren reichten nicht aus, um sich gegen die weiter erstarkenden keltirischen Provinzherrscher zu behaupten. Ohne den Schutz der Krone mußten die anglo-irischen Territorialfürsten andere Mittel und Wege finden, um sich mit ihren Nachbarn zu arrangieren. Üblicherweise geschah dies in Form von Schutzgeldzahlungen. Daß auch Dublin und damit das Kerngebiet anglo-irischer Macht *danegeld* zahlen mußte, beweist, wie akut die Position der Kolonisatoren bereits bedroht war. Doch noch war England nicht bereit, auf das irische Lehen ohne Widerstand zu verzichten und gleichzeitig durch die Schutzgeldzahlungen die Konsolidierung keltirischer Macht gleichsam zu subventionieren. Ohnehin hatte die Krone aufgrund der dauernden militärischen Auseinandersetzungen auf dem Kontinent erheblichen Finanzbedarf, der, wenigstens teilweise, vortrefflich durch »Schildgelder«[12] der irischen Lehensfürsten hätte gedeckt werden können. So nutzte König Richard II. eine Waffenruhe auf dem Kontinent dazu, ein größeres Heer aufzustellen und an der Spitze dieser Streitmacht im Oktober des Jahres 1394 nach Irland aufzubrechen, um dort persönlich seine Ansprüche geltend zu machen.

Erneut hatten die keltirischen Provinzherrscher einer solchen Machtdemonstration nichts entgegenzusetzen. Denn nachdem Richard gleich nach der Landung bei Waterford in einem ersten Waffengang Art MacMurrough, den König von Leinster, geschlagen hatte, huldigten ihm die meisten anderen keltirischen Fürsten bei dem bloßen Anblick der englischen Armee. Richard versuchte nach diesen ersten Erfolgen, das »irische Problem« unter Beteiligung der ihm ergebenen Keltiren zu lösen. Dabei unterschied er zwischen den seiner Meinung nach unbelehrbaren »wilden irischen Feinden«, den »irischen Rebellen«, die sich zwar gegen die Krone erhoben hatten, trotzdem aber möglicherweise zivilisiert werden konnten, und den »gehorsamen

[12] Schildgeld oder *scutagium*: eine seit dem 12. Jahrhundert u.a. in England gebräuchliche Form der Ablösung vom persönlichen Kriegsdienst als Teil der Lehensverpflichtung.

Grundherrschaften im hohen Mittelalter

Nach Liam de Paor, The People of Ireland. From Prehistory to Modern Times. London u. a. 1986.

Engländern«. Zu den bekehrbaren »Rebellen« zählte er offensichtlich auch den kurz zuvor geschlagenen MacMurrough, der zusammen mit einigen anderen keltirischen Fürsten im Jahre 1395 vom König in den (englischen) Adelsstand erhoben wurde.

Die Ausgleichspolitik Richards zeitigte indes keinen Erfolg. Die von ihm als »gehorsam« eingeschätzten Fürsten anglo-irischer Herkunft weigerten sich, die jetzt offiziell gleichberechtigten keltirischen Herrscher, deren Wohlwollen man sich kurz zuvor noch mit erheblichen Schutzgeldzahlungen erkauft hatte, als tatsächlich gleichberechtigt anzuerkennen. Doch auch diese sahen nach dem Abzug der königlichen Armee keine Veranlassung mehr, ihre mit dem Treueid eingegangenen Verpflichtungen einzuhalten. Noch einmal versuchte Richard im Jahre 1399, seine Macht in Irland durchzusetzen. Der Aufstand des Herzogs von Bolingbroke zwang ihn jedoch zu einer überstürzten Rückkehr nach England. Dort konnte er allerdings nichts mehr ausrichten, zu gut hatte Heinrich von Bolingbroke seine Rebellion vorbereitet. Er ließ seinen Vetter absetzen und sicherheitshalber auch hinrichten, womit der eigenen Thronfolge nichts mehr im Wege stand.

Zwar konnte Heinrich IV., der erste englische Herrscher aus dem Hause Lancaster, diese Stellung bis zu seinem Tode im Jahre 1413 behaupten, doch verhinderten andauernde innenpolitische Querelen eine konsequente Durchsetzung englischer Machtinteressen in auswärtigen Angelegenheiten. Irland blieb unter seiner Herrschaft genauso wie unter der Ägide seiner Nachfolger sich selbst überlassen. Seinem Sohn Heinrich V. gelang zwar 1415 noch einmal ein glänzender Sieg über die Franzosen, doch unter dessen Nachfolger Heinrich VI. wurde England endgültig aus Frankreich verdrängt. Seit 1455 erschütterten zudem noch die »Rosenkriege« zwischen den Häusern Lancaster und York das englische Königreich schwer und machten es in außenpolitischen Fragen nun nahezu völlig handlungsunfähig.

Bis zur Mitte des 15. Jahrhunderts war das anglo-irische Herrschaftsgebiet auf das sogenannte »Pale« zusammengeschmolzen, auf ein kleines Territorium im Osten Irlands zwischen Dublin und Dundalk. Dazu zählten noch einige isolierte Fürstentümer sowie einzelne befestigte Städte weiter im Landesinneren. Die Fürsten, die zum Teil anglo-irischer Herkunft, häufig jedoch auch Nachkommen jener anglisierten keltirischen Territorialfürsten waren, fühlten sich nun als von der verbliebenen englischen Restmacht genauso unabhängig wie von den unangepaßten keltirischen Provinzherrschern im Westen der Insel.

Die irische Geschichte zwischen der anglo-normannischen Invasion im späten 12. Jahrhundert und der Zurückdrängung der Kolonisatoren auf das Pale in der ersten Hälfte des 15. Jahrhunderts hatte erstmals das bis ins 20. Jahrhundert typische Phänomen gezeigt, daß sich die englische Macht nur dann erfolgversprechend in Irland durchsetzen konnte, wenn sie ihre Ziele mit aller Entschlossenheit und unter Einsatz aller verfügbaren Mittel verfolgte. Sobald die Aufmerksamkeit durch andere, drängendere innen- oder außenpolitische Probleme abgelenkt wurde, sanken die Erfolgsaussichten in der Lösung der jeweiligen »irischen Frage« – wie der Niedergang der angloirischen Macht seit dem 14. Jahrhundert nachhaltig belegt. Die Realisierbarkeit englischer Macht in Irland hatte jedoch Heinrich II. bereits nachdrücklich unter Beweis gestellt, sein Namensvetter, Heinrich VIII., sollte bald an diese Tradition anknüpfen.

Wirtschaft und Gesellschaft im hohen und späten Mittelalter

Im 12. und 13. Jahrhundert herrschten in ganz Europa ausgezeichnete klimatische Bedingungen. Daher waren auch die Ernteerträge in Irland in jenen für den weiteren Verlauf der irischen Geschichte so schicksalsträchtigen Jahrzehnten der anglo-normannischen Expansion ungewöhnlich hoch, was die Insel aus der Sicht der Eroberer zusätzlich attraktiv machte. Doch führten die günstigen klimatischen Rahmenbedingungen zu einem ungewöhnlich starken Anstieg der Bevölkerung auf dem ganzen Kontinent. Weder die Erschließung neuer landwirtschaftlicher Nutzflächen noch die Entwicklung neuer Anbautechniken oder der Ausbau der Städte konnten die Ernährung der sprunghaft gewachsenen Bevölkerung gewährleisten. Die Entdeckung neuer, auswärtiger Siedlungsgebiete wurde daher zu einer Überlebensfrage. »Das Abendland begann, seine Grenzen zu sprengen«, schrieb Charles Higounet 1983 und wies auf die verschiedenen Erscheinungsformen dieser Suche nach neuen Territorien hin: auf den Vorstoß der Normannen ins Mittelmeer, auf den Kreuzzugsaufruf Papst Urbans II. aus dem Jahre 1095, der gleichzeitig den Zweck verfolgte, in Spanien neue Siedlungsgebiete zu erobern, und auf die Suche von Niederländern, Rheinländern und anderen Bewohnern dicht besiedelter Gebiete des Heiligen Römischen Reiches nach neuen Territorien in den menschenarmen Gegenden östlich von Elbe, Saale und Oder. Die Ursachen all dieser Wanderungsbewegungen galten auch für die Anglo-Normannen, die im Gefolge oder im Auftrag des englischen Königs seit dem ausgehenden 12. Jahrhundert nach Irland kamen. Die Entlohnung für die militärischen Einsätze war die Aussicht auf Landbesitz – und das in einer Größenordnung, die in den anderen Gebieten des Königreiches kaum mehr realisierbar gewesen wäre.

All dies führte auf der Grünen Insel nach der Invasion zu einem starken Wachstum der Bevölkerung: Zu Beginn des 13. Jahrhunderts war die Millionengrenze bereits überschritten. Aber im Gegensatz zu Kontinentaleuropa konnte hier der Zuwachs nur durch Eroberung immer weiterer Landesteile ermöglicht werden. In der Folge der anglo-normannischen Invasion betrieben Heinrich II. und seine Nachfolger eine geplant und systematisch vorgenommene Ansiedlungspolitik, durch die die anglo-normannische Macht in den eroberten Gebieten gefestigt wurde. Ebenso wurden potentielle Unruhen im Restreich von vornherein durch die Aussicht auf Grundbesitz in Irland verhindert.

Die Auswirkungen dieser Entwicklung auf die Sozialstruktur des Landes waren tiefgreifend und nachhaltig. Die keltisch-irische Gesellschaft, die sich trotz aller Modernisierungstendenzen im Prinzip immer noch an ihrem archaischen Grundmuster tribaler Prägung orientierte, wurde unvermittelt mit einer völlig anderen, offensichtlich überlegenen Gesellschaftsordnung konfrontiert. Es war ein hierarchisch gegliedertes, auf Landbesitz aufbauendes System. Hierin besaß der König von England als »dominus Hiberniae«, als »Lord of Ireland« die zentrale Funktion als oberster Lehensherr, also wenigstens nominell als Herr über allen Grund und Boden in Irland. Er hatte das Recht, ihm ergebene Fürsten direkt mit größeren oder kleineren Ländereien zu belehnen und sie dadurch in einem unmittelbaren Treueverhältnis an sich zu binden. Die so entstandende Vertragsgemeinschaft bildete in Irland wie anderswo in Europa den Kern des mittelalterlichen Feudalsystems. Der Lehnsfürst versprach seinen Lehnsherren den Schutz der Krone, jene mußten sich im Gegenzug zu bestimmten Diensten verpflichten, die üblicherweise aus militärischen und finanziellen Leistungen zugunsten der Krone bestanden. Die Qualität der Gegenleistungen hing von der Größe des Lehens ab. Dafür besaßen sie das Recht, ihr Lehen zu vererben oder selbst Teile davon lehensvertraglich weiterzugeben und damit weitere soziale Schichten in dieses gesellschaftliche Netzwerk von Rechten und Pflichten einzubinden. Daß dieses System für alle Beteiligten profitabel war, wird an dem Beispiel des Lehens Leinster deutlich. Leinster mußte dem König als Lehnsherrn im Kriegsfall 100 Ritter stellen, verfügte aber selbst über 180 Afterlehen – ein durchaus günstiges Arrangement für den Zwischenlehnsherrn.

Auf diese Weise entstand auch im anglo-normannischen Teil Irlands die für den mittelalterlichen Feudalstaat typische hierarchisch gegliederte Gesellschaftsstruktur. An der Spitze der sogenannten Lehenspyramide stand der König, darunter die kleine Gruppe der Fürsten, gefolgt von den Grafen, den Rittern, Bauern und schließlich den völlig besitz- und rechtlosen Menschen am unteren Ende. Doch darf diese Gliederung nicht als das genaue Abbild der feudalen mittelalterlichen Gesellschaft verstanden werden. Erstens ist dieses System wechselseitiger Abhängigkeit erst im Verlauf des Mittelalters entstanden, zweitens werden wesentliche tragende Teile der mittelalterlichen Gesellschaft wie Stände, Kaufleute oder die soziale und wirtschaftliche Funktion der Städte und ihrer Bewohner nicht in dem Schema erfaßt, und drittens erzeugt die Pyramide das Trugbild von einer grundsätzlich horizontal gegliederten mittelalterlichen Gesellschaft. Doch war die mittelalterliche Feudalgesellschaft in Irland ebenso wie auf dem Kontinent wesentlich komplexer.

Eine Untersuchung der mittelalterlichen irischen Gesellschaft kann hier im Prinzip auf die anglo-normannischen Siedlungsgebiete beschränkt werden, da das Sozialsystem der Keltiren in den nicht eroberten Gebieten im wesentlichen immer noch jenem Archetypus glich, der bereits im ersten Kapitel skizziert wurde – auch wenn infolge der kontinentalen und britannischen Einflüsse erste Anzeichen der Ausprägung von protofeudalen Strukturen bereits vor der anglo-normannischen Invasion erkennbar waren. Doch hatten sich die grundsätzlichen Verhaltensmuster noch nicht weit genug verändert, um eine gesonderte Untersuchung zu rechtfertigen. Da zudem die wesentlichen sozialen und ökonomischen Reformimpulse im Irland des hohen und späten Mittelalters von der anglo-irischen Gesellschaft ausgingen, wird lediglich dort, wo es gegenseitige Penetrationen, Kultur- oder Wissenstransfer gegeben hat, deren genuin keltirischer Teil mit einbezogen.

Die anglo-irische Gesellschaft, die sich im Laufe des 14. Jahrhunderts herausbildete, war weitgehend agrarisch orientiert. Die Siedler, die, angelockt durch die Aussicht auf Landbesitz, im Gefolge der Armeen nach Irland gekommen waren, griffen bei der Errichtung der sozialen Strukturen auf die in England und Wales gebräuchliche Form der Landteilung zurück. Dabei wurde das eroberte und befestigte Gebiet in zahlreiche kleine Verwaltungseinheiten, *boroughs* genannt, aufgeteilt, die üblicherweise nur aus einem Gutshof *(manor)* mit entsprechendem Acker- und Weideland, das vom Lehensfürsten gegen entsprechende jährliche Abstandszahlungen als Erbleihe überlassen wurde, und einem dazugehörigen Dorf bestanden. Leinster beispielsweise war in 180 solcher *boroughs* aufgeteilt.

Die Bewohner des *boroughs* waren einer strikten hierarchischen Ordnung unterworfen, an deren Spitze der jeweilige *lord* des *manor* stand. Meist handelte es sich dabei um einen weltlichen Gutsherren, doch konnten auch Bischöfe oder Äbte zu *lords* ernannt werden. Sie waren unmittelbar und direkt dem jeweiligen Lehensfürsten verantwortlich. Auf der nächstunteren Stufe standen die *free tenants*, die freien Pächter, die vom *lord* kleinere Areale zur eigenen Nutzung gegen bestimmte Dienstleistungen, die später auch in Form von festgelegten Geldzahlungen erbracht werden konnten, erhielten. Eine andere, in der Hierarchie den Freien nachgeordnete Pächterschicht stellten die sogenannten *gavillers* dar. Dabei handelte es sich um Pächter, denen der *lord* nach Gutdünken die Pachtverträge kündigen konnte. Zu den Freien gehörten schließlich ebenfalls die *cottars*, die Häusler, die neben ihrer Kate nur noch ein kleines Stückchen Land eigenverantwortlich bestellen durften, dafür allerdings auch geringere Leistungen erbringen mußten.

Die Hörigen wurden in Irland *betaghs* genannt. Sie waren direkt an den Herrensitz des *lords* gebunden und bildeten das Arbeitskräftepotential, mit dem das Herrenland ganzjährig bearbeitet wurde, während die freien Pächter je nach Größe ihres Eigenlandes nur saisonal zur Saat- und Erntezeit eingesetzt wurden. So waren die überwiegend keltirischen *betaghs* zweifellos das Rückgrat des anglo-normannischen Feudalsystems, denn ohne sie wäre eine angemessene Bearbeitung des Herrenlandes, das immerhin eine Ausdehnung von etwa 100 bis über 300 ha haben konnte, nicht möglich gewesen. Ihre Bedeutung wurde von den Zeitgenossen durchaus anerkannt, so daß viele dieser Hörigen bereits gegen Ende des 13. Jahrhunderts sozial besser gestellt waren als manche der freien Pächter, besonders natürlich im Vergleich zu den Häuslern. Auf vielen Fronhöfen wurde die Arbeit der *betaghs* zudem schon mit Geldzahlungen honoriert, womit ein eigentliches Leibeigenschaftsverhältnis im ursprünglichen Sinn gar nicht mehr gegeben war.

Ohnehin unterschied sich das irische System in dieser Hinsicht erheblich von dem englischen. Während die persönliche Abhängigkeit der Freien und der Hörigen vom jeweiligen *lord* in England an der Wende vom 13. zum 14. Jahrhundert noch recht ausgeprägt war, gab es in Irland bereits früh die Möglichkeit, Fron- durch Lohnarbeit zu ersetzen. Damit sollte zweifellos ein weiterer Anreiz dafür geschaffen werden, sich in Irland niederzulassen, denn trotz der großen Zahl von Siedlern, die im Verlauf des 13. Jahrhunderts auf die Grüne Insel gekommen war, bestand dort nach wie vor ein erheblicher Bedarf an ganzjährigen Arbeitskräften in der Landwirtschaft. Dieser Mangel hatte bereits eine neue gesellschaftliche Gruppe entstehen lassen: Kleinbauern, die sich zur Saat- oder Erntezeit zusätzlich tageweise als Landarbeiter verdingten. Wie groß der Anteil dieser Saisonarbeiter an der Gesamtarbeitsleistung war, läßt sich am Beispiel des Ernteeinsatzes auf Christ Church Manor bei Dublin im Jahre 1344 verdeutlichen: Von 562 Gesamtarbeitstagen im Ernteeinsatz wurden dort 471 von saisonalen Arbeitskräften geleistet und nur 91 im Rahmen von Pachtverpflichtungen[13].

Intensiv betriebenen Ackerbau hatte es vor der Invasion in Irland nicht gegeben, Weidewirtschaft und Ackerbau zur Selbstversorgung waren bei den Keltiren die übliche Form der Landwirtschaft. Im anglo-normannischen Irland jedoch stellte der auf Überschußproduktion eingestellte Ackerbau zusammen mit extensiv betriebener Weidewirtschaft das Fundament des gesamten ökonomischen Systems dar, dessen Erträge nicht nur den eigenen Hof, sondern auch die umliegenden Dörfer und Städte versorgten, zum großen Teil sogar exportiert werden konnten. Der Aufbau eines derart spezialisierten Systems wäre ohne die Kenntnisse der Anglo-Normannen niemals möglich gewesen, die neben den sozialen Rahmenbedingungen nicht nur das nötige Fachwissen – zum Beispiel Dreifelderwirtschaft, Frühformen der zusätzlichen Düngung und Gerätschaften – mitbrachten, sondern darüber hinaus auch in der Lage waren,

[13] Lydon, The Lordship of Ireland in the Middle Ages, S. 87.

kurzfristig größere Geldsummen aufzubringen, die notwendig waren, um wüste Flächen erst zur landwirtschaftlichen Nutzung vorzubereiten. Dabei wurden oft genug Kredite bei jüdischen oder italienischen Geldverleihern aufgenommen, was wiederum nur über Verbindungen möglich war, über die die Keltiren kaum verfügten.

Angebaut wurden im hohen und späten Mittelalter die klassischen Getreidearten Hafer, Gerste, Roggen und Weizen, wobei dem Haferanbau die bedeutendste Rolle zukam. Selbstverständlich hing die jeweilige Präferenzfolge von so verschiedenen Faktoren wie Bodenqualität, Siedlungsdichte, Absatzmöglichkeiten und anderem mehr ab, dennoch ergibt die Quellenauswertung aus dem späten 13. Jahrhundert etwa ein Verhältnis von 6 (Hafer) zu 5 (Weizen) zu 1,5 (Gerste) zu 1 (Roggen)[14]. Neben der Getreidewirtschaft zählten auch Obst, vorzugsweise Äpfel, sowie Gemüse und Kräuter zu den landesüblichen Agrarprodukten. Jeder Herrensitz verfügte darüber hinaus über Rinder-, Schweine-, Schaf- und/oder Ziegenherden. Auch auf Geflügelbestände (Truthühner, Schwäne u. ä.) wird in den Bestandslisten häufig detailliert hingewiesen.

Der Aufbau einer differenzierten landwirtschaftlichen Produktion im anglo-normannischen Siedlungsgebiet erfolgte verhältnismäßig rasch, so daß diesem Teil Irlands im ausgehenden 13. Jahrhundert bereits die Rolle einer der bedeutenden Kornkammern im englischen Herrschaftsbereich zukam, die gerade für die Versorgung der königlichen Heere in Frankreich und in Schottland einen wichtigen Beitrag leistete. Etwa zur selben Zeit entwickelte sich überall in Westeuropa die wollverarbeitende Textilproduktion zu einem wichtigen Wirtschaftsfaktor. Auch darauf reagierte die anglo-irische Landwirtschaft ziemlich schnell und verdoppelte zwischen 1280 und 1290 den eigenen Bestand an Schafen. Auf diese Weise wurden zusätzlich neue Absatzmärkte und Einnahmequellen erschlossen, allerdings lag die Qualität der irischen Wolle deutlich unter der englischen und kontinentaleuropäischen und war daher nicht zur Herstellung von feineren Tuchen geeignet.

Die Folgen des Pestjahrs 1348/49 für die irische Landwirtschaft waren weitreichend. Seit Beginn der Feudalherrschaft hatte der ständige Mangel an Arbeitskräften stets ein großes Problem dargestellt, dem die Großgrundbesitzer mit außerge-

[14] Lydon, The Lordship of Ireland in the Middle Ages, S. 89.

wöhnlichen Maßnahmen begegnen mußten, um überhaupt den arbeitsintensiven Ackerbau in dem gewünschten Umfang betreiben zu können. Der »Schwarze Tod« hatte nun so viele Opfer gefordert, daß eine Fortsetzung dieser Anbaupraktiken vielerorts nicht mehr möglich war. Statt dessen erlebte die weniger personalintensive Weidewirtschaft eine neue Blütezeit. Seit Mitte des 14. Jahrhunderts verzeichnen die Statistiken einen kontinuierlichen Rückgang des Getreideexports, während die Zahlen der ausgeführten Häute und Felle ständig stiegen und bald zur neuen Haupteinnahmequelle der anglo-irischen Landwirtschaft wurden.

Eine exportorientierte Landwirtschaft war indes nur durch die Existenz einer Vielzahl von Marktplätzen möglich geworden, auf denen die Überschüsse umgeschlagen werden konnten. Somit kam jenen Siedlungen, die im Rahmen der Herrschaftskonsolidierung im eroberten Terrain errichtet worden waren, bald eine zusätzliche Funktion zu. Manche entwickelten sich zu kleinen Marktflecken mit höchstens regionaler Bedeutung, während andernorts größere Städte von überregionaler ökonomischer Relevanz entstanden. Das Wachstum der Flecken und Städte wurde durch landesherrschaftliche, zum Teil sogar königliche Privilegien bewußt gefördert. Diese Freibriefe gewährten Markt- und Stadtrechte, durch welche die Städte aus der Hoheit der jeweiligen Landesherren entlassen wurden. Im Vergleich zu Kontinentaleuropa, wo sich bereits im 11. Jahrhundert aus verhältnismäßig speziellen Privilegien der Kaufleute allgemeinere Marktrechte entwickelt hatten, aus denen dann im 12. und 13. Jahrhundert die Stadtrechte abgeleitet wurden, verlief dieser Entwicklungsprozeß im anglo-normannischen Irland gleichsam wie im Zeitraffer und betrug üblicherweise höchstens 50 Jahre. Bereits um 1300 war daher das anglo-normannische Einflußgebiet von hunderten Marktflecken übersät, die durch ein Netzwerk von Handelsrouten miteinander verbunden waren, an dessen Schnittstellen sich etwa drei Dutzend größere Städte herausbilden konnten.

Dazu zählten vor allem die Hafenstädte als Hauptwarenumschlagplätze. Die Kapazität der traditionsreichen wikingischen Häfen wie Dublin, Cork, Waterford, Wexford oder Limerick war schnell erschöpft, so daß auf königlichen Erlaß eine Reihe von neuen Häfen gegründet und mit den entsprechenden städtischen Privilegien wie Bürgerfreiheiten, Selbstverwaltung, Handelsmonopol oder Zoll- und Stapelrechten versehen wurde. Auf diese Weise entstanden unter anderem Drogheda, Galway, New Ross und Carrickfergus. Ein weiteres Stimulans für den irischen Seehandel des 13. Jahrhunderts war die Erteilung des Münzprivilegs an die Haupthandelszentren, die nach Vorgabe der königlichen Münze in Dublin international konvertierbare Münzen prägen durften. Die Einführung einheitlicher Maße und Gewichte nach Londoner Standard konnte jedoch trotz der Einrichtung einer entsprechenden königlichen Behörde in Dublin zu diesem Zeitpunkt noch nicht überall durchgesetzt werden.

All diese Maßnahmen hatten Anteil am unbestreitbaren Aufschwung der Wirtschaft Irlands im 13. und 14. Jahrhundert und fügten das Land in ein weitverzweigtes internationales Handelsnetz ein. Die Schiffe, die die irischen Häfen anliefen, um dort mit den landestypischen Exportartikeln beladen zu werden, zu denen im Verlauf des 14. Jahrhunderts noch Salzhering und Stockfisch hinzukamen, waren beladen mit solchen Waren, die nicht im Lande selbst produziert, an- oder abgebaut werden konnten. Dazu zählte zum Beispiel Wein aus Frankreich, besonders aus der Gascogne, der entweder im Lande selbst konsumiert oder aber dort für den Weitertransport nach England zwischengelagert wurde. Mangels eigener Ressourcen mußte ferner Salz in großen Mengen eingeführt werden, das sowohl für den Konsum wie für die Leder-, Fleisch- und Fischverarbeitung bestimmt war. Orientalische Gewürze und fernöstliche Textilien sowie Schmuckwaren waren gleichfalls begehrte Handelsobjekte. Auch bestand in Irland ein ständiger Bedarf an Eisen und anderen Erzen, die im Lande verhüttet und weiterverarbeitet wurden.

Die Internationalität dieses Handelsnetzes wurde zusätzlich noch durch die Gründung einiger Niederlassungen größerer italienischer Handelshäuser hauptsächlich in Dublin, aber auch in einigen anderen irischen Hafenstädten unterstrichen. Aufgrund ihrer engen Verbindungen zum englischen Königreich gerieten die meisten dieser Niederlassungen im Verlauf des 14. Jahrhunderts im Krisensog der englischen Monarchie jedoch in erhebliche finanzielle Schwierigkeiten und mußten die irischen Dependancen an einheimische Kaufleute veräußern – was indes gleichzeitig ein Beleg für den zunehmenden Wohlstand einiger angloirischer Handelsfamilien ist.

Die soziale Gliederung der Städte ist allerdings nur anhand weniger überlieferter Unterlagen rekonstruierbar, wobei Dublin in dieser Hinsicht noch über die besten Quellenbestände verfügt. Da diese Stadt jedoch von der Größe wie von der ökonomischen Leistungsfähigkeit her nicht mit den übrigen Städten des Landes verglichen werden kann, sind die Forschungserkenntnisse direkt nur bedingt auf die übrigen Städte des Landes übertragbar. Unbestreitbar ist indes, daß sich die bürgerliche Oberschicht überall im Lande nach europäischem Vorbild in Kaufmannsgilden und Handwerkszünften organisierte, die einem strengen Reglement unterlagen und nur einem kleinen Teil der städtischen Gesamtbevölkerung offenstanden. Die Mehrheit der Stadtbewohner bestand aus ungelernten Arbeitern, die oft unter denkbar ungünstigen Lebensumständen am Rande des Existenzminimums leben mußten und daher besonders anfällig für die Auswirkungen von Mißernten und Seuchen waren. Während die in den Standesorganisationen zusammengeschlossenen Handwerker und Kaufleute innerhalb verhältnismäßig kurzer Zeit Besitz und Vermögen erwerben und daher auch Rezessionsphasen relativ problemlos überstehen konnten, hingen die nicht organisierten Bewohner existentiell vom ökonomischen Wohlergehen ihrer Städte ab. Solange der wirtschaftliche Aufschwung für prall gefüllte Stadtsäckel sorgte und damit den Ausbau der Städte gewährleistete, gab es genügend Verdienstmöglichkeiten für alle Stadtbewohner; in Krisenzeiten jedoch waren sie auf Gedeih und Verderb auf die Almosen der Wohlhabenden angewiesen.

Es zählte zum guten Ton in der anglo-irischen Oberschicht, den Bedürftigen in Stadt und Land auch nach dem Tode Gutes angedeihen zu lassen, und so finden sich in vielen Testamenten wohlhabender Bürger entsprechende Anweisungen. Mehr noch als die Armen profitierte üblicherweise die Kirche von solchen Vermächtnissen – zweifellos als Ausdruck der Hoffnung des Erblassers, die eigene Position im Jenseits zu verbessern. Doch natürlich reflektieren solche Klauseln auch die wichtige Rolle, die die Institution Kirche im Alltag der mittelalterlichen Menschen spielte. Allerdings hatte die irische Kirche seit dem 5. Jahrhundert Konturen entwickelt, die in dieser Form durchaus als einzigartig bezeichnet werden können. Die anglo-normannischen Kleriker, die nach der Invasion die Stellen ihrer keltirischen Vorgänger in den eroberten Gebieten eingenommen hatten, behielten im wesentlichen die übernommene diözesane Struktur bei, die bereits auf der Synode von Kells im Jahre 1152 beschlossen worden war. Ohnehin scheint es nach der Invasion zwischen anglo-irischen und keltirischen Klerikern oftmals zu recht guter Zusammenarbeit gekommen zu sein, auch wenn die diözesaninternen Strukturen im anglo-irischen Teil des Landes sukzessive dem englischen Muster angepaßt wurden, während die keltirisch dominierten Diözesen strukturell weitestgehend unverändert blieben.

Problematischer war die Lage in jenen Gebieten, die teils unter anglo-irischer, teils unter keltirischer Herrschaft standen. Zunächst behalf man sich durch die Aufteilung in zwei oder mehrere Archidiakonate, in denen je nach Landesherrschaft keltirische oder anglo-irische Archidiakone wirkten, während die Bischöfe solcher Diözesen zumeist anglo-irischer Abstammung waren. Hier wirkten im Zuge des anglo-normannischen Machtverfalls politische Verhältnisse unmittelbar auf die Kirche ein, was vielfach zur Verweltlichung kirchlicher Einrichtungen und Leistungen führte. Das Problem des moralischen Niedergangs wurde zudem noch verstärkt durch den akuten Mangel an qualifizierten Priestern nach dem Pestjahr 1348, als auch die Reihen des Klerus erheblich gelichtet worden waren.

Der Autoritätsverlust der irischen Amtskirche im Verlauf des 13. und 14. Jahrhunderts konnte wenigstens teilweise durch den hohen Popularitätsgrad ausgeglichen werden, den die zahlreichen Mönchsorden genossen, die in dieser Zeit hunderte von Klöstern im ganzen Land gründeten und vielfach die Aufgaben religiöser, sozialer oder pädagogischer Art übernahmen, die die Amtskirche nicht mehr leisten konnte oder wollte. Zwar führte dieser Funktionstransfer häufig zu innerkirchlichen Konflikten zwischen den Orden und der betroffenen Diözese, doch andererseits hatte es bekanntlich in Irland vor der Invasion bereits eine lange monastische Tradition gegeben, so daß die Bevölkerung die veränderten Verhältnisse in der Regel schnell akzeptierte.

Das Bildungssystem im hohen und späten Mittelalter lag im wesentlichen in den Händen des Klerus – unabhängig davon, ob episkopal oder monastisch organisiert. In erster Linie diente es der Fortbildung des kirchlichen Nachwuchses, doch wurden vielerorts, besonders in den Städten, auch Schüler weltlicher Herkunft unterrichtet. Aber im Gegensatz zum hohen Niveau des frühmittelalterlichen klerikalen Bildungssystems, das bis auf den europäischen Kontinent ausgestrahlt hatte, bildete sich im späten Mittelalter keine genuin irische theologische, kirchenrechtliche oder philosophische Schule. Genausowenig gelang es, in einer Zeit der Entstehung der ersten großen Universitäten eine vergleichbare Gründung in Irland vorzunehmen. Einige Versuche sind für Dublin aus der Zeit zwischen 1312 und 1321 überliefert, die Gründung einer theologischen und einer juristischen Fakultät ist sogar belegt, doch hatte dieser erste Ansatz offenbar keine dauernden Früchte getragen. Zu groß waren offensichtlich die Zwistigkeiten zwischen den anglo-irischen und den keltirischen Teilen der Bevölkerung: Die einen waren zwar Träger urbanen Wohlstandes und einer leidlich zivilisierten Lebensart, befanden sich jedoch politisch in der Defensive, die anderen, immer noch den Verlust ihrer eigenen kulturellen Identität durch den »Kulturschock« der Invasion betrauernd, waren sich trotz zeitweiliger politischer Erfolge der eigenen Machtlosigkeit angesichts des übermächtigen östlichen Nachbarn wohl bewußt.

Drittes Kapitel

Irland, die Rosenkriege und der Aufstieg des Hauses Tudor

Trotz des Schwindens der englischen Machtposition in Irland und der Reduktion des unmittelbaren Einflußgebietes auf das Pale änderte sich an der strategischen Bedeutung Irlands für das Königreich England nichts. Daß dies auch den Zeitgenossen durchaus bewußt war, hatte Adam Molyneux bereits um 1436 deutlich zur Sprache gebracht, als er in seiner ›Libelle of Englyshe Polycye‹, einem ›Büchlein zur Englischen Politik‹, unter anderem die Bedeutung von Irland, Wales und Calais als Vorposten zur Sicherung englischer Macht hervorhob:

»To kepen Yreland that it be not loste
For it is a boterasse and a poste
Undre England and Wales is another.
God forbede but eche were othere brothere,
of one ligeaunce dewe unto the kynge.«[1]

Mit Fug und Recht kann davon ausgegangen werden, daß der Autor mit dieser Forderung die grundsätzliche Einschätzung der politisch Verantwortlichen seiner Zeit wiedergab, denn daß lediglich akute Bedrohungen in Frankreich und in Schottland die Krone daran gehindert hatten, den eigenen Einfluß auf der Nachbarinsel nachdrücklicher zu behaupten, ist bereits im vorangegangenen Kapitel festgestellt worden.

Während der Rosenkriege, die von 1455 bis 1485 das englische Königreich erschütterten und die zwischen den Häusern Lancaster und York um die Krone ausgefochten wurden, geriet Irland erneut in das direkte Blickfeld englischer Politik, als es in Reflexion der machtpolitischen Auseinandersetzungen in England zu einer Art Nebenkriegsschauplatz wurde[2]. Die Grundlagen dafür waren schon im Jahre 1447 mit der Ernennung Richards, des Herzogs von York, zum *lord lieutenant* von Irland gelegt worden. Weil es sich bei dem neuen königlichen Statthal-

[1] Bei der ›Libelle of Englyshe Polycye‹ handelt es sich um ein in mittelenglischer Sprache verfaßtes politisches Gedicht, als dessen Verfasser Adam Molyneux (oder Moleyns) gilt, der am königlichen Hof zu London tätig war. Vgl dazu: F. G. Warner (Hg.), The Libelle of Englyshe Polycye. Oxford 1926, dort bes. S. 36.

[2] Zur Rolle Irlands in den Rosenkriegen vgl. zum Beispiel: Art Cosgrove, Late Medieval Ireland, 1370–1541. Dublin 1981, dort bes. Kap. 4.

ter, der zuvor Kommandeur der englischen Truppen in Frankreich gewesen war, um einen heftigen Kritiker des zu dieser Zeit maßgeblichen königlichen Beraters, Williams de la Pole, Herzog von Suffolk, handelte, wird dessen Versetzung allgemein als der Versuch einer politischen Abwertung, wenn nicht gar Kaltstellung gesehen. Da Richard aufgrund seiner Herkunft wie seiner Stellung eigentlich ohnehin eine prominente Funktion im Kronrat *(Privy Council)*, dem engsten Beraterstab des Königs gebührt hätte, wird zusätzlich deutlich, daß der politische Antagonismus, hervorgerufen durch die Führungsschwäche König Heinrichs VI., sich bereits zehn Jahre vor dem eigentlichen Bürgerkrieg immer deutlicher abzuzeichnen begann.

Seine unstrittigen politischen und militärischen Qualitäten stellte Richard von York nach seiner Ernennung zum *lord lieutenant* erneut unter Beweis. Er verbrachte während seiner Amtszeit zwar insgesamt nur etwa zwei Jahre jenseits der Irischen See, doch bemühte er sich unmittelbar nach seiner ersten Ankunft in Irland im Jahre 1449 mit zunächst beachtlichem Erfolg um eine Restitution faktischer englischer Macht im nominell immer noch zur Krone gehörenden anglo-irischen Herrschaftsbereich außerhalb des Pale. Dies geschah allerdings nicht ganz uneigennützig, denn als Enkel Roger Mortimers, eines engen Vertrauten Richards II., und als Neffe Edmund Mortimers, selbst ein Vierteljahrhundert zuvor königlicher Statthalter in Irland, war der Herzog von York gleichzeitig auch Erbe ausgedehnter Ländereien, so der Grundherrschaften von Trim, Laois, Connacht und Ulster. Der größte Teil dieses Gebiets stand indes bereits seit längerer Zeit wieder unter keltirischer Herrschaft oder wurde von rebellischen Anglo-Iren regiert. Binnen weniger Monate konnte er die kelt- und angloirischen Rebellen Ulsters, darunter den einflußreichen Eoghan O'Neill von Tyrone, unterwerfen und die alten feudalen Lehensstrukturen wieder errichten. Die Rückgewinnung der südlichen Territorien schloß sich unmittelbar daran an, so daß Richard von York binnen eines Vierteljahres nahezu die ganze irische Ostküste vom nördlichen Ulster bis zum südlichen Leinster wieder unter englische Kontrolle gebracht hatte. Dabei bestätigte sich erneut die bereits von Richard II. ein halbes Jahrhundert zuvor gemachte Erfahrung, daß häufig der bloße Anblick einer gut ausgerüsteten und entschlossenen Streitmacht genügte, um aufständische irische Territorialfürsten zur Unterwerfung unter das englische Lehenssystem zu bewegen.

Mit entsprechender Unterstützung aus England hätte daher die Restitution anglo-irischer Macht in Irland in kurzer Zeit abgeschlossen werden können, sogar eine erstmalige Unterwerfung der unabhängigen keltirischen Territorien im Westen der Insel schien im Bereich des Möglichen zu liegen. Doch der um das politische Überleben an vielen Fronten kämpfende Heinrich VI. war nicht in der Lage, seinen irischen Statthalter mit weiteren Truppen oder mit zusätzlichen Finanzmitteln auszustatten. Im Gegenteil: Heinrich blieb Richard sogar den ihm kraft Amtes zustehenden Lohn schuldig. Fehlende Truppenstärke wäre durch Anwerbung von Freiwilligen vielleicht auszugleichen gewesen, jedoch die relativ geringen Einnahmen aus seinen irischen Ländereien reichten nicht aus, um dem Stellvertreter des Königs in Irland die Unterhaltung einer genügend großen Streitmacht zu erlauben, die nötig gewesen wäre, um seine Restitutionspolitik mit Aussicht auf Erfolg fortzusetzen. Tatsächlich begannen einige gerade erst unterworfene Provinzfürsten Zentralirlands im Frühjahr 1450 bereits wieder, den *lord lieutenant* herauszufordern und sogar zu politisch eigentlich unerwünschten Zugeständnissen zu zwingen.

Im Sommer des Jahres verschärfte sich die Lage in England zusehends, und der Herzog von York hielt den richtigen Zeitpunkt für gekommen, seine unbefriedigende Situation gegen einen eigenen Anteil im Ringen um die Macht im Königreich einzutauschen. Bevor er jedoch Irland verließ, ernannte Richard James Butler, Graf von Ormond, einen älteren, loyalen und politisch durchsetzungsfähigen Fürsten aus anglo-irischem Landadel, zu seinem Stellvertreter. Die Ernennung des Nachfahren einer der ältesten Familien zum königlichen Gouverneur stellte das letzte Glied in einer langen Kette guter und stabiler Beziehungen dar, die der Herzog von York in den wenigen Monaten seiner Statthalterschaft zur anglo-irischen Aristokratie geknüpft hatte. Richard war sich bewußt, daß ein längerfristiger politischer Stabilisierungsprozeß zugunsten der englischen Krone nur mit dem Adel englischer Herkunft oder Abstammung, niemals jedoch gegen ihn errungen werden konnte.

Die Ernennung Ormonds zum Gouverneur sollte sich allerdings als fast verhängnisvoll herausstellen. Denn als dieser nur zwei Jahre später verstarb, fiel das Erbe an seinen Sohn, zu dieser Zeit bereits hoch in der englischen *nobility* zum Grafen von Wiltshire aufgestiegen und aufgrund seiner Ehe eng mit dem Hause Lancaster verbunden. Vor dem Hintergrund der sich vertiefenden Spannungen in England stieß seine Ernennung zum irischen *lord lieutenant* im Jahre 1453 auf heftigen Widerstand der Yorkisten beiderseits der Irischen See, die nicht bereit waren, widerstandslos auf ihren Einfluß in Irland zu verzichten und statt dessen jeden Finanztransfer von England nach Irland bis zur Ernennung eines rechtmäßigen *lord lieutenant* für Irland untersagten. Weder James, Graf von Ormond und Wiltshire, noch der von ihm zum irischen Gouverneur ernannte Erzbischof von Armagh konnten sich gegen diesen Widerstand behaupten und mußten im April 1455 zugunsten des alten *lord lieutenant* weichen. Dieser ernannte Thomas Fitzmaurice Fitzgerald, Graf von Kildare, zum Gouverneur in Irland, und übertrug damit dem Spross einer der einflußreichsten anglo-irischen Fürstenfamilien, dessen Angehörige bereits seit langem die Geschicke Irlands an prominenter Stelle mitbestimmt hatten, die Amtsgeschäfte der Krone jenseits der Irischen See.

Doch nachdem die Spannungen zwischen den Häusern Lancaster und York und ihren jeweiligen Verbündeten seit der Schlacht von St. Albans im Mai 1455 in einem offenen Bürgerkrieg gipfelten, konnten weder der Herzog von York noch sein irischer Gouverneur die Lage endgültig zu ihren Gunsten entscheiden. In Irland führte die Auseinandersetzung zwischen den Anhängern des Hauses Butler und den Parteigängern der Fitzgeralds zu zahlreichen Scharmützeln verschiedener und wechselnder regionaler Koalitionen, die letztendlich eine grundsätzliche Verschlechterung der allgemeinen politischen Lage und zunehmende Rechtsunsicherheit besonders im Zentrum der Insel zur Folge hatten, was sich auch nachteilig auf die Wirtschaftsleistung auswirkte. Mit Hilfe aus England konnte nicht gerechnet werden, da sich Richard von York des zunehmenden Drucks der Lancaster-Fraktion erwehren mußte. 1457 wurde zwar seine Statthalterschaft in Irland noch einmal für zehn weitere Jahre bestätigt, doch verhinderte der permanente Machtkampf in England auch danach ein direktes Eingreifen in irische Angelegenheiten. Dies änderte sich erst nach der Niederlage der Truppen Yorks bei Ludford Bridge im Oktober 1459, als der Herzog im Vertrauen auf die Loyalität der anglo-irischen Fürsten Schutz und Zuflucht jenseits der Irischen See suchte.

In der Tat wurde York in Irland herzlich empfangen. Er nutzte das unfreiwillige Exil als willkommene Atempause, um seine Kräfte für die Fortsetzung des Kampfes um die Krone neu zu ordnen und sie den veränderten Verhältnissen anzupassen.

Heinrich VI. hatte mit Hilfe der ihm ergebenen Truppen seinen Thron wieder besteigen können, doch war seine Position gefährdet, denn die Widersacher in Calais und in Irland warteten nur auf eine günstige Gelegenheit, um erneut gegen England vorgehen zu können. Damit war eben jene Situation eingetreten, vor der Adam Molyneux 25 Jahre zuvor ausdrücklich gewarnt hatte.

Heinrich mußte versuchen, seinen Machtanspruch auch in den transmarinen Gebieten des Reiches durchzusetzen. Sein Hauptaugenmerk galt dabei dem irischen *lord lieutenant* Richard von York. Schon im November 1459 beschuldigte ihn das englische Parlament des Hochverrats und enthob ihn all seiner Ämter, einschließlich der Statthalterschaft in Irland, die erneut dem Grafen von Ormond und Wiltshire übertragen wurde. Im Januar 1460 erging darüber hinaus der Befehl an die oberste königliche Behörde in Dublin, sämtliche Besitztümer Yorks zu beschlagnahmen und dem König zu übertragen.

Die Loyalität der anglo-irischen Fürsten zu Herzog Richard wurde auf eine große Belastungsprobe gestellt, doch sie hielt. Anstatt den königlichen Direktiven Folge zu leisten, bestätigte ein von Richard im Februar 1460 in Drogheda einberufenes Parlament dessen Statthalterschaft und beschloß, im Gegenzug alle zuwiderlaufenden Maßnahmen ebenfalls als Hochverrat zu betrachten. Abgesehen von dieser eher persönlichen Solidaritätsgeste ist die Neufestsetzung der eigenen Machtbefugnisse und Kompetenzen des anglo-irischen Fürstentages von grundsätzlicher Bedeutung, denn sie definierte Irland als ein prinzipiell eigenständiges Herrschaftsgebiet, welches seine Legitimität aus eigenen kulturellen Wurzeln herleitete, und das nur durch solche Bestimmungen und Gesetze an das Königreich England gebunden wurde, die vom irischen Parlament gebilligt worden waren. Damit wurde jeder direkten Einflußnahme des englischen Parlaments auf irische Angelegenheiten eine klare Absage erteilt. Zweifellos muß diese partielle »Unabhängigkeitserklärung« vor dem Hintergrund der Bemühungen Richards gesehen werden, seine eigene Position in Irland zu sichern und sein Überleben zu gewährleisten, doch läßt der Hinweis auf »alte Sitten und Gepflogenheiten« ebenfalls ein wachsendes Selbstbewußtsein der anglo-irischen Fürsten erkennen, die entschlossen waren, ihr politisches Schicksal gerade vor dem Hintergrund der chaotischen Lage in England in eigene Hände zu nehmen, ohne jedoch die bestehenden Verpflichtungen der Krone gegenüber gänzlich in Frage stellen zu wollen.

Heinrich VI. war sich durchaus der Gefahr bewußt, die von seinem politisch erstarkten Widersacher ausging, solange dessen Position in Irland unangefochten blieb. Einige Indizien sprechen dafür, daß der englische König sogar bereit war, geradezu desparat anmutende Mittel einzusetzen, um den Konkurrenten um die englische Krone loszuwerden, indem er keltirische Fürsten dazu aufrief, sich gegen Richard von York zu erheben, und gleichzeitig signalisierte, daß die Krone in einem solchen Fall militärische Zurückhaltung üben werde[3]. Auch wenn dieses Angebot nicht lückenlos nachweisbar ist, wäre es nur eine Bestätigung für die zunehmend hoffnungslose Lage, in der sich der englische Monarch befand. Im Juli 1460 unternahmen gegnerische Kräfte einen erfolgreichen Vorstoß von Calais aus, schlugen die königlichen Truppen bei Northampton und zwangen Heinrich zu einem Kompromißfrieden, der dem König zwar die Krone auf Lebzeiten erhielt, die Thronfolge jedoch zugunsten des Hauses York regelte. Noch einmal gelang es Heinrich, genügend Kräfte für eine neue Schlacht zu sammeln, die im Dezember des Jahres bei Wakefield ausgefochten wurde. Auch wenn Richard von York in dieser Schlacht sein Leben verlor, bedeutete dies lediglich eine kurze Ruhepause für den Monarchen, denn nur wenige Wochen später, im März 1461, wurde er endgültig besiegt und der Sohn Richards als Edward IV. zum neuen König von England gekrönt[4].

Das Haus York hatte damit den lang erhobenen Anspruch auf den englischen Königsthron durchsetzen können. Doch war die Macht der gegnerischen Partei, des Hauses Lancaster, noch nicht endgültig gebrochen. Überall in England standen große Söldnerheere in den Diensten zahlreicher Adliger, die die königliche Partei entweder niederringen oder für sich gewinnen

[3] Der Vorwurf, Irland für die Macht in England opfern zu wollen, wurde allerdings von Anhängern des Hauses York erhoben und ist daher nur bedingt glaubwürdig. Dafür würde allerdings die Verurteilung von vier Engländern durch irische Behörden sprechen, denen vorgeworfen wurde, Briefe aus England an keltirische Fürsten geschmuggelt zu haben, in denen diese zum Aufstand gegen York ermutigt worden seien.

[4] Bis 1470 wurde Heinrich in London gefangengehalten. Zwar konnte er 1470/71 noch einmal für wenige Monate die Krone zurückerobern, doch verlor er sie wieder an Edward und kam wenig später unter ungeklärten Umständen im Tower zu London ums Leben.

mußte. Ferner hatte das Beispiel Irland deutlich gezeigt, daß die Macht der englischen Krone solange nicht gesichert war, wie dort oppositionelle Kräfte die Politik bestimmten. Die anglo-irischen Fürsten hatten zweifellos mehrheitlich Richard von York unterstützt, doch gab es unter ihnen ebenfalls noch einige einflußreiche Sympathisanten der Lancaster-Fraktion.

Ihr langjähriger Führer, der Graf von Ormond und Wiltshire, war zwar unmittelbar nach dem Triumph Edwards hingerichtet worden, auch hatte die Krone große Teile des Familienbesitzes konfisziert, damit aber nicht den Machtwillen seiner Erben brechen können. Dies stellte der Bruder und Erbe James Butlers, John, nachdrücklich unter Beweis, als er im Jahre 1462 an der Spitze eines Heeres in Südirland landete und zusammen mit regionalen Verbündeten die Stadt Waterford besetzte. Mit diesem Coup wollte er nicht nur seine verlorenen irischen Besitzungen zurückerobern, sondern darüber hinaus jenseits der Irischen See die Ausgangsbasis für eine erfolgversprechende Gegenoffensive schaffen. Die königstreuen Kräfte in Dublin waren nicht groß genug, um dieser Herausforderung mit Aussicht auf Erfolg begegnen zu können. Erst das Eingreifen von Thomas Fitzgerald, des Grafen von Desmond, dessen Familie schon seit längerem mit den Butlers in Fehde lag, entschied die Kraftprobe zugunsten des Königs. Dieser belohnte den Sieger dafür mit der Ernennung zum Gouverneur von Irland.

Diese Beförderung war aber beiderseits der Irischen See umstritten. Desmonds Ländereien lagen im Südwesten der Insel, und die ständige Auseinandersetzung mit den benachbarten keltirischen Regionalherrschern hatten seit fast einhundert Jahren ein größeres Engagement der Familie in anglo-irischen Regierungsgeschäften verhindert. Zudem war die unmittelbare Nachbarschaft der »wilden Iren« nicht folgenlos geblieben: Es bestanden zahlreiche familiäre Bindungen zu keltirischen Clans, die auch die Lebensweise der Desmonds nachhaltig beeinflußt hatten. Gerade diese Affinität zur keltirischen Kultur jedoch stieß im immer noch weitgehend englisch geprägten Pale auf tiefes Mißtrauen. Die Opposition sammelte sich um William Sherwood, den in England geborenen Bischof von Meath, und warf Fitzgerald verschiedene Verletzungen der Gesetze des Landes vor. Obwohl die anglo-irische Position sich aufgrund des großen Einflusses von Fitzgerald in Munster zwischen 1463 und 1466 erheblich verbessert hatte, so daß nach langer Zeit sogar wieder Parlamente und andere Versammlungen außerhalb des Pale tagen konnten, durfte der König die Opposition gegen den Gouverneur nicht ignorieren und nutzte eine militärische Niederlage seines Stellvertreters dazu aus, diesen abzusetzen und durch John Tiptoft, Graf von Worcester, zu ersetzen. Dieser hatte sich durch sein entschiedenes Vorgehen gegen Angehörige des Hauses Lancaster in England den Spitznamen »der Schlächter« erworben[5]. Er wurde seinem Beinamen auch in Irland durchaus gerecht, als er seinen Amtsvorgänger im Februar 1468 zusammen mit dem Grafen von Kildare und einem anderen Vertrauten des Hochverrats anklagte und Fitzgerald deswegen auch hinrichten ließ. Daß es bei dieser Hinrichtung lediglich darum ging, einen einflußreichen aber unbequemen irischen Fürsten auszuschalten, und nicht um die Ahndung tatsächlicher Rechtsbrüche, belegen die Argumente deutlich, mit denen Fitzgeralds angeblicher Hochverrat begründet wurde: Er habe, so hieß es in der Anklage, durch seine engen Kontakte zu keltirischen Fürsten gegen die Auflagen des Statuts von Kilkenny aus dem Jahre 1366 verstoßen. Gegen dieses Statut war jedoch seither oft verstoßen worden, ohne daß die Dubliner Administration dies überhaupt zur Kenntnis genommen hätte[6].

Zwar fand sein Vorgehen ohne Zweifel Anerkennung bei einigen anglophilen Fürsten im Pale, doch mußte Tiptoft bald feststellen, daß die Sympathien für Fitzgerald im Lande größer waren, als er angenommen hatte. Auch der König konnte nicht mit der Politik seines Stellvertreters einverstanden sein, da als Reaktion auf die Hinrichtung die solide irische Hausmacht der Krone plötzlich durch eine Reihe von Aufständen ins Wanken geriet. In Zentralirland hatte sich Garret Fitzgerald, der Bruder des Hingerichteten, mit dem Grafen von Kildare, der aus der Haft entkommen war, und einigen anderen Territorialfürsten verbündet, in Ulster bedrohte Conn O'Neill von Tyrone den dortigen Repräsentanten der Krone.

Da Tiptoft nicht über genügend Kräfte verfügte, diese mannigfaltige Opposition militärisch zu besiegen, war er gezwun-

[5] Zum Problem der Person Thomas Fitzgeralds vgl. zum Beispiel: Steven G. Ellis, Tudor Ireland. Crown, Community and the Conflict of Cultures 1470–1603. London 1985, S. 54f.

[6] Es gibt Hinweise für eine Verschwörung gegen Thomas Fitzgerald, an der die Ehefrau König Edwards ohne dessen Wissen beteiligt gewesen sein könnte, die aufgrund persönlicher Motive ein Schreiben an Tiptoft mit dem Befehl der Hinrichtung des Grafen von Desmond verfaßte und dies mit dem königlichen Siegel beglaubigte. Vgl. dazu: Cosgrove, Late Medieval Ireland, S. 58.

gen, in vielen Einzelverhandlungen und mit allerlei Zugeständnissen die kritische Position der Krone in Irland wenigstens soweit zu stabilisieren, daß der Fortbestand der englischen Herrschaft überhaupt gesichert war. Dies wurde durch einen Familienstreit der Fitzgeralds zwar erheblich erleichtert, doch konnte Tiptoft bis zu seiner Abberufung im Jahre 1470 den angerichteten Schaden nur noch in Grenzen halten, an einen erneuten Ausbau englischer Macht war nicht mehr zu denken[7]. Die Beziehungen der Desmonds zur Dubliner Verwaltung und damit zur Krone selbst waren seitdem für lange Zeit nachhaltig gestört. Auch hatte das Vorgehen des königlichen Gouverneurs die vormals guten Verbindungen der anglo-irischen Aristokratie zum Hause York erheblich beeinträchtigt, so daß das kurze Intermezzo Heinrichs VI. auf dem englischen Thron in Irland durchaus wohlwollend zur Kenntnis genommen, allerdings nicht aktiv unterstützt wurde.

Edward, der seinen Widersacher 1471 endgültig besiegt hatte, wußte genau, daß er die anglo-irische Macht nicht mit militärischer Gewalt bezwingen konnte. Daran vermochte auch die Botschaft einiger anglophiler Fürsten aus dem Pale nichts zu ändern, die den König im Jahre 1474 aufforderten, eine Armee zur Restauration englischer Macht jenseits des Kerngebietes nach Irland zu entsenden. Die Geschichte hatte deutlich genug bewiesen, daß die einzige Möglichkeit, sich der Loyalität aller anglo-irischer Fürsten zu versichern, deren ausdrückliche Beteiligung an der politischen Macht im Lande war. Es galt daher, einen einflußreichen und konsensfähigen Stellvertreter zu finden. Da sich die Ormonds nach der Niederlage Lancasters fast alle im politischen Exil befanden und die Desmonds nicht zur Zusammenarbeit mit der Krone bereit waren, bot Edward dem Führer der dritten großen anglo-irischen Adelsfamilie, Thomas Fitzgerald, Graf von Kildare, das Amt des königlichen Gouverneurs von Irland an und begründete damit eine fast sechs Jahrzehnte andauernde Dominanz der Fitzgeralds of Kildare in der irischen Politik.

Bei dem neuen königlich-irischen Stellvertreter handelte es sich um eben jenen Grafen, der sich Tiptofts Anklage wegen Hochverrat im Jahre 1468 durch Flucht entzogen und nach der

[7] Im Jahre 1470 wurde Tiptoft nach England abberufen, um dort den König im Kampf gegen Heinrich VI. zu unterstützen. Nachdem dieser für wenige Monate die Macht zurückerobert hatte, wurde »der Schlächter« im Herbst desselben Jahres in London geköpft.

Hinrichtung Desmonds zusammen mit dessen Bruder und einigen anderen anglo-irischen Fürsten an der Revolte gegen die Krone teilgenommen hatte. Seine Ernennung wurde daher von den pro-englischen Kräften im Pale um William Sherwood, die seinerzeit bereits die Ablösung Desmonds betrieben hatten, mit Argwohn verfolgt. Auch der König selbst war mit der lediglich aufgrund mangelnder Alternativen vorgenommenen Ernennung Kildares nicht völlig zufrieden. Da der Bischof von Meath über gute Kontakte zum Privy Council, besonders jedoch zum Herzog von Clarence, dem Bruder des Königs und damals amtierenden irischen *lord lieutenant*, verfügte, gelang es ihm im Jahre 1475, die Absetzung Thomas Fitzgeralds durchzusetzen und selbst an dessen Stelle zum Gouverneur ernannt zu werden. Noch einmal hatten damit jene Kräfte in Irland gesiegt, die eine enge Anlehnung an die englische Krone befürworteten und alle Bestrebungen ablehnten, die eine weitergehende Eigenständigkeit der anglo-irischen Administration fördern wollten. Doch nur drei Jahre später scheiterte ein Aufstand des Herzogs von Clarence gegen seinen Bruder und König, der Rebell wurde des Hochverrats angeklagt, seiner Ämter – einschließlich der irischen *lord lieutenantcy* – enthoben und hingerichtet. Sherwood hatte seinen bedeutendsten Fürsprecher in England verloren und wurde darüber hinaus aufgrund seiner engen Kontakte zum Rebellen als irischer Gouverneur entlassen. Nur wenig später war sein Nachfolger bereits in der Person Garret Mór (der Große) Fitzgeralds gefunden, der kurz zuvor nach dem Tode seines Vaters Thomas achter Graf von Kildare geworden war.

Obwohl ursprünglich nur zum Justiziar, also zu einer Art Übergangsgouverneur ernannt, gelang es dem »Großen Grafen«, seine Position gegen heftigen Widerstand beiderseits der Irischen See zu festigen. Edward IV. war ursprünglich nicht daran interessiert gewesen, Garret Fitzgerald längerfristig das Amt zu überlassen, sondern entsandte bereits im Herbst 1478 Henry Lord Grey als stellvertretenden *lieutenant* nach Irland, der dort die Regierungsgeschäfte vom Grafen von Kildare übernehmen sollte. Dieser konnte sich jedoch in Dublin bereits auf eine starke Hausmacht stützen, deren Mitglieder in den wichtigsten Gremien des Landes saßen und sich konsequent weigerten, den vom König ernannten Stellvertreter anzuerkennen. Der Monarch mußte einsehen, daß es nicht möglich war, der irischen Administration gegen ihren Willen seinen Wunschkandidaten aufzuzwingen und bestätigte statt dessen Kildare in seinem Amt. Auch wenn Edward als Gegengewicht zu Garret dessen heftigsten Kritiker William Sherwood zum Kanzler beförderte, konnte der Gouverneur sein Amt für 13 Jahre in Folge unter insgesamt vier verschiedenen Monarchen ausüben und in dieser Zeit, besonders nach dem Tode Sherwoods im Jahre 1482, eine nahezu unantastbare Stellung als Chef der irischen Administration erlangen.

Der Stern des Hauses York sank mit der Niederlage seines letzten Monarchen, Richards III., bei Bosworth im August 1485. Heinrich Tudor, der Erbe des Hauses Lancaster, hatte das Schlachtfeld als Sieger verlassen und wurde wenig später als Heinrich VII. zum neuen englischen König gekrönt. Sein Sieg bedeutete ein neues Element in den anglo-irischen Beziehungen des 15. Jahrhunderts. Trotz gelegentlicher Spannungen und Meinungsverschiedenheiten waren die Monarchen aus dem Hause York von der Mehrheit der anglo-irischen Aristokratie seit den Zeiten Richards von York grundsätzlich wohlwollend beurteilt worden. Dieses Wohlwollen mußte zwar mehrmals durch die Gewährung von politischen Freiheiten erneuert werden, so daß die anglo-irische Herrschaft unter Garret Mór Fitzgerald von Kildare fast schon autonomen Status besaß, doch hatte seit Ausbruch der Rosenkriege nur eine anglo-irische Adelsfamilie, die Butlers von Ormond, offen das Haus Lancaster unterstützt. Es war also zu erwarten, daß die Opposition gegen Heinrich VII., die sich unmittelbar nach seinem Sieg bereits zu formieren begann, auch in Irland um Unterstützung nachsuchen würde. Zunächst einmal beschloß jedoch dort der königliche Gouverneur, die weiteren Entwicklungen in England abzuwarten, denn eine der ersten Maßnahmen Heinrichs war die Bestätigung des Grafen von Kildare im Amt des königlichen Stellvertreters gewesen.

Er wartete auch ab, als die Yorkisten endlich einen geeigneten Gegenkandidaten für die Thronfolge gefunden zu haben glaubten, auch wenn es sich dabei nur um einen erst zehnjährigen Jungen namens Lambert Simnel handelte, dessen einzige Legitimation in einer verblüffenden Ähnlichkeit mit einem Neffen Edwards IV. lag. Als Simnel im Jahre 1487 in Irland als der legitime Erbe der englischen Krone vorgestellt wurde, ließ Heinrich Tudor den richtigen Prinzen sofort aus dem Tower holen und durch die Straßen von London führen. Trotzdem fand sich schnell eine Gruppe von Fürsten, die den Prätendenten unterstützten. Angeführt wurden sie von Thomas Fitzgerald, dem Bruder des Gouverneurs.

Nachdem Teile des englischen Adels zusammen mit Margarete, der Schwester Edwards IV. und als Ehefrau Karls des Kühnen Herzogin von Burgund, Simnel und seinen »Königsmachern« ihre Unterstützung zugesagt hatten, Margarete diese Zusage noch mit der Entsendung von 2000 deutschen Söldnern nach Irland untermauerte, konnte auch Garret Mór nicht mehr abwarten und ließ zu, daß der Prätendent im Mai 1487 in der Christ Church Kathedrale zu Dublin als Edward VI. zum König von England gekrönt wurde. Trotz der beachtlichen Truppenstärke der Yorkisten, denen noch anglo-irische und keltirische Einheiten zugeteilt worden waren, konnten sie ihren Anspruch auf den Thron in England letztlich nicht durchsetzen: Im Juni des Jahres stießen sie bei Stoke-on-Trent auf die Truppen Heinrichs, die den Herausforderern eine vernichtende Niederlage beibrachten.

Während der Wortführer der anglo-irischen Fürsten, Thomas Fitzgerald, den Tod auf dem Schlachtfeld fand, hatte sein Bruder Garret die Invasionsarmee nicht nach England begleitet. Trotzdem bedeutete seine Unterstützung für den Prätendenten natürlich Hochverrat gegen Heinrich VII., den rechtmäßigen König von England. Obwohl sich der irische Gouverneur der Autorität des Königs noch für einige Monate widersetzte und diese erst im Dezember 1487 wieder anerkannte, dauerte es noch ein weiteres halbes Jahr, bis Heinrich mit Richard Edgecomb einen Unterhändler nach Irland schickte, um dort mit dem Grafen von Kildare die Bedingungen für dessen künftige Loyalität auszuhandeln. In den Verhandlungen verlangte der königliche Emissär von den anglo-irischen Fürsten einen Treueid auf den König von England, der mit der Bedingung verknüpft war, daß im Falle der Zuwiderhandlung der Besitz des Eidbrüchigen automatisch an die Krone fallen würde.

In England war es Heinrich auf diese Weise gelungen, wankelmütige Adlige an sich zu binden, doch das unter dem Gouvernement Garret Mórs of Kildare weiter gewachsene Autonomiebewußtsein in Irland ließ eine derart weitreichende Form der Unterwerfung nicht mehr zu. In ihrem Willen zur Ablehnung dieser Bedingungen durch die Nachricht vom Tode des Schottenkönigs Jakob III., eines wichtigen Verbündeten Heinrichs zusätzlich bestärkt, wiesen der Graf von Kildare und seine Gefolgsleute die Forderungen Edgecombs zurück und versicherten, daß sie unter solchen Bedingungen eher die letzten Bindungen zum englischen Königreich abbrechen und zu Iren werden würden. Der Gesandte wußte, daß Heinrichs Stellung in England zu schwach war, um durch eine militärische Intervention seinen Forderungen in Irland Nachdruck zu verleihen, und mußte sich daher mit einem einfachen Treueid der anglo-irischen Fürsten auf die englische Krone zufrieden geben.

Als vier Jahre später ein zweiter Kronprätendent namens Perkin Warbeck von Irland aus Ansprüche auf die englische Krone erhob, hatte sich die Stellung des Königs entschieden gefestigt. Obwohl sich eine direkte Verbindung zwischen Kildare und dem Prätendenten nicht nachweisen läßt, genügte diesmal der Vorwurf, der Gouverneur habe im Frühjahr 1492 nichts gegen Warbeck unternommen, um ihn nach vierzehnjähriger Amtszeit zu entlassen. Dem englischen Vorbild entsprechend wollte Heinrich auch in Irland die Verwaltung reorganisieren und straffen, um sie strukturell enger an die Krone zu binden. Mit dieser Aufgabe betraute er Walter Fitzsimons, den Erzbischof von Dublin, den er zum stellvertretenden *lieutenant* ernannte, und James von Ormond, einen illegitimen Sproß der Familie Butler, der als Nachfolger Kildares den Posten des Gouverneurs übernahm. James wurde darüber hinaus vom König mit erheblichem Grundbesitz ausgestattet und sollte zweifellos als Gegengewicht zu dem immer noch einflußreichen Kildare dienen. Offensichtlich war Heinrich sogar bereit, den Wiederausbruch der alten Familienfehde zwischen den Butlers und Fitzgeralds in Kauf zu nehmen, denn obwohl es 1492/93 zu einer Reihe von Waffengängen der beiden Parteien kam, die zeitweise bürgerkriegsähnliche Züge annahmen, hielt der König an seiner Unterstützung für James fest und entsandte im März 1493 sogar eine kleine Armee unter Roger Cotton zur Unterstützung Ormonds nach Irland.

Doch Garret Mór Fitzgerald of Kildare hatte nachdrücklich bewiesen, daß seine herausragende Stellung in anglo-irischen wie keltirischen Kreisen ungebrochen war und daß er nach wie vor einen Faktor in der irischen Politik darstellte, der nicht ignoriert werden durfte. Nachdem er, ebenfalls im März 1493, noch einmal energisch jede Beteiligung am Komplott Warbecks zurückgewiesen hatte, sprach ihn der König vom Vorwurf des Hochverrats frei.

Einige Monate später befahl ihn Heinrich zusammen mit den anderen führenden anglo-irischen Fürsten an den Londoner

Hof, um dort Möglichkeiten für eine konsensfähige Regelung der irischen Frage zu erörtern. Diese schien auch gefunden worden zu sein, denn im Mai 1494 erklärte sich nach Vermittlungsbemühungen Kildares sogar der Graf von Desmond bereit, einen Treueid auf die englische Krone zu leisten. Die politische Lage auf der Grünen Insel entspannte sich in der Folgezeit zusehends, obwohl der Prätendent immer noch nicht gefaßt worden war und die Gefahr nicht ausgeschlossen werden konnte, daß er erneut in Irland um Unterstützung bitten und diese auch erhalten würde.

Es galt also, eine solche Möglichkeit von vornherein auszuschließen. Die Zeit schien günstig, um die Reform der irischen Verwaltungsstrukturen voranzutreiben, die seit der Invasion von 1171 vom englisch-keltischen Antagonismus geprägt waren. Im Statut von Kilkenny von 1366 war dieser Antagonismus sogar legislativ untermauert worden und hatte seither eine geordnete Zusammenarbeit verhindert, obwohl sich besonders an der Peripherie des anglo-irischen Siedlungsgebietes erhebliche Wechselwirkungen und gegenseitige Beeinflussungen nachweisen lassen. Während des Londoner Parlaments von 1493 scheint der Plan einer künftigen Gleichbehandlung anglo-irischer und keltirischer Inselbewohner durch die Dubliner Administration offensichtlich ebenfalls debattiert worden zu sein, denn als Edward Poynings, einer der engsten Berater des Königs, im Herbst 1494 an der Spitze von 500 Soldaten und einer Gruppe von Verwaltungsfachleuten in Irland eintraf, waren sowohl Kildare als auch James von Ormond bereit, zusammen mit Poynings eine Expedition in das von rebellischen keltirischen Territorialfürsten immer noch weitgehend beherrschte Ulster zu unternehmen, um diesen die Stärke der Tudor-Monarchie zu demonstrieren und sie auf diese Weise zur Ablegung eines Treueides auf die englische Krone zu veranlassen.

Während dieses Unternehmens muß es zum Streit zwischen Kildare und Poynings gekommen sein. Der königliche Gesandte beschuldigte den Grafen, die keltirischen Fürsten zum Vorgehen gegen seine Armee ermuntert und ein Komplott gegen ihn geschmiedet zu haben. Ob diese Vorwürfe begründet waren oder Poynings über die guten Beziehungen Kildares zu den Keltiren in Ulster nur verblüfft war, die offenbar tatsächlich mancherlei Entgegenkommen zeigten, ist nicht nachweisbar[8].

[8] Vgl. dazu z.B.: Ellis, Tudor Ireland, S. 75ff.

Fest steht hingegen, daß Kildare zunächst fliehen konnte, im Februar 1495 jedoch von königstreuen Truppen gefangen, des Hochverrats beschuldigt und in den Tower von London gebracht wurde. Diese Verhaftung löste prompt eine Rebellion aus, die von James Fitzgerald, dem Bruder des Verhafteten, angeführt wurde. Dennoch war dieser Widerstand nicht stark genug, um den Vize-Statthalter daran zu hindern, ein Parlament nach Drogheda einzuberufen, auf dem in der Tat weitreichende Beschlüsse über die zukünftige Rolle der Krone in irischen Angelegenheiten gefaßt wurden.

Diese sahen vor, daß sämtliche führenden Mitglieder der irischen Administration unmittelbar dem König verantwortlich waren und nicht mehr, wie bisher, auf Lebenszeit ernannt wurden. Auch konnte die Verwaltung nicht mehr einen Interimsgouverneur nach eigenem Gutdünken bestimmen, grundsätzlich wurde das Amt des Schatzkanzlers nun gleichzeitig auch mit dem des stellvertretenden Gouverneurs verknüpft. Ferner gelang es Poynings, jene Bestimmungen aufheben zu lassen, die per Parlamentsbeschluß von 1460 der anglo-irischen Aristokratie autonome Rechte gesichert hatten. Die wichtigste Regelung sah indes die Zustimmung des Königs zu allen künftigen irischen Parlamenten und zu allen künftig von irischen Parlamenten gefaßten Gesetzen und Statuten vor. Speziell diese Regelung, die als ›Poynings Law‹ in die Geschichte eingehen sollte, schien jene Autonomiebestrebungen, die sich spätestens seit der Amtszeit Garret Mór Fitzgeralds als Gouverneur entwickeln konnten und die besonders anläßlich der Krönung des Prätendenten Lambert Simnel offensichtlich geworden waren, wieder zunichte gemacht zu haben. Die anglo-irische Administration lag nach der Schlußsitzung des Parlaments im Februar oder März 1495 wieder fest in den Händen des englischen Königs. In Irland hatte Heinrich VII. damit seine Politik der administrativen Konsolidierung seiner Regierungsmacht, die zuvor bereits in England und Wales erprobt worden war, mit Erfolg fortsetzen können.

Daß sich jedoch eine bloße Strukturreform nicht dazu eignete, um jahrzehntelang gewachsene persönliche Beziehungen und Verbindungen zu zerschlagen, sollte sich bald herausstellen, zumal es Poynings nicht gelang, die keltirischen Fürsten der königlichen Autorität unterzuordnen – im Gegenteil mußten auf seine Veranlassung hin die Grenzbefestigungen des Pale erheblich verstärkt werden. Dennoch hatte er mit den ihm zur

Verfügung stehenden Mitteln das Machbare erreicht und einen erheblichen Beitrag zur Restauration der königlichen Macht im anglo-irischen Herrschaftsbereich geleistet.

Um die Jahreswende 1495/96 wurde Poynings aus Irland abberufen. Als Nachfolger mußte ein erfahrener Gouverneur gefunden werden, der die Beschlüsse des Parlaments von 1494/95 möglichst genau einhalten würde, der darüber hinaus aber auch über gute Kontakte zum keltirischen Adel verfügte. Der bestgeeignete Kandidat war zweifellos Garret Mór Fitzgerald, der allerdings noch unter der Anklage des Hochverrats im Tower zu London festgehalten wurde. Nachdem jedoch zwei keltirische Fürsten aus Ulster hoch und heilig versicherten, daß der Graf von Kildare im Herbst 1494 kein Komplott gegen Poynings geschmiedet, sondern im Gegenteil dessen Anliegen mit Nachdruck den Nordiren näherzubringen versucht hatte, wurde er aus der Haft entlassen und im August 1496 erneut zum Gouverneur ernannt. Die Hintergründe dieses plötzlichen königlichen Gesinnungswechsels sind nicht mehr nachvollziehbar, doch offensichtlich war Heinrich bereit, mögliche persönliche Bedenken der politischen Raison unterzuordnen, denn diesem Revirement lag fraglos die Hoffnung zugrunde, die Keltiren wenn schon nicht zur Submission, dann wenigstens zur Kooperation bewegen zu können. Schon bald konnte der alte und neue Gouverneur der Krone seine Loyalität beweisen, denn ein erneuter Versuch Warbecks, in Irland Unterstützung für seinen Kampf gegen Heinrich zu sammeln, scheiterte an seiner klaren Absage. Offensichtlich hatten die Ausgleichsversuche Heinrichs durch seine Eheschließung mit einer Prinzessin aus dem Hause York auch in Irland Früchte getragen, so daß dort wie in den anderen Gebieten des Reiches die Herrschaft des Hauses Tudor nicht mehr länger in Frage gestellt wurde.

Irland in der Tudor-Zeit

Heinrich VII. wird in der Geschichtsforschung zumeist als ein pragmatischer und nüchterner Monarch dargestellt, der lieber auf die Macht der Worte als auf die Macht des Schwertes setzte und dem es auf diese Weise gelang, das seit eineinhalb Jahrhunderten durch innere wie durch äußere Konflikte aufs stärkste strapazierte Reich tatsächlich zu festigen und damit die Fundamente für den Bau der englischen Großmacht zu legen, der durch seinen Sohn Heinrich VIII. erweitert und schließlich durch dessen Tochter Elisabeth I. vollendet wurde. Außenpolitisch zog sich Heinrich vom europäischen Kontinent zurück, verzichtete faktisch, wenn auch nicht ausdrücklich, auf die kontinentalen Gebietsansprüche, konnte sich aber dadurch vermehrt der Konsolidierung des eigenen Reiches widmen. Dies geschah zunächst durch den Ausgleich zwischen den verfeindeten Adelsfamilien Lancaster und York, dann durch eine grundlegende Verwaltungsreform, die die Macht der Krone in Reichsangelegenheiten entschieden zu Lasten des Adels stärkte. Doch trotz der Konzentration auf die Innenpolitik zeigte er sich stets aufgeschlossen für Entwicklungen außerhalb der Reichsgrenzen, dies um so mehr, wenn sich daraus Nutzen für das Reich ziehen ließ. In die Zeit seiner Regentschaft fielen die großen, welterschließenden Entdeckungen durch portugiesische und spanische Seefahrer, die die Küsten Afrikas, den Seeweg nach Indien und die Neue Welt jenseits des Atlantik erschlossen. Im Auftrage Heinrichs VII. begann der Italiener Giovanni Caboto, in England John Cabot genannt, mit der Suche nach einem nordwestlichen Seeweg, der den Ostasienhandel mit kostbaren Stoffen und Gewürzen erheblich erleichtert und beschleunigt hätte, und entdeckte dabei im Juni 1496 Jahrhunderte nach der Atlantiküberquerung Leif Erikssons das nordostamerikanische Festland wieder. Als Heinrich VII. im Jahre 1509 starb, hinterließ er seinem 18jährigen Sohn und Thronfolger ein Reich mit gefestigten Strukturen und einer ausgeglichenen Finanzlage, das darüber hinaus im Begriff war, sich zu einer Seemacht zu entwickeln.

In Irland gewährte Heinrich VII. seinem Gouverneur größtmögliche Unabhängigkeit und Handlungsfreiheit, im Gegenzug erwies Garret dem König stets Loyalität und stellte die Hoheit der Krone zeitlebens nicht mehr in Frage. Dieses Prinzip des *divide et impera* war allerdings nicht nur auf Irland beschränkt, auch in anderen Teilen des Reiches, so im Grenzgebiet zu Schottland, verließ sich die Krone lange Zeit auf die Stärke loyaler Fürsten zu beiderseitigem Nutzen. Hier wie dort konnten Aristokraten eigene Macht im Namen des Reiches demonstrieren und dabei den eigenen Reichtum ebenso wie den Staatsschatz vermehren, da der königliche Schatzkanzler keine kostspieligen Feldzüge mehr zum Schutze der Krone finanzieren mußte. Durch eine geschickte Heiratspolitik, die zum Beispiel

Garret Mór über seine zweite Ehefrau Elisabeth St. John in die königliche Familie eingliederte, wurden oftmals noch zusätzliche Loyalitätsbande geknüpft, die letztendlich dem Wohl des Reiches zugute kamen. Die Schwachstellen einer solchen Herrschaftsteilung sind jedoch offensichtlich: Zuviel Autonomie in einzelnen Reichsteilen förderte die Machtkumulation vor Ort, ließ dadurch die Machtbalance im Reichsganzen aus dem Gleichgewicht geraten und konnte als Folge möglicherweise sogar sezessionistische Bestrebungen auslösen. Irland bot in den Jahren zwischen 1496 und 1541 ein typisches Beispiel für einen solchen Prozeß.

Das irische Rapprochement von 1496 zwischen Heinrich VII. und Garret Mór Fitzgerald sollte sich zunächst zu einer haltbaren und für beide Seiten fruchtbaren Zusammenarbeit entwikkeln. Nachdem der irische Gouverneur im Sommer 1497 seine Königstreue deutlich unter Beweis gestellt hatte und es ihm darüber hinaus gelungen war, die instabile politische Situation wieder unter Kontrolle zu bringen, verzichtete der König fortan weitgehend auf direkte Einflußnahme in inneririschen Angelegenheiten. Kildare nutzte diese Freiheit dazu, um seinen Einfluß auf die entlegenen keltirischen Gebiete im Norden und Westen der Insel auszuweiten. Zwar waren die dort ansässigen Fürsten etwa seit der zweiten Hälfte des 15. Jahrhunderts dazu übergegangen, ihre Herrschaftsgebiete nach anglo-irischem Vorbild ebenfalls durch Steinfestungen zu sichern, doch überwand der Gouverneur solche Hindernisse durch den Einsatz neuester Techniken wie etwa großkalibriger Geschütze. Seinen größten Triumph konnte er im August des Jahres 1504 bei Knockdoe feiern, als er an der Spitze eines großen Heeres aus anglo-irischen, keltirischen und schottischen Einheiten dem machtpolitischen Ehrgeiz eines prominenten Fürsten aus Connacht namens Ulick Burke of Clanrickard Einhalt gebot, der im Begriff war, durch die Eroberung der königlichen Festung Galway das Gleichgewicht der Kräfte im irischen Westen zu stören.

Die Zusammensetzung des Heeres in der Schlacht bei Knockdoe spiegelte die politische Macht wider, die der Graf von Kildare im Irland seiner Zeit besaß. Durch den Einsatz militärischer Machtmittel in Verbindung mit geschickter Bündnis- und Familienpolitik hatte er die Insel mit einem Netzwerk von Abhängigkeitsverhältnissen überziehen können, das ebenso keltirische wie anglo-irische Gebiete umfaßte. Als Stellvertreter des

Königs besaß er ebenfalls die höchste Richtergewalt im Lande und scheute sich nicht, diese von Fall zu Fall nach englischem oder nach den sogenannten Brehon-Gesetzen, dem überlieferten keltirischen Recht, auszuüben. Zwar gelang es ihm niemals, die ganze Insel zu beherrschen, doch war Garret Mór bis zu seinem Tod im Jahre 1513 – bezeichnenderweise auf dem Schlachtfeld – unangefochten der mächtigste Mann Irlands. Eine derartige Machtfülle ließ von vornherein kaum Opposition zu – auch wenn gelegentlich im Pale Besorgnis über allzu enge Beziehungen des Grafen zu den Keltiren geäußert wurde –, und solange der Gouverneur seine Treuepflichten der Krone gegenüber erfüllte, hatten auch Kritiker am Londoner Hof wenig zu bestellen.

Angesichts dieser herausragenden Stellung war es fast selbstverständlich, daß nach seinem Tod sein Sohn Garret Og (der Junge) zum neuen Gouverneur ernannt wurde. Jetzt sollte sich die königliche Politik des »*laisser-faire* zu beiderseitigem Nutzen« erstmals als problematisch erweisen, denn de iure hätte Heinrich VIII. zwar die Möglichkeit besessen, einen anderen Gouverneur zu ernennen, doch de facto wäre dies nicht möglich gewesen, ohne den entschiedenen Widerstand vieler einflußreicher anglo-irischer und keltirischer Fürsten zu provozieren, die auf die eine oder andere Weise von den Kildares abhängig waren. Damit hätte er die Stabilität des Landes nachhaltig gefährdet und den Einfluß der Krone erneut gemindert. Solange der neue Gouverneur nicht selbst ausreichend Argumente für eine Amtsenthebung lieferte, gab es für den König noch keine Alternative, als die Erbfolge zu akzeptieren.

An Klagen über die Amtsführung Garret Og Fitzgeralds mangelte es seit seinem Dienstantritt nicht. Überwiegend kamen diese aus den ohnehin kritisch eingestellten anglophilen Kreisen des Pale. Sie bezogen sich zumeist auf die in der Tat historisch belegbare Gepflogenheit beider Kildares, ihre eigenen Schutztruppen nicht persönlich zu unterhalten, sondern unmittelbar durch die Grundherren verpflegen und bezahlen zu lassen. Dies, so argumentierten die zur Kasse gebetenen Kritiker, würde entschieden gegen die Interessen der anglo-irischen Gemeinde verstoßen. Auch sei eine solche Unsitte schon in den Tagen des Gouvernements Thomas Fitzgeralds von Desmond Mitte des 15. Jahrhunderts als sittenwidrig abgelehnt worden. Ferner empörten sich die Fürsten des Pale in ihren Schreiben nach London darüber, daß Garret Og zwar Tributzahlungen von keltirischen Grundherren annehmen würde, diese aber nicht daran hindere, ihrerseits Schutzgelder von anglo-irischen Fürsten zu erpressen. Ein weiterer Kritikpunkt war das seit Jahrzehnten von den Kildares praktizierte Konzept der Akzeptanz eines dualen Gesellschaftssystems auf irischem Boden. Anstatt wie bisher den keltirischen Adel mit seinen eigenen Sitten und Gebräuchen zu dulden, sollte dieser künftig intensiver in den anglo-irischen Kultur- und Verwaltungsbereich eingebunden werden, den Grundbesitz als königliches oder fürstliches Lehen erhalten, in die anglo-irische Aristokratie mit all ihren Rechten und Pflichten aufgenommen werden und im jeweiligen Siedlungsgebiet nach diesen Vorgaben für die Aufrechterhaltung von Recht und Ordnung sorgen.

So begründet die Kritik vielleicht im jeweiligen Einzelfall gewesen sein mochte, gilt es zu berücksichtigen, daß diese zumeist von solchen Fürsten oder kirchlichen Würdenträgern geäußert wurde, die als gebürtige Engländer ihre Positionen erst seit 1509 in irgendeiner Form als Belohnung vom König erhalten hatten und mit den irischen Besonderheiten nur unzulänglich vertraut waren. Ein Vergleich der Regierungspraktiken beider Garrets zeigt, daß die Politik des Sohnes in den wesentlichen Zügen mit der des Vaters vergleichbar war. Daß dies anfangs auch von Heinrich VIII. und seinen Beratern so gesehen wurde, belegen eine Reihe von Antwortschreiben an Beschwerdeführer, in denen der Monarch unmißverständlich seine Unterstützung für den Gouverneur zum Ausdruck brachte. Er unterstrich seine Wertschätzung des irischen Gouverneurs noch zusätzlich durch die Übertragung von weiteren Grundherrschaften an ihn.

Trotzdem verlor Garret Og anders als sein Vater schließlich den Vertrauenskredit beim König. Da er die Reformansätze in der englischen Irlandpolitik nicht rechtzeitig genug erkannte, vielleicht sogar gänzlich übersah, stand er diesen Reformen spätestens dann im Wege, als sie politisch umgesetzt werden sollten. Am Wiederaufflammen der alten Familienfehde zwischen den Ormonds und den Kildares irgendwann nach 1515 in Folge einer Erbauseinandersetzung zwischen Piers Butler und dem Gouverneur traf letzteren allerdings keine Schuld. Zwar fühlte sich Butler von Kildare falsch behandelt, doch hatte dieser sich völlig korrekt an bestehende Verfahrensregeln gehalten. Dennoch verschlechterte dieser Disput über Jahre das politische Klima in Irland[9].

Während der König in den ersten Jahren seiner Regentschaft in irischen Angelegenheiten noch die Politik seines Vaters fortsetzte und beide Kildares relativ ungehindert ihren Interessen nachgehen ließ, zumal er diese auch als im königlichen Interesse liegend betrachtete, wurde die Irlandfrage am Londoner Hof seit etwa 1515 mit zunehmender Aufmerksamkeit verfolgt. Maßgeblichen Anteil an dieser Entwicklung hatte der in diesem Jahr zum königlichen Kanzler aufgestiegene Kardinal Thomas Wolsey, der seit seiner Ernennung mit großem Ehrgeiz die Reorganisation der Verwaltungs- und Rechtsstrukturen des Reiches betrieb und sich darüber hinaus auch in außenpolitischen Fragen mehrfach als kompetenter Ratgeber erwies. Eine grundlegende Reform der irischen Verhältnisse zugunsten der englischen Krone paßte durchaus in sein Konzept, galt Wolsey doch als ein überaus ehrgeiziger Kanzler, der eine Kumulation zentraler königlicher Autorität schon aus Eigennutz anstrebte[10].

Allerdings zeugen die Mittel, mit denen die Reorganisation in Irland vorgenommen werden sollte, von einer erstaunlichen Unkenntnis des englisches Hofes über die tatsächlichen politischen Kräfteverhältnisse vor Ort. Im Jahre 1519 wurde Garret Og nach London befohlen, um dort Rechenschaft über seine Politik abzulegen. Noch während der Gouverneur mit allerlei Vorwänden seine Reise zum König hinauszuzögern versuchte, entließ dieser ihn aus seinem Amt und ernannte Thomas Howard, Graf von Surrey, zum Nachfolger. 500 bis 700 Soldaten begleiteten den neuen Gouverneur im Mai des Jahres 1520 auf seiner Reise nach Irland. Sie genügten, um einige kleinere Aufstände niederzuschlagen, die als Reaktion auf die Absetzung des alten Gouverneurs ausgebrochen waren. Für das eigentliche Ziel seiner Mission, die Eingliederung aller Teile der Insel in das englische Herrschaftssystem, war diese Truppenstärke allerdings völlig unzureichend.

Langfristiges Ziel der Irlandpolitik Heinrichs VIII. und seiner Berater war also die Herrschaft über ganz Irland, doch sollten

[9] Zum Verhältnis Garret Og – Heinrich VIII. zwischen 1513 und 1519 vgl. z. B. Ellis, Tudor Ireland, S. 101–105. Hierin auch Angaben über den Disput zwischen dem Gouverneur und Piers Butler.

[10] Zur Person Wolseys, zu seiner Tätigkeit als Kanzler am Hofe Heinrichs VIII. und seinem Einfluß auf den König vgl.: John Guy, Tudor England. Oxford, New York 1990, S 80–115; zum Irlandproblem des Jahres 1520 dort bes. S. 94ff.

die Kosten dafür möglichst gering gehalten werden. Thomas Howard hatte die Anweisung erhalten, seine ohnehin kleine Streitmacht nur im äußersten Notfall einzusetzen und statt dessen auf dem Verhandlungswege den keltirischen Fürsten die Vorzüge der Zugehörigkeit zur englischen Krone näherzubringen. Eine bessere Kenntnis der eigenen Reichsgeschichte hätte den König von vornherein zu der Einsicht gelangen lassen müssen, daß ein solcher Plan nicht realisierbar war, zu oft war die Irlandpolitik seiner Vorgänger an der fehlenden Bereitschaft gescheitert, ausreichende Machtmittel zur Verfügung zu stellen. Auf bloßem Verhandlungswege hatte seit der anglo-normannischen Invasion noch kein Engländer nennenswerte politische Erfolge erzielen können. Der Graf von Surrey erkannte schnell die Sinnlosigkeit eines Einsatzes mit derart begrenzten Mitteln, zumal sein abgesetzter Vorgänger die keltirischen Fürsten erfolgreich zum Widerstand gegen den neuen Gouverneur anstachelte, und entwarf im Sommer des Jahres 1521 zwei Szenarien, wie die königlichen Irlandpläne mit größeren Aussichten auf Erfolg realisiert werden konnten.

Eine schrittweise Erweiterung englischer Macht war nach Ansicht Surreys nur dann möglich, wenn unter dem Einsatz von mindestens 2500 Mann systematisch die einzelnen keltirischen *regna* unterworfen würden. Nach etwa 25 bis 30 Jahren wäre die Eroberung der Insel, so seine Schätzung, dann abgeschlossen. Eine schnellere Lösung bot die zweite Möglichkeit, die von einem wenigstens zehnjährigen Eroberungskrieg ausging, der allerdings eine Armee mit einer Mindeststärke von 6000 Mann voraussetzte. Die Eroberung der dünnbesiedelten keltirischen Territorien hätte nach Ansicht des Gouverneurs ohnehin nicht ausgereicht, sondern wäre erst durch die planmäßige Ansiedlung einer größeren Anzahl englischer Siedler abgeschlossen.

Ob Surrey tatsächlich gehofft hatte, einen Eroberungskrieg mit den gewünschten Machtmitteln beginnen zu können, oder ob er als guter Kenner des Londoner Hofes davon ausging, daß der Kostenvoranschlag den König von der Undurchführbarkeit seiner Pläne überzeugen und ihn selbst von der Bürde des Gouverneursamtes befreien würde, ist nicht bekannt. Wir kennen lediglich das Datum seiner Abberufung im Frühjahr 1522. Zwar hatte Surrey in Irland keine nennenswerten Erfolge erzielen können, doch wirkte sich dies nicht negativ auf seine weitere Karriere aus, denn schon zwei Jahre später ernannte ihn der

König zum Herzog von Norfolk und machte ihn nach dem Sturz von Wolsey 1529/30 zu seinem Berater in irischen Angelegenheiten.

1522 hatte Surrey Garret Og Fitzgerald, der immer noch in London festgehalten wurde, als seinen Nachfolger empfohlen. Er war davon überzeugt, daß nur durch den nach wie vor großen Einfluß des Grafen von Kildare die Verhältnisse in Irland wieder stabilisiert werden konnten. Doch hätte dies eine Erneuerung Kildarescher politischer Macht bedeutet, die weitgehend außerhalb königlicher Kontrollmöglichkeiten lag. Dazu war Heinrich zunächst nicht bereit. Er setzte statt dessen auf den größten Rivalen Garrets und ernannte Piers Butler zum neuen irischen Gouverneur, verfügte indes gleichzeitig noch eine Kürzung des irischen Haushaltstitels. Aus Sicht des Königs, der zur selben Zeit englische Ansprüche in Frankreich und in Schottland erneuerte, mochte diese Entscheidung einleuchten, doch diente sie sicher nicht der Konsolidierung des königlichen Einflusses in Irland. Der Graf von Ormond zählte zweifellos zu den einflußreichsten Aristokraten jenseits der Irischen See, seine Territorien lagen aber im Zentrum der Insel und wurden vom eigentlichen englischen Machtbereich, dem Pale, durch die Ländereien Kildares getrennt. Ohne ausreichende militärische Mittel war es dem neuen Gouverneur schon aufgrund der räumlichen Distanz nicht möglich, die königlichen Ansprüche den Erwartungen entsprechend zu vertreten. Daran änderte auch die Entsendung von drei mit vielen Vollmachten versehenen königlichen Emissären im Sommer 1524 nichts, die den Auftrag hatten, zwischen Piers Butler und Garret Fitzgerald zu vermitteln. Die Gesandten gelangten schnell zu der Einsicht, daß die Wiedereinsetzung Kildares als Gouverneur den einzig erfolgversprechenden Ausweg aus dem Dilemma bot. Der König mußte schließlich vor der Macht der Fakten kapitulieren und der Restitution des ungeliebten Grafen zustimmen, die noch im selben Jahr erfolgte. Um seinen ehemaligen Favoriten nicht gänzlich zu brüskieren und um die Kontrolle der irischen Administration nicht erneut völlig in den Händen Kildares zu lassen, ernannte Heinrich den Grafen von Ormond gleichzeitig zum Leiter der irischen Finanzbehörde.

Möglicherweise hatten König und Kanzler wirklich gehofft, durch dieses Manöver die beiden Kontrahenten zur Zusammenarbeit zwingen zu können, die letztlich einen allgemein akzeptablen Ausweg aus der Sackgasse der irischen Politik gewiesen hätte. Doch diese Hoffnungen stellten sich schnell als trügerisch heraus. Zwar beendeten die keltirischen Territorialfürsten nach der Wiedereinsetzung Garret Ogs ihre Angriffe auf das Pale und erwiesen dadurch nachdrücklich dem Gouverneur ihre Referenz, doch in der Londoner Staatskanzlei häuften sich bald die Hinweise darauf, daß durch die langjährige Rivalität zwischen Kildare und Ormond jede Form der Kooperation in der irischen Verwaltung unmöglich geworden war. 1526 wurden beide nach London befohlen, um vor dem König Rechenschaft abzulegen und gemeinsam möglicherweise noch einen Modus vivendi finden zu können. Doch die Abwesenheit der Kontrahenten verschärfte nur den Konflikt in Irland. Kildare hatte seinen Bruder Thomas mit der Amtsführung während seiner Ortsabwesenheit betraut, dieser wurde allerdings bald auf höchsten Befehl durch Richard Nugent, Lord Delvin, einen Butler-Sympathisanten ersetzt. Da Nugent jedoch nicht die nötige Unterstützung aus London erhielt, war er nicht in der Lage, die sofort aufflammenden Proteste der keltirischen Fürsten zu unterdrücken. Statt dessen wurde er nach wenigen Monaten von einem dieser Fürsten gefangen genommen, der die Freilassung seiner Geisel von der Rückkehr Kildares nach Irland abhängig machte.

Heinrich VIII. vermutete wohl zu Recht hinter diesem *Coup d'Etat* die Handschrift Garret Ogs, dem es offensichtlich keine Schwierigkeiten bereitete, auch von London aus seine Beziehungen in Irland spielen zu lassen, und er weigerte sich daher anfänglich, diesem Erpressungsversuch nachzugeben. Die Kulissen auf der politischen Bühne Irlands wurden in der Folgezeit noch mehrfach hin- und hergeschoben, ohne daß sich eine praktikable Lösung abgezeichnet hätte. Im Gegenteil zeigte der immer noch mächtigste Mann Irlands dem König in den Jahren zwischen 1528 und 1532 deutlich, daß jenseits der Irischen See nach wie vor keine Lösung ohne ihn möglich war, unabhängig davon, ob er nun in Irland selbst oder aber mehr oder weniger freiwillig in London weilte.

Wieder mußte sich der König der Macht der Fakten beugen und Kildare im Juli des Jahres 1532 erneut zum Gouverneur bestellen. Die Irlandpolitik des Hauses Tudor, die seit 1519 beständig die Erweiterung königlicher Macht zu Lasten der dortigen Aristokratie auf dem Verhandlungswege angestrebt hatte, stellte sich spätestens im Sommer 1532 als vollkommen untauglich heraus. In London begann die Einsicht zu reifen, daß nur ein grundsätzlicher Kurswechsel und stärkeres Engagement vor Ort befriedigendere Ergebnisse erwarten lassen könnte.

Dieser Paradigmenwechsel englischer Irlandpolitik fand vor dem Hintergrund sich verschärfender innenpolitischer Spannungen in England und auf dem europäischen Kontinent statt. Im Jahre 1527 hatte Heinrich VIII., nur sechs Jahre zuvor wegen einer gegen die Reformation Martin Luthers gerichteten Schrift vom Papst mit dem Titel »Defensor Fidei« ausgezeichnet, jenen Prozeß eingeleitet, der schließlich 1534 die Trennung der englischen Kirche von Rom vollzog, da der Papst nicht bereit war, die Scheidung des Königs von Katharina von Aragón zu sanktionieren. Die Anullierung einer Ehe, aus der noch kein männlicher Thronfolger hervorgegangen war, zugunsten der Sanktionierung einer bereits allgemein bekannten außerehelichen Beziehung – im Falle Heinrichs zu Anne Boleyn – hätte unter günstigen Umständen problemlos vollzogen werden können. Die Geschichte bot dafür genügend Beispiele. Doch diesmal stand dem päpstlichen Dispens der Neffe der noch legitimen Königin im Wege: Karl V. aus dem Hause Habsburg, seit 1516 König des vereinten Spaniens und seit 1519 Kaiser des Römisch-Deutschen Reichs. Zwar war seinerzeit nicht der von der römischen Kurie favorisierte Kandidat gewählt worden, doch angesichts des großen Erfolgs der Lutherischen Reformation benötigte der Papst dringend den Kaiser als Verbündeten. Anstatt also die Ehe des englischen Königs aufzulösen, erteilte der Papst der Wahl Karls V. im Februar 1530 seinen Segen, als er ihn formell im Dom zu Bologna zum Kaiser krönte. Da Heinrich nicht daran dachte, einzulenken, war die Sezession Englands von Rom unvermeidlich geworden.

Einige irische Fürsten hatten schon vorher versucht, das sich verschlechternde Verhältnis Heinrichs zu Karl V. und zum Papst auszunutzen. Thomas Fitzgerald, der elfte Graf von Desmond, war 1528 mit der Bitte um Unterstützung an den Kaiser herangetreten, die als Option auch die Möglichkeit einer Allianz gegen die englische Krone enthielt. Immerhin war daraufhin eine kaiserliche Gesandtschaft nach Irland gereist, um die Vorschläge zu prüfen und eventuelle gemeinsame Schritte zu erörtern, doch mußte sie schon bald wieder abreisen, da die relativ isolierte Stellung Desmonds in der irischen Politik kaum Erfolgsaussichten eröffnete und der Graf selbst einige Wochen nach dem Besuch starb. Nachdem allerdings der von Heinrich kurz zuvor zum Erzbischof von Canterbury ernannte evangelische Theologe Thomas Cranmer 1532 die Ehe des Königs mit Katharina für ungültig erklärte und dieser wenig später Anne Boleyn heiratete, entsandte Karl erneut einen Emissär nach Irland, diesmal an den Hof von James Fitzmaurice, dem zwölften Grafen von Desmond.

Auch wenn die Meldung über diese Kontakte in London keine allzu große Besorgnis ausgelöst haben dürfte, reichte sie doch aus, um die Bereitschaft für eine Reform der irischen Administration zu stärken. Schließlich ließ die kaiserliche Gesandtschaft nach Irland den Rückschluß zu, daß Karl V. ernsthaft die Möglichkeit prüfte, ob möglicherweise von Irland aus ein Umsturz in England vorbereitet und gelenkt werden konnte. In dieser Interpretation wurde Heinrich durch Thomas Cromwell, nach dem Sturz Wolseys 1529 und dem Zerwürfnis mit Thomas More seit 1532 neuer Kanzler des Reiches, bestärkt, der eine systematische Neubesetzung der irischen Führungsspitze mit solchen Personen anstrebte, die dem König unmittelbar verpflichtet waren. Dies sollte zunächst im Einvernehmen mit Kildare herbeigeführt werden, der daher im September 1533 zu Gesprächen nach London befohlen wurde.

Dort war der König nach dem staatsrechtlichen Vollzug der Reformation im März des Jahres als Sieger aus dem Konflikt mit dem Papsttum hervorgegangen, auch hatte er durch die Ausschaltung der innenpolitischen Opposition nachdrücklich seine Bereitschaft zu entschlossenem Handeln bewiesen. Daß Garret Og sich der geänderten Rahmenbedingungen bewußt war, belegen seine Versuche, die Abreise nach London hinauszuzögern und gleichzeitig die Bewaffnung des Dubliner Schlosses auf seinen Stammsitz verlegen zu lassen. Damit jedoch war seine Entlassung beschlossene Sache. Zwar brach er im Februar 1534 nach der Ernennung seines Sohnes »Silken« Thomas Lord Offaly zum stellvertretenden Gouverneur noch nach London auf, doch wurde bereits im Juli des Jahres William Skeffington zum neuen Gouverneur von Irland ernannt, ein in irischen Angelegenheiten durchaus bewanderter Mann, der dieses Amt bereits von 1530 bis 1532 bekleidet hatte.

In den nächsten Monaten überschlugen sich die Ereignisse in Irland. Garret Og war als schwerkranker Mann nach London aufgebrochen – einige Monate zuvor hatte ihn eine Kugel getroffen, den Folgen dieser Verletzung sollte er im September 1534 erliegen. Silken Thomas, sein Sohn und kurzfristig auch sein Stellvertreter, mußte also mit gutem Grund um den Gesundheitszustand ebenso wie um das allgemeine Wohlergehen seines Vaters besorgt sein, zumal Vater und Sohn genau wußten, daß die Verhandlungen in London sich diesmal ungewöhnlich schwierig gestalten würden. Nachdem der König im Mai die Rückreise Kildares nach Irland untersagte und bekannt wurde, daß die Ernennung Skeffingtons zum stellvertretenden Statthalter unmittelbar bevorstand, erreichten die Spannungen zwischen Dublin und London einen ersten Höhepunkt. Vermutlich auf Anweisung des Vaters, der noch einmal das altbewährte Mittel der Unruhestiftung zur Rechtfertigung seines Gouverneurstitels einsetzen wollte, rebellierte Thomas in Dublin gegen die Irlandpläne Heinrichs und kündigte ihm am 11. Juni den Treueid auf. Doch der König konnte und wollte diesmal nicht nachgeben, zumal eventuelle Kompromißbereitschaft in der Irlandfrage sich möglicherweise nachteilig auf seine gerade erst gewonnene und im Reich noch nicht unumstrittene Stellung als oberster Kirchenherr Englands ausgewirkt hätte. Statt dessen ließ er Garret Fitzgerald verhaften und im Tower einkerkern. Die Rebellion im Pale war jedoch bereits zu weit fortgeschritten, als daß sie noch aufgehalten werden konnte, und entwickelte sich in den folgenden Wochen zu einem regelrechten Aufstand gegen die Macht des Hauses Tudor.

Lange Zeit ist die Geschichtsschreibung davon ausgegangen, daß dieser Aufstand bewußt von der Krone gesteuert worden sei, die eine gezielte Falschmeldung von der angeblichen Hinrichtung Garret Ogs im Tower zu London in Irland in Umlauf gesetzt habe. Damit, so hieß es, sollten die Argumente für ein entschlosseneres Vorgehen gegen die Kildare-Fraktion geliefert werden. Doch gründete sich diese Geschichtsinterpretation auf eine einzige frühneuzeitliche Darstellung, die zudem noch apologetische Ziele verfolgte[11]. Eine Analyse der Cromwellschen Irlandpläne zeigt deutlich, daß er beabsichtigte, den direkten Einfluß der Krone auf Irland zu verstärken, doch noch mindestens bis Ende August 1534 hoffte, dies im Einvernehmen mit Garret Og und dessen Sohn und designiertem 10. Graf von Kildare zu erreichen. Das plausibelste Argument, das sich gegen diese Argumentation anführen läßt, ist der Hinweis auf die vier Monate, die die Londoner Administration benötigte, um angemessen auf den von Silken Thomas geführten Aufstand zu rea-

[11] Vgl. dazu: Ellis, Tudor Ireland, S. 124f.

gieren. Erst im Oktober 1534 traf William Skeffington, der neue Statthalter, an der Spitze einer 2300 Mann starken Armee in Irland ein. Diese vergleichsweise große Streitmacht sollte kurzfristig noch erheblich verstärkt werden, falls sich das in London kursierende Gerücht bewahrheitete, daß Karl V. ein Entsatzheer von 10000 Mann nach Irland in Marsch setzen wollte[12]. Zwar traf die spanische Armee niemals in Irland ein, doch erwies sich die Stärke des englischen Heeres im Kampf gegen die Rebellen als ausreichend. Nachdem er 1534/35 mit seinen Truppen in Dublin überwintert hatte, dauerte es nicht lange, bis Skeffington vor den Toren von Maynooth, dem Stammsitz der Kildares, stand. Im März 1535 hatten die mitgeführten Geschütze die Mauern der Stadt sturmreif geschossen. Silken Thomas konnte mit einigen Getreuen noch einmal fliehen, doch mußte er letztlich im August des Jahres vor der englischen Übermacht kapitulieren.

Die Waffenstillstandsbedingungen hatten dem Verlierer ausdrücklich die Unversehrtheit der Person zugesichert. Nachdem Skeffington jedoch den Überlebenden des Sturmes auf Maynooth bereits die »Gnade von Maynooth« erwiesen hatte, indem er sie »als mahnendes Beispiel für künftige Rebellen« töten ließ, zeigte auch Heinrich VIII., daß er in der Behandlung von Oppositionellen zu allem entschlossen war. Im Februar 1537 wurde entgegen allen Vereinbarungen Thomas Fitzgerald, der 10. Graf von Kildare zusammen mit den noch lebenden fünf Brüdern seines Vaters hingerichtet. Die Niederschlagung des Aufstandes von Silken Thomas markiert einen wichtigen Einschnitt in der irischen Geschichte, denn in den folgenden Jahren veränderte sich das Land genauso grundlegend wie die englische Irlandpolitik. Mit guten Gründen wird daher das Jahr 1534 oft als ein möglicher Übergang vom Mittelalter zur Neuzeit in Irland gesehen.

Die Hinrichtung der sechs Fitzgeralds sollte zweierlei bezwecken: Einmal galt es, jedes Streben nach Neubelebung der Führungsrolle dieser Familie in Irland zu verhindern, darüber hinaus diente die Exekution noch trefflich als Beweis für die Entschlossenheit des Königs, in allen Teilen des Reiches auch tatsächlich zu herrschen. Auch wenn der jüngste Sohn Garret

12 Karl V. hatte in der Tat die Anweisung erteilt, ein entsprechend großes Heer aufzustellen, doch sollte dies in Nordafrika im Kampf gegen die Türken eingesetzt werden.

Ogs, Gerald, damals gerade neun Jahre alt, den königlichen Häschern entkommen konnte und später tatsächlich als 11. Graf von Kildare in die Fußstapfen seines Vaters trat, war die Macht der »Geraldine League« endgültig gebrochen. Seither bestimmte ein völlig neuer Gouverneurstypus die Dubliner Verwaltung – ein unmittelbar von England entsandter königlicher Beamter, dessen Loyalität ausschließlich der Krone galt. Dies war zweifellos eine kostspielige Angelegenheit, denn im Gegensatz zu früher mußten die englischen Statthalter in Irland nun auf Kosten der Krone ein stehendes Heer unterhalten – bis 1922 übrigens, als die letzten englischen Truppen Dublin verließen, und abgesehen von den heute noch in Nordirland stationierten Einheiten, die einem anderen Zweck dienen. Auch stieg die Anzahl der englischen Verwaltungsbeamten in Irland zwischen 1535 und 1541 stark an, bis nahezu die ganze Führungsspitze der irischen Administration aus Engländern bestand und damit endlich jene bereits von Wolsey antizipierte Reorganisation der administrativen Strukturen jenseits der Irischen See erreicht worden war. Auf diese Weise entstand eine neue gesellschaftliche Elite englischer Herkunft und Prägung in Irland, die die alte anglo-irische Führungsschicht, nun *Old English* genannt, abzulösen begann.

Der Aufstand von 1534 hatte Heinrich für eine Weile daran gehindert, seine Kirchenreformpläne in Irland umzusetzen. Nachdem im Lande wieder leidliche Ruhe eingekehrt war, berief Leonard Lord Grey, nach dem Tode Skeffingtons seit 1536 neuer Gouverneur, noch im selben Jahr ein Parlament ein, das gemäß englischem Vorbild auch für Irland den königlichen Supremat über die Kirche im Lande anerkannte. Ein Jahr später, unter der Ägide einer königlichen Kommission, geleitet durch Anthony St. Leger, folgte dann, ebenfalls nach englischem Vorbild, die Enteignung des irischen Kirchenbesitzes zugunsten des Staates. Die verlassenen Klöster an der Peripherie des Pale sollten bald einer ganz anderen Funktion zugeführt werden – sie dienten den königlichen Truppen bei der »zweiten« Eroberung Irlands als befestigte Vorposten.

Neben dem Einzug der Kirchengüter führte die St. Leger-Kommission noch einige administrative Reformen durch und bereitete damit das Land auf eine neue Rolle vor, die allerdings eine durchaus logische Konsequenz der Kirchenpolitik Heinrichs in Irland war. Die päpstliche Bulle ›Laudabiliter‹ aus dem 12. Jahrhundert hatte Irland als ein Lehen des Heiligen Stuhls an die englische Krone definiert. Der seither vom englischen König getragene Titel »Lord of Ireland« entsprach diesem Status. Der Papst als Lehensherr des englischen Königs wurde von einem großen Teil der Iren als eigentlicher König von Irland aufgefaßt – was in Rom durchaus mit Wohlwollen zur Kenntnis genommen wurde. Nach dem Bruch mit der Katholischen Kirche bestand also auch der Bedarf, den Herrschaftsanspruch über Irland neu zu bestimmen – Heinrich VIII. entschloß sich daher, den Titel »König von Irland« anzunehmen, der ihm von einem irischen Parlament am 18. Juni 1541 angetragen wurde. Der neue König verlieh seinem Reich kurze Zeit später ein neues Symbol, das – anders als das Reich – nahezu unverändert bis heute Bestand haben sollte: die gekrönte goldene Harfe auf blauem Grund.

Die Krönung wirkte sich wie die Kirchenreform zunächst nur im eigentlichen Herrschaftsbereich, dem Pale aus. So wie die Klöster in den anderen Teilen des Landes von den Veränderungen im Osten unberührt blieben und der Einfluß Roms dort nach wie vor ungebrochen war, bestand in den keltirischen Teilen Irlands immer noch die archaische Idee vom keltischen Hochkönigtum fort – zu dieser Zeit galt gerade Conn, das Familienoberhaupt der O'Neill von Tyrone, als Träger des Titels. Diese Konkurrenz war zweifellos ein zusätzliches Stimulans für Heinrich und seine Berater, ihre Macht im Lande auszuweiten. Den Willen dazu hatten sie in den vergangenen Jahren bereits mehrfach bewiesen – allerdings ohne größeren Erfolg jenseits der Grenzen des Pale. Anthony St. Leger, zwischen 1540 und 1547 insgesamt dreimal stellvertretender Statthalter in Irland, wurde mit dem Entwurf einer neuen Strategie beauftragt, die den englischen Einfluß im Lande vergrößern sollte. Sein Konzept, als *surrender and regrant* (Unterwerfung und Rückerstattung) in die Geschichte eingegangen, sah zunächst keinen massiven Waffeneinsatz vor[13] und ging davon aus, daß sich keltirische wie irisierte altenglische Adlige der Hoheit der Krone erneut unterwarfen. Dabei mußten sie ausdrücklich auf die überlieferten Titel und Grundrechte verzichten, die hatte dann

[13] Ohnehin hätte der König einem größeren militärischen Einsatz nicht zugestimmt, da dessen Feldzüge gegen Frankreich und Schottland den Staatshaushalt stark belasteten und die Einnahmen aus Irland den Kostenaufwand der englischen Administration ohnehin nur etwa zur Hälfte deckten. Für das Jahr 1542 betrugen die Ausgaben für Irland 9700 £, die Einnahmen aus irischen Abgaben ca. 5000 £; vgl. dazu: Ellis, Tudor Ireland, S. 146.

im Gegenzug der König wieder zu bestätigen, womit die irischen Fürsten, mit erneuerten Titeln und Rechten versehen, als loyale Untertanen der Krone in die *nobility* aufgenommen und fest in das englische Rechtssystem eingegliedert worden wären.

Obwohl St. Leger dabei die *Brehon Laws* völlig außer acht ließ, die keltirischen Fürsten untersagten, ihr Territorium anderen Fürsten zu übereignen, da es ihnen nicht gehörte, und ferner die »alten Engländer« gleichsam als Fremde definierte, womit das tradierte Lehensverhältnis zur englischen Krone ignoriert wurde, konnte er durchaus Erfolge verbuchen. Bis 1547, dem Todesjahr Heinrichs VIII., hatten vierzig der führenden altenglischen und keltirischen Familien dem König gehuldigt. Offensichtlich erschien den neuen Mitgliedern der *nobility* die Regelung opportun, schließlich sicherte sie de iure ihren Besitz und ihren Einfluß, der andernfalls jederzeit von der Krone in Frage gestellt werden konnte – auch wenn de facto später oft genug konkurrierende Besitzansprüche für Unruhen sorgten und der König mehrfach bewiesen hatte, daß auf sein Wort nur eingeschränkt Verlaß war. Erhebliches Verdienst an der positiven Resonanz auf *surrender and regrant* kam aber auch dessen Spiritus rector zu, denn St. Leger hatte sich während seiner Tätigkeit als königlicher Statthalter in Irland stets als ein Politiker erwiesen, der es geschickt verstand, zwischen rivalisierenden Fürsten zu vermitteln und dem es gelang, auf diese Weise den Ruf der Krone als maßgeblicher Machtinstanz im Lande zu fördern.

Die letzten Jahre der Irlandpolitik Heinrichs VIII. dürfen Dank der Erfolge Anthony St. Legers – wenigstens im englischen Sinne – als gute Jahre bezeichnet werden, konnte doch der direkte Einfluß der Krone erstmals seit der anglo-normannischen Expansion im 13. Jahrhundert wieder erweitert werden – und dies, ohne die englische Militärmacht in größerem Umfang einsetzen zu müssen. Natürlich durfte auch St. Leger nicht auf gelegentliche Truppenpräsentation verzichten, doch reduzierte sich dies – abgesehen von einigen gezielten Feldzügen – zumeist auf eher beiläufige Auftritte im Rahmen von offiziellen Besuchen außerhalb des Pale. Nach dem Sieg von Skeffington über Silken Thomas war die englische Garnison in Dublin auf unter 1000 Soldaten reduziert worden, diese Stärke konnte bis 1547 fast unverändert beibehalten werden. Statt dessen unterstrich die Rekrutierung von 3000 keltirischen Soldaten für den Einsatz gegen Frankreich und Schottland in den Jahren 1544/45 zusätzlich den gewachsenen Einfluß der Krone im Lande. Zweifellos war es Thomas Cromwell gewesen, der den Übergang von der indirekten Herrschaft über die anglo-irische Aristokratie zur direkten Irlandpolitik durch die Krone eingeleitet hatte, doch solange die keltirische Opposition gegen englische Machtansprüche Bestand hatte, war die Kontrolle nicht gewährleistet. Cromwells Maßnahmen hatten sich im wesentlichen auf die primär englischen Gebiete wie das Pale beschränkt, St. Leger dagegen strebte von vornherein eine Erweiterung des Einflußbereiches an. Dies konnte ihm gelingen, weil er unter (königlich verordnetem) Verzicht auf militärischen Einsatz primär pragmatisch-ökonomisch argumentierte und um Ausgleich divergierender Interessen von Keltiren, Altengländern und Engländern bedacht war. Daß ein aggressiveres Vorgehen dagegen auf erheblichen Widerstand gestoßen wäre, sollte der weitere Verlauf der englischen Irlandpolitik nach dem Tode Heinrichs VIII. zeigen.

Einige Wochen vor seinem Tod am 28. Januar 1547 hatte dieser seine Nachfolge testamentarisch geregelt: Sein Sohn Edward aus der Ehe mit Johanna Seymour war als Thronfolger vorgesehen, Maria, aus der Verbindung mit Katharina von Aragón hervorgegangen, stand in der Erbfolge vor Elisabeth, der Tochter Anne Boleyns, an zweiter Stelle. Da Edward (geb. 1537) zum Zeitpunkt seiner Ernennung noch minderjährig war, sollten die Regierungsgeschäfte dem väterlichen Willen entsprechend bis zu seinem 18. Geburtstag von einem Kronrat wahrgenommen werden. Dieser stand zunächst unter dem Vorsitz seines Onkels Edward Seymour, Herzog von Somerset, dem *protector* und Erzieher des Königs.

Somerset hatte sich die Gunst Heinrichs VIII. durch militärische Erfolge in Schottland erworben. Dort war er als ein auch für frühneuzeitliche Verhältnisse ungewöhnlich rücksichtsloser Feldherr aufgefallen, der keine Skrupel hatte, im Jahre 1545 während einer Kampagne im englisch-schottischen Grenzgebiet die völlige Verwüstung einer ganzen Region nördlich der Grenze anzuordnen[14]. In diesen Jahren hatte er eine Strategie entwickelt, die er nach seiner Ernennung auch in Irland anwenden ließ: die Eroberung feindlichen Territoriums durch die Errichtung von befestigten Garnisonen. Damit wurde ein erneuter Paradigmenwechsel in der englischen Irlandpolitik vollzogen.

[14] Vgl. dazu: Guy, Tudor England, S. 190f.

Während Heinrich das konziliante Vorgehen St. Legers schon aus Kostengründen favorisiert hatte, das – nicht ohne Erfolg – eine schrittweise Assimilation der Keltiren anstrebte, sollten nun die keltirischen Territorien im Grenzgebiet zum Pale erobert werden, um von dort aus eine militärisch forcierte Erweiterung des Herrschaftsbereiches vorantreiben zu können. Mit der Umsetzung dieses Konzepts beauftragte Seymour Edward Bellingham, ein kriegs- und verwaltungserprobtes Mitglied des Staatsrates, der im Juni 1547, vortrefflich mit Truppen, Geld und Nachschub ausgerüstet, in Irland eintraf und erwartungsgemäß nur wenige Monate später Anthony St. Leger als königlichen Statthalter ablöste.

Binnen Jahresfrist gelang es ihm, durch die Errichtung von strategisch plazierten Garnisonen – so zum Beispiel der Forts Protector und Governor oder die Festen Nenagh und Athlone – Zentralirland militärisch zu unterwerfen und damit langfristig zu befrieden, auch wenn es bis Ende des 16. Jahrhunderts noch zu gelegentlichen Rebellionen besonders in Offaly und Laois kam. Das Land im näheren Umkreis der neuen Festungen wurde gezielt an englisch-stämmige Siedler vergeben, die zusätzlich einen sozio-kulturellen Schutzwall gegen keltirische und altenglische Einflüsse bilden sollten. Da die Versorgung der relativ weit vom Pale entfernt in unsicherem Gebiet liegenden Garnisonen zudem äußerst schwierig war, verfolgte man mit dieser Ansiedlung noch einen weiteren Zweck: die Sicherstellung der Ernährung der dort stationierten Soldaten. Auch wenn diese *plantation* noch nicht den gezielten und umfangreichen An- und Umsiedlungen im Ulster des frühen 17. Jahrhunderts entsprach, konnten hier zweifellos erste wichtige Erkenntnisse und Erfahrungen gesammelt werden, die ein halbes Jahrhundert später die Planungen entscheidend mitbestimmen sollten. Dies trifft auch für einen dritten Aspekt der Siedlungspolitik Bellinghams zu, der die Überlassung von Grundbesitz größeren Ausmaßes an Mitglieder der englischen *gentry* in solchen Regionen betraf, die er als politisch unzuverlässig einschätzte. Die neuen Grundherren konnten dort nach Gutdünken in eigener Regie Land an Pächter, vorzugsweise aus England vergeben.

Edward Bellingham verließ Irland Ende 1549, etwa zur selben Zeit, als in London Somerset von John Dudley, Herzog von Northumberland, abgelöst wurde. Das Personalkarussel in Dublin begann sich erneut zu drehen, erst im August 1550 stand die Nachfolge fest: Anthony St. Leger hatte sich wieder gegen eine Reihe von Mitbewerbern und Gegnern durchsetzen können. Mit seiner Ernennung wollte der Staatsrat zweifellos aufkeimende Unruhe in keltirischen Kreisen dämpfen, wo man ernsthaft Bedenken über die Annektionspolitik Bellinghams angemeldet hatte. Da St. Leger jedoch ausdrücklich die Anweisung erhalten hatte, die Politik seines Vorgängers fortzusetzen, war die Erleichterung über seine Ernennung in keltirischen und altenglischen Kreisen nur kurz. Gerüchte, die wenige Monate später in London kursierten und die von einem gemeinsamen Angriff irisch-französischer Truppen von Irland gegen England ausgingen, waren falsch. Doch auch wenn sie nicht zutrafen, reichten sie aus, um den Kronrat Northumberlands zu alarmieren. Dieser entschied, daß Irland erneut einen erfahrenen Soldaten als Statthalter benötigte: Am 29. April 1551 wurde James Croft zum neuen Statthalter ernannt, St. Legers Amtsperiode endete nach weniger als zwölf Monaten.

Croft sollte zunächst die Häfen und sonstige potentielle Landeplätze kontinentaler Truppen an der Südküste inspizieren und Verteidigungsmöglichkeiten prüfen, doch mußte er sich bald dem Norden der Insel zuwenden. Dort hatten seit der Niederlage der »Französischen Partei« im anglo-schottischen Krieg (1542–1550) eine größere Anzahl von Schotten die Meeresstraße zwischen Schottland und Irland überquert und sich in den Tälern von Antrim niedergelassen. Eigentlich waren sie nur vor englischen Nachstellungen in ihrer alten Heimat geflüchtet, doch, durch die ständigen Invasionsgerüchte beunruhigt, vermutete die Administration in Dublin darin das Vorspiel zu einem franko-schottischen Eroberungsversuch, dem dann bald ein Angriff auf England folgen könnte.

Während die Spekulationen über mögliche anti-englische schottisch-französische Allianzen sich schnell als Chimären herausstellten, gab die schottische Migration nach Ulster trotzdem Anlaß zur Sorge. Ehrgeizige nordirische Regionalfürsten erkannten schnell, daß sich unter den schottischen Dissidenten viele kriegserprobte Soldaten befanden, mit denen sich die eigenen Streitkräfte vortrefflich ergänzen ließen. Es verwundert daher nicht, daß es Croft trotz erheblicher militärischer Anstrengungen nicht gelang, die – zumindest aus englischer Sicht – unerwünschten Eindringlinge des Landes zu verweisen, schließlich genossen viele von ihnen Protektion durch die heimische Aristokratie. Statt dessen mußte sich der Statthalter darauf beschränken, Carrickfergus und Armagh, zu diesem Zeitpunkt die zwei Hauptzentren englischer Macht im Norden Irlands, zu befestigen und die einflußreichsten Regionalherrscher Ulsters aufzufordern, gleichfalls dafür Sorge zu tragen, daß die latenten politischen Spannungen in der Region nicht eskalieren und der Norden der Insel nicht zu einem Einfallstor für kontinentale Invasionsverbände werden würde.

Die instabilen Verhältnisse in Ulster gaben der Verwaltung in Dublin mancherlei Anlaß zur Sorge. Besonders problematisch war Anfang der fünfziger Jahre des 16. Jahrhunderts der Streit um das Erbe des mächtigsten Mannes der Region. Conn Bacach O'Neill hatte im Jahre 1542 von Heinrich VIII. im Rahmen seiner Integrationspolitik den Titel eines Grafen von Tyrone empfangen. Seither diente er der Krone als loyaler Untertan. Von diesem Wohlverhalten profitierten beide Seiten, denn die Autorität, die die Familie O'Neill vor 1542 bereits in Tyrone besessen hatte und die durch die Erhebung in die englische *nobility* noch bestärkt worden war, beschied der Region einige Jahre lang relative politische Stabilität. Wesentlichen Anteil daran hatte die Herrschaftspraxis Conns, die in vielerlei Hinsicht noch an die althergebrachten keltirischen Gebräuche erinnerte und damit von der Bevölkerung problemlos weiterhin anerkannt werden konnte. Keltirischer Sitte entsprach auch seine Erbfolgeregelung: So hatte er Shane, seinen ältesten legitimen Sohn, zu seinem *tanist* (Stellvertreter) ernannt. In der keltischen Tradition war der *tanist* stets der persönliche Wunschkandidat des Herrschers für seine Nachfolge – dabei hing die letztliche Übernahme des Amtes allerdings noch von dessen Durchsetzungsfähigkeit gegenüber einer Reihe von Mitbewerbern ab.

Zusammen mit der Erhebung Conn Bacachs in den englischen Hochadel war von Heinrich zusätzlich die Baronie von Dungannon geschaffen worden, die Matthew, ein illegitimer Sohn des Herzogs innehatte. Nach englischem Recht galt jedoch der Baron von Dungannon als der einzig legitime und mögliche Nachfolger des Herzogs von Tyrone. Obwohl sich der fast 70jährige Conn Bacach im Frühjahr 1551 bester Gesundheit erfreute, war die Klärung der Erbfolge zweifellos ein Desiderat. Mit Shane und Matthew als Personifizierungen der *Brehon Laws* bzw. der englischen Gesetze drohte nach dem Tode des jetzigen Herzogs ein erbitterter Erbfolgekrieg, der die politische Stabilität im irischen Norden erheblich gefährden würde. Eine solche Entwicklung wäre weder von Heinrich VIII. noch von St. Leger geduldet worden, die im Zweifelsfall die älteren Gepflogenheiten respektiert hätten. Die neue englische Herrschaft in Dublin war jedoch nicht mehr bereit, andere Gesetze neben den eigenen zu dulden und neben Matthew weitere Kandidaten für die Nachfolge Tyrones zuzulassen.

Auch Croft konnte diesen Konflikt nicht lösen, repräsentierte er doch ein System, das nach fast zehnjähriger relativer Stabilität zu dieser Zeit wieder häufiger in Frage gestellt wurde. Der Entschluß, in größerem Maße auf militärische Stärke zu bauen, und die Assimilations- durch eine Annektionspolitik zu ersetzen, hatte zu vielerlei Irritationen in keltirischen wie altenglischen Kreisen geführt. Noch konnten es sich beide Gruppen leisten, ihre Bedenken offen zu zeigen, denn trotz der spürbaren Verstärkung englischer Truppenpräsenz in Irland seit 1547 reichte diese noch nicht aus, die ganze Insel militärisch langfristig zu unterwerfen. Genährt wurden solche Zweifel durch eine verfehlte Wirtschafts- und Finanzpolitik der Krone, die in allen Teilen des Reiches, besonders aber in Irland zu einer drastischen Geldentwertung führte und damit das ganze ökonomische System zum Nachteil der Bevölkerung schwächte.

Zusätzlichen Konfliktstoff barg die seit 1547 von Seymour und seinen Nachfolgern, allesamt überzeugte Protestanten, in England, mit einiger Verzögerung auch in Irland energisch vorangetriebene Kirchenreform in sich. Die neue, kontinental beeinflußte Liturgie, die der *Protector* in England ohne größere Schwierigkeiten einführen konnte, stieß in Irland nicht nur in der Bevölkerung, sondern auch in weiten Kreisen der Kirchenführung auf erheblichen Widerstand. Die Entfernung der Heiligenbilder aus den Kirchen des Landes erregte den Zorn der kirchlichen Würdenträger und wurde von der Bevölkerung vehement, wenn auch vergeblich, abgelehnt. Während der Dubliner Erzbischof George Browne den liturgischen Änderungen nach einigem Zögern letztlich zustimmte, verweigerte George Dowdall, Erzbischof von Armagh, und damit einer der bedeutendsten kirchlichen Würdenträger der englischen Staatskirche in Irland, diesen Reformen konsequent die Zustimmung und zog das politische Exil vor.

Der vorzeitige Tod des erst 15jährigen Königs im Juli 1553 unterbrach den kirchlichen Reformprozeß abrupt. Königin Maria war als gläubige Katholikin im Gegensatz zu ihren Vorgängern darum bemüht, die reformierte Staatskirche wieder an die römische Kirche heranzuführen. Sie hatte ihre Thronansprüche trotz einer gegenteiligen testamentarischen Verfügung ihres verstorbenen Halbbruders und heftigen Widerstandes der edwardianischen Fraktion am Hofe durchsetzen können. Obwohl sie die Thronfolgeregelung Heinrichs VIII. in ihrem Ehevertrag für den Fall eigener Kinderlosigkeit festlegte, wurde ihre Verbindung mit Philipp von Spanien überwiegend skeptisch bis ablehnend beurteilt. Besonders ihre letztlich allerdings vergeblichen Versuche, das vormals konfiszierte Kirchenland erneut in das Eigentum der Kirche zu überführen, stießen vielerorts auf Protest der neuen, überwiegend zur *gentry* gehörenden weltlichen Besitzer. Angesichts der vielfältigen Opposition glaubten die Königin und die ihr ergebenen Berater, die eigenen Ziele nur durch eine unnachgiebige Haltung erreichen zu können: Etwa dreihundert führende Gegner der königlichen Politik starben auf dem Schafott oder dem Scheiterhaufen – Maria »die Katholische« erhielt einen neuen, wenig schmeichelhaften Beinamen: »die Blutige«.

Die Probleme in England ließen der Krone wenig Handlungsspielraum in Irland. Ohnehin war dort die Rücknahme der ungeliebten Kirchenreform lebhaft begrüßt worden, so daß Maria jenseits der Irischen See weniger Widerstand gegen ihre Politik als in England erwarten durfte. Eine der ersten Irland betreffenden Maßnahmen der neuen Königin war die Ernennung eines anderen Statthalters: Am 1. September 1553 erhielt Anthony St. Leger die offizielle Bestätigung, daß er zum dritten (und letzten) Mal als *lord deputy* in Irland vorgesehen war. Er schien auch der neuen Monarchin aufgrund seiner politischen Erfahrung, seines ungebrochen hohen Ansehens in weiten Teilen der Aristokratie und seiner Vorliebe für verhandlungsorientierte Konfliktlösungen der bestgeeignete Vertreter der neuverordneten königlichen Politik, die neben der Restitution der katholischen Kirche die ungewöhnlich großzügige Ausgabenpraxis der vorherigen Regierung beenden wollte. Daß es in Irland nicht wie in England zu größeren personellen Veränderungen kam und auch keine Hinrichtungen stattfanden, ist sicher wenigstens zum Teil auf das Können St. Legers zurückzuführen, denn trotz mehrheitlicher Sympathien für bestimmte Maßnahmen der Krone mußten diese stets auf Kosten unmittelbar betroffener Amtsinhaber und Würdenträger durchgesetzt werden. Dies gelang dem neuen Statthalter verhältnismäßig leicht und ohne den Einsatz von Militär, auf den er bereits unter Heinrich VIII. weitgehend verzichtet hatte – auf Geheiß Marias sollte die englische Garnison in Dublin sogar schnellstmöglich auf 500 Soldaten verkleinert werden.

Natürlich war dieser avisierte Truppenabzug nicht Ausdruck einer besonderen persönlichen Vorliebe der Königin für Irland oder für ihren Statthalter, sondern das pragmatische Resultat restriktiver königlicher Finanzpolitik, durch die nach fast sieben Jahren weit geöffneter und daher nahezu geleerter Staatskassen nun die Finanz- und Wirtschaftslage des Reiches wieder konsolidiert werden sollte. Eine Prüfung der irischen Finanzbehörde hatte zudem Unregelmäßigkeiten in der Haushaltsführung festgestellt – einige hohe Verwaltungsbeamte hatten sich auf Kosten der Krone persönlich bereichert. Maria wollte die Herrschaft über Irland erhalten, doch zu besseren Konditionen als vorher – ein weiterer Grund für die Ernennung St. Legers.

Dessen dritte Amtsperiode währte bis 1556. Seine Vorgänger hatten ihm zwei Probleme hinterlassen, die einen Truppenabzug in der geplanten Größenordnung nicht zuließen: Tyrone, wo der Erbfolgestreit zwischen Shane und Matthew um die Herzogswürde nach wie vor schwelte, sowie Laois und Offaly, wo es noch immer, trotz der Befriedung durch Bellingham und der Ansiedlung von Engländern, gelegentlich zu kleineren Aufständen kam. Da in beiden Fällen mit militärischen Einsätzen gerechnet werden mußte, wurde die englische Garnison zwischen 1553 und 1556 lediglich auf eine Mindeststärke von etwas über 1000 Mann reduziert. Dennoch konnte der *lord deputy* durch verschiedene administrative Korrekturen und Reformen die Militärausgaben halbieren und den Zuschußbedarf der irischen Administration aus der englischen Staatskasse gar um zwei Drittel senken. Auch schritt die Neuansiedlung von Engländern in Laois und Offaly zügig voran, so daß die Verflechtung der Region westlich des Pale mit dem englischen Herrschaftsgebiet an der irischen Ostküste immer dichter wurde.

St. Legers dritte Statthalterschaft, die mit der Ernennung Thomas Radcliffes, des Herzogs von Sussex, am 21. April 1556 endete, konnte in London als Erfolg gewertet werden. Daher war es auch nicht die Unzufriedenheit der Londoner Verwaltung mit der Arbeit des alten Statthalters, die zu dessen Absetzung führte, sondern das Ergebnis hartnäckigen Drängens des Nachfolgers, der seine einflußreiche Position am Hofe dazu benutzte, um sich selbst dem Staatsrat als geeigneten Nachfolger zu präsentieren. Der neue *lord deputy* hatte vor seiner Ernennung auf die fehlgeschlagenen Versuche seines Vorgängers verwiesen, die keltirischen Familienfehden in Ulster, besonders den Zwist um die Erbfolge in Tyrone, zu unterbinden, um dort den Willen der Krone durchzusetzen. Doch auch seine beiden Feldzüge von 1556 und 1557 in dieses Gebiet, selbst mit einer um weitere 1000 Mann verstärkten Armee, erbrachten keine längerfristigen Resultate – im Gegenteil: sobald die königlichen Truppen wieder abzogen, setzten die Regionalfürsten ihre Privatfehden nach alter keltirischer Art fort. Was Tyrone betraf, so schien der greise Conn Bacagh O'Neill angesichts der starren englischen Haltung in der Nachfolgefrage wieder seine Loyalität zur Krone in Frage zu stellen. Shane O'Neill beharrte nach wie vor auf seinen Rechten und dachte sogar laut über die Restitution eines keltirischen Hochkönigtums in Ulster nach.

In Laois und Offaly knüpfte Sussex an die erfolgreiche Besiedlungspolitik seines Vorgängers an und intensivierte diese durch die Umwandlung der Grafschaften in kronunmittelbare Territorien noch weiter – Laois wurde in Queen's County, Offaly in King's County umbenannt, die Festungen Protector und Governor erhielten entsprechende neue Namen: Maryborough und Philipstown. Doch im Gegensatz zu den Hoffnungen, die Sussex vor seiner Ernennung in London erweckt hatte, konnte die Ertragslage in Irland nicht verbessert werden – nach wie vor übertrafen die Ausgaben für die irische Kolonie die dort erzielten Einnahmen um ein Vielfaches[15].

Als Königin Maria im November 1558 in London starb, hinterließ sie in irischen Angelegenheiten neben der immer noch völlig unbefriedigenden Finanzlage ihrer Nachfolgerin Elisabeth zwei weitere ungeklärte Fragen: War erstens die Unterwerfung Conn O'Neills aus dem Jahre 1542 und die damit erfolgte Erhebung in die *nobility* nach wie vor gültig und wer würde zweitens das Erbe des alten Herzogs von Tyrone antreten? Daneben verfolgte die protestantische Monarchin zielstrebig eine Rücknahme der pro-katholischen Restaurationen ihrer Halbschwester, was angesichts der wohlwollenden Aufnahme der Rekatholisierung durch Maria in Irland Kritik erwarten lassen konnte.

Glaubensfragen und damit verbundene politische Probleme standen im Zentrum der ersten Jahre elisabethanischer Politik.

[15] Statthalter Sidney berichtete 1575, daß die Ausgaben für Laois und Offaly etwa 20mal höher waren als die dort erzielten Einnahmen; G. A. Hayes-McCoy, The Protestant Reformation, 1547–1571. In: Moody, Martin u. Byrne (Hg.), A New History of Ireland. Bd. 3, Oxford 1978, S. 79.

Im Jahr des Thronwechsels in England hatte Maria Stuart, die Königin Schottlands, den französischen Kronprinzen geheiratet. Da Elisabeth nicht mit einem leiblichen Thronfolger aufwarten konnte, galt Maria Stuart als die wahrscheinlichste Nachfolgerin. Durch ihre Eheschließung mit dem französischen Thronfolger bot sich nun der französischen Krone noch einmal die Gelegenheit, gleichsam auf dem Umweg über die schottische Krone die Herrschaft über England zu gewinnen. Die Voraussetzungen dafür waren günstig, denn in der katholischen Welt wurde die elisabethanische Thronfolge mehrheitlich als illegal betrachtet. Damit stiegen die Chancen, den durch die eher vorsorgliche Proklamation Maria Stuarts zur neuen Königin von England in Frankreich noch unterstrichenen Anspruch auf den englischen Thron nach dem Tode ihrer katholischen Namenscousine durchzusetzen – England drohte somit zum Schauplatz eines internationalen Erbfolgekrieges zu werden. Diese Gefahr war um so größer, als die Herrschaft der neuen Königin auch aufgrund der wirtschaftlichen Probleme des Reiches und der damit verbundenen allgemeinen Unzufriedenheit noch nicht als gesichert gelten konnte.

Diese unübersichtliche Problemkonstellation beeinflußte die ersten Jahre der elisabethanischen Irlandpolitik nachhaltig. Zu den Beschlüssen, die das erste irische Parlament unter Elisabeth im Frühjahr 1560 faßte, zählte wie in England die Aufhebung der Religionserlasse ihrer Vorgängerin. Die Kontrolle des Staates über die Kirche wurde somit auch jenseits der Irischen See wiederhergestellt. Auch wenn bei der erneuten Kirchenreform manch kirchlicher Würdenträger, der unter Maria sein Amt erhalten hatte, dies nun wieder verlor, ist festzuhalten, daß die Reform im Vergleich zur edwardianischen Reform wesentlich gelassener durchgeführt wurde. In Zusammenhang mit der internationalen Machtkonstellation gewann auch der zweite Problemkomplex der frühen elisabethanischen Ära neues Gewicht: die immer noch ungeklärten Machtverhältnisse in Ulster.

Dort war der greise Conn Bacagh O'Neill im Jahre 1559 verstorben. Er hatte jedoch seinen kraft englischer Gesetze designierten Nachfolger Matthew, den Baron von Dungannon, noch um ein Jahr überlebt. Der älteste legitime Sohn Conns, sein ehemaliger *tanist* Shane, war nun faktisch zum mächtigsten Mann im Norden Irlands aufgestiegen und ließ keinen Zweifel daran, daß er gewillt war, sich diese Position auch durch die englische Krone bestätigen zu lassen, also das Erbe seines Vaters auch als zweiter Graf von Tyrone antreten zu wollen. Aus englischer Sicht galt Ulster jedoch spätestens seit Heinrich VII. Tudor als potentielles Einfallstor für feindlich gesinnte Invasionstruppen, dessen Eroberung schon aus diesem Grunde angestrebt werden mußte. Bislang jedoch hatten sich weder die Befürchtungen bewahrheitet noch war es gelungen, die Region endgültig zu unterwerfen. Angesichts der neuen internationalen anti-englischen Machtkonstellation schien die Möglichkeit einer franko-schottischen Allianz, die Ulster als Ausgangsbasis für eine Eroberung Englands benutzen würde, wieder wahrscheinlicher geworden zu sein.

Gerade angesichts des O'Neill'schen Familienzwists um die Nachfolge Conn Bacaghs und der auch nach dem Tode Matthews immer noch ungeklärten Herrschaftsverhältnisse im irischen Norden durften solche Warnungen nicht ignoriert werden, schließlich konnte eine der verfeindeten Parteien jederzeit eine englandfeindliche kontinentale Macht um Beistand bitten. Doch auch ohne Hilfe von außen drohte der Machtkampf in Ulster zu eskalieren, denn 1559 war Shane O'Neill an der Spitze eines Söldnerheeres in das Pale eingedrungen und hatte dort erhebliche Verwüstungen angerichtet. Damit wollte er nicht nur seinen Herrschaftsanspruch in Ulster geltend machen, sondern den politischen Ehrgeiz des englischen Statthalters in Dublin dämpfen und eine endgültige Entscheidung Londons zu seinen Gunsten erzwingen. Denn auch wenn sich der Graf von Sussex 1558/59 aufgrund längerer Englandaufenthalte durch Henry Sidney als Justiziar vertreten ließ, hatte er 1556 die Ablösung seines Vorgängers St. Leger mit dem eindeutigen Hinweis auf dessen vorgeblich zu nachsichtige Haltung gegenüber den Territorialfürsten Ulsters betrieben. Doch waren gerade seine Amtsjahre durch Rat- und Hilflosigkeit in dieser Frage geprägt, denn alle Konzepte stellten sich früher oder später als untauglich heraus. Besonders nach dem Thronwechsel schwankte die englische Ulster-Politik zwischen zwei Extremen: Zunächst wurde die Abkehr von Matthew und die Anerkennung Shanes als legitimer Nachfolger des Grafen von Tyrone erwogen, als sich die Stellung der neuen Königin jedoch gefestigt hatte, schwang die Stimmung am Londoner Hof um zugunsten des jungen Barons von Dungannon. Im Jahre 1561 wurden schließlich beide Varianten gleichberechtigt nebeneinander diskutiert, ohne jedoch eine endgültige Entscheidung herbeizuführen.

Nachdem Sussex vergeblich versucht hatte, Shane durch Intrigen in Ulster zu isolieren, ein neuerlicher militärischer Einsatz gegen ihn fehlgeschlagen war und auch ein Giftanschlag nicht die erhoffte Wirkung zeigte, entschloß sich die Monarchin, den rebellischen Fürsten aus Ulster an den Londoner Hof zu zitieren, um sich selbst ein Bild von ihm zu machen und möglicherweise eine Lösung auf dem Verhandlungswege herbeizuführen. Der Nordire nutzte diese Einladung zu einer bemerkenswerten Selbstdarstellung, denn er reiste in Begleitung einer Eskorte sogenannter »galloglass«. Dabei handelte es sich um kriegserprobte Söldner schottisch-irischer Herkunft, die in ihrer traditionellen Kleidung (gelbe, langärmelige Hemden, kurze Röcke und lange Mäntel aus grober Wolle) und Bewaffnung (langstielige Äxte) sowie ihrer traditionell langen und gelockten Haarpracht durch die Straßen der Hauptstadt des Königreiches zogen und dort für erhebliches Aufsehen sorgten, »ebenso viel ..., als wenn es Wilde aus China oder Amerika gewesen wären«[16].

Shane selbst gab sich im Gegensatz zu seiner Eskorte betont friedfertig und verhandlungsbereit. In der Tat waren die Argumente, die er in langwierigen Verhandlungen mit der Königin und ihren Beratern, zu denen unter anderem auch der mittlerweile zum irischen *lord lieutenant* beförderte Graf von Sussex zählte, vorbrachte, zum Großteil besser als die seiner Kontrahenten, konnte er sich doch auf die tradierten keltirischen Herrschaftsrechte und -praktiken berufen, während die englischen Ansprüche in Ulster im Prinzip von der Macht der Krone an sich abgeleitet wurden. Es gelang dem Nordiren trotz aller Eloquenz und der Zurschaustellung seiner bewaffneten Macht jedoch nicht, den erhofften Grafentitel heimzuführen. Dennoch kann er mit dem Ausgang der Gespräche nicht unzufrieden gewesen sein, da sich immerhin die offizielle Anerkennung der Legitimität seines Herrschaftsanspruches in Tyrone und einigen benachbarten Territorien durch die Krone als *captain* von Tyrone als offizielles, von der Königin unterzeichnetes Dokument in seinem Gepäck befand. Dafür hatte er die Oberhoheit der englischen Krone anerkennen sowie einige einschränkende Klauseln bezüglich der Rechte die Baronie von Dungannon betreffend akzeptieren müssen. Zwar war Brian, Sohn und Erbe des einstigen Rivalen Matthew, während der Abwesenheit Shanes einem Anschlag zum Opfer gefallen, doch dessen jüngerer Bruder

[16] Zitiert nach: Hegewisch, Uebersicht der irlaendischen Geschichte, S. 77.

Hugh lebte seit 1559 weit weg von Ulster und verhältnismäßig sicher in England.

Dem nun auch von der Krone offiziell anerkannten Oberhaupt der O'Neill von Tyrone reichte das königliche Patent indes nicht aus. Bald nach seiner Rückkehr setzte er die Attakken auf benachbarte Territorien fort, in die er diesmal die Ländereien der zweiten großen Herrscherfamilie Ulsters, der O'Donnells von Tyrconnell, mit einbezog. Auch gelang ihm im Mai 1565 ein Sieg über die schottischen Siedler bei Glenshesk an der Küste von Antrim. Da er neben solchen militärischen Erfolgen zusätzlich damit begann, seine Landpächter mit Waffen auszurüsten und sie militärisch auszubilden, wurde er erneut zu einem akuten Sicherheitsrisiko für das Pale – dies um so mehr, als die ökonomische Situation im Herrschaftsbereich O'Neills im Vergleich zu der des Pale entschieden besser war und bereits Hunderte von Landpächtern die englischen Besitzungen an der Ostküste verlassen und in Tyrone eine neue Heimat gesucht hatten. Weder die Entsendung von keltirischen oder englischen Emissären noch ein ungewöhnlich massiver Einsatz englischer Soldaten konnte den Machthunger Shane O'Neills befriedigen. Im Gegenteil: der Graf von Sussex mußte nach einem vergeblichen Feldzug gegen Tyrone sogar noch einen wichtigen englischen Vorposten, die befestigte Garnison Armagh, räumen.

Im Jahre 1565 wurde der glücklose Sussex durch Henry Sidney abgelöst, der bereits einige Jahre Irlanderfahrung vorweisen konnte und im Laufe dieser Zeit neue Handlungskonzepte entwickelt hatte. Was das Ulster-Problem betraf, war ihm spätestens seit der Aufgabe Armaghs bewußt geworden, daß die Truppen Shane O'Neills in ihrem heimischen Territorium von den englischen Söldnern kaum geschlagen werden konnten. Anstatt weiter ausschließlich auf die militärische Karte zu setzen, entschloß sich der neue königliche Stellvertreter in Irland, die nächstgrößte Fürstenfamilie im Norden, die von O'Neill bedrängten O'Donnells von Tyrconnell, zusätzlich zu unterstützen. Sidneys gute Kontakte zum Hof ermöglichten es ihm darüber hinaus, die Königin, die zunächst noch auf eine Verhandlungslösung hoffte, umzustimmen und ihr Placet für eine unnachgiebigere Haltung in dieser Frage zu erlangen. Shane blieb die veränderte Politik Dublins nicht lange verborgen. 1566 bat er den französischen König schriftlich um die Entsendung einer Armee von 6000 Mann, mit deren Hilfe er die Engländer aus Irland vertreiben wollte. Sidney erhielt Kenntnis vom Inhalt dieses Schreibens und konnte daraufhin ohne größere Probleme von Elisabeth die Bewilligung für eine größere Militäroperation erhalten, die bis zum Lough Foyle im Norden Ulsters führte. Dort wäre der ideale Landeplatz für französische Truppen gewesen, wenn sie denn nach Irland entsandt worden wären.

Noch einmal konnte Shane einen militärischen Erfolg erringen, als er im November die eben errichtete Festung bei Derry angriff und die dort stationierten 1000 Soldaten so lange belagerte, bis diese im April 1567 aufgaben und sich in die Feste Carrickfergus zurückzogen. Als O'Neill jedoch nur wenige Wochen später einen Feldzug gegen Hugh O'Donnell von Tyrconnell unternahm, wurden seine Truppen empfindlich geschlagen. Er selbst konnte entkommen und suchte aus einem bis heute nicht geklärten Grund ausgerechnet bei jenen schottischen Siedlern an der Küste von Antrim Schutz, die er nur zwei Jahre zuvor selbst militärisch besiegt hatte. Nach einigen Tagen muß es dort zu einem heftigen Streit gekommen sein, denn am 2. Juni 1567 wurde Shane O'Neill von einigen Schotten erschlagen und in Stücke zerhackt. Englische Soldaten aus Carrickfergus konnten seinen Kopf sicherstellen und schickten diesen in einem Faß nach Dublin, wo er an der Außenmauer vom Dubliner Schloß aufgespießt zur Schau gestellt wurde. Zwei Jahre später wurde per Parlamentsbeschluß fast ganz Ulster unter die unmittelbare Hoheit der Krone gestellt – doch noch verfügte diese über zu geringe Mittel, um den Beschluß auch durchzusetzen.

Ungefähr zur selben Zeit, als sich in Ulster das Schicksal endgültig gegen Shane O'Neill wendete, erreichte im Süden Irlands, in Munster, ein bereits seit einiger Zeit schwelender Konflikt zwischen zwei bekannten altenglischen Familien einen neuen Höhepunkt: Der Streit zwischen den Ormonds und den Desmonds war wieder einmal in offenen Zwist ausgebrochen. Im Jahre 1564 hatte Gerald FitzJames Fitzgerald, der 14. Graf von Desmond, der bis dahin in England festgehalten worden war, mit königlicher Erlaubnis wieder auf den alten Familienbesitz der Desmonds übersiedeln dürfen. Man hoffte in London und Dublin, mit dieser deutlichen Geste die Rivalitäten einiger Territorialfürsten, die das Machtvakuum im Süden Munsters dazu ausnutzen wollten, durch die Annektion von Teilen des vermeintlich herrenlosen Desmondschen Besitzes im Südwesten Munsters die jeweils eigene Machtbasis zu vergrößern und darüber in Streit geraten waren, beilegen zu können. Doch anstatt, wie erhofft, zur Stabilisierung in dieser Region beizutragen, begann Gerald unmittelbar nach seiner Restitution eigene Territorialansprüche geltend zu machen, wobei sich seine Beziehungen zu der anderen großen Fürstenfamilie, den Butlers von Ormond unter Thomas »Black Tom« Butler, dem 11. Grafen von Ormond, erheblich verschlechterten. Konkurrierende Territorialansprüche beider Häuser hatten bereits zur Verwüstung weiter Landstriche bei Limerick, Tipperary und Kilkenny geführt, ohne daß ein Ausgleich in Sicht gewesen wäre.

Im Jahre 1565 war der Zwist in einen offenen Krieg eskaliert, den beide Parteien mit Hilfe von privaten Söldnerheeren ausfochten. In einem dieser Scharmützel war es Thomas Butler gelungen, Gerald Fitzgerald gefangenzusetzen. Henry Sidney, der kurz zuvor das Amt des Statthalters übernommen hatte, konnte und wollte eine derart intensiv geführte Familienfehde nicht dulden, zumal diese die politische Lage in Munster erheblich aus dem Gleichgewicht gebracht hatte und das Ansehen der englischen Krone auch bei den altenglischen Territorialfürsten nachhaltigen Schaden zu nehmen drohte. Die beiden Rivalen wurden daraufhin nach London zitiert, wo sie ihre jeweiligen Standpunkte vortragen sollten. Obwohl ihre Sympathien für »Black Tom« durchaus bekannt waren, rügte Elisabeth das Verhalten beider Widersacher und befahl, den Zwist sofort beizulegen. Beide gelobten, sich künftig an die königlichen Befehle halten zu wollen – Ormond hielt sein Versprechen, Desmond jedoch setzte seine aggressive Annektionspolitik nach seiner Rückkehr fort. Sidney, der im Jahr 1567 den irischen Südwesten bereiste, mußte feststellen, daß weite Teile des Landes brach lagen und durch die Willkürakte Desmonds nahezu unregierbar waren. Immerhin gelang es dem Statthalter, den machthungrigen Fürsten verhaften und nach London schaffen zu lassen, wo er im Tower eingekerkert und bis 1573 festgehalten wurde, bis er erneut der Königin den Treueid leistete und im Gegenzug seinen Familienbesitz als englisches Lehen zurückerhielt.

Ähnliche Macht- und Herrschaftskämpfe gab es auch in anderen Teilen Süd- und Westirlands, wo regionale Fürsten keltirischer wie altenglischer Herkunft sich seit langem ungehindert ihren privaten Fehden hingeben konnten, ohne daß der Arm der englischen Herrschaft im weit entfernten Dublin jemals lang genug gewesen wäre, um solchen Entwicklungen Einhalt gebieten zu können. Am Londoner Hof wurde diese Entwicklung mit zunehmender Verärgerung beobachtet, zumal sie mit Fug und Recht als Symptom dafür gewertet wurde, daß Elisabeth zwar de iure Königin von Irland war, doch die damit verbundenen Herrschaftsrechte de facto nicht überall ausüben konnte. Sidney mußte erkennen, daß die renitenten Fürsten mit den bislang eingesetzten Mitteln nicht zur Räson gebracht werden konnten, sondern daß, wenn der königliche Herrschaftsanspruch jemals realisiert werden sollte, wirkungsvollere Maßnahmen zu ergreiffen waren.

Auf einen von Sussex bereits im Jahre 1562 vorgelegten Plan zurückgreifend, entwickelte der Statthalter ein neues Konzept zur Herrschaftssicherung in den kritischen Regionen Nord-, West- und Südirlands, der zudem die immer noch instabile Haushaltslage der Krone nicht zusätzlich belastete. Dieses Konzept sah die Durchdringung der betreffenden Gebiete durch englische Kolonisten vor. Diese neue Kolonisationswelle sollte jedoch nicht direkt von der Krone finanziert werden – die Beispiele in Laois und Offaly hatten gezeigt, daß dies nicht ohne erheblichen Mitteleinsatz realisierbar war –, sondern aus dem Privatvermögen ebenso unternehmungslustiger wie politisch ehrgeiziger Angehöriger der *gentry* oder *nobility*, die dafür lediglich staatliche Rückendeckung erhielten.

Die englische Eroberung Irlands hatte damit eine neue Dimension erreicht: An die Stelle staatlicher Annektion war die nach frühkapitalistischen Regeln funktionierende merkantile Durchdringung unerschlossenen Terrains durch private Unternehmer getreten, die das damit verbundene Risiko selbst zu tragen bereit waren, dafür jedoch auch die zu erwartenden Gewinne zum Großteil in die eigene Tasche leiten durften. Der staatliche Anteil an so einer privaten Annektion lag lediglich in der Schaffung des legalen Handlungsrahmens. Dies jedoch war auch der entscheidende Punkt, denn wenn der Rahmen zu weit gesteckt war, bestand die Gefahr, daß sich die Krone damit eine direkte Konkurrenz zu bereits bestehenden staatlichen Machtstrukturen, ja sogar zur eigenen Autorität schaffen würde.

Einer der ersten Versuche privater Kolonisation wurde in Ulster erprobt. Thomas Smith, ein hoher königlicher Beamter, erhielt ein großes Territorium der alten Grafschaft Ulster zugesprochen. Dort jedoch war bereits seit Generationen ein Zweig der Familie O'Neill, die O'Neills von Clandeboy, ansässig. Das damalige Familienoberhaupt, Brian MacPhelim O'Neill, hatte sich stets als loyaler Untertan der Krone erwiesen, doch weigerte er sich diesmal aus verständlichen Gründen, den königlichen

Weisungen Folge zu leisten. Diese nämlich bevollmächtigten Smith, die bisherigen Bewohner des Landes zu verweisen und nur jenen Pächtern weiteren Aufenthalt zu gestatten, die zur Beackerung des Bodens unerläßlich waren. Anstatt sich in ihr Schicksal zu fügen, erwarteten Gefolgsleute MacPhelim O'Neills die Kolonisten an der Küste von Antrim und konnten sie in der Tat ohne größere Schwierigkeiten wieder vertreiben. Ein zweiter Versuch erbrachte kaum bessere Ergebnisse, auch wenn die Königin selbst mit Eigenkapital beteiligt war und das Gebiet in unmittelbarer Nachbarschaft der königlichen Festung Carrickfergus lag. Trotz des Einsatzes von 1200 Soldaten konnte William Devereux, der Graf von Essex, sein königliches Herrschaftsprivileg in Ulster, das ihm ein erheblich größeres Gebiet zugestand, nicht umsetzen, sondern mußte sich nach dem Bau einer Brücke über den Blackwater bei Armagh, der immerhin künftige Feldzüge in den Norden Irlands erleichtern sollte, wieder unverrichteter Dinge in die Festung Carrickfergus zurückziehen. Erst 1574 waren die Mittel MacPhelim O'Neills erschöpft. Die ständig wachsende Zahl von Kolonisatoren und Soldaten ließ weiteren Widerstand sinnlos erscheinen. Die Kapitulation vor der Macht des Grafen von Essex war nur noch eine Frage der Zeit. Wenig später erhielt dieser aus den Händen der Königin seine Ernennung zum Gouverneur von Ulster.

Auch im Westen und Süden stießen private Kolonisatoren auf erheblichen Widerstand. Doch im Gegensatz zum Norden behaupteten sich dort einige private Gruppen seit ihrer Ankunft recht erfolgreich. William St. Leger, der Enkel des ehemaligen Statthalters, erwarb und verteidigte ein verhältnismäßig großes Gebiet südlich von Cork, Humphrey Gilbert setzte sich mit einer größeren Zahl von Gefolgsleuten an der irischen Südküste fest und konnte sogar mit seinen Truppen einen erheblichen Beitrag zur Niederschlagung einer Reihe von Revolten in Munster leisten, die – als Reaktion auf diese neue Form der Annektion – durch keltirische und altenglische Fürsten in wechselnden Koalitionen der königlichen Verwaltung in Dublin in der ersten Hälfte der siebziger Jahre erhebliche Probleme bereitete. Erst durch die Einrichtung sogenannter Präsidialadministrationen – zum Beispiel Connacht unter Nicholas Malby oder Munster unter William Drury – gelang es, den irischen Süden und Westen bis etwa 1583 leidlich zu befrieden. Dafür allerdings war der massive Einsatz von bewaffneten Verbänden notwendig, durch den weite Teile der Region nahezu vollständig und nachhaltig verwüstet wurden. Die folgende Hungersnot kam der englischen Krone indes durchaus gelegen, da das Fehlen von Nahrungsmittelvorräten auch die Versorgung und Einsatzfähigkeit rebellischer Truppen erheblich erschwerte.

Spätestens seit den siebziger Jahren des 16. Jahrhunderts hatte die Auseinandersetzung zwischen neu-englischen Kolonisatoren und keltirischen wie altenglischen Landesherren endgültig den Charakter eines Religionskrieges erreicht. Letztere schlossen sich zu verschiedenen Regionalbündnissen zur Verteidigung »ihres« Landes zusammen. Dabei gelang es ihnen, wenn auch nur in bescheidenem Maße, sowohl den Papst als auch den König von Spanien zur Entsendung von Hilfstruppen zu bewegen. Beide, das Oberhaupt der katholischen Kirche ebenso wie der Spanier, hätten von einem Sieg über die englische Krone in Irland zweifellos profitiert. Eine erfolgreiche Gegenreformation wäre möglicherweise als Ausgangsbasis zur Restauration päpstlicher Macht in England nutzbar gewesen, während die spanische Krone von Irland aus wesentlich leichter den eigenen Machtanspruch auf den englischen Thron geltend machen und darüber hinaus die englische Flotte, einen zunehmend lästiger werdenden Gegner auf den Weltmeeren, unmittelbar vor den Heimathäfen bekämpfen konnte. Doch hatte der Augsburger Religionsfrieden des Jahres 1555 auf dem Kontinent den schwelenden Streit zwischen Reformation und Gegenreformation noch nicht beilegen können, so daß der Heilige Stuhl und sein wichtigster Verbündeter, Philipp II. von Spanien, nicht über allzu viele Truppen für einen Einsatz im weit entfernten Irland verfügen konnten, zumal Spanien darüber hinaus noch mit der Erweiterung des eigenen Imperiums in Hispano-Amerika beschäftigt war, was gleichfalls Teile der Armee jenseits des Atlantiks band. Somit waren die anti-englischen Kräfte, die mit ihren keltirischen und altenglischen Verbündeten unter den Farben der Kurie und der spanischen Krone fochten, den königlichen Kolonisatoren von vornherein unterlegen. Diese setzten in ihrem Kampf um Land, Macht und um die Verteidigung der Reformation nicht nur auf die gleichsam klassischen Kampftechniken und überlegene Truppenstärken, sondern in zunehmendem Maße auf neue strategische Erkenntnisse wie zum Beispiel den Einsatz der Flotte in irischen Gewässern zur Kontrolle der Küstenlinie, zur schnellen Verlagerung von Truppen und zur regionalen Schwerpunktbildung.

Seit einigen Jahren sind besonders von der irischen Historiographie verblüffende Parallelen im Vergleich der Kolonisation Nordamerikas mit der Durchdringung Irlands jenseits der Grenzen des Pale seit der elisabethanischen Zeit festgestellt worden[17]. Abgesehen von personellen Überschneidungen – viele der englischen Kolonisatoren in Nordamerika hatten zuvor erste Erfahrungen in Irland gesammelt und konnten diese dann in Nordamerika umsetzen –, vergleichbaren Motiven bei der Mehrzahl der Frontiers – individuelle Aussicht auf Profit durch Ausbeutung der erschlossenen Ländereien verbunden mit der Hoffnung auf Entdeckung bislang nicht ausgebeuteter Bodenschätze – sowie der Erwartungshaltung der Krone, die mit der Erweiterung des eigenen Herrschaftsbereiches eine Sicherung wichtiger Rohstoffzufuhren nach England verband, erstaunt auch die große Deckungsgleichheit bei der Einschätzung der nordamerikanischen Indianer und der keltirischen wie altenglischen »Ureinwohner« durch die Neuankömmlinge. Grundsätzlich wurden beide Zielgruppen als heidnische oder quasi-heidnische Barbaren gesehen, in beiden Kulturen fanden die Kolonisatoren indes viele Aspekte, die zu ihrem großen Erstaunen mit der eigenen Kultur vergleichbar waren. Das Bild vom »edlen Wilden«, der gleichsam nur mit den Segnungen der eigenen Zivilisation bedacht werden müsse, um zu einem »vollwertigen« Menschen bekehrt werden zu können, taucht in der zeitgenössischen Literatur der Nordamerikafahrer des späten 16. Jahrhunderts wiederholt auf. Mit einigen Abstrichen entspricht dies zweifellos auch der Einschätzung besonders der Iren keltischer Abstammung sowie jener »keltisierten« Altengländer, die sich gegen die Kolonisatoren erhoben und die – notfalls mit Gewalt – re-anglisiert werden mußten. Damit war der Einsatz von Militär dann bereits genauso gerechtfertigt wie Vertragsbrüchigkeit – schließlich geschah der Vertragsbruch letzten Endes doch zugunsten der Betrogenen – wie die Annektion keltirischen oder altenglischen Landbesitzes durch die englische Krone, die auf diese Weise den Besiegten direkt zivilisieren konnten.

Als John Perrot im Jahre 1584 zum neuen Gouverneur Irlands ernannt wurde, war die kolonisatorische Durchdringung Munsters und einiger Teile Connachts nahezu abgeschlossen.

[17] Einen guten und ausführlichen Überblick über den Forschungsstand gibt z.B. Nicholas Canny, Kingdom and Colony. Ireland in the Atlantic World 1560–1800. Baltimore, London 1988, dort bes. S. 11–20.

Aufgrund der günstigen Bodenverhältnisse zählten besonders der Süden und Südwesten der Insel zu den bevorzugten Siedlungsgebieten. Die königliche Regierung unterstrich ihre Absicht der Etablierung permanenter Kontrolle durch den Bau zahlreicher neuer Festungen in dieser Region, wo sich unter dem Schutz der Krone bis 1598 etwa 10000 neue Siedler niederließen. Der rauhe und unwirtliche Westen übte indes auf potentielle Kolonisatoren nur wenig Anziehungskraft aus und bot statt dessen einigen nun landlosen Keltiren und Altengländern neue Heimat. Rivalitäten mit den alteingesessenen Fürsten sowie außerordentlich schlechte Lebensbedingungen verhinderten jedoch die Ausbildung eines größeren Machtzentrums, das sich möglicherweise zu einer Bedrohung für die Dubliner Administration hätte entwickeln können.

Ungleich schwieriger und problematischer waren die Verhältnisse im Norden der Insel. Zwar verhielt sich das neue Oberhaupt der einflußreichsten Familie Ulsters, Turlough O'Neill von Tyrone, unauffällig und ruhig. Doch setzte auch er die keltirische Tradition unabhängiger Herrschaft fort und stellte aus Sicht der Krone schon deshalb eine kritische Größe dar. Die Anwesenheit zahlreicher schottischer Söldner in Antrim sowie der Abschluß einer Reihe von Regionalbündnissen zwischen keltirischen und schottischen Clans aus Ulster und Südwestschottland, die sich zu einem dichten sozio-politischen Netzwerk verfestigt hatte, komplizierten die Lage zusätzlich – dies um so mehr, als in Schottland mit Jakob VI. der Sohn Maria Stuarts auf dem Thron saß, deren Hinrichtung 1568 von Elisabeth, wenn auch nur nach langem Zögern, angeordnet worden war.

Die anglo-schottischen Beziehungen in Bezug auf die Ulster-Frage konnten im Vertrag von Berwick zwischen beiden Kronen durch Neufestsetzung der Einflußsphären geregelt werden. Der Expansionsdrang dort ansässiger Regionalfürsten blieb von diesem Abkommen indes genauso unberührt wie ihre Herrschaft und Kontrolle der Region. Wie gering die Durchsetzungsmöglichkeiten königlicher Dekrete aus Dublin im irischen Norden zu dieser Zeit noch waren, sollte sich im Krisenjahr 1588 zeigen. Überall im Einflußgebiet der englischen Krone war der Befehl ausgegeben worden, den Soldaten jener Schiffe der spanischen Armada, denen der Durchbruch durch den englischen Kanal gelungen war und die auf ihrer Umsegelung der Britischen Inseln an der irischen Küste Schiffbruch erlitten, keine Hilfe zu gewähren, sondern sie im Gegenteil unverzüglich hinzurichten. Während die Unterlagen sonst auf eine strikte Befolgung dieses Dekrets schließen lassen, sind für den irischen Norden und Nordwesten Hilfeleistungen für gestrandete Spanier überliefert.

Trotz dieser offensichtlichen Beweise für die nach wie vor vorhandene Handlungsfreiheit regionaler Fürsten im irischen Nordwesten war das Vordringen englischer Macht mittelfristig nicht aufzuhalten. Zwischen 1585 und 1595 fielen die meisten der vormals noch außerhalb des englischen Einflusses stehenden Fürstentümer südlich und südwestlich der Grafschaft Tyrone an die Krone. Dabei nutzte diese alle sich ihr bietenden Gelegenheiten und scheute weder den Einsatz zur Verfügung stehender militärischer Mittel noch Vertragsbruch oder Verrat. Die Errichtung einer enggliedrigen Kette von Festungen an den Verbindungswegen zwischen Tyrone und den anderen schwer zu kontrollierenden Gebieten im irischen Westen diente dazu, die Kommunikation zwischen den noch resistenten Territorien zu erschweren und dadurch die Bildung möglicher anti-englischer Koalitionen größeren Ausmaßes zu verhindern. Die bislang ungebrochenen Herrschaftsverhältnisse in der Grafschaft selbst sollten durch die Inszenierung eines Machtkampfes zwischen dem amtierenden Familienoberhaupt Turlough und der Ernennung Hughs, eines Sohnes von Matthew, des ehemaligen Barons von Dungannon, zum zweiten Grafen von Tyrone im Jahre 1585 destabilisiert werden. Anfangs jedoch schien dieser Plan nicht zu gelingen, denn anstatt sich in einem Machtkampf gegenseitig zu paralysieren, einigten sich die beiden Rivalen auf eine Teilung der Macht.

Da Hugh am englischen Hof erzogen worden war, betrachteten ihn die Vertreter der Krone in Irland als einen der ihren und verfolgten seine Politik zunächst durchaus wohlwollend – zumal sich Hugh bereits vor seiner Erhebung in den Grafenstand als loyaler Untertan Elisabeths erwiesen hatte. Nötigenfalls war er auch dazu bereit, im Namen der Krone gegen keltirische Rebellen mit Waffengewalt vorzugehen – wenigstens solange diese nicht unmittelbare Angehörige einer der großen nordirischen Adelsfamilien waren. Als Mitglied des Oberhauses im Dubliner Parlament gehörte er darüber hinaus zu den Befürwortern der Kolonisation Munsters.

Als sich die englische Irlandpolitik nach der Konsolidierung der Verhältnisse im Süden und Südwesten und nach der erfolgreichen Abwehr der Armada jedoch in stärkerem Maße als bisher der Ulsterfrage zuwandte und dabei der Gürtel neuerbauter Festungen um die Provinz immer straffer gezogen wurde, mußten zwangsläufig Verwandte des Grafen unmittelbar betroffen werden. Den daraus entstandenen Loyalitätskonflikt versuchte Tyrone zunächst durch taktisches Lavieren zu überwinden. Im Jahre 1593 sollte sein Schwiegersohn Hugh Maguire of Fermanagh offensichtlich das nächste Opfer königlichen Expansionsstrebens sein. Dieser entschloß sich zum Gegenangriff und unternahm zusammen mit seinem Cousin (Red) Hugh O'Donnell of Tyrconnel einen Präventivfeldzug gegen einige nahegelegene Garnisonen. Die Administration in Dublin erwartete direkte militärische Hilfe durch den Grafen von Tyrone, der sich diesmal jedoch auf Verhandlungen mit Maguire und O'Donnell beschränkte. Erst als offensichtlich wurde, daß auf dem Verhandlungswege keine Lösung erreicht werden konnte, unterstellte er Henry Bagenal, dem königlichen Marschall im Norden Irlands, ein kleines Söldnerkontingent, mit dem dieser im Jahre 1594 die Festung Enniskillen, den Stammsitz der Maguires, eroberte.

Nach dem Fall von Enniskillen verfügte die englische Krone zusammen mit den Festungen Carrickfergus, Newry, Monaghan und Blackwater über eine nahezu geschlossene Kette von Vorposten im Süden Ulsters, die es nicht nur erlaubte, die regionalen Fürstentümer südlich Tyrones zu kontrollieren, sondern von der aus auch Vorstöße in die Grafschaft selbst geführt werden konnten. Im Fall ungebrochener Loyalität zur Krone wäre dies kein Problem gewesen, sondern hätte im Gegenteil mögliche gemeinsame Aktionen gegen rebellische Fürsten erleichtert, doch war das Mißtrauen Dublins gegen den Grafen von Tyrone seit dessen ambivalenter Haltung im Jahre 1593 geweckt worden – zu Recht, wie sich wenig später herausstellen sollte, als sich Hugh O'Neill von Tyrone nach dem Tod von Turlough O'Neill im Jahre 1595 in keltirischer Tradition in Tullaghoge bei Dungannon zum neuen Oberhaupt der Familie ausrufen ließ.

Mit diesem Schritt hatte sich der Graf deutlich zu seiner keltirischen Herkunft bekannt und der königlichen Verwaltung in Dublin unmißverständlich signalisiert, daß er nicht länger bereit war, die Expansion der Krone in Irland zu tolerieren. Wie die nächsten Jahre zeigen sollten, wußte Hugh O'Neill spätestens seit dem Fall von Enniskillen genau, daß die jahrhundertealte unabhängige Herrschaft seiner Familie in Tyrone durch das englische Hegemonialstreben ernsthaft gefährdet war. Um sich dem drohenden Machtverlust erfolgreich entgegenzusetzen, sah er nur zwei Möglichkeiten: die Bildung einer möglichst breiten, gesamtirischen Widerstandsbewegung, die aus der Offensive heraus England zu Verhandlungen zwingen würde, oder aber die Suche nach politisch-militärischer Unterstützung im Ausland, im Idealfall sogar eine Kombination beider Fälle.

Die Voraussetzungen dafür waren günstig. Das rücksichtslose Vorgehen königlicher Bevollmächtigter gegen die Rebellen in Munster 15 Jahre zuvor war, obwohl letztlich erfolgreich, nicht widerspruchslos akzeptiert worden. Eine Reihe von maßgeblichen Fürsten und anderen politischen Entscheidungsträgern keltirischer, altenglischer aber auch neuenglischer Herkunft hatten sich entschieden gegen diese Politik ausgesprochen. Aufgrund dieser Kritik war Elisabeth im Jahre 1582 sogar gezwungen worden, den königlichen Statthalter, Arthur Lord Grey abzuberufen. Nachdem im Jahre 1585 ein Dubliner Militärgericht den katholischen Erzbischof von Cashel, Dermot O'Hurley, von einem Dubliner Militärgericht wegen Hochverrat, begangen im Ausland, zum Tode verurteilen und hängen ließ, hatten sich auch weite Kreise des bislang eher zurückhaltenden irisch-katholischen Klerus gegen die Politik der Krone ausgesprochen – ohne jedoch offen zum direkten Widerstand aufzurufen. Somit durfte Hugh O'Neill davon ausgehen, daß er, falls ihm ein erster größerer Erfolg gegen die englische Herrschaft gelingen würde, durchaus mit landesweiter Unterstützung rechnen konnte. Doch offensichtlich reichte ihm dies nicht aus, denn zur selben Zeit nahm er Kontakt mit dem spanischen Hof auf und bat unter Hinweis auf die »Leiden des irischen Adels« um die Entsendung von Hilfstruppen. Dafür stellte er Philipp II. die irische Krone in Aussicht. Der Spanier war von diesem Angebot offensichtlich beeindruckt, denn im Jahre 1596 traf eine Lieferung spanischer Waffen für die Rebellen wohlbehalten in Ulster ein. Weniger erfolgreich war eine direkte spanische Militärintervention. Zwei spanische Expeditionskorps, die im Herbst desselben Jahres unabhängig voneinander in Südwestengland und bei Limerick landen sollten, mußten aufgrund widriger Wetterverhältnisse unverrichteter Dinge wieder heimkehren.

Ein Jahr zuvor hatte Hugh O'Neill eine Allianz mit Hugh O'Donnell of Tyrconnell und einigen anderen nordirischen

Fürsten gebildet. Nachdem sie in Schottland erfolgreich weitere Söldner angeworben hatten, konnten sie einige beachtliche Anfangserfolge erzielen: Enniskillen und Sligo fielen an die Rebellen zurück, die Festungen von Monaghan und Blackwater wurden von verbündeten Armeen belagert. Die Dubliner Behörden schienen angesichts dieses unerwartet heftigen Widerstandes zunächst ratlos: Nachdem O'Neill im Juni 1595 öffentlich zum Verräter erklärt worden war, erreichte er nur acht Monate später, ein halbes Jahr vor dem gescheiterten spanischen Landungsversuch, seine Begnadigung. In den Folgemonaten wurde die Lage für alle Parteien zusehends komplizierter. Zwar schlossen sich die meisten Familien Connachts dem Aufstand an, der sich darüber hinaus nach Munster ausdehnte, doch scheiterte ein Versuch O'Neills, den Papst zur Entsendung zusätzlicher Hilfskontingente zu bewegen. Dieser Fehlschlag war in erster Linie auf den Einspruch altenglischer Katholiken aus Irland zurückzuführen, die im Kampf des Grafen von Tyrone nicht mehr länger einen Kreuzzug der Gegenreformation sahen, sondern – nicht ohne Grund – darin den Versuch vermuteten, selbst die Hegemonialherrschaft über Irland zu erlangen. Vorübergehend geschwächt, unterwarf sich O'Neill daraufhin formell Thomas Butler, Graf von Ormond und Befehlshaber der königlichen Truppen in Irland, nur um wenig später Henry Bagenal, der als Kommandant eines 4000-Mann-Heeres Fort Blackwater entsetzen sollte, in der Schlacht von Yellow Ford mit 5000 eigenen Soldaten vernichtend zu schlagen.

Nach diesem Sieg wäre es O'Neill durchaus möglich gewesen, Dublin direkt anzugreifen, zumal der Graf von Ormond mit dem größten Teil seiner Armee im Süden Leinsters gegen weitere Aufstände zu kämpfen hatte. Der Fall Dublins hätte zweifellos erhebliche psychologische Auswirkungen auf das Kriegsgeschehen gehabt, doch statt dessen marschierte Tyrone, der eine Landungsoperation feindlicher Truppen am Lough Foyle befürchtete, nordwärts. In Südconnacht und Munster rissen zur selben Zeit rebellische Fürsten die Initiative an sich und vernichteten in wenigen Tagen die Arbeit von 14 Jahren, wobei die meisten der Kolonisatoren, denen nicht die Flucht nach Cork, Youghal, Waterford oder nach England gelang, herumziehenden Söldnerheeren zum Opfer fielen.

Elisabeth mußte erkennen, daß der Aufstand zwischenzeitlich kriegsähnliche Züge angenommen hatte. Die englische Krone hatte nicht mehr länger eine regional begrenzte Rebellion zu bekämpfen, sondern sah sich mit einer gesamtirischen Bewegung konfrontiert. Sollte es dieser gelingen, Hilfe in größerem Ausmaß als bisher aus Spanien zu erhalten und sollte es dem spanischen König gar gelingen, sich in Irland festzusetzen, wäre das Königreich England unmittelbar bedroht gewesen, denn trotz englischer Seeherrschaft war eine erfolgreiche Störung des spanischen Nachschubs nach Irland nicht von vornherein zu garantieren. Im Frühjahr 1599 wurde daher ein 17000-Mann-Heer – die größte Armee der gesamten elisabethanischen Zeit – nach Irland in Marsch gesetzt, das unter dem Oberbefehl von Robert Devereux, des Grafen von Essex, eines populären Kriegshelden, stand, der gleichzeitig zum neuen *lord lieutenant* ernannt wurde. Dieser indes hatte keinerlei Erfahrung in irischer Kriegsführung, schlug alle Ratschläge irischer Veteranen aus und verzehrte die Kräfte seiner Streitmacht in monatelangen erfolglosen Feldzügen kreuz und quer durch das Land. Bereits im September des gleichen Jahres mußte er sein Scheitern eingestehen, wurde abberufen und wenig später auf Geheiß der erbosten Königin hingerichtet.

Charles Blount, Lord Mountjoy, sein Nachfolger, war dagegen ein ausgeglichener und gestandener Soldat und Verwaltungsbeamter. Anders als sein Vorgänger hörte er auf die Ratschläge irischer Gefolgsleute und stattete diese mit entsprechenden Handlungskompetenzen aus. Es gelang ihm auf diese Weise unerwartet schnell, die Provinz Munster zurückzuerobern. Durch den geschickten Einsatz der Flotte konnten darüber hinaus die gegnerischen Kräfte geteilt und geschwächt werden. Dennoch ließ sich Mountjoy nicht auf eine Entscheidungsschlacht ein, sondern zog es vor, den Gegner durch die systematische Verwüstung der Regionen, aus denen die Rebellenheere mit Nachschub beliefert wurden, zu schwächen.

Damit wurde der Graf von Tyrone erstmals während der Rebellion außerhalb Ulsters in die Offensive gezwungen. Zwar gelang es ihm, den jungen und ehrgeizigen Philipp III. von Spanien zur Aufstellung eines Entsatzheeres zu bewegen, doch war dieses zu klein, um allein mit Aussicht auf Erfolg gegen die englischen Truppen in Irland vorgehen zu können. Darüber hinaus landeten die Spanier zu einer ungünstigen Jahreszeit, im Herbst 1601, in Kinsale, tief im irischen Süden, während die Truppen Tyrones in Ulster standen. Um sich mit den Spaniern zu vereinigen, mußten diese im Winter den langen Marsch quer über die Insel wagen. Entsprechend geschwächt und erschöpft, konnte Mountjoy seine Gegner noch vor dem Zusammenschluß stellen und am 24. Dezember des Jahres 1601 schlagen. Die spanische Armee unter Don Juan del Aguila ergab sich daraufhin kampflos am 2. Januar und durfte im März heimkehren. Red Hugh O'Donnell flüchtete vor den Engländern ebenfalls nach Spanien und versuchte dort noch einmal, Philipp zur Entsendung weiterer Armeen zu bewegen. Der Spanier hatte nach dem Scheitern seines Expeditionskorps jedoch sein Interesse an Irland verloren und so starb der Ire im kontinentalen Exil im Bewußtsein, daß der von ihm an maßgeblicher Stelle mitgetragene Aufstand gescheitert war. Der eigentliche Führer der Rebellion, Hugh O'Neill, Graf von Tyrone, konnte sich nach der Niederlage bei Kinsale mit Teilen seiner Armee wieder nach Ulster zurückziehen. Eine Fortsetzung seines Kampfes gegen England war jedoch ausgeschlossen.

Nach langwierigen Verhandlungen unterzeichneten Mountjoy und Tyrone am 30. März des Jahres 1603 in der ehemaligen Zisterzienserabtei von Mellifont, die sich nun in weltlichem Besitz befand, einen Friedensvertrag, in dem O'Neill sich förmlich der englischen Herrschaft unterwarf und für die Aufgabe der Unabhängigkeit seinen Adelstitel und seinen Besitz behalten durfte.

Möglicherweise wären die Friedensverhandlungen zusätzlich erschwert worden oder hätten gar eine andere Wendung erhalten, wenn der Graf von Tyrone gewußt hätte, daß Königin Elisabeth wenige Tage zuvor verstorben war und der Schottenkönig Jakob VI., der Sohn Maria Stuarts, nun als Jakob I. auch die englische Krone trug. Da der neue Monarch, nach seiner Inthronisation ebenfalls Oberhaupt der Anglikanischen Kirche, seine grundsätzlichen Sympathien dem Katholizismus gegenüber niemals verhehlt hatte, hielt es Mountjoy für angebracht, diese Nachrichten aus London vor seinem Gesprächspartner zu verheimlichen, um die eigene günstige Verhandlungsposition nicht zu gefährden.

Im Frieden von Mellifont war ein neun Jahre währender Krieg beigelegt worden, der mit großer Erbitterung zwischen alteingesessenen keltirischen Landadeligen und der englischen Krone geführt worden war. Mit der Niederlage der Iren hatte sich die englische Macht jenseits der Irischen See endgültig etablieren können. Denn seit der ersten Invasion im späten 12. Jahrhundert war es den Engländern bis ins 16. Jahrhundert trotz großer Anstrengungen niemals gelungen, ihren Einfluß über mehr als etwa ein Drittel der Inselfläche auszuweiten. Im Gegenteil: Ihr eigentlicher Herrschaftsbereich hatte sich meist sogar nur auf das Pale, ein Gebiet etwa vergleichbar mit der heutigen Grafschaft Dublin nebst Teilen der angrenzenden Grafschaften, beschränkt, während sich keltisch-irische Clans in den übrigen Regionen des Landes durchaus behaupten konnten. Seit der Regentschaft Heinrichs VII., des ersten Tudors auf dem englischen Thron, hatten sich die Rahmenbedingungen geändert. Nach der Konsolidierung der heimischen Machtbasis konnten er und seine Erben sich intensiver um eine expansive Erweiterung des eigenen Herrschaftsgebietes kümmern, das durch den Verlust der französischen Gebiete im 15. Jahrhundert erheblich geschrumpft war. Irland fiel dabei eine Schlüsselrolle zu. Erstens bestand dort bereits seit dem späten 12. Jahrhundert ein Herrschaftsanspruch – man hatte mit dem seither von den englischen Königen getragenen Titel »Lord of Ireland« gewissermaßen bereits einen Fuß in der irischen Tür. Besonders nach dem Bruch Heinrichs VIII. mit der Römischen Kirche und der Gründung der Church of England spielte noch ein zweites Moment eine zunehmend wichtige Rolle: Die Furcht vor wachsendem kontinental-katholischem Einfluß in Irland, der sich zu einer ernsthaften Bedrohung der englischen Krone entwickeln würde, sei es durch bloße Präsenz oder durch Nutzung der günstigen strategischen Lage als Ausgangsbasis für militärische Operationen gegen die britische Insel. Heinrich VIII. unterstrich seinen Herrschaftsanspruch durch die Annahme der irischen Krone im Jahre 1541, die ihm vom (englisch-kontrollierten) irischen Parlament in Dublin angetragen worden war. Doch erst seiner Tochter Elisabeth I. gelang es mit Hilfe ihrer irischen Statthalter und starken Truppenverbänden, diesen Herrschaftsanspruch letztendlich durchzusetzen.

Die Bestimmungen des Vertrages von Mellifont waren für Hugh O'Neill und seine verbündeten Fürsten durchaus nicht ungünstig gewesen, hatte man ihnen doch die Rückkehr auf ihre angestammten Besitztümer im nördlichen Irland – wenn auch erst nach Huldigung der Krone – gestattet. Doch lag eben hierin das Potential, aus dem sich die große Widerstandsbewegung des ausgehenden 16. Jahrhunderts entwickeln sollte. Die Dubliner Regierung war sich dieses Problems durchaus bewußt und etablierte, gestützt auf ein dichtes Netzwerk von Garnisonen mit starker Militärpräsenz, in kurzer Zeit neue administrative Strukturen nach englischem Vorbild in Ulster, die das Land in neun Grafschaften mit entsprechender institutioneller und personeller Ausrüstung einteilte. Zwar konnte O'Neill aufgrund seiner traditionellen Hausmacht bereits nach kurzer Zeit die Kontrolle über drei der neuen Verwaltungsbezirke wieder ausüben, doch reagierten Arthur Chichester und John Davies, der damals amtierende königlich-irische Gouverneur und sein Kronanwalt, diesmal ungewöhnlich schnell, indem sie eine Kommission zur Überprüfung der politischen Verhältnisse in den nordirischen Grafschaften einsetzten. Diese Kommission arbeitete ebenfalls zügig. Sie entzog dem alteingesessenen keltirischen Landadel alle politische Macht zugunsten der irischen Krone englischer Provenienz und belies den alteingesessenen Herren nur noch den Grund und Boden, auf dem sie künftig als politisch machtlose Großgrundbesitzer leben durften. Das jedoch war Hugh O'Neill of Tyrone, dem letzten Führer der Aufständischen aus Ulster, und knapp 100 seiner Gefolgsleute nicht genug: Am 4. September des Jahres 1607 schifften sie sich bei Rathmullan am Lough Swilly ein, um auf dem Kontinent ein freiwilliges Exil anzutreten. Genau das hatten die Engländer erhofft. »Wir sind glücklich«, berichtete ein hoher englischer Beamter nach London, »den Tag erlebt haben zu dürfen, an dem die Zurückhaltung und Würde des [englischen] Gesetzes und der [englischen] Zivilverwaltung Tyrone aus Irland getrieben hat, was die beste Armee Europas und der Einsatz von zwei Millionen Pfund Sterling nicht erreicht hatten«[18].

Wirtschaft und Gesellschaft um 1600

Die Rebellion der keltirischen Fürsten um Hugh O'Neill von Tyrone, der sich, besonders in den westlichen Regionen der Insel, viele Angehörige des altenglischen Landadels anglo-normannischer Herkunft im Kampf gegen die englische Kolonisation der Tudor-Zeit angeschlossen hatten, markiert den vorläufig letzten Höhepunkt in der Auseinandersetzung zwischen archaischen und modernen Elementen im neuzeitlichen Irland. Die Niederlage der Rebellen unterstreicht in diesem Zusammenhang nachdrücklich die Überlegenheit der frühabsolutistischen, zweckrationalen, bereits von merkantilistischen Prinzipien geleiteten und durchaus auch von zivilisatorisch-religiösem

[18] Sir John Davies an den Earl of Salisbury am 12. 9. 1607.

Sendungsbewußtsein geprägten Herrschaft englischer Provenienz über die keltirischen Sozial- und Wirtschaftsstrukturen, die ihre grundsätzliche Ausprägung bereits im Altertum, ihren letzten wesentlichen Neuerungsschub im Rahmen der anglonormannischen Invasion des hohen Mittelalters erfahren hatten.

Seither war die Bevölkerungzahl kaum gestiegen, im Gegenteil kann davon ausgegangen werden, daß die regelmäßigen Verwüstungen des Landes in den Kriegswirren und die damit verbundenen Hungersnöte sowie die für das Mittelalter und die frühe Neuzeit typischen Seuchen zu einem leichten Rückgang der Bevölkerung geführt hatten, so daß die geschätzte Gesamtzahl zu Beginn des 17. Jahrhunderts bei unter einer Million gelegen haben dürfte. Nach wie vor siedelten die Iren keltischer Abstammung und somit der größte Teil der Bevölkerung den ethnischen Traditionen entsprechend außerhalb der Städte und größeren Siedlungen. Die Nachfahren der anglo-normannischen Invasoren als zweitstärkste Bevölkerungsgruppe lebten mehrheitlich in den Städten und den feudalisierten Gebieten von Leinster und Munster. Nur wenige Menschen anglo-normannischer Herkunft hatten sich in Connacht und Ulster niedergelassen. Dort war es ebenso wie im nordwestlichen Munster am häufigsten zu Fusionen mit keltirischen Kultureinflüssen und zur Ausbildung neuer Loyalitätsverhältnisse zugunsten alteingesessener Familien gekommen, während die Herrschaftsstrukturen in den Städten und den feudal gegliederten ländlichen Gebieten in den Händen anglo-normannischer Oligarchien lagen, deren Loyalität zur englischen Administration in Dublin, von wenigen Ausnahmen abgesehen, ungebrochen war. Der drittgrößte Teil der Bevölkerung Irlands im frühen 17. Jahrhundert war schottischer Herkunft. Dazu zählten die Nachkommen jener Gruppe, die im Verlauf des 16. Jahrhunderts aus politischen Gründen Schottland verlassen und sich in den Tälern von Antrim niedergelassen hatte, sowie die Angehörigen der seit dem Mittelalter in Irland ansässigen Söldnerkaste schottischer Herkunft, der *galloglass,* die von den zeitgenössischen englischen Chronisten indes – wohl auch mit Recht – aufgrund ihrer von Traditionen bestimmten Lebensweise mit den Keltiren gleichgesetzt wurden. Die neuenglischen Kolonisatoren der Tudor-Zeit sowie die Repräsentanten der englischen Verwaltung in Dublin einschließlich der in englischen Diensten stehenden Söldner stellten zu dieser Zeit noch den kleinsten, wenngleich aufgrund der herrschenden politischen Machtverhältnisse nach Niederschlagung der Rebellion einflußreichsten Teil der Bevölkerung.

Trotz ihrer heterogenen Zusammensetzung war die irische Gesellschaft um 1600 durch ein übergreifendes Element geprägt: Sie zeichnete sich durch eine für die Verhältnisse der damaligen Zeit ungewöhnliche Mobilität aus. Dies traf für die englischen Heere genauso zu wie für die Angehörigen der englischen Administration in Dublin, die Truppen ihrer Gegner oder für den seit der zweiten Hälfte des 16. Jahrhunderts kontinuierlich nach Irland fließenden Strom von Kolonisatoren. Dieser trug trotz der kriegsbedingten Rückschläge um die Jahrhundertwende zu einem steten Anwachsen des englischen Einflusses in den dünner besiedelten Regionen des Südens und Westens der Insel bei, während die keltirischen Hirten bereits seit Jahrhunderten in den Sommermonaten mit ihren Viehherden die fruchtbaren Weidegebiete des Hochlandes aufsuchten, um sich im Herbst wieder in die geschützteren Tiefebenen zurückzuziehen.

Die irische Landwirtschaft – und damit auch die Landschaft – war im frühen 17. Jahrhundert von zwei grundsätzlich unterschiedlichen Erscheinungsformen geprägt: von der Weidewirtschaft keltirisch-atlantischer Tradition vorwiegend im Norden und Westen der Insel, dort, wo die archaische Gesellschaft erfolgreich allen Anglisierungsversuchen seit dem ausgehenden 12. Jahrhundert widerstanden hatte, und dem Ackerbau kontinentaleuropäischen Ursprungs in den anglo-normannisch beeinflußten Regionen Süd-, Zentral- und Ostirlands. In den vorwiegend weidewirtschaftlich genutzten Gebieten wurden Getreide und andere Feldfrüchte in geringem Umfang lediglich zur Selbstversorgung angebaut. Märkte als Umschlagplätze spielten kaum eine Rolle, es gab folglich nur wenige Städte und größere Siedlungen. Das Land selbst war zum großen Erstaunen der englischen Zeitgenossen fast gar nicht nach außen sichtbar aufgeteilt – nur dort, wo Weide- an Ackerland grenzte, sollten geflochtene Zäune, Gräben oder Erdwälle Viehherden fernhalten. Große Rinder- und Schafherden waren für das Landschaftsbild charakteristisch. Ein Bericht aus dem Jahre 1598 schätzte den damaligen Bestand von Milchkühen auf über 120000 Stück allein in der Grafschaft Tyrone. Dazu mußten noch etwa dreimal soviele nicht-milchgebende Rinder gerechnet werden, die zu Zucht-, Mast- oder Arbeitszwecken gehalten wurden. Regional und lokal begrenzte Erhebungen deuten darauf hin, daß im Verhältnis dazu der Gesamtbestand an Schafen etwa drei- bis fünfmal größer war, während die Gesamtzahl der Pferde 50 bis 70 Prozent kleiner gewesen sein dürfte[19].

Diese extensive Viehhaltung war vermutlich ein Grund für eine weitere regionalspezifische Besonderheit, die die englischen Chronisten der Zeit[20] erstaunte und die ihnen, da sie vielfach die landwirtschaftlichen Zusammenhänge nicht kannten, die Wertung solcher offensichtlich semi-nomadischer Lebensformen als »barbarisch« erleichterte: Um eine ausreichende Ernährung der Herden sicherzustellen, wurden diese in den Sommermonaten in die fruchtbaren Weidegebiete des Hochlandes oder in die tiefergelegenen, während des trockeneren Sommers nutzbaren Sumpfgebiete getrieben. An diesem Viehauf- und -abtrieb nahmen regelmäßig die jüngeren Menschen der keltirischen Gesellschaft teil, die während dieser Zeit in provisorischen Hütten aus Torf oder Weidengeflecht lebten. Neben der Beaufsichtigung der Herden, die besonders im Sommer häufig von Viehdieben heimgesucht wurden, zählte auch die Herstellung von begrenzt lagerfähigen Milchprodukten wie Butter oder Käse zu ihren Aufgaben. Diese Erzeugnisse wurden in regelmäßigen Zeitabständen in die Stammsiedlungen geliefert, zu denen auch im Sommer der Kontakt nicht abriß. Dadurch konnte die verhältnismäßig schnelle Entsendung von zusätzlichen Hilfskräften in Notfällen sichergestellt werden. Die Weidewirtschaft bestimmte im wesentlichen auch die Ernährung der Keltiren des frühen 17. Jahrhunderts. Die Chronisten betonen vielfach und unabhängig voneinander die Abhängigkeit der Bewohner Nord- und Westirlands von Milch- und Fleischprodukten. Getreide- und Gemüseanbau wird dagegen nur am Rande erwähnt, ist jedoch anhand von Gerätefunden durchaus nachweisbar.

Ein weiterer Grund für das Fehlen von Zäunen und Hecken in den westlichen und nördlichen Gebieten Irlands lag im keltischen Erbrecht, das nach einem Todesfall die Neuverteilung des Landes vorsah. In der praktischen Anwendung gab es verschiedene regionalspezifische Verfahren. Diese konnten eine gleich-

[19] In diesem Zusammenhang sei ausdrücklich darauf hingewiesen, daß diese Angaben aus regional stark schwankenden Einzelerhebungen errechnet worden sind. Vgl. dazu die Angaben bei: R. A. Butlin, Land and People, c. 1600. In: Moody, Martin u. Byrne (Hg.), A New History of Ireland. Bd. 3, Oxford 1978, S. 152ff.

[20] Vgl. dazu die entsprechenden Angaben im Literaturverzeichnis.

wertige Aufteilung an die Erben genauso vorsehen wie die willkürliche Neuaufteilung des betroffenen Terrains durch den jeweiligen Landesherren an dessen Günstlinge, wobei dieser üblicherweise das größte und beste Stück für sich selbst behielt. Die kontinuierliche Neuaufteilung führte im Verlauf von Generationen oft zur Fragmentierung eines ehemals großen Territoriums in viele kleine Grundstücke. Manchmal gelang es Einzelpersonen dann wiederum, eine Vielzahl von Parzellen durch Ankauf oder Pacht zu einem größeren Ganzen zusammenzufügen. In der Regel wurden solche Umverteilungen nach dem Tode des Vorbesitzers vorgenommen, in einigen Gegenden gab es indes keine festgefügten Besitzverhältnisse, sondern die Nutzungsrechte für bestimmte Areale wechselten jährlich. Die Landarbeit selbst wurde üblicherweise von den Grund- oder Nutzeigentümern mit Hilfe von Fron- oder Lohnarbeitern erledigt. Andere Grundherren verpachteten ihren Besitz entweder gegen die Zahlung eines fest vereinbarten jährlichen Pachtgeldes oder gegen ertragsanteilige Abgaben – in den keltirischen Regionen zu dieser Zeit meist 25 Prozent der Ernte –, neben denen in der Regel noch weitere Tributzahlungen und Dienstleistungen erbracht werden mußten.

Auf das weitgehende Fehlen von Städten und größeren Siedlungen in den keltischen Gebieten Irlands zu Beginn des 17. Jahrhunderts ist bereits hingewiesen worden. Die Grundherren lebten nach dem Vorbild der altenglischen Feudalherren seit dem späten Mittelalter häufig in jenen auch heute noch vielerorts das irische Landschaftsbild prägenden steinernen Türmen mit quadratischem Grundriß, die je nach Größe als *tower house* (Turmhaus) oder *castle* (Schloß) bezeichnet werden. Abgesehen davon, daß diese Bauwerke mit nur wenigen Tür- und Fensteröffnungen ihren Bewohnern Schutz vor Feinden bieten sollten, hatten sie zweifellos auch repräsentativen Charakter. Üblicherweise gehörten zu diesen Bauwerken noch angrenzende Wohn- und Stallbauten, die allerdings zumeist aus Holz oder mit Lehm bestrichenem Flechtwerk gefertigt waren. Manche Eigentümer sicherten ihren Besitz zusätzlich noch durch Mauern, Erdwälle oder Gräben vor möglichen feindlichen Angriffen.

Die wohlhabenderen ebenso wie die Kleinbauern und die Lohn- und Fronarbeiter wohnten weniger komfortabel und geschützt in zumeist strohgedeckten Holz- oder Lehmhäusern mit rechteckigem, teils auch ovalem oder rundem Grundriß.

Ein weiteres, häufig verwendetes Baumaterial war Holzgeflecht. Nur die etwas stattlicheren Häuser verfügten über größere Fenster und eigene Schornsteine, in den meisten anderen Hütten zog der Rauch der Feuerstelle nur langsam durch die verschiedenen Öffnungen im Dachbereich sowie die wenigen kleinen Maueröffnungen nach außen. Sofern es sich um strohgedeckte Hütten handelte, wurde das entsprechend verrußte Dach einmal im Jahr erneuert, das alte Material fand häufig als Dünger weitere Verwendung. Ebenfalls im Jahresrhythmus wurden die ansonsten schmucklosen Außenwände dieser Hütten und Häuser frisch gekalkt, die, als Schutz vor feindlichen Angriffen, oft in kleineren Gruppen an Waldrändern oder Flußbiegungen standen.

Solche Siedlungen dürften zumeist dem typisch keltischen Dorf aus den Überlieferungen der zeitgenössischen Chronisten entsprochen haben. Karten aus dem späten 16. Jahrhundert belegen ferner, daß in mehreren Fällen archaische Siedlungsformen wie *raths* (durch Stein- oder Erdwälle geschützte Siedlungen) oder *crannogs* (Pfahlbauten in Seen oder Flüssen) den Lauf der Jahrhunderte überdauert hatten[21]. Wenn auch die Siedlungsdichte in den Gebieten Nord- und Westirlands regional variierte, gibt es eine übergreifende, aus der Zeit stammende und durchaus nachvollziehbare Beschreibung »typisch« keltirischer Siedlungsweise: Die Menschen lebten über das Land verstreut.

Im Gegensatz dazu war seit der anglo-normannischen Invasion die Landschaft im Pale und in den angrenzenden Gebieten Leinsters und Munsters von zunehmender Verstädterung geprägt. Zwar gab es zu Beginn des 17. Jahrhunderts auch hier nur wenige größere Städte, die sich, wie die »königliche Stadt« Dublin, allesamt aus den Stadtgründungen der Wikingerzeit entwickelt hatten und über die nach wie vor die lebenswichtigen Überseeverbindungen nach Britannien, aber auch zum Kontinent, besonders nach Frankreich und Spanien liefen. Dublin selbst hatte sich seither zur unbestrittenen Metropole des englisch beherrschten Irland entwickelt. Die wesentlichen Verwaltungsorgane der königlichen Administration waren hier innerhalb der seit dem Mittelalter ständig erweiterten und verstärkten Stadtmauern in durchaus repräsentativen Gebäuden untergebracht. Seit 1592, nach der Gründung des College of the Holy and Undivided Trinity, entsprach auch das Bildungswe-

[21] Zu den archaischen Siedlungsformen siehe auch Kapitel 1.

sen dem neuesten Stand der Zeit im elisabethanischen Reich. Trotz schwierigen Fahrwassers hatte der Dubliner Hafen ferner maßgeblich dazu beigetragen, daß sich die Stadt zum Haupthandels- und Wirtschaftszentrum für Leinster und Südostulster entwickeln konnte.

Zusammen mit Munster war diese Region seit dem späten 12. Jahrhundert mit einem dichten Netzwerk von größeren und kleineren Orten überzogen worden, die nicht nur an den Küsten, sondern auch tief im Landesinneren lagen. Besonders in den Grenzgebieten zu den keltirischen Regionen hatten viele kleinere Orte unter den Kriegswirren des ausgehenden 16. Jahrhunderts gelitten, einige waren sogar ganz verwüstet worden. Andere, rechtzeitig ausgebaute und befestigte Städte konnten die Jahre des Aufstandes verhältnismäßig unbeschadet überstehen. Nach wie vor übten diese im wesentlichen Markt-, Verwaltungs- und Festungsfunktionen für das jeweilige Umland aus. Im Gegensatz zu der spezifisch keltirischen Bauweise dominierten hier Stein- oder die für die Tudor-Periode typischen Fachwerkbauten. Nur in einigen Orten im nördlichen Grenzgebiet des Pale, so zum Beispiel in Armagh und Newry, gab es, wie zeitgenössische Karten zeigen, auch strohgedeckte Lehm- und Flechtwerkhütten innerhalb des eigentlichen Stadtgebietes.

Gegen Ende des 16. Jahrhunderts hatten sich in den anglonormannisch geprägten Regionen Irlands aus den vielfältigen Formen mittelalterlicher Grundherrschaften zwei Hauptsysteme herausgebildet: die zeitlich befristete, in der Regel auf 21 Jahre begrenzte Verpachtung von Acker- und Weideland zu festem Pachtgeld oder die ertragsanteilige Verpachtung von Land, üblicherweise gegen den »dritten Scheffel«, also ein Drittel, manchmal sogar gegen die Hälfte des Ertrags. In letzterem Fall stellte der Grundherr auch die Hälfte des Saatgutes, erwartete von den Pächtern dafür aber im Gegenzug, daß sein Ernteanteil bereits als bearbeitetes Enderzeugnis, also je nach Produkt fertig gedroschen, geschnitten oder gewaschen geliefert wurde. Gepachtet wurde das Land entweder von einzelnen wohlhabenden Bauern, die häufig Teile davon an Kleinbauern unterverpachteten, oder aber direkt von mehreren Kleinbauern, die das Gebiet gemeinsam bewirtschafteten. Besonders in den vor Kriegswirren verhältnismäßig sicheren Grafschaften des Pale dominierten zu Beginn des 17. Jahrhunderts größere Einzelhöfe, die von wohlhabenden Bauern mit Hilfe von Lohnarbeitern betrieben wurden. Die Absatzchancen der Produkte waren hier aufgrund der Nähe zu den größeren Städten des Ostens und Südostens besonders gut. Im Gegensatz zum Westen und Norden der Insel überwog in den anglo-normannischen Gebieten der Ackerbau, obwohl es besonders in Stadtnähe durchaus auch Weidewirtschaft in größerem Umfang gab. Das Pferd hatte hier seit dem Mittelalter den Ochsen als bevorzugtes Arbeitstier abgelöst, auch wenn man vielerorts noch auf den Einsatz von Geschirr verzichtete und statt dessen den Pflug in althergebrachter Weise direkt am Schwanz des Tieres befestigte.

Während das Pale um 1600 bereits als eine nahezu waldlose Kulturlandschaft gesehen werden muß, gewann im Landesinneren die Forstwirtschaft zunehmend an Bedeutung. Abgesehen davon, daß mit dem geschlagenen Holz der stark gestiegene Bedarf an Baumaterial für den Wiederaufbau der verwüsteten Dörfer und Städte nach Niederschlagung der rebellischen Fürsten genauso gedeckt werden mußte wie für die Erweiterung der englischen Flotte, kam der systematischen Abholzung zusätzlich strategische Bedeutung zu. Die Kriege gegen O'Neill und seine Verbündeten hatten gezeigt, daß die ausgedehnten Waldflächen Zentral- und Nordirlands den mit den natürlichen Gegebenheiten vertrauten gegnerischen Truppen ausgezeichnete Zufluchtsmöglichkeiten boten, während dadurch die Beweglichkeit der englischen Armeen stark eingeschränkt wurde. Da es darüber hinaus kaum Straßen gab, dienten hauptsächlich die Flüsse und Küstengewässer zum Transport von Menschen und Waren. Die Benutzbarkeit dieser natürlichen Transportwege war jedoch stets abhängig von der Jahreszeit und den Wetterverhältnissen, der Ausbau des Straßennetzes sowohl aus strategischer wie aus ökonomischer Sicht daher ein echtes Desiderat, zumal besonders in den Küstengewässern auch noch Piratenbanden ihr Unwesen trieben.

Unbearbeitetes und bearbeitetes Holz wurde im frühen 17. Jahrhundert zu einem wichtigen irischen Ausfuhrprodukt, das nicht nur in England, sondern auch in Frankreich, in den Niederlanden, in Spanien und im übrigen Mittelmeerraum Abnehmer fand. Weitere Exportgüter waren Fisch, Häute, Wolle und Textilprodukte sowie Wachs und Talg. Diese Aufzählung enthält kaum Fertig- oder Halbfertigwaren, denn bis gegen Ende des 16. Jahrhunderts gab es noch keine nennenswerte industrielle Fertigung in Irland, Tuch- und Leinewebereien ausgenommen. Diese unterlagen jedoch strengen Ausfuhrbeschränkungen, die allerdings häufig durch Schmuggel umgangen wurden. Die Jahrhundertwende markiert daher auch eine Wende in der industriellen Grundstruktur des Landes, die wiederum eng mit der wachsenden Rolle der Forstwirtschaft zusammenhängt, denn Holzbe- und verarbeitung einschließlich der Eisenverhüttung und des Schiffbaus übertrafen nun das bis dahin dominierende traditionelle Handwerk in seinen vielfältigen Erscheinungsformen an Bedeutung. Trotzdem mußten Fertigwaren immer noch in großem Umfang eingeführt werden. Andere Hauptimportgüter waren Salz, das in großen Mengen zur Konservierung von Fisch und Fleisch benötigt wurde, sowie Kohle, Eisen (trotz der zunehmenden Erschließung heimischer Bodenschätze) und Wein, der besonders in den größeren Städten gern und reichlich konsumiert wurde.

Viertes Kapitel

Die »Plantation« von Ulster

Die »Flucht der Grafen«[1] hinterließ in Ulster nur für kurze Zeit ein politisches Vakuum. Die verbliebenen Bewohner der Provinz, zum größten Teil keltirischer Herkunft, hatten zwar über Nacht viele ihrer politischen Führer verloren, doch die königlichen Regierungsstellen in Dublin und London reagierten schnell. Sie nutzten die für sie günstige Gelegenheit, um, wie sie hofften, den nordirischen Unruheherd endgültig zu befrieden. Dabei erinnerten sie sich an ein seit längerem bekanntes und auch in begrenztem Umfang bereits im Rahmen der Kolonisation Munsters bewährtes Mittel, die sogenannte »Plantation«. Das Rezept war verhältnismäßig einfach. Ausgehend von der Erkenntnis, daß Landbesitz die Grundlage materiellen Wohlergehens und politischer Macht darstellte, sollte das Aufkeimen neuen Widerstandes rebellischer (katholischer) Nordiren gegen die Macht der Krone durch Konfiskation ihres Grundbesitzes und durch Ansiedlung von politisch zuverlässigen (protestantischen) Neusiedlern auf dem dann herrenlosen Land von vornherein unterbunden werden.

Die endgültige Konsolidierung der eigenen Herrschaft war also unbestritten das erklärte Ziel der englischen Irlandpolitik in den ersten Jahrzehnten des 17. Jahrhunderts. Der Exodus der keltirischen Führungsschicht Ulsters bot der Krone außergewöhnlich günstige Rahmenbedingungen für die Verwirklichung dieses Ziels in einer Region, die lange Zeit – jedenfalls aus der Perspektive Dublins – als unregierbar gegolten hatte. Doch legitimierte sich der Wille nach Etablierung einer neuen, modernen politischen Ordnung für die Zeitgenossen aus der Überzeugung, daß die eigenen zivilisatorischen Errungenschaften der vermeintlich rohen und barbarischen, jedenfalls archaischen Lebensweise der Keltiren weit überlegen seien. Nachdem die ersten, friedlichen, gleichsam evolutionären feudalen Zivilisierungsversuche – das Modell des *surrender and regrant* von Anthony St. Leger aus den vierziger Jahren des 16. Jahrhunderts

[1] Der Begriff »Flight of the Earls« wurde in den Folgejahren zur gängigen Bezeichnung des keltisch-irischen Exodus aus Ulster.

kann hier als Beispiel herangezogen werden – offensichtlich fehlgeschlagen waren, mußten neue Mittel und Wege gefunden werden, um die eigenen Wertvorstellungen nötigenfalls mit Gewalt in Irland zu implantieren. Somit stellt die Auseinandersetzung zwischen den archaischen und modernen Elementen in Irland zu Beginn des 17. Jahrhunderts also als die anglo-irische Variante der europaweiten »Querelle des Anciens et des Modernes« des 17. und 18. Jahrhunderts dar, aus der die »Moderne« als der eindeutige Sieger hervorging, um das Prinzip der »Modernität« zur Leitidee der irischen Zivilisation nach englischem und kontinentaleuropäischem Vorbild zu erklären[2].

Ausgangspunkt der »Ulster-Plantation«, also der Entscheidung zugunsten einer gezielten Akkulturation Ulsters zur Sicherung politischer Macht, war ein dreistufiges Denkmodell, das den Planungen zugrundelag. Dieses ging von der Annahme aus, daß erstens jede Gesellschaft formbildend sei, daher eine Veränderung der Gesellschaft die Veränderung bestimmter zuvor bestehender sozialer Spezifika zur Folge hätte, daß zweitens im Wettbewerb zweier unterschiedlicher Gesellschaftsformen stets die überlegene gewinnen würde und drittens, daß alle englischen Einrichtungen a priori normativ wären, womit folglich alle anderen Einrichtungen als minderwertig betrachtet werden müßten[3].

Die historischen Erfahrungen der 1550er Jahre aus Laois und Offaly sowie die der 1580er Jahre aus Munster hatten gezeigt, daß eine erfolgversprechende Lösung der »irischen Frage« durch Ansiedlung nur dann gefunden werden konnte, wenn die Maßnahmen konsequenter als zuvor und in einer bislang nicht gekannten Größenordnung vorgenommen werden würden. Andernfalls war es weder möglich, die existentielle Bedrohung noch eine sukzessive Assimilation der Kolonisten durch die ältere, keltirische Gesellschaft auszuschließen.

Die Systematik, mit der die »Plantation« vorbereitet wurde, zeugt vom festen Willen der Verantwortlichen in Dublin und London, die günstigen Rahmenbedingungen in Ulster dafür zu nutzen, eine dauerhafte Entscheidung im Kampf um die Macht

[2] Zum Verhältnis »Modernität und Geschichte« auch im 17. und 18. Jahrhundert vergleiche z.B. Tilo Schabert, Modernität und Geschichte. Das Experiment der modernen Zivilisation. Würzburg 1990; dort bes. S. 29ff.

[3] Vgl. dazu z.B. Aidan Clarke u. R. Dudley Edwards, Pacification, Plantation, and the Catholic Question, 1603–1623. In: Moody, Martin u. Byrne, A New History of Ireland, Bd. 3, S. 187.

nicht nur im Norden der Insel, sondern in ganz Irland herbeizuführen. Hier bot sich die Gelegenheit, eine zwar theoretisch bereits bekannte, bislang jedoch noch nicht in ausreichendem Maß in die Praxis umgesetzte Strategie großflächig zu erproben. Zunächst sicherte sich die Krone die Herrschaftsrechte über die Territorien der geflüchteten Grafen. Dies ließ sich problemlos per Gerichtsbeschluß erreichen, denn durch ihre »Flucht«, die mit Verrat gleichgesetzt wurde, hatten die Fürsten gegen die Bestimmungen des Vertrages von Mellifont verstoßen – womit alle ihre Besitzungen automatisch unter die Kontrolle Dublins fielen. Im Frühjahr des folgenden Jahres bot die erfolgreiche Niederschlagung einer erneuten, wenn auch begrenzten und aufgrund des veränderten Kräfteverhältnisses von vornherein zum Scheitern verurteilten Rebellion eines in Ulster verbliebenen irischen Grundherren die Gelegenheit zu einer Erweiterung der Kolonisationspläne, die sich nun auf die gesamte Provinz erstreckten. Zwar war die Rechtsgrundlage dieser zweiten Konfiskationswelle zumindest unsicher, doch die politische Opportunität wog alle Zweifel an der Legalität des Vorgehens, die in Dublin und London geäußert wurden, problemlos auf. Ohne offen gegen bestehende Gesetze verstoßen haben zu müssen, verschwand in den folgenden Wochen und Monaten manch keltirischer Grundherr aus Ulster für den Rest seines Lebens im Londoner Tower. In anderen Fällen beschränkte sich die königliche Verwaltung auf die Vertreibung der Bewohner vom angestammten Besitz oder auf die Ankündigung, daß dieser für die Kolonisation vorgesehen sei und das Land binnen Jahresfrist geräumt werden müsse.

Ende 1608 trat in London eine Kommission zusammen, die sich im königlichen Auftrag mit der konkreten Planung und Vorbereitung der Ansiedlung beschäftigte. Wie unterschiedlich die Vorstellungen über die künftige Gestaltung der Provinz waren, zeigt die Haltung von zwei prominenten Mitgliedern dieses Gremiums: Gouverneur Chichester vertrat engagiert den Standpunkt, daß das Land mehrheitlich im Besitz keltirischer Bauern bleiben sollte, die lediglich enger in den von Dublin gesteckten administrativen Rahmen einzubinden wären, sein Kronanwalt Davies plädierte dagegen nachdrücklich für eine weitaus radikalere Lösung, die von einer deutlichen numerischen Überlegenheit englischer und schottischer Kolonisatoren ausging. Dieses Modell wurde letztlich von der Kommission favorisiert, die jedoch auch einige eher auf Ausgleich bedachte

Vorschläge des Gouverneurs aufgriff. Die erste Version des Kommissionsberichts, die bereits im Januar 1609 vorgelegt wurde, mußte aufgrund neuer Erkenntnisse nach einer detaillierten kartographischer Erfassung der betroffenen Region noch einmal geändert werden, die ein halbes Jahr später fertiggestellte zweite Version diente schließlich als Grundlage für die im Jahre 1610 beginnende Neuverteilung des Landes.

Die Planungsgruppe hatte vorgeschlagen, das für die Ansiedlung vorgesehene Land in einzelne Parzellen von 2000, 1500 oder 1000 Morgen[4] aufzuteilen, die dann, zu größeren Bezirken (*precints*) zusammengefaßt, an drei Gruppen von Kolonisatoren zu vergeben waren. Dazu zählten einmal sogenannte *undertakers* (Unternehmer), Grundherren aus England oder Schottland, die zusammen mit in der Heimat geworbenen Pächtern die meisten Bezirke erhalten würden, deren bisherige Bewohner bereits vertrieben wären oder noch zwangsumgesiedelt werden müßten. Die zweite, etwas kleinere Gruppe sollte aus verdienten Offizieren der englischen Armee (*servitors*) (als Entlohnung für ihre Beteiligung an der Niederschlagung der Rebellion O'Neills) sowie anderen ausgewählten Angehörigen der staatlichen Verwaltung oder der (protestantischen) Kirche bestehen, während die dritte und kleinste Gruppe aus politisch zuverlässigen irischen Grundherren bestand, die entweder von den angestammten Besitzungen vertrieben worden waren oder als Grundherren auf ihren ehemaligen Gütern nach neuem Recht bestätigt werden würden. Das Prinzip der Bevölkerungstrennung bei der Verteilung der *precints* hatte dabei so konsequent eingehalten zu werden, daß keine gemischten Bezirke entstehen konnten. Dies bezog sich sogar auf eine sorgfältige Trennung von schottischen und englischen Kolonisatoren, auf die nach dem Willen des Planungsstabes strikt zu achten war.

Den Unternehmern war bei der »Plantation« die Führungsrolle zugedacht. Gegen die obligatorische Leistung des Treueides auf die Krone sollte ihnen das Land zu ungewöhnlich günstigen Pachtbedingungen (5 £ 6 s 8 d pro 1000 Morgen im Jahr) angeboten werden. Dafür mußten sie sich verpflichten, für mindestens fünf Jahre persönlich auf ihrem neu erworbenen Territorium zu leben und auf jeder Parzelle 24 gesunde und kräftige

[4] Das englische Flächenmaß *acre* wurde hier als »Morgen« übersetzt, 1 Morgen = 40,467 ar. Danach gingen die Planer von Parzellengrößen von etwa 800, 600 oder 400 ha aus.

Männer nebst ihren Familien, die aus wenigstens 10 schottischen oder englischen Familien stammten, anzusiedeln. Ferner hatten sie zur Verteidigung ihres Anwesens eine befestigte Zufluchtstätte zu errichten und genügend Waffen für alle Bewohner des Gebietes bereit zu halten. Es war den *undertakers* strikt untersagt, Teile ihres Landes an Iren zu verpachten oder gar zu veräußern. Ähnliche Rahmenbedingungen galten für die *servitors*, die im Gegensatz zu den Unternehmern jedoch gegen die Zahlung einer um 50 Prozent erhöhten Abgabe irische Pächter beschäftigen durften. Bemerkenswerterweise war für die wenigen verbliebenen irischen Grundherren kein Treueid auf die Krone vorgesehen. Ihre Verpflichtungen bezogen sich lediglich darauf, Ackerbau und Landwirtschaft nach den Methoden zu betreiben, wie sie im Pale Anwendung fanden – offensichtlich sollten ihnen die Segnungen der englischen Zivilisation auf dem Umweg innovativer landwirtschaftlicher Methoden und Techniken näher gebracht werden – sowie für den Bau entsprechender Schutzbauten zu sorgen. Dafür jedoch hatten sie die doppelte Pacht zu zahlen.

Die Grafschaft Coleraine nebst einiger angrenzender Gebiete war von diesen Planungen ausgenommen worden. Um dem Gesamtprojekt größeres Prestige zu verschaffen, wurde der Hauptstadt des englischen Königreiches die kolonisatorische Erschließung dieses Territoriums in eigener Regie angeboten. Neben der zweifellosen Werbewirksamkeit und der Symbolkraft, die die Kolonisation einer ganzen Grafschaft im Auftrage Londons ausgestrahlt hätte, gab es auch einige handfeste pragmatische Gründe, die die Ansiedlungskommission zu diesem Angebot bewogen hatte. Mit Coleraine und Derry lagen zwei Städte von großer strategischer Bedeutung für die ganze Provinz in dieser Grafschaft. Eine der Bedeutung angemessene Erhaltung, ausreichender Ausbau der Befestigungen und die Erweiterung des Stadtgebietes hätten die Möglichkeiten von individuellen Unternehmern zweifellos überfordert, zumal die dafür errechneten notwendigen Mittel bereits die Summe weit übertroffen hatten, die die Krone dafür aufbringen konnte oder wollte.

Der Londoner Stadtrat, der dem Plan ursprünglich eher ablehnend begegnet war, erkannte bei den Verhandlungen mit der Ansiedlungskommission schnell den hohen Stellenwert, dem ein Engagement der königlichen Metropole in Ulster von offizieller Seite beigemessen wurde, und konnte zwischen Mai 1609 und Januar 1610 erheblich verbesserte Konditionen aushandeln, die unter anderem eine Erweiterung des ursprünglich geplanten Besiedlungsgebietes vorsahen. Nach der Klärung der wesentlichen noch offenen Fragen und Probleme erhielt die Dubliner Verwaltung im Mai 1610 die letzten Anweisungen aus London, wenige Wochen später sollte bereits mit der Umsetzung der ehrgeizigen Pläne begonnen werden, von der besonders die sechs Grafschaften Armagh, Cavan, Coleraine (fortan Londonderry), Donegal, Fermanagh und Tyrone betroffen waren.

Ein großer Teil des vorgesehenen Siedlungsgebiets befand sich durch die direkt in England und Schottland erfolgte Vergabe an *undertaker* schon in deren Besitz, doch das Restland, das unmittelbar durch die Verwaltung in Dublin an Iren und *servitors* im Verhältnis 2 : 1 verteilt werden sollte, bereitete den mit der Durchführung Beschäftigten beiderseits der Irischen See Probleme. Zwischen Juli und September suchte eine Regierungsdelegation unter Leitung Gouverneur Chichesters nach einer für alle Parteien akzeptablen Lösung. Besonderes Gewicht legte sie dabei auf die Befriedigung irischer Ansprüche, denn die Verbitterung der alteingesessenen Bewohner über die britischen Zwangsumsiedlungspläne wuchs schnell und drohte in bewaffneten Widerstand zu eskalieren. Um dieser Stimmung die Spitze zu nehmen, versuchten die Dubliner Offiziellen, das sich aus der Logik der Kolonisationspolitik ergebende unvermeidlich harte und unnachgiebige Vorgehen gegen einige der führenden Familien Ulsters, die sowohl ihre traditionelle Macht als auch ihren angestammten Besitz verloren hatten, durch die Befriedigung möglichst vieler Ansprüche anderer irischer Grundherren und Pächter auszugleichen – die Zufriedenheit vieler sollte die Unzufriedenheit weniger aufwiegen.

So ehrgeizig, umfassend und radikal die Kolonisationspläne auch gewesen sein mochten, zeigte sich bei der konkreten Umsetzung jedoch bald, daß einige Ziele nicht erreichbar waren. Zunächst stellte sich schnell heraus, daß die Vermessungen der Parzellen flüchtig und fehlerhaft vorgenommen worden waren, so daß die tatsächliche Größe die ursprünglich vorgegebenen Maße zum Teil sogar erheblich übertraf. Das führte dazu, daß die eigentlich angestrebten Unterscheidungskriterien der einzelnen Kategorien nicht länger praktikabel waren. Nach Abschluß der »Plantation« befand sich etwas mehr als ein Viertel des vorgesehenen Kolonisationsgebietes in den Händen von etwa 100 Unternehmern, zirka 50 *servitors* hielten um 20 Prozent des

Landes und damit ebenso viel wie gut 300 irische Grundherren. Der Rest des Kolonisationsgebietes war an die Kirche, an das Trinity College oder an andere, ursprünglich in den Planungen nicht vorgesehene Einzelpersonen wie zum Beispiel den Gouverneur selbst gefallen, dessen ohnehin bereits stattlicher Grundbesitz noch um die gesamte Baronie von Inishowen erweitert wurde.

Auch konnte die Zwangsumsiedlung der landansässigen Iren nicht wie geplant durchgeführt werden. Bald erkannten die neuen Grundherren, daß sie, besonders in der Übergangsphase von 1610/1611, nicht auf irische Landarbeiter und -pächter verzichten konnten, da eine Zwangsumsiedlung die kontinuierliche Bewirtschaftung des Bodens und damit die Vernichtung einer gesamten Jahresernte, also einen erheblichen Verdienstausfall bedeutet hätte. Die unerwarteten Parzellengrößen verhinderten in den meisten Fällen die notwendige intensive Bewirtschaftung durch die in der Heimat rekrutierten Pächter. Die eigentlich angestrebte strikte Segregation der Bevölkerung nach der Neuverteilung des Landes erwies sich daher in der Praxis in fast allen Bezirken Ulsters einschließlich der Londoner Besitzungen als undurchführbar; es trat sogar das Gegenteil ein: Irische Pächter wurden von Anfang an eng in die neuen Besitzstrukturen integriert, ohne daß die Dubliner Administration dagegen eingeschritten wäre. Statt dessen schloß diese zahlreiche Übergangsvereinbarungen mit den Unternehmern, um die zwar eindeutigen, aber nicht minder unumgänglichen Vertragsverletzungen durch die Kolonisatoren gleichsam im Nachhinein zu sanktionieren. Aus diesen Interimsabkommen, die im Regelfall die Zahlungen zusätzlicher Abgaben vorsahen, entwickelte sich eine Art Gewohnheitsrecht, aus dem nach weiteren 20 Jahren der endgültige vertraglich festgelegte Verzicht der Kronbehörden auf Segregation im Rahmen der Kolonisation Ulsters hergeleitet wurde. In den Bezirken indes, in denen es tatsächlich zu einer Vertreibung der alteingesessenen Bewohner gekommen war, entstand bald ein vollkommen anderes Problem: Viele der Vertriebenen zogen sich mit ihren Familien in die umliegenden Wald- und Sumpfgebiete zurück, um von dort aus die neuen Siedlungskolonien so oft wie möglich zu überfallen. Die betroffenen Siedler, die mit der Hoffnung auf Grundbesitz und Wohlstand nach Ulster gekommen waren, mußten wie koloniale Eroberer leben und ständig auf bewaffnete Angriffe gefaßt sein.

Trotz aller Schwierigkeiten und anfänglicher Hindernisse

Die »Plantation« von Ulster (1609–1613)

- (Signatur) Schottische Unternehmer
- (Signatur) Englische Unternehmer
- (Signatur) Ursprüngliche Einwohner und *servitors*
- (Signatur) Ausnahmen
- A Ehemaliger Teil von Loughinsholin
- B Sir Turlough McHenry O'Neill
- C Sir Thomas Phillips
- TCD Trintity College Dublin
- (25%) % des Territoriums
- • unter parlamentarischer Verwaltung
- —— Grafschaftsgrenzen
- **——** Baroniegrenzen
- ------ kleinere Grenzen

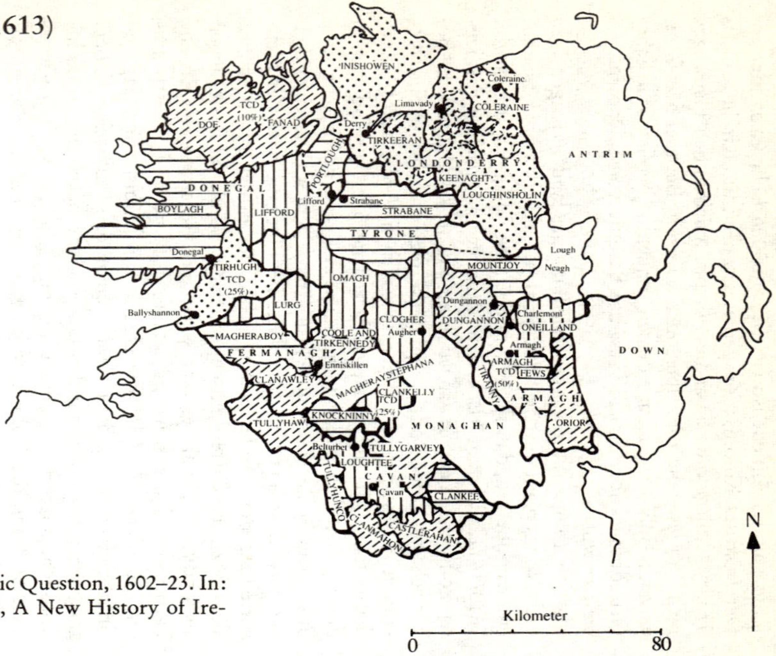

Nach Aidan Clarke, Plantation and the Catholic Question, 1602–23. In: T. W. Moody, F. X. Martin, F. J. Byrne (Hg.), A New History of Ireland. Bd. III, Oxford 1976, S. 198.

wurde der Norden Irlands in den folgenden Jahrzehnten von einem dichten Netzwerk protestantischer Siedlungen, Dörfer und Städte überzogen, die sich nicht nur äußerlich erheblich von den irischen Pendants unterschieden, sondern deren Bewohner auch ihre eigene Kultur, Tradition und Lebensform aus der alten Heimat mit nach Irland gebracht hatten. Mit der »Plantation« des frühen 17. Jahrhunderts wurde also eine Gesellschaftsform im Norden Irlands angesiedelt, die groß genug war, um ihre Eigenständigkeit zu bewahren, und nicht, wie viele andere zuvor, in der irischen Gesellschaft aufzugehen. Seitdem gab es in Irland zwei unterschiedliche soziale Systeme: das eine, protestantisch, englisch-schottischen Ursprungs, zahlenmäßig kleiner, mit Schwerpunkt im Norden, darüber hinaus aber aufgrund der Nähe zur maßgebenden politischen Kraft bald auch in den anderen Regionen der Insel dominierend; das andere, katholisch, keltisch-irischen und anglo-normannischen Ursprungs, zahlenmäßig weitaus größer, aufgrund der (im englischen Sinne) politischen Unzuverlässigkeit in den folgenden Jahrhunderten immer weiter entmachtet und entrechtet. Die Veränderungen in Ulster, hauptsächlich in den Counties Armagh, Cavan, Donegal, Londonderry, Fermanagh und Tyrone, waren dramatisch und weitreichend. Hier wurde eine neue Gesellschaft geschaffen, die nicht nur mit der traditionellen Lebensweise völlig unvereinbar war, sondern sich auch von den übrigen Gesellschaftsformen auf der ganzen Insel erheblich unterschied. Da weitere Kolonisationsversuche nach dem Vorbild Ulsters in anderen Regionen Irlands nicht oder nur ansatzweise durchgeführt wurden, stellt die »Ulster-Plantation« einen Sonderfall in der Geschichte Irlands dar. Mit der Schaffung des Phänomens einer »doppelten Minorität«, also der Dominanz protestantischer Kolonisatoren im Norden, die im gesamtirischen Kontext jedoch eine Minderheit bildeten, fand also schon zu Beginn des 17. Jahrhunderts die Grundsteinlegung für den heutigen Nordirlandkonflikt statt.

Die Grundlagen des protestantischen Königreiches

Jakob I. von England war bei seiner Sukzession im Jahre 1603 schon 37 Jahre alt, hatte aber zuvor bereits 36 Jahre lang als Jakob VI. die Krone Schottlands getragen. Er galt als ein belesener, regierungserfahrener und in kirchlichen Angelegenheiten moderater Monarch, der allerdings im »Gottesgnadentum« der Monarchie »das Höchste auf Erden« sah. In Irland wurde die Nachricht vom Tode Elisabeths und der Thronfolge des Sohnes der katholischen Maria Stuart von der Mehrheit der Katholiken mit der Hoffnung auf eine Verbesserung der eigenen Lage verbunden, die durch die rigorose Reformationspolitik der Vorgängerin zunehmend in die Defensive gedrängt worden war. Diese Hoffnung schien zunächst durchaus gerechtfertigt, denn die erste Phase der Regentschaft des neuen Monarchen war in der Tat geprägt von einer lange Zeit nicht mehr gekannten Rücksichtnahme auf katholische Interessen. Das eigentliche kirchenpolitische Ziel des frühbarocken Herrschers war jedoch die Zurückdrängung der in der Vergangenheit zunehmend erstarkten puritanisch-fundamentalistischen Elemente innerhalb der anglikanischen Kirche und am Hofe zugunsten der eher pragmatisch-angepaßten Mehrheitsfraktion. Doch hatte Jakob dabei den Einfluß unterschätzt, den die Puritaner zwischenzeitlich auch am Königshof gewinnen konnten und den sie ebenso nachdrücklich wie erfolgreich zur Verteidigung der eigenen Positionen nutzten, indem sie dem Monarchen krypto-katholische Tendenzen vorwarfen.

Der Einfluß der Puritaner am Hofe wurde also nicht zurückgedrängt, im Gegenteil: Es gelang diesen sogar, den Monarchen selbst in die Defensive zu zwingen. Jakob mußte, um den zweifellos absurden und unbegründeten Vorwurf, insgeheim »katholische« Politik zu betreiben, auszuräumen, seine bisherige wohlwollend-nachsichtige Haltung den Katholiken gegenüber aufgeben. Eine Petition des irischen Kronrats *(Irish Privy Council)*, in der dieser im Juli 1605 um die königliche Erlaubnis für eine entschieden anti-katholische Politik jenseits der Irischen See bat, war ihm daher hochwillkommen. Nachdem seine Berater in den folgenden Wochen entsprechende Richtlinien ausgearbeitet hatten, wies Jakob im Oktober des Jahres persönlich noch einmal alle Vorwürfe zurück, den Katholizismus in seinem Reich tolerieren zu wollen, ordnete an, daß sämtliche Mitglieder des katholischen Klerus Irland bis zum 10. Dezember verlassen müßten und befahl, daß katholische Laien ebendort ab sofort nur noch gesetzlich zugelassene (also protestantische) Gottesdienste besuchen durften.

So radikal dieses königliche Edikt auch formuliert gewesen sein mag, stellte es jedoch keine Grundsatzerklärung im Sinne einer neuen königlich-irischen Kirchenpolitik dar. Ohnehin bestand von vornherein in Dubliner Regierungskreisen Einverständis darüber, daß katholische Priester nach dem 10. Dezember nicht gezielt verfolgt werden sollten, da eine solche Aufgabe wegen des hohen katholischen Bevölkerungsanteils gerade in den ländlichen Gebieten mit geringer englischer Machtpräsenz ohnehin nicht durchführbar gewesen wäre. Auch konnte der Gottesdiensterlaß nur auf jene Mitglieder der irischen katholischen Gemeinde zutreffen, die in ihrer Nähe protestantische Gotteshäuser vorfanden. Damit reduzierte sich die Zielgruppe des Edikts ganz offensichtlich auf jene Bevölkerungsschicht, die lange Zeit selbst die politischen Geschicke Irlands bestimmt hatte: die Nachfahren der anglo-normannischen Eroberer, kurz »Old English« genannt.

Die »Altengländer« hatten, von einigen Ausnahmen abgesehen, mehrheitlich der staatlichen Kirchenpolitik seit der Reform Heinrichs VIII. widerstanden und am katholischen Glauben festgehalten. Trotz dieser religiösen Divergenz änderte sich ihre grundsätzliche Loyalität der englischen Krone gegenüber kaum, sie verstanden sich nach wie vor als die eigentlichen Repräsentanten der englischen Herrschaft in Irland. Dieses Selbstverständnis hatte sich auch zu Beginn des 17. Jahrhunderts nicht verändert, nur fiel es den Mitgliedern der seit Niederschlagung der O'Neillschen Rebellion sprunghaft wachsenden neu-englischen reformierten Kolonie in Irland schwer, sich dieser Meinung anzuschließen, da sie mehrheitlich den Katholizismus grundsätzlich ablehnten. Spätestens seit dem Thronwechsel wurde am frühabsolutistischen Hof Jakobs I. in London dann bezweifelt, daß der Katholizismus der »Altengländer« mit der Loyalität zur Krone vereinbar sei, da »die Katholiken dem Papst ihre Seele, dem König lediglich den Leib verschrieben hätten, den dieser sich noch mit dem König von Spanien teilen müsse«[5].

Die so Gescholtenen appellierten sofort nach Bekanntwerden des königlichen Edikts an den irischen Kronrat, den Erlaß solange nicht in Kraft treten zu lassen, wie sie nicht die Gelegenheit gehabt hätten, den Monarchen persönlich von der Grundlosigkeit seiner Zweifel an ihrer Loyalität zu überzeugen. Auch beanspruchten sie in ihrer Petition das Recht auf »private Ausübung ihres Glaubens«, ohne daß dies mit der Verhängung ver-

[5] So ein Zitat König Jakobs I. persönlich, zitiert nach: De Paor, The Peoples of Ireland, S. 144.

hältnismäßig hoher Strafgelder *(recusancy fines)* geahndet werden würde. Unglücklicherweise traf die Bittschrift gerade an jenem Tag in Dublin ein, als man dort von der fehlgeschlagenen »Pulververschwörung«[6] auf den König in London erfuhr. Anstatt einen Aufschub des Erlasses zu erwirken, wurden die Verfasser der Petition der Beteiligung an der Verschwörung beschuldigt und verhaftet. Zwar stellte sich dieser Verdacht schnell als unbegründet heraus, doch nutzte die neu-englische Führungsschicht in Irland die Gelegenheit, um ihren eigenen Einfluß unter weitestmöglicher Auslegung und peinlich genauer Beachtung der Vorschriften des jakobinischen Religionsedikts zu Lasten der Old English zu erweitern.

Diese waren nicht bereit, sich widerstandslos ihrem Schicksal zu ergeben, zumal sie nach Anzahl wie nach Einfluß im Lande die Neuankömmlinge immer noch übertrafen und darüber hinaus in den meisten lokalen Verwaltungsgremien außerhalb der Metropole Dublin auch unmittelbar die Interessen der Krone vertraten. Patrick Barnewell, ein juristisch versierter katholischer Grundherr aus dem Pale, glaubte gar, den königlichen Behörden eklatante Verstöße gegen geltendes Recht nachweisen zu können. Zwar ordneten die Beschuldigten daraufhin seine Verhaftung an, doch war seine Argumentationsgrundlage offensichtlich nicht vollkommen aus der Luft gegriffen. Daran konnte auch eine Überstellung Barnewells nach London nichts ändern, die der irische Kronrat anordnete, nachdem bereits alle anderen oppositionellen altenglischen Grundherren wieder aus der Haft entlassen worden waren. Dort wurde er weiterhin im Tower festgehalten, seine Argumente verhallten jedoch nicht ungehört, sondern überzeugten im Gegenteil den Staatsrat so nachhaltig, daß dieser die königlichen Behörden in Dublin instruierte, die immer noch anhängigen Verfahren gegen Mitglieder der altenglisch-katholischen Gemeinde einzustellen. In den folgenden Jahren mußte der irische Kronrat darüber hinaus auf Drängen Londons eine grundsätzliche Änderung seiner Repressionspolitik gegen die Altengländer zugunsten einer eher langfristig angelegten Konvertierungspolitik vornehmen.

Dennoch war die grundsätzliche Tendenz unverkennbar. Die neu-englischen Administratoren wie Grundherren konnten nur

[6] Hierbei handelte es sich um das sogenannte »gunpowderplot« einer Gruppe von Katholiken um Guy Fawkes, die am 5. 11. 1605 das englische Parlament samt König während der feierlichen Eröffnung mit einem Faß Schießpulver in die Luft sprengen wollten.

durch politischen Druck Londons von einer gewaltsamen Unterdrückung der altenglischen Gesellschaft Irlands abgehalten werden. Sie waren als Angehörige der seit 50 Jahren in England und Schottland entstandenen neuen Führungsschicht vom politischen wie religiösen Selbstverständnis her nicht zu Zugeständnissen in der Religionsfrage bereit. Irland sollte nach ihrem Willen wie England und Schottland in eine protestantische Monarchie umgewandelt werden, dieser Prozeß indes wurde von den Old English nachhaltig gestört – zumal diese mit Recht auf ihre kolonisatorische Vorarbeit ebenso wie ihre jahrhundertelange Loyalität zur Krone als Grundlage des Gemeinwesens verweisen konnten. Eben diese historischen Verdienste erschwerten in den kommenden Jahrzehnten die Entscheidung darüber, auf welche Weise sie in den protestantischen Staat eingebunden werden sollten, ob durch Repression oder durch Konversion. Anstatt eine einheitliche Linie in dieser Frage zu entwickeln, geriet die Behandlung des Problems durch den irischen Kronrat in die generelle Abhängigkeit von schwankenden politischen Grundstimmungen im Lande, die wie die oft wechselnden Gouverneure abwechselnd beide Ansätze erprobten, ohne daß endgültige Resultate erzielt werden konnten – abgesehen davon, daß die Erwartungshaltung beider Gruppen offensichtlich zu einer Verhärtung der durch die Religionszugehörigkeit bestimmten Trennungslinie führte.

Zweifellos trug die mangelnde Durchsetzungskraft Jakobs I. ebenso wie die seines Sohnes Karls I., der im Jahre 1625 dem Vater auf dem Thron folgte, auch in dieser Frage wesentlich mit dazu bei, die Entwicklung von angemessenen Lösungsmodellen zu verhindern. Statt dessen lähmten Rivalitäten und Intrigen am Hofe zunehmend die politische Handlungsfähigkeit der Monarchie, was sich auch jenseits der Irischen See in einer sprunghaft anwachsenden Fraktionalisierung der Politik ausdrückte. Gruppeninteressen wurden erneut den Reichsinteressen übergeordnet, Einigkeit bestand innerhalb der neu-englischen Elite nur darüber, daß der alt-englische Einfluß zurückgedrängt werden mußte. Das Fehlen jeglicher Integrationsversuche sowie permanente Ablehnung durch die neuen Repräsentanten englisch-britischer Macht in Irland führten jedoch zu einer kontinuierlichen Entfremdung der einstmals loyalen Nachfahren der ersten Kolonisatoren von der Krone. Dieser Prozeß läßt sich recht gut anhand der irischen Sprachgeschichte nachvollziehen, denn während nach der Invasion von 1169 die Keltiren sich als

Gaedhil und die anglo-normannischen Invasoren (ebenso wie die Wikinger) als *Gaill* bezeichnet hatten, hießen die Engländer Britanniens ebenso wie die Neuengländer in Irland *Sacsain*. Nachdem der Einfluß der »New English« im Irland der ersten Hälfte des 17. Jahrhunderts jedoch kontinuierlich zunahm, begegnet man im Irischen vermehrt einem neuen Wort: *Éireannaigh* – was alle in Irland geborenen Menschen einbezog, unabhängig davon, ob sie keltirischer oder altenglischer Herkunft waren.

Die politische Wankelmütigkeit, Unberechenbarkeit und Leichtfertigkeit der ersten beiden Herrscher aus dem Hause Stuart zeigte sich besonders deutlich in den Monaten kurz vor und nach dem Thronwechsel 1624/25, als aus nichtigem Anlaß ein jahrzehntelanger Friede mit Spanien auf dem Altar persönlicher Eitelkeiten geopfert wurde. Erneut geriet Irland in das unmittelbare Blickfeld des Königs und seiner Berater, denn am Londoner Hof kursierten Gerüchte, daß der Thronwechsel jenseits der Irischen See von Katholiken mit Gebeten für »unseren König Philipp«[7] begrüßt worden sei. Krieg mit Spanien bedeutete in Bezug auf Irland seit der englischen Reformation jedoch stets zweierlei: die Sicherung der Insel gegen spanische Angriffe nach außen sowie die Unterdrückung pro-spanischer katholischer Rebellionen nach innen, da andernfalls die Gefahr eines spanischen Vorpostens in unmittelbarer Nähe Britanniens gedroht hätte.

Seit dem frühen 17. Jahrhundert waren die irischen Küstenbefestigungen nicht mehr ausreichend instand gehalten worden. Angesichts der veränderten militärischen Lage erschien nun eine Grundüberholung und ein weiterer Ausbau der Festungen dringend erforderlich. Auch bot das kleine, in Irland stationierte englische Friedensheer keinen ausreichenden Schutz in Kriegszeiten und bedurfte gleichfalls dringend der Verstärkung. Die Spanien-Politik der Krone war jedoch im Reich Karls I. nicht unumstritten. Im Frühsommer 1625 hatte sich der König bereits mit dem Parlament überworfen, als sich die Abgeordneten weigerten, die vom Hof für zusätzliche Militärausgaben verlangten Mittel zu bewilligen. Zwar löste der Monarch daraufhin die renitente Versammlung sofort auf, doch hatten Miß- und Vetternwirtschaft den Staatshaushalt in den zurückliegenden Jahren derart geschwächt, daß die vorhandenen Mittel nur für eine Flottenexpedition gegen Cadiz reichten. Wäre diese Ope-

[7] Philipp IV., König von Spanien 1621–1665.

ration erfolgreich zu Ende geführt worden, hätte ein neues Parlament möglicherweise die Mittel für weitere Kriegsausgaben bewilligt, doch scheiterte das Cadiz-Unternehmen kläglich, hauptsächlich am Unvermögen der militärischen Führung unter Georges Villiers, dem Herzog von Buckingham.

Die für die Sicherung Irlands vorgesehenen Mittel mußten also im Lande selbst aufgebracht werden. Hier schien sich den Old English eine günstige Gelegenheit dafür zu bieten, endlich den Beweis liefern zu können, daß katholischer Glaube und Loyalität zur Krone miteinander verbunden werden konnten. Da eine Truppenverstärkung in Irland nur über die Aufstellung heimischer Hilfskontingente möglich war, schlugen altenglische Sprecher die Aufstellung königlich-katholischer Verbände vor, die einen eigenen Beitrag zur Sicherung Irlands vor Angriffen von außen leisten sollten. In direkten Gesprächen mit Londoner Regierungsstellen konnte die königliche Zustimmung für das Konzept erreicht werden, doch empfanden die meisten Angehörigen der neu-englischen Elite in Irland bewaffnete katholische Milizverbände angesichts der latenten inneririschen Spannungen als potentielle Bedrohung der eigenen privilegierten Stellung und waren nicht bereit, vom Grundsatz des protestantischen Militärmonopols abzuweichen.

Im Frühjahr 1626 mußte das Konzept katholischer Milizverbände in Irland wieder aufgegeben werden. Damit jedoch war die Frage nach einer Verstärkung der irischen Verteidigungsbereitschaft noch nicht beantwortet. Da eine allgemeine Erhöhung der Abgaben zugunsten der Stärkung rein protestantischer Militärpräsenz möglicherweise unter den loyalen irischen Katholiken zu Unruhen geführt hätte, griff der königliche Staatsrat in London auf ein Angebot zurück, das von Vertretern der Old English sechs Monate zuvor unterbreitet worden war und das die Bereitschaft zur Zahlung außerplanmäßiger Abgaben im Gegenzug für Zugeständnisse in Kirchen- und Glaubensfragen signalisiert hatte. Nachdem im Sommer 1626 beiderseits der Irischen See intensiv darüber nachgedacht und verhandelt worden war, erhielt Gouverneur Falkland in Dublin im September des Jahres eine Liste mit ingesamt 26 »Gunstbeweisen und Wohltaten«[8], die König Karl I. den Old English in Irland erwei-

[8] Die offizielle Bezeichnung für diese Punkte lautete: »Matters of grace and bounty to be rendered to Ireland«. Vgl. dazu: Aidan Clarke, Selling Royal Favours, 1624–32. In: Moody, Martin u. Byrne, A New History of Ireland, Bd. 3, S. 234.

sen wollte. Wie beträchtlich die dafür vorgesehenen Zahlungen gewesen sein müssen, an denen sich im übrigen auch Angehörige der neuenglischen Führungsschicht beteiligen sollten, belegt ein Zusatz zu diesem Schreiben, in dem die Einberufung einer irischen Ständeversammlung *(general assembly)* angeordnet wurde, die über die Verstärkung des bisherigen 1350-Mann-Heeres auf ingesamt 5000 Soldaten nachdenken sollte.

Unter anderen Umständen hätten die königlichen Zugeständnisse, die auf alle von den Altengländern hingewiesenen Mißstände und Probleme eingingen, zu einer nachhaltigen und langfristigen Verbesserung des Verhältnisses zwischen Old und New English führen können. Doch war die *raison* dieser »Gunstbezeugungen« diesmal zu offensichtlich: Der König erwartete als Gegenleistung für seine »Gunst« Geldzahlungen, um damit Verteidigungsleistungen finanzieren zu können, die die Katholiken selbst ebenso in eigener Regie durchführen konnten. Damit unterstrich das Angebot des Monarchen dessen Mißtrauen gegenüber seinen altenglischen Untertanen in Irland. Dies wurde auch von den unmittelbar Betroffenen so gesehen, denn anstatt die »Gunsterweise« dankend anzunehmen, lehnten die Sprecher der Old English diese auf zwei Sitzungen der vom Gouverneur einberufenen Ständeversammlung im November 1626 und im April 1627 mit dem Hinweis ab, daß sie dem König solange nicht in irischen Sicherheitsangelegenheiten Unterstützung gewähren würden, wie dieser ihnen mißtraute und die Aufstellung bewaffneter katholischer Verbände untersagte.

Nicht nur die Old English waren unzufrieden mit der Politik des Königs und seiner Berater. Auch unter den Neuengländern wuchs der Unmut über die offensichtlichen Versuche Karls I., die eigene Macht im Reich auf Kosten der Mitsprachemöglichkeiten des Parlaments zu vergrößern. In Irland wirkte sich dies unter anderem durch die vor dem Hintergrund der internationalen Spannungen wieder gewachsene Aufmerksamkeit der Krone für altenglisch-katholische Anliegen aus, die, wie man meinte, die Berücksichtigung legitimer protestantischer Interessen weit übertraf. Die neuenglische Führungsschicht fürchtete einen Abbau von Privilegien und ein Wiedererstarken des Katholizismus. Wortführer der Opposition waren zwei prominente Kirchenführer, das Oberhaupt der protestantischen Kirche in Irland, James Ussher, und der Erzbischof von Cashel, beide auch Mitglieder des irischen Kronrats, dessen Unterstützung sie sich gewiß sein konnten. Daß auch viele Mitglieder ihrer Gemeinden solche Ansichten vertraten, zeigte sich im Verlauf eines Gottesdienstes in der Dubliner Christ Church Kathedrale im April 1627, als die Politik Karls I. unter allgemeiner Zustimmung als der Versuch des Ausverkaufs der Religion verurteilt wurde. Zweifellos wuchs damit der Druck auf die protestantische irische *gentry*, deren Angehörige sich zur selben Zeit in großer Zahl zur Beratung der königlichen *graces and bounties* in der Metropole aufhielten.

Karl durfte diese doppelte Opposition gegen seine Pläne nicht ignorieren, schon um seine Kriegspläne gegen Frankreich und Spanien nicht von vornherein zu gefährden. Eine Delegation der irischen Stände, der Vertreter der irischen *gentry* und *nobility* sowie des städtischen Bürgertums angehörten, sollte daher in direkten Gesprächen mit Vertretern der Krone nach einer Problemlösung suchen. Auf Wunsch der Old English wurde beschlossen, die Gespräche in England stattfinden zu lassen, da sie nicht ohne Grund in Dublin als Hochburg des irischen Protestantismus eine Präjudizierung ihrer Positionen befürchteten. Da die Delegationsmitglieder auf Provinzialebene gewählt wurden, reisten im Januar 1628 acht altenglische Grundherren zusammen mit nur drei Vertretern der neuenglischen Kolonisatoren nach London, um dort einem Sonderausschuß des Staatsrats ihre Wünsche vorzutragen und gemeinsam nach einer Neubestimmung englischer Irlandpolitik zu suchen. In ihrer Zusammensetzung repräsentierten die Unterhändler zwar ziemlich genau die soziale Gliederung der Bevölkerung Irlands außerhalb der keltirischen Gebiete, stellten jedoch die tatsächlichen politischen Kräfteverhältnisse im Lande auf den Kopf.

Die Rahmenbedingungen der Gespräche waren aus irischer Sicht günstig. Karl hatte gegen Frankreich erneut eine militärische Niederlage hinnehmen müssen, in England selbst wurden jene Stimmen immer lauter, die die königlichen Steuerforderungen zur Finanzierung von offenbar ständig scheiternden Militäroperationen gegen Frankreich und Spanien heftig verurteilten, zumal sie ohne die Zustimmung des Parlaments gefaßt worden waren. Der König konnte es sich also nicht leisten, die Spannungen in Irland eskalieren zu lassen. Damit wäre ein dritter Krisenherd entstanden, der aufgrund der leeren Staatskasse und der ebenso geschwächten wie demoralisierten Militärmacht nicht mit eigenen Mitteln hätte bekämpft werden können. Doch in ihrer Zusammensetzung repräsentierte die irische Delegation nicht nur die soziale Gliederung der Bevölkerung, sondern ebenso deren divergierende Interessen. Entsprechend heterogen war der Inhalt des Abkommens, das im Mai 1628 unterschriftsreif vorlag. Offensichtlich war es den englischen Verhandlungspartnern in einigen entscheidenden Punkten gelungen, die unterschiedlichen Standpunkte der Old und New English gegeneinander auszuspielen. So hatten die Altengländer zwar erfolgreich ihre Ansprüche auf Machtbeteiligung jenseits der Irischen See geltend gemacht, doch der Fortfall des offiziellen Verzichts auf Erhebung von Strafgeldern und der nunmehr vertraglich fixierten unterrepräsentativen Teilhabe an öffentlichen Ämtern bedeutete die Festschreibung eines den Neuengländern untergeordneten Status. Diesen war es darüber hinaus gelungen, in den *graces* von 1628 die zentrale Rolle des Protestantismus in Irland festlegen zu lassen sowie die Krone zu verpflichten, künftig keine Entscheidung in irischen Angelegenheiten ohne Rücksprache mit der (neuenglisch dominierten) Regierung in Dublin zu treffen.

Als Gegenleistung für seine erneuten »Gunstbeweise« durfte Karl I. in drei aufeinanderfolgenden Jahren jeweils 40000 £ (englisch) erwarten, die zusätzlich zu den üblichen Abgaben geleistet wurden und vortrefflich zur Finanzierung seiner Armee verwendet werden konnten. Die Old English trugen ihrem Bevölkerungsanteil entsprechend den größten Teil dazu bei. Doch wenn manche ihrer Vertreter gehofft hatten, mit diesem erneuten Beweis ihrer Loyalität nun endlich das Recht auf freie Religionsausübung erkauft zu haben, sahen sie sich spätestens nach Beendigung der Feldzüge gegen Frankreich und Spanien getäuscht. Seit 1629 nahm der Druck der Protestanten auf die Katholiken wieder zu, am Ende des Jahres waren alle bekannten katholischen Gotteshäuser staatlich konfisziert, ein Jahr später konnten Angehörige der irischen Verwaltung melden, daß nirgendwo im Lande mehr öffentlich katholische Gottesdienste stattfinden konnten. Eine erneute Verschärfung der anti-katholischen Politik der irischen Führungsschicht bahnte sich offensichtlich an. Diesmal jedoch war vor dem Hintergrund der jüngsten Vergangenheit ebenso wie angesichts der sozialen Gliederung in Irland zu erwarten, daß dies von den Betroffenen nicht widerstandslos hingenommen werden würde.

Die Ernennung von Thomas Viscount Wentworth zum neuen königlichen Bevollmächtigten in Irland im Januar 1632 markiert einen weiteren Wendepunkt in der Irlandpolitik Karls I. Der neue Mann an der Spitze der irischen Administration hatte sich in England als ein geschickter Verwaltungsfachmann mit erheblichem politischen Durchsetzungsvermögen erwiesen, der darüber hinaus aufgrund seiner unerschütterlichen Loyalität das ungeteilte Vertrauen des Königs besaß. So zählte er in England zum Zeitpunkt seiner Ernennung zu der kleinen Gruppe von königlichen Beratern, die dem Monarchen unter anderem bei seinen Versuchen zur Seite standen, die eigene Machtfülle zu Lasten des Parlaments zu erweitern. Die Entsendung eines derart einflußreichen Vertrauten nach Irland ließ also auf weitgesteckte Ziele schließen.

Diese ergaben sich allerdings fast zwangsläufig aus der Rolle, die der König Irland im Rahmen seines politischen Gesamtkonzeptes beimaß und die stets hinter seinen ehrgeizigen politischen Plänen für England zurückstehen mußte. Der Auftrag seines Stellvertreters jenseits der Irischen See war demnach ebenso einfach wie allumfassend: Der die politische Stabilität in allen Reichsteilen gefährdende, neuerdings wieder offensichtliche Konflikt zwischen Alt- und Neu-Engländern sollte beigelegt und der Einfluß der irischen Stände zu Gunsten der Krone geschmälert werden. Darüber hinaus galt es, aufgrund der chronisch angespannten Haushaltslage eine Konsolidierung der ökonomischen Verhältnisse bis hin zu einer möglichst vollständigen Autarkie anzustreben, so daß keinerlei Ressourcen zur Stützung königlicher Macht in Irland mehr aufgewendet werden mußten, dessen wirtschaftliches Wohlergehen im Gegenteil selbst einen Beitrag zur Sicherung der Macht des Königs leisten würde.

Thomas Wentworth trat sein neues Amt 18 Monate nach seiner Ernennung im Juli 1633 an. Sein erstes großes Ziel war eine umfassende Reform der relativ komplexen administrativen Strukturen, die noch aus der frühen Tudor-Zeit stammten und die Verwirklichung königlicher Pläne bisweilen erheblich erschwert hatten. Trotz vielerlei interner Auseinandersetzungen und äußerer Einflußnahmen war es den verschiedenen Kräften der anglo-irischen Gesellschaft gut gelungen, traditionelle Machtpositionen zu behaupten. So hatte sich, unberührt vom kontinuierlichen Machtzuwachs der Neu-Engländer, das Parlament, also die irische Ständeversammlung, als jene Instanz herausgebildet, in der die Alt-Engländer aufgrund ihrer Mehrheit in Adel und Bürgertum überwogen und durch die sie auch unter den veränderten Rahmenbedingungen korrigierend in politische Entscheidungsabläufe eingreifen konnten. Dies war indes vor dem Hintergrund der beabsichtigten Verbesserung der königlichen Erträge aus Irland höchst unwillkommen. Doch eine Veränderung der Mehrheitsverhältnisse im Parlament ließ sich nicht ohne tiefgreifende Einschnitte in die gesetzlichen Grundlagen des Landes erreichen.

Das erste Ziel des neuen Bevollmächtigten mußte daher eine Neuverteilung der politischen Gewichte in diesem Gremium sein. Dabei achtete Wentworth sorgsam darauf, dies nicht einseitig zugunsten der New English vorzunehmen, denn unabhängig von der Zusammensetzung hätten eindeutige Mehrheitsverhältnisse im irischen Parlament die Handlungsfreiheit der Krone in jedem Fall erheblich eingeschränkt. Statt dessen rückte auf sein Betreiben eine kleinere Gruppe loyaler Regierungsbeamter in die Versammlung ein, die fortan die Balance zwischen den beiden großen Fraktionen hielt und in entscheidenen Fragen der Krone die nötigen Mehrheiten sichern konnte. Dieser geschickte Schachzug, der es dem *lord deputy* ermöglichte, innerirische Spannungen zu kanalisieren und damit königliche Interessenpolitik zu betreiben, wurde noch unterstrichen durch das von Wentworth ausbedungene Recht auf Bestimmung der vom Parlament zu behandelnden Themen. Zwar gestand er der Ständeversammlung zu, auch das Problem akuter Mißstände in irischen Angelegenheiten auf die Tagesordnung zu setzen, doch zunächst erbat er vom König die Genehmigung zu einer Zweiteilung der Sitzungsperiode.

Als das Parlament im Juli 1634 erstmals zusammentrat, diktierten ausschließlich königliche Interessen die Sitzungsordnung, in die auf Geheiß des Statthalters durchweg finanzielle Fragen aufgenommen worden waren. Diesem bot sich hier erneut die Gelegenheit, sich als geschickter Taktiker zu erweisen. Obwohl die Mehrheit der Dubliner Beamten ebenso wie die Vertreter der neuenglischen Siedler jede staatliche Duldung des Katholizismus gegen Geld entschieden ablehnten, signalisierte Wentworth nachhaltig seine Unterstützung für solche Bestrebungen aus der Gruppe der Altengländer, die einen pro-katholischen Kommentar zu den königlichen *graces* anstrebten – ohne daß der endgültige Wortlaut bereits feststand. Da die Altengländer durch eine Unterstützung der übrigen Pläne des *lord deputy* dessen Wohlwollen für ihre Interpretation der *graces* erhofften, die Neuengländer sich jedoch davon genau das Gegenteil versprachen, hatte er sich der Stimmen beider Gruppen für zwei ihm ungleich wichtigere Projekte versichert: der erneuten Festlegung irischer Sonderabgaben an die Krone für die nächsten vier Jahre sowie einer Änderung der Rechtsgrundlage für die Landvergabe und -konfiskation durch die Regierung, die nach außen zwar als Verbesserung der Rechte der Untertanen propagiert wurde, de facto jedoch den künftigen Zugriff des Staates auf Grundbesitz erheblich erleichterte. Beide Punkte wurden noch vor Ende der ersten Sitzungshälfte Anfang August vom Parlament angenommen.

König Karl hatte den Beginn der zweiten Sitzungshälfte auf November 1634 gelegt. In den dazwischenliegenden Monaten suchte der königliche Bevollmächtigte in Irland durch intensive Verhandlungen nach allseits akzeptablen Formulierungen der Kommentare zu den *graces*. Abgesehen davon, daß Thomas Wentworth ohnehin nur in einigen wenigen Punkten überhaupt zu einer Differenzierung der königlichen Gunstbeweise bereit war, mußten die Old English bald eine spürbare Abkühlung ihres Verhältnisses zum *lord deputy* erfahren. Obwohl noch eine Reihe von wichtigen Parlamentsentscheidungen anstanden, entdeckte Wentworth zu Beginn der zweiten Sitzungsperiode plötzlich die Starrköpfigkeit der Altengländer, als diese im Gegensatz zu einer zwischenzeitlich ergangenen Empfehlung eines Unterhausausschusses bezüglich der *graces* auf einer weitergehenden Auslegung der Bestimmungen zu ihren Gunsten beharrten.

Obwohl es diesen gelang, einen endgültigen Parlamentsbeschluß in der für sie so entscheidenden Frage aufgrund mangelnder Anwesenheit neuenglischer Abgeordneter zu Fall zu bringen, wandelte Wentworth diese kurzfristige Niederlage in einen langfristigen Erfolg um, als er unter Hinweis auf den schlechten Einfluß von »Mönchen und Jesuiten«[9] ankündigte, künftig keine Rücksicht mehr auf die Interessen der Altengländer nehmen zu wollen. Zwar waren die Motive der Zurückweisung altenglischer Ansprüche durch den königlichen Bevollmächtigten einerseits und der Angehörigen der neuenglischen Gemeinde andererseits durchaus verschieden, doch der neu entdeckte Antikatholizismus des *lord deputy* schuf eine gemeinsa-

[9] Zitiert nach Aidan Clarke, The Government of Wentworth, 1632–1640. In: Moody, Martin u. Byrne, A New History of Ireland, Bd. 3, S. 250.

me Basis, auf der sich vortrefflich Parlamentsarbeit betreiben ließ. Die neuenglische Fraktion in der irischen Ständeversammlung schlug sich bis zum Ende der Sitzungsperiode im April 1635 auf die Seite von Thomas Wentworth und half ihm, der königlichen Irlandpolitik die ständische Anerkennung zu verschaffen. Dafür erhielt sie vom königlichen Bevollmächtigten Unterstützung in der Zurückdrängung altenglischen parlamentarischen Einflusses.

Der *lord deputy* konnte mit den Ergebnissen der zwei parlamentarischen Sitzungsperioden vollauf zufrieden sein. Mit Hilfe der New English war es ihm gelungen, die Macht der vormals altenglisch dominierten irischen Ständeversammlung zu brechen und gleichzeitig der Regierung beträchtliche Subsidien[10], politische Macht und Handlungsfreiheit zu sichern. Doch noch war die absolute Macht des Königs und seines Stellvertreters in Irland nicht endgültig etabliert. Dazu bedurfte es weiterer einschneidender Maßnahmen. So sorgte Wentworth neben der Entmachtung des Parlaments dafür, daß ausschließlich Personen seines Vertrauens die wichtigen politischen wie kirchlichen Schlüsselpositionen in Irland besetzten. Ein derart weitreichender Eingriff in die Personalstruktur der irischen Hierarchie mußte zwangsläufig viele Angehörige der bisherigen neuenglischen Elite betreffen. Diese kündigten daraufhin zwar die Zusammenarbeit mit der Regierung auf, verhielten sich aber trotz mancher persönlicher Schmähungen durch die neuen Machthaber zunächst ungewöhnlich zurückhaltend und reagierten lediglich – ganz im Sinne der Krone – mit einem Rückzug aus dem politischen Leben der Insel.

Die vom Parlament erteilten Vollmachten zur Beschlagnahme von Land wurden ebenfalls in großem Umfang genutzt. Dafür hatte sich Wentworth eine der hartnäckigsten Bastionen des Katholizismus in Irland ausgesucht: die Provinz Connacht. Etwa ein Viertel des Landbesitzes aus katholischer Hand wurde binnen weniger Monate von staatlichen Beauftragten konfisziert, ohne daß diese zwischen Grundherren keltirischer oder altenglischer Abstammung unterschieden hätten – im Gegenteil erfolgten die Konfiskationen bewußt ohne Rücksichtnahme auf die Herkunft. Der Antagonismus zwischen Protestantismus und Katholizismus in Irland hatte somit unmißverständlich die

[10] Daß sich Wentworth dabei persönlich ebenfalls erheblich bereicherte, steht außer Zweifel.

vormals typische ethnisch begründete Trennung zwischen Menschen keltischer und englischer Herkunft abgelöst.

Eine derart unverhüllt anti-katholische Haltung hätte die Allianz zwischen dem *lord deputy* und den New English in Irland normalerweise festigen müssen, wenn nicht durch weitere einschneidende Maßnahmen die eigentliche *raison* dieser Politik offengelegt worden wäre. So wurden in Ulster auf Geheiß Wentworths die Besitzansprüche aller zumeist protestantischen Kolonisatoren, aber auch die der »Old Irish« einer gründlichen Prüfung unterzogen. Jenen Siedlern, die nachweislich nicht in vollem Umfang ihren Verpflichtungen gegenüber der Krone nachgekommen waren, drohte der Verlust ihrer Besitzungen, der lediglich durch die Zahlung ungewöhnlich hoher Strafgelder abgewendet werden konnte. Thomas Wentworth schreckte auch nicht vor einer Kündigung des Londoner Privilegs für Derry zurück, wo statt dessen eine königliche Kommission im Sommer 1638 mit der Verwaltung der Grafschaft betraut wurde. Diese legte als ersten Beschluß eine drastische Erhöhung der Pachtzinsen fest, die von vielen Pächtern nicht mehr aufgebracht werden konnten und die daher unter oftmals dramatischen Umständen von ihren Höfen vertrieben wurden. Dies mußte auch dem letzten neuenglischen Protestanten in Irland die Augen dafür öffnen, daß es dem Stellvertreter des Königs nicht um eine Zurückdrängung des katholischen Einflusses und damit um eine Stärkung der neuenglischen Position, sondern ausschließlich um die Konzentration politischer Macht zugunsten der Krone in Verbindung mit einer Verbesserung der königlichen Einnahmen ging.

Nach fünf Amtsjahren als Repräsentant der Krone in Irland hatte Thomas Wentworth zwar deren Einfluß auf innerirische Angelegenheiten erheblich vergrößern können und systematisch ein zentrales und nach absolutistischen Ansprüchen funktionierendes Regiment in Dublin aufgebaut, dabei aber aufgrund seines rücksichtslosen Vorgehens und seiner unverhüllten persönlichen Bereicherung nahezu jeden Rückhalt in allen Schichten der Bevölkerung Irlands verloren. Ohne diesen Rückhalt wurde sein eigenes Schicksal jedoch unmittelbar abhängig vom Schicksal Karls I. selbst. Dieser hatte sich schon in den zurückliegenden Jahren wegen seines absoluten Machtanspruchs in Verbindung mit politischer Unbesonnenheit den Zorn vieler Angehöriger der politischen Führungsschicht, aber auch breiter Kreise der Bevölkerung seines Reiches zugezogen.

Besonders im Unterhaus sammelten sich schon seit längerer Zeit Kräfte, die die königliche Auffassung vom Gottesgnadentum der Krone und die königlichen Prärogativrechte in Frage stellten.

Ein weiterer Anlaß zur Unzufriedenheit der Bevölkerung waren die Versuche des Königs, mit Hilfe des anglikanischen Erzbischofs William Laud die Strukturen der Kirche zu zentralisieren. Eigentliches Zielobjekt dieser Bestrebungen war die presbyterianische schottische Nationalkirche, die Kirk of Scotland, doch auch die ebenfalls presbyterianischen schottischen Kolonisatoren Ulsters widersetzten sich entschieden dem von Bischof Laud verschriebenen anglikanischen Modell einer Episkopalkirche. Die neuenglischen Siedler in Ulster und in den anderen Siedlungsgebieten Irlands gehörten zwar wenigstens nominell der anglikanischen Kirche an, sie hatten indes in bewußter Abgrenzung zum Katholizismus in der Liturgie wie in der Gemeindestruktur viele calvinistische Elemente übernommen.

Der Widerstand gegen die Kirchenreform Karls formierte sich zunächst in Schottland. Dort verstand man die königlichen Absichten nicht nur als eine Gefahr für die Nationalkirche, sondern darüber hinaus als eine akute Bedrohung der schottischen Eigenarten, die das Königreich von England unterschieden, sowie als eine Gefährdung persönlichen Besitzes wie individueller Freiheiten. Eine breite Abwehrfront, bestehend aus Adel und Bürgertum, Grundbesitzern und Handwerkern, Laien und Klerikern, schloß sich daher im Jahre 1638 zum »Solemn League and Covenant« (kurz: »Covenant«) zusammen. Ihre Angehörigen erklärten alle anglikanischen Reformen für ungültig, erneuerten die Kontakte zum französischen König, dachten über mögliche anti-englische Allianzen nach und riefen schottische Söldner aus Deutschland zurück, die den unerfahrenen und ungeschulten heimischen Streitkräften in einem möglichen Kampf gegen Karl beistehen sollten.

Die Position des englischen Königs verschlechterte sich zusehends, zumal sich vor dem Hintergrund der Vorgänge in Schottland auch in England die Opposition zu formieren begann. In Ulster wurden die Ziele des Covenant zwar ebenfalls verkündet, doch stießen sie dort auf keine allzu große Resonanz. Dennoch wollte Wentworth gerade im kritischen irischen Nordosten kein Risiko eingehen und ließ eine ganze Armee dorthin verlegen. Unter Androhung von Waffengewalt mußten die Kolonisatoren im Jahre 1639 dem Covenant abschwören.

Etwa zur selben Zeit zwangen die bedrohlichen Entwicklungen in Schottland Karl I. dazu, eine weitere Armee in das englisch-schottische Grenzland zu verlegen, wo sie von schottischen Truppen erfolgreich am Grenzübertritt gehindert wurde. Noch waren die Rebellen allerdings nicht stark genug, um den König entscheidend zu schlagen.

Für einige Monate konnte dieser den fortschreitenden Verfall seiner Macht aufhalten, aber der Feldzug gegen die Schotten hatte die ohnehin knappen Finanzmittel des Monarchen nahezu erschöpft, so daß für eine erfolgversprechende Fortsetzung militärischer Aktionen gegen die Rebellen dringend neue Geldquellen erschlossen werden mußten. Diese Aufgabe übertrug er seinem langjährigen Vertrauten Wentworth, der zwischenzeitlich als Earl of Strafford in den Grafenstand erhoben und zum irischen Vizekönig ernannt worden war. Zunächst erwies sich diese Wahl als geschickter Schachzug, denn in der Tat gelang es Wentworth, das irische Parlament, in dem derweil mehrheitlich eigene Gefolgsleute saßen, im März 1640 weitere Mittel für den König bewilligen zu lassen. Der zweite Teil seines Planes, der eine Unterstützung der Absichten Karls durch das englische Parlament vorsah, erwies sich als ungleich schwieriger, denn die lange Zeit von der Krone mißachteten englischen Parlamentarier waren nicht bereit, den König ohne handfeste Garantien für größeren Handlungsspielraum zu unterstützen. Dieser jedoch hatte aus den Erfahrungen der zurückliegenden Jahre nichts gelernt. Fest von seinem absoluten Herrschaftsrecht überzeugt, folgte er der Empfehlung seines Ratgebers, anstelle der geforderten *liberties* das Parlament wieder einmal aufzulösen, der Armee den Einmarsch nach Schottland zu befehlen und die zur Finanzierung dieses Feldzuges notwendigen Mittel unter Anwendung der königlichen Prärogativrechte einzutreiben.

Dies indes schuf die Voraussetzung für eine bisher unbekannte Situation: Die erneut übergangenen oppositionellen Parlamentarier aus London suchten Kontakte zu den aufständischen Schotten, um gemeinsam den Sturz des Monarchen herbeizuführen. Anstatt, wie befohlen, nach Schottland einzumarschieren, sah sich dessen Armee plötzlich noch auf englischem Territorium von einer vorrückenden schottischen Armee bedrängt. Da auch die von Wentworth versprochene und vom Parlament in Dublin beschlossene Unterstützung durch irische Truppen nicht rechtzeitig zu Hilfe kam, war die militärische Niederlage gegen die Schotten nur noch eine Frage der Zeit: Am 28. August mußten die Truppen Karls bei Newburn in der Nähe von Newcastle-upon-Tyne vor den weit überlegenen Schotten kapitulieren, die nun den gesamten Norden des Königreichs England kontrollierten.

Damit hatte Karl I. endgültig seinen politischen Handlungsspielraum verloren. Die Einberufung eines neuen Parlaments, das die vereinten Schotten und oppositionellen Engländer schon seit längerer Zeit gefordert hatten, war unvermeidbar. Dieses, später als »Langes Parlament« bekannt geworden[11], trat im November zusammen und konnte bereits über Berichte von einer neuen Parlamentssitzung in Dublin beraten, wo man schnell auf die veränderten Kräfteverhältnisse in England reagiert hatte und nunmehr offen über eine Vielzahl von Mißständen der Wentworth-Administration zu diskutieren wagte. Offensichtlich hatte sich der Vizekönig nach dem günstigen Parlamentsbeschluß des Frühjahrs über die tatsächliche Stimmung im Lande täuschen lassen, denn angesichts der Schwierigkeiten der Königspartei im englisch-schottischen Disput überwogen auch in Dublin schnell die Kritiker, die die Oktobersitzung des irischen Parlaments zu einer Generalabrechnung mit dem Regime von Thomas Wentworth nutzten und dabei all jene Punkte zur Sprache brachten, die lange Zeit typisch für den autoritären Herrschaftsstil des Vizekönigs gewesen waren: Die unnachsichtige Behandlung der Kolonisatoren wurde dabei zweifellos zu Recht beklagt, weniger berechtigt waren Klagen über allzu große Toleranz des Katholizismus im Lande oder die Kritik an angeblichen Plänen, erneut den Aufbau eines rein katholischen Heeres für den Einsatz in England vorzubereiten.

Auch wenn die Beschwerden über eine vermeintlich pro-katholische Politk Wentworths einer sorgsamen Prüfung nicht standhalten konnten, genügten sie dem englischen Parlament, um Ende November 1640 vom König die Verhaftung des ungeliebten Grafen von Strafford zu verlangen. Um den eigenen Kopf noch einmal aus der Schlinge zu ziehen, gab Karl dem Drängen der Parlamentarier nach und unterzeichnete wenig später den Haftbefehl für seinen langjährigen Berater. Das House of Commons, in dem die Verhandlung gegen Thomas Wentworth geführt wurde, erkannte zwar schnell, daß dem Beklagten keine Verstöße gegen geltendes Recht nachgewiesen

[11] Zwar wurde das »Lange Parlament« seit 1653 von Oliver Cromwell unterdrückt, doch löste es sich offiziell erst 1660 auf.

werden konnten. Mit der Rücknahme der Anklage indes wäre die Position des ebenfalls ungeliebten Königs, des eigentlichen Zieles, erheblich gestärkt worden. Ob rechtens oder nicht – der Kopf von Wentworth mußte fallen, erst dann war ein direktes Vorgehen gegen den Monarchen möglich. Das Unterhaus fällte das Todesurteil, Karl unterzeichnete das Urteil, Thomas Wentworth, Graf von Strafford, starb am 12. Mai 1641 auf dem Schaffott.

Die Rebellion von 1641 und ihre Folgen

Der Tod des Vizekönigs wirkte in Irland wie ein Fanal. Besonders in den keltirischen und katholischen Regionen der Insel hatte die unverhüllte Machtpolitik Wentworths zahlreiche Grundherren schwer getroffen. Große Teile ihres Besitzes waren vom Staat konfisziert worden, ihr ohnehin schon seit Jahrzehnten von der Dubliner Administration untergrabener politischer Einfluß war in vielen Fällen noch weiter reduziert worden. Die offensichtliche Förderung der protestantisch-neuenglischen Siedler ließ die Old English und Old Irish noch näher zusammenrücken, da es auch der aggressiven anti-katholischen Politik von Thomas Wentworth nicht gelungen war, die katholische Bevölkerungsmehrheit zur Aufgabe ihrer Lebensweise und ihres Glaubens zu bewegen.

Die unbeugsame Entschlossenheit, an den traditionellen Lebensformen festzuhalten, barg nun, angesichts der schwindenden Macht des Königs, zusätzlichen Konfliktstoff in sich. Zwar hatte Karl nach der Exekution des irischen Vizekönigs und unter dem Druck der irischen Opposition, die eng mit den oppositionellen Engländern und Schotten kooperierte, die Pläne für eine weitere Kolonisation Connachts durch protestantische Siedler wieder aufgegeben, doch wußten die Gegner des Königs in Irland nur zu gut, daß die anglo-irisch-schottische Allianz ein reines Zweckbündnis auf Zeit war. Denn die Träger des Widerstandes in England und Schottland waren im Gegensatz zu ihren irischen Partnern Protestanten puritanisch-calvinistischer Provenienz, von denen nach einer Absetzung des Monarchen noch weniger Entgegenkommen in Religionsfragen zu erwarten war als von Karl selbst, der schließlich den Katholizismus in Irland, wenn auch mit Einschränkungen und aus rein opportunistischen Erwägungen, noch geduldet hatte. Doch auch der

König war niemals darum verlegen gewesen, bereits gegebene Versprechen dann wieder zurückzunehmen, wenn er seine eigene Position sicher wähnte. Es reichte also nicht aus, sich auf mündliche Zusagen zu verlassen. Um den Schutz der eigenen sozialen Stellung und Lebensweise innerhalb der gesamtirischen Gesellschaft sicherzustellen, versuchten Altengländer wie Altiren zunächst, ihre soziale Stellung auf parlamentarischem Wege zu festigen. Doch auch wenn der Machtverlust der Krone Karl bereits in England zu weitgehenden Zugeständnissen an das Parlament gezwungen hatte, glaubte er zunächst, am erst wenige Jahre zuvor erreichten Autoritätsgewinn im irischen Parlament festhalten zu können und verweigerte seine Zustimmung zu einer Restitution katholischer Rechte.

Diese Verweigerung war Wasser auf die Mühlen einer Gruppe oppositioneller Altiren, die sich seit einiger Zeit mit der Planung eines bewaffneten Aufstandes gegen die Krone in Irland befaßten. Zu ihnen zählten unter anderem Rory O'More, ein Grundherr aus der Grafschaft Armagh, Conor Lord Maguire von Fermanagh, und Phelim O'Neill, das amtierende Oberhaupt der O'Neills aus Ulster. Über Owen Roe O'Neill, der als Feldherr in spanischen Diensten in Flandern eingesetzt war, bestand darüber hinaus Kontakt zur spanischen Krone und zum Heiligen Stuhl in Rom, von wo ermutigende Signale an die, wie es aus der kontinentalen Distanz erschienen sein mag, gegenreformatorischen Kräfte gesendet wurden. Auch hatte der erfahrene Soldat seine Rückkehr an der Spitze einer Truppe kampferprobter irischer Söldner nach Irland für den Fall angekündigt, daß es tatsächlich zu einer Rebellion kommen sollte.

Die Vorbereitungen waren im Herbst 1641 abgeschlossen: Am 23. Oktober des Jahres wollten die vereinten altirischen Grundherren aus Ulster zu den Waffen greifen und sich gegen die immer noch im irischen Nordosten stationierte Armee Straffords, das Symbol des verhaßten Regimes, erheben. Zeitgleich sollte direkt in Dublin ein Angriff auf das Stadtschloß, den Sitz der königlichen Verwaltung, erfolgen. Die Eroberung des Schlosses hätte ebenfalls das zentrale Waffenarsenal der königlichen Truppen in die Hände der Rebellen fallen lassen, das als vortrefflicher Grundstock für die Ausrüstung eines landesweiten Aufstandes geeignet gewesen wäre. Die Voraussetzungen dafür waren durchaus günstig, denn viele altenglische Familien hatten bereits ihre Unterstützung zugesagt.

Während der Angriff auf das Dubliner Schloß fehlschlug –

durch eine Indiskretion nur wenige Stunden vor dem Angriff war die Schloßbesatzung gewarnt worden und konnte die nötigen Gegenmaßnahmen ergreifen –, verlief die Anfangsphase des Aufstands in Ulster selbst nach Plan. Binnen zweier Tage befand sich das Zentrum Ulsters von Newry über Cavan bis Donegal in den Händen der Rebellen. Schon am 24. Oktober ließ Phelim O'Neill in Dungannon verkünden, daß die Maßnahmen der Rebellen nicht gegen den König gerichtet seien, sondern als legitimes Mittel zur Verteidigung ihrer Rechte und Freiheiten verstanden werden müßten. Zwar wurde auch proklamiert, daß die (protestantischen) Siedler in der Provinz nicht bekämpft werden würden und daß jeder Verstoß gegen diese Anordnung strengstens bestraft werde, doch jahrzehntelang aufgestauter Haß gegen die Kolonisatoren war durch solche eher zurückhaltend formulierten Verhaltensregeln nicht mehr steuerbar.

Vielerorts kam es zu massiven Übergriffen katholischer Rebellen gegen protestantische Siedler, die oft auf grausame Weise umgebracht wurden. Schätzungen über Verluste unter den nordirischen Protestanten gibt es viele. Begründete Vermutungen gehen von etwa 12000 Opfern in den ersten Tagen des Aufstandes aus. Besondere Symbolkraft hat das Massaker vom 23. 10. 1641 am Blackwater bei Portadown erlangt, wo binnen weniger Stunden hunderte Frauen, Männer und Kinder von Katholiken umgebracht wurden. Noch heute tragen viele Banner, die auf Umzügen des »Orange Order« durch nordirische Städte getragen werden, als Mahnung die Aufschrift »Portadown 1641«. Diese Greueltaten genauso wie die bewußte und gezielte Erinnerung daran haben zweifellos erheblich zu dem Mißtrauen beigetragen, mit dem auch heute noch viele Protestanten ihren katholischen Mitbürgern in Nordirland begegnen.

Unabhängig davon, ob die Führer der Rebellion diese Massaker nun duldeten oder nicht – es scheint, daß einige dies als legitime Rache betrachteten, während andere tatsächlich versuchten, die Schuldigen zu bestrafen –, erwiesen die daran Beteiligten den eigentlichen Zielen des Aufstandes einen schlechten Dienst. Zu leicht fiel es nun den Behörden in Dublin und London, die Verantwortung für die Übergriffe in Ulster den irischen Katholiken insgesamt anzulasten und damit von den ursprünglichen Zielen des Aufstandes abzulenken, die in erster Linie eine Konsolidierung des Katholizismus altirischer wie altenglischer Lesart innerhalb der irischen Gesellschaft angestrebt hatten. Diese gezielte Ablenkung wurde noch gefördert durch maßlose Übertreibung der tatsächlichen Opferzahlen, die durch überlebende Augenzeugen in Umlauf gebracht wurden und sich gleichsam von selbst vermehrten. Somit konnten einige protestantische Historiker, die sich auf diese Quellen stützten, einige hundert Jahre später von 150000 protestantischen Opfern schreiben. Dies jedoch hätte bedeutet, daß nahezu die gesamte protestantische Bevölkerung des damaligen Irland der Rebellion zum Opfer gefallen wäre.

Doch solche Zahlen erleichterten den Verantwortlichen in Dublin die Suche nach Hilfe im Kampf gegen die »evil-affected Irish papists«, wie die amtliche Bezeichnung für die Rebellen lautete. Die Schotten aus Ulster entsandten Hilfstruppen nach Dublin, das englische Parlament bewilligte dem König nahezu einstimmig Mittel für die Aufstellung einer protestantischen Armee, mit deren Führung James Butler, der 12. Graf von Ormond, beauftragt wurde. Dessen Truppe rekrutierte sich hauptsächlich aus nordirischen Flüchtlingen, die in Dublin Zuflucht gesucht hatten. Dennoch konnten diese vereinten Kräfte, die aufgrund der Hilfe durch England, der Versorgung durch die Dubliner Administration und der Unterstützung durch die neuenglischen Protestanten im Pale und in den Kolonisationsgebieten zweifellos über bessere Waffen, Ausbildung und Nachschubmöglichkeiten verfügten, es nicht verhindern, daß im November 1641 eine förmliche Allianz zwischen Altiren und Altengländern geschlossen wurde. Die militärischen Erfolge errangen sogar zunächst vorwiegend die Rebellen, die bis zum Frühjahr 1642 eine Reihe von strategisch wichtigen Städten des Pale erobern konnten.

In diesen Wochen und Monaten wurde offensichtlich, daß die ursprünglich formulierten Ziele den Aufständischen nicht mehr genügten. Mehrere Treffen von Altiren und Altengländern dienten dazu, das noch frische Bündnis weiter zu festigen, man dachte sogar schon über eine völlige Umgestaltung der politischen Herrschaftsverhältnisse im Lande nach, die Schaffung eines »Supreme Council of the Confederate Catholics of the Irish Kingdom« nach dem Vorbild des »Solemn League and Covenant« der Schotten konnte als Keimzelle einer eigenständigen irisch-katholischen Regierung gesehen werden, die jedoch nicht – jedenfalls nicht zu diesem Zeitpunkt – dem König die irische Krone entreißen wollten. Weitaus radikalere Forderungen formulierten die katholischen Bischöfe aus den verschiedenen Regionen Nordirlands, die nicht nur den Aufstand als einen gerechten Feldzug gegen die Puritaner sahen, welche selbst die Zerstörung des Katholizismus und die Vernichtung alles Irischen zu ihrem Ziel erklärt hätten. Darüber hinaus exkommunizierten sie all jene Katholiken, die den Protestanten Hilfe gewährt hatten, und verlangten ferner von allen Katholiken Irlands einen Treueid auf den »Höchsten Rat der Vereinigten Katholiken«. Zusammen mit einigen führenden katholischen Laien wurden im Frühsommer 1642 in Kilkenny die Grundsätze künftiger katholischer Politik in Irland formuliert. Darin fand die Treue zur Römischen Kirche genauso Aufnahme wie die Bereitschaft zur Verteidigung und Bewahrung angemessener königlicher Prärogative oder die Achtung der Grundrechte Irlands.

Doch trotz der Anfangserfolge der Rebellen dachten weder der König noch die politischen Entscheidungsträger in Dublin oder London zu dieser Zeit daran, solchen Forderungen nachzugeben. Solange sich keine kontinentalen Mächte direkt in die irischen Angelegenheiten einmischten, wußten sie aufgrund historischer Erfahrung, daß irische Rebellionen mit den überlegenen englischen Möglichkeiten mittelfristig kontrollierbar waren. Sich seiner grundsätzlichen Überlegenheit durchaus bewußt, hatte Karl Anfang 1642 die irischen Rebellen zur Kapitulation aufgefordert, ohne konkrete Sanktionen oder andere Strafen anzudrohen. Doch eine derart nachsichtige Reaktion der Krone auf den Aufstand genügten weder der Dubliner Regierung noch den Neuengländern oder dem englischen Parlament. Wenige Wochen später wurden in Irland Rufe nach Rache und Vergeltung für die Massaker im Norden laut, und das englische Parlament zimmerte zur selben Zeit rasch einen legalen Rahmen für ausgedehnte Konfiskationen katholischen Landbesitzes nach der endgültigen Niederschlagung der Rebellion.

Diese schien im Sommer 1642 unmittelbar bevorzustehen, denn nachdem General Robert Monro einige Wochen zuvor an der Spitze eines schottischen 2500-Mann-Heeres bei Carrickfergus an Land gegangen war, hatte er einige wichtige Eroberungen der Rebellen, so Newry und Dundalk, zurückerobern und die monatelange Belagerung Droghedas beenden können. Doch das Kriegsglück wandte sich Ende Juni wieder den Rebellen zu, als an der Küste von Donegal die ersten Schiffe mit gut bewaffneten und kampferprobten irischen Söldnern unter der Leitung von Owen Roe O'Neill eintrafen. Einige Wochen später landeten weitere Einheiten aus Flandern bei Wexford, diesmal unter Führung von Thomas Preston. Der Aufstand hatte sich mittlerweile über die ganze Insel ausgebreitet. Die regierungstreuen Truppen konnten sich lediglich in wenigen gut ausgebauten und befestigten Städten behaupten, so zum Beispiel in Cork, Tralee, Kinsale, Youghal und Bandon sowie einigen isolierten Festungen in Munster, während der Rest des Landes einschließlich der übrigen Städte und Siedlungen von aufständischen Einheiten kontrolliert wurde.

Ähnlich sahen die Verhältnisse in den anderen Provinzen aus, lediglich das Pale blieb weitgehend in der Gewalt der Regierungskräfte. Vor dem Hintergrund dieser Erfolge berief der Rat der Rebellen in Kilkenny, zwischenzeitlich in der Tat zu einer Art Proto-Regierung geworden, eine Versammlung der führenden aufständischen Kräfte nach Kilkenny ein, die am 24. Oktober beginnen sollte. Zwar vermieden die Rebellen nach wie vor die Benutzung des Wortes »Parlament« für dieses Gremium, da sie immer noch – wenigstens offiziell – an den königlichen Prärogativen festhielten, doch zweifellos orientierte sich diese Versammlung in ihrer Struktur wie Funktion an den Parlamenten Englands und Irlands.

Noch bevor dieses Gremium die Arbeit aufnehmen konnte, überschlugen sich die Ereignisse jenseits der Irischen See. Am 22. August 1642 hatte der seit Jahren schwelende Konflikt zwischen Parlament und Krone in England seinen Höhepunkt erreicht – der Bürgerkrieg war ausgebrochen, ohne daß mit einer raschen Entscheidung zu rechnen war. Beide Lager waren zu stark, um vom jeweiligen Gegner besiegt werden zu können. Für die Entwicklung in Irland bedeutete dies zunächst eine weitere Schwächung der Dubliner Administration, denn die Möglichkeiten Englands, den Neuengländern in Irland im Kampf gegen die Rebellen beizustehen, waren durch den internen Konflikt wesentlich geschmälert worden. Zweifellos sympathisierten die Mitglieder des regulären irischen Parlaments, aus dem zwischenzeitlich auch die restlichen noch verbliebenen Katholiken ausgeschlossen worden waren, genauso wie die neuenglischen Siedler mehrheitlich mit der Position des englischen Parlaments, doch angesichts der Bedrohung durch die katholische Föderation fiel die Reaktion auf die Entwicklungen in England eher zurückhaltend aus.

Somit entsprach die politische Gemengelage in Irland zu Beginn des Jahres 1643 in mancherlei Hinsicht der Situation in

England. Auch auf der Grünen Insel standen sich zwei etwa gleichgroße verfeindete Lager gegenüber, die sich gegenseitig in Schach hielten, ohne eine Entscheidung herbeiführen zu können. Doch während die Frontlinie in England verhältnismäßig klar erkennbar zwischen (gemäßigt protestantischer) Krone und (puritanisch-calvinistischem) Parlament verlief, waren die Verhältnisse in Irland ungleich komplizierter. Die katholische Konföderation aus Altiren und Altengländern hatte stets ihre grundsätzliche Loyalität zur Krone betont. Diese Loyalität jedoch war das Ergebnis nüchterner Überlegungen, die bei den Altiren andere Wurzeln hatten als bei den Altengländern. Deren Vorfahren waren unter den Auspizien der englischen Könige seit dem ausgehenden Mittelalter zur führenden Schicht in Irland aufgestiegen und hatten diese Stellung nach den Wirren der Reformation als Pfand für die *graces* eingelöst, die ihnen seither wenigstens einige Grundfreiheiten sicherten und die von den kompromißlosen Puritanern im englischen Parlament nicht zu erwarten waren. Die Altiren hingegen strebten eine Restauration ihrer traditionellen Lebensweise in allen Bereichen an und waren bereit, die Loyalität zur Krone als Preis dafür zu zahlen – zumal auch sie wußten, daß solche Forderungen weder gegenüber dem englischen noch dem irischen Parlament durchgesetzt werden konnten.

Die Vorgänge in England wurden auch von einigen katholischen Kontinentalmächten aufmerksam verfolgt. Wie schon in der Vergangenheit dachte man erneut in Paris, Madrid und Rom darüber nach, ob möglicherweise ein Schlüssel zur Macht in England und damit zur Ausschaltung eines lästigen Rivalen in der Auseinandersetzung um internationalen politischen wie ökonomischen Einfluß in Irland liegen könnte. Besonders die Altiren scheinen über ihre exilierten Landsleute auf dem Kontinent solche Kontakte gepflegt und gefördert zu haben. Während sich Spanien und Frankreich in der Frage nach einer Intervention in Irland durch ihre kontinentalen Rivalitäten gegenseitig paralysierten, wurden die Interessen der Konföderierten in Rom seit 1642 durch einen eigenen Gesandten, den irischen Franziskanermönch Luke Wadding, vertreten, der dort nachdrücklich und nicht ohne Erfolg für die Nutzung der Insel als Basis einer britannischen Gegenreformation warb.

Das irische Parlament als Standesvertretung der neuenglischen Siedler und der Dubliner Verwaltung, deren tatsächlicher Einflußbereich zu dieser Zeit wieder einmal auf das Pale und die

Gegend um Cork zusammengeschrumpft war, favorisierte grundsätzlich die Politik des englischen Parlaments, konnte diese Sympathien jedoch nicht offen äußern, da die königlich-irische Armee unter James Butler, dem Grafen von Ormond, als einzige bewaffnete Macht im Irland jener Tage stark genug war, den konföderierten Katholiken erfolgreich Widerstand zu leisten und damit das Überleben der Parlamentarier zu sichern. In der Person Ormonds selbst, der zum Zeitpunkt seines Amtsantritts in Irland erst 33 Jahre alt und bislang kaum politisch hervorgetreten war, spiegelte sich die Unübersichtlichkeit der Zeit deutlich: Als Sproß einer katholischen Familie war er protestantisch erzogen worden, zählte sich selbst zu den Puritanern, fühlte sich indes dem König absolut verpflichtet.

Damit jedoch war Ormond der ideale Verbindungsmann des Königs zu allen Parteien in Irland und der einzige, der mit Aussichten auf Erfolg einen Waffenstillstand herbeiführen konnte. Um die schwierige Lage Karls I. in England etwas zu erleichtern, mußten sich seine Ziele in Irland auf zwei wesentliche Punkte konzentrieren, die sich jedoch, wie es schien, gegenseitig ausschlossen: Die Macht der Katholiken war wieder zu brechen und das irische Parlament mußte daran gehindert werden, auch formell das rebellische englische Parlament zu unterstützen. Da jedoch die irischen Parlamentarier nur aufgrund der Stärke der Katholiken bisher an einer förmlichen Unterstützung des englischen Parlaments gehindert worden waren, wäre die Realisation dieses Auftrags der Quadratur des Kreises gleichgekommen. Doch Ormond hatte sich offen als treuer Gefolgsmann der Königs gezeigt. Daher hing nicht nur dessen Schicksal – wenigstens teilweise – von einem Erfolg seines Bevollmächtigten in Irland ab, sondern dieser selbst war darauf angewiesen, wenn er seine weitere berufliche und persönliche Zukunft nicht riskieren wollte – zu jung war die Erinnerung an die Hinrichtung von Thomas Wentworth, der trotz aller Erfolge ein Opfer divergierender politischer Interessen geworden war.

Zunächst mußte Ormond versuchen, das katholische Bündnis zu teilen. Die unterschiedlichen Motive, die die Altiren und die Altengländer in die Konföderation geführt hatten, sowie klar erkennbare Differenzen zwischen Klerus und Laien schienen einen erfolgversprechenden Ansatz zu bieten. Auch war seine Ausgangsposition günstig, denn zu Beginn des Jahres 1643, als die erste Kontaktaufnahme Ormonds zu Vertretern der Konföderation stattfand, hatten die Royalisten in England einige kleinere Erfolge gegen die Parlamentarier erzielen können. Zeitgleich waren all jene Personen aus der Dubliner Administration entfernt worden, die als offene Sympathisanten der englischen Opposition galten, so daß keine internen Rivalitäten die Arbeit des Bevollmächtigten gefährdeten. Zudem hatte dieser die konföderierten Truppen erfolgreich in die Defensive gedrängt, was zwar keine grundsätzliche Änderung der politischen Gesamtlage in Irland bewirkte, doch dem Beauftragten des Königs einen Punktevorsprung in den Gesprächen verschaffte. Ormond nutzte diesen geschickt aus. Er konnte es sich leisten, den Forderungskatalog, den die Konföderierten der royalistischen Delegation präsentiert hatten und dessen Erfüllung letztlich eine völlige Restitution der Katholiken in allen Bereichen bedeutet hätte, brüsk zurückzuweisen. Unter Hinweis auf die kritische Lage des Königs, dem auch die irischen Katholiken Treue geschworen hätten, verlangte er statt dessen als Voraussetzung für weitergehende Verhandlungen eine einjährige Waffenruhe. Seine Verhandlungspartner konnten sich diesem Argument nicht verschließen und erklärten sich trotz heftiger Proteste aus den eigenen Reihen, besonders aus dem Klerus, dazu bereit. Das Waffenstillstandsabkommen wurde am 15. September 1643 unterzeichnet, Ormond selbst erhielt wenig später die Vizekönigswürde.

Obwohl das Abkommen weder König noch Parlament zu irgendwelchen Zugeständnissen an die Katholiken verpflichtete, stellte es sich bald als ein Pyrrhussieg heraus, denn die bis dahin mühsam aufrechterhaltene Solidarität der irischen Protestanten mit den Royalisten zerbrach nun endgültig. Die wichtigsten protestantischen Garnisons- und Festungskommandanten sprachen sich für eine Unterstützung des englischen Parlaments aus, das nur zehn Tage nach der Unterzeichnung des Waffenstillstandes den König der Zusammenarbeit mit »blindwütigen und blutdürstigen Papisten«[12] beschuldigte und ein formelles Bündnis mit den schottischen »Covenanters« schloß. Dadurch verschoben sich die Frontlinien in Irland erneut. Die bislang mit den Truppen Ormonds verbündeten schottischen Verbände in Ulster fochten nun auf der Seite der Parlamentarier gegen die royalistischen Truppen in England und Irland, also auch gegen die Armee des Vizekönigs. Diese befand sich zwar nicht mehr

[12] Zitiert nach: Patrick J. Corish, The Rising of 1641 and the Confederacy, 1641–1645. In: Moody, Martin u. Byrne (Hg.), A New History of Ireland, Bd. 3, S. 308.

mit der katholischen Konföderation im Kriegszustand, doch ein gemeinsames Vorgehen gegen die Parlamentarier war nach wie vor undenkbar – zu sehr widersprach die Vorstellung eines vereinten Kampfes mit Katholiken gegen protestantische Glaubensvettern der Grundüberzeugung der meisten königstreuen protestantischen Offiziere. Dennoch gab es so etwas wie eine Allianz, denn die konföderierten Heere fochten nun gegen die parlamentarischen Truppen, ohne daß allerdings irgendeine Seite einen entscheidenden Sieg hätte erringen können.

Die Bildung des »Committee of Both Kingdoms«, die Allianz des englischen Parlaments mit den schottischen Presbyterianern, leitete die endgültige Niederlage des Königs ein – im Juli 1644 unterlagen seine Truppen bei Marston Moor, wodurch eine Rückkehr Karls nach London unwahrscheinlich wurde, im Juni 1645 erlitten die Royalisten bei Naseby eine weitere schwere Niederlage. In den Wochen darauf kapitulierten nacheinander die wichtigsten königlichen Garnisonen in England. Zwar versuchten die Konföderierten im Verlauf des Jahres 1644 noch einmal, den König durch das Angebot der Bereitstellung einer 10000-Mann-Armee zu Zugeständnissen zu bewegen, doch vor der Niederlage bei Marston Moor war dieser nicht dazu bereit, da dies möglicherweise das Ende aller königlichen Autorität in Irland bedeutet hätte, nach der Schlacht jedoch war er im Prinzip verhandlungsunfähig.

Ormond war von der verzweifelten Lage seines Königs besonders betroffen. Im September 1644 hatte er um neue Instruktionen für die Friedensverhandlungen mit den Konföderierten gebeten. Die Anweisungen trafen erst sechs Monate später in Dublin ein und forderten den Vizekönig dazu auf, einen Friedensschluß auf alle Kosten herbeizuführen, der dazu beitragen würde, die königliche Autorität aufrechtzuerhalten und doch gleichzeitig die für den Monarchen besten Konditionen zu sichern. Für einen königlichen Bevollmächtigten, dem es ohnehin schwer fiel, sein eigenes Überleben angesichts der gespannten politischen Situation in Dublin zu sichern, waren weitere Zugeständnisse an die Konföderation, wie sie die Direktiven indirekt forderten, ausgeschlossen. Er entschied sich daher, diese für sich zu behalten und die Verhandlungen ungeachtet der jüngsten Ereignisse in England fortzusetzen, als unabhängig voneinander zwei Gesandte in Irland eintrafen, die die Lage zusätzlich erschwerten. Der eine war Edward Somerset, Graf von Glamorgan, ein überzeugter Royalist und Katholik, der vom König mit dem Auftrag nach Irland geschickt worden war, den Vizekönig bei dessen Verhandlungen mit den Konföderierten zu unterstützen, der andere Giovanni Battista Rinuccini, Erzbischof von Fermo, Nuntius im Auftrag Papst Innozenz X., der den vereinigten Katholiken beratend zur Seite stehen sollte.

Die beiden neuen Darsteller auf der ohnehin schon übervollen politischen Bühne Irlands erreichten trotz bester Vorsätze nichts, im Gegenteil – bereits erreichte Formulierungen eines Friedensvertragstextes zwischen Ormond und den Konföderierten, die die Entsendung einer katholischen Armee zur Unterstützung der Royalisten vorsahen, wurden wieder verworfen, da sie dem päpstlichen Nuntius und einigen altirischen Angehörigen des Höchsten Rats in Kilkenny nicht umfassend genug waren. Als schließlich doch noch am 28. März 1646 ein Friedensvertrag zwischen Ormond und den Konföderierten abgeschlossen werden konnte, war es für die Entsendung eines Entsatzheeres nach England zu spät – die Parlamentarier hatten Chester, den letzten noch möglichen Hafen für die Anlandung eines derart großen Heeres, zwischenzeitlich eingenommen. Das Abkommen selbst war bemerkenswert unpräzise formuliert und spiegelte die Instabilität der Zeit wider. Es enthielt keinerlei konkrete Aussagen in Religionsfragen. Statt dessen wurde auf künftige Entscheidungen des Königs verwiesen. In einigen Punkten waren Interessen der Altengländer berücksichtigt worden, da es deren Stellung im öffentlichen Leben Irlands sicherte, auch wurde eine Generalamnestie für alle am Aufstand von 1641 beteiligten Personen erlassen. Über die künftige Gestaltung des irischen Parlaments hingegen findet man nur einige wenige nichtssagende Formulierungen. Die Signatare entschlossen sich aufgrund der allgemeinen politischen Unsicherheit, den Vertragstext zunächst nicht zu veröffentlichen und die weiteren Entwicklungen abzuwarten.

Diese überschlugen sich in den folgenden Wochen und Monaten. Ende April ergab sich König Karl bei Newcastle den schottischen Truppen, deren Allianz mit dem englischen Parlament zwischenzeitlich zerbrochen war. Ormond drängte seine Verhandlungspartner zu einer raschen Veröffentlichung des Vertragstextes, da seine eigene Position ohne Unterstützung durch die Konföderierten in Dublin nicht länger als sicher gelten konnte. Besonders die Altengländer unterstützten dieses Anliegen, mußten jedoch zuvor Rinuccini von der Notwendigkeit einer Allianz mit Ormond überzeugen. Der Nuntius indes lehnte aufgrund der fehlenden Garantien für die religiösen Rechte der Katholiken in dem Vertrag ein Bündnis mit dem Vizekönig ab. Zwei größere militärische Erfolge der Konföderierten gegen Parlamentstruppen im Sommer 1646 schienen ihn in seiner Haltung zu bestätigen.

Der Konflikt innerhalb der Konföderation, der sich bereits Jahre zuvor abgezeichnet hatte und nur von der Hoffnung auf Restitution des Katholizismus in Irland nach einem Sieg über die Dubliner Administration übertüncht worden war, wurde nun offensichtlich. Am 3. August 1646 veröffentlichte der Hohe Rat in Kilkenny, der mehrheitlich aus Angehörigen der Old English bestand, den Text des Friedensvertrages und empfahl ein Bündnis mit Ormond. Bereits drei Tage später wurde der Vertrag von einer Legationssynode in Waterford, an der die maßgeblichen Würdenträger des irischen katholischen Klerus, zumeist Angehörige der Old Irish, teilnahmen, in allen Punkten zurückgewiesen. Die Bischöfe beschuldigten die Delegierten, welche das Abkommen mit Ormond ausgehandelt und unterzeichnet hatten, der Verletzung des Statuts von Kilkenny sowie der Treueverpflichtung gegenüber der Konföderation, veranlaßten deren Verhaftung durch den Höchsten Rat und bedrohten alle, die den Vizekönig unterstützen würden, mit der Exkommunikation. Die Hartnäckigkeit, mit der der vorwiegend altirische Klerus unter Führung des päpstlichen Nuntius Rinuccini jeden politischen Kompromiß, zu dem die gemäßigteren altenglischen Mitglieder der Konföderation bereit gewesen wären, solange ablehnten, wie nicht die vollständige Rehabilitation des Katholizismus auf irischem Boden festgeschrieben wurde, untergrub langsam aber stetig eine Allianz, die es erstmals seit Beginn der englischen Eroberungen in Irland verstanden hatte, der englischen Macht auf der Grünen Insel erfolgversprechend Widerstand entgegenzusetzen. Offensichtlich überschätzten der Nuntius und seine Anhänger ihren Einfluß in der Konföderation und unterschätzten die Gefahr einer Schwächung des Bündnisses durch internen Zwist. Wie groß diese war, sollte sich schon im Winter 1646/47 zeigen, als ein Angriff der Konföderation aufgrund eben solcher Spannungen kläglich fehlschlug. Wenige Wochen später, auf einer Konföderationsversammlung in Kilkenny, brachen diese offen hervor.

Im Frühjahr 1647 übergaben die Schotten König Karl I. dem englischen Parlament. Zwischenzeitlich zeigten sich jedoch in England Risse im Bündnis von Parlament und Armeeführung.

Diese hatten sich zunächst aufgrund ausstehender Soldzahlungen gebildet und waren durch Bestrebungen einiger radikaler Parlamentarier aus der Gruppe der sogenannten »Leveller«[13], die immerhin siegreiche Armee nicht als Machtfaktor im Lande zu akzeptieren, vertieft worden. Gleichsam um ihre Macht zu beweisen, entführten Angehörige des Offizierkorps den König bald nach seiner Ankunft in London aus den Händen der Parlamentarier. Nach dem endgültigen Scheitern der Royalisten in England war Ormond zu Verhandlungen mit dem Parlament gezwungen. Die Verhandlungen hatten bereits vor der Übergabe des Königs begonnen und wurden bis Juni 1647 fortgesetzt, als Ormond förmlich kapitulierte, Dublin einer noch vom Parlament kontrollierten Armee unter dem Kommando von Michael Jones übergab und Irland wenig später Richtung England verließ. Für die Konföderation war die Abreise Ormonds ein schlechtes Omen, denn nur wenige Wochen nach seiner Ankunft in Irland besiegte Oberst Jones eine konföderierte Armee in der Nähe Dublins, Lord Inchiquin, ein anderer protestantischer Armeeführer, schlug gar im Winter 1647/48 die gesamten konföderierten Truppen in Munster vernichtend.

Noch einmal schien zu dieser Zeit das Schicksal Karl I. günstig gesonnen zu sein, als immer deutlicher wurde, daß der Riß zwischen Parlament und Armee nicht mehr gekittet werden konnte. Ein zusätzlicher Konflikt innerhalb der englischen Armee veranlaßte den Monarchen, ein neues Abkommen mit den Schotten zu schließen. Er wies ferner seinen Vertrauten Ormond an, sich erneut um eine Allianz mit den irischen Katholiken zu bemühen.

Nach einem kurzen Abstecher nach Paris, wo Königin Henrietta Maria eifrig um Unterstützung für ihren Gatten in England warb, kehrte James Butler nach Irland zurück. Dort nahm er sofort Kontakt zu einigen einflußreichen protestantischen Heerführern auf, denen grundsätzliche Sympathien für den Monarchen nachgesagt wurden. Auf diese Weise gelang es ihm unter anderem, im April 1648 Lord Inchiquin, den Sieger von

[13] Hierbei handelte es sich um eine republikanische, radikal-demokratisch argumentierende Gruppe um John Lilburne, die die absolute Souveränität des Parlaments genauso forderten wie ein allgemeines und gleiches Wahlrecht für Männer, eine Neuverteilung der Abgeordnetensitze und regelmäßige Parlamentstagungen. Andere Forderungen betrafen die Dezentralisierung der Verwaltung und den Ausbau der lokalen Selbstverwaltung. In Wirtschaftsfragen wurde ein Programm zugunsten der unteren Schichten favorisiert.

Munster, wieder auf die Seite der Royalisten zu ziehen. Gegen den Widerstand seiner puritanischen Offiziere gelang es ihm darüber hinaus, den Höchsten Rat der Konföderierten zu einem erneuten Friedensschluß zu bewegen. Doch auch diesmal war es Nuntius Rinuccini, der sich – aus bekannten Gründen – heftig gegen den Friedensvertrag aussprach und erneut mit Exkommunikationen drohte. Diese Verweigerung brachte das Faß zum Überlaufen und der Konföderation eine weitere Niederlage, denn die Altengländer favorisierten entschieden den Friedensvertrag mit Ormond, während die Altiren im Gefolge Rinuccinis den Vertrag ablehnten.

Trotz dieses Fehlschlages und anderer Rückschläge für die Royalisten – die Schotten wurden bei Preston von der englischen Armee unter der Führung Oliver Cromwells geschlagen – gab der zähe Ormond nicht auf. Einige Monate später begann er eine neue Verhandlungsrunde mit (altenglischen) Delegierten der Konföderation. Das Ergebnis dieser Gespräche wurde im Dezember der Konföderationsversammlung in Kilkenny vorgelegt, die es als unzureichend zurückwies. Doch zur selben Zeit gelangte die Nachricht von dem Prozeß nach Irland, den die Armeeführung in England dem König machen wollte. Diese Nachricht versetzte der katholischen Konföderation in Irland den endgültigen Todesstoß. Mehrheitlich entschlossen sich ihre Mitglieder, den bedrängten König durch den Abschluß eines Friedensvertrages mit Ormond zu stützen, in dem lediglich einige vage Formulierungen zum künftigen Schicksal der Katholiken Irlands unter der Herrschaft Karls I. aufgenommen wurden. Wie zu erwarten, widersetzten sich Rinuccini und einige Altiren diesem Vertrag erneut. Doch die Konföderationsregierung löste sich selber auf und stellte sich mehrheitlich – wie übrigens auch die Schotten aus Ulster – unter den Oberbefehl Ormonds. Aber die Führung der englischen Armee ließ sich durch die Vorgänge in Irland nicht von ihrem Vorhaben abbringen. In einem fragwürdigen Verfahren wurde König Karl I. Stuart zum Tode verurteilt und am 30. Januar 1649 hingerichtet. Die königlichen Truppen Irlands standen nun zur Verfügung des designierten Nachfolgers Karls II., des im Exil lebenden Sohns des exekutierten Monarchen. Nuntius Rinuccini sah ein, daß er nichts mehr in Irland ausrichten konnte und schiffte sich am 23. Februar des Jahres in Galway mit dem Ziel Italien ein.

Die Entführung und Hinrichtung des Königs durch die Armee hatte deutlich gezeigt, daß diese sich zwischenzeitlich zu einem entscheidenden Machtfaktor in der Auseinandersetzung um die künftige Gestaltung des englischen Staatswesens entwikkelt hatte. Wesentlichen Anteil daran trug Oliver Cromwell, der, aus der *gentry* stammend, 1628 ins Unterhaus gewählt worden war und seit 1640 als Mitglied des »Langen Parlaments« zu einem der führenden Köpfe des parlamentarisch-militärischen Widerstandes gegen Karl I. wurde. Seit 1642 hatte er das Heer des Parlaments geführt, dabei eine eigene Reitereinheit, die sogenannten »Ironsides« geschaffen, mit denen er dem König die entscheidenden Niederlagen von Marston Moor und Naseby beifügen konnte. Die Ironsides waren der Kern jener Bewegung innerhalb der Armee, die sich als »Independenten« nach 1645 zunehmend vom Parlament distanzierten und seit 1648 unter Ausschluß der Presbyterianer ein Rumpfparlament in London bildeten, auf dessen Veranlassung der König letztlich hingerichtet wurde. In der zeitgenössischen wie in der wissenschaftlichen Literatur ist lange Zeit nur ein einseitig verzerrtes Bild dieses Mannes wiedergegeben worden, das sich ausschließlich auf dessen unnachsichtige und blutige Unterdrückung allen Widerstandes gegen seine Politik konzentrierte. Doch wurde dabei übersehen, daß sich zum Zeitpunkt der Machtübernahme durch das Rumpfparlament im Herrschaftsbereich der englischen Krone, also in England, Wales, Schottland und Irland eine Vielzahl von Fraktionen und Gruppen gegenüberstand, deren Interessendivergenz letztlich den Bestand des ganzen Herrschaftsbereiches bedrohte. Als Puritaner der strengen Observanz jedoch, der das protestantische englische Volk für die Auserwählten Gottes hielt, war Cromwell fest entschlossen, die im Verlauf von Jahrhunderten mühsam gewonnene Hegemonie in Britannien wie in Irland nicht auf dem Altar von Partikularinteressen zu opfern, sondern sie im Gegenteil zu behaupten und als Ausgangspunkt für eine globale Offensive gegen Papsttum und Katholizismus zu nutzen.

Als erklärter Royalist wußte der Graf von Ormond, daß er von dem neuen mächtigen Mann in England wenig Gutes zu erwarten hatte. Noch einmal versuchte er, durch eine Eroberung des Pale die Macht des Parlaments in Irland zu brechen. Im Juli konnten royalistische Truppen unter der Führung Inchiquins Drogheda, Dundalk, Newry und Trim erobern und dadurch den Ring um Dublin immer enger schließen. Doch ein Angriff auf den Regierungssitz selbst scheiterte schließlich am 2. August 1649, da die in Dublin stationierten Truppen unter dem Kommando von Michael Jones rechtzeitig genug aus England Verstärkung erhalten hatten, um die Armee Ormonds in der Schlacht bei Rathmines zu schlagen. Oliver Cromwell selbst, vom Rumpfparlament zum irischen Vizekönig und Oberkommandierenden der Streitkräfte ernannt, landete am 15. August des Jahres an der Spitze eines bis an die Zähne bewaffneten 12000-Mann-Heeres im Süden von Dublin und begann sofort mit einer unnachsichtigen Verfolgung der Royalisten sowie auch aller anderen oppositionellen Gruppen in Irland.

Um für seinen Rückeroberungsfeldzug eine möglichst große Ausgangsbasis zu schaffen – schließlich galt es, neben dem Heer Cromwells noch die 8000 schon vorher in Dublin stationierten Soldaten zu versorgen –, war das nächste Ziel Cromwells die Stadt Drogheda, die bis zur Einnahme durch Inchiquin stets zum unmittelbaren Einflußbereich Dublins gehört hatte. Seither standen dort etwa 2600 schlecht bewaffnete und nur unzureichend versorgte Soldaten unter dem Kommando des englisch-katholischen Royalisten Arthur Ashton. Diese sahen sich Anfang September des Jahres mit einem 10000-Mann-Belagerungsheer konfrontiert, das zudem nach den neuesten Erkenntnissen der Waffentechnik ausgerüstet war. Dennoch weigerten sie sich, die Stadt kampflos zu übergeben.

Dafür mußten die Belagerten einen hohen Blutzoll entrichten. Am Nachmittag des 11. September hatten die Truppen Cromwells die Stadtmauern sturmreif geschossen und waren in die Stadt eingedrungen. Cromwell selbst hatte die strikte Anweisung erteilt, den Soldaten der Garnison kein Pardon zu gewähren. Nach einem mehrstündigen Gemetzel waren daher bis auf jene, denen die Flucht gelang, nur noch einige Dutzend Angehörige der ehemaligen Garnisonstruppen am Leben, die den Rest ihres Lebens als Sklaven auf Barbados fristen mußten.

Doch nicht nur Soldaten zählten zu den Betroffenen des *furor Cromwellicus*. Unzählige Zivilisten, die sich stets der Dubliner Herrschaft verpflichtet gefühlt hatten, fielen der »marvellous great mercy«, der »ungeheuren und unfaßbaren Gnade« des Eroberers zum Opfer. Cromwell selbst rechtfertigte dieses Vorgehen mit zwei Gründen: der eine sei die gerechte Rache für die Massaker von 1641 – dabei waren die mehrheitlich neuenglisch-protestantischen Bewohner Droghedas mit Sicherheit nicht an der Rebellion beteiligt gewesen –, der andere der Generalpräventiv, der helfen sollte, künftiges Blutvergießen zu vermeiden[14].

Obwohl nach den damaligen Kriegsgepflogenheiten Cromwell sogar zu Recht einer Garnison Pardon verweigert hatte, die nach einer verweigerten Übergabe gestürmt worden war, übertraf die Rücksichtslosigkeit seines Vorgehens alle bislang in Irland bekannten Maßstäbe und sicherte ihm eine dauernde Spitzenposition in der ewigen Liste der am meisten gehaßten Persönlichkeiten in Irland. Da Cromwell jedoch ohne Zweifel über die Hintergründe des Aufstandes von 1641 informiert war, liegt die Vermutung nahe, daß er den in den Reihen seiner weniger gut bis schlecht oder gar nicht über irische Probleme informierten Soldaten möglicherweise vorhandenen Rachegelüste gegenüber »den irischen Barbaren«, die allgemein als Verantwortliche für die Greueltaten an englischen Siedlern von 1641 angesehen wurden, ein Ventil verschaffen wollte. Möglicherweise war das Massaker auch als vergleichbares Signal an die englische Öffentlichkeit gedacht, in der nach 1641 ein ähnlich diffuses und falsches Bild von »den wilden Iren« vorherrschte und deren Racheglüste auf diese Weise genauso befriedigt werden konnten, wie man ihr damit die Stärke der neuen Machthaber demonstrierte. Für den Demonstrationscharakter des Vorgehens in Drogheda spricht auch die Tatsache, daß es im weiteren Verlauf dieses Feldzuges, den Cromwell selbst noch bis Mai 1650 führte, nur noch einmal, im Oktober 1649 bei der Eroberung Wexfords, zu einem ähnlich brutalen Gemetzel kam, in dessen Verlauf mehr als 2000 Bürger der Stadt den Tod fanden. Auch wenn Cromwell selbst die Ereignisse in Wexford mit ähnlichen Worten zu rechtfertigen versuchte wie sein Vorgehen in Drogheda, gibt es doch einige Hinweise dafür, daß seine Soldaten nach der Eroberung der Stadt außer Kontrolle gerieten und Amok liefen.

Mit Wexford war Cromwell der wichtigste Hafen seiner Gegner in die Hände gefallen. Der gesamte lebenswichtige Nachschub aus dem Ausland war über Wexford abgewickelt worden. Ebenso lagen dort jene Schiffe, die für die Kontrolle der irischen Küstengewässer und zur Abwehr feindlicher Seeoperationen dringend benötigt wurden. Das nächste Ziel der englischen Armee war Waterford, die damals zweitgrößte Stadt Irlands, die

[14] Zu den Aussagen Cromwells, die indirekt diese Vermutungen bestärken, vgl.: P. J. Corish, The Cromwellian Conquest, 1649–53. In: Moody, Martin u. Byrne, A New History of Ireland, Bd. 3, S. 340.

Ende November angegriffen wurde. Doch scheiterte die Einnahme an der unerwartet heftigen Gegenwehr ebenso wie an der Erschöpfung der eigenen Truppen und den ungünstigen Witterungsbedingungen. Cromwell ließ daher die Belagerung aufheben und bezog in Youghal Winterquartier. Seinen anderen Truppen gelang es zwischen August und Dezember 1649, die irische Küste von Derry im Norden über Carrickfergus, Belfast, Drogheda und Wexford bis nach Cork im Südwesten aus den Händen der Royalisten und ihren noch verbliebenen verbündeten Konföderationstruppen zurückzuerobern.

Deren noch amtierender Führer, der Graf von Ormond, hatte es zweifellos mit einem übermächtigen Gegner zu tun. Ein weiterer Grund für die Niederlage der Royalisten und Konföderierten waren deren interne Rivalitäten, besonders seitdem die Rinuccini-Fraktion des katholischen Klerus jede Zusammenarbeit der Konföderierten mit den Royalisten durch Exkommunikationen zu ahnden pflegte. Die Saat des päpstlichen Nuntius war zweifellos aufgegangen, denn auch nach dessen Abreise und angesichts der Cromwellschen Bedrohung verweigerten Teile des Klerus die Zusammenarbeit mit den Royalisten. Zwar war es Ormond im Herbst 1649 noch gelungen, die in Ulster kämpfende Armee Owen Roe O'Neills wieder zu einer Allianz zu bewegen, doch starb ihr kampferprobter Kommandant kurz darauf. Im Winter 1649/50 schließlich schien auch der katholische Klerus den Ernst der Lage begriffen zu haben, denn auf einem Treffen in Clonmacnoise beklagten sie den Dissens in den eigenen Reihen und drängten auf eine engere Zusammenarbeit.

Diese Aufforderung kam jedoch zu spät. Cromwell setzte im Frühjahr 1650 seine Offensive in einem Land fort, in dem mittlerweile die Beulenpest wütete und das ihm daher noch weniger Widerstand entgegenzusetzen hatte. Nachdem Kilkenny im März gefallen war – Garnison und Bürger waren aufgrund der Erfahrungen des Vorjahrs der Aufforderung zur Kapitulation unverzüglich nachgekommen –, übergab der englische Armeeführer im Mai das irische Kommando Henry Ireton, seinem Schwiegersohn, und reiste mit der Gewißheit ab, diesen Unruheherd im Sinne der englischen Macht weitgehend befriedet zu haben. Daran änderte auch der baldige Tod Iretons nichts, zu dessen Nachfolger Charles Fleetwood ernannt wurde. Ormond selbst, der im Frühsommer 1650 nur noch katholische Truppenkontingente befehligte, überwarf sich im August des Jahres endgültig mit dem katholischen Klerus, der sich falsche Hoffnungen auf kontinentale Hilfeleistung machte. Etwa zur selben Zeit erfuhr er von der Aufkündigung des Friedensvertrages von 1649 durch Karl II. in Schottland, wo dieser um Hilfe gegen Cromwell nachsuchte, die er mit einer brüsken Absage an eine gleichberechtigte Behandlung irisch-katholischer Rebellen durch protestantische königlich-englische Unterhändler zu erreichen hoffte. Damit war Ormond die Grundlage für eine weitere Zusammenarbeit mit den Resten der katholischen Konföderation entzogen worden. Am 11. Dezember 1650 schiffte er sich zusammen mit Inchiquin und einer großen Anzahl royalistischer Heerführer in Galway ein, um sich auf dem Kontinent ins Exil zu begeben. Die Rückeroberung Irlands durch Cromwells Truppen war im April 1653 endgültig abgeschlossen, nachdem sich die letzten konföderierten Truppen in Cloughouter ergaben und nur noch einige, wie es hieß, »gesetzlose« Ex-Rebellen in den Mooren und Wäldern einen Partisanenkrieg gegen die protestantischen Eroberer fortsetzten.

Das Land selbst war nach zwölf Kriegsjahren nahezu völlig verwüstet, die Bevölkerung durch die Kriegswirren, Hungersnöte und Seuchen stark dezimiert. Eine Schätzung aus dem Jahr 1652 ging von etwa 600000 Toten seit 1641 bei einer noch lebenden Gesamtbevölkerung von etwa 850000[15] aus, darunter etwa 15 bis 20 Prozent Anhänger der verschiedenen protestantischen Glaubensrichtungen. Ackerbau konnte auf den verwilderten Böden sowie mangels ausreichender Arbeitskräfte kaum noch betrieben werden, der Viehbestand war in den Kriegsjahren dramatisch dezimiert worden. Trotzdem galt die Aufmerksamkeit des englischen Parlaments in den Jahren nach 1652 in besonderem Maß den Grund- und Bodenverhältnissen jenseits der Irischen See. Seit 1642 nämlich hatten die verantwortlichen Parlamentarier die irischen Feldzüge durch Verpfändung von Besitzrechten auf der Grünen Insel finanziert. Schnell waren solche Pfandbriefe zu Spekulationsobjekten von Kaufleuten in ganz England und Schottland geworden, viele davon hatten gegen Kriegsende schon mehrfach den Besitzer gewechselt. Zur selben Zeit wurden jene Soldzahlungen fällig, die ab 1643 an in Irland eingesetzte Soldaten über Schuldverschreibungen ausge-

[15] Diese Berechnung war vermutlich falsch. Heute wird geschätzt, daß zu Beginn der fünfziger Jahre des 17. Jahrhunderts etwa eine Million Menschen in Irland lebten.

zahlt worden waren. 1644 schließlich war das Parlament auch noch dazu übergegangen, die aus dem englischen Staatshaushalt für Operationen in Irland aufzubringenden Mittel über Kredite zu finanzieren, deren Rückzahlung mit irischen Ländereien erfolgen sollte. All dies geschah, ohne daß man eine nur annähernde Vorstellung davon hatte, wieviel Grundfläche in Irland überhaupt zur Disposition stehen würde. Es kam, wie es kommen mußte: Am Ende des Krieges sah sich das Parlament zu Westminster mit dem Problem konfrontiert, daß es mehr irisches Land schuldete, als es besaß.

An dieser Tatsache konnten auch hektische Landvermessungen nichts ändern, mit der Regierungsbeauftragte seit 1652 versuchten, kalkulierbare Zahlen über die Größenordnung des zum Schuldenabtrag verfügbaren Landes zu erhalten. Zusätzliche Maßnahmen wurden erörtert und teilweise auch erprobt. So erhielten Angehörige der ehemals gegnerischen Streitkräfte die Erlaubnis zur Emigration, um in fremden Heeren Dienst zu tun – etwa 34000 Iren machten von dieser Möglichkeit Gebrauch und verließen ihre Ländereien, die nun der Siegermacht zur Verfügung standen. Andere Pläne waren wesentlich radikaler: Eine besonders unnachsichtige Gruppe innerhalb der englischen Armee forderte die Vertreibung aller Iren aus Irland, statt derer eine entsprechende Zahl zuverlässiger protestantischer Soldaten angesiedelt werden sollte. Doch abgesehen davon, daß zu jener Zeit eine solche Massenvertreibung kaum durchführbar gewesen wäre, hätte man auch nicht eine derart große Zahl an Kolonisatoren zur Übersiedlung nach Irland bewegen können, da das verwüstete Land kaum genügend Attraktivität entfaltete, um auswanderungswilligen Engländern und Schotten als wirkliche Alternative zu den vielversprechenden Kolonien Nordamerikas zu erscheinen.

Dennoch stand die Regierung nach wie vor in der Pflicht, die Schulden der Vergangenheit abzutragen. Solche Not machte erfinderisch, zumal sich ein Großteil des Grundbesitzes immer noch in katholischen und damit in schwachen Händen befand. Katholische Landbesitzer wurden daher in der Folgezeit angewiesen, ihre Besitzungen in den fruchtbaren Regionen des Nordens, in Zentral- und Südirland aufzugeben und gegen neue Ländereien in den unfruchtbaren Regionen Connachts und Clares einzutauschen – die allerdings in der Regel höchstens halb so groß wie die ursprünglichen Besitzungen waren. Doch hatte sie die Regierung unmißverständlich vor die Wahl gestellt, »to hell or to Connacht«[16] zu gehen. Neben diesen unglücklichen Grundbesitzern waren als zweitschwächste Gruppe vornehmlich Soldaten der unteren Ränge mit Landansprüchen in das Blickfeld der landsuchenden Regierungsinspektoren geraten. Da sie jedoch ihre Haut für die »englische Sache« zu Markte getragen hatten, bedurfte es in ihrem Fall eines anderen Ansatzes – zumal eine ersatzlose Streichung der Landrechte möglicherweise Unruhen im gerade erst befriedeten Land hätte auslösen können. Statt dessen erhielten sie die Möglichkeit, ihre Rechte an den Staat zurückzuveräußern – allerdings zu erheblich ungünstigeren Konditionen. Dennoch wurde davon reger Gebrauch gemacht, wobei wohl die Aussicht auf noch größeren Besitz jenseits des Atlantiks in vielen Fällen die Entscheidung erleichterte. Das auf diese Weise zusätzlich zur Disposition gelangte Land reichte nun aus, um die Ansprüche von Offizieren aus der Armee Cromwells abzugelten. Deren Familien stiegen schnell zu einem bedeutenden Element in der irischen grundbesitzenden Klasse auf. Sie bildeten ein völlig neues Element in der irischen Gesellschaft, das in unmittelbarer Konkurrenz zu den protestantischen New English stand, die nun »Old Protestants« genannt wurden. Um 1657 war die Umverteilung des irischen Grundbesitzes im wesentlichen und hauptsächlich zu Lasten der katholischen Grundbesitzer abgeschlossen.

Deren Zwangsumsiedlung jedoch war nur ein Element der anti-katholischen Beschlüsse im Rahmen der Cromwellschen Neuordnung Irlands nach 1652 – wobei ausdrücklich nicht zwischen Old Irish und Old English unterschieden wurde. Damals war mit dem ›Settlement Act‹ in Westminster ein Gesetz verabschiedet worden, das die künftige Irlandpolitik Englands völlig neu bestimmte. Hierin fanden sich unter anderem auch die Rahmenrichtlinien für die Neuverteilung des Landes, da es zwar eine Generalamnestie für alle nicht unmittelbar zur Führungsspitze der irischen Opposition zählenden Bewohner der Grünen Insel vorsah, doch gleichzeitig eine völlige Neustrukturierung der politischen Landschaft Irlands verlangte, durch die die Besitz- und Einflußverhältnisse der Vorkriegszeit aufgehoben werden sollten. Davon waren – jedenfalls theoretisch – alle Einwohner Irlands einschließlich der New English und »Ulster Scots« betroffen, doch angewendet wurden diese Erlasse fast ausschließlich gegen Katholiken. Die Generalamnestie enthielt

[16] »Zur Hölle oder nach Connacht!«

nämlich eine Klausel, die all jene Teile der Bevölkerung ausnahm, die an der Rebellion von 1641 beteiligt gewesen waren. Dazu zählten der katholische Klerus und die Jesuiten, ferner solche Personen, denen Morde an Zivilisten nachgewiesen werden konnten, sowie eine Liste von Einzelpersonen, an deren Spitze James Butler, der Graf von Ormond stand.

Die New Protestants gehörten mehrheitlich zu den Cromwellschen Independenten und waren nun darauf erpicht, ihren neugewonnenen gesellschaftlichen Status dazu zu nutzen, die radikal-puritanischen Überzeugungen des Lord Protector auch in Irland durchzusetzen – konnte auf diese Weise doch dem Gönner die angemessene Referenz erwiesen und gleichzeitig auch die eigene Machtposition vortrefflich ausgebaut werden. Eine der ersten Handlungen von Charles Fleetwood, dem neuen Befehlshaber in Irland, war daher die Formulierung eines Religionserlasses, von dem nicht nur die katholische Kirche, sondern auch die gemäßigt-protestantische Church of Ireland und die Presbyterianer betroffen waren. Doch während die Protestanten nur einige Änderungen in liturgischen Fragen hinnehmen mußten, wurden öffentliche katholische Gottesdienste fortan grundsätzlich verboten. Darüber hinaus versuchte die Regierung, katholische Priester und Lehrer durch Umerziehungsmaßnahmen zum neuen Glauben zu bekehren. Doch anstatt sich dem Siegerwillen zu beugen, zogen sie die Flucht in unwirtliche Moore, Wälder oder Berge vor, wo viele von ihnen begannen, unter freiem Himmel Messen für die Bewohner des Umlandes zu zelebrieren. Damit waren sie vor der ständigen Verfolgung durch die Organe des Staates einigermaßen sicher, begründeten aber auch, ohne es zu wollen, ja aus der Not heraus, die heute noch in Irland gepflegte Tradition der Gottesdienste unter freiem Himmel.

Ein weiterer Erlaß Fleetwoods aus demselben Jahr sah die Einführung des englischen Rechtssystems in Irland vor, ein Jahr später wurde eine erste Union Irlands mit England vom Parlament beschlossen, die den Iren 30 von insgesamt 460 Sitzen in Westminster zugestand. Doch ereichte dieses Gesetz niemals Rechtswirksamkeit, da Cromwell das Parlament seinem Lord-Protektorat und damit einer faktischen Militärdiktatur unterwarf. 1655, vor dem Hintergrund zunehmender Spannungen zwischen ihm und dem Parlament, ernannte der Lord-Protektor seinen Sohn Henry zum neuen Oberbefehlshaber in Irland. Zwei Jahre später wurde dieser zum Vizekönig befördert. Doch der ehemals mächtigste Mann Englands hatte seine Möglichkeiten überschätzt, der Opposition gelang es zunehmend, ihn politisch zu isolieren. Kurz vor seinem Tod am 3. September 1658 hatte er zwar seine Ämter und (vorwiegend selbsterteilten) Vollmachten noch seinem Sohn Richard übertragen können, dieser jedoch mußte sich wenig später der Macht des Faktischen beugen und vor der erstarkten Opposition des Parlaments kapitulieren.

Die Restauration der Monarchie

Bereits kurze Zeit später, im Jahre 1660, zerbrach das puritanische Commonwealth des Oliver Cromwell endgültig. Der Sohn des elf Jahre zuvor hingerichteten Königs, Karl II., zog am 29. Mai des Jahres als neuer König von England, Schottland und Irland in London ein, nachdem er bereits am 8. Mai in London und am 14. Mai in Dublin zum König proklamiert worden war. Die konföderierten Katholiken hatten trotz aller internen Differenzen stets ihre Loyalität zur Krone betont und viele von ihnen auf der Seite der Royalisten gekämpft oder dem neuen König während seines Exils zur Seite gestanden. Sie erwarteten nun religiöse Toleranz und die Rückgabe ihres alten Landbesitzes auf der Grundlage des Vertrags von 1649. Karl II. stand ihren Anliegen durchaus wohlwollend gegenüber, aber viele protestantische Kommandeure wie zum Beispiel Theophilus Jones, Charles Coote oder Roger Boyle, Lord Broghill, hatten sich mit ihren protestantischen Armeen erst in der Spätphase der Diktatur Cromwells auf die Seite der gemäßigten, eine Restitution des »Langen Parlaments« fordernden Kräfte in England geschlagen, nachdem sie zuvor für ihren Kampf auf Seiten Cromwells großzügig mit Ländereien in Irland belohnt worden waren. Auch sie erwarteten eine Anerkennung ihres Beitrages zur Beseitigung des alten Regimes und bestanden auf der Bewahrung des Status quo. Zunächst jedoch beschränkte sich die Anerkennung der Leistungen von Coote und Boyle durch den neuen Monarchen auf die Verleihung der Grafenwürde von Mountrath beziehungsweise Orrery.

Doch da Karl II. kurz vor seiner Inthronisation Versprechungen nach allen Seiten gemacht hatte – die ehemaligen Soldaten Cromwells sollten behalten, was sie bekommen, die Iren wiedererhalten, was sie verloren hatten –, war es unvermeidlich, daß die Landfrage bald wieder an die Spitze der politischen Tagesordnung in Irland rückte. Trotz der offensichtlichen Unmöglichkeit, allen Ansprüchen gerecht zu werden, schien Karl II. zunächst von der Realisierbarkeit einer allseits gerechten Lösung der Landfrage überzeugt zu sein. Diese Einschätzung gründetete sich zum Großteil auf Statistiken, die Orrery ihm noch im Jahre 1660 vorgelegt hatte und die die Möglichkeit suggerierten, sowohl protestantischen Besitzstand zu wahren als auch katholische Entschädigungen zu leisten. Angesichts der Ergebnisse der Vermessungsarbeiten und der Probleme bei der Landverteilung Mitte der fünfziger Jahre hätte eine sorgfältige Prüfung dieser Angaben deren Fehlerhaftigkeit schnell erwiesen, doch der Monarch, mit irischen Problemen nur unzulänglich vertraut, griff dankbar auf die Anregungen Orrerys zurück und erteilte im November 1660 den zuständigen irischen Behörden die Anweisung, die entsprechenden Bestätigungen der Besitztitel und Entschädigungen für Konfiskationen vorzunehmen – was diese zwangsläufig vor unlösbare Probleme stellte.

Daß der König in der Tat hoffte, allen Parteien in Irland gerecht zu werden, unterstrich die Wiedereinsetzung des mittlerweile in den Herzogstand erhobenen Ormond zum Vizekönig im Jahre 1662. Dieser war zweifellos einer der erfahrensten und einflußreichsten Irlandpolitiker seiner Zeit, dessen unbeugsame Loyalität zur Krone in der Vergangenheit oft geprüft worden war, der sich daneben aber auch häufig gegen den protestantischen Mehrheitswillen für eine gerechte Behandlung katholischer Belange engagiert hatte. Die Integrität und Unbestechlichkeit des alten und neuen Vizekönigs konnte also von keinem seiner Zeitgenossen in Frage gestellt werden. Dennoch mußte auch Ormond letztlich ohnmächtig registrieren, daß Irland erneut zum Spielball protestantischer Macht- und Besitzinteressen wurde, da seine Widersacher über bessere Kontakte zum Hof in London verfügten, dessen Ratschlägen der Monarch nur allzu gern Gehör schenkte.

Dem höfischen Einfluß und dem politischen Gewicht des (protestantischen) Parlaments von Westminster hatte der irische Vizekönig nur wenig entgegenzusetzen. Schon die Präambel der generellen Rahmenrichtlinien zur Lösung der offenen Titel- und Entschädigungsansprüche, die 1662 im ›Act of Settlement‹ erlassen worden waren, ließen auf die latent anti-katholischen Grundlagen der künftigen Irlandpolitik der Krone schließen. Zwar favorisierte der übrige Gesetzestext erkennbar einen Ausgleich, doch wie weit bereits Anspruch und Wirklichkeit auseinanderklafften, sollten die Jahre bis 1675 zeigen. In dieser Zeit beschäftigten sich eine Vielzahl von Ausschüssen und Komitees mit unzähligen Anträgen protestantischer wie katholischer Herkunft auf Titelbestätigung, -rückgabe oder -entschädigung. Parallel dazu bildeten die rivalisierenden Gruppen Interessenverbände, die die Schiedssprüche der Gremien zu ihren jeweiligen Gunsten zu beeinflussen versuchten. Wortführer der mächtigen Neuprotestanten wurde der Graf von Orrery, die Katholiken vertrauten mehrheitlich Richard Talbot, dem Sproß einer altenglischen Familie des Pale, der über gute Kontakte zum Herzog von York, dem Bruder des Königs, verfügte.

Als offensichtlich wurde, daß die verschiedenen Ausschüsse regelmäßig zugunsten protestantischer Ansprüche entschieden, wurde eine katholische Delegation unter Führung Talbots als »Generalagent der römischen Katholiken Irlands« an den Londoner Hof entsandt, um dort förmlich gegen die ungerechte Behandlung zu protestieren. Dieser Protest zeitigte zunächst auch einige Erfolge, denn auf Geheiß des Königs wurde unter Leitung des Herzogs von York ein Ausschuß zur Prüfung der Beschwerden eingerichtet und ein Inspektionskomitee damit beauftragt, direkt vor Ort die Rechtmäßigkeit der Schiedssprüche zu prüfen. Wie zu erwarten war, ließen daraufhin die irischen Protestanten ihre guten Verbindungen nach London spielen, um das Unterhaus gegen die Absichten des Königs und seines Bruders Einspruch erheben zu lassen. Karl hatte der Opposition nichts Gleichwertiges entgegenzusetzen und mußte seine Entscheidung widerrufen.

Dies enttäuschte nicht nur Richard Talbot, der das Exil in Frankreich einer Rückkehr nach Irland vorzog, sondern auch die irischen Katholiken, unter denen die Frustration über das Scheitern ihrer Intervention groß war, zumal sie große Hoffnungen in das Verhandlungsgeschick ihres Unterhändlers gesetzt hatten. Allerdings hatten nicht alle von ihnen tatsächlich Grund zur Klage, denn während die Mitglieder der altenglischen *nobility* ihren Besitzstand durchweg wahren konnten, einige katholische Geschäftsleute und Staatsdiener sogar durch Landankauf ihre Besitzungen erheblich vergrößerten, zählten die katholischen Altiren nahezu geschlossen zu den großen Verlierern. Nach wie vor stellten sie den bei weitem größten Anteil an der irischen Gesamtbevölkerung, verfügten aber als Folge der langjährigen systematischen sozialen Ausgrenzung durch die Vertreter der englischen Krone über den geringsten Einfluß in Dublin und London. Wie stark sie von der Neuverteilung des Landes betroffen waren, zeigt ein konkreter Vergleich des anteiligen Landbesitzes: Im Jahre 1641 hatten sich etwa 60 Prozent des Landes in katholischer Hand befunden, nach der Neuverteilung waren es nur noch wenig über 20 Prozent – dabei betrug der Anteil der Katholiken an der Gesamtbevölkerung in dieser Zeit konstant über 70 Prozent, von denen nur gut 10 Prozent altenglischer Herkunft waren.

Doch wurden nicht nur ihre Hoffnungen auf Restitution der Grundbesitzverhältnisse bitter enttäuscht. Auch die Behandlung der katholischen Ansprüche auf freie Religionsausübung zeigte schnell, daß Karl II. zu Beginn seiner Regentschaft in der Tat mehr versprochen hatte, als er einlösen konnte. Allerdings muß festgehalten werden, daß der König selbst durchaus darum bemüht war, seine Zusagen zu erfüllen. Viele von ihm in dieser Frage angeregte Maßnahmen wurden erst durch Intrigen und bewußt lancierte Desinformationen protestantischer Fundamentalisten im Londoner Unterhaus unterlaufen. Daß es der katholischen Kirche trotzdem und trotz der Fortsetzung erbitterter interner Diskussionen über das eigene Verhältnis zur protestantischen Hoheit in Irland nach der Restitution der Monarchie gelang, die eigenen, während des Cromwellschen »Interregnums«[17] stark beschädigten Strukturen wieder zu festigen, ist zweifellos auch auf die grundsätzlich wohlwollende Haltung Karls zurückzuführen. Doch setzte sich in diesen Jahren innerhalb der Hierarchie auch eine realpolitische Mehrheit durch, die trotz heftiger Demarchen aus Rom bereit war, ihr eigenes Staatsverständnis neu zu überdenken und förmlich auf jedes weltliche Mitspracherecht des Papstes – jedenfalls im Herrschaftsbereich Karls II. – zu verzichten.

Diese Kooperationsbereitschaft trug zunächst vielversprechende Früchte. Die Katholiken durften, unbehindert von staatlichen Restriktionen, wieder ihren Glauben ausüben, der Vatikan sogar eine Reihe von neuen Bischöfen ernennen. Dies geschah überwiegend in Zusammenarbeit mit der Regierung, der ein Vorschlagsrecht eingeräumt wurde. In den Diözesen konnten viele jener strukturellen und liturgischen Deformatio-

[17] Die Bezeichnung »Interregnum« ist in Verbindung mit der Herrschaft Cromwells durchaus geläufig, jedoch nicht ganz zutreffend, denn nach der Hinrichtung Karls I. war sein Sohn, Karl II., thronberechtigt – allerdings ohne davon Gebrauch machen zu können.

nen wieder korrigiert werden, die in den Jahrzehnten der Unterdrückung und Verfolgung entstanden waren. Die günstige Entwicklung erlaubte sogar die Einberufung einer Generalsynode aller irischen katholischen Bischöfe, die im Jahre 1670 in Dublin stattfand. Zur selben Zeit jedoch strebte Karl II. eine Allianz mit Ludwig XIV. von Frankreich an, von der sich der Engländer französisches Geld, politische Macht unabhängig vom Parlament und wirtschaftlichen Aufschwung erhoffte. Im Unterhaus verfolgten die protestantischen Parlamentarier allerdings die Annäherung an den mächtigen katholischen Potentaten auf dem Kontinent genauso mißtrauisch wie die vermeintlich allzu nachsichtige Haltung des Königs gegenüber den altgläubigen Iren. Nachdem der Inhalt des Vertrags von Dover bekannt wurde, in dem Karl seinem französischen Cousin gegen erhebliche Geldzahlungen und die Zusage einer weiteren Förderung katholischer Interessen in seinem Reich den Kampf gegen die (protestantischen) Niederlande ermöglicht hatte, begann sich der protestantische Widerstand erneut zu sammeln. Einige Monate später forderten Ober- und Unterhaus in einer gemeinsamen Erklärung den König dazu auf, etwas gegen die »anmaßende Haltung der irischen Papisten« zu unternehmen. Darin plädierten sie für die Relegation der katholischen Priester im Allgemeinen sowie für die Verhaftung der beiden prominentesten irisch-katholischen Bischöfe, Oliver Plunkett, Erzbischof von Armagh, und Peter Talbot, Erzbischof von Dublin. Zwar blieb diese Initiative noch folgenlos, doch konnte sich Karl dem wachsenden Widerstand der Protestanten zwei Jahre später nicht länger entgegenstellen. Eine große Zahl von Ordensgeistlichen verließ unter Führung von Peter Talbot die Insel, Plunkett sowie die meisten anderen Bischöfe entzogen sich den protestantischen Nachstellungen durch die Flucht ins Landesinnere. Auch nach diesem offensichtlichen Punktsieg verfolgten die Protestanten alle Bewegungen der Katholiken mit äußerstem Mißtrauen. Als Talbot 1678 nach Irland zurückkehrte, wurde er unter der Anschuldigung verhaftet, im Auftrag des Papstes ein Mordkomplott gegen Ormond geschmiedet zu haben. Der Vorwurf der »papistischen Konspiration« war genausowenig beweisbar wie der einer »französischen Verschwörung« gegen England drei Jahre später. Doch gab es in beiden Fällen prominente Opfer: Talbot starb wenige Wochen nach seiner Verhaftung im Kerker, Plunkett wurde 1681 des Hochverrats angeklagt und hingerichtet.

Damals jedoch war der Höhepunkt der anti-katholischen Politik des englischen Parlaments in der Ära Karls II. bereits überschritten. Nach wie vor konnte sich dieser auf finanzielle Unterstützung aus Frankreich stützen und damit seine eigene Machtposition zu Lasten des Parlaments weiter ausbauen. In den letzten Jahren seiner Herrschaft waren Ober- wie Unterhaus weitgehend ausgeschaltet. Karls Bruder Jakob, der Herzog von York, ein konvertierter Katholik, gewann zunehmend an Einfluß und half dem König, sich seiner heftigsten Widersacher am Hofe zu entledigen. Danach entspannte sich auch die Lage der irischen Katholiken bis zum Tode Karls II. im Februar 1685 zusehends.

Trotzdem muß seine 25jährige Herrschaft in mancherlei Hinsicht als eine Periode der Enttäuschung für den Katholizismus in Irland bezeichnet werden. Die protestantischen Privilegien wurden nicht, wie 1660 erhofft, wieder abgebaut, sondern im Gegenteil konsolidiert und teilweise sogar erweitert. Darüber hinaus hatte das Londoner Parlament in mehreren Schiffahrtsgesetzen *(navigation acts)* Handelsrestriktionen erlassen, von denen besonders die Landbesitzer altirischer Herkunft betroffen waren: Irisches Vieh, vor allem junge Mastochsen, für die bislang in England gute Absatzmöglichkeiten bestanden hatten, durfte nach heftigen Interventionen englischer Viehzüchter einige Jahre nicht mehr exportiert werden, irische Wolle blieb für den englischen Markt reserviert, wo sie verarbeitet und das Fertigprodukt dann mit beträchtlichem Gewinn weiterverkauft werden konnte. Doch waren solche Restriktionen eher die Ausnahme und abgesehen davon war es insgesamt eine ungewöhnlich ruhige Zeit, besonders im historischen Vergleich, die sogar von einem bescheidenen wirtschaftlichen Aufschwung gekennzeichnet war, den ein blühender Butter- und Fleischhandel seit den frühen siebziger Jahren möglich machte. Die irische Bevölkerung erholte sich zusehends von den jahrzehntelangen Kriegen, 1685 lebten bereits wieder etwa zwei Millionen Menschen auf der Grünen Insel, 75 Prozent davon Katholiken. Auch wenn Zeitgenossen immer noch davon ausgingen, daß diese Zahl aus wirtschaftlichen wie militärischen Gründen zu klein war, hatte sich Dublin mit 60000 Einwohnern zur zweitgrößten Stadt der Britischen Inseln entwickelt, Cork nebst Umland war mit etwa 20000 Einwohnern zur zweitgrößten Stadt Irlands aufgestiegen, gefolgt von Waterford und Limerick mit je 5000 Einwohnern, die ebenfalls vom zunehmenden Im- und Export profitieren konnten. Dabei kam dem Handel mit den amerikanischen Kolonien eine zunehmende Bedeutung zu. Die wichtigsten Positionen in der Verwaltung und Wirtschaft waren zwar in protestantischer Hand, Protestanten besaßen darüber hinaus das meiste Land, aber es gab immer noch einen harten katholischen Kern von einflußreichen Grundbesitzern, Rechtsanwälten und Händlern (überwiegend, aber nicht ausschließlich altenglischer Abstammung), die bereit waren, bei einer günstigen Gelegenheit auf eine Wiederherstellung der alten Rechte zu pochen.

Eine solche Gelegenheit bot sich, als der alte König starb und sein Bruder Jakob II. den Thron von England bestieg. Die irischen Katholiken verknüpften mit dem Thronwechsel die Hoffnung auf eine grundsätzliche Änderung der königlichen Religionspolitik zu ihren Gunsten, handelte es sich bei dem Thronfolger doch um einen katholischen Monarchen. Die Protestanten befürchteten, daß sich diese Hoffnungen erfüllen könnten. Doch war Jakob II. zwar 1673 zum Katholizismus konvertiert, gleichzeitig aber trug er die Königskrone von England, eines seit über 100 Jahren im wesentlichen protestantisch geprägten Reiches. Er wußte nur zu gut, daß die Inthronisation von den protestantischen Parlamentariern, von Angehörigen der *nobility* und *gentry* ebenso wie von der Church of England und anderen protestantischen Kirchen mit äußerstem Mißtrauen verfolgt worden war. Die Konsolidierung der eigenen Macht mußte daher zunächst im Mittelpunkt der königlichen Politik stehen, was ohne protestantische Unterstützung nicht möglich war. Andererseits stand er als Erbe seines Bruders bei Ludwig XIV. in der Pflicht, die Lage der Katholiken in seinem Reich zu verbessern. Es war also offensichtlich eine schwierige Gratwanderung, die der neue König zu bestehen hatte, um all jenen divergierenden Ansprüchen gerecht zu werden, mit denen er im Februar 1685 konfrontiert wurde.

Der Schlüssel zum Verständnis der künftigen Irlandpolitik Jakobs lag dabei in seiner Sicht der Grundlagen englischer Macht, die sich kaum von der seiner Vorgänger unterschied, die die Anwesenheit protestantischer Siedler jenseits der Irischen See stets als Garanten königlicher Herrschaft verstanden hatten. Die Bewahrung des Status quo wäre daher die eigentlich logische Konsequenz gewesen, doch hätte der König damit möglicherweise den Widerstand der irischen Katholiken provoziert, die sich vom Thronwechsel eine Veränderung der politischen

Kräfteverhältnisse im Lande versprachen. Erneute Unruhen wären die Folge gewesen, die Jakob jedoch um nahezu jeden Preis vermeiden wollte. Statt dessen war er darauf bedacht, möglichst viele Truppen in seiner näheren Umgebung zu stationieren. Diese sollten seine Macht in England selbst sichern und bei Gelegenheit im Falle kontinentaler Konflikte rasch auf das europäische Festland verlegt werden können, um dort nötigenfalls englische Interessen geltend zu machen. Allerdings erreichte er mit der Truppenkonzentration genau das Gegenteil, denn da viele Protestanten in Südengland, wo die meisten der königlichen Armeen ihr Quartier gefunden hatten, dies eher als latente Bedrohung ihrer eigenen Stellung empfanden, ergriffen sie ihrerseits Vorbereitungen auf eine bewaffnete Auseinandersetzung mit den Truppen des Königs. Einen offenen Kampf wollten auch sie noch nicht riskieren, denn da der Monarch keinen männlichen Thronfolger vorweisen konnte, wäre nach seinem Ableben die Krone an seine protestantische Tochter Maria gefallen, die mit Wilhelm von Oranien, dem Generalkapitän der Niederlande, verheiratet war. Dies hätte die Fortsetzung der protestantischen Monarchie sichergestellt – womit sich wiederum viele Katholiken in England und Irland nicht abfinden mochten.

Der Antagonismus zwischen Protestanten und Katholiken in seinem Reich belastete die Regentschaft Jakobs II. von Anfang an schwer. Jede seiner Entscheidungen wurde von beiden Gruppen argwöhnisch daraufhin untersucht, ob sie nicht möglicherweise der jeweils anderen Seite zum Vorteil und damit den eigenen Interessen zum Nachteil gereichen würde. Dabei waren Entscheidungen in politischen wie wirtschaftlichen Fragen durchaus notwendig, zu groß war der Erwartungs- und Hoffnungsdruck der Katholiken, zu ausgeprägt das Mißtrauen der Protestanten, zu konkret die Verpflichtungen gegenüber Frankreich, zu ehrgeizig auch die königlichen Pläne in Europa und Übersee, als daß er sich in politisch möglicherweise sogar sinnvolles Nichtstun hätte flüchten können. Irland bot sich dabei als ein geeignetes, allerdings auch gefährliches Experimentierfeld für die Restitution katholischer Macht an, zumal zur englischen Herrschaftssicherung möglichst viele protestantische Privilegien erhalten werden mußten.

Ein sinnvoller Ausweg aus dieser Zwickmühle schien daher die wenigstens zeitweilige Beschränkung der Reformen auf Personalfragen zu bieten. James Butler, Graf von Ormond, war noch von Karl II. als Vizekönig abberufen worden. Dem langjährigen, der Monarchie absolut loyal ergebenen Repräsentanten der Krone in Irland, der sich große Verdienste um die Grüne Insel wie um die englische Macht dortselbst erworben hatte, sollte, wie es hieß, damit die Verlegenheit erspart bleiben, Reformen zugunsten der Katholiken in Irland verkünden zu müssen, die seiner eigenen, zutiefst puritanischen Überzeugung widersprochen hätten. Abgesehen davon wäre die Nachfolgefrage des zu dieser Zeit bereits 75jährigen Ormond ohnehin früher oder später zu klären gewesen. Der Wunschkandidat der irischen Katholiken war Richard Talbot, der ehemalige »Generalagent« ihrer Interessen bei den Verhandlungen über das Entschädigungsproblem zu Beginn der Regentschaft Karls II. Talbot indes genoß unter den englischen Katholiken kein besonders hohes Ansehen. Er galt als ein unbeherrschter und in seinen Forderungen extremer Politiker, der den katholischen Interessen insgesamt eher schaden als nutzen würde. Jakob teilte diese Bedenken, konnte jedoch die Wünsche aus Irland nicht völlig ignorieren. Statt der Vizekönigswürde wurde Talbot daher in den Grafenstand zum Earl of Tyrconnell erhoben und mit dem Kommando der irischen Armee betraut. Die Suche nach einem geeigneten Nachfolger für Ormond gestaltete sich dagegen ungewöhnlich schwierig. Weder der ursprünglich vorgesehene Schatzkanzler Laurence Hyde, Graf von Rochester, noch Robert Spencer, Graf von Sunderland, der amtierende Außenminister, zeigten Interesse an der Übernahme des zweifellos schwierigen Amtes. Nach längerer Suche wurde schließlich ein Kompromißkandidat gefunden: Henry Hyde, Graf von Clarendon und Bruder des Schatzkanzlers, war ein hochgebildeter, gewissenhafter und wohlmeinender Mensch, dazu Katholik und als ausgewiesener Tory seinem König treu ergeben, nur besaß er kaum die Zähigkeit und Durchsetzungskraft, die notwendig gewesen wäre, um der komplizierten Lage in Irland Herr zu werden.

Dort wurde seine Ernennung ohnehin als Indiz für den Verzicht auf größere Reformen gewertet und deshalb von den Protestanten lebhaft begrüßt. Die Enttäuschung unter den Katholiken und besonders bei Tyrconnell dagegen war groß, zumal fast zeitgleich mit der Ernennung des neuen Vizekönigs zwei Richterposten mit Protestanten neu besetzt worden waren. Clarendon trat sein Amt also unter denkbar ungünstigen Vorzeichen an – die sich dann fast alle in seiner nur wenig länger als ein Jahr währenden Amtsperiode noch zu echten Problemen entwickelten. So mußte er von Anfang an mit Tyrconnell als erbittertem Widersacher rechnen, der keine Anstrengung scheute, um den neuen Vizekönig in Irland oder am Londoner Hof zu diskreditieren. Der Vizekönig erleichterte die gegen ihn gerichtete Agitation noch zusätzlich durch eine bemerkenswerte Inkompetenz in der Behandlung spezifisch irischer Probleme. Selbst durch und durch Engländer, war ihm die komplexe soziale Gemengelage Irlands völlig unverständlich. Für ihn stellten die irischen Katholiken insgesamt und unabhängig von ihrer Abstammung ein erobertes Volk dar, dem man schon aus Sicherheitsgründen kein militärisches oder staatliches Amt anvertrauen durfte. Wenn solche Positionen aus Gründen der Staatsräson mit Katholiken besetzt werden mußten, dann hatten diese aus England zu kommen. Seine Enttäuschung war daher verständlicherweise groß, als er feststellen mußte, daß der König gar nicht daran dachte, sich solche und ähnliche Ratschläge zu Herzen zu nehmen, sondern statt dessen in Personal- wie Sachfragen immer öfter den Empfehlungen seines Erzrivalen Tyrconnell folgte.

Dazu gehörte unter anderem eine grundsätzliche Änderung der königlich-irischen Personalpolitik, die nun ganz unverhüllt freie Stellen in der Administration des Landes bevorzugt mit Katholiken besetzte und sich auch nicht scheute, manche Spitzenpositionen in der Verwaltung zugunsten einer Stärkung des Katholizismus umzubesetzen. Tyrconnell selbst widmete sich engagiert der Reorganisation der Armee. In einer nur wenige Monate dauernden »Reinigungsaktion« wurden radikal alle vermeintlich illoyalen »Elemente« entlassen und statt ihrer gezielt irische Katholiken angeworben. Am Ende der Säuberungswelle standen in den Reihen der Mannschaften und Unteroffiziere gut zwei Drittel Katholiken einem Drittel Protestanten gegenüber, wobei letztere ausdrückliche Loyalitätserklärungen an ihren neuen Oberbefehlshaber abzugeben hatten. Auch das Offizierskorps blieb nicht unangetastet, doch mußte hier größere Rücksicht auf mögliche gesellschaftliche und politische Implikationen genommen werden, was die Umbesetzungen wesentlich verlangsamte. Dennoch waren die Protestanten Irlands nach nur wenigen Monaten jakobitischer Herrschaft zutiefst verunsichert, zumal Gerüchte kursierten, die eine erneute Überprüfung der Landfrage prophezeiten. Diese wäre, darüber bestanden keine Zweifel, eindeutig zugunsten der Katholiken ausgefallen.

Solche und ähnliche Sorgen wurden noch bestärkt, als Clarendon im Januar 1687 wieder abberufen wurde und Tyrconnell die langersehnte Ernennung zum königlichen Statthalter – jedoch ohne den prestigeträchtigen Titel des Vizekönigs – erhielt. Dieses Revirement wurde von den irischen Katholiken mit Genugtuung verfolgt, während sich die Protestanten noch weiter in die Defensive gedrängt sahen. Ihre anfängliche Verunsicherung scheint dabei sukzessive einer Radikalisierung gewichen zu sein, denn zeitgenössische Berichte weisen auf mehrere Attentatspläne in den Wochen und Monaten zwischen der Ernennung Tyrconnells und seinem Amtsantritt hin. Auch wenn es sich dabei immer noch um Einzelfälle handelte, waren die Sorgen der Protestanten berechtigt, denn trotz der Versicherung des neuen Statthalters, völlig unparteiisch regieren zu wollen, dehnte er die katholisch motivierte Umbesetzungspolitik ganz unverblümt vom militärischen Bereich auf die Zivilverwaltung aus. So befanden sich nur wenige Monate nach der Ernennung Tyrconnells die entscheidenden Posten der Dubliner Administration wieder in katholischer Hand. Darüber hinaus ernannte er bis zum Jahresende 1687 neue Verwaltungschefs *(sheriffs)* für die Grafschaften, die, mit einer unbeabsichtigten Ausnahme, allesamt Katholiken waren. Offensichtlich sollten mit diesen Um- und Neubesetzungen die Voraussetzungen für ein neues, mehrheitlich katholisches Unterhaus in Dublin geschaffen werden. Die Verbitterung unter den Protestanten wuchs unter dem Eindruck dieser nunmehr unverschleierten Revisionspolitik zusehends. Auch wenn nur wenige protestantische Grundbesitzer so weit gingen und ihren Grundbesitz in Irland aufgaben, um in England oder in den nordamerikanischen Kolonien eine neue und sicherere Heimat zu finden, wurde diese Möglichkeit von vielen zumindest in Erwägung gezogen. Auch einige aus der irischen Armee entlassene Offiziere verließen die Insel in Richtung Kontinent, um in dem protestantisch-niederländischen Heer Wilhelms von Oranien, des königlichen Schwiegersohns, zu dienen.

Während es sich bei den Rückwanderern in Folge der Revisionspolitik Tyrconnells trotz allem noch um Einzelschicksale handelte, die in ihrer alten Heimat in der Tat keine Aussicht mehr auf eine berufliche Karriere sahen, wurde von katholischer Seite der Ruf nach einer erneuten Überprüfung der Landfrage immer lauter. Seit seiner Ernennung zum Militärbefehlshaber war die Suche nach einer angemessenen Berücksichtigung bislang unerledigter oder zu Unrecht abgewiesener katholischer Ansprüche Gegenstand zahlreicher Gespräche zwischen dem königlichen Statthalter und Jakob II. gewesen. Unter der Ägide Clarendons hatte man einfache finanzielle Entschädigungen favorisiert, doch waren solche Angebote bei den katholischen Gesprächspartnern stets auf taube Ohren gestoßen, da nach wie vor Grundbesitz als der eigentliche Ausdruck politischer Macht galt und sie daher auf die Rückgabe von ihrer Meinung nach unrechtmäßig enteignetem bzw. auf Entschädigung durch neues Land pochten. Tyrconnell hatte sich dabei stets als ein besonderer Hardliner erwiesen, der jeden Versuch der englischen Regierung harsch zurückwies, vermeintlich altes Unrecht durch bloße Geldzahlungen abgelten zu wollen. Dabei war, wie jedermann wußte, eine erneute Änderung der Grundbesitzverhältnisse zugunsten katholischer Ansprüche ohne Härten gegen die protestantische *gentry* nicht möglich. Um diese stark unter Druck geratene, jedoch unvermindert einflußreiche Bevölkerungsgruppe nicht noch weiter zu irritieren und dadurch möglicherweise unliebsame Reaktionen englischer oder schottischer Protestanten hervorzurufen, wurde am Londoner Hof nach der Ernennung Tyrconnells zum Statthalter zunächst erwogen, eine offizielle Erklärung abzugeben, in der die Unantastbarkeit der Regelung aus den siebziger Jahren noch einmal unmißverständlich unterstrichen werden sollte. Doch statt dessen ließ sich der König auf langwierige Verhandlungen mit seinem unnachgiebigen Stellvertreter jenseits der Irischen See ein, in deren Verlauf alle Aspekte des Problemkreises erörtert, Gerichte um Gutachten bemüht und viele Sachverständige um Stellungnahmen gebeten wurden. Möglicherweise wollte sich Jakob II. aufgrund der delikaten politischen Gemengelage nicht zu einem voreiligen Entschluß hinreißen lassen, doch wahrscheinlich war es eher der Ausdruck von königlicher Rat- und Hilflosigkeit angesichts einer in der Tat schwierigen Lage. Der Weg, der letztlich von Jakob eingeschlagen wurde, läßt keine Rückschlüsse auf lange und tiefschürfende Überlegungen zu. Urheber der Idee war Tyrconnell, der dem König im Frühjahr 1688 den Vorschlag unterbreitete, von dem Grundbesitz, den die *New Protestants* der Ära Cromwell als staatliche Entschädigung für geleistete Dienste oder erlittenes Unrecht erhalten hatten, die Hälfte wieder zu konfiszieren und damit die Ansprüche der vorherigen, katholischen Besitzer zu befriedigen.

Noch bevor der Tyrconnell-Plan den Segen des irischen Parlaments erhalten konnte, veränderte ein Ereignis in London die Situation im Reich Jakobs II. schlagartig, denn im Juni 1688 schenkte Maria von Modena, die zweite Ehefrau des Königs, einem Sohn das Leben. Während sich die bedrängten Protestanten bislang damit trösten konnten, daß die vorherige Thronfolgerin Maria von Oranien, die protestantische Tochter des Königs, die langfristige Errichtung einer neuen katholischen Dynastie auf dem englischen Thron genauso verhindern würde wie eine permanente Restauration katholischen Einflusses und katholischer Macht, sahen sie nun ihre Hoffnungen auf eine baldige Wiederherstellung ihrer alten Privilegien in allen Teilen des Reiches schwinden. Da sich zudem das Verhältnis Jakobs zu Wilhelm von Oranien, seinem protestantischen Schwiegersohn, in den zurückliegenden Monaten erheblich verschlechtert hatte und Gerüchte über einen bevorstehenden Staatsstreich des ehrgeizigen niederländischen Generalkapitäns sich hartnäckig hielten, befahl der König die Verlegung weiterer Truppen von Irland nach Südengland.

Diese sollten ihn eigentlich nur vor etwaigen Umsturzversuchen schützen, doch statt dessen provozierte ihre bloße Präsenz eine Rebellion der vorwiegend protestantischen englischen Armee, die in der Konglomeration irisch-katholischer Macht im Süden Englands den Ausdruck königlicher Mißachtung gegenüber der eigenen Leistungsfähigkeit sowie eine potentielle Bedrohung protestantischer Interessen und den möglichen Kern einer katholischen Leibgarde als potentiellen Kristallisationspunkt einer katholischen Elitetruppe sah. Sie verbündete sich mit dem ebenfalls mehrheitlich protestantischen Parlament. Durch dessen beide Häuser war erst wenige Monate zuvor die Indulgenz(Straferlaß)-Erklärung Jakobs II. aufgehoben worden, mit der er den 1673 per Gesetz verordneten Eid aller Amts- und Würdenträger auf die anglikanische Kirche aufheben wollte. Nun schickte sich der König erneut an, den Eid aus eigener Machtvollkommenheit zu erlassen, und er hatte es sogar gewagt, sieben Bischöfe, die sich weigerten, die entsprechende Erklärung zu proklamieren, vor ein Sondergericht zu stellen. Für die Parlamentarier schien nun der Zeitpunkt zum Handeln gekommen zu sein, das Angebot der Armeeführung auf Zusammenarbeit bot einen willkommenen Anlaß. Ein Plan zur Absetzung des alten Königs und zur Übergabe der Krone an Wilhelm von Oranien war schnell geschmiedet, doch bevor er von der Opposition zum Abdanken gezwungen werden konnte, entschied sich Jakob, vermutlich auch eingedenk des unrühmlichen Endes seines Großvaters, zur Flucht nach Frankreich, in das Reich Ludwigs XIV., seines langjährigen Gönners.

So gesehen, war es schon eine bemerkenswert unblutige »Revolution«, die den legitimen König von England zur Flucht gezwungen hatte und einen von Parlament und Militär ausgesuchten Nachfolger auf den Thron gelangen ließ – schließlich zog der designierte König, Wilhelm III. von Oranien, an der Spitze eines verhältnismäßig kleinen Heeres, ohne auch nur einen einzigen Schwertstreich geführt zu haben, in London ein. Doch trotz seines Bannerspruchs »Pro religione protestante et pro libero parlamento«[18] sollten noch einige Monate harter und zäher Verhandlungen bis zur offiziellen Inthronisation in Westminster vergehen. Beiden Häusern des Parlaments war die Entscheidung nicht leichtgefallen, zumal sie eine verfassungsrechtlich abgesicherte Lösung bevorzugten. Da der alte König nicht verstorben war, galt es, die mit einer Thronvakanz in Folge von Flucht verbundenen diffizilen Rechtsfragen sorgsam auszuloten. Nachdem allerdings die parlamentarischen Erörterungen im Februar 1689 noch immer nicht abgeschlossen waren, drängte Wilhelm von Oranien auf eine rasche Entscheidung, da er weder zu einer Regentschaft noch zu einer anders definierten Rolle bereit war, die seine Gemahlin und ihn zu Statisten degradiert hätte. Innerhalb einer Woche konnte nun der Handlungsrahmen für den neuen König abgesteckt werden, der diesen als ›Bill of Rights‹ am 23. Februar 1689 zusammen mit seiner Frau Maria anerkannte. Diese Bestimmungen legten fest, daß künftig weder das religiöse Bekenntnis noch die anerkannten Rechte und Freiheiten des Parlaments beeinträchtigt werden durften, vor allem jedoch schränkten sie die königlichen Prärogative in Finanz- und Rechtsfragen erheblich ein und beendeten die Erblichkeit der englischen Monarchie. Mit den Krönungsfeierlichkeiten im April 1689 wurde dann die »glorreiche Revolution« endgültig abgeschlossen. Auch wenn der Begriff »Revolution« in diesem Zusammenhang möglicherweise etwas zu weit greift, bedeutete die Verabschiedung der ›Bill of Rights‹ und die Anerkennung ihrer Statuten durch den neuen König einen großen Schritt vorwärts auf dem Weg zur Prärogative des Parlaments zu Lasten der Krone. Erstmals in Europa war es der politisch herrschenden Klasse nun möglich geworden, sich den Souverän

[18] Für die protestantische Religion und für ein freies Parlament.

selbst zu wählen und diesem auch noch die Rahmenbedingungen vorzuschreiben, unter denen er regieren durfte.

In Irland mußte Tyrconnell ohnmächtig die politische Entmachtung und schließlich die Flucht seines englischen Gönners verfolgen. Darüber hinaus befand er sich nach dem Thronwechsel in einem Dilemma, denn als Folge der von Jakob angeordneten Dislozierung von Teilen der irischen Armee nach England war seine eigene Streitmacht erheblich verkleinert worden. Ferner gab es seit der Flucht keine finanziellen Zuschüsse mehr aus der englischen Staatskasse, die irischen Eigenmittel allein reichten nicht zur Deckung der Ausgaben, zudem war seine eigene Position nicht mehr unumstritten, schließlich repräsentierte er einen gestürzten König. Kurzum: Das Land stand vor einer Zerreißprobe. Während sich die Katholiken schlicht weigerten, den Herrscherwechsel in England anzuerkennen, wurde dieser von den Protestanten erwartungsgemäß lebhaft begrüßt. Dem folgte der Ruf nach Absetzung des ungeliebten Statthalters, der besonders in den protestantisch dominierten Gebieten in und um Dublin sowie im Norden der Insel immer lauter wurde. Nachdem er anfänglich noch mit dem Gedanken gespielt hatte, einen Kompromiß mit dem designierten englischen König zu suchen, entschloß sich Tyrconnell im Spätherbst 1688 zur Offensive, da er zu Recht davon ausging, daß jedes Zugeständnis an die Protestanten ein Verlust an eben erst wiedergewonnenen katholischen Rechten und Freiheiten und damit ein Scheitern seiner Revisionspolitik bedeutet hätte.

Eine realistische Lagebeurteilung hatte ihn zu der Erkenntnis gelangen lassen, daß über kurz oder lang eine bewaffnete Auseinandersetzung mit den Anhängern des neuen Königs kaum vermeidbar sein würde. Daher bemühte er sich zunächst um den Ausbau der eigenen bewaffneten Macht. Weil dafür keine Haushaltsmittel zur Verfügung standen, wurden Offizierspatente an wohlhabende katholische Grundbesitzer verkauft, die sich im Gegenzug dazu verpflichteten, durch Zahlungen erheblicher Geldbeträge sowie durch die Lieferung von Nahrungsmitteln, Waffen und Kleidung am Aufbau der neuen Regimenter mitzuwirken. Der katholische Klerus, gleichfalls über die unerwartete Wende der politischen Verhältnisse in England und über deren Ausstrahlung auf Irland zutiefst besorgt, betätigte sich überall im Lande eifrig bei der Suche nach geeigneten Rekruten und scheute auch vor nachdrücklicher seelsorgerischer Überzeugungsarbeit bei geeigneten Kandidaten nicht zurück.

Auf diese Weise gelang es dem jakobitischen Statthalter, zur Jahreswende 1688/89 bereits etwa 20000 ausschließlich katholische Männer unter Waffen zu haben, diese Zahl sollte sich in den folgenden Wochen und Monaten noch um ein Vielfaches erhöhen.

Mangels ausreichender Haushaltsmittel mußte sich das neugeschaffene Heer hauptsächlich aus dem Land selbst ernähren und verpflegen. Die Zivilbevölkerung auf dem Land und in den Garnisonsstädten hatte daher die Hauptlast der Aufrüstung zu tragen, was zu einer zunehmenden Aggressivität und Radikalität der Stimmung im Volke führte. Nach einer verhältnismäßig langen Friedensperiode wuchsen wieder einmal die Spannungen zwischen Katholiken und Protestanten, diesmal jedoch, zusätzlich noch bestärkt durch vage Gerüchte von bevorstehenden Pogromen und Invasionen kontinentaler oder englischer Armeen, näherten sie sich schneller als bisher einem kritischen Punkt. Viele Protestanten in gemischtkonfessionellen Gebieten verließen nun fluchtartig ihr Land, um bei Verwandten im Norden oder gar in England Schutz zu suchen. Die verlassenen Ländereien einschließlich dazugehöriger Viehherden und Felder wurden mehr oder minder willkürlich von Katholiken requiriert, die zumeist keine rechtlich oder wenigstens historisch begründeten Ansprüche geltend machen konnten. In anderen Gebieten bildeten sich protestantische Interessengemeinschaften, die sich gleichfalls bewaffneten und im Gegenzug unliebsame katholische Nachbarn vertrieben. Das irische Rechtswesen erwies sich in diesen Wochen und Monaten als völlig untauglich, um den Herausforderungen mit auch nur ansatzweisem Erfolg begegnen zu können.

Die nach England geflüchteten irischen Protestanten erwarteten ein entschiedenes Vorgehen des designierten Königs gegen das ihrer Meinung nach anmaßende Verhalten der irischen Katholiken im Allgemeinen und des jakobitischen Statthalters im Besonderen. Doch zunächst hinderten die ungeklärten Herrschaftsverhältnisse und -bedingungen Wilhelm daran, konkrete Maßnahmen in Irland zu ergreifen. Überdies wurde von ähnlichen Unruhen aus Schottland, einer anderen jakobitischen Hochburg, berichtet. Der Oranier setzte in beiden Fällen zunächst auf Verhandlungen, doch erwies sich der für Irland auserkorene Emissär als für seine Mission vollkommen ungeeignet, denn anstatt zwischen Katholiken und Protestanten zu vermitteln, lief er schon bald nach seiner Ankunft auf der Grünen

Insel zu Tyrconnell über. Als es diesem dann im Februar 1689 noch gelang, die Protestanten in Dublin und in Südirland gänzlich zu entwaffnen und damit seine Position grundlegend zu stabilisieren, entwickelte sich die Irlandfrage für Wilhelm III. zu einem Problem erster Ordnung, das dringend einer Lösung bedurfte. Zur selben Zeit erreichten die Beziehungen zwischen dem Oranier und Ludwig XIV. von Frankreich einen neuen Tiefpunkt, da die Expansionsgelüste des Franzosen nicht nur die westlichen Territorien des Römisch-Deutschen Reiches und die östlichen spanischen Provinzen bedrohten, sondern darüber hinaus auch den Generalstaaten galten – und damit einer Region, die zum unmittelbaren Herrschaftsbereich des englischen Königs gehörte.

Irland rückte somit in den weiteren Kontext europäischer strategischer Fragen. Es ist zu vermuten, daß der im französischen Exil in Saint-Germain-en-Laye weilende Jakob II. seinen Gastgeber selbst auf die Idee gebracht hatte, den Hebel zur Erweiterung der eigenen Macht in Irland anzusetzen und von dort aus eine zweite Front gegen den Protestanten auf dem englischen Königsthron zu eröffnen, nachdem Ludwig bereits im November 1688 den Generalstaaten den Krieg erklärt hatte. Für Jakob bestand kein Zweifel daran, daß er selbst den Feldzug in Irland führen würde, schließlich ging es ihm primär um die Rückgewinnung der englischen Königskrone. Nach anfänglichem Zögern stimmte Ludwig den Überlegungen seines englischen Vetters zu und rüstete ein Expeditionskorps aus, das aus kriegserprobten katholischen Freiwilligen irischer, französischer, englischer und schottischer Herkunft bestand und am 12. März 1689 bei Kinsale in Südirland landete. Von dort aus marschierte die Armee nach Cork, wo sie sich mit dem Heer Tyrconnells verbündete. Die vereinigten Truppen rückten dann wenig später bis nach Dublin vor, wo Jakob im Mai des Jahres ein Parlament zusammenrief.

Dies war in seiner Zusammensetzung erwartungsgemäß mehrheitlich katholisch, doch hatte der Herausforderer Wilhelms zusätzlich auch eine Reihe von protestantischen Bischöfen in das Oberhaus geladen, von denen tatsächlich auch einige erschienen. Viele der Beschlüsse, die das Parlament in den wenigen Sitzungswochen im Sommer 1689 faßte, entsprachen den Erwartungen der irischen Katholiken, so wurde zum Beispiel dem Parlament von Westminster das Recht aberkannt, über Irland zu regieren. Einige Indizien indes lassen deutlich erkennen, daß Jakob durchaus darum bemüht war, sich nicht völlig mit den Protestanten zu überwerfen, schließlich galt sein Hauptaugenmerk der Rückgewinnung der englischen Krone und damit der Krone eines im wesentlichen protestantischen Reiches. So scheiterten sowohl der Versuch, die endgültige Aufhebung des uralten ›Poynings' Law‹ durchzusetzen, als auch eine Initiative zur Erhebung der katholischen Kirche zur neuen Staatskirche am persönlichen Einspruch des Prätendenten, der sich zudem entschieden all jenen Bestrebungen widersetzte, die die irischen Protestanten katholischer Willkür ausgesetzt hätten. Als Gegenleistung dafür konnte er seine Zustimmung zur Aufhebung der Siedlungsgesetze der sechziger und siebziger Jahre nicht verweigern.

Am 18. Juli 1689 vertagte sich das Parlament, denn zwischenzeitlich waren im nach wie vor protestantisch kontrollierten Norden Irlands englische Truppen zur Verstärkung der in Bedrängnis geratenen loyalen Garnisonen eingetroffen. Besonders die Stadt Londonderry hatte sich bislang erfolgreich der jakobitischen Restitution widersetzt – in diesem Zusammenhang sollte jenes Ereignis Geschichtsmächtigkeit erlangen, an das alljährlich in Nordirland erinnert wird, das jedoch mit der eigentlichen Belagerung der Stadt durch jakobitische Truppen im Frühsommer 1690, wie oft zu Unrecht behauptet wird, nichts zu tun hat. Denn als besagte 13 Lehrjungen *(apprentice boys)* die Stadttore am 7. Dezember 1689 verschlossen hielten, versuchten sie lediglich, den Entsatz einer hauptsächlich protestantischen Garnison durch ein katholisches Regiment aus dem Heer Tyrconnells zu verhindern. Seither hatten sich Stadt und Grafschaft Londonderry sowie weitere Regionen Nordirlands ausdrücklich der »glorreichen Revolution« angeschlossen. Die eigentliche Belagerung der Stadt Londonderry begann im April 1690, doch trotz größter Versorgungsschwierigkeiten für die Bewohner der Stadt scheiterten alle Attacken der Jakobiter an den starken Stadtbefestigungen, der ungenügenden eigenen Ausrüstung und letztlich auch der Entschlossenheit der Bürger, der katholischen Restitution in Irland zu widerstehen. Nach 105 Tagen vergeblicher Belagerung mußten die jakobitischen Truppen unverrichteter Dinge wieder abziehen – zweifellos ein erheblicher Prestigeverlust für Jakob genauso wie ein nachhaltiger Motivationsschub für die wilhelminische Sache.

Zwischenzeitlich, ab Ende Juli des Jahres, war es auch zu den ersten bewaffneten Auseinandersetzungen zwischen den Truppen Wilhelms und Jakobs gekommen. Der nachfolgende Krieg zählt zu den größten Krisen in der irischen Geschichte. Auf irisch wird er als der »Cogadh an Dá Ri«, der »Krieg der zwei Könige«, bezeichnet – Ri Seamus (Jakob) und Ri Liam (Wilhelm) wußten ganz genau, daß sie nicht nur um die Vorherrschaft in Irland, sondern auch um den englischen Thron kämpften. Doch es ging noch um mehr. Für England bedeutete es entweder die Wiederherstellung eines katholisch regierten Landes oder die Festlegung eines protestantischen Königshauses in einem überwiegend protestantisch geprägten Reich. Im europäischen Kontext war es eine Auseinandersetzung zwischen Frankreich unter Ludwig XIV. und einem Bündnis kleinerer Mächte, in dem Religionsfragen nur noch eine untergeordnete Rolle spielten. Die bekannteste Schlacht des Krieges war die Schlacht am Boyne vom 1. Juli 1690, in der 36000 Soldaten Wilhelms 25000 Jakobitern gegenüberstanden. Das Zentrum des Geschehens lag bei Oldbridge in der Nähe von Drogheda. Dort konnten die zahlenmäßig überlegenen Truppen des englischen Königs die Jakobiter zum Rückzug zwingen. Obwohl dies im militärischen Sinn kein entscheidender Sieg war – die Iren hatten kaum Verluste und ihre Armee war noch völlig intakt –, ermöglichte er Wilhelm III. den Einzug nach Dublin. Mit dem Fall der Hauptstadt jedoch wurde der jakobitische Rückzug überall in Europa als ein Erfolg des Engländers und gleichzeitig als eine Niederlage Ludwigs XIV. und seines Verbündeten gefeiert.

Der Krieg dauerte an, doch trotz erbitterten Widerstandes der jakobitischen Allianz konnten die Truppen Wilhelms, zunächst unter der Führung des Grafen Schomberg, eines 74jährigen, kampferprobten protestantischen Veteranen der niederländischen Armee, dann, nach dessen Tod am Boyne, unter dem gleichfalls holländischen General Ginkel, eine Bastion nach der anderen erobern. Ende 1691 befand sich nur noch Limerick in den Händen der Jakobiter. Jakob selbst hatte zusammen mit Tyrconnell und den meisten französischen Offizieren seiner Armee Irland bereits wieder in Richtung Saint-Germain-en-Laye verlassen, genauso Wilhelm, der sich, in der Gewißheit seines Sieges, nun dringenderen Regierungsgeschäften ebenso wie der Fortsetzung des Kampfes gegen seinen Widersacher Ludwig auf dem Kontinent widmen konnte. Die eingeschlossenen Truppen unter der Führung Patrick Sarsfields, des letzten jakobitischen Oberbefehlshabers in Irland, mußten die Aussichtslosigkeit ihres Widerstandes einsehen und stimmten der Aufnahme von Friedensverhandlungen zu, die am 3. Oktober des Jahres durch den Vertrag von Limerick beendet wurden.

Der Friedensvertrag bestand aus einem militärischen und einem zivilen Teil. Die militärischen Vertragsklauseln sahen vor, daß die Soldaten der jakobitischen Allianz, die nach Frankreich gehen und für den französischen König kämpfen wollten, dies ungehindert durften. So verließen etwa 14000 Mann unter Sarsfield die Insel in Richtung Kontinent. Es waren die Vorläufer jener irischen Truppenkontingente, die als *wild geese* (Wildgänse) im 18. Jahrhundert legendären Ruhm auf zahlreichen Schlachtfeldern Europas gewannen und auch heute noch in der irischen Folklore besungen werden. Die zurückgebliebenen Soldaten und Offiziere hatten lediglich den Eid auf Wilhelm zu leisten, ohne sonstige Nachteile für ihren Kampf auf der Seite des Prätendenten befürchten zu müssen. Die katholische Zivilbevölkerung Irlands schien ebenfalls kaum mit Nachteilen rechnen zu müssen, wurden doch in Religionsfragen die Bestimmungen der Zeit Karls II. bestätigt, ihr Landbesitz nicht konfisziert und ihr Recht auf freie Berufswahl und -ausübung erneuert. Dennoch war Wilhelm III. zweifellos Hauptnutznießer des Vertrags, da die Beendigung des Kriegszustandes es ihm erlaubte, seine Truppen nach Flandern zu schicken, die dort im Kampf gegen Frankreich dringend benötigt wurden.

Allerdings sind Vertragsinhalt und Vertragsausführung, wie auch die irische Geschichte bereits mehrfach gezeigt hatte, zwei verschiedene Dinge. Die irischen Protestanten hielten die Bestimmungen für zu wohlwollend, ihr Widerstand bewirkte, daß die katholischen Iren schlechter abschnitten, als der Friedensvertrag eigentlich vorgesehen hatte. Zwar durfte eine Anzahl von Grundbesitzern ihr Eigentum behalten, und die dem Friedensschluß folgenden Konfiskationen fielen wesentlich milder aus als zu Zeiten Cromwells, doch hatte die Beschlagnahme des Landes aus dem Besitz der nach Frankreich emigrierten Soldaten zur Folge, daß der irisch-katholische Anteil am Grundbesitz auf ungefähr 15 Prozent zurückging. Weiter beschloß das nun wieder protestantische irische Parlament mit den *penal laws* (Strafgesetzen) eine Reihe von Gesetzen, die die Bewegungs- und Handlungsfreiheit der Katholiken weiter einschränkten. Das nachfolgende 18. Jahrhundert kann daher mit Fug und Recht als das klassische Zeitalter der endgültigen protestantischen Durchdringung der irischen Gesellschaft betrachtet werden.

Wirtschaft und Gesellschaft im 17. Jahrhundert

Im dritten Kapitel hatten wir bereits gesehen, daß der Export von Holz und Holzprodukten gegen Ende des 16. Jahrhunderts für die irische Wirtschaft zunehmend an Bedeutung gewann. Zu Beginn des 17. Jahrhunderts war noch etwa ein Achtel des Landes bewaldet, zumeist in den Ebenen bis zu einer Höhe von etwa 200 m. Die planmäßige Ansiedlung von englischen und schottischen Kolonisten führte zwischen 1607 und 1641 zu einem kontinuierlichen Bevölkerungswachstum von etwa 1 Million auf 1,5 Millionen Einwohner. Damit verbunden war ein ständig steigender Bedarf an neuem Siedlungs- und Ackerland. Infolgedessen mußten entsprechende Waldgebiete gerodet werden. Der Export preisgünstigen Nutzholzes und konkurrenzlos billiger Holzerzeugnisse wie Faßdauben und ähnlicher Gebrauchsgegenstände stieg in diesen Jahren stark an. Der niedrige Holzpreis zu Beginn des Jahrhunderts ließ darüber hinaus Holzkohle zu einem leicht verfügbaren und kostengünstigen Brennmaterial für die Eisenverhüttung werden. Besonders an Flußläufen und in der Nähe von größeren Städten, also verkehrstechnisch leicht zugänglich, entstand im Verlauf des Jahrhunderts eine verhältnismäßig große Zahl von Eisenhütten und Schmieden, die bis in die 1680er Jahre hinein den Eisenbedarf des Landes – zu Friedens- und zu Kriegszeiten – problemlos decken, zeitweilig sogar exportorientiert arbeiten konnten. Im Jahre 1672, einem der Blütejahre frühneuzeitlicher irischer Eisenverhüttung, wurden etwa 1000 t Eisen, ausschließlich unter Verwendung von Holzkohle, erzeugt. Doch die Eisenverhüttung ebenso wie der Export von Nutzholz und Holzprodukten hingen unmittelbar ab von der leichten Verfügbarkeit des Rohmaterials. Gegen Ende des Jahrhunderts war das einstmals dicht bewaldete Irland weitgehend abgeholzt, die Waldflächen dort, wo möglich, in Siedlungs- und Ackerland umgewandelt.

Während Holzerzeugung und -verarbeitung also nur eine zeitlich begrenzte Erscheinung in der Wirtschaftsgeschichte Irlands darstellten, gewannen im Verlauf des 17. Jahrhunderts Ackerbau und Viehwirtschaft weiter an Bedeutung. Im Jahre 1641 zählten Vieh, Wolle und Butter zu den wichtigsten Exportartikeln des Landes, von denen lediglich Wolle und Wollerzeugnisse in nennenswertem Umfang bereits Ausgang des 16. Jahrhunderts ausgeführt worden waren. In diesen ersten Jahrzehnten des 17. Jahrhunderts schien sich in Irland endgültig eine landwirtschaftlich orientierte Gesellschaft herauszubilden, die aufgrund der Fruchtbarkeit des Bodens mehr produzierte, als im eigenen Land abgesetzt werden konnte. Die Überschüsse wären ein ausgezeichnetes Exportgut gewesen, doch gab es nur wenige geeignete Absatzmärkte, die allesamt zudem nicht als sicher gelten konnten. Ganz Europa jener Zeit war überwiegend landwirtschaftlich orientiert und unter normalen Bedingungen nicht auf zusätzliche Importe von außerhalb angewiesen. Spanien, wohin noch im 16. Jahrhundert in größerem Umfang Agrarprodukte exportiert werden konnten, fiel im 17. Jahrhundert als Abnehmer nahezu völlig aus, da das Land von mehreren Pestwellen heimgesucht wurde, die die Bevölkerung drastisch dezimierten. Zusätzlich ist für diesen Zeitraum in Europa ein Überangebot an Getreide verbunden mit niedrigen Getreidepreisen überliefert. Unter normalen Bedingungen führten Getreideüberschüsse bei niedrigen Erzeugerpreisen zu einer Umorientierung der Landwirtschaft zur Viehzucht, die zwar arbeitsintensiver war, jedoch auch eine sicherere Einkommensquelle bot. Eine solche Trendwende hätte für eine vorwiegend auf Tierhaltung und -produktion ausgerichtete Landwirtschaft wie die irische verheerende Folgen gehabt.

Die Kriegsjahre zwischen 1641 und 1652 genauso wie die katastrophalen Folgen der Nachkriegsjahre jedoch verhinderten einen geregelten Ausbau der Landwirtschaft. Nachdem durch die Kriegseinwirkungen bereits Viehbestände und Ackerflächen erheblich dezimiert worden waren, forderten die Pest, die im Jahre 1650 Irland erreichte, sowie eine Hungersnot zwei Jahre später das Leben hunderttausender Inselbewohner, deren Gesamtzahl bis Mitte der 1650er Jahre wieder auf etwa eine Million sank. Erneut war das Land im europäischen Vergleich unterbevölkert, der noch erhaltene Viehbestand darüber hinaus zu gering, um den Neuaufbau der Herden aus eigener Kraft sicherstellen zu können. Erstmals mußte daher in größerem Umfang Zuchtvieh nach Irland eingeführt werden. Einen weiteren Belastungsfaktor stellte die Landvergabe Oliver Cromwells dar, da die Umverteilung des Grundbesitzes eine erhebliche Destabilisierung des ohnehin labilen Grundstücksmarktes zur Folge hatte, so daß die Landpreise des Jahres 1653 auf unter 10 Prozent der Vergleichswerte von 1641 gefallen waren. Der drastische Rückgang landwirtschaftlicher Produktion in Verbindung mit dem Preisverfall und dem starken Bevölkerungsrückgang führte zu einem fast vollständigen Zusammenbruch des gesamten ökonomischen Systems, der sich auch im Rückgang der Zolleinnahmen widerspiegelte. Diese sanken von nahezu 60000 £ pro Jahr, die in den dreißiger Jahren in die Staatskasse geflossen waren, auf einen Tiefstand von unter 12000 £ im Jahre 1656. Im Gegensatz dazu hatten sich die Getreidepreise in den selben Vergleichsjahren verfünffacht[19].

Doch nachdem sich die politischen Verhältnisse im Lande Ende der 1650er Jahre wieder stabilisierten, übten stark gestiegene Preise für Getreide und andere landwirtschaftliche Erzeugnisse eine stimulierende Wirkung auf die irische Ökonomie aus. Ein Vergleich der Zolleinnahmen von 1656 mit denen der Jahre 1659 und 1660 zeigt, daß die Zeichen für eine Erholung der irischen Wirtschaft in politisch ruhigen Zeiten durchaus günstig waren, denn nur drei Jahre nach dem Tiefstand betrugen sie bereits wieder über 50000 £ pro Jahr. Die Grundbesitzer – unabhängig davon, ob Alteingesessene oder Neusiedler – hatten großes Interesse daran, ihre Besitzungen auf solide wirtschaftliche Fundamente zu stellen. Zusätzlich angespornt wurden sie zunächst von den krisenbedingt kurzfristig hohen Erzeugerpreisen für landwirtschaftliche Produkte, die große Gewinne versprachen. An Arbeitskräften mangelte es trotz des Bevölkerungsrückganges nicht, da lediglich größere Grundbesitzer von den Cromwellschen Ent- und Umeignungsmaßnahmen betroffen worden waren. Andere Lücken, die Pest und Hunger in die Landbevölkerung gerissen hatten, konnten wenigstens zum Teil durch die Ansiedlung entlassener Soldaten aus der Armee Cromwells wieder geschlossen werden.

Mit Einschränkungen könnte man besonders die frühen sechziger Jahre des 17. Jahrhunderts als ein kleines irisches Wirtschaftswunder bezeichnen, denn der beachtliche ökonomische, vorwiegend agrarwirtschaftlich bedingte Aufschwung ging einher mit einem rapiden Anstieg des Rindfleisch-, Zucht- und Schlachtvieh- sowie Schafexports, der alle vorherigen Absatzzahlen weit übertraf. Besonders bemerkenswert daran ist zu-

[19] Die Zahlen und statistischen Angaben hier und im Folgenden sind entnommen aus: L. M. Cullen, An Economic History of Ireland since 1660. London 1972, dort S. 7–26.

dem, daß sich dieser Aufschwung zu einer Zeit ereignete, in der die traditionellen kontinentaleuropäischen Absatzmärkte weitgehend ausgefallen waren, da es dort selbst ein Überangebot an Zuchtvieh und Fleischprodukten gab. Von ausschlaggebender Bedeutung für die Blütezeit der irischen Landwirtschaft dieser Jahre waren statt dessen zwei bislang weniger bedeutende Absatzmärkte – England und die Kolonien jenseits des Atlantiks, besonders in der Karibik.

Zwei Besonderheiten kennzeichneten den englischen Markt: das rasante Wachstum der Stadt London sowie die stark expandierende Textilindustrie. Die englische Metropole konnte sich, was die Versorgung mit Getreide und Feldfrüchten betraf, weitgehend aus den fruchtbaren Grafschaften Süd- und Ostenglands versorgen. Problematischer jedoch war die Deckung des ständig steigenden Bedarfs an Schlachtvieh. Zwar wuchsen die Herden in England ständig, doch übertraf die Nachfrage lange Zeit das lokal und regional vorhandene Angebot. Importe aus weiter entfernten Teilen des Reiches mußten daher den Fehlbedarf decken, zum großen Teil kamen diese aus Irland. Dort hatten besonders die neu aus England zugewanderten Grundbesitzer die Zeichen der Zeit richtig gedeutet und die eigenen Viehbestände kurzfristig aufgestockt. Ohne die tatkräftige Mithilfe und Unterstützung der alteingesessenen Grundherren wäre dies indes nicht möglich gewesen, so daß nach nur wenigen Jahren weite Teile der irischen Landwirtschaft eng miteinander kooperierten und in großem Umfang für den englischen Markt produzierten, wobei Schlachtvieh zum wichtigsten Exportartikel des Landes wurde. Ein Ausdruck der enger werdenden Zusammenarbeit in der irischen Landwirtschaft war das Entstehen einer Vielzahl von Viehmärkten als Umschlagplätze primär für den Handel mit England. Auf diesen Märkten wurden mit Schafen und Wolle auch die nächstwichtigsten Exportgüter für den englischen Markt gehandelt, wo eine wachsende Textilindustrie in großem Umfang Wolle als Rohstoff zur Weiterverarbeitung benötigte.

Der Anbau von Zuckerrohr hatte sich seit den frühen fünfziger Jahren des Jahrhunderts zu einer Haupteinnahmequelle der europäischen Kolonisatoren in der Karibik entwickelt. Aufgrund des Arbeitskräftemangels vor Ort wurden in großem Umfang Sklaven aus Afrika über den Atlantik transportiert. Über die grausamen und menschenunwürdigen Umstände, unter denen die Sklaventransporte stattfanden, ist viel berichtet worden, so daß an dieser Stelle nicht darauf eingegangen werden soll. Doch aufgrund der hohen Sterberate an Bord der Sklavenschiffe ebenso wie der Totalverluste stellte der Einsatz von Arbeitssklaven noch für lange Zeit einen erheblichen Kostenfaktor für die Plantagenbesitzer dar, der nur über die Produktion möglichst großer Mengen an Zucker wieder ausgeglichen werden konnte. Daher wurde zumeist auf den Anbau von Nahrungsmitteln zugunsten des Imports preisgünstiger Lebensmittel aus Europa verzichtet. Aufgrund der langen Transportdauer konnte es sich dabei in der Regel nur um stark gesalzenes Pökelfleisch handeln. Das Überangebot an Schlachtvieh, die guten Beziehungen zum englischen Markt, über den die meisten transatlantischen Transporte abgewickelt wurden, sowie die vorgeschobene Lage im Atlantik machten Irland schnell zu einem der wichtigsten Pökelfleischlieferanten für die Karibik. Die entsprechende irische Exportstatistik belegt die Relevanz des Absatzmarktes nachdrücklich: Zwischen 1641 und 1683 hatte sie sich verfünffacht. Die Bedeutung wurde auch in England anerkannt, denn ein Erlaß aus dem Jahre 1663 sah vor, daß der gesamte Warenverkehr mit den englischen Kolonien über englische oder walisische Häfen abgewickelt werden mußte, lediglich Pökelfleisch und Dienstpersonal waren davon ausgenommen. Der zunehmende Schiffsverkehr zwischen der Alten und der Neuen Welt zeitigte darüber hinaus noch andere Wirkungen, da die Schiffsbesatzungen ernährt werden mußten – für Irland bedeutete dies einen weiteren Absatzmarkt für Frischfleisch und Butter, womit jedoch der zunehmend schwierigere Absatz auf dem traditionellen kontinentaleuropäischen Markt nicht ausgeglichen werden konnte. Am Beispiel der Stadt Galway läßt sich die Umorientierung vom europäischen Kontinent nach Mittelamerika nachvollziehen. Während die Stadt zuvor einer der Hauptausfuhrhäfen irischer Waren nach Südeuropa gewesen war, verdichteten sich nun die Beziehungen der Stadt zu den karibischen Kolonien. Angehörige von Kaufmannsfamilien aus Galway ließen sich dort nieder und sorgten neben der Aufrechterhaltung der Beziehungen zu ihrer alten Heimat dafür, daß außer Zucker noch weitere amerikanische Erzeugnisse – wie zum Beispiel Tabak – zurück nach Irland[20] verschifft wurden.

[20] Bis 1671 war die Direkteinfuhr von Zucker und Tabak nach Irland gestattet, danach unterlagen auch diese Importe englischen Seehandelsgesetzen und mußten seither via England oder Wales eingeführt werden, ohne daß sich dies negativ auf die Importzahlen ausgewirkt hätte.

Die guten Absatzmöglichkeiten in London und in Übersee hatten jedoch auch in England eine Umorientierung der Landwirtschaft zugunsten der Viehwirtschaft bewirkt. Dieser Wechsel wurde hier wie auf dem europäischen Kontinent durch konstant niedrige Getreidepreise zusätzlich beschleunigt. Binnen weniger Jahre entstand somit in England ebenfalls ein Überangebot an Schlachtvieh, das zu einem kontinuierlichen Preisverfall führte, der durch die Importe aus Irland noch beschleunigt wurde. Schnell wurde der Ruf nach Einfuhrbeschränkungen laut, dem sich der erst seit wenigen Jahren regierende Karl II. nicht lange verschließen konnte, ohne durch mögliche Bauernaufstände eine Gefährdung seiner Herrschaft zu riskieren. Durch zwei Gesetze aus den Jahren 1664 und 1667 wurde daher die Einfuhr von Schlachtvieh und anderen Tiererzeugnissen aus Irland mit hohen Abgaben belegt. Damit hatte die irische Landwirtschaft nach nur wenigen guten Jahren bereits einen der beiden bedeutenden Absatzmärkte größtenteils wieder verloren. In Verbindung mit einigen weiteren belastenden Faktoren wie Kriegen in Europa, extrem ungünstigen Witterungsbedingungen daheim sowie krassen Fehleinschätzungen der Marktsituation in England durch manche irische Viehzüchter führten Mitte der sechziger Jahre in die erste große Rezession der Restaurationszeit. Besonders schwierig war die Situation zwischen 1665 und 1668, als zahlreiche Pächter ihre Pachtzahlungen nicht mehr leisten konnten und manche von ihnen sogar ihr Land verlassen mußten. Das Wechselkursverhältnis zwischen dem irischen und dem englischen Pfund in diesen Jahren spiegelte die wirtschaftlichen Schwierigkeiten wider: Während es vor 1663 nahezu konstant 1 : 1 betrug, verlor das irische Pfund im Vergleich zur englischen Währung bis 1667 fast 7 Prozent an Wert.

Im Vergleich zur Viehwirtschaft erwiesen sich die Produktion und der Export anderer landwirtschaftlicher Güter wie Wolle, Talg, Häute und Butter als weniger krisenanfällig. Die relative Stabilität der Ausfuhrzahlen dieser Güter trug dazu bei, die Auswirkungen der Rezession in den Krisenjahren etwas zu mildern. Zusätzlich nahm seit den frühen sechziger Jahren der Inlandsverbrauch zu, da die Bevölkerungszahl bis etwa 1680 wieder auf etwa zwei Millionen gestiegen war. Dies führte zu einer steigenden Nachfrage an Verbrauchsgütern, die die heimische Wirtschaft allein nicht decken konnte. Steigende Importzahlen – und damit direkt verbunden steigende Staatseinnahmen aus Einfuhrzöllen – belegen dies genauso wie der sich notwendigerweise vollziehende grundsätzliche Strukturwandel des irischen Wirtschaftssystems, in dem der Faktor Handel einen steigenden Stellenwert einnahm. Dieser Strukturwandel wirkte sich zudem unmittelbar auf die Infrastruktur des Landes aus. Günstig gelegene Hafenstädte wie Dublin, Cork und Belfast mit einem entsprechenden Hinterland wuchsen in jenen Jahren beträchtlich an, während andere, ehemals regional durchaus bedeutende Häfen wie Galway und Waterford über sinkende Umschlagszahlen klagten. Besonders die Hauptstadt profitierte von dieser Entwicklung. Die Nähe zu Großbritannien, das dichtbesiedelte Umland und die verhältnismäßig günstigen Verkehrsverbindungen in die anderen Regionen der Insel zogen zahlreiche Kaufleute an. Um 1680 konnten die Betriebsamkeit und der Wohlstand der 60000 Einwohner zeitgenössische Reisende durchaus beeindrucken.

Die Veränderungen des Wirtschaftssystems in Verbindung mit der steigenden Bevölkerungszahl und der Überwindung der Rezession der sechziger Jahre führte zu einem kontinuierlichen Anstieg des Lebensstandards, aus dem auch die unteren sozialen Schichten wie Landpächter, -arbeiter oder Handwerker Nutzen ziehen konnten. Ohnehin waren sie von den gesellschaftlichen Veränderungen der Cromwellzeit und der Restauration am wenigsten betroffen, hatten im Gegenteil sogar davon profitiert. Denn durch die konsequente Einführung des englischen Rechtssystems war das Verhältnis zwischen Grundherren und Pächtern auf eine klare rechtliche Grundlage gestellt worden, die sich ausschließlich an kommerziellen Rahmenbedingungen orientierte. Besonders in Zeiten niedriger Pachtzinsen und hoher Erzeugerpreise erwies sich diese neu definierte Beziehung als vorteilhaft für die Pächter, deren Abgaben sich vordem an den Erträgen orientiert hatten. Die Pachtsätze waren zum Großteil in den fünfziger Jahren festgelegt worden, als aufgrund der geringen Bevölkerungszahlen nur wenige potentielle Landpächter zur Verfügung standen. Um überhaupt eine Bearbeitung ihrer Böden sicherzustellen, hatten die Grundbesitzer äußerst günstige Bedingungen bieten müssen. Zwar waren die Pachtzinsen seitdem in der Regel erhöht worden, zumal der Wert des Landes zwischen 1673 und 1683 um 30 Prozent stieg. Doch abgesehen von der Rezessionsphase in den sechziger Jahren konnten die Einkommen der Pächter stets als sicher gelten und hatten sich in den Jahren seit 1673/74 wieder der positiven Gesamtentwicklung der Wirtschaft angepaßt. Die Gründe dafür, daß trotzdem immer noch viele Landbewohner in Armut leben mußten, sieht L. M. Cullen im Fehlen einer ausreichenden Zahl von Arbeitsplätzen. Erst langsam entstanden in den späten siebziger Jahren in begrenztem Umfang einige tausend Arbeitsplätze in der Textilverarbeitung, was besonders in Ulster, der ehemals unterentwickeltsten Region des Landes, zu einem bescheidenen Aufschwung führte. Die nördlichste irische Provinz zog ohnehin den größten Nutzen aus der wirtschaftlichen Blüte seit 1673. Viele Kaufleute aus Nordengland und Schottland hatten sich in Belfast niedergelassen, von wo aus gute Handelsverbindungen nach Dublin und in die übrigen Regionen der Insel bestanden. Der Zustrom an Kapital in Verbindung mit steigenden Einfuhrzahlen, der auch nach dem wirtschaftlichen Einbruch von 1689 nicht versiegte, ließ die Stadt bis 1700 zum viertwichtigsten Hafen Irlands anwachsen.

Im Gegensatz zu ihren Pächtern waren viele Grundherren von der Cromwellschen Bodenpolitik unmittelbar betroffen worden. Viele hatten in diesen Jahren ihren Besitz verloren, nur wenige diesen nach der Restauration wieder zurückerhalten. Doch eine große Zahl ehemaliger Eigentümer wartete nach der Inthronisation Karls II. vergeblich auf eine Rückgabe ihrer alten Güter. Manche hatten sich ihrem Schicksal ergeben und Teile ihres alten Besitzes als Pächter übernommen, andere ihr Glück als Kaufleute versucht, doch viele waren einer alten Tradition gefolgt und als Gesetzlose zusammen mit einigen Getreuen in die Wälder und Berge gezogen, wo sie sich seither vor dem Zugriff einer immer effektiver arbeitenden Verwaltung versteckten. Die meisten Räuberbanden trieben seither in der unwirtlichen Gegend zwischen Dublin und Dundalk – noch heute ein bevorzugtes Rückzugsgebiet von IRA-Aktivisten – ihr Unwesen, die den zunehmenden Waren- und Geldverkehr zwischen Dublin und Belfast auf ihre eigene Weise nutzten, um sich für tatsächlich oder vermeintlich erlittenes Unrecht zu revanchieren.

Die wirtschaftliche Blüte der Restaurationszeit erlebte in den frühen achtziger Jahren ihren Höhepunkt, die höchsten Zolleinnahmen dieser Epoche wurden im Jahre 1686 mit 138880 £ erzielt. Eine Reihe von äußeren Faktoren bewirkten in der Folgezeit einen drastischen Einbruch, der sich bereits seit 1684 abzuzeichnen begann. Zunächst verlor die irische Landwirtschaft mit dem französischen Markt ein seit den siebziger Jahren lukratives Absatzgebiet für Fleisch und Butter, da sich die französische Landwirtschaft ähnlich wie die englische 20 Jahre zuvor zunehmend selbst versorgen konnte und Importe seitdem mit hohen Einfuhrzöllen belegt wurden. Im Jahre 1688 fiel zudem eine Großzahl des irischen Viehbestandes einer Seuche zum Opfer, was die Landwirtschaft vor neue, nur noch schwer aus eigener Kraft zu lösende Probleme stellte. Als besonders schwerwiegend jedoch erwies sich die instabile politische Lage im Lande, die seit 1685 die Gesellschaft erneut zu spalten drohte. Protestantische Kaufleute, die jahrzehntelang mit Katholiken problemlos Handel getrieben hatten, fühlten sich durch die prokatholische Politik Jakobs II. zunehmend verunsichert, einige zogen sich ganz aus Irland zurück. Die allgemeine Unsicherheit über die Zukunft des Landes beschädigte das gesamte Wirtschaftsgefüge nachhaltig. Das irische Pfund verlor im Vergleich mit dem englischen Pfund allein im Februar 1687 14 Prozent an Wert, in den folgenden Wochen und Monaten gingen die Erzeugerpreise drastisch zurück, gefolgt von um 30 Prozent sinkenden Pachtzinsen und ähnlich stark fallenden Bodenpreisen. Nach dem Ausbruch der Kriegshandlungen zwischen Jakob und Wilhelm im Jahre 1689 kam es zu einem wahren Exodus von Kaufleuten und Kapital.

Damit waren die drei Stützpfeiler, die die irische Wirtschaft seit vielen Jahren sicher getragen hatten, nämlich günstige Exportmärkte, gute heimische Arbeitsbedingungen und politische Stabilität, nacheinander eingebrochen. Nach den Kriegswirren, die mit dem Vertrag von Limerick beendet wurden, stabilisierte sich die Lage im Lande indes relativ schnell, so daß sich das irische Wirtschaftsgefüge bereits Mitte der neunziger Jahre wieder leidlich erholt hatte. Dieser Erholungsprozeß wurde zusätzlich durch eine Reihe von katastrophalen Mißernten in Frankreich und Schottland begünstigt, wohin 1693 und 1698 große Mengen landwirtschaftlicher Erzeugnisse exportiert werden konnten. Nachdem sich das wilhelminische System in Irland durchgesetzt hatte, schienen die politischen Rahmenbedingungen im Lande auch wieder geeignet, um Investitionen in größerem Umfang zu erlauben. Zum großen Teil jedoch wurden diese im irischen Nordosten, der Region um Belfast getätigt, die sich von vornherein als zuverlässig protestantisch gezeigt hatte und nun die Früchte ihrer Loyalität ernten konnte.

Die Entstehung der »Protestant Ascendancy«

Mit seinem 1689/90 erschienenen Werk ›Two Treatises on government‹ hatte sich John Locke, zu dieser Zeit bereits ein international anerkannter Philosoph, Erzieher und Arzt, im ausgehenden 17. Jahrhundert Einlaß auch in den Kreis der führenden staats- und verfassungsrechtlichen Theoretiker seiner Zeit verschafft. Locke, der aufgrund seiner Sympathien für die Whigs unter Karl II. und Jakob II. England hatte verlassen müssen, war im Gefolge Wilhelms von Oranien nach jahrelangem holländischem Exil wieder in seine Heimat zurückgekehrt. Spätestens in Holland war er über die philosophischen Schriften Spinozas und die natur- und verfassungsrechtlichen Überlegungen von Grotius mit dem Gedankengut der holländischen Aufklärung in Berührung gekommen, die sein weiteres Leben und Wirken nachhaltig beeinflußten und ihn zu einem der Väter des englischen *enlightenment* werden ließen. Er hatte sich bereits vor seinem Zwangsaufenthalt auf dem Kontinent als ein finanziell unabhängiger, daher nicht korrumpierbarer und politisch unbequemer Denker erwiesen, für den das göttliche Recht königlicher Herrschaft durchaus keine Selbstverständlichkeit war, der sich jedoch auch entschieden gegen den von Thomas Hobbes in seinem ›Leviathan‹ (1651) eher weltlich definierten Staatsabsolutismus aussprach. Es steht daher außer Frage, daß die bemerkenswerten Ereignisse der Jahres 1688/89, subsumiert unter dem Oberbegriff »Glorious Revolution«, nachhaltigen Einfluß auf den Inhalt seiner Schriften gehabt haben müssen – schließlich wurden damals viele der Vorstellungen und Überlegungen in die Tat umgesetzt, die er bereits theoretisch vorgedacht und, meistens anonym, in kleineren Schriften entwickelt hatte. Nun konnte er die Umsetzung dieser Theorien in die Praxis beobachten, daraus neuen Erkenntnisgewinn ableiten und weiter durchdenken. Insgesamt bot er in diesem Werk einen auf die damals aktuellen Verhältnisse in England zugeschnittenen Verfassungsentwurf, als dessen wichtigstes Kriterium die Teilung der Macht in zwei Gewalten gilt, in die Legislative des Parlaments und die dem Parlament unterstellte Exekutive der Krone. Doch auch die Macht der Legislative durfte im Staatsverständnis Lockes nicht absolut sein, sie beruhte im Gegenteil auf einem kündbaren Gesellschaftsvertrag. Zwar hatte auch er bereits grundsätzlich die Souveränität des Volkes gefordert, doch das Wahlrecht noch an Grundbesitz oder anderes erbliches Vermögen gekoppelt. Somit stand bei Locke eine demokratische Verfassung nach heutigem Muster noch nicht zur Debatte. Dennoch wirkten seine staatstheoretischen Schriften weit über seinen Tod im Jahre 1704 hinaus und übten – entsprechend modifiziert – unter anderem bedeutenden Einfluß auf die Verfassungskonzeption der Vereinigten Staaten aus.

Zeitgleich mit den ›Treatises‹ von John Locke erschienen in England noch weitere sowie insgesamt 19 Neuauflagen älterer staatsrechtlicher Schriften[1]. All dies sind zweifellos Indizien dafür, wie sehr in der Blütephase der Aufklärung die Frage nach neuen Rahmenbedingungen staatlicher Herrschaft und Verfassung die Zeitgenossen bewegte. Mit der »Glorious Revolution« war die entscheidende staatsrechtliche Weichenstellung vorgenommen worden, durch die das ehemals göttliche Recht der Krone der Souveränität des Parlaments unterworfen wurde, das fortan – wenigstens theoretisch – die Krone samt ihrer Rechte und Pflichten wie ein gewöhnliches Staatsamt vergeben konnte. Zwar blieben in der Regierungspraxis der kommenden Jahrzehnte bedeutende königliche Prärogativrechte wie die Wahl der Minister und die Zielvorgaben der »Großen Politik«, besonders der Außenpolitik, weiterhin erhalten, doch bildete sich im Verlauf des 18. Jahrhunderts ein System der *checks and balances* zwischen der Krone, dem Oberhaus und dem Unterhaus heraus, das die staatliche Herrschaft beim »König im Parlament« sah.

Nach dem Sieg Wilhelms über Jakob und der Konsolidierung der Macht der Krone in Irland erwartete die dortige protestantische Oberschicht vom englischen Souverän dieselben Rechte und Machtbefugnisse, die die ›Bill of Rights‹ der englischen *nobility* und *gentry* zugestand. Man ging, bei Anerkennung der Krone als Ausdruck anglo-irischer Gemeinsamkeit, von einer Neuverteilung der Kompetenzen nach englischem Vorbild zu Gunsten des Parlaments und zu Lasten des Vizekönigs oder seines Statthalters aus. Diese Erwartungshaltung wurde durch den Friedensvertrag von Limerick noch bestärkt, der nach An-

[1] Vgl. dazu: Conal Condren, George Lawson's ›Politica‹ and the English Revolution. Cambridge 1989, S. 151.

sicht der irischen Protestanten den Katholiken entschieden zu viel Nachsicht entgegenbrachte, und der nicht dazu beitrug, ihr Vertrauen in die Kompetenz des englischen Parlaments für irische Angelegenheiten zu festigen. Daran konnte auch das Ende 1691 von Westminster verabschiedete Gesetz nichts ändern, das die Mitgliedschaft im irischen Parlament ausschließlich für Protestanten vorsah, die zudem erstmals in der irischen Parlamentsgeschichte einen Treueid auf die englisch-irische Krone leisten mußten. Im Gegenteil belastete die Selbstverständlichkeit, mit der die englische Exekutive sich als die letztverantwortliche Instanz auch in irischen Fragen verstand und zum Beispiel die Appellationskompetenz des irischen Oberhauses nicht anerkannte, von vornherein die Beziehungen schwer. Ökonomische Fragen wurden zu einem weiteren Prüfstein des Verhältnisses. Vor allem ging es um unterschiedliche Interpretationen der Vergabemodalitäten von nach 1691 konfisziertem, ehemals katholischem Landbesitz sowie um einige Handelsbeschränkungen, die den Export bestimmter irischer Textilprodukte nur noch für den englischen Markt zuließen, wo die eingeführten Produkte jedoch mit erheblichen Abgaben belegt wurden. Damit wurde der Export dieser Waren nahezu unmöglich.

Die der »glorreichen Revolution« folgenden zwei Jahrzehnte waren in Irland von der Suche nach einer Neudefinition des anglo-irischen Verhältnisses geprägt. Dabei kristallisierten sich zwei grundsätzlich unterschiedliche Standpunkte heraus. Der eine, den J. G. Simms als »kolonialen Nationalismus« bezeichnete[2], sah Irland als ein unabhängiges Königreich mit einem eigenen Parlament und eigenen funktionsfähigen staatlichen Organen. Dem englischen Parlament wurden nur wenige, eng begrenzte Mitspracherechte zugestanden. Einer der führenden irischen Denker der Zeit, William Molyneux, faßte in seiner im Jahre 1698 erschienenen Schrift ›The case of Ireland's being bound by acts of parliament in England, stated‹ die Argumente dieser Fraktion zusammen. Dabei leitete er den Unabhängigkeitsanspruch für Irland bereits aus den Verhandlungen ab, die seinerzeit zwischen den irischen Königen und Heinrich II. geführt worden waren. Einige allgemeinere Aussagen der Streitschrift, die sich mit der grundsätzlichen Gleichberechtigung der

[2] J. G. Simms, The Establishment of Protestant Ascendancy, 1691–1714. In: T. W. Moody u. W. E. Vaughan (Hg.), A New History of Ireland, Bd. 4: Eighteenth-Century Ireland 1691–1800. Oxford 1986, S. 5.

Menschen im Verhältnis zueinander und der Frage nach der freiwilligen Unterwerfung der Menschen unter Rechtsnormen als Charakteristikum einer zivilisierten Gesellschaft befassen, zeigen nachdrücklich den großen Einfluß, den die Schriften John Lockes auch in Irland ausübten[3]. Molyneux zählte zu einer relativ kleinen, aber an der Wende vom 17. zum 18. Jahrhundert gesellschaftlich einflußreichen Gruppe von Intellektuellen, der »Dublin Philosophical Society«, zu deren Mitgliedern neben anderen politische Denker und Philosophen wie Robert Molesworth, John Toland und Jonathan Swift gehörten, der aber auch der junge George Berkeley nahestand. In England stieß diese Interpretation auf heftigen Widerspruch. Eine Reihe von mehr oder weniger polemischen Gegendarstellungen versuchte, die Unhaltbarkeit der Argumente von Molyneux zu beweisen, auch sah sich das Unterhaus zu einer Resolution genötigt, die eine Bestandsgefährdung des Königreiches für den Fall vorhersagte, daß sich solche und ähnliche Überlegungen jenseits der Irischen See durchsetzten.

Zwar gibt es keine Hinweise darauf, daß die Schrift Molyneux's in London öffentlich verbrannt wurde, wie man sonst üblicherweise mit vermeintlich oder tatsächlich staatsgefährdenden Schriften verfuhr, doch bestand für das House of Commons kein Zweifel daran, daß Irland ein von England abhängiges und untergeordnetes Königreich war. Mit dieser Einschätzung wußten sich die Abgeordneten in Übereinstimmung mit dem anderen in Irland vertretenen Standpunkt. Dieser sah das Land als ein von der Krone erobertes Territorium, das von der protestantischen Macht, die als eine Art zivilisatorischer Brükkenkopf diente, für die Krone gehalten würde. Im Rahmen solcher Überlegungen gab es selbstverständlich auch kein gleichberechtigtes irisches Parlament. Dieses mußte statt dessen gleichsam zwangsläufig der englischen Herrschaft untergeordnet sein.

Die Unvereinbarkeit der beiden Interpretationen verhinderte jahrelang eine sinnvolle Zusammenarbeit zwischen den Vizekönigen und ihren irischen Statthaltern, die kraft Amtes den englischen Standpunkt zu vertreten hatten, und dem Parlament in Dublin, das mehrheitlich die Molyneux'sche Sichtweise unterstützte. Statt dessen erzeugten ständige Dispute zwischen Legislative und Exekutive beiderseits der Irischen See Reibungsverluste, die die Klärung manches wichtigen politischen Pro-

[3] Molyneux zum Beispiel führte eine intensive Korrespondenz mit Locke.

blems über Gebühr verzögerte oder gar gänzlich verhinderte. So dauerte es allein sechs Jahre, bis das englische Parlament im Jahre 1697 dem Friedensvertrag von Limerick zustimmte – doch war das Vertragswerk zu diesem Zeitpunkt bereits in einigen wesentlichen Punkten verändert worden, die hauptsächlich zu Lasten der irischen Katholiken gingen. Allerdings ließ auch diese Version noch den Einspruch gegen Enteignungen beim (englischen) Kronrat als höchster gerichtlicher Instanz zu. In vielen Fällen gelang es katholischen Grundbesitzern auf diese Weise, ihre Eigentumsrechte geltend zu machen oder zurückzuerhalten. Alle diese Entscheidungen jedoch stützten wiederum die kolonial-nationale Mehrheitsfraktion im irischen Parlament, die jedem noch so kleinen Erfolg des Katholizismus mit äußerstem Mißtrauen begegnete. Wie problematisch die ungeklärten Beziehungen sich darüber hinaus auch auf das innerenglische Verhältnis zwischen König und Parlament auswirken konnten, zeigt die Kritik Westminsters an der Entscheidung Wilhelms, nach dem Frieden von Rijswijk (1697) gegen den erklärten Willen der Legislative nicht alle seine Söldnerheere aufzulösen, sondern Teile nach Irland zu verlegen. Das Parlament sah darin einen Versuch des Königs, sich außerhalb des unmittelbaren parlamentarischen Zuständigkeitsbereichs eine nur schwer kontrollierbare Machtbasis aufbauen zu wollen, und ordnete im Gegenzug die Auflösung aller fremden Heere sowie all jener Einheiten in Irland an, die eine Stärke von über 12000 Mann hatten.

Bis zu seinem Tod im März 1702 hatte Wilhelm III. keine zufriedenstellende Antwort auf die Zuständigkeitsfrage in irischen Angelegenheiten finden können. Auch seine Personalpolitik konnte nur wenig überzeugen. Henry Viscount Sidney, der erste von ihm ernannte Vizekönig, trat im Jahre 1692 sein Amt an. Zwar galt er als ein Veteran der »Glorious Revolution«, der eine maßgebliche Rolle bei dem Thronwechsel gespielt hatte, doch stellte er sich in Irland schnell als ein liederlicher Trunkenbold heraus, der, wie böse Zungen behaupteten, zu allem Überfluß noch unter dem Einfluß einer katholischen Mätresse stand. Nachdem es bald nach der Ernennung über Haushaltsfragen zu einer Kraftprobe zwischen der vizeköniglichen Administration und dem Parlament gekommen war und sich Sidney nur unter Bezugnahme auf ›Poynings' Law‹ durchsetzen konnte, schien eine gedeihliche Zusammenarbeit zwischen Legislative und Exekutive in Irland nicht mehr möglich. Er wurde daher bereits

1695 wieder abberufen und durch Henry Lord Capell als Statthalter ersetzt. Dieser erwies sich als ein beinharter Whig, der die irischen Protestanten durch anti-katholische Erlasse zu erfreuen suchte. Doch verstarb er bereits ein Jahr nach seiner Ernennung. Die nächsten sieben Jahre wurde die Krone vom jeweils amtierenden *lord justice* vertreten, von denen allerdings keiner den schwelenden konstitutionellen Konflikt zwischen den beiden konkurrierenden Gewalten in Irland beizulegen vermochte.

Die Ehe von Wilhelm III. und Maria II. blieb kinderlos. Da es sowohl protestantische als auch katholische Thronanwärter gab, entschloß sich das Parlament von Westminster eingedenk der schlechten historischen Erfahrungen in dieser Frage klare Verhältnisse zu schaffen. So wurde 1701 im ›Act of Settlement‹, also noch vor dem Tod Wilhelms, die protestantische Thronfolge festgelegt. Da Königin Maria selbst bereits 1694 gestorben war, fiel die Krone nun an Anna, die zweite Tochter Jakobs II., eine erklärte Protestantin. Sie hatte, zumindest was die Wahl der Repräsentanten englischer Macht in Irland betraf, eine glücklichere Hand als ihr Schwager – jedenfalls in Fragen personeller Kontinuität. So blieb James Butler, der zweite Herzog von Ormond, der im Jahre 1703 zum Vizekönig ernannt wurde, immerhin bis 1713 in seinem Amt – allerdings mit einer Unterbrechung von 1707 bis 1710, als er in England andere Aufgaben wahrnehmen mußte. Jonathan Swift, der kritische Beobachter und Kommentator des politischen Geschehens seiner Zeit, hielt den Enkel des charismatischen langjährigen irischen Vizekönigs für einen Menschen, der, »obwohl klüger als die meisten seiner Berater, leider jedoch nicht entsprechend handeln würde, zumal er von lauter Narren umgeben sei«[4]. Dennoch verfügte Ormond über erheblichen politischen Einfluß im gesamten Herrschaftsbereich der englischen Krone. Besonders geschätzt wurde er jedoch in England, wo er für die Tories zwischen 1707 und 1710 heftig die Politik John Churchills, des Herzogs von Marlborough, attackierte.

Dieser Protegé der englischen Königin führte als Oberbefehlshaber die britisch-niederländische Armee im spanischen Erbfolgekrieg, in dem er als Sachwalter der anti-französischen Allianz Seite an Seite mit Prinz Eugen von Savoyen Ludwig XIV. bekämpfte. Trotz seiner kontinentalen Randlage wur-

[4] Zitiert nach: Simms, The Establishment of Protestant Ascendancy, S. 4.

de auch Irland tief in dieses Ringen um europäische Hegemonie einbezogen, denn die Königin und ihr oberster Feldherr griffen nur allzu gern auf irische Ressourcen zurück. Das Land stellte zwischen 1701 und 1709 über zwanzig Regimenter, die an allen entscheidenden Ereignissen des Krieges beteiligt waren. Geführt wurden diese Einheiten vorwiegend von Angehörigen der protestantischen *gentry*, die teilweise hoch in der militärischen Hierarchie aufstiegen. Doch auch die Gegenseite wußte die strategisch günstige Lage der Insel zu nutzen. Viele französische Kaperschiffe warteten im Schutz unzugänglicher irischer Buchten auf gegnerische Handels- und Kriegsschiffe, um sich ihre Ladung anzueignen oder sie zum Kampf zu stellen. Dabei konnten sie sich meistens auf die Sympathie und die Unterstützung der lokalen (katholischen) Bevölkerung stützen, die jede Gelegenheit wahrnahm, um den ungeliebten protestantischen Engländern zu schaden und die zweifellos auch materiellen Nutzen aus den Aktionen der französischen Freibeuter zog. Doch obwohl die Regierung in Dublin fest damit rechnete, versuchte in diesen Jahren keine der gegnerischen Mächte eine Landung in Irland, um von dort aus England »direkt vor der Haustür« bekämpfen zu können. Die einzige Operation französischer Truppen auf den Britischen Inseln fand diesmal im Jahre 1708 in Schottland statt, doch auch dort gelang es nicht, die katholische Linie des Hauses Stuart mit kontinentaler Hilfe wieder auf den Thron von England zu setzen.

Als Ormond dem Ruf nach England folgte, dauerte der Krieg bereits sechs Jahre und hatte hohe Kosten verursacht, die – über Steuern – hauptsächlich vom grundbesitzenden Landadel getragen wurden. Da es trotz gelegentlicher spektakulärer Erfolge der anti-französischen Allianz offenbar nicht möglich war, den Gegner völlig zu besiegen, wurden besonders aus den Reihen der *gentry* die Rufe nach Friedensverhandlungen immer lauter. Zunächst stießen sie auf den kompromißlosen Widerstand der Whigs, die die Mehrheit der Sitze im Parlament innehatten. Erst nach drei Jahren konnten die kriegsmüden Tories die Unterhauswahlen von 1710 für sich entscheiden und unmittelbar danach Friedensfühler gen Frankreich ausstrecken. Ormond, dessen Dienste nun nicht mehr in England benötigt wurden, erhielt erneut die irische Vizekönigswürde. Der Beginn seiner zweiten Amtsperiode stand indes unter ungünstigen Vorzeichen, denn der Disput um die konstitutionelle Position Irlands hatte sich noch verschärft.

Das irische Parlament mußte darin eine weitere Niederlage hinnehmen. Ausgelöst worden war der Zwist durch ein ehrgeiziges politisches Ziel, das sich einige einflußreiche *New Protestants* schon unmittelbar nach der jakobitischen Niederlage gesteckt hatten: die Vollendung der Union des irischen mit dem englischen Königreich. Zunächst waren dies Einzelmeinungen gewesen, doch vor dem Hintergrund der immer heftiger ausgetragenen Debatte um die konstitutionelle Stellung Irlands im englischen Herrschaftsbereich wurden spätestens seit dem Thronwechsel solche Forderungen immer öfter vorgetragen, im Jahre 1703 hatte das irische Unterhaus dann förmlich an Königin Anna appelliert, eine Union der beiden Königreiche herbeizuführen. Es ist bezeichnend und für die Stimmung in Irland typisch, daß die Unionsdebatte in enger Verbindung mit der Frage nach weitergehenden Rechten für das irische Parlament geführt wurde. Schon William Molyneux hatte in seiner Schrift dieses Junktim hergestellt, als er darauf hinwies, daß dem englischen Parlament nur dann ein Mitspracherecht in irischen Angelegenheiten eingeräumt werden dürfe, wenn irische Abgeordnete in Westminster in den Abstimmungsprozeß einbezogen würden – um im nächsten Satz dies zwar als höchst wünschenswert, aber doch völlig unwahrscheinlich zu bezeichnen. Auch in der Folgezeit betonten irische Parlamentarier ebenso wie politische Theoretiker gern, daß eine Union mit England stets nur die zweitbeste Lösung nach einer konstitutionellen Absicherung der eigenen Entscheidungsfreiheit unabhängig vom englischen Parlament sein könne.

Trotz der unbestreitbaren Vorteile, die eine Vereinigung der beiden Königreiche der irischen »Protestant Ascendancy« bot – es hätte die protestantische Minderheit des Landes aus der relativen sozialen Isolation im Lande befreit und die von ihr dominierte irische Wirtschaft enger an das englische ökonomische System gebunden – muß festgehalten werden, daß sich in der protestantischen Oberschicht Irlands zu Beginn des 18. Jahrhunderts in der Tat eine eigenständige kolonial-nationale Identität herauszubilden begann. Diese Entwicklung blieb nicht auf Irland beschränkt, sondern beeinflußte in den Folgejahren die politischen Entwicklungen auch außerhalb der engen Grenzen der Britischen Inseln. Vergleichbare Überlegungen jenseits des Atlantiks gipfelten im amerikanischen Unabhängigkeitskampf. Nachweislich waren die Schriften von Molyneux, Molesworth, Toland und einiger anderer verwandter politischer Denker im Verlauf des 18. Jahrhunderts in den nordamerikanischen Kolonien mit großem Interesse rezipiert worden. So konnten die Gedanken John Lockes den amerikanischen Unabhängigkeitskampf auf zweifache Weise beeinflussen: einmal indirekt über die irisch-protestantischen Staatstheoretiker, zum anderen direkt über die Rezeption durch die Vordenker der Revolution, die sich selbst oft und gerne auf Locke beriefen.

Es verwundert daher nicht, wenn die Nachricht vom Zusammenschluß Englands und Schottlands zum »United Kingdom of Great Britain« unter Auslassung des Königreichs Irland die politischen Entscheidungsträger in Dublin nicht allzu sehr betrübte. Zwar verfaßte Swift unter dem Eindruck der soeben vollzogenen anglo-schottischen Union die ›Story of the injured lady‹, in der Irland als ein junges Mädchen erscheint, das von einem Verehrer schmählich zu Gunsten einer häßlichen Rivalin sitzengelassen wird – doch verzichtete er später auf eine Veröffentlichung dieser Allegorie. Auch wenn sich das irische Parlament noch nicht ganz damit abfinden wollte – zwei Jahre später suchte das Oberhaus noch einmal um Vollzug der Union mit Großbritannien nach – scheint beiderseits der Irischen See das tatsächliche Interesse am Zusammenschluß der Königreiche nicht allzu groß gewesen zu sein. Denn die Antwort des königlichen Stellvertreters war eher lau, er wies lediglich darauf hin, daß er keine Anweisungen aus London vorliegen habe, in dieser Angelegenheit irgendwelche Kommentare abzugeben. Unter anderen politischen Vorzeichen hätte man in Irland eine solche Haltung als brüske Ablehnung eines legitimen Anliegens betrachtet, doch diesmal reagierte das Unterhaus in Dublin überhaupt nicht – ein deutliches Indiz für das Desinteresse innerhalb der protestantischen Oberschicht Irlands an einer Union mit Großbritannien. Es mag sein, daß sie sich als Gegenleistung für dieses Stillschweigen eine Erweiterung der Kompetenzen der eigenen Legislative zu Lasten der Exekutive erhoffte und in der Tat gibt es einige Hinweise dafür, daß nach 1707 der Vizekönig und seine Verwaltung in Dublin bewußt auf manche Rechte zu Gunsten des irischen Parlaments verzichtete – ohne daß dies jemals öffentlich erklärt worden wäre[5].

[5] Bei Simms, The Establishment of Protestant Ascendancy, S. 2ff., werden einige Hinweise darauf gegeben, die sich zum Beispiel auf bewußten Verzicht der irischen Exekutive in bezug auf die Einbringung von Haushaltsentwürfen beziehen, die fortan vom Unterhaus vorgelegt wurden.

Trotz der erkennbaren Distanz, auf die das irische Parlament in der Frage des Verhältnisses zu Großbritannien gegangen war, wirkten sich die dortigen politischen Entwicklungen auch weiterhin unmittelbar auf Irland aus. Hier wie dort gab es Whigs und Tories, wenngleich in Dublin die Trennungslinien zwischen den politischen Lagern aufgrund der mehrheitlichen Sympathien für den kompromißlos anti-katholischen Kurs der britischen Whigs anders verliefen als in London. So standen die irischen Whigs dem anglikanischen Protestantismus der königstreuen britischen Tories beispielsweise näher als dem teils fundamentalistisch-sektiererischen Protestantismus vieler britischer Whigs. Die besonderen Rahmenbedingungen der Protestant Ascendancy Irlands, die sich ihrer Rolle als Minderheit in einer grundsätzlich immer noch feindlich eingestellten und mehrheitlich katholischen Gesellschaft durchaus bewußt war, bedingten folglich ungewöhnliche politische Konstellationen, die wiederum die Differenzen zur britischen Politik deutlich hervortreten ließen.

Als erklärte Anti-Katholiken wandten sich die Angehörigen der protestantischen Oberschicht Irlands entschieden gegen jeden Versuch der Tory-Regierung unter Lord Bolingbroke, einen Ausgleich mit den großen katholischen Mächten des Kontinents herbeizuführen. Das hinderte diesen 1713 zwar nicht daran, den spanischen Erbfolgekrieg im Frieden von Utrecht endgültig zu beenden, doch stießen alle Versuche seiner Regierung, die protestantische Thronfolgeregelung zugunsten einer Restauration der katholischen Stuarts zu ändern, nicht nur in England, sondern ganz besonders auch in Irland auf entschiedenen Widerstand – dies um so mehr, als aufgrund der schweren Erkrankung der Königin eine Thronvakanz immer wahrscheinlicher wurde. Zwar versuchte der im Jahre 1713 zum neuen irischen Vizekönig ernannte Herzog von Shrewsbury noch, das im selben Jahr gewählte irische Parlament zu vertagen, um auf diese Weise einen Eingriff in die Sukzessionsdebatte zu verhindern, doch mußte er schnell einsehen, daß die irische Legislative um jeden Preis die protestantische Thronfolge unterstützen würde und sich jede Einmischung von der königlichen Regierung nahestehenden oder ihr sogar angehörenden Personen verbat. Damit hatte sie zweifellos ein schweres Gewicht in die Waagschale zugunsten der protestantischen Sukzession gelegt und die Entscheidung des britischen Schatzkanzlers erleichtert, nach dem Tode der Königin den nächsten Kandidaten der protestantischen Thronfolge[6], Kurfürst Georg Ludwig von Hannover, einen Urenkel Jakobs I., zum neuen Staatsoberhaupt des Vereinigten Königreiches von Großbritannien auszurufen.

Die Thronfolge Georgs I.

König Georg I., der auch nach seiner Inthronisation die hannoversche Kurfürstenwürde behielt, ist von der Geschichtsschreibung oft und zu Unrecht als ein schwacher Monarch abgestempelt worden, der seinen neuen Aufgaben in Großbritannien nicht gewachsen gewesen sei. Im Gegenteil verfügte er über beachtliche administrative Fähigkeiten, hatte sich schon vorher als ein tapferer Soldat bewährt und galt auch als versierter Diplomat, der sich, wenn auch nur mit gemischtem Erfolg, nach 1714 um die Erlernung der englischen Sprache bemühte. Wenn ihm in späteren Jahren mangelnde politische Durchsetzungsfähigkeit nachgesagt wurde, hing dies auch von dem engen konstitutionellen Rahmen ab, der seit der ›Bill of Rights‹ die Handlungsfreiheit der Monarchie stark einschränkte.

Nicht zuletzt aufgrund dieser eingeschränkten Handlungsfähigkeit, die besonders in den ersten Jahren der Regentschaft das Verhältnis zwischen König und Parlament belastete, erschien Georg der irischen Protestant Ascendancy als ein guter Sachwalter ihrer Interessen. Da die Frage nach der Form der Unterordnung des irischen unter die Gewalt des britischen Parlaments aus der Sicht Dublins noch immer nicht zufriedenstellend beantwortet war, hofften die Protestanten jenseits der Irischen See, durch demonstrative Loyalität gegenüber dem König – als König von Irland – diesen zu einem Fürsprecher ihres Standpunktes in London gewinnen zu können. Im Gegensatz dazu stießen fast alle Minister, Beamte und kirchliche Würdenträger, die auf Geheiß der britischen Regierung mit Aufgaben in Irland betraut worden waren, in Dublin auf großes Mißtrauen, teilweise sogar auf offenen Widerstand, was deren Amtsführung zwangsläufig erheblich belasten mußte. Dieser Antagonismus hat fraglos mit dazu beigetragen, daß die irische Vizekönigswürde im Verlauf des 18. Jahrhunderts zunehmend an Attrakti-

[6] Nach dem Tode Annas hatten insgesamt 57 lebende Personen einen genealogisch stärker begründeten Anspruch auf die britische Krone, doch handelte es sich bei diesen ausnahmslos um Katholiken.

vität verlor. Das konnten weder der Kabinettsrang, den alle *lord lieutenants* bis 1780 innehielten, noch die umfassenden Regierungsvollmachten, über die sie in Irland verfügten, oder der direkte Zugang zum König, den sie kraft Amtes besaßen, aufwiegen. Im Gegenteil galt das Amt innerhalb der britischen ministerialen Hierarchie als äußerst unbeliebt. Häufig diente die Ernennung dazu, politisch allzu einflußreiche Persönlichkeiten zu schwächen, da sich ihre Kompetenzen fast ausschließlich auf irische Angelegenheiten bezogen und daher kaum Profilierungsmöglichkeiten in unmittelbaren britischen Reichsangelegenheiten bestanden. Die Rivalitäten zwischen irischem und britischem Parlament, zwischen Protestant Ascendancy und britischer Beamtenschaft sowie innerhalb der protestantischen Oberschicht in Irland verhinderten darüber hinaus eine gedeihliche Regierungsarbeit in dem eigentlichen Einflußbereich. Allzuoft forderten Kleinigkeiten zermürbende Schlichtungsversuche zwischen den einzelnen Interessengruppen in Irland, als daß eigentlich notwendige Entwürfe von mittel- und langfristigen politischen Strategien möglich gewesen wären – was sich förderlich auf das Ansehen und damit den Einfluß des königlichen Stellvertreters ausgewirkt hätte. Erschwerend kam noch hinzu, daß die meisten Vizekönige, jedenfalls bis 1767, niemals im Lande selbst residierten, sondern lediglich während der Sitzungsperioden des irischen Parlaments auf der Grünen Insel weilten. Diese fanden im Zweijahresrhythmus statt und dauerten jeweils etwa sechs Monate. In den übrigen 18 Monaten lag die Leitung der irischen Administration üblicherweise in den Händen der obersten Richter. Da indes die Ernennung der *lord justices* in die Entscheidungsgewalt des Vizekönigs fiel, waren dessen Stellvertreter ihm in der Regel verpflichtet und daher darauf bedacht, möglichst in seinem Sinn zu entscheiden. Dadurch konnten auch sie nicht dazu beitragen, den konstitutionellen Konflikt zwischen den Parlamenten in Dublin und in London aufzulösen.

Nach 1714 spitzte sich dieser Verfassungskonflikt, ausgelöst durch einen eigentlich simplen Rechtsstreit, zu[7]. Die unterlegene Partei hatte erfolgreich beim irischen Oberhaus um Revision des Urteils nachgesucht, worauf die gegnerische Partei ihrerseits

[7] Zum Fall Sherlock vs. Annesley vgl. J. L. McCracken, The Rise of Colonial Nationalism, 1714–1760. In: Moody u. Vaughan (Hg.), A New History of Ireland. Bd. 4, S. 110f.

das britische Oberhaus anrief, das flugs die Revision des irischen House of Lords verwarf. Ferner wies es die entsprechenden Behörden in Irland an, die nötigen Schritte einzuleiten, um dem eigenen Favoriten dem Ausgang des Verfahrens entsprechend Genüge zu tun. Aber der solchermaßen angewiesene *sheriff* weigerte sich, einem Urteilsspruch aus London Folge zu leisten. Daraufhin wurde er von der vizeköniglichen Behörde in Dublin mit einer Geldbuße belegt, was wiederum das irische Oberhaus empörte, das die Verhaftung der Behördenleitung anordnete. Es nutzte darüber hinaus die Gelegenheit, um noch einmal die endgültige Festlegung des irischen parlamentarischen Jurisdiktionsrechts für Irland zu fordern. Doch London blieb in dieser Frage hart: Im Jahre 1720 wurde in Westminster ein Gesetz verabschiedet, das die Legislation für Irland exklusiv dem britischen Parlament vorbehielt und dem irischen Oberhaus die Berechtigung absprach, in Irland als höchste Appelationsinstanz zu wirken. Dies erklärt all jene zeitgenössischen Berichte, die seit etwa 1717 eine zunehmende Verschlechterung der Stimmung in der Protestant Ascendancy in bezug auf die britische Politik meldeten. Man empfand die britischen Eingriffe in irische Angelegenheiten als Verletzung einer genuin irisch-protestantischen Sphäre und als den Versuch, unter bewußter Schädigung irischer wirtschaftlicher und politischer Interessen Vorteile für Großbritannien zu erlangen. Jonathan Swift brachte einige Jahre später den anti-englischen Geist der Zeit auf den Punkt, als er in seiner Schrift ›A proposal for the universal use of Irish manufacture‹ das Los der armen Bevölkerung in Dublin der britischen protektionistischen Wirtschaftspolitik zuschrieb und dabei die rhetorische Frage stellte, ob es denn im allgemeinen Interesse sein könne, Menschen durch ein Gesetz zu binden, das diese Menschen nicht wollten.

Anfang der zwanziger Jahre erreichte die Krise einen weiteren Höhepunkt. Ausgelöst wurde sie durch die sogenannte »Wood's halfpence-Affaire«. Normalerweise hätte ein solcher Vorgang die Gemüter im frühen 18. Jahrhundert wohl kaum derart erregt, doch diesmal schienen alle Einzelheiten die herrschenden Vorurteile gegenüber Großbritannien zu bestätigen: Der König hatte einer seiner Mätressen, der Herzogin von Kendal, ein Patent zum Schlagen von Halb- und Viertelpencemünzen in Irland erteilt, diese wußte nichts damit anzufangen und veräußerte es 1722 an einen Kaufmann aus Wolverhampton namens William Wood, der nun das Recht besaß, entsprechende

Münzen in einem Gegenwert von 100 800 £ für Irland zu schlagen. Die Umstände, unter denen Wood das Patent erworben hatte, lösten in Irland eine Welle der Empörung aus – zumal es bisher niemand für notwendig gehalten hatte, die irische Administration über die Planungen zu informieren oder gar in dieser Angelegenheit zu konsultieren. Die Erteilung und Weiterveräußerung des Patents ließen, davon waren die meisten Zeitgenossen in Irland fest überzeugt, kaum eine andere Schlußfolgerung zu als die, daß es ausschließlich der persönlichen Bereicherung der Beteiligten dienen und zu Lasten der irischen Wirtschaft gehen sollte.

In den folgenden Jahren schlug die Auseinandersetzung um das Patent beiderseits der Irischen See hohe Wogen. Sicher: Weder die Verleihung des Patents noch dessen Weiterveräußerung zeugten von politischer Sensibilität, doch hatte niemand der Beteiligten gegen geltendes Recht verstoßen. Sie hatten allerdings die Stimmung in der Protestant Ascendancy Irlands völlig falsch eingeschätzt. Deren kolonialer Nationalismus war zwischenzeitlich ausgereift genug, um vor einer Auseinandersetzung mit dem König nicht mehr zurückzuschrecken, wenngleich diese auch stellvertretend mit dem britischen Kronrat und dem Vizekönig geführt wurde. Schon bald entwickelte sich der Disput über den eigentlichen Anlaß hinaus zu einer erneuten Grundsatzdebatte um die Entscheidungsgewalt des irischen Parlaments. Einer der Wortführer in der Debatte auf irischer Seite war wiederum Jonathan Swift, der in seinen fünf ›Drapier's letters‹, publiziert zwischen Februar und Oktober 1724, sich erneut jede britische Einflußnahme auf irische Angelegenheiten verbat und statt dessen, wenn auch noch verschleiert, die völlige Unabhängigkeit des Königreichs Irland einforderte. Zwar versuchte der erst 1724 zum neuen *lord lieutenant* ernannte John Lord Carteret, durch die Bestrafung des Druckers der anonym erschienenen Briefe ein Exempel zu statuieren, doch mußte er schnell einsehen, daß in Irland kein Gericht für eine Verurteilung des Angeklagten bereit gewesen wäre. Angesichts der gereizten Stimmung im Lande empfahl er daher einige Monate später dem britischen Premierminister Walpole die Rücknahme des Patents. Da sich die anderen führenden Repräsentanten britischer Macht in Irland der Empfehlung angeschlossen hatten, stimmte dieser nach längerem Zögern zu. Nach der Beilegung des Disputs um »Wood's halfpence« glätteten sich die Wogen in Dublin und in London schnell. Einer geschickten

Regie der britischen Regierung in Verbindung mit Vizekönig Carteret und unter Einbeziehung des irischen Parlaments gelang es sogar unerwartet rasch, einen Ausweg aus der Verfassungsdebatte zu finden: Die Protestant Ascendancy akzeptierte die Obergewalt des britischen Parlaments, dieses jedoch verzichtete im Gegenzug für über zwanzig Jahre nahezu völlig darauf, die Hoheitsrechte auch tatsächlich auszuüben.

Ohnehin waren die Jahre zwischen 1725 und 1750 durch ungewöhnliche politische Ruhe und Stabilität überall auf den Britischen Inseln gekennzeichnet. In Irland hatten sich die protestantischen Grundherren spätestens nach dem Ausgleich mit London endgültig als führende gesellschaftliche Gruppe etablieren können. Aus einer derart saturierten Position heraus konnten sie es sich nun auch leisten, auf eine allzu harte Verfolgung von Andersdenkenden wie Katholiken oder Presbyterianer zu verzichten. Das war in den ersten Jahrzehnten des Jahrhunderts durchaus nicht selbstverständlich gewesen. Nach 1691 hatte in Irland eine kleine Minderheit protestantischer Landbesitzer einer katholischen Mehrheit gegenübergestanden. Exakte Zahlenangaben über das proportionale Verhältnis gibt es nicht, doch haben Berechnungen für die dreißiger Jahre des Jahrhunderts eine geschätzte Einwohnerzahl von zirka 3,1 Millionen mit einem katholischen Anteil von etwa 70 Prozent ergeben. Damit hatte sich das absolute Verhältnis zwischen Katholiken und Protestanten seit den Tagen der »Glorious Revolution« kaum verändert, doch während sich 1688 noch etwa 22 Prozent des Landes in katholischer Hand befunden hatten, waren dies im Jahre 1703 nur noch 14 Prozent. Durch die konsequente Anwendung der *penal laws* wurde dieser Anteil bis 1776 auf unter 5 Prozent gesenkt, die restlichen 95 Prozent gehörten ungefähr 5000 protestantischen Grundbesitzern. Wie bereits im vorangegangenen Kapitel angedeutet, waren diese Gesetze nach dem Frieden von Limerick von den siegreichen Protestanten erlassen worden, um den katholischen Einfluß in der irischen Gesellschaft weiter zurückzudrängen. Gerade die Ereignisse, die zum »Krieg der zwei Könige« geführt hatten, hatten noch einmal deutlich unterstrichen, daß die eigene Stellung im Lande trotz der massiven Unterstützung durch London nicht endgültig gesichert war. Dazu kam, daß weder der König von Frankreich noch der Papst die protestantische Thronfolgeregelung anerkannten, sondern die exilierten katholischen Stuarts nach wie vor von den großen katholischen Kontinentalmächten als legitime Herrscher der Britischen Inseln betrachtet wurden. Tausende enteigneter katholischer Grundherren warteten darüber hinaus auf dem Kontinent nur auf eine günstige Gelegenheit, um eine Restauration katholischer Macht in Irland, möglicherweise auch in Schottland und England herbeizuführen. Für die irischen Protestanten bestand angesichts einer solchen Konstellation kein Zweifel daran, daß aufgrund der guten und engen kontinentalen Kontakte ein Wiedererstarken des Katholizismus auf irischem Boden nicht ausgeschlossen werden konnte. Einem solchen Wiederaufstieg, der zwangsläufig eine ernste Bedrohung der Errungenschaften der »glorreichen Revolution« in sich geborgen hätte, konnte, so glaubten sie, nur durch einen weiteren Macht- und Einflußentzug begegnet werden.

Da politische Macht auch im frühen 18. Jahrhundert noch eng an Grundbesitz gekoppelt war, bezogen sich die *penal laws* folgerichtig zum größten Teil auf die Besitzstruktur der Katholiken, während Gesetze, die die Religionsausübung einschränkten, nur in geringem Umfang erlassen und selbst dann nicht konsequent angewendet wurden. Jedoch achtete man im Gegensatz dazu jahrzehntelang peinlich genau auf die Einhaltung solcher Vorschriften, die materielle Fragen betrafen. So schrieben die Zwangsgesetze vor, daß Katholiken kein Land käuflich erwerben, keinen Grundbesitz von Protestanten erben oder als Geschenk erhalten durften. Es war ihnen ferner untersagt, Land auf Leibrente zu pachten oder eine Hypothek auf noch existierenden Landbesitz aufzunehmen. Pachtverträge mit einer Laufzeit von mehr als 31 Jahren durften genausowenig abgeschlossen werden wie Verträge, die Gewinne in einer Größenordnung von über 30 Prozent des Pachtzinses ermöglichten. Beim Tode eines katholischen Grundbesitzers mußte dessen Land zu gleichen Teilen unter seinen Söhnen aufgeteilt werden. Wenn jedoch der älteste Sohn zum Protestantismus konvertierte, fiel ihm der gesamte Besitz zu – eine zweifellos besonders infame Regelung, die darauf abzielte, katholische Familienverbände zu zerreißen. Auf den Ausschluß der Katholiken vom passiven Wahlrecht ist bereits hingewiesen worden, ergänzend dazu entzog man ihnen zwischen 1728 und 1793 auch noch das aktive Wahlrecht für das Parlament. Ihnen wurde darüber hinaus die Ausübung von Tätigkeiten in kommunalen Behörden oder Magistraten, als Gemeindevertreter oder Geschworene genauso untersagt wie in der Justiz, als Anwälte, Richter oder im Polizeidienst. Eine Verpflichtung als Soldat im Heer oder in der

Marine kam für Katholiken gleichfalls nicht in Frage, da sie keine Waffen tragen durften. Auch sollten ihnen die Universitäten des Inlandes, wenn möglich, sogar des Auslandes verschlossen bleiben.

Angesichts derart rigider Gesetze erscheinen sogar die 5 Prozent katholischen Landbesitzes gegen Ende des 18. Jahrhunderts noch als verhältnismäßig große Zahl. Ferner verblüfft, daß nur etwa 5500 katholische Grundbesitzer und Pächter zum Protestantismus konvertierten, von denen zudem noch viele trotz der offiziellen Konversion weiterhin die Heilige Messe besuchten, ihre Kinder als Katholiken aufzogen und engere soziale Kontakte zu Katholiken als zu Protestanten pflegten. Dennoch erfüllten die *penal laws* im Verlauf des 18. Jahrhunderts größtenteils ihren Zweck. Der größte Teil des katholischen Grundbesitzes ging in protestantisches Eigentum über, die ehemaligen Besitzer wurden zu Pächtern oder Landarbeitern und damit abhängig von protestantischen Grundherren. Über die erlaubten bescheidenen Mengen hinaus Wohlstand oder gar eigenen Landbesitz zu erwerben blieb ihnen jahrzehntelang verwehrt. Die Gesetze sahen nur drei schmale Auswege aus dieser Situation vor: Als irischer Katholik war es nach wie vor möglich, eine Karriere in einem der kontinentalen irischen Regimenter anzustreben, man konnte ferner die Priesterlaufbahn einschlagen oder man konnte sich als Kaufmann engagieren. Nur die letzte Option bot die Aussicht auf bescheidenen materiellen Wohlstand, die erste hingegen war fast zwangsläufig gleichzusetzen mit permanenter Emigration, also mit dem Verlust der Heimat, die zweite Option ermöglichte zumindest noch einen Beitrag gegen die Versuche der Protestant Ascendancy, auch die katholische Seelsorge in Irland entscheidend zu schwächen. Damit wäre schließlich die einigende Klammer, die die katholische Kirche für über zwei Drittel der Bevölkerung bedeutete und die darüber hinaus enge Kontakte zum Kontinent hielt, unmittelbar getroffen worden. Dies war bereits 1697 versucht worden, als per Dekret all jenen Bischöfen und Priestern, die in den Jahren zuvor das Land verlassen hatten, die Rückkehr unter Androhung der Todesstrafe verboten wurde. Dennoch gelang es den etwa 1000 im Lande verbliebenen Priestern und den in den Folgejahren hinzugekommenen trotz vieler Hindernisse, bis zur Mitte des Jahrhunderts die katholische Hierarchie erstmals seit der Reformation wieder auf volle Stärke auszubauen. Das war jedoch nur möglich gewesen, weil die Priester ihre Gemeinden immer wieder zur Anerkennung der bestehenden Ordnung ermahnten. Unter diesen Voraussetzungen gaben sie den Protestanten keine Veranlassung, gegen die katholische Religionsausübung einzuschreiten.

Die Gruppe der katholischen Kaufleute setzte sich hauptsächlich aus Angehörigen der enteigneten Grundbesitzerschicht, aus jüngeren Söhnen von Grundherren und ehemaligen Pächtern zusammen. Erleichtert wurde ihnen der Einstieg in die neue Berufslaufbahn dadurch, daß es für sie kaum Einschränkungen durch die *penal laws* gab. Zwar durften sie höchstens zwei Lehrlinge beschäftigen, doch in bezug auf die Zahl der Handwerker und Arbeiter gab es keine Begrenzung. Auch die Nichtzulassung zu den Innungen und Gilden stellte für katholische Unternehmer keine schwerwiegende Behinderung dar, konnte dies doch durch Assoziationsabkommen überwunden werden, die sie den vollgültigen Mitgliedern nahezu gleichstellten. Schon im Jahre 1718 hatte der damals amtierende Erzbischof King darauf hingewiesen, daß sich ungewöhnlich viele Katholiken im Handel engagierten und dadurch ein Ausweg aus dem sonst engmaschigen Netz protestantischer Ausgrenzungsversuche eröffnet worden sei[8], im Verlauf der nächsten 50 Jahre entwickelte sich besonders in den größeren Städten des Landes eine durchaus nennenswerte katholische urbane Gesellschaft, die besonders im Woll- und Weinhandel engagiert war.

Trotz aller Erfolge handelte es sich bei den emigrierten Soldaten, den Priestern und den erfolgreichen Kaufleuten stets nur um eine kleine Minderheit – etwa zwei Millionen katholische Iren mußten ihr Leben unter anderen, überwiegend unerfreulichen Umständen als abhängige Pächter und Landarbeiter oftmals am Rande des Existenzminimums fristen. Sie waren daher besonders anfällig für die verschiedenen Krisen, die die Grüne Insel auch im 18. Jahrhundert nicht verschonten. In regelmäßigen Abständen, besonders in der ersten Jahrhunderthälfte, wurden die Ernteerträge eines oder mehrerer Jahre durch Witterungseinflüsse oder andere Umstände erheblich reduziert, manchmal sogar fast vollständig vernichtet. Seit 1718 wiederholen sich diesbezügliche Berichte in acht- bis zehnjährigen Abständen. Eine besonders schlimme Hungersnot herrschte in den Jahren 1740 und 1741. Ihr fielen etwa 300000 Menschen zum Opfer. Damit übertrafen ihre demographischen Auswirkungen

[8] Zitiert nach: J. L. McCracken: The Social Structure and Social Life, 1714–60. In: Moody u. Vaughan (Hg.), A New History of Ireland. Bd. 4, S. 39.

die wesentlich besser dokumentierte Hungerkatastrophe der 1840er Jahre bei weitem. Doch zwischen 1756/57, als noch einmal von Versorgungsschwierigkeiten berichtet wurde, und dieser nächsten großen Hungerkatastrophe stabilisierte sich die Versorgungslage der Landbevölkerung, so daß seit Mitte des 18. Jahrhunderts ein kontinuierliches Bevölkerungswachstum verzeichnet werden kann, das die Einwohnerzahl Irlands in den nächsten 80 Jahren auf etwa 6 Millionen ansteigen ließ.

Karl Eduard Stuart unternahm im Jahre 1745 einen letzten Versuch, die katholische Linie der Stuarts wieder in den Besitz der britischen Krone zu bringen. Jedoch wurde er bereits im Jahr darauf bei Culloden Muir geschlagen. Offensichtlich schienen sich die irischen Katholiken mit dem Scheitern der katholischen Restauration abgefunden zu haben. Fast 60 Jahre strikter Anwendung der *penal laws* hatten ihre Wirkung nicht verfehlt, denn als der Prätendent in Schottland landete, befanden sich zwar einige irische Regimenter in seiner Begleitung, doch in Irland selbst blieb es diesmal ruhig. Kaum eine Hand rührte sich für seine Sache. Im Gegenteil: Sogar mancher exilierte irische Soldat zeigte Bereitschaft, das Haus Hannover auf dem britischen Thron anzuerkennen und die bislang getragene irische Dissidentenuniform gegen einen britischen Waffenrock einzutauschen. Die fünfziger Jahre des 18. Jahrhunderts sind in bezug auf das Verhältnis der irischen Katholiken zur protestantischen Herrschaft gekennzeichnet von einem grundlegenden Stimmungsumschwung. Viele irische Katholiken, besonders Angehörige der katholischen *gentry* und der Kaufmannschaft, begannen, sich im Zeitalter der langsam entstehenden Geschichtswissenschaft mit der Suche nach der eigenen Identität zu beschäftigen. Dieses neu erwachte Interesse an der eigenen Vergangenheit läßt sich zwar durchaus mit geistesgeschichtlichen Entwicklungen anderswo in Europa vergleichen, doch besaß die irische Variante eine Besonderheit. Die Erinnerung an die eigene keltisch-irische Kultur konnte über eine Befriedigung rein historischer Neugierde hinaus trefflich als Beweis für die Daseinsberechtigung eigener keltisch-irisch-katholischer Werte innerhalb des protestantisch dominierten Irland dienen. Ohne es wissen zu können, eröffneten sie damit eine Debatte, die einige Jahrzehnte später den irischen Nationalismus des 19. und frühen 20. Jahrhunderts maßgeblich mit beeinflußte.

Die offensichtliche Suche vieler irischer Katholiken nach einem Arrangement mit der Protestant Ascendancy setzte nicht unbedingt die Akzeptanz des politischen Status quo voraus. Dazu waren die Lebensbedingungen unter den Zwängen der *penal laws* entschieden zu schlecht. Nach wie vor jedoch hofften sie, sich des königlichen Wohlwollens durch die demonstrative Loyalität zur Krone zu versichern und dadurch möglicherweise einen größeren Handlungsspielraum gegenüber den irischen Protestanten zu gewinnen. So boten sie im Jahre 1762, als sich Großbritannien im Siebenjährigen Krieg einer französisch-österreichisch-spanischen Koalition gegenüberstand, der Londoner Regierung die Bildung eines irisch-katholischen Regiments an, das in der Armee des mit Großbritannien verbündeten Portugal kämpfen sollte. Doch die Dubliner Regierung protestierte energisch gegen die Bildung einer bewaffneten »papistischen« Macht auf irischem Boden, und der Plan wurde bald wieder fallengelassen. Auch war das Angebot zu einer Zeit erfolgt, als der britische Kriegswille bereits wieder erlahmte. König Georg II., der seit 1727 die britische Krone zusammen mit der hannoverschen Kurfürstenwürde getragen hatte, war 1760 gestorben, William Pitt, der als Premierminister maßgeblichen Anteil am britischen Engagement im Krieg gehabt hatte, wurde nur ein Jahr später von seinen ehemaligen Parteigängern gestürzt. Georg III. hatte unmittelbar nach seiner Inthronisation Gespräche mit den gegnerischen Parteien über einen Friedensschluß aufgenommen und, quasi als Vorausleistung, die Unterstützung für Friedrich den Großen von Preußen eingestellt. Der Vertrag von Paris beendete den Krieg mit Frankreich und Spanien, den beiden britischen Hauptgegnern, am 3. November 1762. Für Großbritannien bedeutete dieser Frieden die Konsolidierung der globalen Vorherrschaft, für die irischen Katholiken jedoch einen erneuten Rückschlag auf der Suche nach der eigenen Identität.

Irland in der Zeit des amerikanischen Unabhängigkeitskrieges

Der neue König war der erste Monarch aus dem Hause Hannover, der das Licht der Welt in Großbritannien erblickt hatte. Georg III. fühlte sich im Gegensatz zu seinen beiden Vorgängern ganz als Engländer, auch wenn er nach wie vor in Personalunion die Kurfürstenwürde, ab 1814 dann die Königskrone der Welfen trug. Seine Aufmerksamkeit galt daher seit 1760 hauptsächlich britischen Regierungsgeschäften. Das bedeutete für ihn zunächst die Rückbesinnung auf die noch verbliebenen königlichen Prärogativrechte, von denen sowohl sein Vater als auch sein Großvater jahrzehntelang nur sparsam Gebrauch gemacht hatten. In diesen Jahren hatte sich die Handlungsfreiheit von Kabinett und Parlament weiterentwickeln und ausprägen können und sogar, nach Jahrhunderten offener oder verdeckter Spannungen, einen – wenn auch immer noch labilen – Gleichgewichtszustand im Kräfteverhältnis zwischen Krone, Parlament, *nobility*, *gentry* und Bürgertum erreicht. Das Verhältnis Staat – Individuum wurde durch die Habeas-Corpus-Akte grundlegend zugunsten des Individuums neu justiert, die Wirtschaft erlebte einen Aufschwung bisher nicht gekannten Ausmaßes, der sich im Inland durch rasche Technisierung, durch den gewaltigen Ausbau der Infrastruktur und durch die großzügige Erweiterung der Städte ausdrückte, was im Ausland Staunen und Bewunderung, manchmal indes auch Neid und Mißgunst erregte. Diese Blütezeit war in allen Teilen des Reiches, so auch in Irland spürbar, wo seit etwa 1730 Regierungsbeauftragte das Land systematisch durch neue Straßen und Kanäle erschlossen hatten. Zwar war um 1760 dieser Ausbau bei weitem noch nicht beendet – die Blütephase zwischen 1770 und 1780 stand im Gegenteil noch bevor –, doch wurden in dieser Zeit die entscheidenden Weichenstellungen vorgenommen. Auch die irische Metropole erhielt ihr charakteristisches Gesicht beiderseits des Liffey. Trinity College, Dublin Castle und das Parlamentsgebäude ebenso wie die Four Courts und das Customs House wurden aus- oder neugebaut und erhielten die Fassaden, die im wesentlichen heute noch das Stadtbild prägen. Im Jahre 1757 beschloß der Magistrat darüber hinaus die Einsetzung einer Stadtplanungskommission, deren Hauptaufgabe die Planung und der Bau eines großzügigen und den Anforderungen der Zeit genügenden Straßennetzes sein sollte. In den nachfolgenden Jahrzehnten arbeitete diese Behörde intensiv an der Neugestaltung der Stadt und zeichnete maßgeblich verantwortlich für die auch aus heutiger Sicht immer noch großzügigen, mit den charakteristischen viergeschossigen Häuserreihen bebauten Straßenzüge des südöstlichen Stadtzentrums, die durch zahlreiche kleinere und größere Parks und Brunnen aufgelockert sind.

Die ökonomische Prosperität konnte jedoch nicht darüber hinwegtäuschen, daß die Regentschaft Georgs III. von Anfang an mit großen Problemen belastet war. Außenpolitisch hatte er zwar mit dem Pariser Frieden einen fulminanten Erfolg erzielen und seinem Reich neue überseeische Territorien in Amerika, Afrika und Asien hinzufügen sowie die britische Seeherrschaft nachdrücklich bestätigen können. Doch in dem Maße, in dem das Empire wuchs, vergrößerten sich auch dessen Probleme. Eine Frage, die für den weiteren Verlauf der imperialen Geschichte bis weit ins 20. Jahrhundert hinein virulent bleiben sollte, wurde, nachdem sie erstmals im Disput der Parlamente von Dublin und Westminster aufgeworfen worden war, in diesen Jahren immer häufiger gestellt: die Frage nach dem Verhältnis der einzelnen Reichsgebiete zueinander und zum Mutterland. Besonders intensiv diskutierte man darüber in Nordamerika. Dort hatte der britische Sieg über die Franzosen gleichzeitig die Beseitigung einer jahrelangen Bedrohung der englischen Kolonien bedeutet, die dieser lange Zeit nur Dank der militärischen Hilfe durch das Mutterland widerstehen konnten. Nun war die Schutzmacht vor den imperialen Ambitionen Frankreichs überflüssig geworden. Statt dessen gerieten die anglo-amerikanischen Beziehungen bald in eine tiefe Krise, ausgelöst durch zwei gegensätzliche Entwicklungen beiderseits des Atlantiks. In Nordamerika hatte sich wie in Irland ein koloniales Nationalbewußtsein entwickelt. Dieses bestimmte in zunehmendem Maße die Entscheidungen der politisch tragenden Schicht, also in erster Linie der Nachfahren der frühen Siedler, die sich in ihrer Argumentation und in der Definition ihrer politischen Ziele zumindest zu Beginn der Auseinandersetzung oftmals am irischen Modell orientierten. Ausgangspunkt des anglo-amerikanischen Disputs war die Unzufriedenheit in den Kolonien über die Form ihrer Repräsentation im Parlament von Westminster, wo nur eine kleine Gruppe nordamerikanischer Parlamentsabgeordneter vertreten war.

Als nun in Großbritannien die Rechnungen aus dem Siebenjährigen Krieg fällig wurden, versuchte die Regierung zunächst, den zusätzlichen Finanzbedarf durch Steuer- und Abgabenerhöhungen zu decken. Die Vertreter und Sprecher der nordamerikanischen Kolonien indes verknüpften nach der Veröffentlichung dieser Absichten ihre Zustimmung dazu mit der Forderung nach verbesserter parlamentarischer Repräsentation – »no taxation without representation« wurde schnell zum Schlachtruf der frühen Unabhängigkeitskämpfer. Die Antwort aus London ließ nicht lange auf sich warten: In Erinnerung an die Auseinandersetzung mit den kolonialen Nationalisten der irischen Protestant Ascendancy erhielt das britische Parlament per

Gesetz die letztendliche Zuständigkeit für die nordamerikanischen Kolonien. Der Text dieses Gesetzes indes war in den entscheidenden Passagen identisch mit der ›Declatory Act‹ von 1719/20. Während das irische Parlament damals lediglich versucht hatte, dessen Vorschriften durch Mißachtung zu unterwandern und letztlich einen Kompromiß mit Westminster erreichen konnte, sollte sich diesmal daran ein Funke entzünden, der nur zehn Jahre später, am 4. Juli 1776, zur Unabhängigkeitserklärung der 13 ehemaligen nordamerikanischen Kolonien Großbritanniens führte.

Die wachsenden Spannungen jenseits des Atlantiks wurden in Irland aufmerksam verfolgt. Seit dem frühen 18. Jahrhundert war ein steter, wenn auch nicht allzu starker Strom von Emigranten, hauptsächlich aus Ulster, in die nordamerikanischen Kolonien geflossen und hatte auf diese Weise persönliche transatlantische Bindungen entstehen lassen, die dazu beitrugen, daß die nordamerikanischen Siedler von vielen Iren als Schicksalsgenossen betrachtet wurden – dies um so mehr, als ihnen die Motive der amerikanischen Unabhängigkeitsbewegung wohlbekannt waren. Seit Ausbruch der Unruhen in den Kolonien hatten daher fast alle gesellschaftlichen Gruppen des Landes Solidaritätsadressen an die Amerikaner verabschiedet. Zahlreiche Zeitungen forderten zudem von der Dubliner Legislative und Exekutive, auf König Georg III., seine Regierung und das Parlament von Westminster dahingehend einzuwirken, den Konflikt mit friedlichen Mitteln beizulegen. Es sei indes darauf hingewiesen, daß ein aktives irisches Eingreifen zugunsten der rebellierenden Amerikaner kaum gefordert wurde – im Gegenteil: Als sich der Konflikt durch das Eingreifen von Frankreich und Spanien auszuweiten drohte, stellte sich die politische Führung Irlands fast geschlossen hinter die britische Politik.

Die Auswirkungen des amerikanischen Unabhängigkeitskrieges auf die irische Wirtschaft, Gesellschaft und Politik waren beträchtlich. Das im Jahre 1776 verhängte Exportverbot für Nahrungsmittel ließ nur noch Ausfuhren nach Großbritannien und in die nicht an der Rebellion beteiligten Kolonien zu. Damit versuchte die britische Regierung, die zur Versorgung der Truppen in Nordamerika Nahrungsmittel in großem Umfang einkaufen mußte, die Preise so stabil wie möglich zu halten. Viele Produzenten in Irland, über geschrumpfte Gewinnspannen verärgert, protestierten anfangs energisch gegen solche Eingriffe und bezeichneten sie als den verfassungswidrigen Versuch, unliebsame Konkurrenz auszuschalten. Doch waren ihre Sorgen nur teilweise begründet, denn trotz aller Anstrengungen der britischen Regierung ließ die große Nachfrage nach Nahrungsmitteln die Preise kontinuierlich ansteigen, so daß die Absatzeinbußen wieder annähernd ausgeglichen werden konnten. Weit nachhaltigere Auswirkungen hatten die Forderungen vieler britischer Grundbesitzer nach protektionistischen Maßnahmen gegen irische Produkte zum Schutze der eigenen Erzeugnisse. Dies belebte in Irland die Unabhängigkeitsdebatte neu, die, auch vor dem Hintergrund der aktuellen Ereignisse in Nordamerika, für die nächsten Jahre wieder das *grand thème* der heimischen Politik sein sollte. Der Kriegseintritt Frankreichs und Spaniens gab dieser Debatte zusätzliche Nahrung, denn damit entfielen nun in der Tat zwei traditionell wichtige Absatzmärkte für irische Güter fast völlig. Auch begannen sich kriegsbedingte Absatzschwierigkeiten von Textilien in den nordamerikanischen Kolonien bei den irischen Produzenten bemerkbar zu machen, die dort bislang gute Umsätze getätigt hatten. Landwirtschaft und Textilgewerbe, also die beiden am stärksten von der nun einsetzenden Wirtschaftsrezession betroffenen Branchen, bildeten das Rückgrat des irischen Wirtschaftssystems mit der anteilig höchsten Beschäftigungsrate im ausgehenden 18. Jahrhundert. Eine unmittelbare Folge des Zusammenbruchs dieser Exportmärkte war ein Verlust von Arbeitsplätzen, was wiederum zu einer Verstärkung der sozialen Spannungen im Lande führte, die nun, wenigstens für eine Weile, nicht mehr durch verstärkte Emigration nach Nordamerika abgebaut werden konnten.

John Hobart, Graf von Buckinghamshire und zu dieser Zeit der amtierende irische Vizekönig, sah sich also mit ökonomischen und sozialen Problemen auf mehreren Ebenen konfrontiert. Doch damit nicht genug – im irischen Parlament mehrten sich wieder die Stimmen, die unverblümt die völlige irische Unabhängigkeit forderten. Sie sammelten sich um eine ursprünglich eher lose Verbindung von protestantischen Abgeordneten kolonial-nationaler Provenienz, die sich selbst den Namen »Patriots« gegeben hatten. Die Argumente, die sie benutzten, waren durchaus fundiert, hatte doch die britische Regierung in den vergangenen Jahren mehrfach heimische Interessen irischen Wünschen vorgezogen, gleichzeitig jedoch keine Zweifel an der Entschlossenheit aufkommen lassen, die Fäden politischer Macht in Irland auch künftig fest in den eigenen Händen halten zu wollen[9]. Im Umkehrschluß folgerten nun viele Angehörige der Protestant Ascendancy, daß die irische Unabhängigkeit die beste Voraussetzung für eine wirklich gedeihliche Zusammenarbeit mit Großbritannien sein würde – diese wurde selbst nicht in Frage gestellt, sondern als Grundlage der eigenen politischen Macht vorbehaltlos anerkannt. Prominentester Wortführer dieser Gruppe war der 1775 zum Führer der Patriots gewählte Unterhausabgeordnete Henry Grattan.

Der Kriegsverlauf lieferte den irischen »Patrioten« zusätzliche Argumente und förderte nachhaltig die Verbreitung ihrer politischen Ideen. Seit Ausbruch der Unruhen in den amerikanischen Kolonien, also seit Beginn der siebziger Jahre, waren ständig Truppen aus Irland abgezogen worden. Dies schien durchaus vertretbar gewesen zu sein, da sich die innenpolitischen Verhältnisse des Landes wesentlich stabilisiert hatten und auch die irischen Katholiken offensichtlich den Status quo akzeptierten. Doch der Kriegseintritt Frankreichs und Spaniens änderte die strategische Lage Irlands und Britanniens grundlegend. Beiderseits der Irischen See erwachten lang vergessene Invasionsängste neu. Um einen wirkungsvollen Schutz vor Überfällen von außen zu haben und über einen ausreichend großen Sicherheitsapparat im Falle von inneren Unruhen verfügen zu können, wurden mindestens 12000 Soldaten benötig. Im Jahre 1778 jedoch standen nur noch etwa 8000 Mann in Irland unter Waffen. Die Gefahr einer Landung französischer Truppen in Großbritannien oder Irland war durchaus gegeben, zumal sich die meisten Einheiten der britischen Flotte in Übersee befanden und Frankreich, wenigstens zeitweilig, die Seeherrschaft im Kanalgebiet und in der Irischen See wiedererlangt hatte. Auch operierten in diesen Jahren einige amerikanische Kaperschiffe in den Gewässern rund um Irland, die dort relativ ungestört und erfolgreich Jagd auf britische Handelsschiffe machten. Die protestantischen Grundherren reagierten diesmal ungewöhnlich schnell auf die Herausforderung. Da die Regierung in Dublin nicht mehr über genügend Truppen verfügte, um die Küstenverteidigung aus eigener Kraft sicherzustellen, entstanden innerhalb weniger Wochen überall im Lande größtenteils aus privater Initiative der jeweiligen regionalen Magna-

[9] Vgl. dazu die detaillierte Schilderung der politischen Entwicklungen in den sechziger und siebziger Jahren des 18. Jahrhunderts in: R. B. McDowell, Ireland in the Age of Imperialism and Revolution, 1760–1801. Oxford 1979, dort bes. S. 209–274.

ten oder kleinerer Gruppen von Grundbesitzern bewaffnete Milizverbände. Bei den Angehörigen dieser Verbände handelte es sich überwiegend um Freiwillige aus den Reihen der Pächter und der Kaufmannschaft, sie nannten sich daher schlicht »Volunteers«.

Die Regierung stand der Bildung von privaten bewaffneten Verbänden zunächst skeptisch gegenüber. Zu frisch waren noch die Erinnerungen an die sechziger Jahre, als sich in einigen Teilen Munsters, Leinsters und Connachts Pächter, Kleinbauern und Tagelöhner zusammengeschlossen hatten, um gegen soziale Mißstände, überhöhte Pachtforderungen, zu hohe staatliche Abgaben oder andere lokale Schwierigkeiten zu protestieren. Die Rebellen waren hauptsächlich nachts aufgetreten, um in kleinen Gruppen Symbole grundherrlicher Macht zu bekämpfen und damit auf ihre Probleme hinzuweisen. Zu erkennen waren sie an ihren weißen Umhängen, die ihnen schnell den Spitznamen »Whiteboys« eingebracht hatten. Diese Bewegung war nicht lange ohne Nachahmer geblieben, die in anderen Regionen des Landes unter anderen Namen auftraten – z.B. die »Oakboys« (so benannt nach einem Eichenzweig, der am Hut getragen wurde) in Ulster. Die Proteste hatten sich immer mehr zu einer allgemeinen Anklage gegen die bestehenden Herrschaftsstrukturen entwickelt. Auch die Qualität der Aktionen hatte sich im Laufe der Zeit verändert. Aus zunächst eher demonstrativen Gesten des Widerstandes entwickelten sich blutige Übergriffe gegen Hab und Gut, aber auch gegen Leib und Leben besonders unbeliebter Persönlichkeiten, worauf der Staat im Gegenzug mit immer heftigeren Repressionen reagierte. Zu den ersten Opfern dieser Repressalien hatte im Jahre 1766 auch Pater Nicholas Sheehy, ein Priester aus Clonmel gehört, der in einem offensichtlichen Schauprozeß wegen eines angeblichen Whiteboy-Mordes zum Tode verurteilt und hingerichtet worden war. Da es den staatlichen Sicherheitsorganen trotzdem nicht gelang, die Unruhen einzudämmen, hatten vielerorts verunsicherte Grundherren selbst die Initiative ergriffen und aus den Reihen ihrer Pächter private berittene Einheiten gebildet, die, allerdings zumeist ohne den erhofften Erfolg, gegen die Rebellen eingesetzt wurden, denn bis in das 19. Jahrhundert hinein kam es trotz aller Gegenmaßnahmen immer wieder zu White- und Oakboy-Attacken. Dennoch hatten die Grundherren damals offensichtlich das Gesetz in die eigenen Hände genommen, unter Umgehung der zuständigen Instanzen Selbstjustiz verübt und damit die Autorität der Regierung erheblich geschwächt. Eine vergleichbare Entwicklung sollte im Falle der Volunteers von vornherein vermieden werden. Eine größere Zahl bewaffneter Milizverbände, die nicht der Kontrolle der Regierung unterstanden, bedeuteten fraglos eine potentielle Gefahr für das bestehende politische System. Doch mußten sich Parlament und Vizekönig bald der Macht des Faktischen – in diesem Fall den militärischen Sicherheitserwägungen – beugen und die Volunteers als offizielle Hilfstruppen für die regulären Einheiten anerkennen.

Das fast ausnahmslos protestantische Offizierskorps der Freiwilligenverbände entstammte zumeist der *gentry*, während Unteroffiziere und Mannschaften überwiegend Landpächter, Kaufleute und Handwerker, also allesamt Angehörige der damaligen Mittelklasse waren. Obwohl die katholische Bevölkerung mehrfach versucht hatte, ihre Loyalität zum Staat zu beweisen, schreckten die meisten protestantischen Grundherren noch immer vor einer Aufnahme von katholischen Freiwilligen zurück, abgesehen davon, daß sich viele Katholiken eine Mitgliedschaft bei den Volunteers gar nicht leisten konnten, da diese für ihre Ausrüstung und Verpflegung selbst aufkommen mußten. So blieben die Angehörigen der Ascendancy überwiegend unter sich. Doch da in den Korps die sozial einflußreichsten Schichten vertreten waren, wurde die Mitgliedschaft in einem der Korps schnell zur gesellschaftlichen Ehrensache.

Das erste Volunteer-Korps war im Jahre 1778 aufgestellt worden. Nur zwei Jahre später hatte sich die Freiwilligenbewegung zu einer maßgeblichen politischen Kraft im Lande entwikkelt, schließlich repräsentierten die Einheiten nicht nur die Bereitschaft ihrer Mitglieder zur Verteidigung des Landes vor einer Invasion, sondern in vielleicht noch größerem Maß deren Wunsch nach mehr Unabhängigkeit von Großbritannien. Die soziale Gliederung der Korps war von vornherein ein Spiegelbild der Sozialstruktur des Landes und damit ein zuverlässiger Reflektor der politischen Strömungen der Zeit gewesen. Hier bot sich wenigstens dem protestantischen Teil der Gesellschaft im wahrsten Sinn des Wortes die Gelegenheit, Farbe zu bekennen, denn jedes Korps besaß seine eigene, zumeist farbenprächtige Uniform, die oft und gerne – bei Manövern genauso wie bei Paraden und anderen gesellschaftlichen Anlässen – getragen wurde. Die regelmäßigen Treffen dienten nicht nur der militärischen Schulung, sondern mehr noch dem Austausch politischer

Meinungen. Damit entwickelte die Protestant Ascendancy binnen weniger Jahre ein Instrument, das nicht nur meinungsbildend war, sondern das, aufgrund seiner Bewaffnung und seiner gesellschaftlichen Funktion, diese Meinung im außerparlamentarischen Raum nachdrücklich und effektiv zum Ausdruck bringen konnte. Da der Verlauf des amerikanischen Unabhängigkeitskrieges zudem den Einsatz immer neuer Truppen verlangte, verfügten die Protestanten mit den Volunteers anfang der achtziger Jahre über die einzige effektive militärische Kraft in Irland.

Im Jahre 1782 zählten die verschiedenen Freiwilligenverbände landesweit bereits über 100000 Mitglieder. Sie verkörperten die Enttäuschung weiter Teile der Bevölkerung über die politischen Verhältnisse der Zeit, besonders über die Abhängigkeit des irischen vom britischen Parlament. Die britische Regierung und der Vizekönig in Dublin hatten keine andere Wahl – sie mußten die neu entstandene außerparlamentarische Kraft in Irland zur Kenntnis nehmen, wollten sie nicht riskieren, daß die Spannungen kulminierten und die Unzufriedenheit der kolonialen Nationalisten Irlands in eine Unabhängigkeitserklärung nach amerikanischem Vorbild mündete. Angesichts des britischen Engagements jenseits des Atlantiks reichten die Heimattruppen bei weitem nicht aus, um der neuen Herausforderung erfolgreich mit militärischen Mitteln begegnen zu können. Schon ungewöhnlich früh, zu Beginn des Jahres 1779, hatte Buckinghamshire das britische Kabinett auf die Gefahren hingewiesen, die sich aus der Existenz der Volunteers ergeben konnten und dringend eine Änderung der Irlandpolitik Londons angemahnt. Zunächst schien man dort den Ernst des Problems noch nicht erkannt zu haben, denn obwohl die Irische Frage in den nächsten Monaten mehrfach auf der Tagesordnung beider Häuser des Parlaments stand, wurde keine Entscheidung gefällt. Statt dessen erhielt der Vizekönig den Auftrag, eine detaillierte Schilderung der irischen ökonomischen Probleme vorzulegen. Offensichtlich hoffte das Kabinett von Premierminister Frederick Lord North zu dieser Zeit noch darauf, die Lage durch ökonomische Erleichterungen, jedoch ohne politische Zugeständnisse wieder stabilisieren zu können.

Der gewünschte Bericht entstand im Verlauf des Sommers unter Beteiligung einer Reihe von hochrangigen Politikern sowie einigen Wirtschaftsfachleuten. Das Ergebnis konnte niemanden überraschen: Die irische Wirtschaft wurde als unterentwickelt und krisenanfällig beschrieben, dieser Zustand als Folge des britischen Protektionismus dargestellt und als einziger Ausweg aus der Krise die sofortige Rücknahme aller Handelsbeschränkungen empfohlen, die seit Beginn des amerikanischen Unabhängigkeitskrieges über Irland verhängt worden waren. Doch auch nach der Vorlage der Studie im Spätsommer in London zögerte die britische Regierung noch, eine Entscheidung in dieser Frage zu treffen. Erst nachdem das irische Parlament Ende Oktober/Anfang November zusammentrat und zeitgleich in Dublin fast 1000 Angehörige des regionalen Volunteer-Korps durch die Straßen marschierten, um den Forderungen nach Aufhebung der Handelsbeschränkungen Nachdruck zu verleihen, und nachdem einige Tage später eine aufgebrachte Schar Dubliner Handwerker nur mühsam vor dem Sturm auf den Amtssitz eines hohen Regierungsbeamten zurückgehalten werden konnte, lenkte das britische Kabinett ein.

Im Winter 1779/80 legte die Regierung in London dem Parlament einen Gesetzesentwurf vor, der die Aufhebung aller Handelsrestriktionen im Rahmen des Empire für irische Kaufleute vorsah. Ohne größeren Widerstand passierte dieser Entwurf beide Häuser und konnte bereits am 24. Februar 1780 in Kraft treten. Damit waren zwar die unmittelbaren Gründe für die Krise ausgeräumt, doch zur selben Zeit, als das irische Parlament die Aufhebung der Handelsbeschränkungen begrüßte, wurden dort bereits Stimmen laut, die weitergehende politische Rechte, ja sogar die vollständige Unabhängigkeit Irlands forderten. Einer der Wortführer dieser Gruppe war der Sprecher der Patriots, Henry Grattan, der das Anliegen seiner Fraktion mit großem rhetorischen Geschick vertrat. Es ist in diesem Zusammenhang bemerkenswert, daß sowohl Grattan als auch die meisten seiner Parteigänger der historischen Rolle, die das, wie es öfter hieß, »stolze und einige irische Volk mit einer fraglos traurigen Vergangenheit, dafür aber einer umso größeren Zukunft« als unabhängiges Volk in der europäischen Völkerfamilie spielen werde, besondere Aufmerksamkeit schenkten.

Auch wenn die Rhetorik hier sicherlich die politische Realität aus den Augen verloren hatte – schließlich trennten trotz einiger zwischenzeitlich erfolgter Erleichterungen immer noch eine Reihe von Zwangsgesetzen die protestantischen von den katholischen Iren, so daß von einem einigen Volk sicher noch nicht ausgegangen werden konnte – war die Tendenz unverkennbar. Die entschiedeneren Kolonialnationalisten in Irland gaben sich

Katholischer Anteil am Grundbesitz zu Beginn des 18. Jahrhunderts

Im Landesdurchschnitt 14%

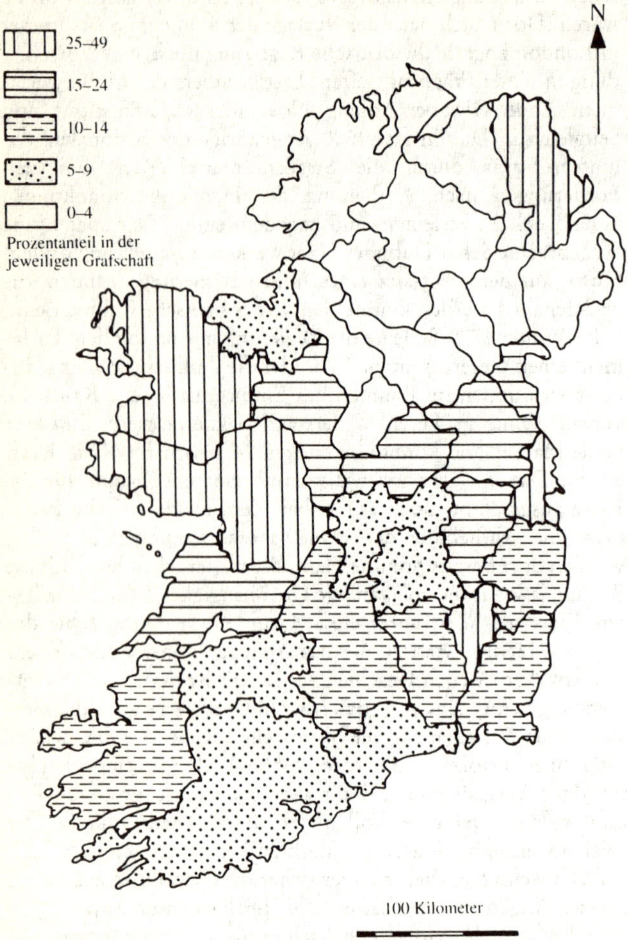

Nach J. G. Simms, Protestant Ascendancy, 1691–1714. In: T. W. Moody, W. E. Vaughan (Hg.), A New History of Ireland. Bd. IV, Oxford 1986, S. 13

nicht mehr mit wirtschaftlichen Erleichterungen zufrieden, sondern sie verlangten weitergehende politische Zugeständnisse, die dem Königreich Irland möglichst umfassende konstitutionelle Rechte einräumten. Dabei ging es den Patriots und ihren Mitstreitern hauptsächlich um die Beseitigung der beiden stärksten Fesseln, die Irland bislang noch der britischen Krone und dem Parlament von Westminster unterordnete: ›Poynings' Law‹, das die starke Stellung des Vizekönigs als Stellvertreter der Krone sicherte, sowie die ›Declatory Act‹ von 1719/20, die dem britischen Parlament letztendliche Entscheidungsbefugnis in irischen Angelegenheiten sicherte. Allerdings waren sich die irischen Parlamentarier in dieser Frage nicht einig – im Gegenteil tendierte trotz der Eloquenz Henry Grattans und seiner Verbündeter die Mehrheit der Abgeordneten dazu, sich mit dem bisher Erlangten zufriedenzugeben und die Unabhängigkeitsdebatte nicht weiter fortzusetzen. Stärkere Unterstützung fanden die Patriots in diesen Tagen bei den Volunteers, auch wenn sich im Verlauf des Jahres 1780 ein Teil der Korps entschieden gegen eine allzu starke Einflußnahme auf politische Angelegenheiten ausgesprochen hatte.

Die britische Regierung war sich der Gefahr einer irischen Sezession durchaus bewußt, glaubte jedoch, den offensichtlichen inneririschen Dissens durch ein geschicktes Rapprochement ausnutzen zu können: Der eher bärbeißige und diplomatisch ungeschickte Buckinghamshire wurde im Dezember 1780 durch den erfahrenen Diplomaten und geschickten Taktiker Frederick Howard, Graf von Carlisle, abgelöst. Dieser hatte vor seinem Amtsantritt aus London die unmißverständliche Anweisung erhalten, sich in seinen Gesprächen mit irischen Parlamentariern möglichst wenig um konstitutionelle Probleme zu kümmern, im Gegenteil sogar bewußt solche Gespräche zu vermeiden. Doch war die bloße Hinhaltetaktik das denkbar ungeeignetste Mittel, um mit Aussicht auf Erfolg einer politischen Strömung zu begegnen, die vielleicht im Dubliner Parlament noch umstritten sein mochte, die sich indes in der Bevölkerung mehrheitlich durchgesetzt hatte. Dies konnten weder der Vizekönig noch das britische oder irische Parlament ignorieren. Die politischen Möglichkeiten zur Aufrechterhaltung des Status quo waren offensichtlich ausgeschöpft, ein Einsatz britischer Truppen kam schon aufgrund der Stärke der Volunteers nicht in Frage. So erfolgten bereits im Winter 1781/82 die entscheidenden Weichenstellungen, die es der neuen britischen Regierung unter

Charles Watson-Wentworth, Markgraf von Rockingham, im Sommer 1782 gestatteten, dem irischen Parlament durch einen Zusatz zu ›Poynings' Law‹, der das alte Gesetz weitgehend außer Kraft setzte, sowie durch Aufhebung der ›Declatory Act‹ von 1719 Handlungsfreiheit bislang unbekannten Ausmaßes zu geben.

Reformen, Revolution und Union

Die Aufnahme der Reformen in Irland war überwiegend wohlwollend, zum Teil sogar begeistert. Schließlich schienen auf den ersten Blick alle Wünsche nach politischer und wirtschaftlicher Unabhängigkeit in Erfüllung gegangen zu sein. Dieser Eindruck wurde durch die Einrichtung eines eigenen irischen Postwesens und einer irischen Nationalbank noch unterstrichen. Doch trotz der weitreichenden Zugeständnisse besaß London nach wie vor erhebliche, wenn auch überwiegend informelle, Mitspracherechte in irischen Fragen. Zwar war es nun das verbriefte Exklusivrecht des Parlaments in Dublin, Gesetze für Irland zu erlassen, doch Rechtswirksamkeit erhielten sie erst durch das Siegel des britischen Lordkanzlers, der wiederum vor der Besiegelung die Zustimmung des britischen Kabinetts einzuholen hatte. Ferner wurden der Vizekönig und sein Stellvertreter nach wie vor von der Krone ernannt und gehörten auch nach 1782 der jeweiligen britischen Regierung an. Trotz dieser offensichtlichen Defizite war die Mehrheit der irischen Parlamentarier jedoch mit dem Erreichten zufrieden, schließlich konnte man der britischen Krone nun Loyalitätsadressen zukommen lassen, ohne einen Gesichtsverlust im Lande fürchten zu müssen. Auch war es weiterhin möglich, an dem im Einzelfall oftmals durchaus profitablen Patronagesystem der Krone teilzuhaben.

Skeptischer wurden die Zugeständnisse Londons von der politischen Kraft bewertet, die den Reformprozeß eigentlich erst in Gang gesetzt hatte. In den Reihen der Volunteers war die Neudefinition des anglo-irischen Verhältnisses im allgemeinen und die Arbeit des Dubliner Parlaments sowie das irische Wahlsystem im Besonderen schon verhältnismäßig früh auf Kritik gestoßen. Im September 1782 trafen sich in Dungannon Delegierte von 270 Freiwilligenkorps aus Ulster, die in ihrer Abschlußresolution nicht nur eine grundlegende parlamentarische Reform forderten, sondern auch die Volunteers der anderen

Teile des Landes zum Protest ermunterten und die Einberufung eines nationalen Konvents verlangten, auf dem diese Fragen diskutiert werden sollten. Dieser Aufruf verhallte nicht ungehört, doch verging noch über ein Jahr, bis sich im November des Jahres 1783 Vertreter aus allen Teilen des Landes in der Dubliner Rotunda trafen, um unter der Leitung des Kommandierenden Oberbefehlshabers der Volunteers, Lord Charlemont, Möglichkeiten einer irischen Parlamentsreform zu diskutieren. In mehrwöchiger Arbeit entwarfen sie unter Federführung Henry Floods, eines Parlamentsmitgliedes und engagierten Kolonialnationalisten, eine Liste von Verbesserungsvorschlägen, die in der Tat eine umfassende Parlaments- und Wahlrechtsreform zur Folge gehabt hätten, wenn sie umgesetzt worden wären. Flood selber präsentierte diese Liste als Gesetzesentwurf dem Unterhaus, doch die Parlamentarier waren nicht bereit, einer Vorlage zuzustimmen, die eine völlige Neukonstituierung des Parlaments zur Folge gehabt hätte und die viele Abgeordnete in ihren Rechten und Privilegien beschnitten hätte – der Entwurf wurde mit 157 zu 77 Stimmen klar abgelehnt. Dabei waren die Abgeordneten zu Recht davon überzeugt, daß es sich bei den martialisch gekleideten und bewaffneten Volunteers im Grunde doch nur um eine Versammlung gesetzestreuer und respektabler Bürger handelte, die einen Parlamentsbeschluß nicht mit Waffengewalt in Frage stellen würden. Charlemont selber sorgte dafür, daß der Zorn über die Brüskierung nicht in einem offenen Konflikt mit der staatlichen Autorität gipfelte, sondern daß die Delegierten in aller Ruhe nach Hause reisten. Einziger Ausdruck des Protests war die Verabschiedung eines Manifests, das die Irische Nation dazu aufforderte, nichts unversucht zu lassen, um doch noch die überfällige Strukturreform des Parlaments zu erreichen.

Dieses Beispiel zeigt deutlich die Schwierigkeiten, mit denen die irische Freiwilligenbewegung zu dieser Zeit bereits zu kämpfen hatte, wurde doch ihre Daseinsberechtigung nach dem anglo-amerikanischen Ausgleich vom November 1782, spätestens jedoch nach dem Pariser Frieden vom September 1783 immer öfter in Frage gestellt. Zwar besaßen die Volunteers unter den Parlamentariern einige Verbündete – Charlemont zählte ebenso dazu wie Henry Grattan oder Henry Flood –, doch war die Bewegung aufgrund ihrer Erfolge im außerparlamentarischen Raum oftmals vom regulären Parlament als eine inoffizielle, unbequeme und daher höchst unerwünschte dritte Kammer empfunden worden, die man bei erstbester Gelegenheit wieder loszuwerden wünschte. Dieser Wunsch sollte in Erfüllung gehen, denn der Friedensschluß in Paris leitete in der Tat den Niedergang der ersten landesweiten Freiwilligenbewegung in der irischen Geschichte ein. Damit jedoch hatten die Reformkräfte des Landes ein wichtiges meinungsbildendes Instrument verloren, das bislang oftmals erfolgreich eingesetzt worden war, um die politischen Pläne und Ziele einer verhältnismäßig kleinen Gruppe von Radikalreformern landesweit zu verbreiten und damit eine unverhältnismäßig große Resonanz zu erzielen.

Die Reaktion Henry Grattans, also eines der engagiertesten Verfechter konstitutioneller Reformen der Zeit, auf die Zurückweisung der Flood-Initiative ist bezeichnend für die Stimmung im protestantischen Irland der achtziger Jahre des 18. Jahrhunderts: Obwohl er die Gesetzesvorlage in ihrer zweiten Lesung unterstützte, verbat er sich entschieden alle Versuche, die eine Verletzung der Würde und der Kompetenzen des Parlaments oder der Parlamentarier bedeutet hätten. Zwar sah auch er die offensichtlichen Schwachstellen der neuen Verfassung, dennoch hielt er sie für vorbildlich. Damit akzeptierte er die Haltung einer Mehrheit der Abgeordneten, die, zumeist aus Furcht vor einem Verlust von Privilegien, sich schlicht weigerten, solche Initiativen zu unterstützen, die eine Änderung der bestehenden politischen Verhältnisse herbeigeführt hätten. Dies jedoch verurteilte alle Reformansätze der nächsten Jahre von vornherein zum Scheitern, zumal sich noch nicht genügend Kräfte zusammenfanden, die eine gewaltsame Veränderung der bestehenden Verhältnisse anstrebten. Das bedeutete jedoch noch nicht das Ende der irischen Reformbewegung. Nur wenige Monate nach dem kläglichen Scheitern der Volunteers trafen sich im Oktober des Jahres 1784 in Dublin ihre hartnäckigsten Anhänger. Doch auch wenn drei ihrer Wortführer, Napper Tandy, Joseph Pollock und Todd Jones, in einer Bittschrift an die Krone und einer Botschaft an die Bevölkerung erneut die Auflösung des Parlaments und die Schaffung eines neuen Wahlrechts forderten, blieb die Resonanz eher zurückhaltend. Da sich daran trotz aller Anstrengungen in den nächsten Jahren nicht viel änderte, war der Weg in die Radikalität, den alle drei beschritten und der kennzeichnend für die Reformbewegung des nächsten Jahrzehnts sein sollte, vorgezeichnet.

Die Tagesordnung des Dubliner Reformkonvents vom Herbst 1784 unterschied sich in einem Punkt wesentlich von denen ähnlicher Versammlungen, forderten die Delegierten doch im Abschlußmanifest an prominenter Stelle das Wahlrecht für die »römisch-katholischen Brüder«, ohne allerdings die Daseinsberechtigung der protestantischen Regierung in Zweifel zu ziehen. Damit handelte es sich bei diesem Konvent meines Wissens um die erste größere, öffentliche und mehrheitlich protestantische Veranstaltung des 18. Jahrhunderts, auf der ansatzweise der Ruf nach – noch eingeschränkter – katholischer Gleichberechtigung laut wurde. Zwar war das katholische Problem auch in der Rotunda sechs Wochen zuvor angeschnitten worden, doch hatten die Volunteers in diesem Punkt keinen Entscheidungsbedarf gesehen. Die öffentliche Forderung nach katholischem Wahlrecht war zwar im Oktober 1784 noch ungewöhnlich, jedoch bei näherer Betrachtung der Entwicklung des protestantisch-katholischen Verhältnisses seit 1760 durchaus konsequent. Damals war auf Initiative von drei führenden Mitgliedern des Dubliner katholischen Bürgertums – Dr. John Curry, Charles O'Conor und Thomas Wyse – eine Vereinigung von katholischen Honoratioren ins Leben gerufen worden, die unter dem unauffälligen Namen »Catholic Committee« die Aufgabe hatte, nötigenfalls in langwieriger Überzeugungsarbeit die protestantische Regierung davon zu überzeugen, daß die *penal laws* nicht nur archaisch und vollkommen überflüssig waren, sondern darüber hinaus die ökonomische Entwicklung des Landes erheblich behinderten. Doch bis zum Ausbruch des amerikanischen Unabhängigkeitskrieges konnte in dieser Frage kein allzu großer Fortschritt verbucht werden. Dreimal wurde dem Parlament ein Gesetzesentwurf zur Abstimmung vorgelegt, der es Katholiken erlauben sollte, Hypotheken aufzunehmen – zweimal scheiterte die Initiative bereits im Unterhaus, das dritte Mal dann im Oberhaus. Ein ähnliches Schicksal war einer anderen Vorlage beschieden, die Pacht- und Mieteinnahmen aus städtischem Grund- und Hausbesitz für Katholiken vorsah. Erst im Jahre 1772 konnte ein bescheidener Anfangserfolg verbucht werden, als es katholischen Pächtern erlaubt wurde, Pachtverträge für kleinere Moorlandparzellen über 61 Jahre abzuschließen. Zwei Jahre später gab es einen weiteren Teilerfolg, denn nun durften auch Katholiken einen Treueid auf die Krone in Irland ablegen und damit auch offiziell ihrer Loyalität zum Staat Ausdruck verleihen. Seither waren weitere Zwangsgesetze gefallen, 1778 hatte sogar nach heftigen Debatten ein erstes Gesetz, die ›First Catholic Relief Act‹ zur Erleichterung der Lage der Katholiken das irische Parlament passiert – wenn auch nur auf Drängen der britischen Regierung, die selbst gerade eine ähnliche Initiative erfolgreich abgeschlossen hatte. Vier Jahre später war noch ein weiteres Entlastungsgesetz gefolgt, allerdings ohne daß dadurch die völlige Gleichberechtigung der Katholiken in allen Belangen des öffentlichen Lebens bereits erreicht gewesen wäre.

Die erste ›Catholic Relief Act‹ war im Jahre 1778 auf dem Höhepunkt des anglo-amerikanischen Krieges erlassen worden. Damit wollte die britische Regierung vor dem Hintergrund der äußeren Gefährdung einen Beitrag zum Abbau sozialer Spannungen leisten – schließlich sollten den Feindmächten, Frankreich und Spanien eingeschlossen, möglichst wenige Argumente geboten werden, mit denen irische Katholiken gegen die protestantische Herrschaft aufgewiegelt werden konnten. Obwohl sich viele Mitglieder des Parlaments massiv gegen jedes Zugeständnis an Katholiken gewehrt hatten, nahm die Vorlage mit einer letztlich unerwartet klaren Mehrheit alle parlamentarischen Hürden. Schon damals waren die weiteren Erleichterungen in Aussicht gestellt worden, die dann vier Jahre später folgten. Damit hatte sich die soziale Stellung der Katholiken im protestantischen Irland erheblich verbessert, ohne daß sie allerdings bereits vollkommene Gleichberechtigung erreicht hätten. So besaßen sie beispielsweise nach wie vor nicht das Recht auf den Besuch einer irischen Universität, verfügten weder über das aktive noch das passive Wahlrecht und mußten auch sonst eine Reihe von Benachteiligungen im Vergleich zu ihren protestantischen Landsleuten ertragen. Die Skepsis, mit der viele Protestanten die sukzessive Rücknahme der Zwangsgesetze verfolgten, und die teilweise in offenen Protest mündete, war dabei zweifellos Ausdruck der typisch irisch-protestantischen Urangst vor einem Verlust eigener Rechte und vor einem Rückfall in längst vergangen geglaubte Zeiten des religiösen Antagonismus, dessen Ausgang vor dem Hintergrund des verhältnismäßig geringen protestantischen Anteils an der Bevölkerung als unsicher angesehen wurde. Diese Lagebeurteilung war durchaus nicht unrealistisch, denn die katholischen Führer betrachteten die Erleichterungen von 1778 in der Tat nur als einen Anfang, und die Jahre bis 1829 und darüber hinaus bis zum Anfang unseres Jahrhunderts sahen das Entstehen eines auch in anderen Ländern bekannten Musters: zuerst der Kampf um Gleichheit oder Integration, und wenn das nicht erfolgreich war, Kampf um politische Vorherrschaft zwischen der privilegierten Minorität und der unterprivilegierten Majorität.

Die achtziger Jahre des 18. Jahrhunderts waren für die anglo-irischen Beziehungen trotz aller Reformansätze, Reformen und Veränderungen ein relativ ruhiges Jahrzehnt. In Irland wie in Großbritannien schien der Wunsch nach einer Atempause zur Erholung von den stürmischen Ereignissen, die den äußeren Rahmen ebenso wie die inneren Strukturen des Empire so nachhaltig verändert hatten, das politische Leitmotiv dieser Jahre zu sein. Dennoch blieben viele Fragen, besonders in bezug auf die Gestaltung der wirtschaftlichen Zusammenarbeit, offen. Die Notwendigkeit einer Überarbeitung der handelspolitischen Beziehungen zwischen beiden Ländern waren schon in den frühen achtziger Jahren festgestellt worden, als in Folge einer Mißernte in Irland Stimmen laut wurden, die protektionistische Maßnahmen gegen britische Agrarerzeugnisse verlangten. Diese Reaktion forderten jene Kräfte in beiden Hauptstädten heraus, die sich der Schaffung föderaler Reichsstrukturen ohne Handelsschranken verschrieben hatten. Sie erkannten, daß ein solches Ziel nur durch ein Vertragswerk erreicht werden konnte, in das die gegenseitigen Wirtschaftsbeziehungen ebenso wie Sicherheitsfragen mit einbezogen sein würden. Erste Sondierungen hatte es bereits zwischen dem Kabinett Rockingham und Lord Charlemont gegeben, doch erst als William Pitt d.J. im Jahre 1784 zum neuen Premierminister ernannt wurde, begannen die eigentlichen Verhandlungen. Ein Vertragsentwurf war schnell zwischen Sachverständigen von beiden Inseln »in order to consult uniformly and without distinction the general benefit of the empire«[10] ausgehandelt. Beide Vertragsparteien hätten danach aus diesem Vertragswerk beachtlichen Nutzen ziehen können, allerdings jeweils auch große Zugeständnisse machen müssen. Für Großbritannien hätte das Abkommen die Aufgabe der merkantilistischen Grundsätze bedeutet, die die englische Wirtschaftsgesetzgebung seit Verabschiedung der Navigationsakte im Jahre 1651 bestimmten, denn die Vorlage definierte die Britischen Inseln als einheitliches Wirtschaftsgebiet, in dem auch in Irland beheimatete Schiffe koloniale Produkte in britischen Häfen anlanden durften und in dem irische Produkte ohne Einschränkungen auf dem britischen ebenso wie britische völlig frei

[10] Frei übersetzt: »Gemeinsam und unterschiedslos um das allgemeine Wohl des Empire bemüht«.

auf dem irischen Markt feilgeboten werden durften. Dazu wäre es unabdingbar gewesen, die Steuersätze beider Länder einander anzugleichen. Im Gegenzug hätte Irland sich mit namhaften Summen an der Verteidigung des Reiches beteiligen müssen, wobei die Unterstützung in erster Linie dem Ausbau der Royal Navy zugute gekommen wäre. Für William Pitt bedeutete der Abschluß dieses Abkommens mehr als ein gewöhnliches bilaterales Abkommen. Wie er im Sommer 1785 an den damals amtierenden Vizekönig und Leiter der britischen Delegation, Lord Rutland, schrieb, betrachtete er Irland nach dem Verlust der nordamerikanischen Kolonien als einzigen nennenswerten noch verbliebenen Teil des Empire, der durch die Neubestimmung des gegenseitigen Verhältnisses eine notwendige Strukturreform durchlaufen müsse[11].

Der irische Hauptgesprächspartner bei den Entwurfsverhandlungen war Henry Grattan, zu dieser Zeit immer noch Sprecher der Patriots, mittlerweile jedoch die dominierende Persönlichkeit im irischen Unterhaus schlechthin. In zähen Verhandlungen gelang es ihm, den Briten noch zwei weitere Konzessionen abzuringen: Bei Inkrafttreten des Vertrages wäre dem irischen Parlament ein unabhängiges Kontrollrecht der Beträge zum Ausbau der Royal Navy vorbehalten worden, womit es ein direktes Mitbestimmungsrecht in Verteidigungsangelegenheiten erhalten hätte, auch sollte das Abkommen zunächst das irische Parlament passieren, bevor es in Westminster zur Entscheidung vorgelegt worden wäre. Die erste Hürde bereitete keinerlei Schwierigkeiten, doch in Westminster verursachte der Entwurf eine wahre Welle der Entrüstung und Empörung. Besonders die britischen Händler und Manufakturbetreiber wandten sich energisch gegen die Zugeständnisse an die irische Konkurrenz. Dabei nutzten sie alle ihnen zur Verfügung stehenden Mittel und Möglichkeiten aus, einschließlich einer intensiven und kostenaufwendigen Pressekampagne. Nachdem die Parlamentarier zwanzig Änderungsvorschläge formuliert hatten, wurde der so überarbeitete Entwurf mit der denkbar knappen Mehrheit von 20 Stimmen angenommen, nur um diesmal am 15. August 1785 nach der Rückverweisung im irischen Unterhaus zu scheitern. Dieses war zwar, wie es in einer Erklärung hieß, dazu bereit, das eigene Leben in den Dienst des Empire zu stellen, doch lehnte

[11] Zitiert nach: De Paor, The Peoples of Ireland, S. 206.

es nachdrücklich ab, im Dienst für das Empire die jüngst erlangten Freiheiten wieder aufzugeben.

Inhalt und letztliches Scheitern des geplanten Abkommens spiegeln den Stellenwert wider, der beiderseits der Irischen See dem Verbleib Irlands im britischen Empire beigemessen wurde, sie reflektieren aber auch die grundsätzlich unterschiedlichen Auffassungen von der Art des Verbleibs. Premierminister Pitt setzte zunächst mit guten Gründen auf freiwillige Kooperation. Nach dem Ausscheiden der ehemaligen nordamerikanischen Kolonien aus dem Reichsverbund stellte Irland aufgrund seiner unmittelbaren geographischen Nähe zum Mutterland des Empire den Prüfstein für die weitere Funktionsfähigkeit imperialer Zusammenarbeit und für die Durchsetzungskraft Großbritanniens im imperialen Verbund dar. Ein Ausscheiden des unmittelbaren Nachbarn hätte auf die überseeischen Territorien eine deutliche Signalwirkung ausgeübt und diese vielleicht dem nordamerikanischen und irischen Beispiel folgen lassen. Es wäre ferner von rivalisierenden europäischen Mächten mit imperialen Ambitionen wie zum Beispiel von Frankreich, Spanien oder den Niederlanden zu Recht als ein Zeichen der Schwäche interpretiert worden und hätte möglicherweise bewaffnete Konflikte in Übersee um dortige Besitzungen nach sich gezogen, denen London nach dem kräftezehrenden Kampf in Nordamerika noch nicht gewachsen war. Ein im beiderseitigen Einverständnis geschlossener Vertrag jedoch, der den freiwilligen Verzicht auf bestimmte Hoheitsrechte kodifiziert hätte, wäre international als Symbol für die Handlungsfähigkeit des British Empire gewertet worden. Aus reichs- und außenpolitischer Perspektive sind die weitgehenden Zugeständnisse, mit denen die britische Regierung die kolonialen Nationalisten in Irland zum Verbleib im Empire bewegen wollte, also durchaus nachvollziehbar. Der heftige Protest, auf den der Vertragsentwurf im Parlament von Westminster stieß, war hauptsächlich Ausdruck der Angst vieler britischer Unternehmer und Kaufleute vor einem Verlust liebgewonnener Privilegien, die sie massiven Druck auf Westminster ausüben ließ. Dieser Druck war indes durchaus willkommen, hätte die Akzeptanz des Abkommens doch einen realen Machtverlust beider Häuser zur Folge gehabt. Darauf brauchten die Mitglieder des House of Commons bei den Nachbesserungen nun nicht mehr explizit hinzuweisen.

Angesichts des prononcierten Kolonialnationalismus in Irland barg die starre Haltung Westminsters das verhältnismäßig große Risiko in sich, eine Sezessionserklärung des irischen Parlaments zu provozieren, wo mittlerweile die meisten Abgeordneten den Patriots Henry Grattans zuzurechnen waren. Dieses Risiko war allerdings kalkulierbar, hatte doch das Verhalten der irischen Parlamentarier in den zurückliegenden Jahren stets darauf schließen lassen, daß sie nicht daran dachten, den konstitutionell festgelegten Handlungsrahmen zu überschreiten. Auch wurde in den Berichten der regierungstreuen Dubliner Verwaltung stets darauf hingewiesen, daß es den irischen Kolonialnationalisten bislang noch nicht gelungen war, die fast vier Millionen Katholiken in größerem Maße auf ihre Seite zu ziehen, womit die Gefahr eines erneuten katholischen Restaurationsversuchs endgültig auszuschließen gewesen wäre. Solange jedoch die irischen Katholiken gleichsam außerhalb des politischen Systems standen, bedeuteten sie für jede Regierung eine kritische Größe. Diese wäre für eine protestantische irische Regierung ohne die Gewißheit auf die Möglichkeit einer britischen Militärintervention im Gefahrensfalle ungleich schwerer kalkulierbar gewesen als unter den bislang gegebenen Bedingungen im imperialen Verbund. Zwar hatten Grattan und seine Patrioten nach dem Scheitern des anglo-irischen Abkommens im August 1785 noch einmal nachdrücklich darauf hingewiesen, daß sie, vor die Wahl gestellt, zwischen Empire und Freiheit entscheiden zu müssen, stets für die Freiheit votieren würden, doch gelang es ihnen in den folgenden Jahren nicht, jene Integrationskraft zu entwickeln, die nötig gewesen wäre, um die gespaltene irische Gesellschaft hinter sich zu vereinen. Statt dessen erhielten am Rande der kolonialnationalen Bewegung solche Kräfte größeren Zulauf, die zu einem radikaleren Vorgehen auf dem Weg zur Unabhängigkeit von Großbritannien bereit waren. Doch für London schloß schon die imperiale Raison eine irische Unabhängigkeit von vornherein aus. Nachdem die Vertragsinitiative gescheitert war, nahm Premierminister Pitt daher eine grundsätzliche Neuorientierung seiner Irlandpolitik vor, die allerdings mit den im irischen Parlament und in der irischen Gesellschaft entwickelten Vorstellungen über das bilaterale Verhältnis nicht mehr vereinbar war.

Die Wellen, die die revolutionären Entwicklungen in Frankreich schlagen ließen, trieben auch in Irland die Frage nach einer Neudefinition des irischen Selbstverständnisses schneller als bislang voran, möglicherweise dort aufgrund der jahrhundertealten guten familiären, religiösen, kulturellen und ökonomischen franko-irischen Beziehungen sogar noch schneller und weiter als in anderen Teilen des Kontinents. Auch auf der irischen Insel lösten sie eine heftige Debatte über politische Grundsatzfragen aus, in denen die liberalen Kräfte nach Analogien zwischen den französischen Ereignissen und der *glorious revolution* suchten, während die Konservativen eher vor den Gefahren eines völligen Zusammenbruchs staatlicher Autorität warnten. In Großbritannien brachte Edmund Burke, ein gebürtiger Ire, dies in seinen ›Reflections on the Revolution in France‹ auf den Punkt – und wurde prompt vom Trinity College, seiner alten Universität dafür mit einem akademischen Ehrentitel bedacht. Zusätzliche Nahrung erhielt die Debatte beiderseits der Irischen See durch die zeitweise geistige Unzurechnungsfähigkeit, in die Georg III. im Oktober 1788 gefallen war. In Dublin und London bestand Einigkeit darüber, daß der Sohn des Königs, der Prinz von Wales, zum Regenten von Großbritannien und Irland ernannt werden sollte. Nur das Verfahren, wie er eingesetzt werden sollte, war umstritten, zumal es keine gesetzlich festgelegten Richtlinien gab. Zwei Möglichkeiten wurden erörtert. Die eine sah vor, daß der Regent vom Parlament ausgerufen werden würde. Dies wäre allerdings automatisch und sofort mit der Übertragung aller königlichen Prärogativrechte verknüpft gewesen, was aufgrund der guten Beziehungen, die der Prinz zu den oppositionellen Whigs hegte, den entschiedenen Widerstand der parlamentarischen Mehrheit hervorrief. Die andere Möglichkeit wäre die Verabschiedung eines Gesetzes gewesen, das dem Regenten nur eingeschränkte Rechte zuerkannt hätte. Dieses ungleich zeitaufwendigere Verfahren fand zwar die Unterstützung der Tories, die die Mehrzahl der Abgeordneten stellten. Allerdings hätte ein solches Gesetz den Sohn des Königs als Regenten für Großbritannien und Irland eingesetzt – was unverzüglich auf heftigen Protest im Dubliner Parlament stieß. Dort favorisierte man statt dessen die von den Whigs vorgeschlagene Variante.

Zwar beendete die Genesung des Königs nach weniger als sechs Monaten die Diskussion, doch hatten sich zwischenzeitlich gute Beziehungen zwischen den Patriots im Dubliner Parlament und den Whigs im britischen Unterhaus entwickelt. Daraus entstand in der Folgezeit eine Art Kooperation, die bis zur Übernahme bestimmter, schon seit längerem von der britischen Opposition gestellter Forderungen durch Grattan und seine Mitstreiter führte. Diese bezogen sich zumeist auf Kritik an der bestehenden Form parlamentarischer Repräsentation, an der Form der Patronage, der Ämtervergabe und anderer Mittel, die die Regierungspartei anwendetete, um die Sitzmehrheit zu erhalten. Damit jedoch wurden auch die Bindungen der Patriots an das britische politische System wieder gestärkt, so daß sich Grattan im Sommer 1790, als die Spannungen zwischen Großbritannien und Spanien aufgrund rivalisierender Gebietsansprüche an der nordamerikanischen Westküste sich bedrohlich verstärkten und ein neuer Krieg nicht mehr ausgeschlossen werden konnte, zu einer öffentlichen Erklärung entschloß, in der er betonte, daß die Interessen Großbritanniens und Irlands nicht voneinander zu trennen seien.

Darüber war ein junger protestantischer Dubliner Rechtsanwalt namens Theobald Wolfe Tone so sehr verärgert, daß er wenig später eine Flugschrift veröffentlichte, in der er darauf hinwies, daß sich Irland nicht in einem Konflikt mit Spanien befinden würde und daß der Hinweis auf die Notwendigkeit irischer Hilfe für Großbritannien zum Wohle des Empire, den Grattan in seiner Loyalitätsadresse gegeben hatte, eine trügerische und hohle Phrase gewesen sei, daß im Gegenteil diese Unterstützung ureigenen irischen ökonomischen und politischen Interessen schaden würde. Im folgenden Jahr legte er eine überarbeitete und erweiterte Form seines Pamphlets vor. In dieser, besonders wegen der stringenten Argumentation berühmt gewordenen Schrift mit dem Titel ›An argument on behalf of the catholics in Ireland‹ stellte er fest, daß Irland über keine nationale Regierung verfügte und die vorhandene Verwaltung britisch kontrolliert war. Daraus folgerte er, daß die einzige Möglichkeit, dem britischen Einfluß auf irische Angelegenheiten begegnen zu können, eine Parlamentsreform sei, die nur durch eine enge Zusammenarbeit der irischen Katholiken und der radikalen Protestanten erreicht werden könne.

Diese Forderungen entsprachen den Ansichten vieler aufgeklärter Liberaler und radikaler Protestanten in Irland, sie wurden gleichfalls von den Führern der organisierten Katholiken nachdrücklich begrüßt. Überall im Lande trafen sich unter maßgeblicher Beteiligung der verschiedenen lokalen und regionalen Volunteer-Korps aufgeklärte Protestanten und Katholiken, um nach Wegen zu suchen, auf denen die geteilte irische Gesellschaft unter Berücksichtigung der Ideale der – zwischenzeitlich offensichtlich nicht mehr kontrollierbaren – französischen Revolutionäre zu einer freien, gleichen und gerechten

Gemeinschaft geführt werden sollte. Besonders beliebt für solche Treffen waren die Jahrestage des Sturms auf die Bastille, und so wurden dann auch erstmals am 14. Juli 1791 auf einer Bürgerversammlung in Belfast Überlegungen die Gründung einer politischen Vereinigung betreffend angestellt, in der gleichermaßen Protestanten wie Katholiken vertreten sein sollten. Die Ulster-Metropole, zu dieser Zeit ein etwa 20000 Einwohner zählender aufstrebender Industriestandort, bot sich für ein solches Treffen besonders an, da im irischen Nordosten im Gegensatz zum eher staatskirchlich-konservativ orientierten Dubliner Verwaltungssitz aufgeklärtes Unternehmertum presbyterianischer Provenienz dominierte, das sich von der Bildung einer neuen Gesellschaft auf der Grundlage gemeinsamer katholischer und presbyterianisch-protestantischer Interessen die Ablösung der alten Herrschaftsstrukturen erhoffte. Nur wenige Wochen später, am 14. Oktober 1791, wurde das Statut der »Belfast Society of United Irishmen« verabschiedet, an dessen Formulierung Theobald Wolfe Tone maßgeblich beteiligt war.

Die Verfasser dieses Grundsatzprogramms waren davon überzeugt, daß die einzige Möglichkeit zur Überwindung britischen Einflusses auf irische Angelegenheiten in einer grundsätzlichen Parlamentsreform liegen müsse, die nur durch die entschlossene und gemeinsame Arbeit von Angehörigen beider Konfessionen erreicht werden könnte. Nach seiner Rückkehr traf sich Tone in Dublin mit einigen anderen prominenten Radikalen, unter ihnen der unermüdliche Napper Tandy, um nach Belfaster Vorbild auch in Dublin eine »Society of United Irishmen« zu gründen. Dies geschah am 9. November und hatte eine landesweite Signalwirkung, denn binnen Jahresfrist entstanden vergleichbare Vereinigungen in einer Reihe von weiteren Städten, die, zusammengenommen, den Grundstock für ein Netzwerk von Gesellschaften bildete, in denen sich reformwillige Iren beider Konfessionen zusammenfanden, um gemeinsam den Weg Irlands in die nationale Unabhängigkeit vorzubereiten. Ihre Mitglieder waren zumeist Angehörige der *gentry* und des städtischen Bürgertums. Sie verstanden die Vereinigungen als politische Debattierclubs, die gleichzeitig meinungsbildend wirkten und als politische *pressure groups* die Gesellschaft beeinflussen konnten. Auf diese Weise wäre, so das Ziel der »Vereinigten Iren«, letztlich dem irischen Parlament keine Wahl geblieben, als den gewünschten Reformen zuzustimmen. Dazu zählten neben der angestrebten Parlamentsreform die Abschaffung des Zehntrechts, die Senkung der Staatsausgaben, niedrigere Besteuerung sowie die Einführung eines verbesserten Grundschulwesens.

Der starke Zulauf, den die United Irishmen mit ihrem konfessionsübergreifenden Ansatz verbuchen konnten, erweckte manche Organisationen zu neuem Leben, die längere Zeit kaum an die Öffentlichkeit getreten waren. Dazu zählten die Volunteer-Korps, noch mehr aber das Catholic Committee, in dem sich in diesen Wochen und Monaten eine neue Führungsschicht durchsetzen konnte, die, im Gegensatz zu den Gründervätern, die Frage der stufenweisen Rücknahme der *penal laws* nicht mehr nur allein dem Gutdünken der Regierung überlassen wollte, sondern die selbst die Initiative ergriff. Maßgeblichen Anteil an der Änderung des Kurses hatte der erfolgreiche Dubliner Unternehmer John Keogh, der für die nächsten Jahre die Geschicke des Komitees an entscheidender Stelle mitbestimmen sollte. Er war gleichfalls federführend am Entwurf einer Petition an das Dubliner Parlament beteiligt, die unmißverständlich die endgültige Aufhebung der noch verbliebenen Zwangsgesetze verlangte. Auch wenn das unmittelbare Ergebnis dieser Initiative weit hinter den Erwartungen zurückblieb – die ›Relief Act‹ von 1792 verbesserte lediglich in bescheidenem Umfang die Handlungsfreiheiten von Katholiken in einigen wenigen Berufen – sahen die Initiatoren ihren neuen politischen Ansatz grundsätzlich bestätigt, denn im Gegensatz zur Vergangenheit waren ihre Forderungen diesmal nicht auf eine breite Ablehnungsfront gestoßen, sondern wurden von vielen Protestanten ebenso wie von der britischen Regierung als gerechtfertigt und dem Geist der Zeit angemessen anerkannt.

Verbesserungswürdig war lediglich die Arbeit des Komitees. Zu Recht hatten einige Parlamentarier während der Petitionsdebatte darauf hingewiesen, daß die Verfasser der Bittschrift höchstens das katholische Dubliner Bürgertum repräsentierten, jedoch eigentlich keinen Anspruch darauf erheben dürften, im Namen aller Katholiken Irlands zu sprechen. Das Catholic Committee mußte daher bestrebt sein, seinen Einflußradius erheblich auszuweiten. Dazu bedurfte es zunächst einmal einer engagierten Geschäftsführung, die über politisches, rhetorisches, administratives und organisatorisches Geschick verfügte. Der geeignete Kandidat für dieses Amt war bald gefunden: Ende Juli 1792 wurde Theobald Wolfe Tone als – immerhin protestantischer – *assistant secretary* des Komitees eingestellt.

Abgesehen davon, daß sich das Catholic Committee mit seinem neuen Geschäftsführer einen hochqualifizierten Mann ausgesucht hatte, war die Wahl eines Protestanten in das Führungsgremium der größten katholischen Vereinigung Irlands zweifellos ein Signal von großer Reichweite. Es symbolisierte die Hoffnung auf eine gedeihliche Zusammenarbeit von Katholiken und Protestanten zum Wohle einer neuen irischen Gesellschaft, es symbolisierte ferner die Hinwendung der irischen Katholiken zu den radikalen Kolonialnationalisten, denen die bisherige staatsrechtliche Form des anglo-irischen Verhältnisses nicht ausreichte, sondern die ein vollkommen unabhängiges irisches Königreich anstrebten, dessen Verbleib im Empire nur noch unter der Prämisse völliger Gleichberechtigung mit dem Mutterland in Frage kam.

Tones erste große Aufgabe war die Vorbereitung eines landesweiten Konvents aller irischen Katholiken. Dieser fand noch im Dezember 1792 statt. Etwa 280 Delegierte aus allen Teilen des Landes waren nach Dublin gereist, um das weitere Vorgehen im Kampf gegen die *penal laws* zu diskutieren und zu planen. Trotz der erkennbaren Radikalisierung der Führungsspitze des Catholic Committee bestand der Konvent darauf, daß bei den zu ergreifenden Maßnahmen strikte Legalität gewahrt werden mußte. Eine Petition schien daher wieder das bestgeeignete Ausdrucksmittel der eigenen Wünsche zu sein, nur wurde sie diesmal an den König direkt gerichtet. Diese Bittschrift, in der sowohl um die Aufhebung der noch bestehenden Zwangsgesetze als auch um die baldmögliche Reform des irischen Parlaments nachgesucht wurde, gelangte unter Umgehung des üblichen Weges über den Vizekönig im Gepäck einer bereits auf dem Konvent gewählten Delegation am 2. Januar 1793 direkt an den König. Wichtiger noch als die Audienz waren indes einige Treffen der Delegierten mit hochrangigen Mitgliedern der britischen Regierung, unter anderem mit Innenminister Henry Dundas.

Zwar hatten schon vor dem Dezemberkonvent der Vizekönig und hohe Dubliner Regierungsbeamte nachdrücklich vor weiteren Konzessionen an die irischen Katholiken gewarnt, da ihrer Meinung nach die völlige katholische Emanzipation gleichsam zwangsläufig zu einer Parlamentsreform führen müßte und ein reformiertes Abgeordnetenhaus die existierenden konstitutionellen Bindungen mit Großbritannien unterbrechen würde, obwohl diese Verbindungen existentiell für die britische Sicherheit und irische soziale Stabilität seien. Doch wurden diese Warnungen in London angesichts der drohenden Kriegsgefahr mit dem revolutionären Frankreich ignoriert. Offensichtlich lag der britischen Regierung diesmal mehr daran, sich der Sympathien der öffentlichen Meinung Irlands zu versichern, als ihren um die Wahrung des Status quo bemühten Repräsentanten in Dublin zu folgen. Der wohl eloquenteste Anhänger des anti-französischen Kurses von Premierminister Pitt, Edmund Burke, wandte sich an die irischen Katholiken und bat sie um Unterstützung für die Politik Londons. Dafür plädierte er im britischen Unterhaus nachdrücklich für eine endgültige Aufhebung der noch verbliebenen anti-katholischen Zwangsgesetze in Irland.

Das Dubliner Parlament konnte sich dem wachsenden Druck aus London nicht lange widersetzen, zumal ohnehin nur die Durchsetzung dessen verlangt wurde, was die öffentliche Meinung im Lande selbst schon seit längerem forderte. Nur wenige Wochen nach der London-Reise der katholischen Delegation verabschiedeten die irischen Parlamentarier ein weiteres Gesetzesbündel, mit dem die *penal laws* bis auf einige wenige, allerdings entscheidende Punkte abgebaut waren. Die Katholiken Irlands besaßen fortan zwar das aktive, nicht jedoch das passive Wahlrecht. Auch hatten sie immer noch keinen Zugang zu den höchsten Richter- und anderen Staatsämtern des Landes. Weitere Klauseln der Gesetzesinitiative berücksichtigten einige Reformvorschläge der radikalen Kolonialnationalisten, ohne jedoch bereits in allen Punkten auf die Forderungen der Unabhängigkeitsbewegung einzugehen. Darüber hinaus fielen manche der in der Vergangenheit am häufigsten kritisierten Steuern fort.

Bereits diese bescheidenen Reformansätze stießen auf den heftigen Widerstand der konservativen Fraktion beider Häuser des Parlaments. Um sie zu versöhnen, hatten die Verfasser des Entwurfs einige Sicherungsklauseln eingebaut. Diese schränkten unter anderem das Versammlungsrecht stark ein. Wichtiger jedoch war die Schaffung einer regulären, bewaffneten und staatlich bezahlten, also kontrollierbaren Schutztruppe, der sogenannten *militia*. Diese ersetzte fortan die regionalen Volunteer-Korps, die sich in der Vergangenheit nach Meinung vieler Dubliner Regierungsstellen zu wenig um ihre eigentlichen Aufgaben, den militärischen Schutz des Landes, gekümmert, sondern sich allzu sehr in tagespolitische Angelegenheiten eingemischt und sich dabei mehr als einmal als unnachsichtige Kritiker der Regierungspolitik gezeigt hatten. Besonders die große Resonanz, die den Volunteers aus der Bevölkerung entgegengebracht wurde und die die Bewegung zeitweilig als eine ernstzunehmende Alternative zum Parlament erscheinen ließ, hatte die um ihre Existenz besorgten Parlamentarier wohl zu diesem letzten Mittel greifen lassen.

Zugeständnisse und Repressionen – mit dieser wenig originellen Mélange hoffte die königliche Regierung in Dublin, zweifellos mit zeitweiliger Unterstützung aus London, den innen- und außenpolitischen Herausforderungen der Zeit begegnen zu können. Nach langen Jahren relativer Stabilität hatte der Reformprozeß in kurzer Zeit eine brisante Gemengelage aus divergierenden politischen und sozialen Interessen entstehen lassen. Zwar verfügten die liberalen Abgeordneten um Henry Grattan nach wie vor über großen Einfluß im Parlament, doch ihre Bereitschaft zu weiteren Konzessionen an die Katholiken und zu einer moderaten Parlamentsreform, mit denen sie einen gesamtgesellschaftlichen Konsens erreichen wollten, stieß auf wachsende Kritik beiderseits der Irischen See. In London weckten seit Anfang 1794 vertrauliche Hinweise auf Kontakte zwischen den United Irishmen und Repräsentanten des revolutionären Frankreichs alte Invasionsängste zu neuem Leben, in Irland, besonders im ländlichen Ulster verfolgten Protestanten mit Sorge den wachsenden katholischen Einfluß in der eben erst gegründeten *militia*.

Solche Ängste und Sorgen waren nicht unbegründet. Aus Enttäuschung über den ihrer Meinung nach allzu langsamen Fortschritt des Reformprozesses hatten in der Tat einige führende Vertreter der United Irishmen, unter ihnen Tone, im April 1794 Verbindung mit einem irischen Priester namens William Jackson, der im Auftrage des französischen Nationalkonvents Kontakt zu irischen Radikalen herstellen sollte, aufgenommen und diesem eine Liste von Bedingungen übergeben, unter denen sie eine Landung französischer Truppen in Irland unterstützen würden. Die Regierung war durch eigene Agenten über jede Phase dieser Konspiration informiert, konnte Jackson daher vor seiner Rückkehr nach Frankreich verhaften lassen und damit auch die Überbringung der Bedingungen verhindern, doch besaß sie außer dem begründeten Verdacht keinerlei Beweise, die gegen die irischen Verschwörer verwendet werden konnten. Diese nutzten ihre guten Kontakte zur vizeköniglichen Administration in Dublin, um einen allseits akzeptablen

Ausweg aus dem Dilemma zu finden. Der Kompromiß sah vor, daß Tone alle Verantwortung an dem Treffen auf sich nahm, dafür nach Nordamerika ins Exil gehen durfte und die Regierung als Gegenleistung auf eine weitere Verfolgung von Angehörigen der – durch den Verlust eines fähigen Organisators und ausgewiesenen politischen Publizisten nun erheblich geschwächten – United Irishmen in dieser Angelegenheit verzichtete.

In Ulster, besonders in der Grafschaft Armagh, schlossen sich zur selben Zeit Protestanten aus Sorge vor dem wachsenden Einfluß von Katholiken in der *militia* zu bewaffneten Geheimbünden, den sogenannten *fleets* zusammen. Damit verstießen sie zwar gegen geltendes Recht, doch sah sich die krisengeschüttelte Dubliner Regierung nicht in der Lage, dagegen einzuschreiten. Die Mitglieder einer dieser Verbände nannten sich selbst in Erinnerung an Wilhelm von Oranien »Orange Boys«. Aus dieser Gruppe sollte sich wenig später der »Loyal Orange Order«, die bis heute wirksamste außerparlamentarische antikatholische *pressure-group* Ulsters herausbilden. Die Protestanten beriefen sich bei ihren Aktionen, die vornehmlich gegen katholische Pächter und Weber gerichtet waren, auf das immer noch geltende Verbot des Waffenbesitzes für Katholiken. Dieses Gesetz würde, so hieß es, durch die Zugehörigkeit zu den Milizverbänden systematisch unterlaufen und sei eine permanente Bedrohung der eigenen Sicherheit. Die Reaktion der Katholiken ließ nicht lange auf sich warten. In kurzer Zeit entstanden landesweit eigene Geheimbünde, die sogenannten »Defenders«, die durch ein wirksames Netzwerk von Verbindungen eng miteinander kooperierten und sich nötigenfalls gegenseitig schnelle Hilfe zukommen lassen konnten. Im Gegensatz zu den protestantischen Gruppen besaßen die katholischen Geheimbünde sogar so etwas wie eine politische Programmatik. Diese jedoch war wenig differenziert und offensichtlich populistisch – man forderte niedrigere Pachtsätze, höhere Löhne für Landarbeiter sowie die Reduktion oder gänzliche Abschaffung des Zehnten. In ihren oftmals brutalen Methoden unterschieden sie sich indes nicht von ihren protestantischen Widersachern: Anonyme Drohbriefe, öffentliche anonyme Verunglimpfung mißliebiger Personen, Angriffe auf Haus und Hof der Gegner sowie Überfälle zur Beschaffung von Waffen zählten zu dem üblichen Repertoire auf beiden Seiten.

Zunächst hielt sich die sektiererische Gewalt in Grenzen und war oftmals eher das Ergebnis zufälliger Aufeinandertreffen, während sich der alltägliche protestantisch-katholische Antagonismus in Ulster hauptsächlich im Wettstreit um gutes Ackerland, auf Viehmärkten oder auch, dann eher sportlich, bei Hahnenkämpfen zeigte. Das Jahr 1795 markiert indes einen Wendepunkt, denn von nun an wurde die Auseinandersetzung gezielter, planmäßiger und mit weitreichenderen Konsequenzen ausgetragen. So gelang es einer gut organisierten Gruppe protestantischer »Peep-o'-Day Boys«[12] im Jahre 1795 binnen weniger Wochen, in Nordarmagh etwa tausend Katholiken aus ihren Häusern zu vertreiben und zur Auswanderung in weniger dicht besiedelte Regionen, hauptsächlich nach Connacht, zu zwingen, ohne daß die Magistrate der betroffenen Gemeinden dagegen eingeschritten wären oder die Dubliner Regierung Truppen zum Schutz der existentiell bedrohten Katholiken in Marsch gesetzt hätte. Die Reaktion der Defenders ließ nicht lange auf sich warten. Im September terrorisierte eine Gruppe von ihnen wochenlang protestantische Farmen im Norden der Grafschaft. Es kam, wie es kommen mußte: Die bedrohten Farmer riefen die Peep-o'-Day Boys um Hilfe, diese kamen nur zu gerne und stellten die katholischen Sektierer in der Nähe von Loughgall an einem Ort namens The Diamond. Die besser ausgebildeten und ausgerüsteten Protestanten verließen das Schlachtfeld als Sieger und ließen über 30 tote Defenders zurück. In den folgenden Wochen und Monaten verstärkten sich die Übergriffe protestantischer Gangs auf unbeteiligte katholische Bewohner der Grafschaft, denen nun keine »Verteidiger« mehr zur Hilfe kommen konnten. Erneut sahen die Regierungsvertreter sowie ortsansässige *landlords* mehr oder weniger tatenlos zu. Nach wie vor verfügten sie selbst nicht über genügend Mittel, um diese Übergriffe zu verhindern, doch nicht ohne Grund befürchteten viele von ihnen, sollten sie trotzdem gegen einzelne *fleets* vorgehen, einen Übergriff des protestantischen Protestes auf andere Grafschaften Ulsters.

Zwischenzeitlich hatten sich sowohl die politischen Ziele als auch die organisatorischen Strukturen der United Irishmen erheblich verändert. Sie mußten erkennen, daß weder die Regierung in Dublin, noch Regierung, Krone oder Parlament in Lon-

12 Das war ein anderer gebräuchlicher Name für Angehörige protestantischer Geheimbünde, der sich von ihrer bevorzugten Operationszeit im frühen Morgengrauen herleitete.

don bereit waren, auf ihre umfassenden Reformpläne einzugehen. Daher strebten sie nun die Errichtung einer Irischen Republik an, die mit französischer Hilfe erfolgen sollte. Unter dem Druck des neuen Versammlungsgesetzes von 1793 war es nicht mehr möglich gewesen, nach bewährtem Muster Versammlungen abzuhalten, auf denen die Ziele öffentlich diskutiert und dadurch in der Bevölkerung verbreitet werden konnten. So hatten sich die Vereinigten Iren nach dem Vorbild der Defenders in einen Geheimbund, bestehend aus einer Vielzahl von lokalen Zellen, gewandelt. Im Verlauf des Jahres 1795 kam es zu einer Verschmelzung von United Irishmen und Defenders, so daß die radikalen Republikaner Irlands nun auch über einen eigenen paramilitärischen Apparat verfügten.

Der Verbindungsmann der Organisation zum Direktorium in Paris war Theobald Wolfe Tone. Auch aus seinem nordamerikanischen Exil hatte er enge Kontakte nach Irland aufrechterhalten können und war schließlich aufgefordert worden, persönlich nach Frankreich zu reisen, um »vor Ort« die Interessen der United Irishmen wahrzunehmen. Nachdem am 5. April 1795 französische und preußische Unterhändler in Basel Friedensbedingungen ausgehandelt hatten, war eine der großen Mächte aus der europäischen Anti-Revolutions-Koalition ausgeschieden. Aufgrund der verbesserten strategischen Lage Frankreichs konnte nun eine militärische Unterstützung der irischen Republikaner durchaus gewährt werden. Ohne die Aussicht auf auswärtige Militärhilfe wären alle Erhebungspläne der irischen Radikalen aufgrund der Kräfteverhältnisse im Lande von vornherein nur Makulatur gewesen. Es galt daher, diese Botschaft auf allen verfügbaren Kanälen dem Adressaten zu übermitteln. So reisten im Mai des Jahres zwei Mitglieder des Führungsrates nach Hamburg, um auch dort mit einem Agenten des Direktoriums die Bedingungen für eine französische Intervention in Irland zu erörtern. Zur selben Zeit war Tone bereits in Paris eingetroffen. Seine Eloquenz und sein Charisma öffneten ihm in kurzer Zeit die Türen zu einigen maßgeblichen Angehörigen der französischen Regierung. Als besonders wichtig für den weiteren Verlauf der Planungen erwiesen sich seine Kontakte zum amtierenden Verteidigungsminister Lazare Carnot, der sich nach anfänglichem Zögern im Frühjahr 1796 den Argumenten des Iren anschloß. Dieser hatte stets den strategischen Nutzen betont, den Frankreich aus einer Landung in Irland ziehen könnte, zumal, laut Tone, 80 Prozent der irischen Bevölkerung, Katholiken und Presbyterianer, der Dubliner Regierung ablehnend gegenüberstünden. Zweifellos waren die Zahlen des irischen Gesandten zumindest geschönt, auch konnte er nicht garantieren, daß die irische Bevölkerung nach einer Landung französischer Truppen tatsächlich »mit fliegenden Fahnen« ins republikanische Lager wechseln würde, doch bot ein entschlossen durchgeführtes französisches Landungsunternehmen in Irland, das wenigstens nicht auf den offenen Widerstand der Bevölkerung treffen würde, in der Tat interessante militärstrategische Perspektiven. Schließlich hätte Großbritannien mit einem Abfall Irlands eine wichtige Nachschubbasis verloren, auch wäre von irischem Boden aus ein Angriff auf die relativ ungeschützte britische Flanke an der Irischen See leichter gewesen als im stark befestigten Südengland.

Dieser Erkenntnis konnten sich auch die übrigen Mitglieder des Direktoriums nicht widersetzen. Im Juni 1796 fiel die Entscheidung zugunsten der Entsendung eines Expeditionskorps nach Irland. Bald danach begann Carnot in Zusammenarbeit mit Lazare Hoche, einem der jungen und ehrgeizigen Generäle, die die Revolution hervorgebracht hatte, die konkreten Planungen und Vorbereitungen, die schnellstmöglich abgeschlossen sein sollten. Doch zögerte ein mangelhaftes Kommunikationssystem zwischen Paris und der Provinz die Aufstellung der Truppe sowie die Ausrüstung der notwendigen Schiffe über Gebühr hinaus, so daß das 15000 Mann starke Korps erst im Dezember des Jahres einsatzbereit war. Anstatt besseres Wetter abzuwarten, entschloß sich Hoche zur sofortigen Durchführung der Operation. Schnell erwies sich dies als ein verhängnisvoller Fehler. Zwar gelang es der Royal Navy nicht, die französische Flotte nach dem Auslaufen aus Brest abzufangen, doch wurde diese von heftigen Winterstürmen auseinandergerissen. Lediglich ein Drittel der Schiffe gelangte bis in die Bantry Bay, nur um nach wenigen Tagen feststellen zu müssen, daß widrige Witterungsverhältnisse eine Landung der Truppen ausschlossen. Unverrichteter Dinge kehrten die Schiffe schließlich in ihren Ausgangshafen zurück.

Auch wenn diese Operation letztlich kläglich gescheitert war, zogen die britische Regierung und die Dubliner Administration energische Konsequenzen. Der Durchbruch der französischen Flotte hatte die Mängel des bisherigen Blockadesystems der kontinentalen Häfen offengelegt. Die Admiralität in London reagierte rasch und verstärkte die für die Blockade eingesetzten

Schiffseinheiten sowie deren Taktik so nachhaltig, daß die französische Marine die Britischen Inseln bis zur endgültigen Niederlage Napoleons nicht mehr unmittelbar bedrohen konnte. Die enge Kommunikation zwischen den United Irishmen und dem Pariser Direktorium hatte ferner die Gefährlichkeit der irischen Radikalen für die bestehende Ordnung des Landes gezeigt. Daß es manche persönlichen Verbindungen zwischen ihnen und der *militia* gab, wußten die Verantwortlichen in Dublin nur zu gut. Doch grundsätzlich stellte die Miliz immer noch ein leidlich zuverlässiges Verteidigungsinstrument dar, auf das die Regierung angesichts der unveränderten äußeren Bedrohung des Landes nicht verzichten wollte. Statt dessen förderte sie die Aufstellung von bewaffneten konservativ-protestantischen Bauernmilizen, den sogenannten »Yeomanry«-Korps, deren offizielle Aufgabe die zusätzliche Sicherung des Landes im Falle einer Invasion war, die aufgrund der politischen Zuverlässigkeit ihrer Angehörigen jedoch zweifellos primär systemerhaltende Funktion hatten. Eine Reihe von Notstandsverordnungen schränkte die erst vor kurzem gewährten Bürgerrechte wieder ein und erleichterte den Staatsorganen die Kontrolle verdächtiger Personen. In Ulster, wo sich immer noch bewaffnete katholische und protestantische Gangs befehdeten und wo die United Irishmen ihren stärksten Rückhalt hatten, sollten darüber hinaus verschärfte Gesetze gegen den privaten Waffenbesitz die Lage stabilisieren und gleichzeitig das potentielle Waffenarsenal des irischen Radikalismus zerstören, während die Angehörigen der protestantischen Geheimbünde nachdrücklich zum Eintritt in die Bauernmiliz aufgefordert wurden.

Die Regierung war fest entschlossen, durch die konsequente Anwendung der Notstandsverordnungen die Gefahr eines radikalrepublikanischen Aufstandes endgültig zu beseitigen, zumal eine Beteiligung französischer Hilfskontingente noch immer nicht ausgeschlossen werden konnte. Zur Durchsetzung der verschärften Waffengesetze wurden daher reguläre Armee-Einheiten in die besonders kritischen Regionen verlegt, deren Kommandeure mit weitreichenden Vollmachten ausgestattet waren. Wochenlang durchkämmten diese Truppen systematisch das Land und gingen rigoros gegen all jene Bewohner vor, die in irgendeiner Form gegen die Gesetze verstoßen hatten oder die lediglich im Verdacht standen, Sympathien für die United Irishmen zu hegen. Durch dieses Vorgehen jedoch lösten die Regierungskräfte im Frühsommer des Jahres 1798 in vielen Teilen des

Landes bewaffnete Aufstände aus. Diese wurden häufig von überzeugten Radikalrepublikanern geführt, oftmals jedoch auch von bisher eher unpolitischen Angehörigen der *gentry*, die über die Auswüchse der staatlich verordneten Repressionsmaßnahmen einfach verärgert waren. Da es sich bei den Revolten überwiegend um spontane Proteste und nicht um eine organisierte landesweite Erhebung handelte, waren die Revolten indes von vornherein zum Scheitern verurteilt. Trotz mancher anfänglichen Achtungserfolge – die Rebellen konnten sich besonders im Südosten des Landes einige Wochen lang gegen die Regierungstruppen behaupten und wurden erst in der Schlacht am Vinegar Hill bei Enniscorthy entscheidend geschlagen – standen der Dubliner Regierung mittlerweile zu viele bewaffnete Verbände zur Verfügung. An dieser Überlegenheit konnten auch zwei weitere französische Expeditionskorps nichts ändern. Etwa 1000 Mann, die unter Führung General Humberts bei Killala gelandet waren, mußten sich bereits nach vierzehn Tagen ergeben. Kurze Zeit später verhinderte die Royal Navy die Landung einer etwas größeren Armee unter Führung von General Hardy an der irischen Nordküste. Dabei fielen sieben französische Schiffe in britische Hände, unter den gefangenen französischen Soldaten befand sich auch Theobald Wolfe Tone, der als Offizier der französischen Republik auf dem Flaggschiff des Generals diente. Unter geltendem Kriegsrecht wurde er in Dublin wegen Hochverrat zum Tode durch den Strang verurteilt. Er entzog sich der Exekution am 19. November 1798 durch Selbstmord in seiner Gefängniszelle.

Die Aufstände des Jahres 1798, denen sich noch vereinzelte isolierte Revolten in den folgenden Monaten anschlossen, kosteten etwa 50000 Menschen das Leben. Doch so blutig die Erhebungen auch waren und so viele nationalirisch inspirierte Mythen und Legenden später um diese Ereignisse gewoben werden mochten, die dadurch in den Rang eines einheitlichen und zentral gelenkten Aufstandes erhoben werden sollten, ändert das nichts an den historisch belegbaren Rahmenbedingungen. Es waren spontane Proteste, die zumeist von ehemaligen Anhängern der liberalen Politik Henry Grattans der späten achtziger und frühen neunziger Jahre des Jahrhunderts geführt wurden, denen die erreichten Reformen nicht genügten und deren radikale republikanische Ideale in der Auseinandersetzung mit einer zur Bewahrung des Status quo entschlossenen Staatsmacht chancenlos waren. Wesentlich größere Tragweite für den weiteren Verlauf der irischen Geschichte hatte denn auch eine politische Entscheidung des britischen Premierministers, an der dieser vermutlich schon seit einigen Jahren arbeitete, deren Realisierung indes letztlich erst vor dem Hintergrund des Sommers 1798 verständlich wird: dem Vollzug der Union. Er maß dem Verbleib Irlands im Empire, wie er seit seinem Amtsantritt im Jahre 1784 immer wieder betont hatte, eine erhebliche symbolische Bedeutung für den Bestand des britischen Weltreiches an sich bei. Besonders nach dem Abfall der amerikanischen Kolonien hätte die Unabhängigkeit Irlands einen Präzedenzfall für andere Teile des Reiches bieten können. Nachdem seine Initiative zur Schaffung eines einheitlichen anglo-irischen Wirtschaftsraumes bei gleichzeitiger Anerkennung bestimmter Formen nationaler Unabhängigkeit 1785 an den Parlamenten in London und Dublin gescheitert war, mußte eine andere Lösung gefunden werden. Die politischen Entwicklungen und Verwicklungen nach Ausbruch der Französischen Revolution hatten zwar zwischenzeitlich das irische Problem überlagert, angesichts einer drohenden, pointiert anti-britischen franko-irischen Republikanerallianz trat es nun um so deutlicher wieder hervor.

Doch auch wenn vor dem Hintergrund der zurückliegenden Ereignisse die Notwendigkeit einer engen anglo-irischen Kooperation in Sicherheitsfragen von den meisten Angehörigen des Dubliner Parlaments nicht bestritten wurde, wenn diese die Kooperation darüber hinaus auch aus ökonomischen Erwägungen gar nicht in Frage stellen wollten, stand die Mehrheit des irischen Parlaments dem Vollzug einer Union, also der Auflösung einer eigenständigen irischen Legislative, ablehnend gegenüber. Sicher: Pitt besaß Verbündete jenseits der Irischen See, besonders unter den konservativen Protestanten, die sich von der Union einen verbesserten Schutz protestantischer Privilegien erhofften, schließlich hätten sich die Protestanten dann nicht mehr in einer Minderheitsposition befunden, sondern wären, wie die Mehrheit der Bevölkerung, Angehörige der Staatskirche gewesen. Auch sprachen viele ökonomische Argumente für die Vereinigung der beiden Königreiche, wäre es unter einem einheitlichen staatlichen Dach doch beispielsweise für viele potentielle britische Investoren leichter gewesen, ihr Geld auch in Irland anzulegen, was möglicherweise zu einer Verbesserung des irischen Lebensstandards beigetragen hätte. Doch war dies im Dubliner Parlament noch die Meinung einer (wenn auch starken) Minderheit, die Mehrheit, das stand spätestens im Februar 1799 fest, als das irische Parlament erstmals das Für und Wider einer Union mit Großbritannien erörterte, teilte diese Meinung nicht, denn der Entwurf wurde mit 109 zu 104 Stimmen abgelehnt. Charles Cornwallis, seit 1798 Vizekönig in Irland, erhielt daher vom Premierminister den Auftrag, nachhaltige Überzeugungsarbeit zu leisten und, wenn diese keinen Erfolg haben sollte, nötigenfalls auch mit großzügigen Geldmitteln und der Aussicht auf weitere persönliche Vorteile um Unterstützung für die Unionspläne zu werben.

Die vizekönigliche Behörde mußte in den folgenden Wochen auf vielen Ebenen um Sympathien für die Pläne Pitts werben, die zwischenzeitlich auch die Zustimmung des britischen Parlaments gefunden hatten. Erste Zielgruppe waren natürlich die Abgeordneten des irischen Parlaments, die der Union zustimmen mußten. Doch darüber hinaus galt es, sich möglichst großer Unterstützung durch die Bevölkerung zu versichern, von der man sich nachhaltige Rückwirkung auf die Haltung der Parlamentarier erhoffte. Dies jedoch wußten auch die entschiedenen Unionsgegner, so daß beide Gruppen mit beachtlichem Aufwand die Bürger des Landes über die Vor- und Nachteile eines Vereinigten Königreiches von Großbritannien und Irland informierten. In großem Umfang nutzten sie dabei die vorhandenen Publikationsorgane sowie Flugblätter und Plakate. Daneben boten sie allen Interessierten die Gelegenheit, sich auf Versammlungen und anderen öffentlichen Veranstaltungen zu informieren. Die Wirkung dieser Kampagnen war zweifellos groß, dennoch sind auch nur annähernd zuverlässige Schätzungen ihres tatsächlichen Wirkungsgrades nicht möglich, dazu waren die Einflüsse regionaler, sozialer oder ökonomischer Partikularinteressen zu unterschiedlich. Lediglich einige allgemeine Stimmungstrends sind anhand von zeitgenössischen Stimmungsberichten und anderen Aufzeichnungen nachvollziehbar. So scheinen sich die Bürger Dublins, um die herausragende Rolle der Stadt als Metropole eines eigenen Königreiches besorgt, mehrheitlich gegen eine Union ausgesprochen zu haben, während die Stimmung in Cork und Belfast in dieser Frage eher geteilt war. Hier beeinflußten offensichtlich Überlegungen über die Vor- und Nachteile einer engeren ökonomischen Kooperation das Stimmungsbild. Die Protestanten waren in der Unionsfrage tief gespalten. Während viele Anhänger der Staatskirche die Sicherheit zu schätzen wußten, die ihnen im Rahmen eines

Vereinten Königreiches geboten werden konnte, fürchteten die Presbyterianer mehrheitlich den Verlust von Handlungsfreiheiten, die sie sich im Laufe der Zeit in ihren Hauptsiedlungsgebieten, vorwiegend im irischen Norden, erstritten hatten. Auf den ersten Blick erstaunlich sind die überlieferten katholischen Reaktionen. Einmal abgesehen von den wenigen Radikalrepublikanern, die die Aufstände des Sommers 1798 und die anschließenden Verfolgungen durch die Staatsmacht überlebt hatten, und ferner abgesehen von einigen engagierten Anhängern des liberal-nationalen Kurses Henry Grattans waren die Ansichten in der Unionsfrage durchaus differenziert. Offenbar stießen die Hinweise des Vizekönigs auf die Gewährung völliger Gleichberechtigung nach Verabschiedung des Unionsgesetzes gerade bei vielen kirchlichen Würdenträgern auf großes Interesse. Bei ihnen waren die Erinnerungen an die Ausschreitungen gegen katholische Priester im revolutionären Frankreich noch in sehr guter Erinnerung, die Tausende das Leben gekostet hatten. Angesichts der immer noch virulenten Bedrohung der Britischen Inseln durch Frankreich schien die relative Sicherheit im Rahmen eines gestärkten Großbritannien mit möglicher Aussicht auf Gleichberechtigung eine bessere Perspektive zu bieten als die relative Unsicherheit in einem revolutionär-republikanischen System.

Andere Mittel mußten zur Umstimmung der Abgeordneten angewendet werden. Da der Entwurf der Unionsakte im Unterhaus 100 (von 658), im Oberhaus 32 Sitze für die Repräsentanten Irlands vorsah, bedeutete dies für drei von vier Mitgliedern der beiden irischen Häuser zunächst den Abschied von der Tätigkeit als Parlamentarier. Auch wenn sich nur wenige der Betroffenen von solchen Überlegungen leiten ließen, erlaubten die knappen Mehrheitsverhältnisse kein Risiko. Der Vizekönig und seine Bevollmächtigten prüften jeden Einzelfall, garantierten stets die soziale Absicherung und in besonders hartnäckigen Fällen sogar noch einen Profit für den Fall, daß die Unionsakte angenommen werden würde. Es gab also bei dem Verfahren um das anglo-irische Unionsgesetz einige Fälle von Bestechung. Allerdings muß rückblickend festgestellt werden, daß sich die meisten Abgeordneten des Dubliner Parlaments bei ihrer Entscheidung für oder gegen das Vereinigte Königreich von Großbritannien und Irland letztlich doch in erster Linie von ihrer Überzeugung leiten ließen, so daß die Abstimmungsergebnisse der zweiten (118 : 73) und dritten Lesung (158 : 87) in etwa die tatsächlichen Meinungsverhältnisse im Parlament repräsentierten. Dafür spricht auch das Tempo, mit dem man in Irland nach Inkrafttreten der Unionsakte am 1. Januar 1801 wieder zur politischen Tagesordnung überging und mit dem sich die neuen Abgeordneten in Westminster in ihren Rollen zurechtfanden. Sogar der eloquenteste irische Nationalist, Henry Grattan, resignierte und ließ sich im Jahre 1805 in das britische Unterhaus wählen. Es gab indes auch Proteste gegen die Union, die zum Teil in gewalttätigen Ausschreitungen gipfelten, doch hatten die Sicherheitsmaßnahmen nach dem Aufstandsjahr 1798 ihre Wirkung nicht verfehlt. Die United Irishmen waren faktisch zerschlagen, das vormals so effektive Untergrund-Kommunikationssystem funktionierte nicht mehr, auch hatte Napoleon alle Pläne einer Landung französischer Truppen in Irland aufgegeben und favorisierte statt dessen die Invasion Englands auf direktem Wege. So endete ein letzter Aufstand der Vereinigten Iren am 23. Juli des Jahres 1803 in einem vergleichsweise unbedeutenden nächtlichen Scharmützel in den Straßen Dublins. Der Führer dieses Aufstandes, Robert Emmet, der jüngere Bruder eines der prominenteren irischen Radikalen der neunziger Jahre, wurde verhaftet, zum Tode verurteilt und hingerichtet. Emmet hatte nicht nur das Scheitern seines Aufstandsversuches erlebt, er mußte darüber hinaus resignierend feststellen, daß die irische Bevölkerung in ihrer großen Mehrheit kein Interesse mehr an irgendwelchen radikalrepublikanischen Umsturzplänen hatte. So blieb es denn der nationalirischen Geschichtsschreibung überlassen, ihn in das Pantheon der republikanischen Helden des ausgehenden 18. Jahrhunderts zu stellen, deren Namen im Gedächtnis zu behalten und gut einhundert Jahre später, unter anderen politischen Vorzeichen, eine andere Generation von irischen Nationalisten an ihre Ideale erinnern zu lassen.

Wirtschaft und Gesellschaft um 1800

Zum Zeitpunkt der Verabschiedung der Unionsakte lebten auf der irischen Insel etwa 5 Millionen Menschen und damit gut ein Drittel der Gesamtbevölkerung des Vereinigten Königreiches. Unter Heranziehung der Vergleichszahlen der zurückliegenden Jahrzehnte sowie der demographischen Statistiken aus dem übrigen Westeuropa scheint das irische Bevölkerungswachstum des 18. Jahrhunderts zunächst im allgemeinen europäischen Trend zu liegen. Grundsätzlich wurde die steigende Zahl der Einwohner jedenfalls von den offiziellen Stellen begrüßt, schließlich trug, wie manche Zeitgenossen meinten, ein großes Angebot potentieller Arbeitskräfte dazu bei, den Arbeitslohn niedrig zu halten und auf diese Weise den Ausbau der vorhandenen Manufakturen zu beschleunigen – was sich wiederum zum Wohle des ganzen Landes auswirken würde. Die Fruchtbarkeit des Bodens schien diese Einschätzung zu bestätigen, denn ein relativ kleines Grundstück, auf dem genügend Kartoffeln für eine Großfamilie angebaut wurden, konnte sich auch ein jung verheiratetes Paar leisten. Baumaterial für eine Hütte oder ein kleines Haus lieferte die umliegende Natur oftmals sogar kostenlos, ebenso das Heizmaterial für die kalten Wintermonate, denn Torf gab es fast überall im Lande so reichlich, daß man ihn – manchmal gegen ein geringes Entgeld an den jeweiligen Grundherren – nur stechen, einsammeln und trocknen mußte. Junge Ehen, aus denen viele Kinder hervorgingen, waren im Irland des ausgehenden 18. und frühen 19. Jahrhunderts also der Regelfall. Die Bevölkerungszahl stieg, wie man heute weiß, daher in dieser Zeit in Irland schneller an als in den meisten anderen Teilen Europas.

Dieser Überhang wurde jedoch eine Zeitlang durch einen ständigen Emigrantenstrom von mehreren Tausend Menschen pro Jahr nach Nordamerika, in die USA, nach Neufundland und Kanada, ebenso aber nach Australien, verdeckt. Während die Emigrantenzahlen nach Übersee aufgrund relativ exakter Buchführung der Schiffseigner verhältnismäßig leicht aufzuschlüsseln sind, ist die entschieden größere Zahl irischer Emigranten nach Großbritannien aufgrund der kurzen Entfernung, der großen Fluktuation und oftmals ungenügender Buchführung schwerer zu erfassen. So weiß man heute nur, daß es im ausgehenden 18. Jahrhundert in London eine große irische Gemeinde gab. In Soho sowie im übrigen Osten Londons wurden viele Stadtteile fast ausschließlich von Iren bewohnt, die ihren meist kargen Lebensunterhalt hauptsächlich als Arbeiter in den Manufakturen der britischen Hauptstadt verdienten – und sich dabei bemühten, die traditionellen Sitten und Gebräuche des irischen Landlebens auch in der Metropole zu pflegen[13]. Andere

[13] Vgl. dazu: R. B. McDowell, Ireland in 1800. In: Moody u. Vaughan (Hg.), A New History of Ireland. Bd. 4, S. 658ff.

Emigrantenströme aus Irland hatten in Glasgow, Manchester und Liverpool große irische Gemeinden entstehen lassen, in Manchester lebten um 1800 schätzungsweise 12000, in Liverpool etwa 6000 Iren. Wie in London verdienten sie auch in Nordwestengland und Schottland ihren Lebensunterhalt überwiegend als Manufakturarbeiter, hier wie dort gelang einigen wenigen der soziale Aufstieg. Aufstiegsmöglichkeiten boten vorwiegend Handel, Kunst, Kultur und Wissenschaft, während die irisch-stämmigen Persönlichkeiten der britischen Politik des frühen 19. Jahrhunderts fast immer schon auf politische Karrieren in Dublin zurückblicken konnten.

Auch wenn zeitgenössische Berichte Irland nicht als ein armes Land definierten, sondern im Gegenteil stets auf die Fruchtbarkeit des Bodens sowie die Qualität und Quantität der irischen Agrarerzeugnisse hinwiesen, lassen schon die Auswandererzahlen darauf schließen, daß es im Lande weitverbreitete Armut gab. Daß diese Armut wenigstens zum Teil mit der relativ schnell steigenden Bevölkerungszahl zusammenhing, ist auch an der zunehmenden Parzellierung der Ackerflächen besonders in den ohnehin ärmeren Gegenden Zentral- und Westirlands erkennbar, von der viele Reisende aus der Zeit der Jahrhundertwende immer wieder berichten. Guter Boden und zunehmende Industrialisierung allein reichten offensichtlich doch nicht aus, um allen Iren überall genügend Einkommens- und (Über-)Lebensmöglichkeiten bieten zu können. Im Gegenteil begannen sich zu dieser Zeit erste Symptome einer ökonomischen und demographischen Krise abzuzeichnen, deren Folgen das Land vier Jahrzehnte später, in der Mitte des 19. Jahrhunderts schwer treffen sollten. Einige weitsichtigere Beobachter der Entwicklungen hatten die Bedeutung der Schwierigkeiten durchaus erkannt und auf gravierende Strukturmängel in der Landwirtschaft hingewiesen. Aufgrund der ökonomischen Abhängigkeit des Landes von einer funktionsfähigen Landwirtschaft mußten sich, das war ihnen klar, Mängel in diesem Bereich besonders schmerzhaft auswirken[14]. Ein Vergleich der irischen mit der britischen Agrarwirtschaft zeigte die Defizite deutlich. Erste Vergleichsanalysen waren schon nach den Diskussionen über die Schaffung eines gemeinsamen anglo-irischen Wirtschaftsraums in den achtziger Jahren vorgenommen wor-

[14] Vgl. dazu z.B. die Untersuchungen und Schlußfolgerungen von Charles Coote in: Ders., Statistical Survey of the County of Cavan. Dublin 1802.

den. Aus diesen und aus denen der Folgezeit ging in fast allen Punkten Großbritannien als Sieger hervor. Dort war die technische Entwicklung wesentlich weiter fortgeschritten, dort arbeiteten die einzelnen Betriebe im Durchschnitt effektiver als in Irland und warfen zudem noch höhere Gewinne ab.

Bei der Suche nach den Ursachen wurden die Kritiker schnell fündig: Ein großes Problem stellten jene Grundherren dar, die über große Anwesen beiderseits der Irischen See verfügten und die sich, wenn überhaupt, nur sehr selten auf ihren irischen Besitzungen aufhielten, um dort nach dem Rechten zu sehen. Einige von ihnen hatten die Aufsicht zuverlässigen Verwaltern übertragen, die im Sinne der Eigentümer wirtschafteten und diesen auch direkt verantwortlich waren. Diese Regelung war indes jedenfalls im ausgehenden 18. Jahrhundert die Ausnahme. Die meisten Besitzungen abwesender, aber auch ortsansässiger Grundherren waren an sogenannte Mittelsmänner verpachtet. Diese Pachtverträge liefen üblicherweise über 31 Jahre und erlaubten den Pächtern, den Besitz wiederum unterzuverpachten. Aus der Sicht des Grundherren war dies zweifellos eine angenehme Regelung, gewährte diese ihm doch ein regelmäßiges Einkommen, ohne die Lasten der Verwaltung eines solchen Großbetriebes selbst tragen zu müssen. Die Mittelsleute hatten aufgrund der zeitlichen Begrenzung ihres Pachtvertrages sowie aufgrund der Möglichkeit der Unterverpachtung kaum Interesse daran, langfristige Konzepte für eine zeitgemäße Landwirtschaft zu entwickeln, sondern waren zumeist an schnellen Profiten interessiert. Dazu mußten möglichst viele Pachtverträge zu möglichst guten Konditionen abgeschlossen werden. Das jedoch stellte kein Problem dar, schließlich sorgte die wachsende Bevölkerung für eine dauernde Nachfrage nach Pachtland. Abgesehen davon, daß dadurch die Parzellierung des Landes weiter vorangetrieben wurde, und daß die große Nachfrage die Pachtsätze kontinuierlich steigen ließ, waren auch die Unterpächter aufgrund der zeitlichen Begrenzung ihrer Verträge in erster Linie auf möglichst schnelle und möglichst hohe Gewinne angewiesen und mußten daher in der Regel gleichfalls auf häufig kostenintensive und für einzelne Kleinpächter ohnehin kaum finanzierbare Anpassungen an zeitgemäße Technikstandards verzichten. Auch wenn um die Jahrhundertwende diese Problematik durchaus erkannt war und wenn viele Grundbesitzer in den ersten Jahrzehnten des 19. Jahrhunderts dazu übergingen, aufgrund besserer Gewinnchancen ihr Land direkt zu verpachten und die Aufsicht über ihre irischen Anwesen generell in die Hände von Verwaltern zu legen, änderte dies nichts am grundsätzlichen Problem zunehmender Überalterung in der Anbautechnik und der ständig wachsenden Zahl zu kleiner und daher wenig rentabler Parzellen.

Demographische Detailstudien dieser Zeit bestätigen diese Entwicklung. Gemessen an einem relativ zuverlässigen Indikator, der Herdsteuer[15], lebten von den 5 Millionen Iren der Jahrhundertwende etwa 88 Prozent in bescheidenen Verhältnissen, 25 Prozent davon sogar in Armut. Zu dieser Gruppe müssen die kleinen Pächter ebenso gezählt werden wie Kätner (Landarbeiter, die über ein kleines Grundstück zum Anbau von Kartoffeln verfügten und möglicherweise noch etwas Vieh zur Selbstversorgung besaßen), Landarbeiter ohne Grundbesitz und Tagelöhner. Diese Menschen lebten üblicherweise in sogenannten *cabins*, kleinen zweiräumigen Häusern, an deren Bauweise und Erhalt man die finanzielle Lage der Bewohner erkennen konnte. Hauptsächlich ernährten sie sich von Kartoffeln und Hafergrütze, je nach Einkommenslage gelegentlich aufgebessert durch Eier, Milchprodukte und Fischgerichte. Gemüse wurde kaum angebaut, Fleisch galt, abgesehen von einigen Gegenden mit durchschnittlich besserer Einkommenslage im Nordosten und Südosten des Landes, als unbezahlbarer Luxus. Der Verkauf von überschüssigen Milchprodukten sicherte, wenn möglich, die Versorgung mit alltäglichen Gebrauchsgütern wie Kerzen, Salz oder Tabak. Die Kleidung wurde zumeist in Eigenarbeit hergestellt, wer konnte, brannte darüber hinaus noch Whiskey oder Poteen, beides Getränke, die, zeitgenössischen Berichten zufolge, gern und in großen Mengen konsumiert wurden – was besorgte Zeitgenossen dazu veranlaßte, den Genuß von Bier anstelle der hochprozentigeren Getränke zu empfehlen. Während in England bereits im Jahre 1602 ein Gesetz erlassen worden war, das zumindest ansatzweise staatliche Fürsorgemaßnahmen regelte, gab es um die Jahrhundertwende in Irland zwar viele Bettler, jedoch immer noch kein flächendeckend wirksames Armengesetz. Die ganz Armen waren immer noch auf die Unterstützung und Versorgung durch die etwa 10 bis 12 Pro-

[15] Für das Jahr 1801 wurden 484000 Häuser mit nur einer Feuerstelle gezählt, dazu kamen noch einmal 112556 Häuser von ausdrücklich als »arm« bezeichneten Menschen. McDowell errechnet daraus die o. g. Angaben; vgl. R. B. McDowell, Ireland in 1800. In: Moody u. Vaughan (Hg.), A New History of Ireland. Bd. 4, S. 670f.

zent der Bevölkerung angewiesen, die der sozial abgesicherten und teilweise schon durchaus wohlhabenden Mittelklasse angehörten, und noch mehr auf die Wohltaten der etwas über 10000 Angehörigen der Oberklasse, zu der damit zirka 0,2 Prozent der Bevölkerung zählten. Zwar hatte das Dubliner Parlament im Jahre 1772 einen entsprechenden Gesetzesentwurf verabschiedet, dabei jedoch dessen Finanzierung freiwilligen Beiträgen und Kollekten überlassen. Die wenigen, in Folge des Gesetzes errichteten Arbeitshäuser indes reichten bei weitem nicht aus, um auch nur einem kleinen Teil der Bedürftigen wenigstens gelegentlich Beschäftigung und Brot zu bieten.

Zu Beginn des Jahrhunderts ging man immer noch davon aus, daß die tradierten Anbautechniken der Landwirtschaft in Verbindung mit dem fruchtbaren Boden des Landes genügten, um den Bewohnern der Insel ein wenn auch meist bescheidenes Auskommen zu sichern. Immerhin: noch wurden verhältnismäßig große Ernteüberschüsse produziert, die mit guten Gewinnen an britische Abnehmer verkauft wurden. Damit leistete Irland besonders in den kritischen Kriegsjahren zwischen 1793 und 1815 einen wesentlichen Beitrag zur Ernährung der Bevölkerung Britanniens. Auf den gesamten Zeitraum bezogen, deckte Irland etwa ein Drittel des britischen Getreidebedarfs, zwischen 1812 und 1813, als sich der Krieg in seiner entscheidenden Phase befand, sogar zwei Drittel. Diese Überschüsse konnten erwirtschaftet werden, weil seit der Jahrhundertmitte in größerem Umfang traditionelles Weideland und bisheriges Brachland systematisch in Ackerland umgewandelt worden war. Daß dies nicht zu Lasten der Vieh- und Weidewirtschaft gegangen war, belegen die ebenfalls gestiegenen Exportzahlen für Schlacht- und Zuchtvieh, für Rind- und Schweinefleisch sowie für Milchprodukte nach Großbritannien, in die britischen Kolonien und, sofern es die Kriegslage zuließ, auf den europäischen Kontinent. Aus wirtschaftlicher Sicht bedeutete der britisch-französische Krieg für Irland also zweifellos einen Glücksfall, wie die Exportzahlen nachdrücklich unterstreichen, die zwischen 1792 und 1815 um 40 Prozent anstiegen, die Einnahmen aus Exporten aufgrund der kriegsbedingt erhöhten Preise im selben Zeitraum sogar um 120 Prozent[16].

Die gestiegenen Einnahmen ermöglichten höhere Investitio-

[16] Die Zahlenangaben sind entnommen aus: L. M. Cullen, An Economic History of Ireland since 1660. London 1972, S. 100.

nen im Lande. In der selben Zeitspanne wurden die beiden großen irischen Kanalprojekte, der Royal Canal und der Grand Canal, fertiggestellt. Dabei hatte es sich um die kapitalintensivsten Projekte gehandelt, die bis dahin in Irland durchgeführt worden waren. Doch daneben floß noch viel Geld in andere industrielle Investitionsprojekte, die allerdings fast alle unmittelbar oder mittelbar an die Landwirtschaft gekoppelt waren. Der verstärkte Anbau von Getreide und die britischen Kundenwünsche forderten z.B. zusätzliche Mühlenkapazität – die größten Mühlenprojekte der ersten Jahrhunderthälfte des 19. Jahrhunderts wurden bis 1814 gebaut. Daneben mußte der ständige Getreidebedarf von über 800 Brauereien und 119 lizensierten Destillerien gedeckt werden, abgesehen von den zahllosen illegalen Destillen überall auf dem Lande. Die Textilindustrie verarbeitete ausschließlich irische Wolle und irisches Tuch, die von zahllosen Kleinbauern im Nebenerwerb gesponnen oder gewebt worden waren. In den Jahren zwischen 1793 und 1815 wurden ebenfalls die ersten Dampfmaschinen nach Irland geliefert, das damit Anschluß an den langsam einsetzenden Prozeß der Industrialisierung in West- und Zentraleuropa erhielt. Der schnelle Warentransport im Lande und zu den Hafenstädten lief reibungslos über ein weitverzweigtes Wegenetz, dessen Hauptpostlinien von Dublin nach Cork, Limerick, Athlone und Belfast am besten ausgebaut waren. Aufgrund seiner Armut an Bodenschätzen – es gab lediglich zwei kleinere Kohlenminen bei Ballycastle im County Antrim und Castlecomer im County Kilkenny – mußte Kohle ebenso wie Eisenerz – um die Jahrhundertwende wurde noch in geringem Umfang Erz in Arigna im County Roscommon gefördert – in größerem Umfang importiert werden. Zu begehrten Importgütern zählten nun auch Holzprodukte in jeder Form, da aufgrund des rücksichtslosen Verbrauchs der Vergangenheit und der versäumten Wiederaufforstung Irland zwischenzeitlich zu den waldärmsten Regionen Europas zählte. Auch wenn in diesen Jahren die ersten staatlich verordneten Wiederaufforstungen vorgenommen wurden, konnten sie und die Folgemaßnahmen den jahrhundertelangen Raubbau bis heute nicht ausgleichen.

Steigende Exporterlöse, höhere Investitionen und wachsender Handel machten einen erheblichen Ausbau des Bankensystems notwendig. In diesen Jahren setzte sich auch in Irland aufgrund höherer Umlaufzahlen das Banknotensystem sowie das Prinzip bargeldloser Zahlung immer mehr durch, da die gehandelten Summen oftmals nicht mehr in bar oder gar in Münzen gezahlt werden konnten. In allen größeren Städten des Landes entstanden neue Bankhäuser. Die Akkumulation von Kapital führte gleichzeitig aber auch zu einem weiteren Wachstum der Städte selbst, die allerdings ihren engen Bezug zur Agrarwirtschaft und -gesellschaft des Umlandes weiter behielten. Dublin als zweitgrößte Stadt der Britischen Inseln, als Verwaltungssitz sowie als kulturelles und industrielles Zentrum des Landes war in dieser Hinsicht eine Ausnahme, doch Cork, mit etwa 80000 Einwohnern um die Jahrhundertwende zweitgrößte Stadt des Landes, genauso wie die übrigen größeren Städte Limerick (60000), Belfast, Drogheda und Waterford (je 20000) sowie Kilkenny (15000) hatten den unmittelbaren Bezug zum Umland aufrechterhalten können. Ihre Hauptfunktion war und blieb der Markt für die Produkte des Umlandes und, wenn es einen Hafen gab, für die Ausfuhr derselben. Abgesehen von Dublin und möglicherweise auch Belfast hatten die meisten anderen größeren Städte auch ihren ehemals dörflich-kleinstädtischen Charakter bewahrt, besonders in den Randbezirken unterschieden sie sich oft kaum von den umliegenden Dörfern.

Die religiöse Trennung der Bevölkerung in Protestanten der Church of Ireland, in presbyterianisch-protestantische Dissidenten und in Katholiken spiegelte sich auch im irischen Erziehungssystem des frühen 19. Jahrhunderts wider, das recht zutreffend als die Summe einer Vielzahl von konfessionell begründeten Einzelaktivitäten charakterisiert werden könnte. Die einzige Universität dieser Zeit in Irland, Trinity College Dublin, war einmal eine genuin anglikanische Gründung gewesen, doch seit 1793 durften auch Katholiken und Presbyterianer hier nach akademischen Weihen streben. Das College galt im reichsweiten Vergleich als eine durchaus solide Institution, wo engagiert gelehrt und geforscht wurde. Während relativ viele katholische Studenten das Studienangebot gern wahrnahmen – schließlich hatten sie, wenn überhaupt, unter den *penal laws* nur auf dem Kontinent studieren können, ohne daß der Abschluß im eigenen Land offiziell anerkannt worden wäre –, zog es die meisten Presbyterianer nach wie vor nach Schottland, wo sie sich eher unter ihresgleichen fühlten. Weniger günstig sah die Bildungslandschaft auf schulischem Gebiet aus. Theoretisch wäre die Staatskirche für die Einrichtung und den Betrieb von Grundschulen und weiterführenden Bildungsstätten verantwortlich gewesen. So verlangte es jedenfalls ein Gesetz aus der

Tudorzeit. Doch war die Kirche diesem Auftrag bislang nur zögernd nachgekommen. In manchen Bezirken hatte der jeweilige Grundherr selbst die Initiative ergriffen, doch gab es immer noch viele Gegenden, wo weder grundherrliche noch kirchliche Schulangebote gemacht wurden. In besonders kritischen Gegenden hatte der Staat im frühen 17. Jahrhundert eigene Schulgründungen vorgenommen und sogenannte »Royal Schools« eingerichtet. Da diese verhältnismäßig gut mit Geld ausgestattet waren und über gute Räumlichkeiten verfügten, hatten sie sich zwischenzeitlich zu vielbegehrten Bildungsstätten entwickelt, wo besonders die Kinder der Mittelklasse ihre weiterführende, voruniversitäre Ausbildung erfuhren. Am unteren Ende des Bildungswesens standen jene Einrichtungen, in denen die Kinder der Armen, die es sich noch leisten konnten, gegen geringes Entgelt, häufig in Scheunen oder Privathäusern, von schlechtbezahlten Lehrern mit Grundwissen im Lesen, Schreiben und Rechnen versehen wurden. Da sich diese Schulen meist in weit entlegenen Regionen des Landes befanden, waren die Lehrer oft die einzigen des Lesens und Schreibens mächtigen Erwachsenen des Ortes. Ihr sozialer Status in den betreffenden Gemeinden war dann stets entsprechend hoch. Doch für viele der ganz Armen im Irland des frühen 19. Jahrhunderts waren selbst diese geringen Gebührensätze unbezahlbar, so daß ihre Kinder aufgrund der mangelnden Ausbildung kaum Aussicht auf ein besseres Leben als das der Eltern hatten. Besorgte Politiker und kirchliche Würdenträger wiesen bereits damals auf solche gravierenden Mängel hin, doch litt trotz mancher begrüßenswerter Initiativen (etwa die Schulgründungen der Christian Brothers) besonders der ärmste Teil der katholischen Bevölkerung Irlands noch lange Jahre an mangelnder schulischer Versorgung – was die ohnehin geringen sozialen Aufstiegsmöglichkeiten ihrer Kinder weiter verringerte und einen zusätzlichen Beitrag zu der sich immer schneller drehenden Spirale der sozialen Verelendung großer Teile der Bevölkerung leistete. Nach der Hungerkatastrophe der vierziger Jahre des 19. Jahrhunderts griffen die irischen Nationalisten dieses Problem dann erneut auf und benutzten es als weiteres Argument in ihrem Kampf gegen die Union.

Daniel O'Connell: Für Gleichberechtigung und gegen die Union

Die Arbeit an der Unionsakte hatte, von den ersten Entwürfen bis zur endgültigen Annahme durch das Dubliner Parlament, über zwei Jahre gedauert und allen Beteiligten teilweise zermürbende Kärrnerarbeit und zähe Überzeugungsarbeit abverlangt. Nach dem *royal assent*, der förmlichen Zustimmung König Georgs III. war Irland zu einem Bestandteil des »United Kingdom of Great Britain and Ireland« geworden. Das Land unterstand nun direkt den Entscheidungen des Londoner Parlaments, wo fortan 100 Abgeordnete im Unterhaus und 32 Lords im Oberhaus irische Interessen – oder das, was sie darunter verstanden – wahrnahmen. Bezogen auf die Gesamtbevölkerung der Britischen Inseln war Irland damit unterrepräsentiert, bei Beachtung der Proportionen hätten jeweils mehr als doppelt so viele Plätze in Westminster bereit gestellt werden müssen. Es handelte sich also um von politischen Überlegungen geprägte Zahlen, die den Unterschied zwischen den Sozialstrukturen Großbritanniens und Irlands ebenso widerspiegelten wie das Mißtrauen, das viele Briten gegenüber den Neubürgern hegten. Dies wird durch einige administrative Sonderregelungen für Irland bestätigt, wo im Gegensatz zu Schottland weiterhin eine permanente vizekönigliche Administration für die Verwaltung des Landes zuständig blieb. Auch entstand eine neue Staatskirche – die anglikanische Kirche trennte sich in die Church of England und die Church of Ireland.

Dennoch: Wenigstens theoretisch bot die Union mit England viele Vorteile – Premierminister Pitt persönlich hatte bei vielen Gelegenheiten auf die ökonomischen Vergünstigungen hingewiesen, die Irland durch den direkten Anschluß an das damals reichste Land der Erde erhielte. In der Tat schien der Wirtschaftsaufschwung der ersten Jahre des 19. Jahrhunderts die Richtigkeit von Pitts Prognosen zu bestätigen – auch wenn realiter dieser Aufschwung hauptsächlich eine Folge des Krieges gegen Napoléon Bonaparte war und die Gewinne durch die Zahlungen, die Irland laut Unionsvertrag in die britische Staatskasse abzuführen hatte (zwei Siebzehntel des Haushaltsvolumens), größtenteils wieder abgeschöpft wurden. Doch dürften sich nur wenige irische Grundbesitzer, Mittelsmänner oder Verwalter für die komplizierten Wechselwirkungen in einer Kriegswirtschaft interessiert haben, wenn ihre Produkte problemlos und zu guten Preisen abgesetzt werden konnten. Dieser Aufschwung überlagerte zunächst auch das eigentliche, die irische Geschichte im weiteren Verlauf des Jahrhunderts prägende Problem, die Landfrage. Diese Frage war mehrschichtig und betraf veraltete Besitzstrukturen ebenso wie überholte Anbautechniken, unproduktive Betriebsgrößen und den vielerorts fast in Monokultur betriebenen Anbau von Kartoffeln als Hauptnahrungsmittel vieler Klein- und Kleinstbauern. Dringender erschien vielen Zeitgenossen in Irland um 1800 die Einlösung eines anderen Versprechens, mit dem sich Pitt die Unterstützung vieler irischer Katholiken in der Unionskampagne gesichert hatte: die endgültige Durchsetzung der katholischen Gleichberechtigung im Vereinigten Königreich.

William Pitt war bereit, sein Versprechen einzuhalten. Bereits am 31. Januar 1801 trug er König Georg III. die Gründe vor, die es ihm ratsam erschienen ließen, den Katholiken – und den protestantischen Dissidenten – völlige Gleichberechtigung einzuräumen. Ein solcher Schritt, dessen war er sich sicher, würde auch die letzten Unionskritiker in Irland verstummen lassen und sie von den Vorzügen der Zugehörigkeit zu einem nunmehr vereinigten Königreich überzeugen. Damit wäre dann ein gutes Stück des Wegs hin zur endgültigen Stabilisierung der politischen Verhältnisse beiderseits der Irischen See zurückgelegt worden. Er war ferner davon überzeugt, daß ein solcher Schritt keineswegs eine Gefahr für die Staatskirche und den britischen Protestantismus darstellte, da die Gründe, die seinerzeit zu der Ausgrenzung geführt hatten, nicht mehr galten. Auch wenn der Premierminister im Verlauf der Unterredung mit dem König darauf hinwies, daß seine Meinung von der Mehrheit des Kabinetts geteilt würde und seinen eigenen Verbleib im Amt von der Zustimmung des Königs zu dem Plan abhängig machte, weigerte sich Georg III. hartnäckig, dem Drängen seines Premierministers nachzugeben. Es sei für ihn seit seiner Inthronisation eine unverrückbare Maxime gewesen, daß jede Person, die ein staatliches Amt anstrebe, Mitglied der Staatskirche sein müsse. Die Vorschläge Pitts würden nun diesen Grundsatz nicht nur in Frage stellen, sondern sogar insgesamt aufheben. Daher könne er den Plänen nicht zustimmen, hoffe aber, daß das Pflichtgefühl des Premierministers diesen davon abhalten werde, zurückzutreten[1]. Wenige Tage später nahm William Pitt d.J. dennoch seinen Abschied. Es mag sein, daß die sich abzeichnende Entspannung zwischen Frankreich und dem Vereinigten Königreich es dem König erleichterte, dem Drängen seines Premierministers zu widerstehen und dadurch dessen Rücktritt zu riskieren. Nun bestand die Möglichkeit, durch eine Regierungsumbildung nach neuen politischen Wegen besonders auf dem Feld der Beziehungen zu Frankreich zu suchen. Der Abschluß des Friedens von Amiens im Jahr darauf schien dies zu bestätigen. Doch der politische Ehrgeiz Napoléons erforderte nur zwei Jahre später eine weitere Kurskorrektur – im Jahr 1804 nahm der bewährte Krisenmanager Pitt erneut das Ruder des in gefährliches Fahrwasser segelnden Staatsschiffs in die Hand.

Für jene katholischen Kräfte in Irland, die die Union unterstützt hatten, war die Verweigerung der Gleichberechtigung gleichbedeutend mit einem erheblichen Verlust an Ansehen und Einfluß. Schließlich schienen die Skeptiker Recht behalten zu haben, die von vornherein jedes Zugeständnis in dieser Frage verweigert hatten. Nach wie vor bestimmten ausschließlich Protestanten die Geschicke des Landes, doch saßen diese nicht mehr in einem eigenständigen irischen Parlament, sondern im Parlament von Westminster, wo sie jederzeit von einer großen Mehrheit überstimmt werden konnten. Auch hatten sich die Prioritäten verlagert, denn wenn sich vor der Union die Mandatsträger in Dublin ausschließlich mit irischen Angelegenheiten beschäftigt hatten, wurde ihre Arbeit in Westminster nun von den Problemen eines Weltreichs bestimmt, während Irland zu einem Teil britischer Innenpolitik geworden war. Die globalen Herausforderungen mochten zwar den einzelnen Abgeordneten neue und interessante Perspektiven eröffnen, doch boten sie den Unionsgegnern daheim zusätzliche Argumente, da nun jeder Mißstand im Lande mit dem fehlenden Engagement seiner Vertreter in London begründet werden konnte. Auch der katholische Klerus, der sich nach anfänglichem Zögern mehrheitlich für die Vereinigung ausgesprochen hatte, verlor nach dem Rücktritt Pitts an Ansehen und an Autorität; in den ersten Jah-

[1] Die Vorschläge William Pitts sowie die Antwort des Königs darauf in: Alan O'Day u. John Stevenson (Hg.), Irish Historical Documents since 1800. Dublin 1992, Dokumente 2 und 3.

ren des 19. Jahrhunderts häuften sich an den Bischofssitzen Klagen darüber, daß sich ganze Gemeinden weigerten, die von ihren Seelsorgern gewünschten Geldbeträge aufzubringen. Diese Verweigerungshaltung war indes nur zum Teil Ausdruck der Unzufriedenheit über die politischen Ereignisse in Dublin und London. In ihr drückte sich in wesentlich größerem Maße die zunehmende Verarmung großer Teile der Landbevölkerung aus, die kaum noch in der Lage waren, die ständig steigenden Pachtzinsen sowie die sonstigen Abgaben aufzubringen, die, kriegsbedingt, ebenfalls in regelmäßigen Abständen erhöht wurden. Auch dies erleichterte den Unionsgegnern die Argumentation, schließlich wurde dieser Krieg gegen Frankreich geführt, also gegen das Land, das vor nicht allzu langer Zeit Truppen nach Irland entsandt hatte, um den Unabhängigkeitskampf gegen Großbritannien zu unterstützen.

In vielen Fällen blieb es nicht bei der Zahlungsverweigerung, mancherorts organisierten aufgebrachte Pächter spontane Protestkundgebungen, die oftmals in gewalttätigen Ausschreitungen endeten. Zwar hatten die staatlichen Notverordnungen aus den neunziger Jahren des 18. Jahrhunderts große Teile des Netzwerks von Geheimorganisationen zerschlagen können, doch viele der lokalen Zellen existierten nach wie vor. Es gelang ihren Mitgliedern allerdings nicht, an überlieferte Traditionen anzuknüpfen, der einzige Aufstand größeren Ausmaßes war die letztlich kläglich gescheiterte Rebellion des Robert Emmet. In den Berichten der regionalen Sicherheitskräfte dieser Jahre wird dennoch immer wieder auf Anschläge von Whiteboys hingewiesen – die Kontinuität des Namens der bekanntesten ländlichen Protestbewegung der 1770er Jahre ist aber auch ein Indiz für die Hilflosigkeit, mit der die staatlichen Organe solchen Geheimbünden gegenüberstanden, denn diese Gangs operierten unter vielen lokal und regional unterschiedlichen Namen. Diese Hilflosigkeit bestimmte die staatlichen Reaktionen auf die Unruhen – ein Katalog von neuen Notverordnungen wurde aufgestellt, die Präsenz von Truppen in den besonders gefährdeten Gebieten erhöht und die Strafen gegen ertappte Unruhestifter drastisch verschärft. In vielen Fällen konnten lokale Unruhen schnell im Keime erstickt werden, doch zeigte die Regelmäßigkeit, mit der anderswo neue Aufstände ausbrachen, den politisch weitsichtigeren Zeitgenossen, daß es durch die Vereinigung der beiden Königreiche nicht gelungen war, Irland als einen stabilen und verläßlichen Teil in das United Kingdom zu integrieren.

Da sich die irischen Protestanten einschließlich der ehemaligen Anhänger kolonial-nationaler Unabhängigkeit schnell mit ihrer neuen Rolle als Angehörige eines vereinten Königreiches abgefunden hatten, zumal ihnen diese vor dem Hintergrund fortdauernder Unruhen im ländlich-katholischen Irland in der Tat als ein Garant der alten Privilegien erscheinen mußte, wandelte sich die vorwiegend politisch bestimmte »irische Frage« des 18. Jahrhunderts in den ersten zwei Jahrzehnten des 19. Jahrhunderts in ein primär »irisch-katholisches Problem«, das in der sich ständig verschlechternden sozialen Lage der irischen Katholiken wurzelte. Die kriegsbedingt erhöhte Nachfrage nach irischen Agrarprodukten, noch mehr jedoch die stark angestiegenen Preise hatten diesen Trend eine Zeitlang kaschieren können, doch unter den eigentlich »normalen« Bedingungen der Friedenswirtschaft nach 1815 zeigten sich schnell die strukturellen Schwächen des irischen Wirtschaftssystems. Trotz eines Anstiegs des Gesamtexportvolumens um über 10 Prozent zwischen 1815 und 1821 sanken die Erlöse ständig, zwischen 1818 und 1822 fiel der Getreidepreis allein um die Hälfte, die Einnahmen aus dem Verkauf von Rind- und Schweinefleisch sanken von 1819 auf 1820 um 30 Prozent. Die Auswirkungen dieser Entwicklung auf den irischen Kapitalmarkt waren verheerend. Da London den in der Kriegszeit aufgehobenen Goldstandard für die Währung wieder einführen wollte, mußte die Bank von Irland ihren Kreditrahmen erheblich reduzieren. Händler und Kaufleute, durch die sinkenden Einnahmen ohnehin verunsichert, verloren vielerorts das Vertrauen in die Kreditwürdigkeit lokaler und regionaler Banken und bestanden auf Auszahlung ihrer Guthaben. Zwischen 1813 und 1823 fiel der Wert der in Umlauf befindlichen Kreditscheine privater Banken um zwei Drittel, allein im irischen Südwesten mußten in dieser Zeit sieben von vierzehn existierenden Bankhäusern ihre Pforten schließen. Die Wirtschaftsrezession ging hauptsächlich zu Lasten der sozial verwundbarsten Klein- und Kleinstpächter, also der Mehrheit der irischen Landbevölkerung. Doch damit noch nicht genug: Bedingt durch zwei extrem schlechte Kartoffelernten in den Jahren 1817 und 1819 verloren sie darüber hinaus noch ihr Hauptnahrungsmittel, eine mehrjährige Hungersnot war die Folge, die zu Beginn der zwanziger Jahre des Jahrhunderts besonders im Süden des Landes viele Menschenleben forderte.

Auch wenn diese Entwicklung keine direkte Folge der Union war – bereinigte Zahlenangaben belegen im Gegenteil für die Krisenjahre eine aus irischer Sicht positive Zahlungsbilanz im anglo-irischen Finanzsystem[2] – lieferte die katastrophale ökonomische Lage des Landes den Gegnern der Vereinigung zusätzliche Argumente. Diese konnte auch durch zwei Initiativen aus den Jahren 1819 und 1821 nicht geändert werden, mit denen einige irische Abgeordnete unter der Führung Henry Grattans im Unterhaus versuchten, doch noch eine, wenn auch modifizierte Form katholischer Gleichberechtigung im Vereinigten Königreich durchzusetzen. Die Annahme des Gesetzes hätte der Regierung das Vetorecht bei der Ernennung neuer katholischer Bischöfe eingeräumt sowie die Bezahlung der katholischen Priesterschaft dem Staat vorbehalten, womit eine weitere Kontrollinstanz geschaffen worden wäre. Der Heilige Stuhl hatte bereits sein Einverständnis mit einem solchen Lösungsmodell signalisiert, das auch der kleinen Gruppe katholischer Aristokraten, die seit der Union mehr schlecht als recht die Führung der irischen Katholiken übernommen hatte, akzeptabel erschien. Doch nach anfänglichem Zögern sprachen sich die irischen Bischöfe geschlossen gegen den Entwurf aus. Offensichtlich war das Vertrauen des irischen Klerus in die Fähigkeit der britischen Regierung seit dem Scheitern der Pitt-Initiative im Januar 1801 endgültig geschwunden. Sie verlangten Nachbesserung und größere Handlungsfreiheit, die entsprechend modifizierten Entwürfe wurden jedoch vom Parlament zurückgewiesen. Zu groß war dort offensichtlich immer noch die Ablehnung jeder Form katholischer Machtbeteiligung. Unterstützung erhielten die oppositionellen Bischöfe von einigen Vertretern des irisch-katholischen Mittelstandes, die gleichfalls unter den Auswirkungen der Wirtschaftsrezession litten und ihre Hoffnungen, zweifellos auch beeinflußt vom überall in Europa entstehenden Nationalismus, auf die Möglichkeiten setzten, die sich einem unabhängigen Irland boten.

Zu den Sprechern dieser Gruppe gehörte auch ein Dubliner Rechtsanwalt namens Daniel O'Connell. Er hatte im Jahre 1775 als Sohn eines der wenigen noch verbliebenen katholischen Grundbesitzer in der Grafschaft Kerry das Licht der Welt erblickt. Nach Studienjahren in Paris und London wurde er 1798 als einer der ersten katholischen Rechtsanwälte in Irland zuge-

[2] L. M. Cullen, An Economic History of Ireland, S. 104f.

lassen. Von Anfang an hatte er die Pläne einer Union Irlands und Großbritanniens entschieden abgelehnt, sich aber gleichfalls geweigert, den Vollzug der Vereinigung gewaltsam zu bekämpfen. O'Connell war kein Revolutionär, sondern er hatte stets auf die Vorzüge des zwar längeren und schwierigeren, jedoch unblutigen evolutionären Weges hingewiesen. Eine angemessene Wahrung irisch-katholischer Interessen schien ihm nur durch die öffentliche Wirkung von großen *pressure groups* auf die politischen Entscheidungsprozesse möglich zu sein. Der erste Versuch zur Gründung einer solchen Organisation unter dem Namen »Catholic Board« im Jahre 1811 scheiterte schon drei Jahre später an inneren Spannungen sowie am Widerstand der Dubliner Administration. Das Kriegsende und die beiden parlamentarischen Initiativen hatten dann eine Zeitlang die Debatte über die katholische Gleichberechtigung überlagert. Nachdem sich Westminster im Jahre 1821 jedoch zum zweitenmal dagegen ausgesprochen hatte, ergriff O'Connell erneut die Initiative.

Daß es ihm dabei zunächst darum ging, über eine Verbesserung der sozialen Lage der Katholiken die Gefahr von blutigen Erhebungen zu bannen, belegt ein Brief, den er dem Dubliner Parlamentsabgeordneten William Conyngham Plunkett am 4. April 1822 schrieb. Hierin unterstrich er, daß zwar auch der katholische Klerus und die katholische *gentry* Irlands die gegenwärtige Benachteiligung als ein ständiges Ärgernis empfanden, doch nach wie vor entschlossen seien, eine Änderung der bestehenden Verhältnisse ausschließlich auf konstitutionellem Wege zu erreichen. Die Ärmsten im Lande hätten allerdings nichts mehr zu verlieren und seien bereit, physische Gewalt anzuwenden. Es müsse daher mit allen Mitteln versucht werden, einen Ausweg aus dem Dilemma zu finden, das drohe, einen hohen Blutzoll zu fordern, der »das denkbar schlechteste Bindemittel einer zivilisierten Gesellschaft« sei. Um eine solche Entwicklung zu vermeiden, dürfe das Parlament die »irische Frage« jedoch nicht ständig vertagen und als Angelegenheit minderer Bedeutung behandeln[3].

Ein Jahr später wurde auf sein Betreiben mit der »Catholic Association« ein neuer Dachverband für die Katholiken Irlands gegründet. O'Connell hatte dabei aus den Fehlern der Vergan-

[3] Text des Briefes in: O'Day u. Stevenson, Irish Historical Documents, Dokument 12.

genheit gelernt. Eine entscheidende Schwachstelle der katholischen Interessenvertretung war bislang deren personelle Zusammensetzung, die lediglich aus einer Handvoll von Grundbesitzern, Kaufleuten und wohlhabenderen Bürgern bestand, die zu allem Überfluß untereinander zerstritten waren und nicht für die Masse der irischen Katholiken sprachen. Auch die britische Regierung konnte, wie die Geschichte gelehrt hatte, von einer derart heterogenen Gruppierung kaum zum Handeln bewegt werden. Für den Erfolg des neuen Verbandes ausschlaggebend war daher eine bislang unbekannte Struktur: Diesmal waren auch die unterprivilegierten Massen in großem Umfang vertreten. Dies geschah auf zwei Wegen: Einmal sicherte sich die Organisation die Mitarbeit des Klerus, der in der Gleichberechtigungsbewegung bis dahin nur eine untergeordnete Rolle gespielt hatte; nun wurden die örtlichen Geistlichen zu den lokalen Führern der Catholic Association. Zweitens wurde der Mitgliedsbeitrag, dessen volle Höhe immerhin 21 Shilling pro Jahr betrug, für die Ärmsten auf einen Penny pro Monat reduziert. Dies war auch für sie bezahlbar. Die örtlichen Pfarrer sorgten dafür, daß auch pünktlich bezahlt wurde, denn im Anschluß an die sonntäglichen Messen mußten alle Mitglieder der Gemeinde ihren Beitrag entrichten, der bald landesweit als *catholic rent* (Katholikenzins) bekannt wurde. Neben dem finanziellen Aspekt – binnen Jahresfrist waren immerhin fast 17000 £ in die Vereinskasse geflossen – hatte dieser gestaffelte Mitgliedsbeitrag noch zusätzlich den psychologischen Effekt, daß sich alle Mitglieder auch persönlich mit der Vereinigung identifizierten, deren erklärtes erstes Etappenziel das passive Wahlrecht für Katholiken war.

Die Folgen dieser ersten großen Massenbewegung Irlands für das politische Leben im Lande waren bald zu spüren. Die Regierung reagierte besorgt, aber letztlich hilflos. Weder gelang es ihr, O'Connell der Anstiftung zur Rebellion zu überführen noch die Bewegung insgesamt zu verbieten. Diese erzielte ihren ersten großen Erfolg bei den Parlamentswahlen des Jahres 1826. Zwar untersagte das geltende Recht den Katholiken die Entsendung von eigenen Abgeordneten nach Westminster, aber sobald das Steueraufkommen eines Katholiken 40 Shilling pro Jahr überschritt, besaß er das aktive Wahlrecht. Früher hatten die katholischen Wähler, also hauptsächlich Landpächter und Kaufleute, in der Regel für den Kandidaten des jeweiligen lokalen oder regionalen Magnaten gestimmt, häufig sogar für diesen selbst, unabhängig davon, ob es sich um einen Anhänger oder Gegner der katholischen Gleichberechtigung handelte. Vor den Wahlen von 1826 hatte die Catholic Association jedoch eine Empfehlungsliste aufgestellt. Diese enthielt ausschließlich die Namen von solchen Kandidaten, die eingewilligt hatten, die Ziele der Gesellschaft in irgendeiner Weise zu fördern. Mancher Grundherr versuchte daraufhin, seine Pächter durch Strafandrohungen zu wohlfeilem Verhalten zu zwingen. Aber da O'Connells Organisation sich bereit erklärt hatte, eventuelle Geldstrafen aus den eigenen, durch die *catholic rent* gut gefüllten Kassen zu bezahlen und andere Vergeltungsmaßnahmen zu kompensieren, blieben derartige Drohungen zumeist wirkungslos. Die Aktion erwies sich im Gegenteil als ein Erfolg: In vier Grafschaften wurden anti-katholische Kandidaten nicht wiedergewählt und durch wohlgesinnte Abgeordnete ersetzt.

Einen noch größeren Erfolg konnte die Organisation im Juli 1828 verbuchen. Damals war Vesey Fitzgerald, der Abgeordnete der Grafschaft Clare, für einen Posten im Kabinett des streng konservativen Premierministers Wellington vorgesehen. Traditionsgemäß mußte sich der Kandidat vor seiner Berufung zum Minister erneut in seinem Kreis zur Wahl stellen. Fitzgerald, der die Grafschaft Clare bereits seit zehn Jahren im Parlament vertrat, besaß einen ausgezeichneten Ruf bei seinen Pächtern, zumal er im Gegensatz zu vielen anderen Grundbesitzern als *resident landlord* auf seinem Anwesen lebte. Auch hegte er unverhohlene Sympathien für die Ziele der Catholic Association. Doch war er durch seine Berufung in das Kabinett eines erklärten Gegners der katholischen Gleichberechtigung für die Vereinigung nicht länger tragbar. Zuerst versuchten O'Connell und seine Mitstreiter vergeblich, einen ihrer Sache freundlich gesonnenen Gegenkandidaten zu finden. Schließlich stellte sich O'Connell selbst zur Wahl, denn das Gesetz untersagte zwar katholische Parlamentsabgeordnete, verbot aber nicht deren Kandidatur. Mit Hilfe der mittlerweile eingespielten Strukturen der Bewegung wurde kurzfristig eine landesweite Kampagne zur Unterstützung ihres katholischen Gegenkandidaten eingeleitet, am Wahltag selbst sorgten katholische Priester und örtliche Vertreter der Catholic Association für eine hohe Wahlbeteiligung, da sie die katholischen Wähler geschlossen zu den Urnen führten. Nach der Stimmenauszählung stand fest, daß die *gentry* und die größeren Pächter für Fitzgerald, die kleineren Pächter und Kaufleute hingegen fast einstimmig für O'Connell gestimmt hatten, der mit 2057 zu 982 Stimmen als deutlicher Sieger aus der Wahl hervorging.

Die Grafschaft Clare hatte nun einen neuen Unterhausabgeordneten gewählt, doch an der Wahrnehmung seines Mandats hinderte ihn eine Vorschrift, die es Katholiken untersagte, den Treueid auf die britische Krone zu leisten. Indes konnte die Londoner Regierung vor diesem Ergebnis nicht mehr die Augen verschließen. Zwar waren sowohl Wellington als auch sein Innenminister Peel bislang als entschiedene Gegner der katholischen Gleichberechtigung hervorgetreten, doch das Risiko, daß die Euphorie der Wähler O'Connells nach dessen Sieg im Falle einer Zurückweisung der Wahl durch die britische Regierung in offenen Aufruhr umschlagen könnte, mußten auch sie einkalkulieren. Darüber hinaus befürworteten die Unterhausabgeordneten mittlerweile mehrheitlich die Gewährung der Gleichberechtigung für Katholiken, und auch das Oberhaus hatte im Mai 1828 der Aufhebung der Beschränkungen für protestantische Dissidenten zugestimmt, so daß mit einem Nachgeben auch in der katholischen Frage durchaus gerechnet werden konnte. Schließlich galt König Georg IV. selbst (seit 1811 als Vertreter seines Vaters Regent und seit 1820 dessen Nachfolger) nicht als erklärter Gegner der katholischen Gleichberechtigung. Eine Neuorientierung der britischen Politik schien aufgrund der Entwicklungen in Irland unausweichlich zu sein. Diese Einschätzung des Premierministers wurde spätestens am 13. April 1829 bestätigt, als die ›Catholic Emancipation Bill‹ Rechtswirksamkeit erlangte, nachdem sie zuvor alle parlamentarischen Hürden ohne größere Schwierigkeiten passiert hatte. Lediglich ein Wermutstropfen trübte den Sieg O'Connells und der Catholic Association: Die konservativen Parlamentarier hatten ihre Zustimmung zu diesem Gesetz zur katholischen Gleichberechtigung von einer Änderung des Wahlrechts in Irland abhängig gemacht – die Abgabenhöhe zur Erlangung des Stimmrechts wurde von 40 Shilling auf 10 £ angehoben.

Dennoch verbesserte das Gesetz die Rechtsstellung der irischen Katholiken nachhaltig: Zwar blieb ihnen die Aussicht auf die Vizekönigswürde weiterhin versperrt, auch durften sie nach wie vor keine britischen oder irischen Lordkanzler stellen, doch konnten von nun an irische Katholiken Abgeordnete, Minister, Richter oder hohe Offiziere in sämtlichen Behörden des United Kingdom werden. Neben dem unbestrittenen Verdienst O'Connells und der Catholic Association, die die Möglichkeiten einer organisierten Massenbewegung nachdrücklich bewiesen hatte, muß eine Bewertung des Erfolgs aber auch die Haltung der verantwortlichen britischen Politiker berücksichtigen, die zu Zugeständnissen bereit waren und nach friedlichen Lösungen suchten. Wenn London statt dessen versucht hätte, die Gleichberechtigung mit Gewalt zu verhindern, wären derartige Erfolge für die Organisation trotz ihrer unbestrittenen Machtfülle und Einflußmöglichkeiten kaum in so kurzer Zeit zu verbuchen gewesen. Andererseits zeigt die Haltung der maßgeblichen Personen in London deren großes Vertrauen zu O'Connell. Sie glaubten seinen Versicherungen, daß die katholische Bewegung in Irland ausschließlich mit friedlichen und konstitutionell zulässigen Mitteln arbeiten würde.

Durch den Gewinn der katholischen Gleichberechtigung stieg Daniel O'Connell rasch zum Helden der irischen Massen auf; damals wurde ihm vom Volksmund jener Ehrentitel verliehen, der auch heute noch an vielen Denkmälern zu finden ist – man feierte ihn als »The Liberator«, den »Befreier«. Sein Einfluß auf die katholische Bevölkerung war größer als je zuvor; er selbst wurde bald zum Führer einer kleinen Gruppe irisch-katholischer Unterhausabgeordneter. In den nächsten zwölf Jahren gebrauchte er seinen Einfluß hauptsächlich zur Unterstützung der Whigs im Parlament. So konnte er eine Reihe von zwar bescheidenen, aber teilweise längst überfälligen Reformen für sein Land erreichen. Dazu zählte unter anderem die weitere Verbesserung des Wahlsystems, die Entlassung erklärter Gegner der katholischen Gleichberechtigung aus kommunalen Verwaltungen, die sich hartnäckig sträubten, die neuen Regeln zu akzeptieren, die Reform des Polizeiwesens, wo fortan Katholiken und Protestanten gleichberechtigt nebeneinander Dienst leisteten, und die Senkung einiger Abgaben, die schon seit dem ausgehenden 18. Jahrhundert in vielerlei Form gefordert worden war. Erfolglos blieben jedoch O'Connells Versuche, per Unterhausbeschluß eine Auflösung der Union herbeizuführen – 1834 scheiterte seine erste entsprechende Parlamentsinitiative an einer überwältigenden Anzahl von Gegenstimmen. Dennoch wurde er nicht müde, bei jeder sich bietenden Gelegenheit für seine diesbezüglichen Pläne zu werben.

Wahrscheinlich hätte eine Auflösung des United Kingdom zu diesem Zeitpunkt keinen Ausweg aus dem Dilemma gezeigt, das alle übrigen Schwierigkeiten des Landes in der ersten Hälfte des 19. Jahrhunderts zunehmend überschattete: die ständig steigende Bevölkerungszahl und die damit verbundenen Auswirkungen auf die wirtschaftlichen und sozialen Strukturen des Landes. Lebten um die Jahrhundertwende noch etwa 5 Millionen Menschen in Irland, waren dies um 1821 bereits etwa 6,5 Millionen, zehn Jahre später über 7,5 Millionen, und der Zensus von 1841 schließlich ergab eine Einwohnergesamtzahl von 8175124. Das bedeutete ein Bevölkerungswachstum von 172 Prozent seit 1779 – im selben Zeitraum betrug der Anstieg in England und Wales 88 Prozent. Dabei kann noch nicht einmal ausgeschlossen werden, daß das Ergebnis der Volkszählung in Irland zu niedrig ausgefallen ist. Zwar galten die für die Erfassung der Bevölkerung zuständigen Polizeikonstabler als zuverlässig und genau, doch bedurfte es schon eines hochentwickelten Pflichtgefühls, um, besonders in den unwirtlichen Gegenden Westirlands, weit in die abgelegenen Täler, Sümpfe und Moorlandschaften vorzudringen, in denen zwischenzeitlich schon Menschen lebten – oft nicht einmal in Häusern oder Hütten, sondern in Höhlen oder notdürftig mit Dächern aus Ästen versehenen Erdlöchern. Manche Schätzungen gehen daher von einer noch größeren Bevölkerung in den frühen vierziger Jahren aus und nennen Zahlen oberhalb der 9-Millionen-Grenze. Damit war Irland um 1841 das bei weitem dichtestbesiedelte Land Europas – in den fruchtbaren Teilen der Insel übertraf die Bevölkerungsdichte, wie Benjamin Disraeli bei einer der seltenen Behandlungen irischer Strukturprobleme im House of Commons feststellte, diejenige Chinas.

Die Gründe für diese Explosion besonders seit den zwanziger Jahren lassen bis heute viele Fragen offen. Die üblichen Erklärungsmodelle für das Bevölkerungswachstum im 19. Jahrhundert wie bessere hygienische Verhältnisse, umfassendere medizinische Versorgung oder eine Verdichtung des sozialen Netzes in den Städten lassen sich auf Irland kaum anwenden. Dort nämlich stieg die Einwohnerzahl gerade in den Gebieten besonders stark an, wo keine der genannten Faktoren griffen. Landesweit war die Versorgung mit Hospitälern vergleichsweise schlecht, lediglich Dublin bildete eine Ausnahme. Die medizinische Versorgung der Armen in der Metropole war leidlich gewährleistet – auf ca. 6200 Personen kam eine Armenklinik. Außerhalb der Stadtgrenzen änderte sich diese Zahl indes rasch: In Down, Longford und Leitrim lag das Verhältnis bei 1 : 20000, in Mayo, der bei weitem ärmsten Grafschaft des Landes, gab es 1835 für die 366285 Bewohner nur ein einziges Spital. Das Phänomen erscheint daher in der Tat als Folge der leichten Verfügbarkeit zweier grundlegender Überlebensvoraussetzungen: die fast überall problemlose Wärmeerzeugung durch Torf und die Ernährung durch Kartoffeln. Mangels einer auch nur annähernd ausreichenden Sozialgesetzgebung – das erste Armengesetz trat erst 1838 in Kraft – bedeutete Kinderreichtum die einzige Form der Altersversorgung. Je stärker nun die Bevölkerung wuchs, desto größer wurde die Bedeutung der Kartoffel für die Ernährung, die mancherorts sogar die Rolle des einzigen Nahrungsmittels überhaupt übernahm. Damit jedoch stieg auch die Gefahr einer sozialen Katastrophe für den Fall einer Mißernte.

Die maßgeblichen Regierungsstellen in Dublin und London kannten diese Gefahr. Zu viele Reisende hatten in der Vergangenheit über die ungenügenden Lebensumstände in den ländlichen Gebieten Irlands berichtet und vergleichbare Schreckensszenarien entworfen. Nur allzu gerne wurden solche Reisebeschreibungen von Zeitungs- und Journalverlegern überall im Königreich aufgegriffen, die das Problem als eine Schande für die Gesellschaft bezeichneten und Lösungen anmahnten. Das Bild, das sich aus der Berichterstattung ergab, unterstrich durchaus die Fruchtbarkeit des Landes, in dem es ein überraschend gut ausgebautes Straßennetz gab[4], dessen ländliche Bevölkerung jedoch zum großen Teil unter Bedingungen hauste, die selbst für Zeitgenossen kaum vorstellbar waren. Die Menschen, die sich ihre Behausung mit Schweinen oder Ziegen teilen konnten, galten bereits als wohlhabend. Doch mußten auch sie in der Regel auf simplen Strohhaufen oder Grasballen schlafen, denn der Besitz von Möbeln bedeutete für die meisten von ihnen einen unerschwinglichen Luxus. So besaßen beispielsweise die über 8000 Einwohner der Region Tullaghobegly in der Grafschaft Donegal im Jahre 1837 zusammen nur 10 Betten, 93 Stühle und 243 hölzerne Schemel[5]. Der Zensus von 1841 bestätigte solche Beschreibungen. Damals waren die Häuser und

[4] Der Ausbau des öffentlichen Straßennetzes hatte in der Vergangenheit oftmals als kurzfristiges staatliches Beschäftigungs- und Sozialprogramm gedient, um die Versorgung der notleidenden Bevölkerung in einzelnen Regionen nach Ernteausfällen sicherzustellen.

[5] So die Angaben des Lehrers Patrick McKye aus Gweedore in einem Bericht an den Vizekönig. Auszüge aus dem Bericht, der noch eine Vielzahl weiterer Angaben enthält, in: De Paor, The Peoples of Ireland, S. 230f. Vgl. dazu auch: Cecil Woodham-Smith, The Great Hunger. 2. Aufl., New York 1989, S. 18ff. Dieses Werk enthält eine Fülle von zeitgenössischen Berichten und Auszügen aus amtlichem Schriftgut und ist daher zweifellos eine Fundgrube für jeden thematisch

Bauwerke Irlands in vier Kategorien unterteilt worden, deren niedrigste Stufe lediglich einräumige und fensterlose Lehmhütten oder noch schlechtere Behausungen aufführte. Westlich einer Linie Londonderry-Cork fielen etwa 40 Prozent aller Häuser unter diese Kategorie, in manchen Teilen Westirlands sogar 60 Prozent und mehr.

Lange Zeit hatte die Regierung in London die Lageberichte aus Irland ignoriert oder als typisch irische Übertreibungen abgetan. Als Beweis für ihren Standpunkt, daß die irische Realität weniger dramatisch war, als die Berichte sie darstellten, wurde gerne auf die staatlichen Investitionen hingewiesen, die eine rege Bautätigkeit nach sich gezogen hatten. Neben dem Ausbau des Straßennetzes waren in vielen wichtigen Häfen neue und moderne Kaianlagen entstanden, die der technischen Weiterentwicklung in der Schiffahrt Rechnung trugen. Zahlreiche Städte und Gemeinden leisteten sich darüber hinaus mit finanzieller Hilfe aus London neue Verwaltungsbauten. Diese Entwicklung wurde zusätzlich noch durch den Bau von Gotteshäusern vorangetrieben, denn nach der Gründung der Church of Ireland waren zunächst die Protestanten um bessere seelsorgerische Rahmenbedingungen bemüht, nach dem Fortfall der Zwangsgesetze und spätestens seit der katholischen Gleichberechtigung folgte dann auch die Katholische Kirche.

Es bedurfte daher erst einiger blutiger Aufstände gegen Pachtzinsen und sonstige Abgaben in einigen ländlichen Distrikten, um die Aufmerksamkeit Londons auf die miserablen Lebensumstände in manchen Regionen Irlands zu lenken. Zunächst beschränkte sich die Regierung jedoch auf den Erlaß neuer Notverordnungen, die die Verstärkung von Polizei und Militär in den besonders gefährdeten Gebieten vorsahen, wo diese die rebellierenden Pächter zur Räson rufen und die Anführer der Rebellionen durch Vertreibung von ihren Hofstellen bestrafen sollten. Damit jedoch konnten die Ursachen der Unruhen nicht beseitigt werden.

Im Jahre 1835 fand in London ein Regierungswechsel statt. Der neue Premierminister Lord Melbourne war auf die Unterstützung der 32 irisch-katholischen Unterhausabgeordneten[6] angewiesen und schloß mit O'Connell das sogenannte »Lich-

Interessierten. Dennoch sollte es mit Vorsicht gelesen werden, da der Verfasser oftmals zu einer relativ einseitigen, prononciert nationalirischen Interpretation neigt.

6 Nach 1829 war die Zahl der irischen Unterhausabgeordneten auf 105 erhöht worden.

field House-Abkommen«, in dem die Regierung eine Reihe von überfälligen Reformen in Irland zusagte, der Ire im Gegenzug die Aufgabe seiner Agitation gegen die Union sowie die grundsätzliche Unterstützung der Politik Melbournes versprach. Die Zusammenarbeit begann zunächst vielversprechend, denn Thomas Drummond, der neue Staatssekretär für Irlandfragen, galt als moderater Politiker und Irlandfreund, der mit den Problemen des Landes aufgrund langjähriger eigener Vermessungsarbeiten vor Ort gut vertraut war. Er begann seine neue Tätigkeit mit großem Elan und konnte bereits nach kurzer Zeit eine Reihe von nennenswerten Erfolgen vorweisen, die allesamt den irischen Katholiken zum Vorteil gereichten. 1838 gelang es ihm durch eine Reform der irischen Steuergesetzgebung, die Abgabenlast von Klein- und Kleinstpächtern erheblich zu erleichtern. Bemerkenswerterweise sollte es jedoch über sein nächstes noch ehrgeizigeres Reformvorhaben, die Einführung einer ersten umfassenden Armengesetzgebung für Irland, zu einem Bruch mit O'Connell kommen.

Unter Mißachtung des Berichts einer königlichen Kommission, die 1836 zu der Erkenntnis gelangt war, daß die allgemeine Präsenz von Armut in Irland eine Lösung nach dem Vorbild der britischen Armenfürsorge von vornherein ausschloß, wurden die Rahmenbedingungen des neuen Gesetzes nach eben diesem Modell gestaltet. Das bedeutete für Irland den weitgehenden Verzicht auf schnelle und unbürokratische Hilfe überall dort im Lande, wo sie gerade benötigt wurde, und statt dessen den kostenintensiven Ausbau eines landesweiten Netzes von Arbeitshäusern, das, in Kombination mit einem umfassenden Katalog von Fürsorgebestimmungen, flexible Hilfeleistung völlig ausschloß. Die Unterhausfraktion der irischen Katholiken zerfiel über das Gesetz in zwei Lager, O'Connell selbst sprach sich entschieden dagegen aus, teilte er doch die Befürchtung vieler Iren, die ein drastisches Absinken privater karitativer Initiativen nach Einführung der staatlichen Fürsorgemaßnahmen fürchteten. Sein Widerstand konnte indes die Verabschiedung des Gesetzes nicht verhindern, und so zeugen heute noch hunderte von mehr oder weniger gut erhaltenen ehemaligen Armenhäusern überall im Lande von dem Reformeifer der Liberalen nach 1838. Von mittel- und langfristig größerer Wirksamkeit als diese Häuser erwiesen sich die ebenfalls neu geschaffenen, teilweise frei gewählten lokalen und regionalen Aufsichtsgremien, die die Durchführung der Bestimmungen des Gesetzes zu überwachen hatten. Damit war allerdings erstmals ein demokratisches Element in die ländlichen Verwaltungsstrukturen eingeführt worden, das sich, nachdem die Kompetenzen dieser Gremien im Verlauf der nächsten 50 Jahre erheblich erweitert wurden, kontinuierlich zum einflußreichsten Repräsentativorgan der ländlichen Gesellschaft entwickelte und sich vortrefflich als Podium für nationalirische Propaganda, Macht und Mobilisation nutzen ließ.

Im Jahre 1841 wurden die Liberalen in der Parlamentswahl geschlagen, und die Tories übernahmen erneut die politische Verantwortung für das Vereinigte Königreich. Daniel O'Connell, der immer gehofft hatte, eines Tages ein eigenständiges irisches Parlament wiederherstellen zu können, wurde im selben Jahr zum Oberbürgermeister von Dublin gewählt. Nach einhundertfünfzig Jahren protestantischer Sukzession konnte er dies zu Recht als einen persönlichen Triumph feiern. Dennoch bedeutete die Wahl in das kommunale Amt für ihn nicht den Abschied von der »großen Politik«. Im Gegenteil hielt er nun, da seine politischen Gegner wieder an den Hebeln der Macht saßen, den Zeitpunkt für günstig, seine alten, zwischenzeitlich eingefrorenen »Repeal«-Pläne wieder neu zu beleben. Die Kampagne zur Auflösung des United Kingdom of Great Britain and Ireland sollte aber, wie einst die Arbeit der Catholic Association, strikt im Rahmen der Legalität durchgeführt werden. O'Connell war aufgrund seiner damaligen guten Erfahrungen zuversichtlich, in dieser Frage auf die Unterstützung der breiten Masse des irischen Volkes bauen zu können.

Auch in der Mittelklasse stießen die Pläne O'Connells auf Sympathien. Eine Gruppe junger Männer gründete im Jahre 1842 eine Zeitschrift, der sie den programmatischen Namen ›The Nation‹ gaben. Als Herausgeber zeichnete Charles Gavan Duffy, ein Katholik aus Ulster, verantwortlich, Chefredakteur wurde der protestantische Rechtsanwalt Thomas Davis aus Cork. Um sie herum sammelte sich ein Freundeskreis, der, zunächst spöttisch, in Anlehnung an das »Giovine Italia« von Mazzini »Young Ireland« genannt wurde, dem es jedoch gelang, die Zeitschrift in kurzer Zeit zum meistgelesenen Periodikum ganz Irlands zu machen. Im Gegensatz zu O'Connell, der, geprägt durch das Zeitalter der Aufklärung, eher rational und legalistisch argumentierte, bildete die Zeitschrift die Grundlage für einen vollkommen anderen Zugang zum irischen Nationalismus. Beeinflußt von einem mythisch verklärten Geschichtsverständnis, das vor allem die Ideen der deutschen Romantik als

Grundlage nationaler Identität definierte, benutzten Herausgeber und Chefredakteur die Zeitschrift als Medium zur Verbreitung ihres vom Irrationalismus des frühen 19. Jahrhunderts geprägten Staatsverständnisses, das in den kommenden Jahrzehnten zur klassischen Definition der irischen Unabhängigkeitsbewegung bis zum Beginn unseres Jahrhunderts wurde: Sie sahen die irische Nation als eine Gemeinschaft, in der alle Iren, unabhängig von Herkunft, Klasse oder Stammbaum, im Geiste gegenseitigen Verständnisses und Respekts und politischer Freiheit für das Allgemeinwohl zusammenarbeiteten.

Die Kampagne begann nach altbewährtem Muster. Die »Repeal Association« (Auflösungsgesellschaft) wurde gegründet und finanzierte sich wie ihr Vorbild durch Mitgliedsbeiträge. Der katholische Klerus wurde wiederum auf lokaler Ebene als Leitungsgremium eingesetzt. Massenversammlungen bislang unbekannten Ausmaßes dienten dazu, der Regierung die Entschlossenheit des irischen Volkes zu demonstrieren, die Union auflösen zu wollen. Gleichzeitig wuchs ein gemeinsamer Korpsgeist, der dazu beitrug, weitere Kreise der Bevölkerung von der Notwendigkeit des Repeal zu überzeugen. Ihren Höhepunkt erlebte die Bewegung im Jahre 1843, das O'Connell selbst in der Neujahrsnacht zum »Repeal-Jahr« ausgerufen hatte. Landesweit wurden im Verlauf dieses Jahres über 40 Massenversammlungen an solchen Plätzen veranstaltet, die für die jeweilige Region entweder besonders zentral gelegen oder von besonderer Symbolkraft waren. Die größte dieser Versammlungen fand am 15. August auf dem Hügel von Tara, einem der Sitze der alten keltisch-irischen Hochkönige, statt, wo sich zwischen 500000 und 750000 Menschen aus ganz Ost-, Nordost- und Zentralirland versammelten, um für die Auflösung der Union zu demonstrieren. Die Organisatoren der Versammlungen waren in jedem Fall sorgfältig darauf bedacht, daß sich alles strikt im Rahmen der Legalität abspielte und der Polizei kein Grund zum Eingreifen gegeben wurde. Auch dieses Vorgehen hatte sich seinerzeit bei der Arbeit für die katholische Gleichberechtigung bestens bewährt.

Doch die politischen Voraussetzungen für die Auflösungskampagne hatten sich seither geändert. 1829 konnte O'Connell nicht nur auf die Unterstützung fast der Hälfte der Unterhausabgeordneten bauen; sogar im Oberhaus hatte sich eine Gruppe für seine Politik ausgesprochen. 1843 hingegen förderten lediglich 20 Parteigänger seine Kampagne im Unterhaus. Die Liberalen und Konservativen, zu Recht um den Bestand der Union besorgt, votierten ebenso wie das Oberhaus geschlossen gegen sein Vorhaben. Doch war nicht nur die Zahl der Gegner dieses Vorhabens größer als 1829, sondern auch deren Entschlossenheit, für eine Erhaltung des bestehenden Zustandes einzutreten. Die Versammlung von Tara hatte auch die letzten Zauderer im britischen Kabinett alarmiert. Als die Repeal Association am 8. Oktober 1843 auf dem Schlachtfeld von Clontarf, wo der legendäre BrianBorú im Jahre 1014 die Wikinger vernichtend geschlagen hatte, eine neue Großveranstaltung durchführen wollte, griff London ein. Nur wenige Stunden vor dem offiziellen Beginn wurde die Veranstaltung verboten. Da die Pläne der »Repealer« jedoch bereits seit Wochen bekannt waren, läßt die kurzfristige Absage darauf schließen, daß das Kabinett auf den Ausbruch von Unruhen in der bereits versammelten Menge hoffte, um dadurch den reichlich präsenten Sicherheitskräften einen Grund zum Eingreifen und zu weiteren rechtlichen Schritten gegen O'Connell zu bieten. Doch trotz einiger kritischer Momente gelang es diesem, die Teilnehmer zur Mäßigung zu mahnen und von der Notwendigkeit eines geschlossenen und disziplinierten Abzuges von der Versammlungsstätte zu überzeugen. Dies bedeutete zwar nicht das Ende der Auflösungsbewegung, aber einen entscheidenden Wendepunkt. O'Connell selbst wurde eine Woche später verhaftet und des Versuchs angeklagt, eine gewaltsame Änderung der Verfassung herbeiführen zu wollen. Trotz der offensichtlichen Unsinnigkeit dieser Anklage sprach ihn ein (rein protestantisches) Geschworenengericht schuldig. Auch wenn das House of Lords dieses allzu offensichtliche Fehlurteil einige Monate später wieder aufhob und Daniel O'Connell in allen Ehren aus der Haft entlassen wurde, mußte er erkennen, daß eine Massenbewegung allein nicht ausreichte, um derart weitgehende politische Ziele gegen den erklärten Willen der Regierung realisieren zu können. So starb er 1847 in dem Bewußtsein, zwar die katholische Gleichberechtigung in seinem Land durchgesetzt zu haben, aber in der Frage der Unionsauflösung gescheitert zu sein.

Doch hatten die großen Erfolge des Jahres 1843 die Regierung zu entschiedenem Handeln veranlaßt. Bereits im Februar 1844 standen auf irischem Boden mehr britische Truppen als in ganz Indien, das Land selbst wurde, wie es in einer Rede im Unterhaus hieß, »nicht mit Liebe, sondern durch Furcht, nicht durch das Vertrauen der Bevölkerung in die Wirksamkeit der

Gesetze und der Verfassung, sondern durch den Einsatz bewaffneter Männer in befestigten Lagern« regiert. Das konservative Kabinett von Premierminister Robert Peel hatte also Entschlußkraft demonstriert, Peel selbst, seit seiner Zeit als Irlandminister in den zwanziger Jahren als entschiedener Gegner jedes irischen Sonderweges bekannt, war dem ihm seinerzeit von O'Connell verliehenen Spitznamen »Orange Peel« wieder einmal gerecht geworden.

Die große Hungersnot und ihre Wirkungen

Weniger Entschlossenheit bewies der Premierminister jedoch bei der Suche nach Antworten auf die großen sozialen Herausforderungen, die eigentlich die Irlandpolitik jeder britischen Regierung in diesen Jahren bestimmen mußten. Statt dessen entsann sich Peel eines langbewährten und probaten Mittels, mit dem Zeit gewonnen werden konnte – er berief eine Expertenkommission ein. Im selben Jahr, in dem die Zahl der in Irland stationierten Truppen so drastisch erhöht wurde, bereiste diese Regierungskommission unter Führung des Grafen von Devon alle Teile des Landes, befragte Tausende von Zeugen und legte im Februar 1845 einen dreibändigen Abschlußbericht vor, der es in sich hatte. Die Wurzel allen irischen Übels wurde darin in dem schlechten Verhältnis gesehen, das seit jeher zwischen Grundherren und Pächtern bestanden habe. In Irland sei der für die Beziehungen zwischen Eigentümern und Pächtern in England typische fürsorgliche Paternalismus völlig unbekannt. Während sich dort die traditionelle Loyalität der beiden Gruppen im Verhältnis zueinander entwickelt habe, betrachteten die irischen Grundherren, von einigen rühmlichen Ausnahmen abgesehen, ihren Besitz überwiegend als reine Geldquelle, ohne für eine angemessene Pflege zu sorgen. Schon in der Vergangenheit hätten sie sich gegenüber den unzufriedenen und trotzigrenitenten ursprünglichen Bewohnern als Eroberer aufgeführt, ohne die Verbesserung der gegenseitigen Beziehungen anzustreben. Heute sei die soziale Lage der Pächter und Landarbeiter, die sich fast ausschließlich von Kartoffeln und Wasser ernähren würden, derart schlecht, daß sie unter Umständen leben müßten, die kein anderes europäisches Volk zu ertragen hätte. Wesentlichen Anteil daran maß die Kommission den allzu kleinen Anbauflächen bei, die den meisten Pächtern zur Verfügung standen. Nur etwa 7 Prozent des Pachtlandes bestanden zu dieser Zeit aus Flächen von über 30 Morgen, 45 Prozent jedoch waren kleiner als fünf Morgen, in Connacht lag der Anteil dieser Kleinparzellen sogar bei 64 Prozent. Solche Parzellen reichten nach Aussage des Berichts nicht aus, um den darauf lebenden Pächtern einen angemessenen Lebensunterhalt zu sichern. Da fast 70 Prozent der Bevölkerung von der Landwirtschaft lebten, ergebe sich bereits aus dem großen Anteil der Kleinparzellen ein grundsätzliches Problem, das, so die Schlußfolgerung, nur durch eine umfassende Landreform gelöst werden könne. Die Antwort auf die Frage, wie diese Reform aussehen müsse, blieb der Bericht indes schuldig.

Für die Regierung enthielten die Ausführungen keine Neuigkeiten, sie bestätigten lediglich die vielen Warnungen, die seit Jahren einen völligen Zusammenbruch der irischen Gesellschaft als Folge der katastrophalen Verhältnisse des Landes prophezeiten. Dennoch ist der Bericht bemerkenswert, da er von einer Kommission erstellt wurde, die ausschließlich aus Grundherren bestand. Nachdem die personelle Zusammensetzung des Gremiums bekannt geworden war, hatte dies auch Daniel O'Connell scharf kritisiert. Die Devon-Kommission konnte also nicht verdächtigt werden, die Lage in Irland einseitig aus Pächtersicht darzustellen. Um so überzeugender hätten daher ihre Ausführungen auf die Empfänger wirken müssen. Doch anstatt zu reagieren, war die durch die Repeal-Agitation ohnehin abgelenkte Regierung nicht in der Lage, etwas anderes zu unternehmen, als über die sozialen Mißstände in Irland mit »unerschütterlicher Apathie nachzusinnen«[7].

Daran konnten auch erste Meldungen über eine bislang unbekannte Pflanzenkrankheit nichts ändern, die die Kartoffelernte des Herbstes 1845 zu bedrohen schien. Teil- oder Totalausfälle der Kartoffelernte waren durchaus nicht ungewöhnlich. In regelmäßigen Abständen wurden einzelne Regionen von solchen Mißernten getroffen. Üblicherweise handelte es sich dabei jedoch um witterungsbedingte Ausfälle, mit den verheerenden Auswirkungen der Kartoffelfäule[8], die erstmals im Jahre 1842

[7] Woodham-Smith, The Great Hunger, S. 37.

[8] Bei dem unter dem Begriff »Kartoffelfäule« zusammengefaßten Schädigungen handelt es sich um Pflanzen, die von einem Sporenpilz namens Phytophthora infestans befallen sind. Die Sporen benötigen Wind zur Verbreitung und Feuchtigkeit zur Entwicklung, fanden also gerade in Irland besonders günstige Lebensbedingungen.

die Kartoffelernte in Nordamerika fast völlig vernichtet hatte und die sich dann wenige Jahre später auf dem europäischen Kontinent rasch ausbreitete, waren die maßgeblichen Stellen noch nicht vertraut. Zunächst trafen Meldungen über wahrscheinliche Ernteverluste im Verlauf des Sommers aus den Niederlanden, Belgien und Frankreich ein, während in England und Irland der Wachstums- und Reifeprozeß durchaus normal verlief, in manchen Gegenden sogar aufgrund besonders guter Witterungsbedingungen Hoffnungen auf eine Rekordernte zuließ. Im August wurden dann auf der Isle of Wight, wenig später auch in anderen Regionen Südwestenglands erste sichtbare Pflanzenschäden festgestellt. Da die sozial schwächeren Schichten auch in Großbritannien zum großen Teil auf Kartoffeln als preisgünstiges Grundnahrungsmittel angewiesen waren, traf die Regierung einige organisatorische Vorbereitungen, um in den besonders betroffenen Regionen Englands bei Versorgungsschwierigkeiten rasch helfen zu können. Ähnlich reagierte sie, als seit September auch in Irland ein Ernteausfall bedingt durch Kartoffelfäule erwartet wurde.

Auf Drängen des Premierministers veranlaßte die Regierung zunächst den Kauf von mehreren Schiffsladungen Mais im Werte von 100000 £ in den Vereinigten Staaten. Damit sollte ein zu starker Anstieg der Lebensmittelpreise verhindert sowie Ersatznahrung in ausreichendem Maße für die besonders betroffenen Armen des Landes bereit gehalten werden. Die Koordination der Hilfsmaßnahmen im Lande wurde einem Sonderausschuß der Regierung übertragen, der, zunächst unter Leitung des Innenministers James Graham, später unter der des Staatssekretärs im Finanzministerium Charles Edward Trevelyan, großzügige Handlungsvollmachten erhielt. Als erste Maßnahme gründete der Notfallausschuß eine Vielzahl von lokalen Subkomitees auf Freiwilligenbasis, in deren Regie für besonders hart betroffene Personen Arbeitsbeschaffungsmaßnahmen vermittelt wurden. Gemäß der Vorschriften des englisch-irischen Fürsorgegesetzes von 1838 mußte der Staat auf direkte finanzielle Zuwendungen an die Empfänger verzichten und durfte diesen lediglich die Gelegenheit bieten, durch Arbeit Geld zur weiteren Selbstversorgung zu verdienen. Solange die Menschen noch kräftig genug waren, um Arbeit leisten zu können, war solche indirekte Fürsorge möglich, später mußte die Regierung einsehen, daß sich dieser Grundsatz in vielen Fällen nicht durchhalten ließ. Seit 1846/47 durften daher auch Armenspeisungen organisiert und, in begrenztem Umfang, andere Hilfestellungen gewährt werden. Im Winter 1845/46 übernahm die Regierung, noch in der Hoffnung darauf, daß die Krise bald vorüber sein würde, die Hälfte der Kosten für das Hilfsprogramm, die andere Hälfte finanzierte sich aus Spenden – insgesamt beliefen sich die bereitgestellten Mittel auf fast eine Million Pfund, wodurch 1845/46 immerhin etwa 140000 Menschen Geld zur Nahrungsmittelbeschaffung verdienen konnten.

Die Hilfe, die London zur Linderung der Folgen des Ernteausfalls im Winter 1845/46 leistete, reichte aus, um das Schlimmste zu verhüten. Peel und seine Beauftragten vor Ort hatten angemessene Maßnahmen zur rechten Zeit eingeleitet, die Mehrheit der irischen Bevölkerung überstand den Winter, ohne vom Hungertod bedroht zu sein. Trotzdem kam es mancherorts zu Aufständen von in Not geratenen Pächtern. Ihr Zorn richtete sich hauptsächlich gegen solche Grundherren, die, außerhalb Irlands lebend, sich weigerten, ihren Anteil an den Fürsorgemaßnahmen zu übernehmen. Die Aufstände waren aber auch Ausdruck der Empörung über die fortgesetzten Exporte von Getreideerzeugnissen, die trotz des Kartoffel-, also Grundnahrungsmittelmangels weiterhin die Insel verließen. Daß überhaupt Lebensmittelausfuhren in den kritischen Jahren zwischen 1845 und 1851 zugelassen wurden, hat die nationalirische Geschichtsschreibung Jahrzehnte hindurch heftig erregt. Eine nüchterne Gegenüberstellung der Import- und Exportzahlen dieses Zeitraums jedoch zeigt, daß die Lebensmitteleinfuhren die Ausfuhren weit übertrafen, auf dem Höhepunkt der Katastrophe sogar um das Vierfache. Zudem bot der Getreideverkauf vorwiegend an britische Händler vielen irischen Kaufleuten – und damit ebenso dem Staat – nach wie vor eine Einkommensquelle in Zeiten wirtschaftlicher Not. Die als Abgaben in die öffentlichen Kassen geflossenen Gelder wurden wiederum dringend benötigt, um die hohen Folgekosten wenigstens zum Teil zu decken, die im Rahmen der Arbeitsbeschaffungsmaßnahmen und des Transportes von Nahrungsmittelhilfen in die besonders von der Mißernte betroffenen ärmsten Gegenden des Landes, nach Donegal, Cork, Kerry, Galway und Mayo, anfielen. Damit konnten auch manche Einnahmenverluste wieder ausgeglichen werden, denn viele Grundherren, die keine oder nur noch erheblich reduzierte Pachteinnahmen erzielten, sahen sich außerstande, weiterhin ihre Abgaben pünktlich zu entrichten.

Robert Peel hatte sich also aus gutem Grund gegen ein Verbot von Nahrungsmittelexporten aus Irland entschieden. Für ihn stellten die hohen Zölle, mit denen Getreideeinfuhren in das Vereinigte Königreich belegt wurden, ein wesentlich größeres Hindernis dar, da diese die Getreidelieferungen aus Übersee erheblich verteuerten. Ursprünglich sollten sie die englischen Erzeuger vor ausländischer Konkurrenz schützen und besaßen keine unmittelbare Bedeutung für den irischen Markt, da dessen Produkte als heimisch galten und daher von den Zöllen ausgenommen waren; die Mengen an Getreide, die Irland aus Drittländern einführte, waren ohnehin eine *quantité négligeable*.

Der Widerstand gegen die Zollbarrieren hatte sich in England an einer Grundsatzdiskussion entzündet, die zwischen den vereinten Kräften von moderner Nationalökonomie und dem aufstrebenden städtischen Wirtschaftsbürgertum einerseits sowie dem grundbesitzenden Landadel andererseits mit wachsender Erbitterung geführt wurde. In einer zunehmend vom Gedankengut des Wirtschaftsliberalismus geprägten Zeit stießen vormals übliche protektionistische Eingriffe des Staates in den internationalen Warenverkehr auf immer größere Ablehnung der Anhänger des *laisser-faire*. Diese hatten seit den dreißiger Jahren mehrfach versucht, die *corn laws* durch Parlamentsbeschluß außer Kraft setzen zu lassen. Dort jedoch waren solche Initiativen stets am Widerstand der nach wie vor zahl- und einflußreichen Abgeordneten aus den Reihen der *nobility* und der *gentry* gescheitert, die sich energisch allen Versuchen widersetzten, welche die Aufhebung von als durchaus nützlich empfundenen Importhemmnissen betrafen. Lange Jahre hatten die Regierungen daher dieses Problem schlicht ignoriert, da es auf jeden Fall zu einer Zerreißprobe in der eigenen Fraktion, möglicherweise sogar zum eigenen Sturz geführt hätte. Andererseits mußte jedem weitsichtigen Premierminister bewußt sein, daß die Argumente der Nationalökonomie zukunftsweisend waren, während es den Grundbesitzern lediglich um Besitzstandswahrung ging.

Die schwierige irische Versorgungslage bot dem Tory Peel, in dessen eigener Partei der Widerstand gegen solche und andere wirtschaftliche Liberalisierungsversuche am größten war, nun eine vermeintlich günstige Gelegenheit, um die *corn laws* erneut zur Disposition zu stellen – schließlich bedeutete der Fortfall von Importzöllen auf Getreide eine erhebliche Reduzierung der Versorgungskosten für die notleidende irische Bevölkerung. Zusätzlich bestärkt wurde er in seinem Vorhaben durch besorgniserregende Meldungen aus Irland, die darauf schließen ließen, daß auch die Kartoffelernte des Jahres 1846 erheblich beeinträchtigt sein würde. Dies bedeutete eine Fortsetzung der kostenintensiven staatlichen Fürsorgemaßnahmen in Irland. Schließlich sprach auch noch das Überraschungsmoment zu seinen Gunsten, denn daß ausgerechnet ein konservativer Premierminister die Initiative gegen die *corn laws* ergriff, erschien den oppositionellen Whigs, in deren Reihen die meisten Anhänger des Wirtschaftsliberalismus zu finden waren, als wenig wahrscheinlich. Mit der Einleitung einer Kampagne zugunsten größerer wirtschaftlicher Freiheiten im Sinne des *laisser-faire* durch einen Tory ließ sich möglicherweise ein Keil in die liberale Parlamentsfraktion treiben. Doch mutete Peel seinen Parteifreunden mit dieser für einen Konservativen und erklärten Orangisten unorthodoxen Irland-Politik zu viel zu. Wirtschaftsliberale Ansätze gepaart mit der Bereitschaft zur staatlichen Intervention überforderten deren Flexibilität. Zwar gelang es ihm zur Verblüffung vieler Zeitgenossen noch, die Abschaffung der *corn laws* im Parlament durchzusetzen, aber bei einer Novelle der Notstandsverordnungen, die eine effektivere Bekämpfung der verschiedenen Hunger-Unruhen jenseits der Irischen See ermöglichen sollte, versagte ihm die Partei die Gefolgschaft.

Der neue Premierminister hieß John Russell. Er war als gestandener Whig ein entschiedener Anhänger des *laisser-faire*, der sich in politischen wie wirtschaftlichen Fragen mit Vorliebe von utilitaristischen Gesichtspunkten leiten ließ. Darin ähnelten seine politischen Ideale denen des verantwortlichen Regierungsbeauftragten zur Organisation der staatlichen Fürsorgemaßnahmen in Irland, dem bereits erwähnten Charles Edward Trevelyan. Dieser hatte in den Monaten vor dem Regierungswechsel die Interventionspolitik Peels mit zunehmender Heftigkeit kritisiert und besonders dessen Arbeitsbeschaffungspolitik als völlig unangemessen und überzogen abgelehnt. Er war statt dessen davon überzeugt, daß die Abhängigkeit der notleidenden Menschen von Regierungsalmosen die Zuwendungsempfänger demoralisieren und deren Willen, sich aus eigener Kraft wieder aus der katastrophalen Lage zu befreien, lähmen würde. Sein Ratschlag an den neuen Regierungschef und dessen Schatzkanzler Charles Wood lautete daher, im Falle einer neuen Mißernte die staatlichen Lebensmittelkäufe völlig einzustellen und die Versorgung des Landes mit Nahrungsmitteln ausschließlich privater Initiative zu überlassen. Der einzige Sektor, auf dem die

Regierung seiner Meinung nach tätig werden sollte, wäre die Organisation der Arbeitsbeschaffungsmaßnahmen, deren Kosten jedoch ausschließlich von wohlhabenden irischen Kaufleuten und Grundherren getragen werden müßten.

Russell und Wood ließen sich rasch überzeugen, zumal diese Empfehlungen ihren eigenen ökonomischen Grundüberzeugungen entgegenkamen und darüber hinaus den Staatshaushalt erheblich zu entlasten versprachen. Doch zerbrachen ihre Hoffnungen schnell an den harschen Bedingungen der Wirklichkeit. Die Prognose einer bevorstehenden zweiten Mißernte im Herbst 1846 stellte sich im Verlauf des Sommers als zutreffend heraus. Doch wenn im Vorjahr zumindest noch Teile der Ernte zum Verzehr geeignet gewesen waren, fiel die Ernte dieses Herbstes völlig der Kartoffelfäule zum Opfer. Ein auch für irische Verhältnisse ungewöhnlich feuchter und windiger Sommer hatte dazu beigetragen, daß sich die verhängnisvollen Sporenpilze auf der ganzen Insel ausbreiten und entwickeln konnten. Vor dem Hintergrund dieses Totalausfalls erwiesen sich die Absichten Trevelyans als völlig untauglich, denn die überwiegende Mehrheit der Grundherren, unabhängig davon, ob *absentees* oder *residents*, dachten nicht daran, sich zu einem höheren Prozentsatz als bisher an den Kosten zu beteiligen, schließlich mußten sie bereits erhebliche Einkommenseinbußen aufgrund ausbleibender Pachtzahlungen hinnehmen. Damit blieb die Deckung der Kosten für die Arbeitsbeschaffungsmaßnahmen der irischen Administration überlassen, die sich wiederum aufgrund ausbleibender Einnahmen auf Zahlungen aus der Staatskasse stützen mußte. Diese Kosten übertrafen die Zahlen des Vorjahres bei weitem, da die ohnehin schon katastrophale Ernährungslage im Lande durch den extrem harten, kalten und langen Winter 1846/47 noch zusätzlich verschlechtert wurde. Im September 1846 wurden etwa 30000 Arbeitsplätze an Bedürftige vermittelt, in den Monaten Dezember bis März betrugen die monatlichen Beschäftigungszahlen jeweils etwa 500000 – die Tag für Tag fast 30000 £ kosteten.

Im Februar 1847 spitzte sich die Lage auf der Insel dramatisch zu. Starker Schneefall hatte das Überleben der ohnehin schon von Hunger und Seuchen geschwächten Landbevölkerung in den angestammten Dörfern und Siedlungen unmöglich gemacht. Zusätzlich von Schneestürmen gepeinigt, zogen Hunderttausende in die benachbarten Städte und Gemeinden, um dort den Quellen staatlicher Hilfe näher zu sein – oftmals mußten sie jedoch feststellen, daß die örtlichen Behörden auch ohne die Neuankömmlinge schon vor gravierenden Versorgungsproblemen standen. Unruhen und bürgerkriegsähnliche Zustände in vielen Teilen des Landes waren die Folge, die häufig in gewalttätigen Attacken auf Landsitze von Grundherren oder Regierungsbauten gipfelten. Diese Eskalation ließ Premierminister Russell und seinem Krisenmanager Trevelyan keine Wahl: Um einen offenen Bürgerkrieg zu verhindern, mußten sie entgegen ihren ursprünglichen Absichten Lebensmittel in großem Umfang nach Irland einführen. Sie mußten darüber hinaus mit dem alten Grundsatz englischer Fürsorgepolitik brechen, der Zuwendungen nur gegen vorherige Arbeitsleistungen gestattete. Durch Hunger, Krankheit und schlechte Witterung geschwächt und erschöpft, waren die meisten der Betroffenen physisch nicht mehr zur Arbeit in der Lage. In den größeren Städten wurden in diesen Wochen die ersten Suppenküchen eröffnet, die kostenlose Armenspeisungen anboten. Bis dahin waren allerdings bereits Zehntausende dem Hunger und der Kälte zum Opfer gefallen.

Die Situation in Irland war zweifellos schlimm, sie wäre jedoch vollends hoffnungslos gewesen, wenn es nicht noch eine Alternative gegeben hätte, die bereits viele der heimatlos gewordenen Iren gewählt hatten: Schon nach den ersten Warnungen vor einer erneuten Mißernte im Juli und August 1846 waren die Auswandererzahlen sprunghaft angestiegen. Nachdem sich die Meldungen von Totalverlusten häuften, schnellten sie weiter in die Höhe. Zunächst verließen die Tagelöhner, die sich eine Passage auf einem der Emigrantenschiffe noch leisten konnten, das Land. Anfang 1847 folgten dann die kleineren Pächter, die ebenfalls keine Zukunft mehr für sich in Irland sahen. Sie alle wandten sich zunächst nach Liverpool, dem Hauptauswanderungshafen der damaligen Zeit. Diese Stadt sah sich im Verlauf der nächsten Monate mit bislang völlig unbekannten Problemen konfrontiert. So mußte der Magistrat beispielsweise im Januar 1847 über 130000 mehr oder weniger mittellose Iren versorgen, die in den Docks oder anderen Teilen der Stadt eine Woche lang Schutz vor den Widrigkeiten des Wetters suchten, bis wieder ein von ihnen sehnsüchtig erwartetes Auswandererschiff absegelte. Bis zum Juni 1847 waren nach zuverlässigen Schätzungen bereits über 300000 Iren in Liverpool an Land gegangen, die meisten von ihnen nur auf der Durchreise in eine neue Heimat, zumeist in die USA, viele aber auch nach Kanada oder Australien. Doch mehrere tausend Menschen verzichteten auf eine Weiterreise nach Übersee und suchten ihr Glück in der Stadt, im nordwestenglischen Umland oder anderswo in Britannien.

Das Jahr 1847 brachte für all jene Iren, die daheim geblieben waren und vielleicht schon hofften, das Schlimmste überstanden zu haben, neuen Schrecken. Nachdem mit dem Winter die bislang schlimmste Hungerphase zu Ende gegangen schien, stellte die Regierung die Zahlungen für Fürsorgeleistungen ein und übertrug die weiteren Kosten der irischen Verwaltung, die sich fast ausschließlich aus den Abgaben der Grundherren und Kaufleute finanzierte. Die Mehrzahl der Grundherren residierte jedoch nicht im Lande selbst, sondern ließ ihre irischen Besitzungen von Verwaltern betreuen. Diesen oblag unter anderem die ordnungsgemäße Buchführung über alle Einnahmen und Ausgaben. Aufgrund der vielfach ausgebliebenen Pachtzahlungen der zurückliegenden zwei Jahre hatte sich die Ertragslage vieler Grundherrschaften erheblich verschlechtert. Den sinkenden Erträgen standen nach der Einstellung der Regierungszuschüsse jedoch erhöhte Abgabenforderungen der Verwaltung in Dublin gegenüber. Um die Einnahmen wieder zu stabilisieren, entschlossen sich viele der Grundherren, die noch auf den jeweiligen Parzellen lebenden säumigen Kleinpächter zu vertreiben und deren Land entweder in eigener Regie zu bestellen oder in größeren Parzellen an liquide Pächter abzugeben. Das Recht war dabei auf ihrer Seite, Kündigungsschutz oder -fristen gab es nicht – im Gegenteil handelte es sich bei diesen Vertreibungen um Eviktionen, also um durch Gerichtsbeschluß rechtlich abgesicherte Maßnahmen. So spielten sich im Verlauf des Jahres 1847 überall in Irland tragische Szenen ab: In Begleitung einer größeren Polizei- oder Militäreskorte übergab der Verwalter einer Grundherrschaft dem säumigen Pächter den Gerichtsbeschluß, gewährte der betroffenen Familie noch eine kurze Frist, um ihr bewegliches Eigentum aus dem Haus oder der Hütte zu entfernen und ließ dann das Gebäude zerstören. Damit sollte es den ehemaligen Bewohnern unmöglich gemacht werden, weiterhin auf dem Gelände zu verbleiben. Die zumeist völlig mittellosen Familien waren von nun an auf staatliche Fürsorgemaßnahmen angewiesen.

Sicher: Es gab rühmliche Ausnahmen. Eine nicht unbeträchtliche Zahl von Grundherren zeigte Mitleid mit ihren Pächtern und gewährte Pachtaufschub – oftmals unter erheblichen eigenen finanziellen Schwierigkeiten. Die Mehrzahl der Grundherren oder ihrer Verwalter war indes weniger großherzig oder konnte sich solche Güte schlicht selbst nicht mehr leisten. Manche von ihnen rechtfertigten die Vertreibung der ehemaligen Pächter vor sich selbst und in der Öffentlichkeit damit, daß sie die Hungerkatastrophe als eine göttliche Fügung bezeichneten, mit der soziale und ökonomische Mißstände des Landes beseitigt werden sollten – letztlich zum Wohle der Nachkommen. Doch zeugten solche Äußerungen eher von der eigenen Hilflosigkeit vor den Problemen der Zeit, die auch vor vielen Landbesitzern nicht Halt machten: Zwischen 1849 und 1859 wechselten mehr als 30 Prozent der gesamten Grundfläche Irlands den Besitzer. Dennoch waren die sozialen Probleme von bankrotten Grundherren sicher nur in den wenigsten Fällen mit denen der vertriebenen Pächter vergleichbar. Im kollektiven Gedächtnis Irlands haftengeblieben sind daher auch fast ausschließlich die anderen Bilder, zumal sich diese besonders in der Zeit des Unabhängigkeitskampfes vortrefflich in die nationalirische Propaganda einbeziehen ließen, zeigten sie doch sämtlich die Hilflosigkeit des armen und leidenden katholischen Irland gegenüber der Willkür britisch-protestantischer Grundherrschaft, Rechtsprechung, Staatsmacht und Verwaltung.

Nach den Eviktionen verzeichneten die ohnehin schon überforderten lokalen Hilfsstationen neuen Zulauf. Seit 1847 stieg die Zahl der von ihnen betreuten Fürsorgeempfänger stetig an, um im Sommer des Jahres 1849 die fragwürdige Rekordmarke von fast einer Million Menschen zu erreichen. Daß eine ansatzweise Betreuung einer derart großen Zahl überhaupt noch möglich war, ist auf die ungewöhnlich große Aufmerksamkeit zurückzuführen, mit der die Entwicklungen in Irland im Ausland, besonders jedoch in Nordamerika verfolgt wurden. Schon im Sommer 1846 hatte Präsident Polk seinem britischen Kollegen angeboten, Irland mit Nahrungsmittellieferungen in großem Umfang zu versorgen. In den USA hatten viele karitative Organisationen[9] namhafte Geldbeträge zur Unterstützung der Hungernden in Irland gesammelt. In Verbindung mit weiteren Regierungsgeldern konnten davon große Mengen an Nahrungsmitteln beschafft und auf eigene Kosten nach Irland transpor-

[9] Besonders die »Gesellschaft der Freunde«, die Quäker, hatten sich stark für die Sammlung von Geld zugunsten Irlands engagiert.

tiert werden. Doch die britische Regierung – immer noch entschlossen, ihr Konzept des *laisser-faire* durchzuhalten – erklärte sich zunächst nur bereit, einen kleinen Teil dieser Hilfe zuzulassen und erschwerte die Lieferung zusätzlich noch durch eine Reihe von administrativen Erlassen – so durften die Transporte nur auf einigen wenigen britischen Schiffen erfolgen. Erst nachdem der internationale öffentliche Druck im Folgejahr stärker wurde und auch die Regierung in Washington zunehmend Druck auf London ausübte, rang sich Premierminister Russell dazu durch, solche Hemmnisse abzubauen. Die dann rasch einsetzenden Nahrungsmittellieferungen aus Nordamerika haben zweifellos erheblich dazu beigetragen, die schlimmsten Auswirkungen der Not im krisengeschüttelten Irland zu lindern. Dort nämlich wütete die Kartoffelfäule ungehindert weiter, die Ernte von 1847 wurde teilweise, die des Folgejahres erneut gänzlich vernichtet. Hunderte von Menschen starben trotz aller nationalen und internationalen Bemühungen immer noch Tag für Tag, ähnlich viele suchten ihr Heil in der Emigration. Erst 1851 hatten sich die Verhältnisse so weit beruhigt, daß eine Bilanz gezogen werden konnte. Sie war erschütternd: Seit 1845 hatte der Hunger eine Million Menschenleben gefordert und noch einmal so viele in die Emigration getrieben.

Die Bevölkerung des Landes war auf etwa 6,5 Millionen gesunken, und die Zahl sollte für die nächsten 110 Jahre weiter sinken – die Auswanderung hatte viele transozeanische Familienverbindungen entstehen lassen, die weiterhin all jenen Alternativen bot, die für sich keine Zukunft in der alten Heimat sahen und ihr Glück in der Neuen Welt suchen wollten – heute leben mehr Menschen irischer Herkunft in den USA, besonders in den Neuenglandstaaten, als in Irland selbst. Die Emigration, zumindest der Gedanke daran, war zu einem festen Begriff im Leben jedes irischen Menschen geworden. Über die Auswanderer gelangten indes auch Nachrichten über die Lebensverhältnisse in den USA nach Irland. Besonders die egalitären Züge der amerikanischen Gesellschaft beeindruckten viele der Neuankömmlinge stark. Nahezu einhellig lobten sie in ihren Briefen an die Daheimgebliebenen die Vorzüge, für eine Leistung direkt bezahlt zu werden, ohne daß irgendein Aristokrat oder Grundherr Teile dieses Verdienstes unter Berufung auf ein System für sich behalten durfte, das aus der neuen, distanzierten Perspektive nicht mehr länger als gottgegeben, sondern als fremde Gewaltherrschaft empfunden wurde[10]. Solche und ähnliche Berichte sorgten ebenfalls dafür, daß die Emigrantenzahlen nach 1851 nur unwesentlich zurückgingen.

Die sinkende Bevölkerungszahl in Zusammenhang mit der Vertreibung säumiger Pächter hatte jedoch auch einschneidende Folgen für die gesellschaftlichen Strukturen des Landes, besonders in den ländlichen Gebieten. Die Anzahl der Hofstellen mit einer Nutzfläche von unter fünf Morgen war von ursprünglich 45 Prozent auf unter 15 Prozent gefallen (bei weiter sinkender Tendenz), die Zahl der Betriebe mit über 30 Morgen Anbaufläche dagegen von 7 Prozent auf 26 Prozent gestiegen (mit weiter steigender Tendenz). In diesen Jahren wurde der Grundstein für eine bis dahin nicht bekannte Betriebsstruktur gelegt. An die Stelle der ehemaligen Klein- und Kleinstparzellen traten nun Familienbetriebe mittlerer Größe, auf denen nach den schlechten Erfahrungen mit der Monokultur nun eine Vielzahl von Produkten angebaut wurde, die darüber hinaus jedoch stets auch einen größeren Bestand an Milch-, Zucht- oder Mastvieh pflegten, der in vielen Fällen die eigentliche Kapitalbasis darstellte. Der Preis, den die Pächter für diese neue Betriebsform zahlen mußten, war vergleichsweise hoch. Am einfachsten ließen sich noch die Pachtzahlungen aufbringen – wenn diese auch weit über den früheren Sätzen lagen, hatte sich die Einnahmesituation in der Regel doch entsprechend verbessert. Vor dem Hintergrund der traumatischen Erfahrungen mit den Auswirkungen des Hungers setzte besonders in den ländlichen Gebieten Irlands in diesen Jahren zudem ein demographischer Wandlungsprozeß ein, der dort oft noch heute das Leben bestimmt. Das Heiratsalter stieg stark an, infolgedessen sank die Kinderzahl entsprechend. An die Stelle der ehemals üblichen jungen Großfamilien traten nun zunehmend kleinere Familien, oftmals verzichteten Pächter ganz auf die Eheschließung und betrieben ihren Hof ausschließlich mit Hilfe von Tagelöhnern. Eine Erbteilung des Landes fand gleichfalls nicht mehr statt, das Land fiel statt dessen üblicherweise dem ältesten Sohn zu, die anderen Erben wurden ausgezahlt und mußten sich eigene Einkommensquellen suchen – mangels entsprechender Möglichkeiten oftmals außer Landes.

[10] Vgl. dazu die Ausführungen bei: Donald Harman Akenson, The United States and Ireland. Cambridge, Mass. 1973.

Der Verlauf der Hungerkatastrophe und insbesondere das gescheiterte Krisenmanagement der Regierung Russell und ihres Managers Trevelyan hatten viele der Überlebenden verbittert und radikalisiert. Die Haltung der Grundherren und ihrer Verwalter gegenüber den von der Katastrophe besonders Betroffenen hatte darüber hinaus nach 1851 das Verhältnis der Pächter zu ihren Grundherren oder den zuständigen Verwaltern grundlegend verändert. Während die zahlreichen Kleinpächter und Tagelöhner vor 1845 üblicherweise auf Gedeih und Verderb vom Wohlwollen der *lords* und ihrer »Agenten« abhingen, bewirkte der Trend zu größeren Hofstellen eine wachsende Bedeutung der einzelnen Pächter für das Einkommensgefüge der Grundherrschaften. Dieser Prozeß wurde noch bestärkt durch die sinkende Zahl der Tagelöhner infolge der Hungerkatastrophe, deren Löhne sich nach 1851 jedoch binnen kurzer Zeit verdreifachten. Der daraufhin einsetzende Strukturwandel der ländlichen, früher durch die verbreitete Armut gekennzeichneten Gebiete war beträchtlich. Viele neue Geschäfte entstanden, deren reichhaltiges Warenangebot die veränderten Konsumgewohnheiten der Bewohner des Umlandes widerspiegelten. Zwar besaß die Kartoffel nach wie vor eine große Bedeutung als Nahrungsmittel, doch gewann der Verbrauch von anderen Lebensmitteln aus dem Angebot der Geschäfte und der Märkte immer größeren Stellenwert. Der wachsende Wohlstand auf dem Lande sowie die Veränderung der Sozialstruktur spiegelt sich auch in den Bankeinlagen dieser Regionen wider, die von 8 Millionen £ im Jahre 1845 auf 16 Millionen £ im Jahre 1859 anstiegen. Dieser Wandel wiederum stärkte das Selbstbewußtsein der vormals Unterprivilegierten, die zunehmend auf eine Erweiterung ihrer Rechte pochten. Wachsende Spannungen zwischen Grundherren, Pächtern und Landarbeitern waren die Folge, die knapp drei Jahrzehnte später in offenen und blutigen Konflikten gipfelten. Doch auch in den Städten änderte sich das politische Klima infolge der Hungerkatastrophe. Während viele Angehörige der städtischen Oberschicht vormals die politischen Ideen, aber auch den Legalismus Daniel O'Connells unterstützt hatten, waren manche unter ihnen nun bereit, auch mit anderen, möglicherweise illegalen Mitteln die Lösung Irlands aus der Union mit Großbritannien voranzutreiben.

Die Suche nach dem erfolgversprechendsten Weg, an dessen Ende schließlich die irische Sezession vom Vereinigten Königreich stand, sollte die irische Politik der nächsten 60 Jahre entscheidend prägen. Grundsätzlich boten sich nach dem Ende der Hungerkatastrophe, als die Frage nach der nationalen Unabhängigkeit eine lange Zeit nicht mehr gekannte Aktualität besaß, drei Richtungen an. Zunächst bestand die Möglichkeit, dem konstitutionellen Weg O'Connells weiter zu folgen. Doch der schnelle Zusammenbruch der Repeal Association nach der Verhaftung ihres Spiritus rector hatte gezeigt, daß sich sein Ansatz eher dazu eignete, der Politik der Zeit neue Impulse zu geben, als diese grundsätzlich zu verändern. Der zweite Weg folgte den Spuren Theobald Wolfe Tones und sah den Einsatz von Waffengewalt im Kampf gegen die britische Herrschaft vor. Allerdings hatten die Erfahrungen von 1798 auch gelehrt, daß ein bewaffneter Kampf nur dann erfolgversprechend geführt werden konnte, wenn die eigenen Mittel ausreichten, um den gut bewaffneten und ausgebildeten königlichen Polizei- und Armeekräften Irlands so lange Widerstand bieten zu können, bis ihre Befehlshaber wenigstens an den Verhandlungstisch gezwungen werden konnten. Die dritte Möglichkeit war von den Anhängern des Young Ireland vorgezeichnet worden. Er bedeutete die Rückbesinnung auf die Besonderheiten der eigenen Nationalgeschichte und die daraus abgeleitete Berechtigung des Anspruchs auf nationale Unabhängigkeit. Im Jahre 1851 waren alle drei Wege bereits streckenweise beschritten worden, sie enthielten interessante Perspektiven, sie würden, auch daran bestanden keine Zweifel, lang und schwierig sein.

Nach der Hungerkatastrophe schien eine Lösung des politischen Problems über die Verbesserung der Rechtssituation der irischen Landbevölkerung in erreichbarer Nähe. Zwar hatte sich die wirtschaftliche Lage der Pächter und Landarbeiter nach dem Aufschwung seit 1851 grundlegend verbessert, doch bestand wenigstens de iure das anachronistische Abhängigkeitsverhältnis von den Grundherren weiter fort. Schon im Jahre 1848 hatte James Fintan Lalor, ein Anhänger des »Jungen Irland«, an alle Pächter und Tagelöhner des Landes appelliert, sich durch die generelle Verweigerung der Pachtzahlungen aus den Fesseln der britischen Herrschaft zu befreien und damit gleichzeitig das eigene Leiden zu beenden. Zur Verbreitung seines Aufrufs nutzte er eine kurz zuvor von John Mitchel, einem anderen Young Irelander, gegründete Zeitschrift mit dem programmatischen Namen ›United Irishman‹. Damals stießen solche Appelle noch auf taube Ohren. Doch die Grundidee wurde bereits im August 1850 von Charles Gavan Duffy wieder aufgegriffen, als er die »Tenant Right League«, eine Vereinigung aller irischen Pächter und Landarbeiter ins Leben rief, die als eine Art Gewerkschaft für gerechte Pacht- und Arbeitsbedingungen ihrer Mitglieder kämpfen wollte. Im Jahr darauf vereinigte sich die Pächterliga mit einer anderen Organisation, die sich zwar den martialisch klingenden Namen »Catholic Defence Association« gegeben hatte, jedoch aufgrund ihrer von Musikkapellen begleiteten Umzüge landesweit bald besser als »The pope's brass band« (päpstliche Blaskapelle) bekannt geworden war. 40 Anhänger der Liga, die nun im Volksmund als »Irish Brigade« bezeichnet wurde, erhielten bei den Parlamentswahlen des Jahres 1852 ein Mandat und konnten damit fast die Hälfte der irischen Abgeordneten in Westminster stellen. Ihre Ziele waren ebenso klar wie einfach verständlich und überzeugend formuliert: Angemessene Pachtzinsen, Beständigkeit der Pachtverträge und das Recht der Pächter auf Kündigung oder Verkauf der Verträge sollten deren Rechtslage im Verhältnis zu den Eigentümern grundsätzlich verbessern.

Damit wurde die bestehende Ordnung im Lande grundsätzlich in Frage gestellt. Es war jedoch klar, daß dies strikt im Rahmen der Verfassung erfolgen mußte. Dennoch regte sich bald Widerstand gegen das Vorgehen. Dieser Widerstand kam indes nicht, wie eigentlich erwartet werden konnte, aus London, sondern aus den Reihen des katholischen Klerus. Paul Cullen, seit 1852 Erzbischof von Dublin, hatte schon vorher, während einer fast zwanzigjährigen Tätigkeit am Heiligen Stuhl in Rom, stets auf absolute Loyalität der irischen Katholiken zum bestehenden System geachtet. Von dieser demonstrativen Staatstreue erhoffte er sich aus London Zugeständnisse in bezug auf die Bildungspolitik in Irland, die bislang entweder fest in der Hand des Staates oder aber der anglikanischen Church of Ireland lag. Zwar gab es seit dem ausgehenden 18. Jahrhundert das Royal College of St. Patrick in Maynooth, in dem der größte Teil des irischen katholischen Priesternachwuchses ausgebildet wurde. Doch auch dieses College konnte nicht ohne namhafte Zuschüsse des Staates existieren – zuletzt hatte Premierminister Peel den Zuschuß im Jahre 1845 erheblich aufgestockt.

Die Erhöhung war damals unverkennbar ein Friedensangebot an den katholischen Klerus im Lande gewesen, der sich stark in der Repeal Association O'Connells engagiert hatte. Gleichzeitig signalisierte London damit aber auch, daß die Regierung nicht zu Zugeständnissen im Bereich des Erziehungswesens bereit war, wo seit längerem von den Katholiken ein Mitsprache- und Mitbestimmungsrecht gefordert wurde. Zwar besaßen auch sie das Recht auf ein Studium an einer irischen Universität – bis in die vierziger Jahre also am Trinity College Dublin, dann auch an den neugebauten Colleges in Dublin, Cork, Galway und Belfast – eine offizielle Einflußnahme seitens der katholischen Kirchenführung auf die Lehrinhalte blieb ihnen jedoch weitgehend verwehrt, zumal sich die Regierung in London, dem liberalen Geist der Zeit entsprechend, bewußt um möglichst säkulare Bildungspolitik bemühte. Daran störte sich der katholische Klerus besonders und ließ keine Möglichkeit ungenutzt, den Anspruch auf die Erziehungsgestaltung der irischen Katholiken geltend zu machen. Nach dem dramatischen Verlauf der Hungerkatastrophe rechnete sich die Kirchenführung verbesserte Aussichten auf Zugeständnisse durch den Staat, gleichsam als Kompensation, aus. Planungen zur Errichtung einer eigenen katholischen Universität in Dublin waren bereits aufgenommen worden – ohne daß aus London schon offizielle Zustimmung signalisiert worden wäre. Daher mußte jeder Versuch, den Status quo von weltlicher Seite aus ändern zu wollen, auf entschiedenen Widerspruch stoßen.

Indes – die Sorgen des Erzbischofs waren unbegründet. Die katholische Kirche erhielt ihre erste eigene Universität; die Universität Dublin öffnete im Jahre 1854 als erste rein katholische Hochschule des Landes ihre Pforten. Sie stand unter direkter Aufsicht des Heiligen Stuhls, ihr erster Rektor war John Henry Newman, der sich allerdings schnell mit Bischof Cullen überwarf, da dieser allzu rege Anteilnahme an inneruniversitären Angelegenheiten zu zeigen pflegte. Doch auch die Tenant Right League geriet bald in Schwierigkeiten. Obwohl ihr Wahlerfolg im Jahre 1852 deutlich gezeigt hatte, daß die geplante Reformpolitik in weiten Kreisen der Bevölkerung wohlwollend aufgenommen worden war, stieß die allzu regierungsfreundliche Haltung mancher ihrer Abgeordneten in Westminster bald auf die Kritik der Basis. Als dann William Keogh und John Sadleir, zwei ihrer Wortführer im Parlament, Posten im Kabinett Aberdeen übernahmen, wurde das in Irland schlicht als

Verrat an der eigenen Sache empfunden. Nach nur wenigen Jahren politischer Arbeit, seit der Mitte der fünfziger Jahre, war die Pächterliga politisch nicht mehr handlungsfähig, 1859 zerbrach sie schließlich an der allzu offensichtlichen Unvereinbarkeit der Interessen irischer Pächter mit denen der Regierungspolitik in London. Dennoch hatten Duffy und seine ehemaligen Young Irelander gezeigt, daß ein strikt konstitutionelles Reformprogramm zugunsten der irischen Pächter, dessen langfristige Absicht, auch die politischen Rahmenbedingungen im Lande zu verändern, nicht verschleiert wurde, in Irland Mehrheitsfähigkeit besaß.

Eine andere Gruppierung aus dem Umfeld des Young Ireland zog im Jahre 1858 entschlossen und mit Erfolg gleichzeitig in Dublin und New York die Konsequenzen aus dem Scheitern der Tenant Right League. In Irland erhielt diese Organisation den Namen »Irish Republican Brotherhood«, in den Vereinigten Staaten wurde sie bekannt als »Fenian Movement«. Zu ihren Gründervätern zählten unter anderem Michael Doheny, Charles Kickham, Thomas Clarke Luby, John O'Leary, John O'Mahony und James Stephens – allesamt Namen, die heute noch oft und gern in der irischen Folklore besungen werden. Die meisten von ihnen kannten sich bereits seit dem bewaffneten, letztlich jedoch gescheiterten Aufstandsversuch einiger radikaler »junger Iren« aus dem Jahre 1848. Sie alle waren Anhänger der Doktrin, die Thomas Davis in Bezug auf die irische Nationalität formuliert hatte, und gingen davon aus, daß Großbritannien Irland niemals die Unabhängigkeit gewähren würde – es sei denn, es wäre durch militärische Gewalt dazu gezwungen. Überall im Lande entstanden in den folgenden Monaten und Jahren lokale und regionale Verbände der »Bruderschaft«. Andernorts wechselten bereits bestehende nationalirische Debattierclubs – wie die »Phoenix Society« Jeremiah O'Donovan Rossas aus Skibbereen – geschlossen in die Brotherhood über. Zu deren Mitgliedern zählten städtische Handwerker, Angestellte und Kaufleute ebenso wie Landarbeiter und Pächter. So unterschiedlich die jeweilige soziale Herkunft und politische Überzeugung sonst auch gewesen sein mochte, waren sie sich alle einig in der Ablehnung des bestehenden politischen Systems. Die Struktur der Mitgliederschaft ermöglichte den Feniern den Aufbau eines engmaschigen landesweiten Informationsnetzes, in das fast alle Regierungsbehörden, die Armee und das Verbandswesen Irlands einbezogen waren. Damit sicherten sich die Fenier detaillierte Informationen über die Regierungspolitik. Sie nutzten ihre Verbindungen aber auch dazu, irisch-republikanische Propaganda gezielt auf bestimmten Ebenen des Systems auszustreuen, um sie von dort aus in das System hineintragen zu lassen. Über die vielfältigen Familienbeziehungen nach Übersee drang die Nachricht von der Gründung der Bruderschaft auch in andere Winkel der Welt, so daß Anfang der sechziger Jahre bereits vergleichbare Bünde auch in Australien, Südafrika und Großbritannien existierten. Nachdem sich diese im Rahmen eines informellen Kooperationsabkommens mit den Mutterorganisationen in Irland und Nordamerika zu einem internationalen Netzwerk zusammengeschlossen hatten, setzte sich in kurzer Zeit die Bezeichnung »Fenians« grenzübergreifend für alle Angehörigen der Einzelverbände durch.

Aufgrund ihrer Internationalität und der großen Sympathie, auf die ihre Ziele in Irland gestoßen waren, stellten die Fenier die bislang größte Bedrohung des irischen politischen Status quo im 19. Jahrhundert dar und bildeten die Wurzel für alle nachfolgenden Unabhängigkeitsbewegungen des 19. und frühen 20. Jahrhunderts. Der Aufbau und die kontinuierliche Vernetzung der einzelnen lokalen Verbände erfolgte in konspirativer Tradition als eidgebundene Geheimgesellschaft, deren Mitglieder den Treueid auf »die Republik Irland, nunmehr im Prinzip verwirklicht« leisteten. Die Führungsschicht entstammte zumeist der städtischen Mittelklasse und orientierte sich bei der Definition der politischen Ziele an den Grundsätzen der Französischen Revolution sowie der verschiedenen Revolutionen, die es seither auf dem Kontinent gegeben hatte. Um 1865 warteten bereits Tausende von eingeschriebenen Mitgliedern überall in der Welt auf ein Schwächezeichen der britischen Regierung, was von der Bruderschaft als Zeichen zum sofortigen Handeln verstanden worden wäre. Dennoch waren die Fenier in der irischen Bevölkerung nicht unumstritten, denn obwohl ihr Denken ohne Zweifel von lauteren nationalen und demokratischen Prinzipien durchdrungen war, erweckte der Aufbau als Geheimbund in Verbindung mit der sozialen Komponente im Denken mancher Mitglieder sowie deren grundsätzliche Gewaltbereitschaft das Mißtrauen vieler anderer national gesinnter Iren. Besonders argwöhnisch verfolgten die Angehörigen des katholischen Klerus deren Wirken. Zwar waren fast alle Fenier katholisch, aber sie hatten von vornherein dem Druck der Kirche nach Aufgabe der revolutionären Komponente ihres Programms schon deshalb widerstanden, weil sie eine grundsätzliche und vollständige Trennung von Staat und Kirche forderten. Ein anderer Programmpunkt, der die Konfiskation und Neuverteilung des Grundbesitzes betraf, stieß auf heftige Kritik im Bürgertum und führte sogar gelegentlich dazu, daß die Organisation als kommunistisch unterwandert bezeichnet wurde.

Das Ende des amerikanischen Bürgerkrieges bedeutete für die Geschichte der Fenier einen ersten entscheidenden Wendepunkt, da eine Reihe von arbeitslos gewordenen amerikanischen Offizieren irischer Abstammung in ihre alte Heimat zurückkehrte und sich der Bewegung anschloß. Mit kampferprobten Soldaten in den eigenen Reihen, die ihr Wissen nur allzu gern an die zwar motivierten, aber denkbar unerfahrenen Kämpfer daheim weitergaben, sowie weiterer materieller Unterstützung wohlhabender Iro-Amerikaner hielten die Führer der Bruderschaft im Jahre 1867 den Zeitpunkt für einen bewaffneten Aufstand in Irland für günstig. Mittlerweile ging die Mitgliederzahl der verschiedenen Organisationen bereits in die Zehntausende. Doch die wachsende Größe erleichterte nun der britischen Regierung die Infiltration, so daß sie über die Vorbereitungen des Aufstandes von 1867 in allen Phasen bestens unterrichtet war – noch bevor der Befehl zum Losschlagen erteilt werden konnte, saßen alle führenden Köpfe der Bewegung hinter Schloß und Riegel oder waren vor dem Zugriff der Sicherheitskräfte nach Übersee geflohen.

Die Regierung hatte zwar den Aufstand verhindern und die Führungsspitze der Bruderschaft festsetzen können, das internationale Beziehungsgeflecht der Fenier bestand indes ungebrochen fort, und so blieben Ziele der Bewegung weiterhin in den Köpfen ihrer Mitglieder lebendig. Neue Personen übernahmen die Führungsposten der Inhaftierten, und sie beschlossen, einen günstigeren Zeitpunkt für einen neuen Aufstand abzuwarten. Damals jedoch konnte keiner von ihnen ahnen, daß die Wartezeit fast 50 Jahre dauern würde. Daß die Fenier dennoch entscheidend an der Vorbereitung und Ausführung des Osteraufstandes von 1916 beteiligt waren, unterstreicht noch einmal die Effektivität der Organisationsstruktur, die geschickte Führung sowie die ungebrochene Motivation der Anhänger.

Die latente Gefahr, die der irische Republikanismus der Fenier für den Fortbestand des Vereinten Königreiches bedeutete, war spätestens seit dem gescheiterten Aufstand von 1867 deutlich geworden. William Gladstone, der 1868 an der Spitze eines liberalen Kabinetts seine erste Amtszeit als Premierminister begann, hatte das Problem jedenfalls erkannt und sofortige Maßnahmen eingeleitet. Für ihn stellte die Irlandfrage kein einfaches administratives Problem unter anderen dar, sondern er sah in der Suche nach einer Lösung eine persönliche Herausforderung, da diese, wie er meinte, letztlich dem gesamten Königreich dienen würde. Seine Mission sei es, so seine eigenen Worte, Irland Gerechtigkeit und Frieden zu bringen. Wenn es allerdings gelingen sollte, das Irlandproblem gerecht und auf Dauer zu lösen, so bedurfte es größerer Anstrengungen als bisher. Gladstone wußte, daß es weder ausreichte, bestimmte Mangelerscheinungen des wirtschaftlichen und gesellschaftlichen Lebens in Irland zu kurieren, da diese zum großen Teil Ausdrucksformen einer tiefsitzenden Identitätskrise waren, noch sich auf eine Wahrung des Status quo zu beschränken, was ohnehin nur mit einem unverhältnismäßig großen Einsatz von Sicherheitskräften möglich gewesen wäre und aufgrund der dadurch provozierten gesellschaftlichen Spannungen kaum längerfristige Erfolge gezeitigt hätte. Statt dessen galt es, die Strukturen der anglo-irischen Union auf grundsätzliche Defizite zu untersuchen. Diese Bereitschaft war auch für einen Liberalen im letzten Drittel des 19. Jahrhunderts keine Selbstverständlichkeit. Zwar hatten seit den vierziger Jahren eine Gruppe von Radikalliberalen zusammen mit einigen Angehörigen des »Lib-Lab«-Flügels[11] eine Lösung der irischen Frage durch »Devolution«, also Übertragung eines Bündels politischer Rechte an eine neu zu schaffende irische Exekutive und Legislative gefordert und damit die Union gründlich in Frage gestellt, doch war diese Haltung keineswegs Communis opinio der Whigs. Im Gegenteil bestand in der Partei nach 1868 erheblicher Erklärungsbedarf hinsichtlich der Absichten und möglichen Folgen der neuen Irlandpolitik des neuen Premierministers. Mit Fug und Recht darf davon ausgegangen werden, daß die Akzeptanz seines politischen Kurswechsels anfangs ausschließlich auf die Überzeugungskraft Gladstones persönlich zurückzuführen ist.

Bei diesem Wechsel handelte es sich um ein riskantes politisches Manöver, schließlich betraf er unmittelbar zwei bisherige Stützen des Unionsstaates – die Staatskirche und die Struktur

[11] Lib-Lab = Liberal Labourer; Bezeichnung des Arbeiterflügels der Whigs, der sich bis zur Gründung der Labour-Party (übrigens weitgehend von Angehörigen der Lib-Labs) als politische Vertretung der englischen Arbeitnehmerinteressen verstand.

der ländlichen Gesellschaft. Angesichts der katholischen Bevölkerungsmehrheit war indes eine Überprüfung der Rolle der Church of Ireland, wie sie in der Unionsakte von 1801 festgeschrieben war, längst überfällig. Im anglikanischen Kirchenverständnis galt die Staatskirche als integrierter Bestandteil des Gesamtstaates, dem gleichsam selbstverständlich auch bestimmte Aufgaben aus Bereichen jenseits der reinen Seelsorge zufielen – so zum Beispiel aus dem Erziehungs- und Bildungswesen. Nun repräsentierte die irische Staatskirche nur eine Minderheit der Bevölkerung, die Mehrheit stand der Church of Ireland indifferent bis ablehnend gegenüber. Bereits ein Jahr nach seiner Amtsübernahme legte Gladstone dem Parlament daher einen Gesetzentwurf vor, der eine völlige Trennung von Staat und Kirche in Irland vorsah. Der Kirche wurde darin der Status einer selbstverwalteten Gemeinde ohne staatliche Kontrolle zugestanden, diese hatte dafür aber einen großen Teil des Kirchenbesitzes, der bislang bereits weitgehend weltlichen Zwecken diente, gegen angemessene Entschädigung in die Hände des Staates zu überführen. Gladstones persönliches Werben für diesen neuen politischen Ansatz in allen Kreisen seiner Partei sollte sich auszahlen, denn ohne größere Schwierigkeiten konnte sein Entwurf sämtliche parlamentarischen Hürden nehmen. Der zweite Eingriff in die tradierten Strukturen erfolgte nur ein Jahr später. Das Landgesetz von 1870 regelte die Beziehung zwischen Grundherr und Pächter insofern neu, als daß dem Staat nun eine Vermittlerrolle in allen Fragen des gegenseitigen Verhältnisses zufiel. Theoretisch hätte diese Regelung der Regierung eine Art Schiedsrichterrolle verschaffen müssen, doch in der Praxis verzichteten beide betroffenen Parteien weitgehend auf die Anrufung dieser Instanz und trugen die internen Dispute wie bisher auf direktem Weg untereinander aus. Damit erwies sich das Gesetz zwar als wirkungslos, aber als ein erster Schritt auf dem Weg zu einer umfassenden Landreform stellte es einen Wendepunkt in der britischen Gesetzgebung und Irlandpolitik dar.

Auch der dritte einschneidende Eingriff Gladstones in die traditionellen Machtstrukturen Irlands schlug zunächst fehl. Im Jahre 1873 legte das Kabinett den Entwurf eines Gesetzes zur Neuregelung des irischen Universitätswesens vor. Danach hätte es im Lande nur noch eine große Universität mit Sitz in Dublin gegeben, der eine Reihe von Tochtercolleges und anderer Forschungseinrichtungen im ganzen Land unterstellt worden wären. Doch dieser Entwurf scheiterte an den divergierenden Interessen von Katholiken und Protestanten in dieser Frage. Beide Gruppen sahen die jeweils eigenen Wünsche, Forderungen und Vorstellungen nicht genügend berücksichtigt. Durch diese und einige andere Niederlagen verlor die Regierung Gladstone zunehmend an Spielraum, die Opposition erstarkte und konnte nach den Parlamentswahlen von 1874 erneut einen konservativen Premierminister stellen. Benjamin Disraeli blieb es nun vorbehalten, mit der Gründung einer neuen Universität, der Royal University of Ireland, den Grundstein für einen funktionsfähigen Kompromiß zwischen den Ansprüchen des katholischen Klerus und den Vorstellungen des britischen Parlaments zu legen.

Während nun britische Regierungen liberaler wie konservativer Provenienz offensichtlich gleichermaßen versuchten, durch Reformen und Zugeständnisse eine Antwort auf die »irische Frage« zu geben, entstand in Irland selbst eine neue Bewegung, die sich das Ziel gesetzt hatte, ein bestimmtes Maß an Unabhängigkeit durch strikt legales und verfassungskonformes Handeln zu gewinnen. Die »Home Rule«-Bewegung forderte unter Bezugnahme auf radikalliberale Devolutionsgedanken der vierziger Jahre sowie auf die ›British North America Act‹ von 1867, die Kanada in ein Dominion des Empire mit nationaler Selbstverwaltung entlassen hatte, Vergleichbares auch für Irland ein. Ihr Gründer war der wohl prominenteste irische Rechtsanwalt seiner Zeit, der Protestant und ehemalige Unionist Isaac Butt, der im Jahre 1870 die »Home Government Association« ins Leben rief. Butt selbst erhoffte sich von der Einrichtung einer eigenständigen irischen Legislative und Exekutive, die weiterhin der Kontrolle der britischen Regierung und des Parlaments von Westminster unterliegen würden, eine schnellere und effektivere Lösung spezifisch irischer Probleme als bisher. Diese Idee wurde in Irland äußerst wohlwollend aufgenommen – nicht nur von Menschen, die mit den begrenzten Zielen Butts sympathisierten, sondern auch von jenen, die bisher eine grundsätzliche Auflösung der Union, wenn nicht sogar eine völlige Trennung Irlands von Großbritannien gefordert hatten. Der gescheiterte Fenier-Aufstand lag schließlich erst wenige Jahre zurück, und angesichts der neuen Töne aus London schien die Home Rule-Bewegung eine vielversprechende Alternative zu bieten. Damit erhielt die Bewegung von vornherein eine Dimension und Tragweite, die weit über die eigentlichen Ziele Butts hinausgriff.

Dies um so mehr, als bereits kurz nach der Gründung einige ehemals führende Fenier – Patrick Egan und John O'Connor Power wären zu nennen – an leitender Stelle für Butts »Home Government Association« zu arbeiten begannen. Zwar unterschieden sich seine Vorstellung von einem der britischen Regierung untergeordneten Parlament mit Kontrolle über nationale Angelegenheiten weit vom radikalnationalistischen Gedankengut der Fenier, doch gerade die Machbarkeit von Home Rule schien diesen eine interessante Ausgangsbasis zu sein, von der aus sich möglicherweise weitergehende Ziele erreichen ließen. Damit wurde eine eigentlich moderate und konservative Bewegung, die sich im wesentlichen auf die katholische Mittelklasse stützte, von vornherein mit einem radikalnationalistischen Keim versehen, der allerdings noch einige Zeit bis zur Reife bedurfte.

Bei den Parlamentswahlen von 1874 trat die Home Government Association als eigene Partei an und konnte prompt mehr als die Hälfte aller irischen Unterhausmandate gewinnen. Doch obwohl Isaac Butt in den folgenden Jahren seine Politik mit Würde, Überzeugung, Geduld und Respekt vor britischen Parlamentstraditionen vertrat, nahm keine der beiden großen britischen Parteien sein Konzept von einer irischen Selbstverwaltung sonderlich ernst. So wuchs innerhalb der Bewegung die Opposition gegen seine moderate und auf Ausgleich zielende Politik. Die radikalnationalistischen Angehörigen seiner Parlamentsfraktion empfahlen statt dessen eine aggressive Obstruktionspolitik, die die Arbeit des Parlaments möglichst nachhaltig behindern, wenn möglich sogar lähmen sollte, Zugeständnisse wären immer nur gegen die Erfüllung bestimmter Wünsche der »Home Ruler« gewährt worden. Als im Jahre 1875 ein nachgerückter Abgeordneter aus dem County Wicklow zu dieser Gruppe stieß, hatten sich dieser bereits eine Reihe von ehemaligen Anhängern Butts angeschlossen. Bei dem Nachrücker handelte es sich um den jungen protestantischen Landbesitzer Charles Stewart Parnell. Politische Aktivität zugunsten irischer Unabhängigkeit besaß eine lange Tradition in seiner Familie, einer seiner Vorfahren gehörte zum Führungskreis der Patriots Henry Grattans. Parnell bezeichnete sich selbst zwar als einen entschiedenen Anhänger von Home Rule, doch aufgrund seines fast pathologisch anmutenden Hasses auf England, der ihn konsequent alles Englische ebenso wie die moderate Politik Butts ablehnen und immer feinere Formen der Obstruktion entwikkeln ließ, zählte er von vornherein zum radikalnationalistischen Flügel. Seine kompromißlose Obstruktion verschaffte ihm in nur kurzer Zeit einen beachtlichen Bekanntheitsgrad. Sie diente ihm jedoch auch als Ausgleich für seinen Mangel an rhetorischen Qualitäten. Ein Konflikt mit Isaac Butt war daher unvermeidlich, doch war dieser dem politischen Ehrgeiz Parnells nicht lange gewachsen und mußte die Führung der Partei schon im Jahre 1877 in die Hände seines Widersachers legen. Parnells Politik blieb erwartungsgemäß aggressiver und weniger kompromißbereit als die seines Vorgängers.

Durch Widerstand, nicht durch Kooperation wollte er das Maximum an Erreichbarem für Irland gewinnen. Dies ließ ihn bald zu einem der meistgehaßten Parlamentarier in Westminster werden, erregte aber auch die Aufmerksamkeit der »Irish Republican Brotherhood«. Obwohl der Führungsrat der Bruderschaft bis dahin stets den parlamentarischen Weg kategorisch abgelehnt hatte, begann diese neue Variante innerhalb der Bewegung an Fürsprechern zu gewinnen. Auch die Fenier in Amerika, die sich mittlerweile im »Clan na Gael« (Familie der Iren) organisiert hatten, verfolgten die Politik Parnells und seinen Nationalismus mit großem Interesse. Dem Parteiführer war dies durchaus willkommen, doch betrachtete er jede engere Zusammenarbeit als unrealistisch und als Gefahr für seine eigenen, zunächst bescheideneren politischen Ziele.

Der Kontakt zwischen Parnell und der Brotherhood war durch den persönlichen Einsatz Michael Davitts hergestellt worden. Davitt entstammte einer Tagelöhnerfamilie, die während der Hungerkatastrophe nach England emigriert war. Dort mußte er schon als Kind seinen Lebensunterhalt durch Fabrikarbeit verdienen. Nachdem er bei einem Arbeitsunfall einen Arm verloren hatte, war er nach Irland zurückgekehrt, wo er sich der republikanischen Bruderschaft anschloß und als Folge seiner illegalen politischen Tätigkeit sieben Jahre in Haft verbrachte. Nach seiner Entlassung im Jahre 1877 war Davitt rasch auf den neuen Führer der Home Rule-Bewegung aufmerksam geworden und wollte über ihn eine Zusammenarbeit zwischen Home Rulern und Brotherhood erreichen. Sein Ziel war die Gründung einer gemeinsamen Front von militanten Radikalen und parlamentarischen Nationalisten, die gemeinsam für ein unabhängiges Irland eintreten sollten. Doch die Führungsgremien beider Bewegungen lehnten die Pläne von Davitt zunächst noch ab, weil beiden Politik und Zielsetzung der jeweils anderen Organisation nicht mit der eigenen Programmatik vereinbar schienen. Noch schreckten die konstitutionellen Nationalisten – trotz ihrer parlamentarischen Obstruktion – vor der Radikalität der Fenier zurück, während eine Satzungsänderung den Angehörigen der Irish Republican Brotherhood seit 1873 zwar erlaubte, jede Bewegung zu unterstützen, die der irischen Unabhängigkeit diente, doch durfte diese Unterstützung eben nicht zur Preisgabe der eigentlichen revolutionären Ziele führen.

Aufgrund der eigenen Vergangenheit hatte die Landfrage stets im Mittelpunkt des politischen Denkens und Handelns von Michael Davitt gestanden. Diese Frage war trotz mancherlei Korrekturen seit 1867 nach wie vor unbeantwortet geblieben. Hier fand Davitt endlich den Ansatzpunkt für die projektierte gemeinsame Politik mit Parnell. Er gründete 1879, auf dem Höhepunkt einer neuen landesweiten Agrarkrise infolge mehrerer verhängnisvoller Mißernten, eine neue nationale Landbewegung, die »Irish National Land League«, und bat Parnell, diesmal mit Erfolg, darum, die Präsidentschaft über den neuen Verband zu übernehmen. Die Ziele der Landliga waren im wesentlichen identisch mit den Zielen der Pächterliga aus den fünfziger Jahren, doch sowohl die Zusammensetzung ihrer Mitglieder als auch die Wirkung ihrer Kampagnen unterschied sie erheblich von ihrer Vorläuferin. Es sollte die erste Organisation im irischen Kampf um nationale Unabhängigkeit werden, in der alle Richtungen – von den gemäßigten Home Rulern bis hin zu extrem militanten Republikanern – vertreten waren, geeint unter dem größten gemeinsamen Nenner der Landreform. Die Landliga erhielt von allen Seiten Unterstützung: Der Clan na Gael organisierte finanzielle Unterstützung durch die nationalistischen Bewegungen in den USA, die katholischen Gemeindepriester und eine Reihe von Bischöfen sorgten für die moralische Unterstützung in Irland selbst, politischen Rückhalt fand die Liga im Parlament zu Westminster durch die Home Rule-Partei.

Den eigentlichen Nährboden für die Erfolge der Landliga bildete jedoch die Agrarkrise der späten siebziger und frühen achtziger Jahre – zumal diese in die Zeit der europaweiten Wirtschaftsrezession fiel, deren Auswirkungen seit der Mitte des Jahrzehnts auch in Irland immer deutlicher zu spüren waren. Die traditionellen Industriezweige des Landes sahen sich in zunehmend schärferem Wettbewerb mit britischen Produzenten, welche aufgrund der eigenen zusammengebrochenen Exportmärkte Kontinentaleuropas nun ihre Produkte vermehrt in Irland anboten. Damit wurde dort ein Prozeß in Gang gesetzt, der in Großbritannien bereits weitgehend abgeschlossen war: der Ersatz der traditionellen handwerklichen Produkte durch industriegefertigte Waren sowie die Verdrängung von lokal oder regional arbeitenden Klein- und Mittelbetrieben durch landesweit oder international tätige Konzerne. Drei aufeinanderfolgende Mißernten in den Jahren 1877, 1878 und 1879 führten zu erheblichen, teilweise sogar zu totalen Ernteverlusten. Im schlimmsten Jahr 1879 lagen die Erträge im landesweiten Durchschnitt etwa 35 Prozent unter denen des Vergleichsjahrs 1876. Diese Verluste konnten diesmal nicht mehr, wie früher, durch ansteigende Preise wenigstens bedingt aufgefangen werden, im Gegenteil fielen die erzielten Erlöse im Verhältnis zu den Erträgen noch schlechter aus, da, um die Ernteausfälle auszugleichen, preisgünstiges Getreide in Übersee eingekauft und rasch auf Dampfschiffen nach Irland transportiert werden konnte. Mögliche Rücklagen der Pächter waren durch die schlechten Ernten der Jahre 1877 und 1878 bereits weitgehend aufgezehrt worden, daher sahen sich fast alle von ihnen am Ende der Erntesaison 1879 mit erheblichen Zahlungsschwierigkeiten konfrontiert. Wieder einmal traf es die Kleinpächter Westirlands am härtesten. Dort spielte der Kartoffelanbau zur Deckung des Grundnahrungsmittelbedarfs nach wie vor eine bedeutende Rolle. Mangels alternativer Importe stiegen indes die Kartoffelpreise an, so daß es erneut zu erheblichen Versorgungsschwierigkeiten der Bevölkerung in diesen Regionen kam – in manchen Bezirken mußten sich schließlich bis zu 60 Prozent der Bevölkerung auf Fürsorge und Unterstützung durch staatliche oder private Hilfskomitees verlassen. Solche Zahlen hatte man seit der großen Hungersnot der vierziger Jahre nicht mehr gekannt. Und dennoch: Trotz der angespannten Lage gibt es keine Hinweise darauf, daß es, im Gegensatz zur Katastrophe der Jahrhundertmitte, zu Fällen von Hungertod gekommen ist. Aufgrund der Erfahrungen der Vergangenheit und verbesserter technischer Möglichkeiten zeigte das Krisenmanagement bald die erhofften Wirkungen – preiswerte Maisprodukte ersetzten die Verluste bei der Kartoffelernte, Armenspeisungen sicherten die Ernährung der Ärmsten, staatliche Bürgschaften erleichterten den Lebensmittelhändlern den Entschluß, besonders hart getroffenen Kunden Kredite zu gewähren, die damit in der Regel die schlimmsten Phasen der Krise überstehen konnten.

Trotzdem kam es zu Unruhen. Erneut handelte es sich dabei zunächst um spontane und unkoordinierte Proteste gegen vermeintliches oder tatsächliches Unrecht vor dem Hintergrund sozialer Not, denn trotz aller Bemühungen waren Härtefälle kaum zu vermeiden. Erste Kundgebungen waren bereits 1877 aus Mayo, der ärmsten Grafschaft des Landes gemeldet worden. Vermutlich war Michael Davitt, der selbst aus der Grafschaft stammte, bald nach der Haftentlassung Zeuge einer solchen Protestkundgebung geworden, denn sein Plan, diese Unruhen zu kanalisieren und daraus die landesweit tätige Landliga zu formen, läßt sich bis in diese Zeit zurückverfolgen. Zunächst sollte diese Liga ein ausreichend großes Gegengewicht zu den immer noch übermächtigen Grundbesitzern bilden. Das größte Problem stellte in Zeiten wirtschaftlicher Not die Höhe des Pachtzinses dar. Doch da die Grundherren selbst mit ökonomischen Schwierigkeiten zu kämpfen hatten, empfahl die Ligaführung den Mitgliedern, zunächst mit den jeweiligen Grundherren über eine Reduzierung der Pachtzinsen zu verhandeln und erst für den Fall, daß solche Gespräche nichts fruchteten oder vom *lord* verweigert würden, die Zahlungen ganz einzustellen. Viele Grundherren reagierten auf diese Herausforderung auf altbekannte Weise: Sie antworteten mit Enteignungen und Eviktionen, denen sich die davon bedrohten Pächter mit Hilfe von Freunden, Nachbarn und der Liga diesmal jedoch entschieden widersetzten. Nicht selten kam es dabei zu handgreiflichen Auseinandersetzungen zwischen den Pächtern und den mit der Durchführung der Eviktion betrauten Staatsdienern. Bald hatte der Volksmund eine neue Bezeichnung für diese Krise geprägt: Sie wird seither als *land war*, als »Krieg auf dem Land um das Land« bezeichnet.

Zunächst ging es den Pächtern darum, durch eine Senkung des Pachtzinses die eigene wirtschaftliche Existenz zu sichern und einen Bankrott abzuwehren, das langfristige Ziel jedoch, das auch von der Landliga propagiert wurde, war die Umwandlung des Pachtlandes in Eigentum. Um die Nah- und Fernziele möglichst ohne allzu großen wirtschaftlichen Schaden durchsetzen zu können, bot die Liga den von Gegenmaßnahmen der Grundbesitzer betroffenen Pächtern materielle Sicherheit. Wurden Ligaangehörige aufgrund ihres Einsatzes gar zu Gefängnisstrafen verurteilt, erhielten deren Familien während dieser Zeit ebenfalls materielle Unterstützung. Ein wirksames Kampfmittel der organisierten Pächter war neben der Verweigerung der

Pachtzahlungen die totale Dienstleistungs- und Arbeitsverweigerung. Die bekannteste Strafaktion richtete sich gegen einen Landbesitzer, der selbst in England zu Hause war und sein irisches Gut, Lough Mask House, durch den legendären Captain Boycott verwalten ließ. Nachdem das Verhalten dieses Verwalters von der Liga für ungerecht erklärt wurde, versagte die gesamte Arbeiter- und Dienerschaft ihm, seiner Familie und dem Grundbesitz Dienste, Arbeit sowie jeden menschlichen Kontakt[12]. Zwar ließen sich solche und ähnliche Maßnahmen üblicherweise nur für eine begrenzte Zeit durchführen, doch gelang es der Landliga auf diese Weise binnen weniger Monate, die Landpächter zu einer leidlich homogenen Gemeinschaft zusammenzuschmieden, die sich erstmals in der irischen Geschichte mit Erfolg den Grundbesitzern entgegenstellte.

Bis etwa Mitte 1880 hatte sich die Landliga Davitts und Parnells bereits zu einem Machtfaktor in Irland entwickelt, der die Grundfesten des politischen Systems zu gefährden drohte. Die Regierung, die seit April des Jahres wieder von Gladstone geführt wurde, antwortete zunächst mit den üblichen staatlichen Repressalien, so zum Beispiel der Festnahme von Ligaführern. Michael Davitt zählte zu den ersten Verhafteten. Gleichzeitig jedoch arbeitete der Premierminister eingedenkt seines Vorsatzes, »Irland Frieden und Gerechtigkeit bringen zu wollen«, bereits an dem Entwurf für ein neues Landgesetz, das den Grundforderungen der Land League entgegenkam. Dieses trat schon Anfang 1881 in Kraft. Die Pächter erhielten damit ein wesentlich erweitertes Mitbestimmungsrecht in sie betreffenden Fragen, auch wurde die Schaffung von Berufungsinstanzen vorgeschrieben, an die sich die Pächter zur Festsetzung von angemessenen Pachtzinsen wenden konnten. Die Einhaltung dieser Vorschriften sollte durch eigens eingerichtete Schiedsstellen, deren Kompetenzen denen der üblichen Gerichtshöfe angepaßt war, überwacht werden. Doch mochte Gladstone selbst dieses Gesetz als umfassenden und grundlegenden Reformansatz zur Lösung der Landfrage betrachten – die Aufnahme in Irland war, abgesehen von Ulster, zurückhaltend bis kühl. Die Liga empfahl ihren Mitgliedern gar die Verweigerung der Annahme. Ihr Führungsrat erklärte die Initiative zu einem Beleg dafür, daß die

[12] Der Boykott konnte schließlich durch den Einsatz von 50 protestantischen Landarbeitern aus Ulster gebrochen werden, die unter dem Schutz eines Armeekorps die Arbeit auf dem Anwesen verrichteten.

bisherige Politik Früchte getragen und die Regierung zum Handeln gezwungen hatte. Weitere Zugeständnisse auch in der nationalen Frage seien nun in greifbare Nähe gerückt. Doch die Regierung reagierte statt dessen mit dem Erlaß von Notstandsverordnungen, mit der Verhaftung von Parnell und einigen anderen Führern der Landliga und schließlich im Oktober 1881 mit dem Verbot der Liga selbst.

Schnell mußte Gladstone jedoch erkennen, daß Zwangsmaßnahmen ein wenig geeignetes Mittel zur Bekämpfung des irischen Widerstandes waren, denn als Reaktion auf die Nachricht von der Verhaftung Parnells und dem Verbot der Liga kam es landesweit wieder zu Unruhen, die nur durch den massiven Einsatz von Sicherheitskräften leidlich eingedämmt werden konnten. Der Premierminister suchte erneuten Kontakt zu Parnell, und es gelang ihm schließlich, ihn dazu bewegen, seinen Einfluß zur Beruhigung der erbosten Bauern geltend zu machen. Dafür stimmte er im Vertrag von Kilmainham[13] persönlich der Entlassung der inhaftierten Ligaführer sowie der Gründung der Irish National League als Nachfolgeorgansiation der Land League zu. Parnell hatte dem Premierminister in diesem Zusammenhang versichert, daß die Nationalliga sich strikt an die konstitutionellen Rahmenbedingungen halten und auf jede illegale Handlung zur Durchsetzung ihrer Ziele verzichten werde. Gladstone zeigte mit seiner Gesprächs- und Verhandlungsbereitschaft, daß er die Bedeutung der Bewegung ebenso wie deren Handlungsmöglichkeiten erkannt hatte und Parnell als Sprecher des Großteils der irischen Bevölkerung akzeptierte. Diese Haltung konnte auch durch die Ermordung von Lord Frederick Cavendish, des liberalen und hochangesehenen neuen Irlandministers, nicht erschüttert werden, mit dessen Ernennung der gute Wille des Premierministers zur Beilegung des Disputs zusätzlich unterstrichen werden sollte. Dieser fiel am Tage seiner Ankunft in Irland auf der Fahrt zu seinem Dienstsitz dem Anschlag einer extrem nationalistischen Splittergruppe der Liga zum Opfer, die damit ihren Protest gegen Parnells strikten Konstitutionalismus demonstrieren und die Saat für neue Unruhen legen wollte[14]. Zwar wurden unter dem Eindruck des Attentats neue Notstandsverordnungen erlassen,

[13] So genannt nach dem Dubliner Gefängnis, in dem die Ligaführer einsaßen.

[14] Cavendish wurde zusammen mit seinem Stellvertreter T. H. Burke im Dubliner Phoenix Park am 6. Mai 1882 von Angehörigen einer nationalistischen Gruppe mit dem Namen »Invincibles« (die Unbesiegbaren) ermordet.

doch zeigte Gladstone weiterhin großes Interesse an der Suche nach einer möglichst umfassenden Lösung des irischen Problems auf allen Ebenen im Sinne der Home Rule.

Inzwischen hatte die Landreform erstaunliche Wirkungen erzielt. Das Gesetz von 1881 übertrug die Festsetzung der Pachtzinsen den staatlichen Schiedsstellen, was bis 1885 zu einer Senkung der Sätze um etwa 20 Prozent führte. Im selben Jahr wurden durch das ›Ashbourne-Gesetz‹ die Grundlagen für staatliche Hilfeleistungen bei dem Erwerb von Land durch die bisherigen Pächter festgelegt. Immer mehr Grundbesitzern schien es in den Folgejahren sinnvoller zu sein, den Pächtern den Boden zu verkaufen anstatt dauernde Einnahmeverluste hinzunehmen oder die Besitzrechte mit den Pächtern zu teilen. Das Wyndham-Gesetz von 1903 führte dann endlich zur Abschaffung der letzten Reste des alten Feudalsystems in Irland und zu einer endgültigen Übernahme des Bodens durch die ehemaligen Pächter – bis 1917 hatten fast zwei Drittel der ehemaligen Pächter die Eigentumsrechte an dem von ihnen beakkerten Boden erworben. Mit Recht wird gerade dieses Gesetz als revolutionär bezeichnet, obwohl es eine Lösung herbeiführte, die nicht den Vorstellungen des eigentlichen Spiritus rector der Landliga, Michael Davitt, entsprach. Aus den Pächtern waren Eigentümer geworden, das Land gehörte jetzt dem Volk, allerdings auf eine andere Weise, als der Gründer der Liga es sich vorgestellt hatte, denn er wollte über den Wechsel der Besitzverhältnisse eine Verstaatlichung des Bodens erreichen und auf diese Weise Irland in die Unabhängigkeit führen – doch anstatt in Staatsbesitz überzugehen verblieb das Land in privater Hand, und auch die irische Unabhängigkeit schien im Jahre 1903 noch weit entfernt zu sein.

Im Abkommen von Kilmainham hatte Parnell seine Entschlossenheit bekräftigt, die nationale Frage ausschließlich auf parlamentarischem Weg weiterzuverfolgen und auf die Fortsetzung des »Landkrieges« zu verzichten. Nur unter dieser Voraussetzung, daran hatte Gladstone keinen Zweifel gelassen, war die Regierung zu den Zugeständnissen in der Landfrage bereit. Die ersten Reformmaßnahmen der Regierung wiederum stärkten die Position Parnells. Im Jahre 1884 schloß sich die Führung der katholischen Kirche nach langem Zögern erstmals öffentlich der Home Rule-Politik der National League an und bevollmächtigten sie zur Wahrnehmung ihrer nach wie vor zum Großteil unerfüllten Ansprüche auf dem Gebiet des Erziehungswesens im Parlament. Als im Juni 1885 der eher zurückhaltende Dubliner Erzbischof McCabe vom engagierten Home Ruler William Walsh abgelöst wurde, schlug sich die Kirchenführung vollends auf die Seite der »Parnellites«. Zur selben Zeit gewannen diese einen bislang ungeahnten Einfluß in Westminster, als das Kabinett Gladstone aufgrund interner Spannungen und außenpolitischer Mißerfolge zunehmend unter Druck geriet und kurz darauf von einer ungewöhnlichen Koalition aus Tories und irischen Home Rulern gestürzt wurde. Der neue Premierminister Salisbury zögerte nicht und bedankte sich für die Hilfe der National League durch die schnelle Verabschiedung des ›Ashbourne-Gesetzes‹. Ob Salisbury wollte oder nicht – er mußte sich der Unterstützung der irischen Parlamentarier versichern, denn trotz des Aufrufs Parnells an die in Großbritannien lebenden Iren, bei den Parlamentswahlen des Jahres 1885 gegen die liberalen Kandidaten zu stimmen, hatten die Whigs 335 Sitze gewonnen, die Tories lediglich 249. Da die irischen Nationalisten 86 Mandatsträger nach Westminster entsenden konnten, fiel ihnen die Rolle des Königsmachers zu.

Parnell hatte bewiesen, daß er nach wie vor das Mittel der Obstruktion in der Parlamentsarbeit ausgezeichnet beherrschte. Obwohl es ihm dabei ausschließlich um die Durchsetzung nationalirischer Politik ging, bestimmten die Abgeordneten seiner Partei einige Wochen lang die britische Politik. Für wen sie sich letztlich entscheiden würden, hing von der Bereitschaft der beiden großen Unterhausparteien zu Zugeständnissen in der irischen Frage ab. Allerdings wußte Parnell auch, daß jede Entscheidung die Nationalliga längerfristig als Koalitionspartner an den erwählten Favoriten binden würde, da jedes weitere Lavieren zwischen Liberalen und Konservativen die Glaubwürdigkeit der Partei im Parlament langfristig erschüttern und damit, bei geänderten Mehrheitsverhältnissen, ihren künftigen Einfluß auf die Regierungspolitik untergraben würde. Damit wäre gleichzeitig die eigene Daseinsberechtigung aus der Sicht der irischen Wähler entfallen.

Die Liberalen gewannen schließlich das Rennen um die Gunst der irischen Nationalisten. Nachdem im Dezember 1885 bekannt wurde, daß Gladstone für den Fall einer erneuten Wahl zum Premierminister schnellstmöglich dem Parlament einen Gesetzentwurf über die Einführung von Home Rule in Irland vorlegen würde, war ihm die Unterstützung der National League, die zwischenzeitlich immer öfter als »Irish parliamentary party«

bezeichnet wurde, gewiß. Natürlich spielte bei Gladstones Entscheidung zugunsten irischer nationaler Selbstverwaltung ein ganzes Bündel von Beweggründen eine Rolle[15]. Es ist unbestritten, daß es ihm dabei zunächst um die Wiedererlangung politischer Macht ging, was nur mit Hilfe der irischen Nationalisten möglich war. Doch darüber hinaus sollte die Integrität seiner Absicht gleichfalls nicht in Frage gestellt werden, durch die Gewährung von nationaler Selbstverwaltung legitime irische Ansprüche zu befriedigen und das immer noch schwierige anglo-irische Verhältnis auf eine neue und zukunftsweisende Grundlage zu stellen. Im Februar 1886 wurde Gladstone mit den Stimmen der Abgeordneten der irischen Parlamentspartei zum dritten Mal Premierminister einer Regierung des United Kingdom, schon am 8. April desselben Jahres trug er dem Parlament den Entwurf eines Home Rule-Gesetzes für Irland vor.

Die Geschwindigkeit, mit der der Gesetzentwurf vorgelegt werden konnte, läßt darauf schließen, daß die Vorbereitungsarbeiten dafür bereits bei Amtsantritt Gladstones im wesentlichen abgeschlossen waren. Ferner scheint die Zusammensetzung seines Kabinetts, in dem keineswegs nur Anhänger von Home Rule saßen, ein Hinweis darauf zu sein, daß der Premierminister selbst nicht an den Erfolg seiner Initiative glaubte, zumal auch er kaum davon ausgehen konnte, daß das traditionell konservative Oberhaus diesem Entwurf zustimmen würde. Dennoch mußte die Initiative aus mehreren Gründen gewagt werden: Erstens stand er in dieser Frage bei den irischen Nationalisten im Wort, zweitens konnte damit der konstitutionell-national eingestellten Bevölkerungsmehrheit in Irland die Reformbereitschaft der Regierung demonstriert werden, womit diese auch jenseits der Irischen See an Glaubwürdigkeit gewann, außerdem konnte der sich langsam entwickelnde Streit zwischen Nationalisten und Unionisten entschärft und die Position der Parlamentspartei gestärkt werden, und drittens war Gladstone selbst ohne Zweifel von der Notwendigkeit einer Reform des anglo-irischen Verhältnisses überzeugt.

In einer ausführlichen und ungewöhnlich langen Rede stellte der Premierminister persönlich den Entwurf im Unterhaus vor.

[15] Zu den Motiven von Gladstone sowie den innerparteilichen Disputen über Home Rule vgl. z.B. die Studie von Graham D. Goodland, Gladstone and His Rivals. In: E.F. Biagini u. A.J. Reid (Hg.), Currents of Radicalism. Popular Radicalism, Organised Labour and Party Politics in Britain, 1850–1940. Cambridge 1991.

Dabei betonte er, daß auch nach der Gewährung von Home Rule der Fortbestand des Vereinigten Königreiches gesichert sei. Zwar würde es nach der Annahme des Gesetzes künftig eine irische Exekutive in unmittelbarer Verantwortung gegenüber einem irischen Parlament mit Zuständigkeiten in inneririschen Angelegenheiten geben, doch wären diese durch eine Reihe von Einschränkungen weiterhin der Kontrolle des Parlaments von Westminster unterworfen, das ohnehin in Kronangelegenheiten ebenso wie in der Außen-, Verteidigungs- und Wirtschaftspolitik direkte Zuständigkeit behalten sollte. Die Annahme des Gesetzes würde daher ebenso dem irischen Nationalbewußtsein wie der imperialen Räson gerecht, da es einen Schlußstrich unter die jahrhundertealten Zwangsmaßnahmen ziehe, mit denen bisher britische Macht in Irland ausgeübt worden sei, und statt dessen die Traditionen britischer Staatskunst betone, die wie in Kanada die Existenz der Besonderheiten der verschiedenen Teile des Empire anerkenne, dessen Bestand insgesamt jedoch nicht gefährdet sei. Aus allen diesen Gründen sei, so appellierte der Premierminister an die versammmelten Parlamentarier, die Annahme des Entwurfs unerläßlich. Um seinen Kritikern von vornherein möglichst wenige Angriffspunkte zu liefern, wies er zugleich auf den provisorischen Charakter des Konzepts hin, das nach wie vor in vielerlei Hinsicht geändert werden könne. All dies war zwar in der Tat noch weit entfernt von irischer Unabhängigkeit, aber es genügte, um vor Parnell und den übrigen Abgeordneten der irischen Parlamentspartei zu bestehen.

Der Entwurf löste erwartungsgemäß heftige Diskussionen aus. Der stärkste Widerstand kam, wie Gladstone vorausgesehen hatte, aus den Reihen der konservativen Opposition. Lord Randolph Churchill, der ehemalige Indienminister des Kabinetts Salisbury, wurde rasch zu einem der prominentesten Gegner von Home Rule. Wesentlicher Bestandteil seiner Kampagne gegen den Entwurf war der Widerstand, der sich vornehmlich unter den Protestanten Ulsters gegen die Politik Gladstones ebenso wie die der konstitutionellen Nationalisten Irlands zu regen begann. So setzte er also, wie er selber sagte, auf die »Karte Orange«, also auf den Einfluß, den die überall im irischen Nordosten seit dem ausgehenden 18. Jahrhundert entstandenen fundamentalistisch-protestantischen Orange Orders auf die Bevölkerung der Provinz ausübten. Noch vor dem Tag der ersten Lesung reiste er nach Ulster und redete in verschiedenen Orten vor Zehntausenden. Dabei wußte er geschickt die allgemeine Mißstimmung auszunutzen, um durch eindringliche Warnungen vor den verheerenden Auswirkungen irischer nationaler Selbstverwaltung auf die persönlichen Freiheiten und das wirtschaftliche Wohlergehen aller Protestanten Ulsters eine geschlossene Abwehrfront gegen Home Rule im allgemeinen und die Regierungspolitik Gladstones im besonderen aufzubauen. Dessen Politik, so das Fazit Churchills, sei ein Ausverkauf der Idee des Empire und der britischen Weltherrschaft sowie ein schamloser Betrug an den Loyalisten und Protestanten Ulsters.

Doch reichte der Widerstand allein der Konservativen nicht aus, um das Gesetz bereits im Unterhaus zu Fall zu bringen. Entscheidend dafür war das Versäumnis des Premierministers, die eigene Partei geschlossen auf seine Politik einzuschwören. Statt dessen spalteten sich von dieser mit den konservativen Liberalen und den radikalen Sozialreformern zwei oppositionelle Lager ab, die aus verschiedenen Gründen die Home Rule-Vorlage des eigenen Regierungschefs ablehnten. Als das Unterhaus am 7. Juni 1886 über den Gesetzentwurf abstimmte, fehlten Gladstone schließlich dreißig Stimmen an der Mehrheit. Die Vorlage wurde abgelehnt, und der Premierminister selbst nur wenige Wochen später abgewählt – erstmals in der Geschichte war eine britische Regierung über die Irlandfrage gestürzt. Ohne es zu wissen, war Gladstone bei der Abstimmungsniederlage auch Zeuge des einsetzenden Niederganges der liberalen Partei geworden. Bis zum Ende des Jahrhunderts gelangten die Whigs – wieder unter seiner Führung – im Jahre 1892 für kurze Zeit an die Regierung, zu Beginn des 20. Jahrhunderts noch einmal für wenige Jahre, doch scheiterten alle Nachfolger des großen alten Liberalen des 19. Jahrhunderts stets bei dem Versuch, die divergierenden Interessen der beiden gegensätzlichen Flügel im Interesse der Gesamtpartei zu überwinden. Viele Anhänger des radikalen Flügels schlossen sich seit der Jahrhundertwende der »Labour Party« an, die fortan in zunehmendem Maße auch die Stimmen der Arbeiterschaft zu gewinnen wußte, während viele konservative Whigs zur selben Zeit in das Lager der Tories wechselten.

Das jedoch war im Jahre 1886 kaum vorhersehbar. Gladstone selbst setzte aus der Opposition heraus seinen Kampf für Home Rule fort und erhielt dabei sogar Unterstützung von unerwarteter Seite. Im Jahr 1889 veröffentlichte die Londoner ›Times‹ eine Serie von Artikeln, in denen Parnell persönlich die Mittäterschaft und der liberalen Partei Mitwisserschaft an verschiedenen sektiererischen Anschlägen und Ausschreitungen während und nach dem »Landkrieg« vorgeworfen wurde. Ein Parlamentsausschuß befaßte sich mit den Vorwürfen und fand heraus, daß die Artikel auf einer Reihe von Briefen beruhten, die ein unzufriedenes Mitglied der irischen Parlamentspartei gefälscht und der Redaktion zugespielt hatte. Nachdem die Fälschung entlarvt wurde, erfuhren sowohl die Liberalen als auch die Parnellites große öffentliche Sympathiekundgebungen. Gerade die Parlamentspartei benötigte diesen Zuspruch dringend, denn nach der Niederlage von 1886 hatte sich ihre Position als Partner der Liberalen entschieden verschlechtert. Auch ihre Politik daheim erwies sich als wenig erfolgreich. So hatte die Parteiführung nach der Ablehnung des Home Rule-Gesetzes und vor dem Hintergrund einer neuen Wirtschaftsrezession im Oktober 1886 zwar die Fortsetzung des »Landkriegs« in Form des sogenannten »Plan of Campaign« beschlossen, der den Pächtern weitere Vorteile bringen sollte, doch konnten fast alle Maßnahmen dieser Kampagne durch Arthur Balfour, den äußerst effektiv arbeitenden Irlandminister, konterkariert werden.

Parnell selbst war zu diesem Zeitpunkt schon länger mit der Ehefrau eines Parteifreundes liiert. Bis 1886 konnte dies weitgehend vor der Öffentlichkeit verborgen bleiben, doch nachdem er sich seit 1886 offen zu dieser Liebesbeziehung bekannte, mehrte sich die Kritik daran – dies um so mehr, als er sich immer weniger für die Belange der Partei einzusetzen schien. Nach der Entlarvung der ›Times‹-Agitation als Fälschung stiegen seine Sympathiewerte noch einmal stark an, doch nur wenige Wochen später leitete der betrogene Ehemann ein Scheidungsverfahren ein und nannte das Verhältnis seiner Frau zum Führer der Parlamentspartei als Scheidungsgrund. Nachdem dies öffentlich bekannt geworden war, drängte Gladstone persönlich darauf, daß Parnell von seinem Parteivorsitz zurücktreten müsse, da ansonsten die Unterstützung seiner Irlandpläne in der liberalen Partei sinken würde. Auch verstärkten sich kritische Kommentare einiger irischer Bischöfe an der Lebensführung Parnells. Die Abgeordneten der Parlamentspartei reagierten auf all diese Vorwürfe zutiefst verunsichert. Im November 1890 wurde der Fall Parnell Gegenstand einer heftigen Debatte in der Fraktion, die sich letztlich mehrheitlich gegen ihren bisherigen Vorsitzenden aussprach. Auch wenn dieser selbst sich verzweifelt gegen alle Absetzungsversuche wehrte, konnte er letztlich doch nicht verhindern, daß die Diskussion darüber bis in die Ortsverbände hinein geführt wurde. Die Opposition gegen ihn wuchs ständig an, überall dort, wo es zu Kampfabstimmungen zwischen eigenen Kandidaten und »Anti-Parnellites« kam, unterlagen seine Anhänger. Diese Entwicklung wirkte sich verhängnisvoll auf den umstrittenen Ex-Vorsitzenden aus, dessen ohnehin angeschlagener Gesundheitszustand sich rasch verschlechterte. Wenige Monate später, am 6. Oktober 1891, starb Charles Stewart Parnell im Alter von nur 45 Jahren. Die politische Auseinandersetzung in der Partei jedoch überdauerte den Tod des Vorsitzenden; sein Nachfolger John Redmond benötigte neun lange Jahre, bis er den Riß, der die Partei zu spalten drohte, endlich gekittet hatte. Doch unabhängig davon konnte Gladstone die Parlamentswahlen des Jahres 1892 wieder gewinnen. Erneut brachte er eine Home Rule-Gesetzesvorlage vor das Parlament. Diesmal wurde sie im Unterhaus angenommen, dafür jedoch von der zweiten Instanz, dem Oberhaus, abgelehnt.

Die Entwicklungen, die der irische Nationalismus seit 1886 durchlief, irritierten seine Anhänger zunehmend. Spätestens der allzu frühe Tod Parnells, der von vielen als die Personifizierung des politischen Kampfes um irische Unabhängigkeit gesehen worden war, erweckte bei ihnen den Eindruck, daß Politik ein schmutziges Geschäft sei, dem eine so edle Sache wie die Suche nach der eigenen nationalen irischen Identität nicht anvertraut werden dürfe. Neue, vorzugsweise unpolitische Ausdrucksformen des Irisch-seins mußten daher gefunden werden. Schon diese Formulierung jedoch zeigt das Dilemma, in dem alle jene Gruppen und Verbände im ausgehenden 19. und frühen 20. Jahrhundert von vornherein steckten, wenn sie die organisierte Pflege und Förderung typisch irischer Eigenschaften und Werte als unpolitisch bezeichneten. Natürlich waren damit nolens volens handfeste politische Wirkungen verbunden, schließlich würde eine auf diese Weise erzeugte nationale irische Identität trefflich als Grundlage des Nationalbewußtseins unabhängiger irischer Staatsbürger dienen können. Möglicherweise waren sich viele der damals aktiven kulturellen Sinnstifter indes gar nicht solcher Konsequenzen bewußt, sondern empfanden ihre Tätigkeit zur Pflege irischer Kulturwerte als notwendige Schutzmaßnahme vor einer Anglisierungswelle, die die Grüne Insel seit der Mitte des Jahrhunderts überflutete und bereits dazu geführt hatte, daß die irische Sprache, die vor der großen Hungerkatastrophe besonders in Zentral- und Westirland noch weitverbreitet gewesen war, wenige Jahrzehnte später nur noch von etwa einem Prozent der Bevölkerung gesprochen wurde. Mit dem Rückzug der Sprache ging der Verlust der Erinnerungen an andere kulturelle Besonderheiten einher – jedenfalls im öffentlichen Bewußtsein.

Solche Kulturpflege war indes kein Spezifikum des ausgehenden 19. Jahrhunderts. Im letzten Kapitel ist bereits darauf hingewiesen worden, daß sich das Interesse an dieser Thematik schon in der zweiten Hälfte des 18. Jahrhunderts herauszubilden begann. Spätestens mit der Gründung der Royal Irish Academy im Jahre 1785 waren die organisatorischen Grundlagen für eine systematische Erforschung der irisch-keltischen Geschichte und Kultur gelegt worden. Seither sorgte die Arbeit einer zwar kleinen, aber hochqualifizierten Gruppe engagierter Wissenschaftler dafür, daß der Erinnerungsfaden nicht gänzlich riß. Unterstützung erhielten sie auch aus dem Ausland, besonders aus Deutschland. Dort hatten besonders die Arbeiten des fränkischen Altertumsforschers Johann Kaspar Zeuss das Interesse an der keltischen Geschichte, Kultur und Sprache geweckt. Zeuss gilt heute als der Begründer der modernen keltischen Philologie, seine ›Grammatica Celtica‹ (1853, 2. Aufl. 1871) zählt nach wie vor zu den Standardwerken dieser Wissenschaft. Das Verdienst der vorgeblich unpolitischen keltisch-irischen Interessenverbände liegt also weniger auf der genuin wissenschaftlichen Erforschung des Gebiets, als vielmehr auf deren weiter Verbreitung und Verankerung im öffentlichen Bewußtsein der Zeit. Damit schufen sie zweifellos die Grundlagen für das heute überall in Irland (außer natürlich unter den unionistischen Protestanten Ulsters) verbreitete nationale Selbstverständnis, das seine Wurzeln in der eigenständigen keltischen Vergangenheit sieht, jedoch auch die wikingischen, anglo-normannischen und englischen Einflüsse auf die historische Entwicklung der Iren nicht leugnet.

Die Aktivitäten dieser Verbände waren weit gestreut. Schon 1884 erfolgte in der Grafschaft Tipperary die Gründung der »Gaelic Athletic Association« (GAA). Diese Vereinigung hatte sich zum Ziel gesetzt, die Pflege, Verbreitung und Förderung der traditionellen irischen Sportarten zu betreiben. Dies bezog sich zunächst auf die Erfassung der traditionellen Spiele wie Hurling, Camogie, Straßen-Bowling, die seit Jahrhunderten zwischen benachbarten Dörfern ausgetragen und nun mit einem landesweit einheitlichen Regelwerk versehen wurden. Auf dieser Grundlage organisierten die Mitarbeiter der GAA lokale, regionale und landesweite Turniere, an denen nur Mitglieder, in erster Linie junge Menschen, teilnehmen durften, die auf diese Weise die eigene Kultur ein wenig besser kennenlernen und darüber hinaus auch landesweit Kontakte knüpfen und so ein gesamtirisches Nationalgefühl entwickeln konnten. Bewußt untersagten die Statuten der GAA Soldaten und Angehörigen der *gentry* die Mitgliedschaft. Da es den Mitgliedern der GAA strikt verboten war, »fremde« Sportarten zu betreiben, manche davon, besonders Fußball, indes viele Anhänger gefunden hatten, entwickelten die Funktionäre eigene »irische« Alternativen, die mit einem Regelwerk versehen wurden, das sich wenigstens zum Teil an der keltisch-irischen Sagenwelt orientierte. Auf diese Weise entstand »Gaelic football«, ein auch heute noch populäres und viel gespieltes Mannschaftsspiel, das Ähnlichkeiten mit Fußball und Rugby besitzt.

Ganz andere Ziele vertrat die 1893 von Douglas Hyde und John (später Eoin) MacNeill gegründete »Gaelic League«. Auch sie wollte eine bewußt unpolitische Vereinigung sein, die sich ausschließlich der Pflege und Verbreitung der irischen Sprache widmete. Dort, wo sie noch gesprochen wurde, galt es, sie zu bewahren, um sie im Laufe der Zeit durch intensiven Schulunterricht wieder auf der ganzen Insel zu verbreiten. Nur eine eigene Sprache könne, hatte Hyde einmal festgestellt, den Anspruch auf eine eigene nationale Identität letztlich glaubhaft ausdrücken, und das könne nur Irisch sein. Die Sprache sollte an Kinder, Jugendliche und Erwachsene vermittelt werden. Dazu wurde ein landesweites Netz von Verbänden eingerichtet, die, jeweils in eigener Regie, Sprach- und Geschichtskurse, Theateraufführungen, Konzerte, Tanzkurse und andere Veranstaltungen organisierten, auf denen ausschließlich Irisch gesprochen und gesungen wurde. Unter der Führung der Gaelic League wurde darüber hinaus eine intensive Kampagne zur Einführung der irischen Sprache als Unterrichtsfach in allen Schulen des Landes betrieben. Während sich die von der katholischen Kirche geleiteten Bildungsstätten diesem Wunsch rasch anschlossen, dauerte es bei den staatlichen Schulen etwas länger, doch bis 1903 wurde das Fach an immerhin 1300 Grund- und Hauptschulen gelehrt. Obwohl die Liga, wenigstens nach außen, stets eine unpolitische Bewegung sein wollte, hatte sie doch durch ihre Erfolge handfeste Argumente für den Fortbestand des irischen Anspruches auf nationale Unabhängigkeit geliefert. Sie versuchte wie die GAA, durch ihre Tätigkeit den Beweis zu erbringen, daß Irland eine eigenständige Kulturnation war. Danach hatte diese Nation im damaligen Selbstverständnis auch Anspruch auf politische Souveränität.

Eng mit der Arbeit der Gaelic League verknüpft war die Entstehung einer eigenständigen anglo-irischen Literatur, die die Phase des kulturellen »Gaelic Revival« abrundete. Die Hauptfigur dieser Szene war zweifellos der Dichter William Butler Yeats. Neben ihm zählten noch Persönlichkeiten wie Lady Gregory, George Russell, Douglas Hyde, T. W. Rolleston, Standish O'Grady, John Millington Synge, George Moore und James Stephens zu dieser Literatenbewegung. Yeats hatte einmal die irische Sprache als seine National-, nicht jedoch seine Muttersprache bezeichnet und damit dezent umschrieben, daß er sie nicht beherrschte. Diesen Mangel versuchte er nun, durch die Bearbeitung traditioneller keltisch-irischer Sagenstoffe auszugleichen. Die Aufgabe der irischen Dichter, Dramatiker und Schriftsteller lag, so Yeats, in der Befriedigung der intellektuellen Bedürfnisse Irlands, denn ohne ein eigenständiges Kulturleben gab es in seinem Verständnis keine Möglichkeit, ein eigenes irisches Nationalbewußtsein zu entwickeln und zu bewahren. Die alten irischen Legenden ebenso wie die Geschichte des Landes boten ihnen in der Tat reichlich Stoffe zur Auswahl. So wurde in diesen Jahren Irland auch erstmals mit einer armen, alten Frau verglichen, bei Yeats in Erinnerung an eine mythische Gestalt Cathleen NaHoulihan genannt, die sich in eine junge und schöne Königin verwandelte, wenn junge Helden wie der legendäre Cú Chulainn es als wert erachteten, für sie zu sterben. Auf die Initiative von Yeats und Lady Gregory wurde in diesen Jahren auch das Abbey Theater in Dublin gegründet, das sich schnell zu einer der führenden Bühnen für Stücke aus der anglo-irischen Literatur entwickelte. Gelegentlich kam es vor den Toren des Theaters schon einmal zu handfesten Auseinandersetzungen, wenn sich, wie im Fall der Uraufführung von Synges ›The Playboy of the Western World‹ hunderte von jungen Anhängern der GAA oder Gaelic League versammelten, die mit handgreiflichen Argumenten dagegen protestierten, daß das Stück, wie sie meinten, zu wenig nationalirische Ideale vermittelte und statt dessen nur die prä-nationalistische und unpolitische Stimmung des irischen Landlebens widerspiegelte. Dies zeigte deutlich, daß die vermeintlich unpolitischen Aktivitäten des Gaelic Revival durchaus konkrete (kultur-)politische Wirkungen hatten. Manchmal, so scheint es, sorgten sich die Träger dieser Bewegung selbst um mögliche radikalisierende Wirkungen ihrer

Arbeit auf die Bevölkerung. Lange Jahre nach dem Ende des irischen Unabhängigkeitskampfes, kurz vor seinem Tod im Jahre 1939 dichtete William Butler Yeats dazu folgende Zeilen:

»... I lie awake night after night
And never get the answers right
Did that play of mine send out
Certain men the English shot?«[16]

Erste Schritte in die Unabhängigkeit 1900–1916

Die Sorgen und Ängste, die diese Zeilen ausdrücken, waren begründet. Schließlich stammten all jene Rebellen, die an dem Osteraufstand von 1916 beteiligt waren und in den Wochen und Monaten danach zum Tode verurteilt und hingerichtet wurden, aus dem Umfeld des Gaelic Revival, sie hatten also ihre politische Prägung im Rahmen einer vermeintlich unpolitischen Bewegung erfahren. Der persönliche Werdegang von Patrick Pearse, einem der Mitunterzeichner der Unabhängigkeitserklärung von 1916, sei hier kurz als Beispiel genannt. 1879 in Dublin als ältester Sohn einer Steinmetzfamilie geboren und aufgewachsen, wurde er schon als Kind von seiner Mutter in der keltisch-irischen Nationalgeschichte unterrichtet. Seine Schulausbildung erfolgte ganz im Sinne des Gaelic Revival, dessen Normen und Werte er schnell verinnerlichte und romantisch verklärte. Nach dem Schulabschluß entschloß er sich zur aktiven Mitarbeit in der Gaelic League und wurde bald Herausgeber der Verbandszeitschrift. Daneben widmete er sich der Erziehung der irischen Jugend im national-irischen Sinn und gründete sogar eine eigene Schule, St. Enda's, am Stadtrand von Dublin gelegen. Den Schülern dieser Schule wollte er seine ritterlichen Ideale vom Dienst an der Nation und dem leidenden Volk vermitteln. So blieb er lange Jahre ein Kulturnationalist und wurde erst nach dem Wiedererwachen der Irish Republican Brotherhood in den ersten Jahren des 20. Jahrhunderts von deren radikalen politischen Zielen angezogen, da diese, wie er glaubte, eine schnelle Erfüllung all seiner Ideale versprach.

Zunächst jedoch schien die politische Entwicklung weiterhin

[16] W. B. Yeats, The Man and the Echo. Zitiert nach: De Paor, The Peoples of Ireland, S. 273.

in konstitutionellen Bahnen zu verlaufen. Im Jahre 1900 hatte John Redmond den Vorsitz der Irish Parliamentary Party übernommen und deren langjährige Spaltung, verursacht durch die Abwahl von Parnell, überwinden und die parlamentarische Arbeit seiner Partei wieder effektiver gestalten können. Im Jahre 1904 veröffentlichte Arthur Griffith, ein Dubliner Journalist und seit 1899 Herausgeber einer dem Gaelic Revival nahestehenden Zeitschrift mit dem Namen ›The United Irishman‹, einen Artikel unter dem Titel ›Das Wiedererwachen Ungarns‹. Darin schilderte er die Geschichte des österreichisch-ungarischen Ausgleichs von 1867, der die Schaffung der k. u. k. Doppelmonarchie zur Folge gehabt hatte. Dieses Modell empfahl er den politisch Verantwortlichen des Landes als mögliche Antwort auf die nach wie vor ungelöste »irische Frage«. Ob Griffith sich der Probleme bewußt war, die dem Haus Habsburg durch den Ausgleich mit Ungarn bereitet worden waren, ist ungewiß. Er hielt jedenfalls die Übertragung des kontinentalen Modells auf die britische Irlandpolitik für möglich und legitimierte es völkerrechtlich durch die Infragestellung der Unionsakte von 1801. Nach dieser Logik hätte sich Irland in den Händen einer fremden Besatzungsmacht befunden. Dies jedoch bedeutete auch, daß sich die Abgeordneten der Parlamentspartei im Parlament von Westminster – und damit die mehrheitlichen Vertreter irischen Volkswillens – durch die Teilnahme am britischen politischen System an der illegalen Besetzung Irlands beteiligten und daher konsequenterweise die Mandate niederlegen müßten. Statt dessen sollten sie in ein neuzuschaffendes irisches Parlament einziehen, das in seiner Zusammensetzung und Funktion in etwa die Rechte besitzen würde, die seinerzeit »Grattans Parlament« in den achtziger und neunziger Jahren des 18. Jahrhunderts besaß.

Da erwartungsgemäß die Abgeordneten der Parlamentspartei ihre Mandate nicht niederlegten, entschloß sich Griffith im folgenden Jahr, eine eigene Partei zu gründen, der er den programmatischen Namen »Sinn Féin« (was etwa »wir für uns« oder »wir selbst« heißt) gab. Damit hatte die ursprünglich halbpolitische gaelisch-irische »Wiedergeburt« erstmals eine eindeutige politische Dimension gewonnen, deren Ziel ein unabhängiges Irland war, das jedoch nur auf friedlichem Wege erreicht werden sollte. Passiver Widerstand gegen die Staatsgewalt war das äußerste Mittel, das die Statuten erlaubten. Zwar gab es zwischen den Parteimitgliedern und der Irish Republican Brotherhood eine Reihe von Verbindungen, hauptsächlich über persönliche

Freundschaften zwischen einzelnen Führungsmitgliedern, doch unterschieden sie sich grundsätzlich in der Wahl ihrer Mittel voneinander. Im Gegensatz zu Sinn Féin ging die Brotherhood immer noch davon aus, daß Gewaltanwendung zur Erreichung des politischen Zieles legitim war.

Der erklärte friedliche Separatismus von Griffith und seiner neugegründeten Partei wurde in manchen nationalistischen Zirkeln durchaus mit Interesse verfolgt. Einige andere separatistische Organisationen, die zwischen 1900 und 1903 entstandenen »Cumann na nGael«, der »National Council«, die »Inghinidhe na hEireann« von Maud Gonne, der Lebensgefährtin von W. B. Yeats, sowie einige Belfaster republikanische Clubs schlossen sich der neuen Partei an und brachten damit die jeweils vereinseigenen Organisationsstrukturen mit ein, die trefflich für den Ausbau eines landesweiten Parteiapparates genutzt werden konnten. Nachdem einige Erfolge bei Kommunalwahlen erzielt worden waren, fühlte sich die Partei stark genug, um die Kraftprobe mit der Parlamentspartei zu wagen. Diese arbeitete seit dem Wahlsieg der Liberalen im Jahre 1905 wieder eng mit der Regierungspartei in Westminster zusammen. Als sich Ende 1907 ein junger Abgeordneter der Parlamentspartei aus dem Wahlbezirk North Leitrim bereit erklärte, sein Mandat niederzulegen und das nächste Mal für Sinn Féin zu kandidieren, schien die Gelegenheit für eine direkte Herausforderung günstig zu sein. Doch die Wählerschaft war noch nicht bereit, den politischen Zielen von Griffith und seiner Partei zu folgen – der neue Kandidat der Parlamentspartei wurde mit einer Zweidrittelmehrheit gewählt.

Die irischen Wähler setzten damit offensichtlich auf altbewährte Strukturen, zumal die Arbeit der Parlamentspartei in Westminster nach der Übernahme des Vorsitzes durch John Redmond einige Früchte zu tragen schien. Die »irische Frage« stand offensichtlich weit oben auf der Tagesordnung der Regierungspolitik, denn es gab in den ersten Jahren des Jahrhunderts eine Vielzahl von Denkschriften und anderen Lagebeurteilungen zu irischen Problemen, die von Armengesetzen über das Erziehungswesen, die Fischerei bis zum Zeitungswesen reichten. Eine Reihe von Reformen folgte: Auf die Wyndham-Akte und den Abschluß der Landreform ist bereits hingewiesen worden, doch daneben wurde die Organisation der kommunalen Verwaltung erheblich verbessert, Irland erhielt ferner eine Nationalbibliothek, eine Nationalgalerie sowie ein Nationalmuseum.

Nach 1906 lösten die Liberalen unter der Führung von Henry

Campbell-Bannerman für einige Jahre die lange Zeit regierenden Konservativen ab. Ihre Mehrheit war so groß, daß sie nicht auf die Unterstützung durch die irische Parlamentspartei angewiesen waren. Zwei Jahre später trat Campbell-Bannerman aus gesundheitlichen Gründen zurück und wurde durch Herbert Asquith abgelöst. Der Haushaltsentwurf seines Schatzkanzlers David Lloyd George jedoch scheiterte nur wenige Monate später im House of Lords. Asquith verlangte die Auflösung des Parlaments und Neuwahlen. Sein Wahlkampf war von der Forderung nach einer Reduzierung der Vollmachten des Oberhauses aufgrund des, wie Asquith meinte, verfassungswidrigen Verhaltens der Kammer in der Haushaltsfrage von 1909 bestimmt. Im Januar 1910 fanden die Wahlen statt, aus denen die Liberalen mit einer stark reduzierten Mehrheit hervorgingen. Sie verfügten nur noch über 275 Sitze, die Konservativen bereits über 273, die Irish Parliamentary Party über 82 und die Labour Party immerhin schon über 40. An diesem Ergebnis konnten auch die zweiten von Asquith noch im selben Jahr ausgeschriebenen Wahlen nichts ändern, denn die Liberalen verloren noch einmal drei Mandate und verfügten damit über genauso viele wie die Konservativen, die Iren und Labour konnten jeweils zwei weitere Sitze gewinnen. Damit fiel der irischen Parlamentspartei erneut die Rolle des Königsmachers zu, die sie wiederum zugunsten der Liberalen spielte. Diese jedoch hatten sich zuvor verpflichtet, einen weiteren Gesetzentwurf zur Einführung von Home Rule in Irland einzubringen. Darüber hinaus waren sich die Liberalen mit den Iren und der Labour Party darüber einig, daß die Macht des Oberhauses endgültig durch eine Verfassungsänderung beschnitten werden müßte. Die Lords konnten diese Änderung zwar durch ihr Veto noch einmal um zwei Jahre hinauszögern, doch im Jahr 1912 besaßen sie kein absolutes Vetorecht mehr, sondern durften nur noch ihre Bedenken gegen Beschlüsse des Unterhauses vorbringen.

In diesem Jahr begannen sich die Ereignisse auf der Insel jedoch zuzuspitzen. Der dritte Entwurf zu einem Home Rule-Gesetz wurde vom britischen Unterhaus angenommen, die Einführung von nationaler Selbstverwaltung für Irland daher beschlossen, 26 Jahre, nachdem Gladstone seinen ersten Entwurf dem Parlament vorgelegt hatte. Als Antwort darauf gründete der Dubliner Rechtsanwalt und Loyalist Sir Edward Carson mit Hilfe von britischen Konservativen und Unionisten aus Ulster die »Ulster Volunteer Force«, die die irische nationale Selbstverwaltung notfalls durch Gewalt verhindern wollten. Ein Jahr später wurden auf Betreiben der katholischen Brotherhood als direkte Antwort die »Irish Volunteers« ins Leben gerufen, die sich gleichfalls bewaffnete. Die gerade erst von James Larkin und James Connolly unter dem Namen »Irish Transport and General Workers Union« gegründete erste irische Gewerkschaft stellte ebenfalls eine bewaffnete Schutztruppe auf und nannte sie »Citizen Army«. Diese verfolgte indes nicht nur die Wahrung der Interessen der Arbeiterschaft, sondern war darüber hinaus eine zutiefst nationalistische Bewegung, die ebenfalls ein unabhängiges Irland verwirklichen wollte, auch wenn ihre Motivation ursprünglich aus einer anderen Quelle als die der übrigen nationalistischen Organisationen stammte, denn nach der Regelung der Landfrage ging es den irischen Bauern zwar verhältnismäßig gut, doch hatte sich ungefähr zeitgleich ein anderes soziales Problem entwickelt: das des städtischen Proletariats. Vom kapitalistischen Großbritannien erwarteten die Sozialisten keine Unterstützung, sondern gingen davon aus, daß dieses Problem nur von einem eigenverantwortlich handelnden Irland gelöst werden könnte, in dem Gewerkschaften eine besonders wichtige Rolle spielen sollten.

Zum besseren Verständnis des weiteren historischen Ablaufs sei an dieser Stelle ein kleiner Rekurs in die Geschichte des irischen Unionismus gestattet: Seit den siebziger Jahren des 19. Jahrhunderts formierte sich in Irland parallel zum nationalen Abnabelungsprozeß eine politische Kraft, die kein Interesse an der Auflösung des United Kingdom hatte. Das Phänomen »Unionismus« in Irland war zwar so alt wie die Union selbst, doch bedeutete der Begriff lange Zeit nichts anderes als die Anerkennung des konstitutionellen Status quo[17]. Irischer Unionismus vor der Home Rule-Frage muß als unausgesprochener sozialer und nationaler Konsens einer Vielzahl sonst unterschiedlicher sozio-politischer Kräfte in ganz Irland verstanden werden, der die irische protestantische Kirche mit katholischen Tories in Dublin genauso verband wie liberale Großindustrielle mit Schiffbauern in Belfast. In diesem relativ breitgefächerten Spektrum gab es indes eine zentrale Kraft, die für die Ausprägung des späteren Ulster-Unionismus von ausschlaggebender Bedeutung sein sollte. Diese Kraft bestand aus drei Komponen-

[17] Alvin Jackson, The Ulster Party. Irish Unionists in the House of Commons, 1884–1911. Oxford 1989, S. 4.

ten, dem protestantischen Klerus, den gleichfalls protestantischen Großgrundbesitzern und den protestantischen Unternehmern, die wiederum bevorzugt protestantische Arbeiter und Angestellte einstellten. Politisch waren alle mehrheitlich dem Torylager zuzuordnen. Der regionale Schwerpunkt dieses Kerns lag als Konsequenz der Plantation des 17. Jahrhunderts im irischen Nordosten – obwohl der südirische Unionismus noch bis etwa 1906 durchaus eine bedeutende Rolle in der unionistischen Bewegung Irlands spielte.

In den Jahrzehnten zwischen Vorlage des ersten Home Rule-Gesetzes und der erfolgreichen dritten Initiative von 1912 sah sich der irische Unionismus einem folgenschweren Wandlungsprozeß ausgesetzt. Zunächst erfolgte die Auseinandersetzung mit dem irischen Nationalismus und der Kampf gegen die Home Rule-Initiativen dort, wo die entsprechende Politik gemacht wurde, im Parlament zu Westminster. In Anlehnung an das Vorbild der irischen Nationalisten konstituierten sich die irischen Tory-Abgeordneten – zunächst ohne regionale Schwerpunktsetzung – als Unionisten, die nach wie vor der Konservativen Partei eng verbunden blieben. Erste Ansätze der Organisation eines außerparlamentarischen Unionismus – so etwa in der »Loyal Irish Union« und ihren Nachfolgeorganisationen oder in der »Ulster Loyalist Union« – gab es zwar, doch blieb diesen Versuchen – zunächst wenigstens – die Breitenwirkung versagt. Unzufriedenheit mit der Verwaltung des Landes, Probleme mit der britischen Regierung sowie nachlassendes Interesse der Tories an regionalen unionistischen Problemen führten bald nach der Jahrhundertwende zu Spannungen unter den gesamtirischen Unionisten. Während die Vertreter Südirlands mehrheitlich zu Kompromissen gegenüber nationalirischen Anliegen bereit waren – wenigstens solange nicht unmittelbar der Ruf nach nationaler Selbstverwaltung laut wurde –, verlangten die Unionisten Ulsters die bedingungslose Aufrechterhaltung des Status quo und lehnten jede Kooperation mit Nationalisten ab. Dieser Dissens führte im Jahre 1905 zur Gründung des »Ulster Unionist Council« (UUC) als erstem Dachverband eines spezifisch nordirischen Unionismus.

Zwischen 1905 und 1911 nahm diese regionale Erscheinungsform des irischen Unionismus einen weitreichenden Paradigmenwechsel vor. In der ehedem strikt parlamentarischen Bewegung entwickelte sich die auch heute noch für einen Großteil des nordirischen Unionismus, besonders dem des in der »Democratic Unionist Party« des Reverend Ian Paisley zusammengeschlossenen Zweigs sowie bei den noch radikaleren unionistischen Paramilitärs, typische »Belagerungsmentalität«. Diese sah in jeder nicht auf strikte Ablehnung des irischen Nationalismus achtenden Maßnahme des Ireland Office eine Bedrohung der eigenen Stellung, der eigenen Ziele und Ideale, ja sogar der eigenen Kultur. Als Folge dieses Prozesses bildete sich in den Reihen der Mitglieder des UUC eine wachsende Bereitschaft aus, die Auseinandersetzung mit dem irischen Nationalismus auch außerhalb des Parlaments und nötigenfalls gar mit Waffengewalt zu führen. Entstehung wie Radikalisierung des nordirischen Unionismus ist also als Reaktion auf die sich wandelnde Irlandpolitik Londons zu einer offeneren Haltung gegenüber den Argumenten des parlamentarischen irischen Nationalismus zu begreifen.

Der Prozeß der Regionalisierung und der Radikalisierung wurde jedoch noch durch das Erstarken einer anderen Ausdrucksform des Unionismus, des sogenannten Orangismus, gefördert. Unter Orangismus verstehen wir bekanntlich die institutionalisierte Erinnerung an die letzte große Auseinandersetzung des politischen Protestantismus, vertreten durch Wilhelm von Oranien, dem späteren Wilhelm III., mit dem politischen Katholizismus, vertreten durch Jakob II., in Irland – wobei es kurz nach der »Glorious Revolution« von 1688 jedoch in erster Linie um den englischen Thron ging. Der »Orange-Order« war in bewußter Erinnerung an konkrete Erfolge Williams während des Krieges, so der Belagerung Derrys von 1689 oder der berühmt-berüchtigten Schlacht am Boyne von 1690, als Symbol protestantischer Überlegenheit gegründet worden. Trotz steigender Mitgliederzahlen seit den 1880er Jahren blieb der organisierte Orangismus bis zum Ersten Weltkrieg – in absoluten Zahlen gerechnet – zwar nur eine Randerscheinung des unionistischen Spektrums, doch darf die psychologisch-integrative Breitenwirkung nicht unterschätzt werden, die durch Jahresfeiern, Gedenkmärsche oder die Verbreitung von Emblemen mit dem Porträt Wilhelms von Oranien erzielt wurde.

Die Jahre der Home Rule-Debatte waren also entscheidend für die Herausbildung der Grundlagen einer eigenständigen und pointiert unionistischen Identität der protestantischen Nordiren. Dies bis 1914 sicher noch nicht vollständig ausgeprägte Bewußtsein ist zu verstehen als eine Gegenreaktion auf die offensichtlichen Erfolge des irischen Nationalismus. Nach der Vorlage von 1912 spitzte sich die Auseinandersetzung zwischen den beiden nationalen Lagern der Insel zu. Zunächst formierte sich der Widerstand im unionistischen Lager. Zusammen mit der Konstitution der »Ulster Volunteer Force« im September 1912, die mit politischem Druck, nötigenfalls auch mit Waffengewalt die nationale Selbstverwaltung für Irland verhindern wollte, wurde vom Ulster Unionist Council eine provisorische Regierung aufgestellt, die an dem Tag die Macht im Lande – oder wenigstens in den mehrheitlich protestantischen Teilen – ergreifen sollte, an dem das Gesetz in Kraft treten würde. Den Worten folgten bald Taten: Im April 1914 wurden etwa 25000 Gewehre und etwa 3 Millionen Schuß Munition in Deutschland beschafft, wo man am Vorabend des Ersten Weltkrieges gerne jeden Versuch förderte, der das United Kingdom schwächen konnte.

Doch auch die Nationalisten formierten sich, wenn auch – angesichts der politischen Entwicklung verständlich – langsamer und zögernder als die Unionisten. Die Radikalisierung der Unionisten im Norden lieferte den Radikalnationalisten im Süden, organisiert in der Irish Republican Brotherhood und in Teilen der Arbeiterbewegung reichlich Argumente und wachsende personelle Unterstützung. Im November 1913 konstituierten sich die Irish Volunteers und die Irish Citizen Army als Antwort auf die Ulster Volunteers. Auch sie beschafften sich Waffen in Deutschland. Der Führer der parlamentarischen Nationalisten, John Redmond, tat das Seinige dazu, um die Sympathien für die Radikalen zu vergrößern, als er im September 1914 zur Unterstützung Großbritanniens im Krieg aufrief. Für die Radikalnationalisten stand im August 1914 bereits fest, daß sie noch während des Krieges einen Aufstand gegen das – dann vermeintlich geschwächte – Königreich unternehmen würden. Doch trotz der intensiven Vorbereitung, die nicht nur in Irland, sondern auch in den USA und in Deutschland erfolgte, wo es Sir Roger Casement, einem Beauftragten der Brotherhood gelang, eine ganze Schiffladung Waffen für die nationalistischen Rebellen zu erhalten. Diese konnten jedoch nicht angelandet werden – es gelang ihnen aufgrund einer verhältnismäßig guten Aufklärungsarbeit der britischen Geheimdienste nur, etwa 2000 Männer zu mobilisieren, die am Ostermontag des Jahres 1916 unter der Führung von James Connolly und Patrick Pearse die souveräne Republik Irland proklamierten. Mit dem Hauptquartier im Hauptpostamt in Dublin konnte diese Truppe etwa eine Woche lang einen Teil der Stadt gegen britische Armeeinheiten verteidigen, um dann letztlich doch vor der Übermacht der Regierungstruppen zu kapitulieren.

Der lange und schwierige Weg in die Unabhängigkeit: Irland 1916–1922

In der Schalterhalle des Dubliner Hauptpostamtes in der O'Connell Street, der ehemaligen Sackville-Street, steht eine Bronzestatue, geschaffen vom Bildhauer Oliver Sheppard. Sie stellt den legendären irischen Krieger Cú Chulainn dar und soll die Besucher an jene Tage zwischen dem 24. und 30. April des Jahres 1916 erinnern, als sich hier das »Hauptquartier« der radikal-nationalistischen Rebellen befand. Vor dem Eingang des Gebäudes hatte der von der Führung der Irish Republican Brotherhood zum Präsidenten der ersten »irischen Republik« ernannte Patrick Pearse am Ostermontag, den 24. April 1916, um 12:45 Uhr vor einigen wenigen verblüfften Passanten die Republik Irland ausgerufen. Heute wird der Osteraufstand oftmals als Symbol der Ablehnung der Union Irlands mit Großbritannien durch das irische Volk bezeichnet.

Eine genauere Betrachtung der Ereignisse vor und während des Aufstandes zeigt jedoch schnell, daß es sich dabei lediglich um den ziemlich dilettantisch geplanten Umsturzversuch eines kleinen Teils der irischen Radikalnationalisten handelte, der weder mit den übrigen Angehörigen der Brotherhood abgestimmt noch von der Mehrheit der irischen Bevölkerung gutgeheißen wurde. Selbst die sonst so vorzüglich über die Aktivitäten der radikalen Nationalisten informierten Sicherheitskräfte des Landes waren von der Besetzung des Hauptpostamtes und einiger anderer öffentlicher Gebäude der irischen Hauptstadt am 24. April überrascht worden. Viele Offiziere der in und um Dublin stationierten Armeekorps hielten sich an diesem Tag außerhalb der Stadt beim Pferderennen in Fairyhouse auf, die Truppen selbst befanden sich nicht in Alarmbereitschaft. Erst dies bot den Insurgenten die günstige Gelegenheit, sich in den besetzten Gebäuden zu verschanzen und nur deshalb konnten sie der übermächtigen britischen Armee tagelang vielleicht heldenhaften, trotzdem jedoch nicht weniger sinnlosen Widerstand leisten. Nachdem sie auf Befehl von Pearse schließlich am 30. April die Waffen niedergelegt hatten und unter Bewachung britischer Soldaten die Stadt verließen, wurden die Straßen, durch die man sie führte, von tausenden Dubliner Bürgern gesäumt, die die Rebellen beschimpften und verschmähten. Eigentlich hätten sie mit solchen Reaktionen rechnen müssen, denn seit Ausbruch des Ersten Weltkrieges waren in Irland viele Loyalitätsadressen an und Sympathiekundgebungen für die Londoner Regierung verabschiedet worden, bei denen es sich um mehr als bloße opportunistische Gesten, sondern in der Tat um echte Solidaritätsbezeugungen gehandelt hatte. Ende April 1916 stand die Majorität der irischen Bevölkerung loyal zur Union mit Großbritannien – schließlich war das Home Rule-Gesetz bereits verabschiedet worden und sollte nach Kriegsende in Kraft treten. Darüber hinaus dienten zur selben Zeit über 80000 katholische Iren als »National Volunteers« freiwillig in der britischen Armee (neben ca. 30000 freiwilligen Protestanten aus Ulster) und hatten bereits an vielen Fronten des Kriegsgeschehens hohen Blutzoll entrichtet, so daß der Osteraufstand von den Angehörigen daheim vielfach als Verrat an der Sache empfunden wurde, für die der Ehemann oder der Sohn das eigene Leben einzusetzen bereit war.

Viele Zeitgenossen hatten die Sinn Féin Arthur Griffiths als Drahtzieher hinter dem Aufstand vermutet. Auch wenn dies gelegentlich bis heute immer wieder in der entsprechenden Literatur kolportiert wird, ist es doch unzutreffend. Zwar änderte sich vor dem Hintergrund der zunehmenden Radikalisierung der Auseinandersetzungen ab etwa 1910 auch die Einstellung zahlreicher Sinn Féin-Mitglieder zur Frage der Gewalt als politischem Mittel, doch blieb die Grundmaxime der Partei selbst – zumindest bis zum Osteraufstand – das Prinzip der Gewaltlosigkeit in der politischen Auseinandersetzung. Damit war sie für die konstitutionellen Nationalisten jenseits der Parlamentspartei zum einzigen akzeptablen Ausdruck des nationalen Unabhängigkeitswillens geworden und hatte zudem in der Bevölkerung einen verhältnismäßig hohen Bekanntheitsgrad erreicht, der den der anderen Organisationen, die geheimbündlerisch aus dem Untergrund heraus operierten, weit übertraf. Erst die überharte britische Reaktion nach der Niederlage der Rebellen bewirkte einen, wenn auch nur bedingten Wandel in der Haltung ihrer Mitglieder.

General Maxwell, der Militärbefehlshaber in Irland, hatte nach der Niederschlagung des Aufstandes alle führenden Rebellen vor ein Kriegsgericht stellen lassen, das viele von ihnen zum Tode verurteilte. Nachdem schon im Mai 1916 binnen weniger

Tage 14 Todesurteile vollstreckt worden waren, wuchs der Druck aus dem Ausland, vornehmlich aus den USA – wo wiederum eine einflußreiche irische Lobby ihren Einfluß auf Präsident Wilson geltend machte – auf die britischen Behörden, die Hinrichtungen einzustellen und in Haftstrafen umzuwandeln. Premierminister Asquith konnte es sich angesichts der Kriegsentwicklung nicht leisten, den potentiellen Alliierten USA zu verärgern und gab nach – am 11. Mai 1916 erklärte er vor dem Unterhaus, daß das System der bisherigen Irlandpolitik vollkommen zusammengebrochen sei[1]. Doch trotz der Aufhebung der Todesurteile setzten die Sicherheitskräfte des Landes ihre Säuberungsaktionen unbeirrt fort. Dabei wurden neben einigen in der Tat am Aufstand beteiligten Personen zahlreiche Unbeteiligte festgenommen, die der Obrigkeit allein aufgrund ihrer bereits bekannten und stets offen gezeigten nationalirischen Gesinnung verdächtig erschienen. Schon die Mitgliedschaft in der Sinn Féin reichte trotz des erklärten Konstitutionalismus aus, um wenigstens vorübergehend verhaftet zu werden und für ein nicht begangenes Vergehen büßen zu müssen. Viele Verhaftete berichteten zudem nach ihrer Entlassung von Mißhandlungen, denen sie im Gefängnis ausgesetzt waren. Binnen weniger Wochen änderte sich die Stimmung in der irischen Bevölkerung grundlegend. Dieser Stimmungswandel wurde zusätzlich begünstigt durch Hiobsbotschaften, die von der französischen Front nach Irland drangen. Allein am 1. Juli 1916, dem ersten Tag der Somme-Offensive waren 2500 irische Freiwillige gefallen – gefallen für ein Land, das sich in Irland immer mehr als eine Besatzungsmacht aufführte. Die Kritik an der bisherigen Politik der Irish Parliamentary Party, die seit Jahrzehnten mit sicheren Mehrheiten im Unterhaus irische Interessen vertreten hatte, deren Vorsitzender jedoch die Iren zur freiwilligen Meldung in der britischen Armee gedrängt hatte, nahm zu. Neue Ausdrucksformen des irischen Nationalismus wurden gesucht – die einzige, trotz der staatlichen Repressalien noch einigermaßen intakte Nationalbewegung alternativ zur Parlamentspartei indes war Sinn Féin.

Sinn Féins Weg zur dominierenden Nationalbewegung nach 1916 war demnach dreigeteilt: Einmal bedingte der Bewußtseinswandel eines Teils der Mitglieder infolge der kollektiven britischen Vergeltungsmaßnahmen nach der Niederschlagung

[1] Zitiert nach: De Paor, The Peoples of Ireland, S. 287.

des Aufstandes eine Änderung der Programmatik, zum zweiten sah sich die Partei einem hohen Erwartungsdruck der öffentlichen Meinung ausgesetzt, für die sie die einzige bekannte Unabhängigkeitsbewegung war, die durch die ungerechtfertigte Verfolgung noch einen Märtyrerbonus erhalten hatte, und drittens entwickelte sich die Partei, die aufgrund ihrer relativen Mitgliederstärke und landesweiten Verbreitung bereits vor 1916 über ein vergleichsweise gut ausgebautes lokales und regionales Verbandsnetz verfügen konnte, zu einem Auffangbecken für all jene radikalen Nationalisten, denen es gelungen war, durch die Maschen der britischen Justiz zu schlüpfen oder die im Rahmen einer Amnestie im Jahre 1917 aus der Haft entlassen, nach ihrer Rückkehr feststellen mußten, daß ihre ehemaligen Organisationen zwischenzeitlich zerschlagen worden waren. Sinn Féin wurde somit zu einem Sammelbecken für radikale Minderheiten, die den Traditionen der am Osteraufstand beteiligten Irish Volunteers oder der Irish Republican Brotherhood weiterhin ideologisch nahe standen. Neues, bislang unbekanntes Gedankengut wurde auf diese Weise eingebracht, das mit der eigenen traditionellen Programmatik kaum zu vereinbaren war. Das gemeinsame größere Ziel konnte dieses Konfliktpotential für einige Jahre zwar überdecken, niemals aber, wie der weitere Verlauf der irischen Geschichte nachdrücklich beweisen sollte, vollständig ausräumen.

Das Problem, mit dem sich die irischen Nationalisten nun auseinandersetzen mußten, war die Schaffung einer kompetenten und handlungsfähigen Führungsebene, die die Arbeit der Bewegung auf ein breiteres, über simplen bewaffneten Widerstand hinausgehendes Fundament stellen konnte. Die Niederwerfung des Osteraufstandes hatte deutlich gezeigt, daß Großbritannien mit Waffengewalt allein nicht zum Rückzug, nicht einmal zu Zugeständnissen bewegt werden konnte. Dazu war die britische Überlegenheit in quantitativer wie in qualitativer Hinsicht zu drückend. Es galt daher, eine politische Lösung zu finden; bewaffneter Widerstand konnte dabei allenfalls eine flankierende Maßnahme sein, neben der auch noch andere Möglichkeiten erprobt werden mußten. Die Gelegenheit bot sich relativ schnell und unerwartet, als im Januar des Jahres 1917 in einem irischen Wahlkreis Nachwahlen zum britischen Unterhaus durchgeführt wurden. Dieser Sitz war bislang von der Irish Parliamentary Party gehalten worden. Die Nationalisten entschlossen sich zur Aufstellung eines eigenen Kandidaten, der gegen den Bewerber der Parlamentspartei antreten sollte. Der Gegenkandidat war zwar offiziell parteilos, wurde aber im Wahlkampf nach Kräften von Sinn Féin unterstützt und gewann die Wahl problemlos. Sofort nach Bekanntgabe des Ergebnisses erklärte er, den Sitz im Unterhaus nicht einnehmen zu wollen. Bis zum Kriegsende konnte Sinn Féin auf diese Art noch fünf weitere Parlamentssitze erlangen.

Trotz dieser warnenden Vorzeichen erkannte die britische Regierung die Wende im politische Leben Irlands nicht. Sie ging wie bisher davon aus, daß die Home Ruler die Repräsentanten der politischen Mehrheit in Irland waren. Nur so ist es zu erklären, daß, als Präsident Wilson nach Kriegseintritt der Vereinigten Staaten mit der nachdrücklichen Bitte an Großbritannien herantrat, doch endlich etwas mehr Kompromißbereitschaft in der irischen Frage zu zeigen, Premierminister David Lloyd George sich lediglich an John Redmond, den Vorsitzenden der Parlamentspartei wandte und diesem die sofortige Gewährung von Home Rule für Irland bot, sofern man sich in Dublin mit der Ausnahme der sechs mehrheitlich unionistischen protestantischen Grafschaften im Norden abfinden und diesen eine eigene Selbstverwaltung zugestehen würde. Redmond konnte den Vorschlag angesichts der für seine Partei ohnehin bedrohlichen Lage nicht annehmen und schlug dem britischen Regierungschef statt dessen die Einberufung einer Konferenz vor, auf der alle betroffenen Gruppen – Home Ruler, Unionisten und Sinn Féin – vertreten sein sollten. Angesichts der völlig konträren Vorstellungen, die die einzelnen Organisationen von dem zukünftigen Weg Irlands hatten, war das Erreichen eines Konsenses aber von vornherein nahezu ausgeschlossen.

Wie abzusehen war, brachte die von Juli 1917 bis April 1918 in Dublin tagende Konferenz kein Ergebnis. Sinn Féin hatte eine Teilnahme von vornherein mit der Begründung abgelehnt, dieses Treffen sei lediglich als der gemeinsame Versuch Redmonds und Lloyd Georges zu werten, die irische Nation zu täuschen und der Irish Parliamentary Party neue Popularität zu verschaffen. Tatsächlich dürfte die Absage wohl eher aus der Erkenntnis heraus erfolgt sein, daß eine Teilnahme an der von der Partei organisierten Konferenz, die man als legitimen Vertreter des irischen Nationalismus abzulösen trachtete, ein Verlust an Glaubwürdigkeit für die eigene Bewegung zur Folge gehabt hätte. Vertreter der nordirischen Unionisten nahmen zwar teil, doch zeigten auch sie sich völlig kompromißlos und trugen damit ebenfalls zum Scheitern des letzten Versuches der britischen Regierung bei, der gemäßigten, den Status quo weitgehend akzeptierenden und damit London genehmen Parlamentspartei durch einen politischen Erfolg den Rücken zu stärken.

Der Konflikt schwelte weiter, und es bedurfte nur noch eines kleinen Funkens, um das »Pulverfaß Irland« zur Explosion zu bringen. Dieser Funke sollte auf dem Kontinent geschlagen werden. Nach dem Frieden von Brest-Litowsk konnte Deutschland seine Truppen zum Jahresbeginn 1918 an der Westfront beträchtlich verstärken. Damals war noch nicht absehbar, wie lange es dauern würde, bis die amerikanischen Einheiten zur Entlastung der britisch-französischen Truppen in Marsch gesetzt werden konnten. Zur Deckung des weiteren Personalbedarfs angesichts dieser unsicheren Situation entschied sich die britische Regierung, die allgemeine Wehrpflicht, die bislang nur in Großbritannien gegolten hatte, auch auf Irland auszudehnen, das bisher ausnahmslos Freiwilligenkontingente in den Krieg geschickt hatte. Abgesehen von Ulster stießen diese Pläne in Irland jedoch auf entschiedenen Widerstand. Sogar die gemäßigten Abgeordneten der Parlamentspartei lehnten sie ab. Sie verließen nach Inkrafttreten des Gesetzes im April 1918 ihre Unterhaussitze unter heftigem Protest, um sich in Irland mit Sinn Féin, den Gewerkschaften und der katholischen Kirche zu einer breiten Widerstandsfront gegen die Zwangsrekrutierung – und damit nolens volens auch gegen die bislang anerkannte britische Zentralgewalt – zu vereinigen. Die Versuche Londons, den gemäßigten irisch-nationalen Flügel zu stärken, waren durch die Rekrutierungserlasse diskreditiert, der Druck von außen verschmolz die verschiedenen nationalistischen Gruppierungen Irlands zu einer breiten anti-britischen Bewegung.

Nur wenige Wochen nach dem Waffenstillstand vom 11. November, im Dezember 1918, fanden Neuwahlen zum britischen Unterhaus statt. Während in Großbritannien die konservativ dominierte Nationale Koalitionsregierung von Premierminister David Lloyd George ihre bisherige Stellung noch ausbauen konnte, war das Wahlergebnis in Irland für die britische Regierung niederschmetternd: Dort konnte Sinn Féin 73 der 105 Mandate gewinnen, lediglich sechs Sitze fielen noch an die Irish Parliamentary Party, die vorher über 80 Sitze verfügt hatte, sowie 26 an die Unionisten. Nur zwei Kandidaten der Parlamentspartei waren im direkten Wettbewerb gegen Sinn Féin erfolgreich, die Unionisten gewannen bis auf ein Mandat lediglich die Wahlkreise in dem ohnehin von ihnen dominierten Ostteil der Provinz Ulster. Auch wenn man berücksichtigt, daß sich die irische Wählerschaft aufgrund einer Gesetzesänderung im Vergleich zu 1910 nahezu verdreifachte und dies einen großen Anteil am Erfolg von Sinn Féin hatte, zeigte das Wahlergebnis deutlich den Stimmungswechsel in Irland[2]. Die Führung der Partei wußte indes nur zu gut, daß ihr Kampf um nationale irische Unabhängigkeit ohne Unterstützung durch auswärtige Mächte aussichtslos war. Auf sich allein gestellt, konnten die irischen Republikaner der britischen Herrschaft zwar einzelne empfindliche Schläge versetzen, doch schon 1916 hatten sie einsehen müssen, daß kein militärischer Erfolg gegen die materiell und personell ungleich stärkeren britischen Kräfte errungen werden konnte. Ohne Hilfe von außen war die Errichtung eines unabhängigen Irland nicht möglich.

Hilfe von außen: Das bedeutete für die Führer Sinn Féins zuerst die Unterstützung durch Amerikaner irischer Abstammung. Die Sympathien der Iro-Amerikaner für den Unabhängigkeitskampf der Iren hatten Tradition. Jenseits des Atlantik wurden die hingerichteten Führer des Osteraufstandes als Märtyrer gefeiert, und man betrachtete die Politik Sinn Féins als Fortsetzung eines legitimen Kampfes, den es zu unterstützen galt – sei es durch Einflußnahme auf Politiker oder durch Geldspenden. Hilfe von außen bedeutete im irischen Verständnis aber auch Druck der amerikanischen Regierung auf London zu Zugeständnissen in der Irlandfrage sowie das Interesse der Regierungen anderer bedeutender europäischer Mächte an den Ereignissen in und um Irland. Dieses zu erwecken war ungleich schwerer als das der durch starke emotionale Bindungen mit der alten Heimat verbundenen Iro-Amerikaner, denn die Probleme, die die Staatenwelt Europas nach Kriegsende zu lösen hatte, wogen in den jeweiligen Hauptstädten schwerer als die der irischen Nationalisten.

Deren erstes Ziel mußte daher die Zulassung einer eigenen Delegation zu den Pariser Friedensverhandlungen sein. Sinn Féin war mit der Versicherung in den Wahlkampf gezogen, die

[2] Eine Wahlrechtsreform im Jahr 1918 dehnte das Wahlrecht auf alle Männer über 21 und alle Frauen über 30 aus und ließ die Zahl der Gesamtwähler auf 1936673 ansteigen.

»irische Sache« vor die Konferenz zu bringen. Neben der Behandlung der grundsätzlichen politischen Problematik sollte dort auch die britische Irland- und Empirepolitik bloßgestellt werden. Die Londoner Regierung, hieß es damals in der irischen Propaganda, spiele sich vor den Augen der Weltöffentlichkeit doch immer als Verteidiger der Rechte kleinerer Nationen auf. Nun gelte es, dieser Öffentlichkeit das wahre Gesicht des Empire vor Augen zu führen. Wie dies allerdings durchgesetzt werden sollte, konnte kein Vertreter der irischen Nationalisten sagen. Sobald das Ergebnis der Dezemberwahlen feststand, erklärten die Sinn Féin-Abgeordneten, ihre Mandate in Westminster nicht wahrnehmen zu wollen. Statt dessen versammelten sie sich am 21. Januar 1919 im Dubliner Mansion House und gaben sich den Titel des ersten *Dáil Éireann*, des ersten irischen Parlaments, »proclaimed in Dublin on Easter Monday, 1916, by the Irish Republican Army acting on behalf of the Irish people«. Damit mußte es auch dem letzten Beobachter des politischen Geschehens deutlich werden, daß sich die Politik Sinn Féins endgültig von den Griffith'schen Vorstellungen einer Doppelmonarchie gelöst hatte und die Ziele der Rebellen von 1916 ganz bewußt als die eigenen Ziele anerkannt wurden. Dies schloß – zumindest für einen Teil der Delegierten – auch die Anwendung von Gewalt mit ein. Sinn Féin war nun anerkanntermaßen das legitime Organ zur Durchsetzung nationalirischer Ziele geworden, denn in Irland wurde weder damals noch später Einspruch gegen den selbsternannten Parlamentsanspruch der Versammlung erhoben, obwohl das Treffen vom 21. Januar streng genommen nur eine Fraktionssitzung der Partei gewesen war.

Aus britischer Sicht entbehrte dieser Schritt jeder rechtlichen Grundlage, denn noch besaß – zumindest de iure – die Unionsakte von 1801 Gültigkeit. Danach war Irland nach wie vor ein fester Bestandteil des britischen Imperiums. So kann die Ausrufung des ersten Dáil mit Recht als revolutionär bezeichnet werden, sollte dadurch die bestehende politische Ordnung auf irischem Boden doch völlig umgestoßen werden. Insofern war der Ausbruch des anglo-irischen Krieges nurmehr eine logische Konsequenz. Allerdings spielte dabei auch der Zufall eine nicht zu unterschätzende Rolle. Als sich am 21. Januar die Abgeordneten von Sinn Féin zur Gründung des ersten Dáil versammelten, waren lediglich 27 Mandatsträger anwesend, 34 weitere saßen zu diesem Zeitpunkt in britischen Gefängnissen, acht waren auf der Flucht oder aus Krankheitsgründen verhindert. Das Sitzungsprotokoll erwähnt ferner 37 weitere Abgeordnete und beschreibt sie als »as láthair«, als abwesend. Damit waren die übrigen irischen Parlamentsabgeordneten anderer Parteizugehörigkeit gemeint, die die politischen Absichten Sinn Féins nicht teilten.

Aus den Reihen dieser Rumpffraktion wurde am 22. Januar 1919 ein Übergangskabinett gewählt, das die Regierungsgeschäfte der selbsternannten irischen Republik bis zur Amnestie der übrigen noch inhaftierten Fraktionskollegen wahrnehmen sollte. Zufälligerweise befanden sich zu diesem Zeitpunkt gerade jene Abgeordneten auf freiem Fuß, die mehrheitlich den verschiedenen radikalen Lagern angehörten. Die Zusammensetzung der Übergangsregierung entsprach dann auch der politischen Ausrichtung der Rumpffraktion. Zum Präsidenten des Dáil und Regierungschef auf Zeit wurde Cathal Brugha, einer der Vordenker der Rebellion von 1916 und Mitglied des Volunteer-Flügels seiner Partei, gewählt. Seinem »Kabinett« gehörten noch vier weitere Minister, darunter George N. Count Plunkett als Außenminister, an. Alle Mitglieder dieser Regierungsmannschaft zählten zu den Veteranen von 1916, also zu den Volunteer- oder Brotherhood-Flügeln und verfügten nur über geringe oder gar keine politischen Erfahrungen.

Auch wenn der ersten irischen Regierung lediglich eine Amtszeit von zehn Wochen beschieden war, fielen in dieser kurzen Zeitspanne zwei für die nähere Zukunft Irlands recht bedeutende Entscheidungen. Einmal wurde bereits am zweiten Tag der Gründungssitzung, am 22. Januar 1919, mit der Verabschiedung des »Democratic Program of Dáil Éireann« ansatzweise die künftigen politischen Ziele dieser Regierung angedeutet. Maßgeblichen Einfluß an dem Entwurf der ursprünglichen Fassung des Programms hatte der vom Gedankengut der russischen Revolution beeinflußte Führer des Arbeiterflügels Thomas Johnson. Zwar entschied sich die Mehrheit der Delegierten am Vorabend der Verabschiedung des Programms gegen die allzu doktrinären Aussagen dieser Fassung und setzte eine Überarbeitung und Entschärfung des Textes durch, doch bot auch die endgültige Form der britischen Regierung noch genügend Anhaltspunkte, der irischen Nationalbewegung – durchaus ungerechtfertigt – kommunistische Indoktrination zu unterstellen. Daran änderte auch die bereits im folgenden April von der Nachfolgeregierung unter Eamon de Valera verabschiedete Neuauflage eines Grundsatzprogramms nichts, in der die

Notwendigkeit von sozialen Reformen zwar anerkannt, aber auch betont wurde, daß man diese erst nach dem Gewinn einer vollständigen Unabhängigkeit werde durchsetzen können. Eine grundsätzlich veränderte Version konnte es ohne Verlust an Glaubwürdigkeit ohnehin nicht geben, zumal die prinzipiellen Ansprüche auf vollständige irische Souveränität mit der Ursprungsfassung identisch waren.

Das zweite Schlüsselereignis, das in die Amtszeit des ersten Kabinetts fiel, muß eher als eine Art Versäumnis gesehen werden. Am 21. Januar 1919, dem Tag der Zusammenkunft des ersten Dáil Éireann, überfielen mehrere Mitglieder der Volunteers einen Sprengstofftransport in der Grafschaft Tipperary. Dabei wurden zwei Polizeibeamte getötet. Zwei Tage später erschien in dem Volunteer-Organ ›An tOglach‹ ein Artikel, in dem festgestellt wurde, daß sich England und Irland nunmehr im Kriegszustand miteinander befänden. Daher seien die Volunteers ab sofort dazu berechtigt, die bewaffneten Kräfte des Feindes so zu behandeln, wie jede andere nationale Streitkraft einer Invasionstruppe begegnen würde. Obwohl einzelne Sinn Féin-Politiker daraufhin wiederholt versuchten, die Aktivitäten der Volunteers zu beenden, distanzierte sich die vom Dáil gewählte »Regierung« nach Erscheinen dieses Artikels nicht von dessen Inhalt. Wahrscheinlich erfolgte die Veröffentlichung ohnehin mit dem Einverständnis oder zumindest mit dem Wissen einiger dem Volunteer-Flügel nahestehender Kabinettsmitglieder. Die Volunteers selbst fühlten sich durch dieses Stillhalten in ihrem nach der Verabschiedung des Grundsatzprogramms gewonnenen Eindruck, sie seien quasi moralisch zu ihrem Vorgehen verpflichtet, bestätigt. Die britischen Behörden hingegen sahen in dem Aufruf die Berechtigung für ein härteres Vorgehen gegen die Nationalisten, wobei sie allerdings keine Unterschiede zwischen den einzelnen Strömungen innerhalb Sinn Féins machten.

Mit der stillschweigenden Duldung der Veröffentlichung des Artikels war auf irischer Seite vermutlich die letzte Möglichkeit verpaßt worden, eine Eskalation der bewaffneten Auseinandersetzung zu vermeiden. Als der Dáil am 1. April 1919 zu seiner zweiten Sitzung zusammentrat, konnten sich immerhin bereits 52 Abgeordnete in die Anwesenheitsliste eintragen. Die Versammlung wählte Eamon de Valera einstimmig zu ihrem Präsidenten. Nachdem er die sozialistischen Forderungen des Januarprogramms in seiner politischen Grundsatzrede relativiert und eingeschränkt hatte, erklärte der neue Präsident die Gewinnung von internationaler Anerkennung der irischen Republik zum ersten und wichtigsten Ziel seiner Politik. Diese Anerkennung sollte auf verschiedenen Wegen erreicht werden. Dazu zählten die Zulassung einer irischen Delegation in Paris genauso wie der Aufbau eines weltweiten Netzes diplomatischer Vertretungen, das die internationalen Interessen eines unabhängigen Irland eigenverantwortlich wahrnehmen sollte. Herausragende Bedeutung bei diesen Überlegungen kam der Behandlung des »Falles Irland« vor der Pariser Friedenskonferenz zu. Um die Zulassung zu erreichen, war der Dáil-Abgeordnete und spätere Präsident der »echten« irischen Republik, Seán T. O'Kelly, im Auftrag der Brugha-Regierung bereits Ende Februar des Jahres nach Paris geschickt worden. Ganz auf sich allein gestellt, war es ihm allerdings von vornherein völlig unmöglich, sein Anliegen durchzusetzen. Es bedurfte dazu eines einflußreichen Bundesgenossen. Die irischen Hoffnungen richteten sich dabei auf die USA. Dies schien durchaus gerechtfertigt zu sein, da sich Präsident Wilson mehrfach, zuletzt in seiner 14-Punkte-Erklärung, für die Wahrung des Selbstbestimmungsrechts gerade für die kleineren Nationen ausgesprochen hatte. Daneben verfügten die Iro-Amerikaner dort über beträchtlichen politischen Einfluß und bildeten eine politische *pressure group*, die kein Präsident ignorieren durfte. Noch im Februar 1919 hatte ihr Dachverband, die »Friends of Irish Freedom«, in Philadelphia eine Massendemonstration zugunsten des irischen Unabhängigkeitskampfes organisiert. Auch konnte die irische Lobby eine Resolution des Repräsentantenhauses durchsetzen, in der die Teilnehmer der Pariser Friedenskonferenz dazu aufgefordert wurden, den Ruf Irlands nach nationaler Selbstbestimmung zu unterstützen und eine irische Delegation zuzulassen.

Dies allerdings hatte Präsident Wilson irritiert, der die Loyalität der, wie er sie nannte, »Bindestrich-Amerikaner« dem eigenen Lande gegenüber ohnehin anzweifelte. Auch war er nicht bereit, seine weitreichenden Völkerbundspläne einem Streit mit Großbritannien über die Irlandfrage zu opfern. So empfing er vor seiner Abreise nach Europa zwar eine Delegation der »Freunde irischer Freiheit«, verweigerte aber jede Stellungnahme zu Fragen des irischen Selbstbestimmungsrechts oder gar zu deren Konferenzteilnahme in Paris. Der Dachverband der Iro-Amerikaner schickte dann selbst eine Beobachterdelegation zu den Friedensverhandlungen, um sich dort – letztlich vergebens

– um eine Zulassung Irlands zu bemühen. Statt dessen besuchten die Delegierten auf ihrer Rückreise die Heimat ihrer Vorfahren. Die dort gewonnenen Eindrücke waren düster und trugen dazu bei, die Haltung der irischen Volksgruppe in den USA noch mehr gegen die Politik Großbritanniens und Präsident Wilsons aufzubringen.

Nachdem durch die Zurückhaltung Wilsons die Hoffnungen auf Zulassung in Paris bereits erheblich geschmälert worden waren, stand im Mai 1919 endgültig fest, daß die irischen Nationalisten keine eigene Delegation entsenden durften. Um die irische Absicht zumindest aktenkundig zu machen, entschlossen sich de Valera, Griffith und Plunkett, der auch im neuen »Kabinett« das Amt des Außenministers ausübte, einen förmlichen schriftlichen Aufnahmeantrag zu stellen, der allerdings erwartungsgemäß abgelehnt wurde. Für de Valera gewann daher ein bereits während seiner Inhaftierung in Großbritannien gereifter Plan von einer Amerikareise wieder an Aktualität. Vor Ort wollte er die amerikanische Bevölkerung direkt um Unterstützung für den irischen Unabhängigkeitskampf bitten, ohne auf irgendwelche Drittinstanzen angewiesen zu sein. Gleichzeitig sollte im Rahmen dieser Mission auch versucht werden, materielle Unterstützung für Irland zu sammeln.

Schon bald nach seiner Ankunft am 11. Juli 1919 mußte de Valera ein erhebliches Informationsdefizit in der amerikanischen Öffentlichkeit, ja sogar unter den Iro-Amerikanern über die seiner Ansicht nach wahren Verhältnisse in Irland feststellen. Bevor er seine eigentliche Arbeit beginnen konnte, galt es daher, detaillierte Aufklärungsarbeit zu leisten. Dazu bediente er sich in großem Umfang pro-irischer Zeitungen, die überwiegend dem Hearst-Presseimperium angehörten. Aus Furcht vor thematischer Inkompetenz der amerikanischen Journalisten veröffentlichte er hierin eine selbst verfaßte Artikelserie, in der die britische Irlandpolitik, die wirtschaftliche Lage und Ausbaufähigkeit der irischen Insel sowie die Bedeutung der irischen Unabhängigkeit für die Welt erörtert wurde. Wenngleich die Aufnahme de Valeras in den Vereinigten Staaten im allgemeinen herzlich war und ihm von Anfang an auch große Unterstützung von zahlreichen Iro-Amerikanern zuteil wurde, gab es doch vereinzelt in den Führungsspitzen der verschiedenen Organisationen Kritik am Auftreten des irischen »Präsidenten«. Einige führende Funktionäre sahen ihre Positionen innerhalb der Verbände durch den Anspruch de Valeras auf Richtlinienkompetenz in allen »inneririschen« Angelegenheiten – und darunter verstand er alles, was in irgendeiner Weise der irischen Unabhängigkeit diente – bedroht. Sie befürchteten einen Verlust an Macht und Einfluß nicht nur auf die Politik ihrer Verbände, sondern, da diese einen beträchtlichen Einfluß auf die amerikanische Regierung hatten, auch auf die allgemeine amerikanische Politik. Zusätzlich fehlte bei vielen Emigranten der Glaube an den festen Willen der Nationalisten, das erklärte Ziel der Schaffung eines unabhängigen Irland zu realisieren. Wieder andere, darunter auch manche Freunde de Valeras, bezweifelten überhaupt die Erfolgschancen der Nationalisten angesichts der scheinbar erdrückenden britischen Übermacht.

Als er nach mehreren Wochen nach Irland zurückkehrte, befanden sich daher in de Valeras Reisegepäck zwar zahlreiche Anleihescheine, die wohlmeinende und wohlhabende Iro-Amerikaner zur Unterstützung des irischen Unabhängigkeitskampfes unterzeichnet hatten und die in der Tat wesentlich zu dessen Finanzierung beitragen sollten, alle seine Versuche jedoch, eine offizielle Anerkennung der irischen Republik durch die USA zu erreichen, waren fehlgeschlagen. Auch die theoretische Möglichkeit der Mitgliedschaft im Völkerbund war damit ausgeschlossen. An diesem eigentlichen Ziel gemessen, müßte die Mission als Fehlschlag bezeichnet werden. Doch war dieses Ziel grundsätzlich zu hoch gesteckt gewesen, denn eine förmliche Anerkennung Irlands durch die US-Regierung schied angesichts der weltpolitischen Lage nach dem Ersten Weltkrieg im Grunde von vornherein aus, hätte Wilson damit doch sein eigentliches Ziel, nämlich die Gründung des Völkerbundes an sich, erheblich gefährdet. Dies dürfte zumindest den Realisten in der Führungsspitze des Dáil, zu denen auch de Valera zählte, klar gewesen sein. Und doch mußte dieser Versuch unternommen werden, wollte man nicht den Vorwurf der Halbherzigkeit riskieren. Nun war offensichtlich, daß der einzige Weg in die irische Unabhängigkeit über London führen würde.

Daß dieser Weg letztlich nur mit politischen, nicht mit militärischen Mitteln begangen werden konnte, stand gleichfalls außer Zweifel. Der Einsatz von Waffen ließ sich ausschließlich als Druckmittel auf Großbritannien rechtfertigen, um die Regierung an den Verhandlungstisch zu zwingen. Unter Führung von Michael Collins war daher aus den Reihen der radikalnationalistischen »Veteranen« eine eigene bewaffnete Macht, die »Irish Republican Army« (IRA), aufgestellt worden. Ihre Aktionen fügten dem Gegner sicher unangenehme und schmerzhafte Wunden zu, doch angesichts seiner grundsätzlichen Überlegenheit konnte trotz aller Anstrengungen längerfristig nur eine Niederlage erwartet werden. Es bedurfte daher noch eines zusätzlichen Druckmittels, des moralischen Drucks von außen. Um diesen als wirksames Instrument in den Kampf einbeziehen zu können, mußte die Weltöffentlichkeit auf das Irland-Problem aufmerksam gemacht werden. Dazu gingen die Politiker der irischen Führung auf zwei Ebenen vor. Einmal wurde die öffentliche Meinung in einigen ausgesuchten Staaten wie Rußland, Frankreich, Spanien, Italien, Österreich, Deutschland, Dänemark und der Schweiz durch kontinuierliche Propagandatätigkeit auf das irische Anliegen hingewiesen, zum zweiten wandte man sich mit spektakulären Forderungen an die jeweiligen Regierungen. Dies bedeutete, daß selbst bei einer Ablehnung der Forderungen die Medien ihnen noch genügend Aufmerksamkeit widmen würden, so daß dadurch zumindest noch der moralische Anspruch des Schwächeren auf sein Recht ein klein wenig mehr unterstrichen wurde. Irland befand sich in einer Position, in der es nichts zu verlieren, aber viel zu gewinnen hatte. Das kurzfristige Ziel, die förmliche Anerkennung, war damit zwar nicht zu erreichen, doch der mittelfristige moralische Anspruch darauf wurde durch die Ablehnung noch unterstrichen. Davor konnte auch London nicht die Augen verschließen, zumal es um die anglo-amerikanischen Beziehungen 1920/21 nicht zum besten stand.

Die Kontakte zu anderen europäischen Staaten waren bereits seit Sommer 1919 geknüpft worden. Dabei hatten sich die irischen »Gesandten« häufig ortsansässiger, mit den jeweiligen ethno- und geographischen Besonderheiten vertrauter Iren bedient. Die Koordination der verschiedenen Aktivitäten sowie der zwangsläufig damit verbundene Schriftwechsel lief über das Büro eines irischen Geschäftsmannes in London. Von dort aus gelang es, ein recht gut funktionierendes intereuropäisches Kommunikationssystem aufzubauen. Als ab etwa Mitte 1921 die britischen Sicherheitskräfte darauf aufmerksam geworden waren und diese Arbeit des Geschäftsmannes durch häufige Polizeirazzien zu unterbinden versuchten, übernahm ein Kollege in Paris dessen Funktion. Zur Verbesserung der außenpolitischen Arbeit wurde im Juni 1920 vom Kabinett in Dublin ferner ein siebenköpfiger Parlamentsausschuß für auswärtige Angelegenheiten eingerichtet. Dieser begann seine Arbeit mit einer

Analyse der auswärtigen Aktivitäten und stellte fest, daß die Stimmung für die irische Sache in einigen europäischen Staaten, besonders in Italien, der Schweiz und Frankreich, günstig war. Doch es gab, so der Bericht, noch drei grundsätzliche Probleme: einmal sei eine qualifizierte Personaldecke mit diplomatischer Erfahrung nicht vorhanden, zum zweiten müßten in mehr Staaten Informationsbüros eingerichtet werden und drittens mangele es in den meisten europäischen Ländern an detailliertem Wissen über Irland. Auch wurde die Bedeutung des Handels als wichtiges Element der Außenpolitik entdeckt. So erhielten die Auslandsvertreter vom auswärtigen Ausschuß den zusätzlichen Auftrag, ihre Einflußmöglichkeiten für einen Ausbau des jeweiligen bilateralen Handels zu nutzen. In einem im Juni 1921 geschriebenen offiziellen Tätigkeitsbericht des »Außenministeriums« stellte Robert Brennan, der von de Valera einige Monate zuvor zum »Unterstaatssekretär im Außenministerium« ernannt worden war, fest, daß die »irische Republik« zur Zeit acht Auslandsvertretungen unterhalte, die mit offiziell vom Dáil akkreditierten Gesandten besetzt seien. Ferner gebe es irische Pressebüros in sechs Staaten, während in sieben weiteren aktive Propagandaarbeit betrieben werde[3].

Natürlich darf das Wirken des Dáil Éireann seit 1918 nicht als eine »normale« Regierungstätigkeit verstanden werden, schließlich handelte es sich dabei um eine Untergrundregierung und ein Untergrundparlament, auch wenn beide von der Bevölkerung rasch als legitime Exekutive und Legislative des Landes akzeptiert worden waren. Schon deshalb standen sie im Mittelpunkt der britischen Abwehrarbeit. Die bewaffnete Konfrontation begann mit den Überfällen der irischen Nationalisten auf Militär- und Polizeieinrichtungen, um die eigenen Waffenvorräte aufzustocken. Schnell erwiesen sich die regulären Polizeikräfte der Royal Irish Constabulary den Methoden der Irish Republican Army als nicht gewachsen, bestanden diese doch aus Angriffen aus dem Hinterhalt, Bombenanschlägen und Attentaten. Die Täter trugen Zivil und wurden von der Bevölkerung nachhaltig unterstützt. Sie konnten sich nach der Durchführung von Anschlägen darauf verlassen, daß Nachbarn oder

[3] Die »Gesandtschaften« befanden sich in Paris, Rom, London, Berlin, Moskau, Buenos Aires, Santiago de Chile und Washington; vgl. dazu: Jürgen Elvert, Vom Freistaat zur Republik. Der außenpolitische Faktor im irischen Unabhängigkeitsstreben 1921–1948. Bochum 1989, S. 29.

Freunde sie nicht an die Polizei verraten würden. Diese stieß im Gegenteil bei ihren Ermittlungen schnell auf Mauern des Schweigens. Wenn doch einmal einzelne IRA-Kämpfer auf diese Weise enttarnt wurden, sorgten andere für die Bestrafung, d.h. in den meisten Fällen für die Ermordung der Verräter.

Die Zahl der in Irland stationierten regulären Truppeneinheiten wuchs folglich seit 1918 ständig an, die zudem bald durch paramilitärische Freiwilligenkorps aus entlassenen Armeesoldaten ergänzt wurden. Diese Paramilitärs, aufgrund der Farben ihrer Uniformen rasch als *black and tans* bekannt, hatten ihre Erfahrungen auf den Schlachtfeldern des Weltkriegs gemacht und waren in der Wahl ihrer Methoden genauso wenig zurückhaltend wie die Mitglieder der IRA. Ein blutig ausgefochtener Guerillakrieg, in den die gesamte Inselbevölkerung durch nächtliche Haussuchungen, Ausgangssperren, Kriegsrechtsverordnungen und andere staatliche Repressionsmaßnahmen einbezogen wurde, war unausweichlich. Morde und Attentate häuften sich – auf die Ermordung des Oberbürgermeisters von Cork durch die »black and tans« antwortete die IRA prompt mit der Ermordung von einigen britischen Abwehroffizieren in ihren Privatquartieren. Diese waren gerade erst in Irland eingetroffen, um nach undichten Stellen in der irischen Verwaltung zu suchen, aus denen die IRA regelmäßig mit Informationen versorgt wurde.

Im Sommer 1921 hatte die Auseinandersetzung ihren Höhepunkt erreicht. Die Regierung ging davon aus, daß ohne eine weitere drastische Verstärkung der Sicherheitskräfte um mehrere zehntausend Soldaten das Land kaum unter Kontrolle zu bringen wäre – und selbst dann nur unter temporäre Kontrolle. Die IRA verfügte kaum noch über Waffen, auch saßen trotz der guten Operationsbedingungen bereits so viele Aktivisten hinter Schloß und Riegel, daß aufgrund fehlender Ausbildungsmöglichkeiten nicht genügend geeigneter Nachwuchs in der Guerillakriegführung geschult werden konnte – kurzum: Die militärischen Mittel zur Fortsetzung des Krieges waren weitgehend ausgeschöpft. Die Regierung Lloyd George hatte bereits einige Monate zuvor einen Vorstoß zur Beendigung des Konflikts unternommen. Mit dem 1920 als ›Government of Ireland Act‹ vorgelegten Gesetz war die Insel zweigeteilt worden. In enger Absprache mit den Unionisten aus Ulster gab es seither ein »Nordirland«, bestehend aus den sechs mehrheitlich protestantischen Grafschaften Antrim, Down, Londonderry, Armagh,

Tyrone und Fermanagh. Diese Grafschaften waren bislang stets von unionistischen Abgeordneten in Westminster vertreten worden, während die Grafschaften Donegal, Cavan und Monaghan, die ebenfalls zur Provinz Ulster gehörten, für die nationalistischen Kandidaten erst der Parlamentspartei und dann Sinn Féins gestimmt hatten. Sie verblieben zusammen mit den 23 übrigen Grafschaften Irlands bei Südirland.

Das Gesetz sah zwei voneinander unabhängige Parlamente für die beiden irischen Teilstaaten vor, die beide Home Rule erhalten sollten. Ein »Council of Ireland«, bestehend aus Delegierten Nord- und Südirlands, wäre für grenzübergreifende Angelegenheiten zuständig gewesen und hätte möglicherweise die Grundlage einer gesamtirischen Regierung bilden können, falls sich, was möglich gewesen wäre, beide Teilstaaten zu einer Wiedervereinigung bereit erklärt hätten. Die Wahlen zu beiden Parlamenten fanden im Mai 1921 statt. Im Süden boykottierten Dáil Éireann und Sinn Féin die Regierungsinitiative, da nach ihrem Verständnis in London beschlossene Gesetze in Irland keine Gültigkeit mehr besaßen. Der Boykott war ein fast vollständiger Erfolg, denn nur vier Abgeordnete erschienen zur Eröffnungsveranstaltung des Dubliner Parlaments, das sich daraufhin auf unbestimmte Zeit vertagen mußte. Das nordirische Parlament hingegen wurde am 22. Juni 1921 in einer feierlichen Prozedur von König Georg V. im Stormont eröffnet. In seiner Eröffnungsansprache plädierte der König noch einmal nachdrücklich an alle Konfliktparteien, ernsthaft und gemeinsam nach einem friedlichen Ausweg aus der Krise zu suchen. Mit diesem zweifellos abgesprochenen Appell signalisierte das Kabinett Lloyd George Verhandlungsbereitschaft, doch er spiegelte auch die öffentliche Meinung in Großbritannien wider, die mit zunehmender Lautstärke eine Beendigung des Konflikts forderte.

Die Gespräche zwischen der britischen Regierung und Vertretern des Dáil waren bereits am 14. Juli aufgenommen worden. In Fragen der Verhandlungsführung besaßen die Briten, die auf eine jahrhundertealte diplomatische Tradition aufbauen konnten, eindeutige Vorteile. Ihre irischen Verhandlungspartner hatten zwar feste Vorstellungen davon, wie ihr Staat einmal aussehen sollte, doch verfügten nur wenige Delegationsmitglieder über konkrete diplomatische Erfahrung. Dennoch: Schon der Umstand, daß nun eine hochrangige britische Delegation unter Leitung des Premierministers mit einer irischen Delegation unter Leitung des Dáil-Präsidenten an einem Tisch saß, durfte von den Iren als ein diplomatischer Erfolg gewertet werden. Schließlich waren sie damit von einer der großen Weltmächte als gleichberechtigter Verhandlungspartner anerkannt worden. Die Nationalisten um Eamon de Valera, Arthur Griffith und Michael Collins hatten schon jetzt mehr erreicht, als alle irischen Unabhängigkeitskämpfer in den Jahrhunderten zuvor. Noch galt es allerdings, die Friedensverhandlungen zu nutzen, um ein Höchstmaß an Souveränität zu erreichen. Unabhängig davon bleibt jedoch festzustellen, daß die britische Bereitschaft zum Abschluß des Waffenstillstandes und zur Aufnahme der Verhandlungen vom völkerrechtlichen Aspekt als ein Indiz dafür zu werten ist, daß London vorbehaltlich einer friedensvertraglichen Regelung willens war, Irland – oder wenigstens einem Teil davon – ein Mindestmaß an völkerrechtlicher Souveränität zuzugestehen.

Eamon de Valeras Delegation bestand aus vier Personen: Arthur Griffith und Austin Stack vertraten die gemäßigte und die radikalnationalistische Linie, Robert Barton und Erskine Childers, zwei Absolventen britischer Public Schools, die beide lange Jahre im britischen Staatsdienst tätig gewesen waren – Childers sogar im Foreign Office – kannten sich mit britischen diplomatischen Gepflogenheiten recht gut aus. Betreut wurden die Iren in London seit ihrer Ankunft am 12. Juli von Art O'Brien, dem ehemaligen Koordinator des irisch-kontinentalen Kommunikationsnetzes. Er diente auch als Mittelsmann zwischen Lloyd George und de Valera und konnte aufgrund guter persönlicher Kontakte den irischen »Präsidenten« mit einigen Whitehall-Interna versorgen. Neben O'Brien schaltete sich auch der zu dieser Zeit in London weilende südafrikanische Regierungschef Jan Christiaan Smuts, einer der Wortführer jener Gruppe von imperialen Politikern, die schon seit längerem mehr Unabhängigkeit und Gleichberechtigung für die Dominions des britischen Weltreiches forderten, als Vermittler in die Verhandlungen ein.

Doch trotz guten Willens und tatkräftiger Hilfe einigten sich die Teilnehmer an dieser ersten Gesprächsrunde lediglich auf den Namen, den der zu schaffende irische Staat künftig tragen sollte: *Saorstat Éireann* – Freistaat Irland. De Valera, der mit der Maximalforderung nach einer unabhängigen irischen Republik nach London gereist war, mußte einsehen, daß der britische Premier nicht bereit war, Irland völlige Unabhängigkeit zu gewähren oder es gar aus dem Empire zu entlassen. Der gefundene Kompromiß kam den Vorstellungen beider Delegationen entgegen, denn er berücksichtigte die irischen Ansprüche auf möglichst weitgehende Unabhängigkeit genauso wie die besonderen Beziehungen des Landes zu den Staaten des Empire, was eine unumstößliche Vorbedingung des britischen Premierministers gewesen war. Die Nordirlandfrage jedoch hatte sich zu einem Grundsatzproblem entwickelt. De Valera ließ in den Gesprächen die Bereitschaft erkennen, einen uneingeschränkten Dominion-Status[4] für Gesamtirland akzeptieren zu wollen, falls Lloyd George auf die Forderung nach Beibehaltung von britischen Militärstützpunkten auf irischem Territorium verzichten würde. Andernfalls käme nur vollständige Unabhängigkeit für die verbleibenden 26 Grafschaften in Frage. Doch der britische Premierminister war in diesem Punkt hart geblieben. Für ihn war eine Fortsetzung der Verhandlungen nur auf der Basis des Verbleibs Irlands in der Einheit des Empire möglich; in der Nordirlandfrage wollte und konnte er keine Versprechungen machen. Dies wäre weder im Kabinett noch im Parlament oder gar in Belfast durchsetzbar gewesen.

Im Oktober 1921 wurden die Verhandlungen fortgesetzt, diesmal ohne Beteiligung de Valeras, der den Delegierten jedoch weitgehende Verhandlungsvollmachten erteilt hatte. Warum er selbst nicht an dieser Gesprächsrunde teilnahm, obwohl damit zu rechnen war, daß ein Abkommen abgeschlossen werden würde, ist in der Forschung seither viel diskutiert worden. Mit guten Argumenten vertritt Joseph Lee die These, daß auch de Valera einen Vertragsabschluß wollte, doch aufgrund der im Juli gemachten Erfahrungen wußte, daß die Maximalforderungen der irischen Radikalnationalisten nicht erfüllt werden würden. Sein Verbleiben in Dublin sei daher, wie Lee meint, als ein geschickter Schachzug zu sehen, der ihm die persönliche Zustimmung zu einem ungeliebten aber notwendigen Vertrag ersparte und daher seine Führungsrolle in der irischen Politik unangetastet bleiben würde[5]. Dem mittlerweile zum Außenminister avancierten Arthur Griffith war die Leitung der Delegation anvertraut worden, zu der neben ihm noch Michael Col-

[4] Der Dominion-Status sah die nationale Selbstverwaltung im Rahmen des britischen Empire vor, in dem Großbritannien weiterhin Führungs- und Kontrollfunktionen ausübte.

[5] Joseph J. Lee, Ireland 1912–1985. Politics and Society. Cambridge 1989, S. 49–51.

lins, Robert Barton, E. J. Duggan, George Gavan Duffy und Erskine Childers gehörten. Sie verhandelten wiederum mit David Lloyd George persönlich, der von den Spitzenkräften seines Kabinetts begleitet wurde.

In der Tat entsprachen die ›Articles of Agreement for a Treaty between Great Britain and Ireland‹, die von den Delegationen um 2:10 Uhr am Morgen des 6. Dezember 1921 unterzeichnet wurden, nicht den Erwartungen der irischen Radikalnationalisten, obwohl sie weit mehr als nur nationale Selbstverwaltung erhalten hatten, denn als Dominion im imperialen Verband hatte der »Irish Free State«, so ein Zitat von Michael Collins, nun jenen Grad an politischer Freiheit erreicht, der notwendig war, um völlige Freiheit, also Unabhängigkeit – zu erlangen. Die eigentlichen Verlierer dieser Verhandlungen waren die nordirischen Unionisten, denn sie hatten genau das bekommen, wogegen sie sich seit 1886 immer heftiger wehrten, nämlich Home Rule – und mußten darüber auch noch glücklich sein, denn die Aufteilung Irlands in einen größeren nationalirischen Teil mit Dominionstatus und einen kleineren unionistisch-protestantischen Teil mit lediglich nationaler Selbstverwaltung unter Beibehaltung der Union mit Großbritannien war das Maximum gewesen, das Lloyd George für sie in den Verhandlungen mit der südirischen Delegation erreichen konnte. Ohnehin hatte diese den Vertragsentwurf nur zögernd und unter der Drohung der Wiederaufnahme militärischer Aktionen gegen die Nationalisten signiert. Sie wußten, daß in Dublin die Zustimmung zu einer Teilung des Landes nur sehr schwer zu vermitteln sein würde, auch wenn diese Teilung noch nicht endgültig, sondern vorbehaltlich des Schiedsspruches einer Grenzkommission sein würde, die nach der Ratifizierung der ›Articles of Agreement‹ durch den Dáil und das Parlament von Westminster ihre Tätigkeit aufnehmen sollte. Einen weiteren Ansatzpunkt für mögliche Kritik stellte der Fortbestand der besonderen Beziehungen zu Großbritannien und den anderen Teilen des Empire dar, die in Anlehnung an den Status Kanadas definiert worden waren. Danach durfte der Freistaat fortan zwar eine eigene Außenpolitik betreiben, ferner eigene Gesetze erlassen, die Steuereinnahmen eigenverantwortlich verwalten, ein eigenes Post- und Telegraphensystem einrichten sowie eine eigene Armee aufstellen, doch behielt Großbritannien das Nutzungsrecht über drei Marinestützpunkte sowie einige weitere Armeebasen auf dem Territorium des Free State. Daneben hatte sich London die Endkontrolle über die zu verabschiedende irische Verfassung gesichert, deren Grundlage der anglo-irische Vertrag selbst bilden sollte.

Cathal Brugha, der erste Präsident des ersten Dáil, war sich, nachdem er vom Inhalt des Abkommens erfuhr, sicher, daß das Vertragswerk das Land »von oben bis unten spalten« würde. Diese Befürchtung wurde in der Dáil-Debatte bestätigt, aus der die Befürworter des Vertrages am 7. Januar 1922 mit der hauchdünnen Mehrheit von 64 zu 57 Stimmen als Sieger hervorgingen. Michael Collins, der ehemalige Chef der Guerilla-IRA, hatte den Vertrag verteidigt und noch einmal auf die Notwendigkeit des Kompromisses hingewiesen. In der Frage der Gewährung völliger Unabhängigkeit sei, so Collins, kein Entgegenkommen der britischen Regierung zu erwarten gewesen, doch gebe die Form des Vertrages den Iren genügend Spielraum zur Entwicklung einer unabhängigen Staatsform. Dem hatte Erskine Childers entgegengehalten, daß es völlige Unabhängigkeit für Irland solange nicht geben könne, wie britische Truppen auf irischem Boden stationiert und die Teilung des Landes aufrechterhalten werden würde. Die beiden Standpunkte waren nicht miteinander vereinbar. Die relativ große Zahl der Gegenstimmen spiegelte etwa die Beurteilung des Vertragswerkes durch die Bevölkerung des neugeschaffenen irischen Freistaats wider. Die Auseinandersetzung über den Vertrag wurde durch die Diskussion um die neue Verfassung, die bald nach der Ratifizierung begann, noch verschärft und gipfelte schließlich in einem blutigen Bürgerkrieg, der sich weit in das Jahr 1923 hineinzog und von den Vertragsbefürwortern erst mit britischer Waffenhilfe zu eigenen Gunsten entschieden werden konnte.

Nordirland im 20. Jahrhundert

Nach Unterzeichnung des Vertragsentwurfs am 6. Dezember 1921 zögerte das britische Parlament nicht, das Abkommen noch vor Weihnachten zu ratifizieren. Es durchlief alle parlamentarischen Instanzen ohne Probleme. Offensichtlich waren die Abgeordneten zufrieden mit dem, was die Regierung in den Gesprächen mit der irischen Delegation erreicht hatte. Mit besonderer Genugtuung war von vielen Rednern die Sonderregelung für die sechs protestantischen Grafschaften Ulsters gewürdigt worden. Das Territorium, das durch die ›Government of

Ireland Act‹ von 1920 fortan zum nordirischen Teil des United Kingdom gehören sollte, umfaßte zwar die Grafschaften, die mehrheitlich von Protestanten bevölkert wurden, doch besonders in Tyrone und Fermanagh waren die Mehrheitsverhältnisse nur hauchdünn, alles in allem standen sich im Sommer 1921 in Nordirland etwa zwei Drittel unionistische Protestanten und ein Drittel nationalistische Katholiken gegenüber. Letztere waren nach der Separation lange Zeit nahezu politisch handlungsunfähig. Mochte in den ersten Jahren nach der Teilung noch die Wut über die Trennung vom mittlerweile auch unabhängigen Freistaat und der Haß auf das staatliche Gebilde, in dem man zu leben gezwungen war, zu einer Welle von blinder Gewalt geführt haben, die nichts anderes als Gegengewalt und Repressalien bewirkte, so wichen diese emotional bestimmten Handlungen in den dreißiger Jahren eher der Resignation. Zwar organisierten sich die nordirischen Nationalisten 1928 in der »National League« und 1936 in der »Irish Union Association«, doch repräsentierten beide Bewegungen nur maximal ein Drittel der Bevölkerung. Politisch konnte somit nichts bewegt werden. Das mochte vielleicht auch in den späten zwanziger Jahren der Entschluß zusätzlich erleichtert haben, im nordirischen Parlament nicht die Rolle der aktiven Opposition einzunehmen, hätte dies doch die Anerkennung des politischen Systems bedeutet, das man eigentlich ablehnte.

Auf der ersten Sitzung des nordirischen Parlaments im Sommer 1921 war Sir James Craig (später Lord Craigavon) zum Premierminister Nordirlands gewählt und damit eine bis zur Entmachtung des Stormont-Systems durch Edward Heath im Jahre 1972 ungebrochene Tradition unionistisch geführter Regierungen begründet worden. Craig sah seine Hauptaufgabe darin, die Interessen der nordirischen Unionisten zu wahren und die Trennung vom Freistaat zu festigen. So boykottierte seine Regierung von vornherein die Arbeit der Grenzkommission, die im Vertrag von 1921 vorgesehen war und kurze Zeit später die Arbeit aufgenommen hatte. Craig selbst ließ keinen Zweifel daran, daß, sofern die Kommission zu einem für Nordirland nachteiligen Ergebnis kommen sollte, dieses von seiner Regierung ebenso wenig akzeptiert werden würde wie von dem größten Teil der Bevölkerung der sechs Grafschaften. Nach einigen Jahren redlichen Bemühens stellte die Kommission, die unter der Leitung des südafrikanischen Richters Feetham stand, ihre Arbeit ohne einen endgültigen Abschlußbericht ein, am

3. Dezember 1925 akzeptierte der südirische Premierminister Cosgrave in einem Abkommen mit Craig und der britischen Regierung den bestehenden Grenzverlauf – und damit die Teilung des Landes – formell.

Der Zeitraum von der Schaffung Nordirlands bis etwa Mitte der sechziger Jahre kann daher als eine Phase der Lagerbildung bezeichnet werden. Die Nationalisten, stets nach Südirland schielend, verweigerten die Zusammenarbeit mit dem nordirischen Staat, die Unionisten nutzten diese Verweigerung, um den nordirischen Nationalismus als staatsfeindlich zu brandmarken und jeden möglichen Ansatz der Integration zu verweigern. Diese Ausgrenzung wurde noch gefördert durch die bewußt eigenständige und auf Erlangung vollständiger Souveränität zielende Politik Dublins, die, besonders nach der Regierungsübernahme durch Eamon de Valera im Jahre 1932, konsequent die Sezession vom British Commonwealth of Nations betrieb, darüber hinaus aber auch den Herrschaftsanspruch über Nordirland in der Verfassung von 1937 verankerte. Je weiter Südirland vom Commonwealth abrückte, je nachhaltiger die Überwindung der irischen Teilung durch Dublin gefordert wurde und je mehr Zugeständnisse London an Südirland machte, desto enger rückten die Unionisten im Norden zusammen – was implizit eine weitere Ausgrenzung der nordirischen Nationalisten zur Folge hatte.

Dieser »Deadlock« brachte während des Zweiten Weltkriegs – Südirland blieb neutral und wurde ständig fälschlicherweise der Kooperation mit den Achsenmächten beschuldigt – und in den frühen fünfziger Jahren den nationalen und sozialen Antagonismus in Nordirland auf den absoluten Tiefpunkt. Erst Ende der fünfziger Jahre sah sich die nordirische Regierung gezwungen, angesichts eines globalen wirtschaftlichen Strukturwandels und daraus resultierender unmittelbarer Einflüsse auf die nordirische Volkswirtschaft, die eine Diversifikation der heimischen Industrie erforderlich machten, die gesellschaftlichen Barrieren abzubauen. Diese Integrationsversuche wurden nach der Ernennung des liberalen Unionisten Terence O'Neill zum nordirischen Premierminister als Nachfolger Lord Brookeboroughs im Jahre 1963 sowie dem Wahlsieg von Labour unter Harold Wilson im Jahre 1964 noch verstärkt. Demographische Zahlen belegen für den Zeitraum zwischen 1960 und 1965 eine erhebliche Steigerung des Anteils von Katholiken in höheren und gehobenen Positionen. Dieser Trend wurde noch unterstrichen durch den Entschluß der Nationalist Party, ab Frühjahr 1965 die Rolle der größten Oppositionspartei im nordirischen Parlament wahrzunehmen. Nach 40 Jahren der Stagnation schien endlich Bewegung in das erstarrte gesellschaftliche Gefüge Nordirlands zu kommen.

Doch war der »O'Neillism« wirklich eine Reformpolitik, die ihren Namen verdiente? Eine genauere Analyse läßt schnell erkennen, daß Premierminister O'Neill ebenso fest im unionistischen Gedankengut verankert war wie seine Vorgänger und seine Politik, so wohlmeinend sie vielleicht auch gewesen sein mochte, lediglich der Konsolidierung der bestehenden Verhältnisse diente. Dafür sorgten schon die festgefügten Mehrheitsverhältnisse zugunsten der Protestanten, die in den Jahren zuvor durch das sogenannte »gerrymandering« – den Neuzuschnitt von Wahlkreisen zur Sicherstellung der Mehrheitsverhältnisse – noch fester gefügt worden waren. Die partielle Öffnung der ehemals rein unionistisch-protestantisch geprägten Staatsstrukturen für eine verhältnismäßig kleine Zahl von Katholiken hätte genauso einer Stabilisierung der politischen Verhältnisse gedient, wie eine Annäherung des nordirischen Nationalismus an das bestehende System eben dem Nationalismus die Schärfe genommen hätte. Doch natürlich soll und darf nicht bestritten werden, daß jeder Reformansatz, der auch nur die geringste Bewegung in die erstarrten Verhältnisse Nordirlands brachte, per se schon begrüßenswert war.

Die Nagelprobe für die Reformpolitik, -bereitschaft und -fähigkeit O'Neills mußte spätestens dann kommen, wenn aus der Bevölkerung der Ruf nach konkreten und weitergehenden gesellschaftlichen Reformen laut wurde. Noch 1963, also im Jahr seiner Regierungsübernahme, gründete sich in Dungannon die »Campaign for Social Justice«. Ihr folgte in den nächsten Jahren eine Reihe von lokalen und regionalen Aktions- und Bürgerkomitees, die die Abschaffung diskriminierender Strukturen des nordirischen Sozialgefüges auf ihre Fahnen geschrieben hatten. Im Jahre 1967 wurde die »Northern Ireland Civil Rights Association« (NICRA) als Dachverband ins Leben gerufen.

Da diesem Verband Organisationen aus dem marxistischen Lager genauso angehörten wie solche gemäßigt-unionistischer Provenienz, muß die NICRA als eine politische *pressure group* gesehen werden, die parteiübergreifend eine grundlegende Strukturreform des alten Systems zugunsten größerer Gleichberechtigung in der nordirischen Gesellschaft forderte. Die dabei eingesetzten Mittel wie Massendemonstrationen oder gezielter ziviler Ungehorsam waren in den späten sechziger Jahren auf dem Kontinent durchaus gang und gäbe. Doch die unionistisch dominierte Führung Nordirlands, völlig unerfahren in derartigen Auseinandersetzungen, lehnte den Dialog mit den Kritikern des Systems ab, vermutlich, weil sie zu einem Dialog gar nicht fähig war. Im Gegenteil: Alte Ängste brachen wieder auf, und sie sah in der Bürgerrechtsbewegung nur ein neues Mittel des alten irischen Nationalismus, um den Unionismus in Nordirland vor den Augen der Weltöffentlichkeit zu diskreditieren. Aus dieser Sicht durchaus konsequent, wurden Demonstrationen und Versammlungen gewaltsam durch die Polizei aufgelöst, die sich zwischen 1968 und 1969 immer mehr zu einem Machterhaltungsinstrument des Unionismus wandelte und keine Kritik am Staat zuließ. Infolge dieser Repressalien konnten sich in der NICRA die radikalen Kräfte um die marxistische »Peoples Democracy«, aber auch andere radikal-nationalistische und katholisch-republikanische Elemente durchsetzen und die gemäßigten Reformer an den Rand drängen.

Im selben Zeitraum gewann innerhalb der Ulster Unionist Party eine Bewegung um den presbyterianischen Geistlichen Ian Paisley immer mehr Anhänger, die im Geist der englischen Reformation des 16. und 17. Jahrhunderts eine Rückbesinnung auf die ursprünglichen, rigoros calvinistischen Werte der Kirche verlangten. Dieser Rigorismus, so forderten Paisley und seine Anhänger, sollte jedoch auch in der Politik Anwendung finden, wobei zunächst einmal jede Kooperation mit dem katholischen Lager eingestellt werden müßte, da der Papst als Oberhaupt der katholischen Kirche als die Inkarnation des Antichristen gesehen wurde. Paisley verstand es zudem geschickt, seine Anhängerschaft in den protestantischen Belfaster Arbeitervierteln durch Hinweise auf mögliche Bedrohung von Arbeitsplätzen gegen die Bürgerrechtsbewegung aufzubringen. Es sei in diesem Zusammenhang ausdrücklich betont, daß er dabei bewußt eine weitere Radikalisierung des unionistischen Lagers in Kauf nahm.

Die Radikalisierung der Bürgerrechtsbewegung auf der einen und des Unionismus auf der anderen Seite führte letztlich im August 1969 zu einer Eskalation der Lage, als vermummte Unionisten zunächst in Londonderry, bald darauf auch in Belfast katholische Wohnviertel angriffen und ganze Straßenzüge verwüsteten – ohne daß die zu weit über 90 Prozent protestantische Polizei eingeschritten wäre. Es bedurfte erst des massiven Einsatzes britischer Militäreinheiten in beiden Städten, um den Schutz der Katholiken zu gewährleisten. Diese doppelte Bedrohung ließ den Einsatz von britischen Soldaten im August 1969 in den Augen der nordirischen Katholiken als Hilfestellung erscheinen, die die Truppen daher mit Blumen und Jubelrufen begrüßten. Doch war das Militär mit einer solchen Situation noch nie konfrontiert worden, auch hatte es kaum Vorbereitungszeit für Offiziere und Mannschaften auf die außergewöhnlichen Bedingungen im Norden Irlands gegeben. Diese verlangten von den Soldaten, eine Gruppe der Bevölkerung, die eigentlich mit dem Staat, in dem sie lebten, nichts im Sinn hatten, vor einer anderen Gruppe zu schützen, die nichts anderes wollte, als Teil des Staates zu bleiben, den die Soldaten repräsentierten. Es kam, wie es kommen mußte: Durch eine Reihe von Fehlentscheidungen zuungunsten der katholischen Bevölkerung verspielte das Militär bald den Vertrauenskredit und lieferte radikalen Republikanern und Nationalisten reichlich Anlässe, die eigentlich zum Schutz der Katholiken gerufenen Soldaten als Teil des herrschenden Systems zu brandmarken, das nichts anderes wolle, als einen eigenen Beitrag zur Unterdrückung jeden nationalirischen Gedankens im Norden zu leisten. Es dauerte nicht lange, bis sich die wenigen noch überlebenden IRA-Aktivisten der fünfziger Jahre erneut zusammenfanden und, verstärkt durch zahlreiche junge »Nachwuchsaktivisten«, begannen, »Schutzmaßnahmen« für die bedrohten Katholiken Nordirlands zu ergreifen. Dabei handelte es sich zunächst in der Tat um konkrete Sicherheitsvorkehrungen für die Bewohner katholischer Bezirke in West-Belfast und in Londonderry zur Abwehr protestantischer Übergriffe, doch schon bald lieferten sich protestantische und katholische Paramilitärs erbitterte Straßenschlachten, die in zunehmendem Maße in Attacken auf einzelne Personen, beliebte Treffpunkte oder andere Symbole der jeweils »anderen« Seite eskalierten und schon in den ersten Wochen mehrere Todesopfer forderten.

Nachdem am 30. 1. 1972 britische Truppen 13 unbewaffnete Teilnehmer einer verbotenen Demonstration gegen die Praktiken nordirischer Sicherheitsorgane erschossen und danach die Vorfälle des als »Bloody Sunday« in die traurigen Annalen des Konflikts eingegangenen Tages offensichtlich mit behördlicher Billigung vertuscht werden sollten, sowie angesichts wachsender innen- wie außenpolitischer Kritik an der Rolle der britischen Regierung in der Nordirlandfrage entschloß sich das Kabinett Heath, die nationale Selbstverwaltung Nordirlands – zunächst nur für eine begrenzte Zeit – aufzuheben und die Provinz wieder direkt unter britische Kontrolle zu stellen. Diese Maßnahme war Folge der Erkenntnis, daß die unionistische Regierung in Belfast den eskalierenden Konflikt nicht lösen können würde, und war ebenso Ausdruck der Hoffnung, daß durch die Initiative Westminsters die moderaten Kräfte in beiden Lagern gestärkt werden würden und damit letztlich ein konstitutionelles Rahmenwerk für Nordirland geschaffen werden könnte, das wenigstens auch für die konstitutionellen Nationalisten der Provinz akzeptabel sein würde. Offensichtlich erhoffte man sich ein ähnliches Ergebnis wie 1921, als sich die gemäßigten Kräfte von Sinn Féin zur Annahme des anglo-irischen Vertrages entschlossen hatten.

Am 22. Juni 1921 war das nordirische Parlament feierlich von Georg V. eröffnet worden, am 1. April 1972 trat die ›Northern Ireland Temporary Provisions Act‹ in Kraft, mit der die nationale Selbstverwaltung Nordirlands wieder aufgehoben wurde. Der britische Nordirlandminister William Whitelaw trat noch am selben Tag seinen Dienst an, der eigentlich nur auf ein Jahr begrenzt war. Er hoffte, durch die Aufnahme von Gesprächen mit Vertretern der nordirischen Katholiken die Grundlage für einen Dialog der beiden Bevölkerungsgruppen legen zu können. Doch statt dessen eskalierte die Gewalt. Bereits im Mai schlossen sich die bisher unabhängig voneinander operierenden protestantischen paramilitärischen Verbände nach dem Vorbild der IRA zur »Ulster Defence Association« zusammen. Ohnehin übertrafen die sektiererischen Aktivitäten des Jahres 1972 alle bisherigen Negativrekorde. Schon die Aufhebung nationaler Selbstverwaltung war von einer Reihe von Anschlägen erboster Protestanten auf katholische Einrichtungen und Siedlungen begleitet worden. Nachdem Whitelaw am 9. Juli des Jahres zugab, bereits Gespräche mit führenden IRA-Funktionären geführt zu haben, waren die radikalen Unionisten nicht mehr zu bremsen und wüteten in bisher nicht gekanntem Ausmaß gegen die Katholiken Nordirlands. Als Antwort darauf zündete die IRA am 21. Juli gleichzeitig mehr als 20 Bomben in ganz Belfast, die 11 Menschenleben und 130 zum Teil Schwerverletzte forderte – im Jargon der IRA hieß dies »Rache für den Bloody Sunday«. Nachdem Ende Juli in einer kleinen Stadt in der Grafschaft Londonderry eine andere IRA-Bombe acht weitere Menschenleben gefordert hatte, war die Gesamtzahl der Toten seit Ausbruch der Unruhen bereits auf 500 gestiegen. Eine Konferenz, die Whitelaw im September nach Darlington einberief und auf der nach neuen Lösungswegen aus der Krise gesucht werden sollte, stieß nur auf geringe Resonanz – lediglich die Unionist Party, die Alliance-Party und die Northern Ireland Labour Party entsandten einige Delegierte, ohne daß die Hauptakteure überhaupt von der Einladung Kenntnis genommen hätten. Statt dessen wurden die Gewalttaten fortgesetzt. Am Jahresende waren allein für das Jahr 1972 467 Terroropfer zu beklagen – 332 Zivilisten (einschließlich IRA- und UDA-Mitglieder), 103 Armeesoldaten, 25 Angehörige des Ulster Defence Regiment und 17 Angehörige der Royal Ulster Constabulary.

Die Liste des Terrors und Gegenterrors ließe sich mit akribischer Genauigkeit für jedes Jahr fortschreiben, ohne daß dadurch der Erkenntnisgewinn über den Problemfall Nordirland größer würde. Als besonders spektakuläre Aktionen der IRA wären in diesem Zusammenhang vielleicht noch das erfolgreiche Attentat auf Lord Mountbatten und seinen Enkel vor der Küste von Sligo im August 1979 und der fehlgeschlagene Anschlag auf Frau Thatcher und die Führung der Konservativen Partei während des Parteitages in Bristol im Jahre 1984, möglicherweise auch noch die in den neunziger Jahren wieder verstärkt durchgeführten Aktionen in Großbritannien, die zuletzt im März 1993 in Warrington zwei Kinderleben forderten und erstmals seit langer Zeit wieder Protestkundgebungen gegen die IRA in der irischen Republik zur Folge hatten, zu erwähnen. Bis heute hat der Konflikt über 3000 Todesopfer gefordert und es scheint noch kein Ende in Sicht. Auch die Suche nach Wegen aus dem Dilemma ist seit 1972 ständig angewachsen – im November 1973, dem ersten Jahr der britischen und irischen EG-Mitgliedschaft – trafen sich Vertreter der nordirischen Official Unionists unter der Führung des ehemaligen Premiers Brian Faulkner zusammen mit Delegierten der SDLP und der Alliance Party in Sunningdale mit Vertretern der britischen und irischen Regierungen und erkannten förmlich die »irische Dimension« der Nordirlandfrage an, der man am besten mit der Einrichtung eines gesamtirischen Rates begegnen könnte. Die Zusammenarbeit scheiterte letztlich am gemeinsamen Widerstand der Nichtbeteiligten: die Democratic Unionist Party Paisleys, die UDA, Sinn Féin und die IRA lehnten »Sunningdale« entschieden ab, glaubten beide Extreme doch, daß damit dem jeweiligen Gegner zu viele Mitspracherechte eingeräumt werden würden.

Nach 1974 schien zunächst kein weiterer Raum für neue Gespräche vorhanden zu sein. Erst die Eskalation infolge der Hungerstreiks inhaftierter IRA-Aktivisten im Hochsicherheitstrakt des Maze-Gefängnisses, dem sogenannten »H-Block«, die damit ihre Anerkennung als politische Häftlinge erzwingen wollten und von denen bis Oktober 1981 aufgrund der unnachgiebigen Haltung der britischen Regierung zehn Häftlinge starben – unter ihnen der prominente Sinn Féin-Abgeordnete Bobby Sands – ließ die Notwendigkeit der Fortsetzung des Dialogs erkennen. 1983 entstand in anglo-irisch-nordirischer Kooperation das »New Ireland Forum«, das von Vertretern der größeren Parteien aus allen drei Staaten zur weiteren Erörterung des Nordirlandproblems genutzt wurde. Ein konkreter Erfolg dieses Forums stellte das Abkommen von Hillsborough vom November 1985 dar, das zwischen Frau Thatcher und dem irischen Regierungschef FitzGerald abgeschlossen wurde und das der Republik Irland ein begrenztes Mitspracherecht in nordirischen Angelegenheiten einräumte. Seither ziert ein überdimensionales Spruchband den Turm des Rathauses von Belfast, auf dem die Meinung der nordirischen Unionisten zu »Hillsborough« unmißverständlich mitgeteilt wird: »Belfast says No!«. An dieser kompromißlosen Ablehnung aller Versuche, der irischen Republik ein wie auch immer geartetes Mitspracherecht in nordirischen Angelegenheiten einzuräumen, sind bislang alle weiteren Vorstöße, ob sie nun als »Brooke-Initiative« oder als »Mayhew-Talks« bekannt geworden sind, gescheitert. Allerdings scheinen einige Indizien aus jüngster Zeit – so ein Besuch Paisleys im Dubliner Außenministerium im Sommer 1992 – eine Änderung der radikalunionistischen Politik anzudeuten. Abschließend bleibt noch der Blick auf die IRA und besonders auf ihren politischen Flügel Sinn Féin, dem bislang jedes Mitspracherecht verweigert wurde. Solange jedoch eine Partei, die immerhin regelmäßig von etwa 10 Prozent der nordirischen Wähler in die Parlamente gewählt wird, nicht an derart entscheidenden Gesprächen beteiligt und damit auch zu Kompromissen und zu dann notwendiger Bereitschaft der Reduzierung eigener Maximalforderungen gezwungen wird – es sei hier nur an die anglo-irischen Gespräche von 1921 erinnert –, scheint eine endgültige Lösung des Nordirlandproblems weiterhin ausgeschlossen zu sein.

Zum besseren Verständnis der unübersichtlichen Kräfteverhältnisse in den sechs Grafschaften wird im Folgenden ein Überblick über die wesentlichen politischen und paramilitärischen Gruppierungen Nordirlands gegeben. Es handelt sich dabei seit den frühen siebziger Jahren um vier Gruppen, ohne die keine Lösung des Konflikts möglich ist: 1. die Loyalisten, 2. die IRA, 3. das politische Zentrum und 4. die staatlichen Sicherheitskräfte.

1. Die radikalen Loyalisten empfanden die Einführung der britischen Direktherrschaft im Jahre 1972 zweifellos als Vorstufe einer Wiedervereinigung mit Irland, die damals besonders von der Labour-Opposition explizit gefordert worden war. Dagegen verlangte eine Reihe von ultraloyalen Spitzenpolitikern die Schaffung eines »Independent British Ulster« mit voller Kontrolle über die innere Sicherheit. Ian Paisleys Forderung ging im Gegensatz dazu sogar noch über die Direktherrschaft hinaus: Für ihn war nur die völlige Integration Nordirlands in das britische Staatswesen ausreichend genug. Beide ultraloyalen Strömungen stimmten jedoch in einem Punkt überein: Die britische Direktherrschaft wurde als versteckte Kapitulation vor der IRA gewertet.

Die seit der Gründung Nordirlands als Sammelbecken aller Protestanten, Unionisten und Loyalisten dienende Ulster Unionist Party, die bis zur Übernahme der Direktherrschaft alle Regierungen gestellt hatte, war zu diesem Zeitpunkt bereits auseinandergebrochen. Der Bruch war vor allem darauf zurückzuführen, daß die UUP niemals eine Partei im eigentlichen Sinn gewesen ist, sondern eher ein Wahlbündnis einer Vielzahl von Fraktionen und Gruppen, die nur von dem gemeinsamen Ziel der Aufrechterhaltung der Union mit Großbritannien zusammengehalten wurden. Wie die Erstarkung des Paisley-Flügels seit Mitte der sechziger Jahre gezeigt hat, drohte dieses Wahlbündnis in dem Moment auseinanderzufallen, als der einigende Konsens auch nur ansatzweise in Frage gestellt wurde. Somit war der Austritt des Paisley-Flügels im September 1971 und die Gründung der ultraloyalen »Democratic Unionist Party« nurmehr konsequent. In den Kommunal-, Parlaments- und Europawahlen zwischen 1983 und 1989 konnte die DUP im Schnitt 22,8 Prozent der Wählerstimmen gewinnen. Zur Unterstreichung ihres ungebrochenen Führungsanspruchs nennen sich die übrigen Ulsterunionisten seitdem »Official Unionist Party«, die im selben Zeitraum auf 29,4 Prozent der Stimmen kamen. Zusammen repräsentieren DUP und OUP also zur Zeit knapp über 50 Prozent der nordirischen Wählerschaft.

Wesentlichen Anteil an der Umsetzung unionistischer Politik im gesellschaftlichen Leben Nordirlands kommt immer noch dem bereits erwähnten Orange Order zu, der sich seit 1920 durch eine enge institutionelle und personelle Verflechtung zur populistischen Grundlage des Unionismus entwickelte. Mit dem Oranierorden verfügte der Unionismus zugleich über eine außerparlamentarische *pressure group*, die eine Art Wächterrolle über den politischen und religiösen Status quo des protestantischen Nordirlands übernommen hatte. Nach der Spaltung der Unionist Party kam dem Orden zusätzlich noch eine integrative Bedeutung zu, da hier Official Unionists wie Democratic Unionists noch unter einem gemeinsamen Dach vereint waren und sind.

Seit Mitte der sechziger Jahre konstituierten sich am äußersten Rand des unionistischen Lagers einige paramilitärische Verbände, die sich – in bewußter Analogie zur anti-Home-Rule-Bewegung von 1912 – den Namen »Ulster Volunteer Force« (UVF) gaben und fest entschlossen waren, den Status quo notfalls mit Waffengewalt zu verteidigen. Bei der Entstehung dieser Gruppe dürfte die Agitation von Ian Paisley eine nicht zu unterschätzende Rolle gespielt haben. Nach den gewaltsamen Ausfällen gegen katholische Wohnbezirke, die einige Dutzend Katholiken das Leben kosteten, wurde die UVF verboten und in den Untergrund gedrängt. Neben der UVF gab es noch einige andere paramilitärische Organisationen, von denen noch auf eine hingewiesen sei, da sie durch besonders enge personelle Verbindungen zur »Ulster Special Constabulary«, kurz »B-Specials« genannt, einer 1970 verbotenen Polizeihilfs- und Reservetruppe, auffiel. Die »Ulster Protestant Volunteers« (UPV) rekrutierten sich vornehmlich aus den Reihen der »B-Specials« und der UVF. Andere in der Illegalität operierende protestantische Terrorgruppen sind die »Ulster Freedom Fighters« (UFF) und die »Ulster Defence Association« (UDA).

2. Die Stärke der IRA im Frühjahr 1972 wurde in London hauptsächlich als Erfolg der radikalrepublikanischen Einschüchterungsmaßnahmen in den katholischen Wohnbezirken gewertet. Auch die Funktion der IRA als Symbol des Widerstandes gegen unionistische und britische Herrschaft war einkalkuliert. Durch die schrittweise Entlassung von IRA-Häftlingen und die Umstrukturierung des nordirischen Rechtssystems

nach britischem Vorbild sollte die IRA veranlaßt werden, eine konziliantere Haltung einzunehmen. Doch war sie nicht dazu bereit, ein Yota von ihren Maximalforderungen abzurücken und betrachtete die britischen Zugeständnisse als ein Zeichen der Schwäche, die es zum eigenen Vorteil auszunutzen galt. Wie die IRA operierte in der frühen Phase des Konflikts noch eine andere Gruppe am Rande des nationalistisch-republikanischen Spektrums: Sinn Féin. Beide wollten – wenigstens in ihrem Selbstverständnis – an die Tradition des bewaffneten irischen Unabhängigkeitskampfes von 1919 bis 1921 anknüpfen: Doch sowohl Sinn Féin wie die Irish Republican Army (IRA) waren zu Beginn der »Troubles« in Nordirland wenig mehr als kleine, schlecht organisierte und schlecht bewaffnete, vorwiegend im ländlichen Raum agierende Einheiten, die der jahrelange Widerstand gegen das politische System in Nordirland genauso erschöpft hatte wie die spürbare Entspannung des anglo-nordirisch-irischen Verhältnisses seit Ende der fünfziger Jahre. Während Sinn Féin eher die politische Komponente darstellte, verkörperte die IRA das bewaffnete Element. Mit ihren Namensvettern aus dem irischen Unabhängigkeitskampf hatten sie nur noch den Namen gemein, denn die *Sinn Féin* von 1905 bis 1921 war nach dem anglo-irischen Abkommen von 1921 in zwei große Lager zerfallen, aus denen sich in Südirland die beiden großen Parteien »Fine Gael« und »Fianna Fáil« entwickelten. »IRA« war während des anglo-irischen Krieges die Bezeichnung der Freiwilligenverbände, die unter Leitung von Michael Collins 1919 bis 1921 gegen britische Truppen und Polizei kämpften. Ein Großteil dieser IRA bildete nach 1921 den Grundstock der Armee des Freistaats, ein weiterer Teil söhnte sich spätestens nach dem Regierungsantritt Eamon de Valeras mit dem irischen Staat aus. Zwar gab es auch danach noch eine Gruppe hartgesottener Nationalisten, denen jede politische Lösung, die auch nur den Ansatz eines Kompromisses enthielt, zu weit ging und die – unter dem Namen IRA – Anschläge gegen südirische wie nordirische Ziele unternahm, doch nachdem de Valera 1933 diese Gruppe für illegal erklärte, waren eigentlich nahezu alle Wurzeln gekappt, die diese Organisation mit dem historischen Vorbild und Namensgeber verbunden hätte. In den späten sechziger Jahren wurden Sinn Féin und IRA von einer – auf die Mitgliederstärke bezogen – starken marxistisch-stalinistischen Strömung erfaßt, deren politische Ziele – die Errichtung einer marxistisch-sozialistischen Volksrepublik – schnell in Konflikt mit den Traditionalisten gerieten. 1970 kam es zum offenen Bruch, als sich die Marxisten in der »Official IRA/Official Sinn Féin« konstituierten, während sich die Traditionalisten – in Anlehnung an das 1916 ausgerufene »Provisional Government of the Irish Republic« – »Provisional Sinn Féin/Provisional IRA« nannten und damit ihre historische Unkenntnis unter Beweis stellten, denn Sinn Féin war bekanntlich nicht am Osteraufstand und an der damit verbundenen Ausrufung einer vorläufigen irischen Republik beteiligt gewesen. Wenn heute von der »IRA« die Rede ist, wird meist die »PIRA« gemeint. Die (Provisional) Sinn Féin unter der Führung von Gerry Adams versucht seit Ende der siebziger Jahre nicht ohne Erfolg, den eigenen Einfluß auf das Geschehen in Nordirland über aktive Teilnahme an der Kommunal- und Regionalpolitik zu vergrößern. Immerhin konnte sie zwischen 1983 und 1989 im Durchschnitt 11,7 Prozent der Wählerstimmen auf sich vereinigen. Da die PIRA seitdem jedoch nicht von ihren Terroranschlägen abgerückt und mit PSF durch Personalunion eng verflochten ist, wird dies gemeinhin als Doppelstrategie gesehen und mit dem klangvollen Namen »Ballot & Bullett« bezeichnet.

3. Das politische Zentrum wurde im Frühjahr 1972 von zwei Parteien und einer politischen Strömung gebildet. Die Alliance Party, vom Ansatz her um Ausgleich zwischen beiden Lagern bemüht, stand für Mitglieder aller Gruppen des Landes offen und wollte als Forum für lagerübergreifende Gespräche und Politik einen Abbau der bestehenden Berührungsängste zwischen den verschiedenen sozialen Gruppen des Landes leisten. Zwischen 1983 und 1989 konnte sie 7 Prozent der Wähler für sich gewinnen. Die »Social Democratic Labour Party« (SDLP) ist nach wie vor die politische Heimat der sogenannten »konstitutionellen Nationalisten«, die auf verfassungsmäßigem Wege die Überwindung der irischen Teilung herbeizuführen hofften. Hinter ihr stehen etwa 21 Prozent der nordirischen Wähler. Alliance Party, SDLP und der Liberale Flügel der OUP waren die politischen Kräfte, die im Frühjahr 1972 zum politischen Zentrum gezählt wurden und die im Prinzip auch zu einer Kooperation mit der britischen Regierung an einem neuen Verfassungsentwurf für Nordirland bereit waren.

4. Die Armee nimmt heute im eigenen Selbstverständnis in Nordirland eine Art Schiedsrichterfunktion wahr, will bewußt als Barriere zwischen den beiden Lagern stehen und bemüht sich nach eigenem Bekunden um Deeskalation. Damit sollen die

Rahmenbedingungen geschaffen werden, die eine Lösung des Konflikts auf dem Verhandlungswege erreichbar werden lassen. Es wäre einfach ungerecht und pauschalierend, die britischen Truppen in Nordirland in Bausch und Bogen als bloße Besatzer darzustellen. 1972 jedoch war das britische Militär in Nordirland hauptverantwortlich für die Aufrechterhaltung der inneren Sicherheit und, wie die Vorfälle am »Bloody Sunday« deutlich gezeigt hatten, hoffnungslos überfordert. Damals lieferten sie den radikalen Republikanern jene Argumente, die es der IRA noch heute ermöglichen, die über 10000 ständig in Nordirland stationierten britischen Soldaten als Symbol des Ulster-Unionismus und damit als Sinnbild des Feindes darzustellen. Mit dieser Argumentation rechtfertigen die Radikalrepublikaner seitdem ihre Terroranschläge auf Armeeangehörige. Eben diese Stigmatisierung hat noch in jüngster Zeit oft dazu geführt, daß sich – auf einer persönlichen Schiene – Soldaten mit unionistischen Paramilitärs zu einem Zweckbündnis gegen republikanische paramilitärische Organisationen verbündeten. Doch grundsätzlich gilt, daß auch die radikalen Unionisten und Loyalisten die Präsenz der Armee eher mit Skepsis betrachten, da sie dadurch erheblich in ihren Operationsmöglichkeiten eingeschränkt sind.

Bald nach Ausbruch der Unruhen, im Frühjahr 1970, fand eine weitreichende Umstrukturierung der nordirischen Sicherheitskräfte statt, die zur Auflösung der Ulster Special Constabulary führte. Diese »B-Specials« waren nach Übergriffen auf die Bürgerrechtsbewegung und auf katholische Wohnbezirke 1968 und 1969 ins Kreuzfeuer der Kritik geraten. Kurz darauf wurde eine rein nordirische Militäreinheit, das »Ulster Defence Regiment« (UDR), aufgestellt, in dem bis zu 8000 aktive, teilzeitaktive und Reservesoldaten dienten. Die nordirische Regierung wollte angesichts der Erfahrungen mit den »B-Specials« durch den regionalen Charakter des Regiments bewußt auch katholische Freiwillige zum Eintritt bewegen, die damit einen eigenen Anteil zur Überwindung des Konflikts leisten sollten. Dieses Konzept schien anfangs auch aufzugehen, denn in den ersten Jahren betrug der Anteil römisch-katholischer Soldaten im UDR 18 Prozent. Ein aktiver und verhältnismäßig großer Anteil von Katholiken am nordirischen Sicherheitssystem konnte nicht im Interesse der bewaffneten Radikalrepublikaner sein, da diese darin implizit eine Anerkennung des nordirischen Systems sahen. In den siebziger Jahren zählten die Angehörigen des Regiments und deren Familien zu den bevorzugten Zielen republikanischer Terroranschläge. Der katholische Anteil ging daraufhin bis 1990 auf 3 Prozent zurück. Das Scheitern des ursprünglichen Konzepts wurde dadurch nachhaltig unterstrichen. Im Sommer 1991 wurde das Ulster Defence Regiment mit einer anderen britisch-irischen Militäreinheit zum Royal Irish Regiment verschmolzen.

Ein Überblick über die Sicherheitskräfte in Nordirland wäre ohne Berücksichtigung der nordirischen Polizeitruppe, der Royal Ulster Constabulary, unvollständig. 1922 gegründet und bis 1970 nur aus aktiven Polizisten bestehend, dienen heute insgesamt etwa 12000 Frauen und Männer in der RUC, nach Auflösung der »B-Specials« auch als Teilzeit- und Reservepolizisten. 1971 wurden nach britischem Vorbild und mit dem Ziel der Deeskalation der angespannten innenpolitischen Lage in einem Großversuch unbewaffnete Streifenbeamte eingesetzt. Dies mußte angesichts sprunghaft gestiegener Terroranschläge auf Polizeipersonal wieder rückgängig gemacht werden. Während zwischen 1969 und 1976 hauptsächlich die Armee zur Bekämpfung republikanischen wie loyalistischen Terrors eingesetzt wurde und aufgrund dessen immer mehr ins Zentrum der öffentlichen Kritik geriet, ist die RUC seitdem in dieser Frage wieder federführend.

Die komplexe politische Gemengelage in Nordirland ließ die britische Initiative von 1972 fehlschlagen. Die Verfassungsreform in Nordirland scheiterte damals am heftigen Widerstand der Ultraloyalisten, die unter der Ägide der loyalistischen Arbeiterschaft, organisiert im »Ulster Workers Council« (UWC) die neue nordirische Regierung durch einen Generalstreik zu Fall brachten und London erneut dazu zwangen, die Direktherrschaft über die Provinz zu übernehmen. Seither hat es eine Reihe von Lösungsversuchen und Ansätzen gegeben, die aber allesamt an der Unfähigkeit der am Konflikt beteiligten Parteien scheiterten, einen von allen Seiten tragbaren Kompromiß herbeizuführen. Eben diese offensichtliche Unlösbarkeit des Konflikts hat Politiker wie Wissenschaftler seither immer wieder herausgefordert und eine wahre Flut von wohlmeinenden Ratschlägen und Konfliktlösungsmodellen über das Land schwemmen lassen. Einer der besten Kenner der Materie, der 1990 verstorbene Dubliner Politologe John Whyte, zählte 1989 bereits über 7000 Titel zu diesem Thema. Die Vorschläge lassen sich in drei Hauptgruppen zusammenfassen.

1. Modelle der territorialen Integration: Darunter fallen Modelle, die eine irische Vereinigung, eine Vereinigung mit dem United Kingdom oder die Europäisierung der Konfliktregion (europäische Integration) vorschlagen.

2. Konkordanzmodelle: Hierunter sind die Lösungsvorschläge zu verstehen, die eine wie auch immer konstruierte Beteiligung aller oder einer Mehrheit der Konfliktparteien an einem entsprechend reformierten nordirischen Gemeinwesen empfehlen. Dabei sind national-nordirische Lösungen genauso wie internationale Modelle entworfen worden.

3. Unterdrückungsmodelle: Diese Überlegungen gehen von der bewußten Unterdrückung eines Teils der nordirischen Bevölkerung aus. Darunter fallen all jene Denkansätze, die einen militärischen Sieg einschließen, neue Grenzziehungen fordern, eine demographische Machtverschiebung prognostizieren, eine neue Umsiedlung fordern, schlicht den Status quo bewahren wollen oder gar eine nordirische Unabhängigkeit wünschen.

Trotz des offensichtlich enormen Aufwandes an Energie und Zeit ist es bislang nicht gelungen, einen praktikablen Lösungsansatz zu finden. Alle scheiterten an den starren Fronten in Nordirland, an der Unvereinbarkeit der Standpunkte, die sich nicht nur in den vergangenen zwei Jahrzehnten als Hindernisse auf dem Weg zum Interessenausgleich aufgetürmt, sondern sich im Verlauf der vergangenen 400 Jahre zu einem veritablen gordischen Knoten verheddert haben. Dieser Knoten läßt sich offensichtlich nicht mit einem einfachen Schwerthieb zerteilen. Ein Ausweg aus dem Dilemma wären möglicherweise solche Schritte, die Roland Sturm als »weiche Optionen«[6] bezeichnet. Darunter versteht er unverbindliche diplomatische Kontakte zwischen den Kontrahenten auf einer untergeordneten Ebene. Diese Kontakte sollten möglichst informell und unter dem Ausschluß der Öffentlichkeit allein zu dem Zweck stattfinden, um über Gespräche gegenseitiges Mißtrauen abzubauen. Ferner müssen parallel dazu neue Ansätze im Bereich der Erziehung und des Schulwesens gefunden werden. Bis heute ist das nordirische Schulsystem ebenso separiert wie die Freizeitgestaltung. Soziale Kontakte finden fast ausschließlich innerhalb der geschlossenen Bevölkerungsgruppen statt. Es fehlt bis heute weitgehend die Vernetzung zwischen den beiden Gemeinschaften,

[6] Roland Sturm, Lösungsmodelle im Nordirlandkonflikt. In: Jürgen Elvert (Hg.), Nordirland in Geschichte und Gegenwart. Erscheint Frühjahr 1994.

die *overlapping memberships*, die den einzelnen Bürgern erlauben, entsprechend der jeweiligen sozialen Rolle, ob als Wähler, als Konsument oder als Sportler, die eigenen Interessen unabhängig von der sozialen Herkunft zu definieren. Erste Ansätze solcher »weicher Optionen« gibt es bereits. Wir wissen seit 1985 von informellen Kontakten zwischen nordirischen, britischen und irischen Politikern. Diese Kontakte haben zwar bislang noch zu keinem konkreten Ergebnis geführt, aber sie finden statt. Seit etwa 15 Jahren werden mit wachsendem Erfolg gemeinsame Ferienlager von katholischen und protestantischen Schulkindern veranstaltet, die bei dieser Gelegenheit erstmals leibhaftige Schülerinnen und Schüler der anderen Konfessionen kennenlernen und dabei verblüfft feststellen, daß sich die Probleme und Interessen der »anderen« meist gar nicht so sehr von den eigenen unterscheiden. Seit kurzem findet diese Privatinitiative staatlich geförderte Unterstützung durch ein Programm mit dem Namen »Education for mutual Understanding«, das eine grundlegende Umwandlung des nordirischen Schulsystems durch die Schaffung von interkonfessionellen Bildungseinrichtungen anstrebt. Natürlich gibt es dagegen noch erhebliche Widerstände. Doch bietet der vom Nationalitätenkonflikt scheinbar so verwüstete Boden gerade solchen evolutionären, auf Generationswechsel bauenden Ansätzen offensichtlich die Nahrung, die notwendig ist, um die Mauern des Hasses und der Ignoranz einzureißen.

Vom Freistaat zur Republik: Irland 1922–1949

Die Hypothek der Lagerbildung lastete seit der Annahme des anglo-irischen Vertrages am 7. Januar 1922 schwer auf dem noch jungen »Irish Free State«. Cathal Brughas Warnung, daß der Vertrag das Land »von oben bis unten spalten« würde, sollte sich bald als zutreffend herausstellen. Zu viele prominente Dáil-Abgeordnete, angeführt von Parlamentspräsident de Valera persönlich, hatten sich entschieden gegen die Annahme des Vertrages ausgesprochen, als daß die Vertragsbefürworter nach der Abstimmung zur Tagesordnung übergehen konnten. Angesichts der schwierigen Aufgaben, die es zu bewältigen galt, vor allem der Formulierung einer neuen Verfassung auf der Grundlage des Vertragswerks, schien die Ausschreibung von Neuwahlen der beste Weg zu sein, um der Bevölkerung die Gelegenheit zur Stellungnahme zu geben. Doch bestätigte diese nur die Spaltung des Landes, denn am Ende eines erbittert geführten Wahlkampfes stand am 16. Juni 1922 zwar fest, daß die Vertragsanhänger nach wie vor mit 58 Abgeordneten die Mehrheit im Dáil besaßen, doch hatten ihre Gegner immerhin noch 35 Mandate gewinnen können, 17 Sitze waren an die ebenfalls vertragsablehnende Labour Party gefallen. 18 weitere Mandatsträger indes, die die Bauern, Unabhängige und andere Wählervereinigungen repräsentierten, sicherten die parlamentarische Mehrheit für die künftig zu treffenden Beschlüsse auf der Linie der Vertragsbefürworter.

Dennoch besaßen ihre Gegner außerhalb des Parlaments nach wie vor großen Einfluß in entscheidenden Bereichen, so zum Beispiel im Militär- und Polizeiwesen, das nach dem Abzug der britischen Truppen seit Januar 1922 in irische Verantwortung übergeben worden war. Viele der neuen Kommandeure hatten zwischen 1919 und 1921 erklärtermaßen für die Schaffung einer irischen Republik gekämpft und weigerten sich nun, die Rolle des Freistaats als Dominion im britischen Empire anzuerkennen. Auf die Versuche der neuen, zunächst von Arthur Griffith geführten Regierung, die Vertragsgegner durch loyale Befehlshaber abzulösen, reagierten die Betroffenen oft mit bewaffnetem Widerstand – ein Bürgerkrieg entbrannte, der erst im Mai 1923 zugunsten der Vertragsbefürworter entschieden wurde. Zu diesem Zeitpunkt unterstand die Regierung bereits William T. Cosgrave, ebenfalls ein Veteran von 1916, denn Griffith war am 12. August 1922 einem Schlaganfall erlegen, Michael Collins, sein designierter Nachfolger, nur zehn Tage später das Opfer eines Attentats erbitterter Vertragsgegner geworden. Die Bedingungen, unter denen die Regierung Cosgrave in den ersten Wochen und Monaten arbeiten mußte, um dem Staat eine Verfassung zu geben, hatte Kevin O'Higgins, einer der »Männer der ersten Stunde« des Freistaats, später einmal folgendermaßen beschrieben: »Acht junge Männer arbeiteten in der Dubliner City Hall (dem ersten Sitz der vorläufigen Regierung) in den Trümmern einer alten Verwaltung, ohne daß es schon eine neue gab, und mußten sich ständig das Geschrei einer Horde Verrückter anhören, die durch das Schlüsselloch schrien.«[7]

Die neue Verfassung wurde vom Dubliner Rumpfparlament – die Vertragsgegner verweigerten dem Staat die Zusammenar-

[7] Zitiert nach: Elvert, Vom Freistaat zur Republik, S. 412.

beit – am 25. Oktober 1922 angenommen und am 5. Dezember des Jahres auch vom Londoner Unterhaus akzeptiert. Damit besaß der Irish Free State nun auch völkerrechtlich den Status eines Dominions im britischen Empire, an dessen Spitze immer noch ein Generalgouverneur als Stellvertreter des Königs stand – der allerdings von der Regierung des Freistaats vorgeschlagen wurde – und dessen Volksvertreter vor jeder Parlamentssitzung den Treueid auf die britische Krone leisten mußten – beides Ausdruck der, wie es hieß, »besonderen interimperialen Beziehungen«, die die Gliedstaaten des Empire miteinander verbanden. Dennoch hatten die irischen Delegierten der britischen Regierung in wochenlangen, stets vom Scheitern bedrohten Verhandlungen eine Verfassung abgetrotzt, die, wie es später von einem ausgewiesenen Verfassungsrechtler bestätigt wurde, ein zwar die archaischen imperialen Symbole anerkennendes Werk gewesen sei, dennoch als inhaltlich im wesentlichen republikanisch und fortschrittlich gewertet werden müsse, in dem die monarchischen Floskeln angesichts des Grundsatzes der Volkssouveränität als Quelle jeder politischen Autorität deutlich verblaßten[8].

Nach der Verabschiedung der Verfassung oblag es der Regierung Cosgrave, den Staat und die Gesellschaft nach innen und außen zu konsolidieren. Im Inneren mußte zunächst der Graben überwunden werden, der die Bevölkerung des Landes seit der Annahme des anglo-irischen Vertrages trennte. Besonderes Gewicht wurde in diesem Zusammenhang auf die Reorganisation der Streitkräfte und des Polizeiwesens gelegt, da deren Angehörige im wesentlichen an den blutigen Auseinandersetzungen des Bürgerkriegs beteiligt waren. Noch vor der endgültigen Kapitulation der letzten rebellischen Militäreinheiten stand die Polizeireform auf der Tagesordnung des *executive council*, wie die Regierung des Freistaats ab Oktober 1922 hieß. Aus Teilen der alten Royal Irish Constabulary sowie aus loyalen ehemaligen IRA-Aktivisten wurde innerhalb von nur wenigen Monaten eine neue Polizeitruppe aufgebaut. Die »Garda Síochána« (Bürgerwache) unterschied sich in einem entscheidenden Punkt von ihrer Vorgängerin: Ihre Angehörigen waren trotz des noch nicht beendeten Bürgerkrieges unbewaffnet. Da dieses Prinzip konsequent eingehalten wurde, gelang es der Polizeiführung unerwartet schnell, das Vertrauen der Bevölkerung zu gewin-

[8] Leo Kohn, The Constitution of the Irish Free State. Dublin 1932, S. 1.

nen und sich damit zu etablieren, auch wenn die alten RIC-Verwaltungsstrukturen in vielen Fällen beibehalten wurden und die Polizisten nach wie vor kaserniert waren. Als weitaus schwieriger erwies sich die Umgestaltung der Armee. Da sich diese hauptsächlich aus den ehemaligen Angehörigen der IRA und anderer radikalnationalistischer Kampfverbände zusammensetzte, mußten nach dem Ende des Bürgerkrieges zunächst die ideologischen Konflikte beigelegt werden. Ein Großteil der Vertragsgegner quittierte den Dienst, andere ließen sich überzeugen und legten den Diensteid auf die neue Verfassung ab. Nachdem dieser Reinigungsprozeß dann ebenfalls unerwartet schnell abgeschlossen werden konnte, erhielt die Armee eine neue, zivile politische Führung in Form eines neugeschaffenen Verteidigungsministeriums. Armee und Polizei sorgten fortan gemeinsam für die Integrität des Staates und trugen auf diese Weise – rechtlich durch Notverordnungen der Regierung bevollmächtigt – ihren Teil dazu bei, daß die Terroranschläge, die von den hartnäckigsten Vertragsgegnern auch nach dem Ende des Bürgerkrieges und nach der Spaltung der Rest-Sinn Féin 1925/26 in die neue, von Eamon de Valera ins Parlament geführte Partei »Fianna Fáil« (Soldaten des Schicksals) und die alten vertragsgegnerischen Radikalrepublikaner unter dem Signet »IRA« gegen staatliche Einrichtungen oder Angehörige der Regierung ausgeübt wurden, niemals mehr das Staatsgefüge an sich erschüttern konnten.

Nach der Gründung des Irish Free State hatte dieser die kompletten Verwaltungsstrukturen der ehemaligen königlichen Behörden einschließlich des Personals übernommen. Im anglo-irischen Vertrag waren zwar günstige Bedingungen für all jene Mitarbeiterinnen und Mitarbeiter festgelegt worden, die ihr Beschäftigungsverhältnis nicht unter der neuen Regierung fortsetzen wollten, desungeachtet entschlossen sich die meisten von ihnen zum Bleiben und trugen damit ebenfalls dazu bei, den jungen Staat um die schwierigsten Klippen der ersten Wochen und Monate seiner Existenz zu steuern. Nach dem Ende des Bürgerkrieges funktionierte die staatliche Verwaltung ebensogut wie zu vorrevolutionären Zeiten. Auch während des Umbruchs erwiesen sich die administrativen Strukturen als äußerst zuverlässig und stabil, sie widersetzten sich sogar erfolgreich solchen Reformversuchen, die zum Beispiel kontinentale Modelle, angelehnt an den Code Napoléon, in Irland einführen wollten. Statt dessen blieben die althergebrachten, komplizierten, schwerfälligen aber vertrauten administrativen Rituale erhalten, die trotz aller Veränderungen, die Irland seither durchlaufen hat, auch heute noch vielfach spürbar sind.

Der Einfluß der katholischen Kirche auf staatliche und weltliche Angelegenheiten wuchs, wie Kritiker der Auflösung der Union stets prophezeit hatten, nach 1922 beträchtlich an. So drängte die Kirchenführung auf die Rücknahme des ohnehin rigiden und komplizierten Rechts auf Ehescheidung – das Parlament beschloß mehrheitlich die Aufhebung. Die Regierung selbst wurde vom Klerus unmißverständlich dazu aufgefordert, dafür Sorge zu tragen, daß römisch-katholische Normen und Werte im privaten wie öffentlichen Leben einen höheren Stellenwert als bisher einnehmen sollten und erhielten dabei sogar die Unterstützung der protestantischen Kirchen des Freistaats, die sich selbst auf der Suche nach neuen Existenzgrundlagen befanden und hofften, auf diese Weise noch etwas von ihrem alten Einfluß erhalten zu können – vergeblich, wie sie bald feststellen mußten. Statt dessen gelang es ebenso religiös-fundamentalistischen wie humorlosen Buchzensoren unter den Auspizien kirchlicher Wertvorstellungen zunehmend, ihren unheilvollen Einfluß in Presse und Literatur geltend zu machen. Mit Hartnäckigkeit und Ausdauer konnte die katholische Kirche in diesen Jahren einen derart großen Einfluß auf das öffentliche Leben in Irland gewinnen, daß lange Zeit anderswo längst selbstverständliche Regelungen wie das Recht auf Ehescheidung oder, mehr oder weniger liberal gehandhabt, auf Abtreibung, bis in die Gegenwart nicht auf die politische Tagesordnung gesetzt wurden. Besonders die ländlichen Regionen des Landes erwiesen sich seither als solide Bollwerke gegen jeden Versuch, den Einfluß der katholischen Kirche zu beschneiden, mochten liberale oder progressive Städter noch so sehr darum bemüht sein. Erst langsam beginnt sich heute auch jenseits der Stadtmauern der Widerstand gegen diese Art der Bevormundung zu formieren. Es wird sicher noch eine Weile dauern, doch in absehbarer Zukunft muß die Führung der römisch-katholischen Kirche Irlands in Fragen der Ehescheidung, der Abtreibung ebenso wie des kirchlichen Einflusses auf die Gesellschaft an sich Zugeständnisse an die Bevölkerung machen, will sie nicht einen unkalkulierbaren Verlust an Einfluß riskieren.

Die ökonomische Lage des jungen Staates im Jahre 1922 konnte mit Fug und Recht als zwar ernst, aber nicht hoffnungslos bezeichnet werden. Zwar hatten sich der anglo-irische Krieg ebenso wie der anschließende Bürgerkrieg belastend auf Landwirtschaft, Handel und Industrie ausgewirkt, doch gingen die zwischen 1922 und 1924 sinkenden Preise, Erträge und Einnahmen von einem verhältnismäßig hohen Niveau aus, das in den Jahren 1914 bis 1920 aufgebaut worden war. In dieser Zeit hatte die irische Landwirtschaft außerordentlich gute Erträge erzielt, die Preise waren wegen der kriegsbedingt angestiegenen Nachfrage von der Indexzahl 100 in den Jahren 1911 bis 1913 auf 288 im Jahre 1920 angestiegen. Die Summe der Bankeinlagen stieg im selben Zeitraum in einer vergleichbaren Größenordnung an. Zusätzlich begünstigt worden war der Boom durch steigende Export- und sinkende Importpreise, die die Handelsbilanz in sieben der acht Jahre zwischen 1914 und 1921 positiv ausfallen ließen. Der wachsende Wohlstand äußerte sich im Konsumverhalten der irischen Erzeuger selbst, die nun nicht mehr ausschließlich auf Anbau und Verkauf setzten, sondern selbst in steigendem Maße auch hochwertige Eigenerzeugnisse verbrauchten. Diese geänderten Konsumgewohnheiten bedingten gleichzeitig wachsende Umsätze für Kaufleute und Händler, die auf diese Weise ebenfalls von der guten Ertragslage in der Landwirtschaft profitieren konnten. Auch das heimische Handwerk und die vorwiegend kleineren Industriebetriebe zogen ihren Nutzen aus dem Aufschwung, der für sie aufgrund der ausbleibenden Konkurrenz aus den kriegführenden Staaten besonders deutlich spürbar war.

Lediglich die lohnabhängigen Arbeiter und Angestellten mußten feststellen, daß der Zuwachs ihrer Gehälter hinter dem Preisanstieg zurückblieb. Der reale Einkommensverlust war die Folge eines langsam steigenden Überangebots an Arbeitskräften, da die Kriegsbedingungen die Emigration nach Übersee, die in Friedenszeiten pro Jahr von etwa 25000 bis 30000 Personen gewählt worden war, nun faktisch ausschlossen. Die meisten Emigranten stammten aus ländlichen Regionen, daher wuchs die Arbeitslosenzahl dort in den Jahren des Aufschwungs entsprechend kontinuierlich an. Dies schuf der IRA nach 1919 ein relativ großes Rekrutierungspotential, womit bis 1921 noch ein gewisser Ausgleich geschaffen werden konnte. Nach dem Waffenstillstand von 1921 jedoch fiel diese ungewöhnliche Beschäftigungsmöglichkeit zu einer Zeit aus, als auch der allgemeine Aufschwung zum Stillstand gekommen war und bereits erste Anzeichen einer Rezession sichtbar wurden. Die Enttäuschung und Verbitterung darüber gipfelte mancherorts in gewalttätigen Ausbrüchen unzufriedener Landarbeiter, die Symbole staatlicher Herrschaft oder privaten Wohlergehens wie Verwaltungsgebäude, teure Kauf- und luxuriöse Wohnhäuser attackierten. Doch gelang es der Regierung mit angemessenen ad-hoc-Maßnahmen zur Linderung der drängendsten sozialen Probleme der betroffenen Arbeiter meist schnell, solche Unruhen einzudämmen

Zwischen 1920 und 1924 fiel der Index der landwirtschaftlichen Erzeugerpreise von 288 auf 160. Die Folgen für das Wirtschaftssystem des Landes waren beträchtlich. Zahlreiche Geschäftsleute und Landwirte, die vor dem Hintergrund des wirtschaftlichen Booms hohe Kredite aufgenommen hatten, gerieten in teilweise erhebliche Zahlungsschwierigkeiten, die Zahl der Konkurse stieg in diesem Zeitraum entsprechend an. Die Banken selbst spürten den Rückgang der Aktienkurse und den Wertverlust des Grund und Bodens, der als Sicherheit für Kredite angenommen worden war, deutlich. Dennoch konnte die Regierung besonders nach der Verabschiedung der Verfassung im Oktober 1922 wirksame Gegenmaßnahmen ergreifen. Diese wurden begünstigt durch den Gläubigerstatus, den das Land seit Kriegsausbruch innehatte und der in der Zeit der Nachkriegsinflation noch weiter anwuchs. Die Exportüberschüsse, die das Land seit 1914 erwirtschaftet hatte, betrugen im Jahre 1921 76,6 Millionen £, zuzüglich all der Einnahmen, die aus Investitionserträgen, Rentenansprüchen, Unterstützungszahlungen von Emigranten an daheimgebliebene Familienangehörige und aus Einkünften in den britischen Streitkräften zwischen 1914 und 1918 nach Irland geflossen waren. Diese Rücklagen ermöglichten nach 1920 staatliche und private Investitionen in relativ großer Höhe besonders in den Gegenden mit hoher Arbeitslosenquote, so daß die Rezessionsphase bis zum wiedereinsetzenden Aufschwung im Jahre 1924 verhältnismäßig gut überstanden werden konnte. Ein Besucher der irischen Hauptstadt berichtete aus dem Jahr 1925 von einem unerwarteten Wohlstand, den kaum eine andere Stadt vergleichbarer Größe irgendwo auf der Welt aufweisen könnte. Dieser Eindruck werde zusätzlich noch durch außergewöhnlich viele Automobile, gut besuchte Pferderennen, Theater und Kinos ebenso wie die großen

Mengen an Alkohol bestätigt, die regelmäßig konsumiert würden[9].

Die günstigen Wirtschaftsdaten wurden zwar 1925/26 durch eine schlechte Erntesaison 1924, durch allgemein sinkende Agrarpreise sowie durch einen Exportrückgang getrübt, doch bedingt durch die internationale Hochkonjunktur stiegen die Exporte des Freistaats zwischen 1926 und 1929 wieder um 20 Prozent an. Gleichzeitig nahmen auch die Importe wieder zu, die im Jahre 1929 den bereits hohen Stand des Jahres 1924 übertrafen. Das Sozialprodukt stieg zwischen 1926 und 1929 von 154,1 Millionen £ auf 161,4 Millionen £, im Vergleich lag der irische Pro-Kopf-Verdienst damit sogar, wenn auch nur geringfügig, höher als in Großbritannien. Daran war die Industrieproduktion maßgeblich beteiligt, die in diesem Zeitraum wie die Zahl der in der Industrie Beschäftigten um etwa 9 Prozent anstieg. Dennoch betrug im Jahre 1929 die Beschäftigungsrate in der Landwirtschaft immer noch über 50 Prozent, womit sich der Freistaat in der einsetzenden internationalen Rezession zunächst als relativ weniger krisenanfällig als Nordirland erwies, wo lediglich 26 Prozent in der Landwirtschaft, die meisten Beschäftigten indes in den beiden Haupterwerbszweigen, der Textilverarbeitung und dem Schiffbau tätig und daher von dem Zusammenbruch der internationalen Märkte in beiden Branchen ab 1927 beziehungsweise sogar schon ab 1923 in wesentlich größerem Maße betroffen waren.

Vorsicht und Zurückhaltung bestimmte die Wirtschaftspolitik der Kabinette Cosgrave in den zwanziger Jahren, die maßgeblich vom Regierungschef selbst geprägt wurde. Er verstand eine solide Wirtschaftsführung stets als die vornehmste Aufgabe jeder Staatsführung. Seiner Überzeugung nach förderten protektionistische Maßnahmen, die die Opposition besonders in Krisenzeiten regelmäßig forderte, lediglich die Absatzschwierigkeiten landwirtschaftlicher Erzeugnisse im Ausland als Folge zu hoher Produktionskosten. Doch war er sich im Umkehrschluß der positiven Auswirkungen einer stabilen und prosperierenden Landwirtschaft auf gesamtökonomische Trends sicher. Folglich gab es in diesem Jahrzehnt kaum staatliche Eingriffe in das Wirtschaftssystem des Landes, von einigen wenigen Regulierungsmaßnahmen abgesehen. Der Bedeutung des briti-

[9] Zitiert nach: Louis Michael Cullen, An Economic History of Ireland since 1660. London 1972, S. 173.

schen und imperialen Marktes für die irische Wirtschaft wurde im Währungsgesetz von 1927 Rechnung getragen, das das irische Pfund fest an das Pfund Sterling koppelte. Kritiker warfen Cosgrave aufgrund seiner vorsichtigen Wirtschaftspolitik oft die simple Nachahmung des klassischen britischen *laisser-faire*-Kapitalismus vor und beschuldigten ihn schwerer Versäumnisse im sozialpolitischen Bereich. Dies bezog sich auf Kürzungen im Bereich der Armenfürsorge und der Altenversorgung, die vom Staat zur Vermeidung von Defiziten im Staatshaushalt vorgenommen wurde. Auch gelang es Cosgrave in diesen Jahren nicht, den großen Mangel an Sozialwohnungen besonders in Dublin abzubauen, wo sich um 1930 immer noch etwa 35 Prozent der Einwohner im Durchschnitt zu zweit einen Raum teilen mußten. Es ist sicher zutreffend, das fast ausschließliche Vertrauen auf die Selbstheilungskräfte des Marktes als Ausdruck überholten nationalökonomischen Denkens zu brandmarken, doch andererseits veröffentlichte John Maynard Keynes sein ›The End of Laisser-faire‹ erst im Jahre 1926, so daß die neuen Denkanstöße in der Volkswirtschaft sich erst langsam durchzusetzen begannen.

William Cosgrave bemühte sich trotz der erklärten Schwerpunktförderung der Landwirtschaft auch um die Verbesserung der Rahmenbedingungen für den Ausbau der irischen Industrieproduktion. Im Jahre 1927 wurde ein landesweites Elektrizitätsversorgungsunternehmen, das »Electricity Supply Board« (ESB) ins Leben gerufen, dessen erstes großes Kraftwerk kurze Zeit später bei Ardnacrusha am Shannon, mit Wasserkraft betrieben, ans Netz ging und eine ausreichende und flächendekkende Versorgung des Landes mit elektrischer Energie sicherstellte, die bislang nur den größeren Städten und einigen wenigen Industriebetrieben vorbehalten war. Die Versorgung mit Elektrizität war gleichfalls die Voraussetzung für die Schaffung einer landesweiten Zuckerindustrie, die ausschließlich heimische Zuckerrüben verarbeitete und damit der Landwirtschaft neue Anbau- und Absatzmöglichkeiten erschloß. Auch die schärfsten Kritiker des Cosgrave'schen Wirtschaftsliberalismus mußten anerkennen, daß es ihm gelang, sein Land verhältnismäßig sicher durch das unruhige Fahrwasser der Weltwirtschaftskrise zu steuern. Zwar war auch im irischen Freistaat ein Rückgang des Sozialprodukts von 161,4 Millionen £ im Jahre 1929 auf 150,8 Millionen £ im Jahre 1931 zu verzeichnen, doch wurde dieser Rückgang von einer fast zehnprozentigen Preisminderung wieder ausgeglichen. Das Realeinkommen der Bevölkerung stieg in der Tat im selben Zeitraum um drei Prozent. Der größte Teil der südirischen Industrie produzierte ohnehin für den heimischen Markt und wurde daher kaum vom Zusammenbruch des Weltmarktes getroffen. Die Industrieproduktion zwischen 1929 und 1931 stieg sogar um zwei Prozent, die Beschäftigungsrate zeigte ebenfalls eine leicht steigende Tendenz.

Die Außenpolitik des Irish Free State war von vornherein von der Suche nach internationaler Anerkennung geprägt. Damit knüpfte die Regierung an eine Tradition an, die bereits vom ersten Dáil im Jahre 1918 eingeleitet worden war. Das erste Ziel, das nach der Verabschiedung der Staatsverfassung anvisiert wurde, war die Aufnahme in den Völkerbund. Schon am 30. September 1921 hatte man, noch unter der Ägide Eamon de Valeras, in Genf ein irisches Kontaktbüro eingerichtet. Dessen Leiter, Michael MacWhite, nahm dann am 17. Januar 1922 bereits erste Kontaktgespräche mit Generalsekretär Drummond auf, in denen die Voraussetzungen für einen Völkerbundsbeitritt des Freistaats erörtert wurden – wozu zunächst die Verabschiedung der Verfassung gehören mußte. Am 17. April 1923 überreichte dann Außenminister Desmond FitzGerald in Genf den förmlichen Aufnahmeantrag und schon im Spätsommer des Jahres konnte William Cosgrave selbst in die Schweiz reisen, um der Aufnahmezeremonie seines Landes durch die Vollversammlung des Völkerbundes am 10. September beizuwohnen. Mit ähnlicher Geschwindigkeit trieb das Außenministerium die Einrichtung einer ersten Gesandtschaft im Ausland voran, die eingedenk der besonderen iro-amerikanischen Beziehungen mit der Akkreditierung von Timothy A. Smiddy als Gesandtem am 7. Oktober 1924 in Washington D. C. eröffnet wurde.

Dabei handelte es sich um mehr als einen bloßen symbolischen Akt, denn die Unterhaltung eigener Gesandtschaften entsprach nicht der Auffassung, die die britische Regierung über die außenpolitischen Kompetenzen der Dominions hegte. In London war man bislang davon ausgegangen, daß die internationalen Beziehungen des Empire, also auch die der Dominions, zu Drittstaaten von den jeweiligen britischen diplomatischen Vertretungen wahrgenommen werden würden. Mit dem Vorstoß des Irish Free State zugunsten unabhängiger auswärtiger Beziehungen außerhalb der Kontrolle Londons wurde ein Prozeß eingeleitet, der auch für andere Dominions Vorbildcharakter besaß und letztlich zu der grundsätzlichen Neudefinition der interimperialen Beziehungen im 1931 verabschiedeten Statut von Westminster führte. Maßgeblichen Anteil an diesem Dekolonisationsprozeß fiel dem Freistaat Irland zu, der in enger und vertrauensvoller Zusammenarbeit besonders mit den Regierungen Südafrikas und Kanadas seit der »Imperial Conference«[10] von 1926 intensiv nach neuen Ausdrucksformen für die Beziehungen der Gliedstaaten des »British Commonwealth of Nations«[11] unter- und zueinander suchte. Diese sollten, wie auf der Reichskonferenz vereinbart worden war, den gleichberechtigten und gleichwertigen Charakter der einzelnen Teilstaaten ebenso wie deren Souveränität und politische Handlungsfreiheit zum Ausdruck bringen, darüber hinaus jedoch auch deren gemeinsame Zugehörigkeit zum Commonwealth bestätigen, die durch die Anerkennung der Krone als Symbol der Gemeinsamkeit unterstrichen wurde. Nach zähen und langwierigen Verhandlungen mit verschiedenen britischen Regierungen gelang es den Reformdominions schließlich bis 1931, die rechtlichen Strukturen des Commonwealth, die im Verlauf der Entstehung des Empire unter anderen Rahmenbedingungen gewachsen waren, soweit umzustrukturieren, daß sie den neuen Anforderungen der Zeit gerecht wurden. Mit der Verabschiedung des Statuts von Westminster am 11. Dezember 1931 erkannte das britische Parlament förmlich diese Bestrebungen an und gestand den Dominions des Commonwealth, sofern sie es wollten, weitgehende Autonomie in politischen, rechtlichen und wirtschaftlichen Fragen zu. Aus irischer Sicht hatte die Regierung des Freistaates damit in der Tat Michael Collins Diktum von der »Freiheit, die Freiheit zu erreichen« erfüllen und die eigenen Handlungsfreiheiten dahingehend nutzen können, um de facto, wenn auch noch nicht de iure, die Unabhängigkeit zu erlangen.

Im Februar 1932 fanden Neuwahlen zum Dáil Éireann statt. Der Ausgang war höchst ungewiß, denn seit 1927 hatte Fianna Fáil, die 1926 von Eamon de Valera aus Teilen der ehemaligen Vertragsgegnerschaft gebildet worden war, zunehmend ihren politischen Einfluß erweitern können. Aus den Parlamentswahlen war sie 1927 als zweitstärkste Partei hervorgegangen, die auf Anhieb 44 Abgeordnete stellen konnte, während Cosgraves

[10] Die Reichskonferenzen fanden in Abständen von zwei oder drei Jahren statt und wurden von den Regierungs- oder Verwaltungschefs aller Territorien des Empire besucht, die in London mit der britischen Regierung über aktuelle imperiale Probleme diskutierten.

[11] So die offizielle Bezeichnung für die Staaten des ehemaligen Empire ab 1926.

Cumann na nGaedheal lediglich über 47 Sitze verfügte. Eamon de Valera selbst übernahm die Führung der Opposition und legte dabei besonderes Gewicht auf die Kritik der durchaus auch auf Revision des Abkommens von 1921 zielenden Politik der Regierung Cosgrave, die er als viel zu zurückhaltend attakkierte.

Was die Einbindung des Landes in den Commonwealth und damit nach eigener wie regierungsamtlicher Einschätzung die nationale Außenpolitik betraf, hatte Fianna Fáil den Wahlkampf von 1932 mit zwei klaren Aussagen bestritten: Erstens sollte im Falle eines Wahlsieges der in Artikel 17 der Verfassung verankerte Treueid der irischen Parlamentarier auf die britische Krone abgeschafft und zweitens die Zahlung der sogenannten *land annuities*[12] eingestellt werden. Damit bot sich die größte Oppositionspartei dem Wahlvolk als Alternative zur bisherigen Regierung an, die sich stets zumindest um formale Einhaltung der Vertragsbestimmungen von 1921 und der Verfassung von 1922 bemüht hatte. Präsident Cosgrave indes war davon überzeugt, daß der Rahmen des Abkommens weit genug war, um den Weg in die Unabhängigkeit ohne direkten Vertragsbruch beschreiten zu können. Das Konzept de Valeras sollte sich letztlich als erfolgreicher erweisen: Nachdem die Stimmen der Parlamentswahl vom 16. Februar 1932 ausgezählt worden waren, stand fest, daß Fianna Fáil mit 72 Sitzen stärkste Partei im Dáil geworden war, ohne jedoch über die absolute Mehrheit verfügen zu können. Doch gestützt auf sieben Abgeordnete der Labour Party konnte Eamon de Valera am 9. März 1932 sein Kabinett der Öffentlichkeit präsentieren.

Der Härtegrad der Fianna-Fáil-Politik in bezug auf die Neudefinition eigenstaatlicher Souveränität während des Winterwahlkampfes 1931/32 und in der anschließenden ersten Regierungsphase war unmittelbar abhängig vom Erfolg der Revisionspolitik Cosgraves gewesen. Je erfolgreicher dieser seine politischen Pläne und Ziele hatte durchsetzen können, desto konsequenter mußte sich Fianna Fáil als radikal-republikanisch erweisen, wollte sie nicht selbst an politischer Glaubwürdigkeit verlieren. De Valera jedoch, der die Politik seiner Partei in allen

[12] Dabei handelte es sich um jährliche Zahlungen, mit denen ehemalige britische Grundherren entschädigt wurden, die im Zuge der Landreform der Jahrhundertwende ihre Besitzungen an die ehemaligen Pächter überschrieben hatten. Diese Gelder waren bis dahin von der irischen Regierung gesammelt und geschlossen nach London überwiesen worden.

wesentlichen Punkten bestimmte, erwies sich nach der gewonnenen Wahl aller Unkenrufe zum Trotz als ein offensichtlich auf Ausgleich bedachter Regierungschef, denn fast alle Kabinettsposten wurden an anerkannte *moderates* vergeben. Das mußten auch die letzten noch in den Reihen der IRA gegen den Vertrag von 1921 kämpfenden radikalnationalen Veteranen einsehen, die nach dem Wahlsieg von Fianna Fáil zunächst eine Beteiligung an der Macht erhofft hatten. Zwar hob de Valera die von Cosgrave zur Bekämpfung der IRA erlassenen Notverordnungen kurzfristig auf, doch als die IRA-Kommandoebene Großbritannien »den Krieg erklärte« und diese Ankündigung mit Bombenterror unterstrich, zögerte er nicht, die Notverordnungen wieder in Kraft zu setzen. Auf diese Weise gelang es ihm, seine ehemaligen Mitstreiter aus der Zeit des Bürgerkriegs bis 1939 nahezu völlig in die politische Bedeutungslosigkeit zu verbannen. Ähnlich erging es einer pseudo-faschistischen Bewegung, die in den frühen dreißiger Jahren im Umfeld der Cumann na nGhaedeal als »Army Comrades Association« entstand und die im Volksmund bald aufgrund ihrer Uniform *blueshirts* genannt wurde. Nachdem Eoin O'Duffy, der »Führer« der irischen Faschisten, erkennen mußte, daß sein politisches Wirken daheim erfolglos bleiben würde, entschloß er sich, an der Spitze einer Irischen Brigade auf der Seite Francos im Spanischen Bürgerkrieg zu kämpfen. Ob es dabei zu einer direkten Konfrontation mit dem irischen Kontingent in der Internationalen Sozialistischen Brigade auf Seiten der spanischen Republik kam, ist nicht bekannt.

Seit seiner Wahl zum Regierungschef hatte Eamon de Valera das Außenministerium als Chefsache behandelt – womit schon 1932 offensichtlich wurde, daß er diesem Ressort eine Schlüsselrolle in seiner künftigen Politik zugedacht hatte. Daß es sich dabei um den weiteren Ausbau der irischen Souveränität in Abgrenzung zum Commonwealth handeln würde, konnte niemanden in Dublin oder London überraschen – allenfalls der Weg, auf dem der Ausbau vonstatten gehen sollte. Die Richtung war durch die programmatischen Wahlkampfaussagen von Fianna Fáil vorgezeichnet und de Valera folgte den Markierungen konsequent. Zwei Tage nach der Kabinettsbildung bestellte er den Staatssekretär im Außenministerium, Joseph P. Walshe, zu sich und erläuterte ihm seine Vorstellungen von der Abschaffung des »Oath of Allegiance«, des Treueides der irischen Parlamentarier auf die britische Krone. Zwar äußerten Walshe und danach auch John J. Hearne, der Rechtsberater des Außenministeriums, starke Bedenken gegen den Plan, doch ließ sich der neue Präsident dadurch nicht davon abbringen. Auch der Hinweis des britischen Dominionministers J. L. Thomas, eine irische Wiedervereinigung sei nur auf der Grundlage unveränderter irischer Treue zur Krone und weiterer Mitgliedschaft im Commonwealth möglich, führte keinen Sinneswandel herbei. Am 20. April 1932 dem *Dáil* zur ersten Lesung vorgelegt, erlangte der ›Constitution (Removal of Oath) Bill‹ nach der dritten Lesung am 3. Mai 1933 durch den *royal assent*, die Zustimmung des Königs, Rechtswirksamkeit.

Der Schluß liegt nahe, daß de Valera die Abschaffung des Treueides auf die britische Krone und damit den ersten direkten Schnitt in das Gewebe anglo-irischer Commonwealth-Beziehungen als eine Art Testfall für die Reaktion Londons auf Schritte der irischen Regierung sah, die sich eindeutig nicht mit den Vertragsbestimmungen von 1921 deckten. So gesehen, hat die britische Regierung durch ihre Zurückhaltung den Iren geradezu aufgefordert, weitere Verbindungen zum Commonwealth zu kappen. Zwar pochte London auf die unveränderte Gültigkeit des Abkommens von 1921 und betonte die Unrechtmäßigkeit des irischen Vorgehens, doch sahen die mit der Angelegenheit befaßten Gremien von weiteren Sanktionen ab. Dabei hatte der irische Regierungschef bereits vor der ersten Lesung des Gesetzes, am 5. April 1932, Dominionminister Thomas darauf hingewiesen, daß er es nicht bei der Abschaffung des Treueides zu belassen gedenke. Er wolle statt dessen das Abkommen von 1921 in toto zur Disposition gestellt wissen, da wesentliche Bestimmungen des gegen den Willen der irischen Bevölkerung entstandenen Vertragswerkes das nationale Grundrecht auf Neutralität in einem Kriegsfall unmöglich mache.

Somit waren die Fronten geklärt. In London konnte man sich sicher sein, daß der Abschaffung des Treueides weitere Maßnahmen folgen würden. Kurzfristig angekündigt war ja bereits die Absicht de Valeras, die Land-Annuitäten einstellen zu wollen. In diesem Zusammenhang empfahl der für Irlandfragen zuständige Kabinettsausschuß, das schon im März 1932 eingerichtete »Irish Situation Committee«, allerdings ein entschlosseneres Vorgehen. Ende Juni 1932 wurden in London Wirtschaftssanktionen für den Fall beschlossen, daß de Valera nicht zum Einlenken in der Annuitätenfrage bereit sein sollte. Stattdessen nahm dieser eine weitere Bastion eingeschränkter irischer Souveränität ins Visier: Ein Disput mit dem Vertreter der britischen Krone in Irland, Generalgouverneur James MacNeill, hatte dessen Rücktritt zur Folge, zu seinem Nachfolger wurde ein treuer Gefolgsmann de Valeras bestimmt, der das Amt und seine Funktionen durch bloße Untätigkeit ad absurdum führte. Folge dieser Eskalation waren Wirtschaftssanktionen in Form von hohen Abgaben auf irische Exporte nach Großbritannien, Irland antwortete darauf mit der Verhängung von hohen Zöllen auf Importe aus Großbritannien – der sogenannte anglo-irische Wirtschaftskrieg war entbrannt, der erst 1938 endgültig beigelegt wurde.

Eamon de Valera konnte nur bedingt mit dem Ausgang des Reaktionstests zufrieden sein, denn die Auswirkungen des Wirtschaftskrieges auf das ökonomische System seines Landes waren noch nicht absehbar. Auch war sein Kabinett aus Furcht vor irreparablen Schäden der heimischen Wirtschaft in dieser Frage gespalten. Die Unsicherheit übertrug sich auf die Öffentlichkeit, der vormalige allgemeine Konsens über die weitere Abnabelung des Freistaates vom Commonwealth schwand zusehends. Doch Parlamentsneuwahlen im Januar 1933 relativierten den Streit. Fianna Fáil gewann exakt die Hälfte der Sitze. Da die Labour Party sich bereits vor der Wahl darauf festgelegt hatte, eine Fianna Fáil-Regierung erneut parlamentarisch zu unterstützen, konnte de Valera gestärkt an der weiteren Verwirklichung seines Neutralitätskonzepts arbeiten.

Zwischen 1933 und 1935 wurden Stück für Stück weitere einstmals sakrosankte Elemente aus dem Abkommen von 1921 und aus der Verfassung von 1922 herausgebrochen – so das Appellationsrecht an den Rechtsausschuß des Privy Council (Artikel 66 der Verfassung von 1922) und das britische Vorbehaltsrecht für legislative Maßnahmen des Irish Free State (Art. 41). Auch die Verabschiedung eines irischen Nationalitätengesetzes anstelle der vormals gültigen ›British Nationality and Status of Aliens Act‹ ist in diesem Zusammenhang zu sehen. Die britische Regierung verhielt sich in allen drei Fällen bemerkenswert ruhig. Irische Schritte bezeichnete man entweder als nicht Commonwealth-relevant oder aber bedauerte sie lediglich. Allerdings war die britische Rechtsposition in allen hier genannten Punkten unsicher, da das Vorgehen des Freistaats durchaus den Normen des Westminsterstatuts entsprach, wenn man diese nur weit genug auslegte. Ohnehin gab es zu dieser Zeit zwischen London und Dublin kaum Kontakte auf höchster

Ebene. Schadensbegrenzung, besonders in Wirtschaftsfragen, wurde bestenfalls auf untergeordneter oder privater Ebene versucht.

Der große Coup stand jedoch noch bevor. Spätestens seit Frühjahr 1934 arbeitete de Valera nachweislich an den Plänen für eine neue Verfassung, die seinen Vorstellungen von Souveränität und Commonwealthbindung des Landes entsprechen sollte. Nachdem er im Frühsommer des Jahres öffentlich vor einer »gußeisernen« Verfassung gewarnt hatte, die stets die Gefahr von Revolutionen in sich berge, wurde John J. Hearne als ausgewiesener Kenner der Rechtsstrukturen des Commonwealth im April 1935 mit der Anfertigung eines Verfassungsentwurfes beauftragt. Besonderes Gewicht legte er dabei weisungsgemäß auf die künftige Stellung des Freistaats in der internationalen Staatenwelt sowie auf die neu zu formulierende Regierungsform. Die Krone sollte in diesem Zusammenhang nur noch auf dem Feld der auswärtigen Beziehungen in Erscheinung treten und völlig aus der Binnenstruktur des Landes entfernt werden.

Diese Vorgabe erwies sich bald als das größte Problem für den Rechtsberater, denn während die Arbeit an den anderen Abschnitten recht zügig voranschritt, konnte Hearne seinem Regierungschef erst nach über einem Jahr einen Entwurf vorlegen. Darin wurden die noch verbliebenen Kompetenzen des Königs vollständig aus dem Verfassungstext ausgeklammert und durch ein Gesetz geregelt, welches das irische Parlament am 11. Dezember 1936 als ›External Relations Act‹ verabschiedete. Ohne gänzlich auf den Fortbestand besonderer Beziehungen des Freistaates zum Commonwealth zu verzichten, trennte diese Lösung die Frage der Commonwealth-Einbindung völlig vom neuen Verfassungsentwurf, der nun problemlos die Einführung eines präsidialen Systems vorsehen konnte. Zusätzlich war mit der Neuregelung der auswärtigen Beziehungen per Gesetz die Sezession vom Commonwealth durch eine einfache Gesetzesänderung möglich geworden. Am 29. Dezember 1937 trat die neue Verfassung in Kraft, die dem ehemaligen Irish Free State nun den Namen *Éire* gab und den Staat als »souverän, unabhängig und demokratisch« bezeichnete. Repräsentatives Oberhaupt Éires wurde mit Douglas Hyde ein Präsident, der in seinen Rechten und Pflichten die des ehemaligen Generalgouverneurs übernahm, an der Spitze der Regierung stand nun der Premierminister *(Taoiseach)*, die Legislative bildeten das Abgeordnetenhaus *(Dáil Éireann)* und der Senat *(Seanad Éireann)*.

Eamon de Valera und seine Regierung hatten dem Land ein Grundgesetz gegeben, das sämtliche Merkmale einer republikanischen Staatsform enthielt – nur die offizielle Staatsbezeichnung »Éire« ließ nicht darauf schließen. Das Wort bedeutete nichts anderes als »Irland«, während die in zahlreichen Entwürfen vorgesehene Formulierung »Poblacht na hÉireann« in der Übersetzung »Republik Irland« bedeutet hätte.

Dieser Verzicht war fraglos ein Zugeständnis an London, wo die konstitutionelle Entwicklung von der Regierung, besonders vom Irlandausschuß, aufmerksam beobachtet wurde. Nach teilweise heftigen und kontrovers geführten Debatten entschloß sich das britische Kabinett im Sommer 1937, einer Empfehlung von Dominionminister Malcolm MacDonald und Premierminister Chamberlain selbst folgend, die neue irische Verfassung als »nicht die Grundprinzipien der Mitgliedschaft im Commonwealth berührend« anzuerkennen. Hieran läßt sich gut erkennen, daß sicherheitspolitische und militärstrategische Überlegungen in zunehmendem Maße die Entscheidungsprozesse der britischen Regierung bestimmten. So hatte MacDonald in den Diskussionen mehr als einmal auf die geostrategische Lage der irischen Insel an der verwundbaren britischen Westflanke hingewiesen und damit seine Forderung nach einer endgültigen Beilegung des anglo-irischen Disputs unterstrichen. Die Verfassungsfrage spielte dabei kaum mehr eine Rolle. Die Suche nach Modalitäten zur abschließenden Regelung der irischen Zahlungen an Großbritannien bereitete indes anfangs einige Schwierigkeiten, da de Valera nach wie vor die Rechtmäßigkeit der Landannuitäten kategorisch abstritt. Doch als Vorbedingung für den Abschluß eines Abkommens, an dessen Zustandekommen auch der irische Regierungschef interessiert war, bestand MacDonald auf Ausgleichszahlungen zur Kompensation der Annuitäten. Da die sich verschlechternde wirtschaftliche Situation in Irland eine Einigung im »Handelskrieg« dringend erforderte, ließ de Valera in dieser Frage schließlich seine Bereitschaft zu Zugeständnissen erkennen.

Ohnehin war für den irischen Regierungschef nach der erfolgreichen Lösung des Verfassungsproblems die immer noch offene Hafenfrage und die damit verbundene Klärung des künftigen sicherheitspolitischen Arrangements mit Großbritannien für die Realisation seines Neutralitätskonzepts von vorrangiger Bedeutung. Eine Beibehaltung der gegenwärtigen Regelung, die gegen den mehrheitlichen Willen der irischen Bevölkerung zustande gekommen sei, habe, so ein Argument de Valeras gegenüber MacDonald, für Großbritannien keinen Wert, da mit zunehmendem Unwillen in Irland gerechnet werden müsse. Dies würde sich im Ernstfall als nachteilig herausstellen, weil dann kaum eine Zusammenarbeit in Verteidigungsangelegenheiten erreicht werden könne, sondern im Gegenteil die verstimmte Bevölkerung zu einer latenten Bedrohung britischer Sicherheitsinteressen werde. Eine Rückgabe der Häfen an Irland jedoch hätte einmal eine stabilisierende Wirkung auf die dortige öffentliche Meinung und würde sich zudem auch positiv auf das britisch-amerikanische Verhältnis auswirken, das in den allgemeinen Verteidigungsplänen Londons zweifellos eine größere Rolle spielen müsse, zumal Dublin trotz der sich zuspitzenden weltpolitischen Lage noch keinerlei Maßnahmen zur Verteidigung des Landes ergriffen habe und auch keine militärische Rolle im Kriegsfall spielen werde.

Damit hatte de Valera, dessen Vorschläge sich gar nicht so sehr von denen MacDonalds unterschieden, bereits recht konkrete Angaben über seine Vorstellungen von der Lösung der Hafenfrage gemacht: Die Stützpunkte sollten wieder unter irische Obhut gestellt werden, womit eine Wende in der Haltung der irischen – und auch amerikanischen – Öffentlichkeit zu britischen Gunsten erreicht würde, was wiederum einen stabilisierenden Effekt auf die Lage an der britischen Westflanke hätte. Ein bewaffnetes Eingreifen irischer Einheiten auf britischer Seite sollte es hingegen nicht geben. Unmißverständlich entwikkelte de Valera dabei sein Konzept von einer wohlwollenden Neutralität als höchster Form der Unterstützung, die Irland Großbritannien in einem Kriegsfall gewähren könnte.

Neben der verteidigungspolitischen Diskussion hatte die Erörterung der Teilungsfrage lange Zeit die Gesprächspartner beschäftigt, ohne daß der Dominionminister Zugeständnisse machen konnte und dies wohl auch nicht wollte. Auf allen anderen Gebieten sei ein Abkommen erreichbar, wurde de Valera versichert, doch habe die Verfassungsreform Südirlands die ablehnende Haltung der nordirischen Regierung gegenüber einer Union mit Dublin eher noch verstärkt. Ein Beharren de Valeras auf Fortschritten in der Teilungsfrage könne jedoch den Erfolg der anglo-irischen Konsultationen grundsätzlich gefährden. Diese würden, wie die Vorgespräche gezeigt hätten, schwerpunktmäßig drei Bereiche behandeln müssen: die Finanzfragen, die Vertragshäfen und die Teilung. Wie sehr dem irischen Regierungschef an der Aufnahme von Gesprächen mit Großbritannien zu diesen Themen gelegen war, wird daran deutlich, daß die konkrete Einladung zu einer offiziellen Verhandlungsrunde diesmal von ihm ausging. Am 24. November 1937 wies er in einem Schreiben an MacDonald auf die zunehmende Kriegsgefahr hin und regte eine bilaterale Konferenz auf höchster Ebene an. Es war das erste Mal seit dem Amtsantritt MacDonalds, daß de Valera die Initiative ergriff. Bis dahin hatte sich stets der britische Dominionminister um die Herstellung von Kontakten bemüht. Doch die angespannte Wirtschaftssituation seines Landes in Verbindung mit der ständig unsicherer werdenden internationalen Lage unter Berücksichtigung der noch ungeklärten Hafenfrage, die Irland im Falle eines Kriegsausbruchs zwangsläufig auf britischer Seite unmittelbar mit in eine Auseinandersetzung einbeziehen und damit die Möglichkeit einer Neutralität ausschließen würde, nötigten den irischen Regierungschef zur Eile. Die Gespräche mit MacDonald hatten ihm gezeigt, daß es sowohl in der Finanz- wie auch in der Hafenfrage durchaus Einigungsmöglichkeiten gab, die die Aufnahme von offiziellen Verhandlungen sinnvoll erscheinen ließen, zumal diese vor dem Hintergrund der erfolgreich abgeschlossenen Verfassungsinitiative durchgeführt werden konnten.

In London führten zahlreiche Kabinettsmitglieder de Valeras Einladung auf die in der Tat drückenden innenpolitischen Schwierigkeiten in Irland zurück, deren Ursachen man wirtschaftlichen Problemen als unmittelbare Folgen des »Wirtschaftskrieges«, zuschrieb, die die Koalition zwischen Fianna Fáil und Labour aufzubrechen drohten. Auch MacDonald sah keinen direkten Zusammenhang zwischen den internationalen Spannungen, der Stützpunktfrage und der Einladung, obwohl gerade diesem Themenkomplex in den vorangegangenen Gesprächen viel Aufmerksamkeit geschenkt worden war und der Ire in seinem Schreiben erneut auf die Kriegsgefahr verwiesen hatte. Doch da er selbst an einer Beilegung der strittigen Fragen interessiert war, nahm MacDonald die Einladung nach einigem Zögern am 4. Dezember 1937 an, bat aber gleichzeitig darum, die anstehende Konferenz noch nicht öffentlich anzukündigen, solange keine endgültige Themen- und Tagesordnung feststand.

Daß die britische Regierung letztlich in dem anglo-irischen Abkommen, welches am 25. April 1938 unterzeichnet wurde, auf die Vertragshäfen verzichtete, ist in erster Linie auf ein Gutachten der Chefs der Teilstreitkräfte zurückzuführen. Sie stellten in einer nüchternen Kosten-Nutzen-Analyse fest, daß die strategische Bedeutung der Stützpunkte aufgrund verbesserter Techniken nicht mehr mit ihrer Rolle in den zwanziger Jahren vergleichbar war und empfahlen eine politische Lösung. Dadurch würden die Beziehungen zu Irland entscheidend verbessert und die Grundlage für eine mögliche Verteidigungsallianz im Kriegsfall geschaffen. Dieses Konzept sollte sich in den Verhandlungen schnell als das Kernproblem herausstellen, denn während de Valera nur für den Fall von britischen Zugeständnissen in der Teilungsfrage bereit war, eine Allianz in Erwägung zu ziehen, lehnte es Chamberlain strikt ab, über Wiedervereinigungsmöglichkeiten ohne Zustimmung der nordirischen Unionisten zu sprechen. Da die Öffentlichkeit jedoch immer stärker auf den Abschluß eines Abkommens drängte, gab der britische Premierminister – eingedenk der Empfehlungen der *Chiefs of Staff* – schließlich nach. Dem Abschluß des Abkommens, mit dem der seit sechs Jahren schwelende Wirtschaftskrieg beigelegt, mit dem aber durch die Rückgabe der Stützpunkte an Éire die irische Neutralität auch erst realisierbar wurde, stand nichts mehr im Wege. Eamon de Valeras Neutralitätspläne konnten nun, wie von Winston Churchill am 5. Mai 1938 im Londoner Unterhaus festgestellt wurde, bei Bedarf umgesetzt werden.

Die Verfassung von 1937 und das anglo-irische Abkommen von 1938 hatten für die völkerrechtliche Stellung Irlands große Bedeutung. War es vorher, wie die anderen Dominions, ein Gliedstaat des Empire, der seine Völkerrechtssubjektivität nur unmittelbar aus einem völkerrechtlichen Vertrag herleiten konnte, erfüllte es jetzt – trotz Aufrechterhaltung der Verbindung zum Commonwealth – alle Bedingungen eines völkerrechtlich souveränen Staates. Dies wiederum war die Voraussetzung für die erklärte Absicht de Valeras, sich im Falle eines Krieges zwischen Großbritannien und einer anderen europäischen Macht neutral zu verhalten. Denn Neutralität im Sinne des klassischen Neutralitätsrechts ist eben der Zustand eines souveränen Staates, der an einer von Drittstaaten geführten bewaffneten Auseinandersetzung nicht teilnimmt. Doch war, und das gilt es festzuhalten, die Neutralität für de Valera keine Ideologie oder Doktrin, sondern das am besten geeignete Mittel zum Ausdruck der eigenen nationalen Souveränität. Er hätte zweifellos darauf verzichtet, wenn Großbritannien zu Zugeständnissen in der Teilungsfrage bereit gewesen wäre.

Nachdem de Valera am 13. Juli 1938 in einer Parlamentsrede

erstmals öffentlich auf die Schwierigkeiten einging, die dem Land möglicherweise aus einer Neutralität in einem Krieg mit britischer Beteiligung erwachsen könnten, bereitete er das Land systematisch auf den *emergency*, den Notfall – wie der erwartete Krieg im Jargon der irischen Regierung genannt wurde – vor. Dazu zählten dauernde Hinweise in London und Berlin, auch vor dem Völkerbund, dessen Ratspräsidentschaft de Valera bis Kriegsausbruch innehielt, auf die Absicht, in einem kommenden Krieg neutral bleiben zu wollen ebenso wie die – angesichts knapper Haushaltsmittel gerade noch vertretbare – Verstärkung der irischen Streitkräfte. Der Premierminister wußte, daß er in dieser Frage auf die Unterstützung einer breiten Mehrheit in der Bevölkerung bauen konnte.

Eamon de Valera steuerte sein Land unter strikter Wahrung der Neutralität zielsicher durch die Kriegsjahre[13]. Dabei hatte er nie seine grundsätzliche Sympathie für die Alliierten verhehlt und stets darauf geachtet, innerhalb der vom Völkerrecht gezogenen Grenzen mit Briten und Amerikanern zu kooperieren. Auch wenn dies von deutscher Seite gelegentlich kritisiert wurde, kam für Hitler eine Invasion Irlands aufgrund der schwierigen logistischen Bedingungen, die mit einer derartigen Operation verbunden gewesen wären, ohnehin nicht in Frage – jedenfalls nicht ohne zuvor auch Großbritannien besetzt zu haben. Letztlich genügte das irische Wohlwollen auch den Alliierten, um auf eine gelegentlich diskutierte Besetzung Éires zu verzichten, schließlich waren damit die Übermittlung von Geheimdiensterkenntnissen, die Erteilung von Überflugrechten für alliierte Flugzeuge und die ebenso konsequente wie erfolgreiche Bekämpfung deutscher Abwehrtätigkeit verbunden. Auch dienten neben den über einhunderttausend Iren in der britischen Rüstungsindustrie noch etwa 50000 Bürger Irlands freiwillig in den Reihen der britischen Armee – von den ohnehin wehrpflichtigen Nordiren ganz abgesehen. Die Beschäftigung außerhalb des irischen Arbeitsmarktes hatte indes auch einen beruhigenden Effekt auf die heimische Wirtschaft, die erheblich unter den kriegsbedingten Schwierigkeiten des Weltmarktes litt, auf dem zwischen 1939 und 1945 die Exportpreise zwar um 89 Prozent, die Importpreise besonders für Rohstoffe und Düngemit-

[13] Zur Neutralität Irlands im Zweiten Weltkrieg vgl.: Jürgen Elvert, Die Neutralität Irlands im Zweiten Weltkrieg. In: Robert Bohn, Jürgen Elvert, Hain Rebas u. Michael Salewski (Hg.), Neutralität und totalitäre Aggression. Nordeuropa und die Großmächte im Zweiten Weltkrieg. Stuttgart 1991, S. 221–249.

tel, auf die der irische Markt besonders angewiesen war, jedoch um 122 Prozent stiegen. Aufgrund der Rohstoff- und Düngemittelknappheit fiel die Industrieproduktion zwischen 1938 und 1943 um 27 Prozent, die Beschäftigungsrate in der Industrie im selben Zeitraum um etwa 15 Prozent – was indes durch den Export von Arbeitskräften wieder ausgeglichen werden konnte. Nur deshalb konnte von der irischen Wirtschaft zwischen 1939 und 1946 ein Handelsbilanzüberschuß von immerhin 162 Millionen £ erwirtschaftet werden.

Was vor und während des Krieges als Beweis nationaler Handlungsfreiheit und Souveränität gedacht war, wirkte sich nach Kriegsende vorübergehend nachteilig auf die internationale Stellung Irlands aus, das wegen der Neutralität nicht zu den Siegermächten zählte, und drohte sogar zeitweise, das Land weltpolitisch zu isolieren – so diente der Hinweis auf die angeblich pro-deutsche Neutralität im Jahre 1947 der Sowjetunion als Vorwand, ihr Veto gegen die Aufnahme Irlands in die UNO einzulegen. Der Verlust internationaler Reputation in Verbindung mit drückenden wirtschaftlichen Schwierigkeiten, bedingt durch den Einbruch des britischen Arbeits- und Absatzmarktes nach Kriegsende, führte 1948 zum Sturz der seit 16 Jahren regierenden Fianna Fáil unter Eamon de Valera und ermöglichte es einer großen Koalitionsregierung unter John A. Costello, neue politische Akzente zu setzen[14]. In der Erkenntnis, daß sich Irland während der Kriegsjahre noch weiter vom – ohnehin ungeliebten – British Commonwealth of Nations entfernt hatte und damit von einem Staatenbund, dessen einstmalige weltpolitisch stabilisierende Wirkung in absehbarer Zeit von anderen internationalen Bündnissen abgelöst werden würde, vollzog die neue Regierung den letzten Schritt in einer bereits spätestens 1937 eingeleiteten Entwicklung und schied aus dem Verband des Commonwealth aus. Maßgeblichen Anteil am endgültigen Vollzug der Trennung hatte dabei Außenminister Seán MacBride, ein ehemaliger Gegner des Vertrags von 1921 und Stabschef der IRA, der seit 1937 im Rahmen der Verfassung politisch tätig geworden war und 1974 für seine internationalen Bemühungen um Frieden und Menschenrechte den Friedensnobel-

[14] An dieser Koalition waren beteiligt: Fine Gael (1933 aus Teilen des Cumann na nGaedheal Cosgraves entstanden), Labour, National Labour, Clann na Poblachta, Clann na Talmhan sowie einige parteilose Abgeordnete. Zur irischen Sezession vom Commonwealth vgl. auch: Jürgen Elvert, Die Republic of Ireland Act vom 18. April 1949. In: Historische Mitteilungen 5 (1992), H. 1, S. 114–129.

preis erhalten sollte. Mit Inkrafttreten der ›Republic of Ireland Act‹ am 18. April, dem Ostermontag des Jahres 1949, konnte zumindest für einen Teil der irischen Insel das Ziel als verwirklicht angesehen werden, das 1916 auf den Proklamationen der Osterrebellen zu lesen war: die Republik Irland.

Der Weg nach Europa

Die große Koalition, die zu Beginn des Jahres 1948 in Dublin John A. Costello als Nachfolger von Eamon de Valera zum Regierungschef wählte, war keineswegs der Ausdruck eines gemeinsamen politischen oder gar nationalen Programms, mit dem Irland aus der internationalen Isolation und der Wirtschaftskrise der Nachkriegszeit geführt werden sollte. Im Gegenteil bestand ihr einziger gemeinsamer Nenner darin, daß alle maßgeblich an ihrer Entstehung beteiligten Personen die Überzeugung teilten, daß Fianna Fáil und besonders der bisherige Premierminister de Valera abgelöst werden müßten. Ansonsten unterschieden sich die Aussagen der einzelnen Parteiprogramme zu sehr voneinander, als daß eine auch nur mittelfristig funktionierende homogene Regierungspolitik realisierbar gewesen wäre: Fine Gael (Familie der Iren) als größte Koalitionspartei vertrat traditionell die Interessen des konservativen Wirtschaftsbürgertums, Clann na Poblachta (Bund der Republikaner) hingegen galt als eine zwar leidlich konstitutionelle, trotzdem aber unverblümt radikalnationalistische Partei mit linken Ambitionen, Clann na Talmhan (Bauernbund) repräsentierte die protektionistischen Wünsche eines Teils der irischen Landwirtschaft, die beiden *Labour*-Parteien wurden immer noch durch den ideologischen Konflikt zwischen der reinen Lehre des Sozialismus und einem eher pragmatisch-realpolitischen Kurs getrennt, der fünf Jahre zuvor die Labour Party Larkins und Connollys aus den ersten Jahren des 20. Jahrhunderts gespalten hatte, und das Dutzend unabhängiger Abgeordneter, die die Koalitionsmehrheit sicherstellten, spiegelte ebenso viele heterogene wie partikular-politische Wünsche und Ziele wider.

So gesehen, erscheinen die gut drei Jahre Amtszeit, die der Koalition beschieden waren, noch verhältnismäßig lang. Doch die Bilanz, die im Juni 1951 nach dem Verlust der Parlamentsmehrheit gezogen werden konnte, fiel eher dürftig aus. Es war weder gelungen, das Land durch den konsequenten Anschluß an den politischen Integrationsprozeß Westeuropas oder durch die sicherheitspolitische Hinwendung zur NATO aus der internationalen Isolation zu führen noch durch die Anerkennung der Rahmenbedingungen ausreichende Mittel aus dem Fond des »European Recovery Programme« zur Konsolidierung des Wirtschaftsausbaus zu erhalten. Obwohl Irland im Jahre 1949 zu den Gründungsmitgliedern des Europarates zählte, scheiterte die Hinwendung nach Europa letztlich an dem vergeblichen Bemühen, die Frage der irischen Teilung zum Gegenstand einer europaweiten Diskussion zu machen, um auf diesem Wege London zu Zugeständnissen zu zwingen. Die ERP-Mittel flossen wesentlich spärlicher als erhofft, weil es der Regierung aufgrund interner Kompetenzrangeleien zwischen dem Außen-, Finanz- und Wirtschaftsministerium nicht gelang, ein in sich geschlossenes und bündiges Aufbauprogramm vorzulegen. Wenn die Mittel aus dem Marshall-Plan trotzdem noch 50 Prozent sämtlicher staatlicher Investitionen zwischen 1948 und 1951 sichern konnten, läßt dies auch Rückschlüsse darauf zu, um wieviel höher die Zuschüsse bei einer vernünftigen Koordination der Wirtschaftspolitik des Kabinetts Costello hätten ausfallen können. Mangelnde ressortübergreifende Zusammenarbeit überschattete ebenfalls die Arbeit der »Industrial Development Authority« (IDA), einer auf Initiative des Industrie- und Handelsministeriums im Jahre 1949 zur Entwicklung der irischen Industrie gegründeten Behörde, in den ersten Jahren ihrer Existenz und beschränkte ihre Tätigkeit zunächst darauf, die eigene Existenz gegenüber heftiger Kritik aus anderen Ministerien und aus dem Parlament behaupten zu müssen. Es sollten noch einige Jahre heftiger, teilweise ideologisch gefärbter Diskussion vergehen, bis sich die IDA zu der eigentlich entscheidenden Schnitt- und Koordinationsstelle irischer Wirtschaftspolitik und -förderung entwickeln konnte, die sie heute immer noch ist.

Zwei Ereignisse ragen aufgrund besonderer Umstände aus den drei Amtsjahren der ersten Großen Koalition Costellos hervor – die erfolgreiche Sezession vom British Commonwealth of Nations und der erfolglose Versuch des zuständigen Ministers Noel Browne, eine Reform des Gesundheitswesens durchzusetzen, die die kostenlose freiwillige Versorgung werdender und junger Mütter ebenso sicherstellen sollte wie die kostenlose medizinische Versorgung von Kindern bis zum sechzehnten Lebensjahr. Während die Sezession eigentlich nur als eine Ironie des Schicksals bezeichnet werden kann, die es John A. Costello übertragen hatte, ein Werk zu vollenden, dessen Grundstein zwar bereits mit der Unterzeichnung des anglo-irischen Vertrags von 1921 gelegt, dessen komplette Struktur dann indes von Eamon de Valera zwischen 1932 und 1938 errichtet worden war, entsprach das Scheitern der Gesundheitsreform durchaus dem typischen Erscheinungsbild seiner Regierung. Noel Browne, Mitglied des Clann na Poblachta, war zum Zeitpunkt seiner Ernennung zum Gesundheitsminister erst 32 Jahre alt. Fachlich als Arzt durchaus qualifiziert, erwies er sich in seinem Ressort bald als energischer, effektiver und unbequemer Vordenker, der sich jedoch im persönlichen Umgang mit seinen Kabinettskollegen allzu oft im Ton vergriff, daher bald als besserwisserisch, gar arrogant galt und kaum noch auf Unterstützung von Ressortkollegen in politischen Fragen rechnen konnte. So versagten diese ihm auch bei dem ehrgeizigen Reformprojekt, das hauptsächlich um eine Verbesserung der medizinischen Versorgung der Menschen mit niedrigen Einkommen bemüht war, die Gefolgschaft und mobilisierten statt dessen den besonders von den Plänen betroffenen Ärzteverband des Landes sowie einige führende Vertreter des katholischen Klerus. Die Bedenken der Ärztelobby, daß die Reform zu einem erheblichen Einkommensverlust führen würde, konnte Browne zwar noch ausräumen, doch erwies sich der Widerstand des Klerus gegen den, wie es hieß »befürchteten Niedergang der öffentlichen Moral bedingt durch die vermeintlich allzu großzügige staatliche Hilfe« – womit die Furcht der Bischöfe vor Ratschlägen von möglicherweise nicht-katholischen Ärzten an katholische Frauen in bezug auf Geburtenkontrolle und Kindererziehung ebenso wie ein Konflikt der Reform mit den Dogmen der katholischen Soziallehre dezent umschrieben wurde – als letztlich unüberwindbares Hindernis. Da ihm zudem auch der Vorsitzende der eigenen Partei, Seán MacBride, aufgrund interner Differenzen keine Rückendeckung gewährte, zog Browne im April 1951 die Konsequenzen und trat zurück. Nach dem Rücktritt des Gesundheitsministers entzogen einige Parlamentarier der Regierungskoalition ihr Vertrauen, so daß Neuwahlen ausgeschrieben werden mußten.

Diese fanden im Juni des Jahres 1952 statt. Fianna Fáil ging als stärkste Partei aus den Wahlen hervor, konnte jedoch nur über 69 von 147 Sitzen verfügen. Da auch die meisten der Koalitionsparteien ihre Positionen behaupten konnten, entschied letztlich der drastische Verlust des Clann na Poblachta Seán MacBrides über die Regierungsbildung, dessen Stimmenanteil von 13 Prozent auf 4 Prozent sank und der nur noch zwei der ehemals 10 Parlamentssitze behalten konnte. Daß dieser Einbruch eine direkte Reaktion der Wähler auf die gescheiterte Gesundheitsreform war, wird durch die Wiederwahl Brownes als unabhängiger Kandidat in das Parlament ebenso bestätigt wie durch die Wiederwahl von drei seiner ehemaligen Parteikollegen, die sich nachhaltig für die Reform eingesetzt hatten. Sie entschieden sich, bei der Wahl des neuen Premierminister für Eamon de Valera zu stimmen und sicherten damit Fianna Fáil und ihrem Vorsitzenden erneut die Übernahme der Regierung. Es ist bezeichnend für die irische Politik der fünfziger Jahre, daß nur zwei Jahre nach dem Regierungswechsel der neue Gesundheitsminister James Ryan erfolgreich eine Reform des Gesundheitswesens durchführen konnte. Ryan hatte bereits im Jahre 1947 mit entsprechenden Vorarbeiten begonnen. Nach dem Regierungswechsel 1948 waren diese Vorleistungen von Noel Browne im Zuge seines eigenen Reformprojekts aufgegriffen und weiterentwickelt worden. Der neue Entwurf Ryans wiederum enthielt wesentliche Teile des Browne'schen Reformpakets und stellte in der Tat eine wesentliche Verbesserung der medizinischen Versorgung der Bevölkerung sicher. Der wesentliche Unterschied zwischen Ryan und seinem Vorgänger betraf also weniger den Inhalt der Reform als vielmehr den Umgang mit dem Klerus und den Interessenverbänden, die diesmal – wenn auch zähneknirschend – keine Einwände erhoben.

Damit endet bereits die Erfolgsliste dieser Regierung, die oft als das schwächste aller von Eamon de Valera geführten Kabinette bezeichnet wird. Es war dem Parteivorsitzenden in den drei Jahren der Opposition nicht gelungen, die Partei neu zu strukturieren oder deren Führungsspitze entscheidend zu verjüngen, so daß die Regierungsmannschaft, die er 1951 vorstellte, fast ausschließlich aus Personen bestand, die bereits in den dreißiger und vierziger Jahren die Politik des Landes bestimmt hatten. Entsprechend stammten die Rezepte, mit denen die Probleme der Zeit gelöst werden sollten, aus der Vorkriegszeit oder den Kriegs- und unmittelbaren Nachkriegsjahren. In erster Linie handelte es sich dabei um Wirtschaftsprobleme, hervorgerufen durch die Wirtschaftsrezession der Nachkriegszeit sowie durch eine Strukturkrise der heimischen Industrie. Diese produzierte nach den Vorgaben der Fianna Fáil-Politik der dreißiger Jahre nach wie vor hauptsächlich für den heimischen Markt. Damit war in der Zeit des anglo-irischen »Wirtschaftskrieges« die Unabhängigkeit von Importen aus Großbritannien besonders bei der Versorgung der Bevölkerung mit alltäglichen Produkten angestrebt worden. Dies konnte seinerzeit nur ansatzweise erreicht werden, obwohl die Lebensmittel- und Textilindustrie fast 50 Prozent der gesamten Industrieproduktion des Landes leisteten. Anfang der fünfziger Jahre betrug der Anteil dieser Sparten immer noch über 45 Prozent. Die Versäumnisse der Costello-Regierung, ERP-Mittel in größerem Ausmaß einzuwerben, um damit eine grundsätzliche Umstellung der industriellen Infrastruktur voranzutreiben, werden anhand solcher Zahlen besonders deutlich. Dies konnte auch nicht durch die langsam beginnenden Bemühungen der IDA geändert werden, die per Gesetz seit 1952 damit beauftragt wurde, sich um Industrieansiedlungen besonders in den unterentwickelten Gebieten Westirlands zu bemühen. Statt dessen nahm das Handelsbilanzdefizit seit 1951 bedrohliche Ausmaße an. Während die Exporte der irischen Wirtschaft nach wie vor weit von den Ziffern des Jahres 1929 entfernt waren, stieg das Volumen der Importe in bislang ungeahnte Höhen. Zusätzlich verstärkt wurde die Entwicklung im Jahre 1951 durch drastisch steigende Rohstoffpreise auf dem Weltmarkt infolge des Koreakrieges. Es verwundert daher nicht, wenn Finanzminister Seán MacEntee Anfang 1952 das Haushaltsdefizit Irlands als »nahezu verzweifelt« bezeichnete.

Dieses Defizit versuchte er durch drastische Sparmaßnahmen in Kombination mit hohen Importzöllen auszugleichen – wobei er sich offensichtlich an der Austeritätspolitik seines britischen Ressortkollegen Stafford Cripps aus den späten vierziger Jahren orientierte. Doch während sich die britische Zahlungsbilanz damals aufgrund eines großzügigen Kreditrahmens und dadurch möglicher umfangreicher Investitionen deutlich verbessert hatte, bedeutete dies für Irland nun lediglich einen weiteren Preisanstieg bei solchen Rohstoff- oder Halbfertigwarenimporten, auf die die heimische Industrieproduktion dringend angewiesen war – was wiederum die vorhandene Kapitalmenge für längst überfällige Investitionen reduzierte und den Wirtschaftsaufschwung weiter hinauszögerte. Im Mai 1954 erhielt Fianna Fáil die Quittung für den Sparkurs ihres Finanzministers – die unabhängigen Mandatsträger, die die Regierungspolitik bislang im Parlament mitgetragen hatten, entzogen ihre Unterstützung und forderten Neuwahlen. Die irischen Wähler stellten eine ähnliche Quittung aus, denn nach der Auszählung der Stimmen stand fest, daß Fianna Fáil nur noch 65 Abgeordnete im Dáil stellen konnte – für Eamon de Valera war es das schlechteste Wahlergebnis seit 1927. Fine Gael entsandte 50 Mandatsträger ins Parlament und damit so viele wie seit 1932 nicht mehr – obwohl damit eigentlich nur eine dreijährige bemerkenswerte Passivität in der Oppositionsarbeit honoriert wurde, da sie in diesen Jahren selbst niemals überzeugende Alternativvorschläge aus eigener Planung vorgelegt hatte.

John A. Costello, dem es erneut gelang, zusammen mit der wiedervereinigten Labour Party und dem Clann na Talmhan eine große Koalitionsregierung zusammenzustellen, die im Parlament zusätzlich noch auf die Unterstützung des Clann na Poblachta zählen konnte, sollte bald bedauern, daß er der Wirtschaft des Landes keine funktionsfähigen Sanierungskonzepte vorlegen konnte. Im Gegenteil setzte sein Finanzminister Sweetman den Sparkurs MacEntees weiter fort, nur um alsbald feststellen zu müssen, daß sich die Zahlungsbilanz des Landes weiter verschlechterte und die Rezession im Jahre 1956 auf einem bislang unerreichten Tiefpunkt angelangt war. Daran konnten auch weiter erhöhte Importabgaben und neue Steuererhöhungen nichts ändern.

Zur selben Zeit entfachte die IRA, die seit den Kriegsjahren eher ein Schattendasein gefristet hatte und die sich deshalb vermutlich der Öffentlichkeit in Erinnerung bringen wollte, ihre sogenannte »Grenzkampagne« – wohinter sich ziemlich sinnlose Sabotageakte und bewaffnete Überfälle auf Grenzposten verbargen. Premierminister Costello zögerte nicht, gegen diese Aktivitäten entschlossen vorzugehen und dabei eng mit den zuständigen nordirischen Behörden zu kooperieren. Auch wenn es auf diese Weise schnell gelang, dem Treiben der IRA ein Ende zu setzen, leitete die von der Regierung angeordnete Zusammenarbeit südirischer und nordirischer Sicherheitskräfte eine neue Regierungskrise in Dublin ein, entzog doch der Clann na Poblachta unter Hinweis auf die Kooperation, die als Verstoß gegen das Wiedervereinigungsgebot der irischen Verfassung gewertet wurde, sowie unter heftiger Kritik an der Sparpolitik der Regierung das Vertrauen und erzwang auf diese Weise bereits im März 1957 neuerliche Parlamentswahlen.

Mit 77 von 147 Sitzen ging Fianna Fáil diesmal als klare Siegerin aus den Wahlen hervor, die Parteien der ehemaligen Koalition wurden von den Wählern nachdrücklich für die Wirtschaftsmisere zur Verantwortung gezogen und mußten herbe Verluste verbuchen – die Fine Gael-Fraktion schrumpfte um 10 Abgeordnete, Labour verlor sieben Mandate. Der eigentliche Verlierer der Wahl indes war erneut der Clann na Poblachta, dessen Stimmenanteil von 4,0 Prozent auf 1,7 Prozent sank und der zwei von drei Sitzen verlor, einschließlich den des bisherigen Vorsitzenden. Damit war das Schicksal einer Partei, die gut zehn Jahre zuvor als Hoffnungsträgerin des linken republikanischen Spektrums entstanden war, bereits wieder besiegelt – sie hatte faktisch aufgehört zu existieren. Eamon de Valera, mittlerweile 74 Jahre alt, wurde erneut – und zum letzten Mal – zum Regierungschef gewählt. In dem Kabinett, das er zusammenstellte, gab es einige neue Gesichter. Seán Lemass, der neue Industrie- und Handelsminister, war jedoch ein alter Weggefährte de Valeras aus Vorkriegszeiten. Mit seiner Ernennung zum *Tánaiste*, also zum stellvertretenden Regierungschef, signalisierte der *Taoiseach* darüber hinaus, daß er den Schwerpunkt seiner Regierungstätigkeit auf die wirtschaftliche Konsolidierung des Landes legen würde, galt Lemass doch als ein erfahrener Wirtschaftsfachmann mit großem Durchsetzungsvermögen. Von letzterem zeugte bereits die Ernennung James Ryans zum neuen Finanzminister, während Seán MacEntee diesmal das Portefeuille für Gesundheit und Soziales übernahm. 1959 zog sich Eamon de Valera endgültig aus der aktiven Politik zurück und übernahm als Nachfolger von Seán T. O'Kelly das Amt des *Uachtarán na hÉireann*, des Präsidenten der Republik Irland, das er bis 1973 wahrnehmen sollte.

Zweifellos hatte sich der internationale ökonomische Rahmen zwischen 1957 und 1959 erheblich verändert. Die verbesserten Bedingungen wirkten sich bald auch in Irland aus, zumal sich Fianna Fáil mit der von Lemass energisch vorangetriebenen Öffnung des Binnenmarktes langsam von lange gehegten protektionistischen Idealen zu verabschieden begann. Am Beginn des Wirtschaftsaufschwungs, der bis zur ersten Ölkrise des Jahres 1973 dauern sollte, stand ein Memorandum, angefertigt vom Staatssekretär im Finanzministerium und Chef des irischen öffentlichen Dienstes, T. K. Whitaker. Seine Denkschrift, bald als ›Whitaker-report‹ landesweit bekannt, trug den eher bescheidenen Titel ›Economic development‹. Sie enthielt jedoch klare Zielvorgaben für wirtschaftliche Reformmaßnahmen – verstärkte staatliche Wirtschaftsplanung, niedrigere Zölle und

»produktive« Investitionen –, nach deren Erfüllung der Lebensstandard des Landes, wie der Verfasser hoffte, sich erheblich verbessert haben, die Arbeitslosenquote gefallen und die hohe Emigrationsrate, die in den fünfziger Jahren wieder einen seit den achtziger Jahren des 19. Jahrhunderts nicht mehr gekannten Höchststand erreicht hatte, gesunken sein würde. Auch wenn sich Fachleute immer noch darüber streiten, ob es eher die allgemeine Verbesserung der internationalen Lage oder die wenigstens ansatzweise Befolgung der Empfehlungen des ›Whitakerreports‹ waren, die den Aufschwung auslösten, steht fest, daß sich die irische Wirtschaft seit 1958 kontinuierlich erholte. Zwischen 1959 und 1968 stieg das Volumen der Industrieproduktion um 82 Prozent, im Jahre 1966 übertrafen die irischen Exporte die Zahlen des Jahres 1953 um 88 Prozent und lagen immer noch um 59 Prozent über den ehemaligen Rekordzahlen von 1929, während die Abgaben auf Importe laufend gesenkt wurden. Der internationale Boom schuf zweifellos die günstigen Voraussetzungen, die jedoch erst durch die Liberalisierung der irischen Wirtschaftspolitik unter Seán Lemass in Irland auf fruchtbaren Boden fielen und ihre Wirksamkeit entfalten konnten – wenngleich auch die Steigerungsraten der irischen Wirtschaft in den sechziger Jahren stets unter dem durchschnittlichen Wirtschaftswachstum der EWG lagen.

Das irische Wirtschaftswachstum dieser Jahre hing eng mit dem Aufschwung in Großbritannien zusammen. Die Bedeutung des britischen Marktes für Irland ebenso wie die traditionell engen Wirtschaftsbeziehungen beider Länder waren bereits in den Handelsabkommen von 1938, 1948 und 1960 festgestellt worden. Ein weiteres anglo-irisches Freihandelsabkommen folgte schon im Jahre 1965. Es garantierte irischen Waren auf dem britischen Markt die Gleichbehandlung mit Produkten aus den Commonwealth-Staaten, während Irland als Gegenleistung dafür Importabgaben, die bislang noch auf britische Waren erhoben worden waren, abbaute.

Ohne Zweifel zog Irland den größeren Nutzen aus dem Abkommen, denn zu dieser Zeit wurden etwa zwei Drittel aller irischen Exporte nach Großbritannien geliefert. Schon Eamon de Valera hatte während des »Wirtschaftskrieges« nach neuen Absatzmöglichkeiten für irische Waren außerhalb des britischen Marktes gesucht – vergeblich, wie sich spätestens 1938 herausstellen sollte, denn wenn sich beispielsweise auch zwischen 1932 und 1938 die irischen Exporte nach Deutschland verdreizehnfachten, wurden sie immer noch um das Zwanzigfache von den Ausfuhren nach Großbritannien übertroffen. In den fünfziger Jahren wurde in irischen Wirtschaftskreisen daher mit Interesse die Herausbildung einer Europäischen Wirtschaftsgemeinschaft verfolgt, während die politischen Parteien, besonders jedoch Fianna Fáil, allen politischen Integrationsansätzen eher skeptisch gegenüberstanden. So klangen die Reaktionen aus Dublin im Jahre 1957 nach Erhalt der Nachricht von der britischen Weigerung, der EWG beizutreten, auch nicht allzu betrübt, zumal Reginald Maudling, der Londoner Schatzkanzler, gleichzeitig seine Vorstellungen von der Gründung einer Europäischen Freihandelszone (EFTA) dargelegt hatte. Seither mehrten sich dann in Irland die Hinweise darauf, daß einer Freihandelszone in Europa auf jeden Fall der Vorzug gegenüber einer Europäischen Wirtschaftsgemeinschaft gegeben werden würde, zumal diese noch den Kern einer politischen Union in sich barg, die die eben erst erlangte Souveränität des Landes wieder eingeschränkt hätte.

Erst nachdem die britische Regierung am 10. August 1961 offiziell in Brüssel um Aufnahme in den gemeinsamen Markt nachgesucht hatte, änderte sich auch die Haltung in Dublin – wie zu erwarten war, aus rein pragmatischen Überlegungen heraus, da man zu Recht eine Gefährdung der eigenen Exporte in das so wichtige Großbritannien für den Fall befürchtete, daß die Zollgrenze eines gemeinsamen europäischen Wirtschaftsmarktes künftig zwischen Irland und Großbritannien verlaufen könnte. Der Antrag auf Aufnahme in die EG fiel der irischen Regierung indes nicht leicht, denn bislang war es Dublin unter Hinweis auf die jahrhundertelange Zugehörigkeit Irlands zum britischen Empire auch nach der Sezession vom Commonwealth möglich gewesen, in Verhandlungen mit London Sonderkonditionen für Irland festzulegen, die zum Beispiel eine Gleichbehandlung der Bewohner der irischen Republik mit denen der Staaten des Commonwealth genauso sicherstellten wie die bevorzugte Behandlung irischer Exporte nach Großbritannien. Solche Sonderkonditionen, dessen war man sich in Dublin sicher, würden künftig in Brüssel kaum noch zu erreichen sein. Charles de Gaulle nahm im Jahre 1963 jedoch den Iren alle diesbezüglichen Sorgen ab, scheiterten doch in diesem Jahr das britische wie das irische Beitrittsgesuch am Veto des Präsidenten der Französischen Republik.

Die Gefahren, die eine allzu enge Abhängigkeit allein vom

Grafschaften und Provinzen

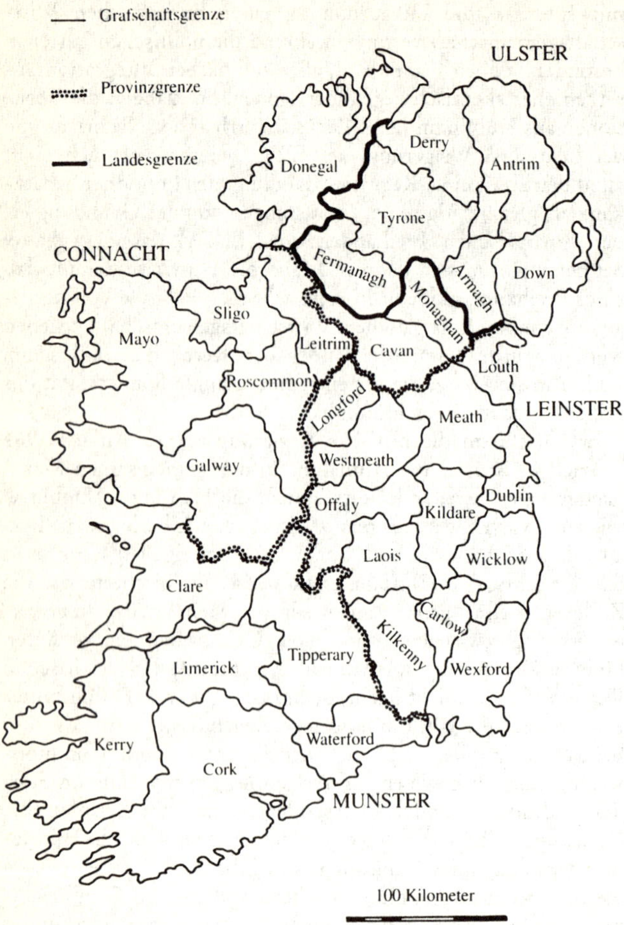

britischen Markt für Irland in sich barg, zeigten sich vor dem Hintergrund der ab Mitte der sechziger Jahre einsetzenden Wirtschaftskrise in Großbritannien. Schon bald mußten die Ökonomen in Dublin feststellen, daß man sich seit 1958 zu sehr auf die Leistungsfähigkeit der »großen Schwester« jenseits der Irischen See verlassen und dabei schlicht versäumt hatte, andere Märkte zu erschließen, die möglicherweise höhere Wachstumsraten verzeichneten und bessere Absatzmöglichkeiten geboten hätten. Der Aufschwung der frühen sechziger Jahre hatte diesen Fehler einige Zeit verdeckt und die Regierung zu verstärkten Investitionen in »nicht-produktiven« Bereichen wie zum Beispiel in staatlichen Wohnungsbauprogrammen verlockt, die sich zwar als durchaus populär erwiesen, doch unter dem Strich nur über eine ständig steigende Neuverschuldung des Staates finanziert werden konnten und in Zeiten wirtschaftlicher Stagnation oder Rezession schnell unbezahlbar wurden.

1958 jedoch hatte T. K. Whitaker in seiner Denkschrift Einschnitte gerade im sozialen Wohnungsbauprogramm der Regierung und in anderen Sozialinvestitionen gefordert, da, wie er meinte, der Grundbedarf in diesen Bereichen weitestgehend gedeckt sei und Investitionen nun ausschließlich in produktiven Sektoren erfolgen müßten, was sich letztlich für den Investor, also den Staat, auszahlen würde, und dann wiederum nicht-produktive Investitionen finanzierbar wären. Doch die Nebenwirkungen der Boom-Jahre zwischen 1959 und 1965 ließen solche Vorgaben schnell reine Makulatur werden. Seit 1961 stieg die Bevölkerungszahl von einem Tiefpunkt bei 2,8 Millionen kontinuierlich an, um im Jahr 1993 schon bei etwa 3,6 Millionen zu liegen – damit entsprach die irische Wachstumsrate in diesem Zeitraum etwa dem Doppelten des EG-Durchschnitts. Allerdings bedingten zwei unterschiedliche Faktoren diesen ungewöhnlich hohen Anstieg, denn neben einer ohnehin relativ hohen Geburtenrate infolge jüngerer Ehen sank gleichzeitig die jährliche Zahl der Emigranten nach Übersee, die nun in Irland auf Beschäftigung hofften und sie zunächst auch fanden. Dies jedoch schuf nicht nur neuen Bedarf für Baumaßnahmen, auch im sozialen Wohnungsbau, sondern trug zu einem weiteren Anstieg der Bevölkerung bei, denn die potentiellen Auswanderer befanden sich zumeist im heiratsfähigen Alter, und ihr Nachwuchs erblickte nun in Irland das Licht der Welt. Die Folgen dieser Entwicklung wurden erst gut 20 Jahre später deutlich spürbar, denn um 1985 betrug der Anteil der bis zu 25jährigen in Irland etwa 45 Prozent der Gesamtbevölkerung, über 30 Prozent waren gar jünger als 15 Jahre, während 10 Prozent zur Gruppe der Personen über 65 Jahre zählten. Dazu einige Vergleichszahlen für die Bundesrepublik Deutschland: Im Jahre 1988 zählten hier weniger als 15 Prozent der Bevölkerung zur Gruppe der 0–15jährigen, etwa 30 Prozent waren unter 25, 15 Prozent hingegen hatten bereits das 65. Lebensjahr vollendet. Die Nachfrage nach Arbeitsplätzen gerade für jüngere Menschen ist in Irland zur Zeit also relativ fast doppelt so stark wie in der Bundesrepublik Deutschland.

Mit dem Wirtschaftswachstum der frühen sechziger Jahre stiegen die Ausgaben der Regierung, die Steigerungsrate der Ausgaben übertraf bald die wirtschaftliche Wachstumsrate. Die wachsenden Staatsausgaben jedoch spiegelten der Bevölkerung einen Wirtschaftsaufschwung vor, der in dieser Form nicht stattfand, sondern nur über ständige Neuverschuldung finanziert werden konnte. Dennoch stiegen die Erwartungen, die die Bevölkerung an den Staat richtete – zusammen mit der Bevölkerungszahl an sich. Der Staat, also die jeweilige Regierung, mußte neue Arbeitsplätze schaffen, um solchen Erwartungen wenigstens im Ansatz zu entsprechen, natürlich auch, um wiedergewählt zu werden. Ein Blick auf die Beschäftigungszahlen in den Sektoren Landwirtschaft, Fertigung und Dienstleistungen zeigt deutlich die Veränderung, die der irische Arbeitsmarkt seit 1961 durchlaufen hat. Während im Jahre 1961 36,9 Prozent der Bevölkerung in der Landwirtschaft, 23,5 Prozent in der Fertigung und 39,6 Prozent im Dienstleistungsbereich tätig waren, betrugen die Zahlen für 1971 26,9 Prozent, 29,6 Prozent und 43,5 Prozent und 1984 16,7 Prozent, 28,7 Prozent und 54,6 Prozent[15].

Zwar siedelten sich infolge besonderer staatlicher Vergünstigungen bis 1969 über 350 neue ausländische Industriebetriebe in der Republik Irland an, dennoch stieg die Zahl der Arbeitsplätze in der Fertigung zwischen 1961 und 1984 nur um 5 Prozentpunkte, das Gros all jener Personen, die weder in der Fertigung noch in der Landwirtschaft beschäftigt werden konnten, fand mit etwas Glück Beschäftigung im Dienstleistungssektor, mit weniger Glück blieb man arbeitslos. Die Arbeitslosenstatistik seit den frühen siebziger Jahren belegt diesen Trend deutlich,

[15] Zahlen nach Karl Theodore Hoppen, Ireland since 1800. Conflict and Conformity. London u.a. 1989, S. 221.

denn nach einem schnellen Anstieg von 8 Prozent auf etwa 15 Prozent infolge der beiden Ölkrisen der siebziger Jahre stieg die Zahl Mitte der achtziger Jahre auf 20 Prozent, woran auch zunehmende Emigration nichts ändern konnte, zu der sich Anfang der achtziger Jahre wieder über 30000 Personen pro Jahr entschlossen, die in der Heimat keine beruflichen Perspektiven mehr sahen. Eine leichte Entspannung setzte erst etwa 1987 ein, als sich die positiven internationalen Konjunkturdaten in Verbindung mit einer konsequenten, teilweise auch einschneidenden, aber letztlich notwendigen Strukturreform der irischen Industrie bemerkbar machten. Zwischen 1987 und 1990 konnten etwa 37000 neue Arbeitsplätze geschaffen werden, davon allein 16000 in der Industrie, während die Arbeitslosenquote auf etwa 16 Prozent fiel – ein im Vergleich zu deutschen Wirtschaftsdaten allerdings immer noch alarmierend hoher Wert. Im selben Zeitraum stieg das irische Bruttosozialprodukt im Durchschnitt um 5 Prozent pro Jahr, seit 1991 jedoch sanken die Wachstumszahlen infolge der internationalen Rezession wieder auf etwa 2 Prozent. Die Regierung reagierte auf den Aufschwung der zweiten Hälfte der achtziger Jahre vorsichtiger als ein Vierteljahrhundert zuvor und bemühte sich zunächst einmal um einen Abbau der Staatsverschuldung, die zwischen 1986 und 1990 immerhin um etwa 12 Prozent schrumpfte, die Auslandsverschuldung sogar um fast 30 Prozent.

Zum großen Teil ist die Verbesserung der ökonomischen Daten nach der Rezession, die auf den Aufschwung der sechziger Jahre folgte, als eine verspätete Wirkung der irischen EG-Mitgliedschaft zu sehen. Auch wenn der Beitritt zum 1. Januar 1973 im Kielwasser britischer Politik und weniger aus eigener Überzeugung heraus erfolgte, ist es seither immerhin gelungen, bei einem insgesamt gewachsenen Exportvolumen den Anteil der Exporte nach Großbritannien auf 33,7 Prozent (1970: 65 Prozent) im Jahre 1990 zu senken, während in die anderen Staaten der EG immerhin 41 Prozent (1970: 12 Prozent) ausgeführt werden konnten und 25,3 Prozent (1970: 23 Prozent) an Drittländer geliefert wurden. Auch die Qualität der Exporte hat sich zwischen 1970 und 1990 erheblich verändert. 1970 betrug der Anteil an Lebensmitteln, Agrarerzeugnissen und Vieh 34,4 Prozent, 1990 nur noch 19,9 Prozent, im selben Zeitraum stieg die Ausfuhr von Elektro- und Elektronikerzeugnissen von 13,8 Prozent auf 28,4 Prozent. 1990 betrug der Anteil exportierter Computersoftware und Begleitprodukte 7,7 Prozent (1970: 0) des Gesamtexportvolumens – dies spiegelt die intensiven Bemühungen der IDA wider, die sich verhältnismäßig früh um die Ansiedlung von zukunftsträchtigen Branchen aus der Computerindustrie bemüht hatte.

Der Rückgang der Exporte nach Großbritannien ist jedoch zum Teil auch als Folge des irischen Beitritts zum Europäischen Währungssystem zu sehen, der 1979 erfolgte und mit dem die seit 1927 bestehende Parität zum Pfund Sterling beendet wurde. Zunächst wirkte sich dieser Schritt durchaus negativ auf die irische Wirtschaft aus, da Großbritannien den Beitritt zum EWS ablehnte. Doch mit einiger Verspätung konnte auch die irische Industrie von den Vorteilen der irischen EG-Mitgliedschaft überzeugt werden, die bisher fast ausschließlich der Landwirtschaft zugute gekommen waren, denn von den über 400 Millionen £, die zwischen 1973 und 1978 netto von Brüssel nach Dublin flossen, leitete die irische Regierung nahezu 90 Prozent an die Landwirtschaft weiter, die einen ungeahnten Aufschwung erlebte und die erheblich gestiegenen Einkommen prompt in neue Maschinen und andere Geräte investierte, mit denen die Ernteerträge weiter gesteigert werden konnten, um als Gegenleistung für diese Produktivität weitere Zuschüsse aus Brüssel zu erhalten. Erst zu Beginn der achtziger Jahre sahen auch die Euro-Sachverständigen ein, daß es sich bei dieser Form der Subventionierung um ein Faß ohne Boden handelte, und kürzten die Subventionen drastisch – innerhalb von nur zwei Jahren fiel das Durchschnittseinkommen in der irischen Landwirtschaft wieder um 40 Prozent – von einem allerdings verhältnismäßig hohen Niveau aus gesehen. Statt dessen flossen jetzt mehr EG-Mittel in andere Projekte wie in den Ausbau der Infrastruktur in bislang wenig erschlossenen Regionen Westirlands, wo ebenfalls die Ansiedlung von Industriebetrieben mit erheblichen Zuschüssen aus Brüssel gefördert wird. Noch handelt es sich dabei um Förderungsmaßnahmen und es bleibt abzuwarten, ob es der irischen Wirtschaft in absehbarer Zeit gelingen wird, wieder »auf eigenen Füßen« zu stehen, anstatt sich weiter mit der Rolle als Netto-Empfängerland zu bescheiden, doch haben die Jahre der EG-Mitgliedschaft dem Land nicht nur eine beträchtliche Einkommensquelle geschaffen, sondern auch eine erhebliche Veränderung im Bewußtsein der Bevölkerung bewirkt. Während sich das öffentliche Interesse in Irland bis 1973 überwiegend auf Großbritannien konzentriert hatte, zeigte die dann verstärkte Berichterstattung in den Medien über

Europa den Iren, daß es jenseits der britischen Nachbarinsel einen großen europäischen Kontinent gab, der ebenfalls eine Reihe von vielversprechenden Möglichkeiten bot. Seither ist das Interesse an kontinentalen Sprachen, besonders an Französisch, aber auch an Deutsch, Italienisch und Spanisch erheblich gestiegen. Die Zahl der Iren, die auf dem Kontinent anstatt in Großbritannien Beschäftigungsmöglichkeiten gesucht und gefunden haben, steigt ständig an. Über diese Menschen dringen weitere Informationen vom Kontinent auf die Grüne Insel, die sie noch enger an Europa binden. Mit gut 50jähriger Verspätung wurden sich die Iren in den achtziger Jahren unseres Jahrhunderts der Tatsache bewußt, daß sie in einem europäischen Staat und nicht nur auf einer »Insel hinter der Insel« im Schatten der britischen Westküste leben. Diese Erkenntnis haben sie im Jahre 1992 nachdrücklich durch ihr eindeutig positives Votum zugunsten der Maastrichter Verträge unterstrichen.

Solche Gedanken waren indes für Seán Lemass Mitte der sechziger Jahre nur schwer vorstellbar, schließlich lag die Ablehnung des EWG-Beitrittsgesuchs durch de Gaulle erst zwei Jahre zurück. Statt dessen hatten Gespräche mit der britischen Regierung über den Abschluß eines Freihandelsabkommens stattgefunden, das Abkommen selbst war von Lemass und Premierminister Wilson am 14. Dezember 1965 in Downing Street No. 10 unterzeichnet worden und markierte einen neuen Abschnitt auf dem Weg zur anglo-irischen Normalität. Daß ein solcher Weg sowohl in Dublin als auch in London, ja sogar in Belfast wohlwollend betrachtet wurde, belegen zwei andere Treffen, die unter wesentlich dramatischeren Umständen knapp ein Jahr zuvor, im Januar und Februar 1965, zwischen Lemass und Terence O'Neill, dem Premierminister Nordirlands stattgefunden hatten – zunächst als Besuch des irischen Regierungschefs in Stormont, dann als Gegenbesuch des Nordiren in Dublin. Die Initiative zu diesem Treffen war dabei von der nordirischen Regierung ausgegangen, denn schon 1964 hatte es erste Sondierungsgespräche zwischen Belfast und Dublin gegeben. O'Neill wollte mit solchen Kontakten zweifellos versuchen, die Spannungen in der nordirischen Gesellschaft zu beseitigen, das Verhältnis der beiden irischen Teilstaaten zueinander zu entkrampfen und die Grundlagen dafür zu schaffen, daß künftig gemeinsame Interessenfelder wie der wachsende Tourismus oder der Aufbau eines gesamtirischen Energieversorgungsnetzes gemeinsam bestellt und beackert werden konnten. Beide

Regierungschefs waren sich dabei der Tragweite ihres Handelns durchaus bewußt, denn schon auf ihrem ersten Treffen deutete Lemass seinem nordirischen Kollegen gegenüber an, daß ihn bei seiner Rückkehr nach Dublin erhebliche Schwierigkeiten erwarten würden, da sich einige Kabinettskollegen nur schwer von der Notwendigkeit einer Reise des *Taoiseach* nach Belfast überzeugen lassen würden. Terence O'Neill machte keinen Hehl daraus, daß er mit ungleich größeren Schwierigkeiten rechnete, unterschied sich seine Politik besonders in bezug auf die katholische Minderheit doch erheblich von der seiner Vorgänger. Diese hatten die nordirischen Katholiken stets als potentielle Gefährdung des Staatswesens betrachtet und sie weitgehend ausgegrenzt, O'Neill hingegen war von Anfang an um eine Heranführung der Katholiken an den Staat bemüht – und sah sich seither deswegen auch zunehmend heftiger Kritik durch unionistische »Betonköpfe« ausgesetzt, die jede Konzession an die Katholiken als potentiellen Pakt mit dem Teufel betrachteten. Das erste Resultat der Annäherung schien indes das Wagnis zu rechtfertigen, denn schon eine Woche vor dem zweiten Treffen hatte Edward McAteer, der Führer der nordirischen Nationalisten, öffentlich mitgeteilt, daß seine Partei künftig ihre Rolle als Oppositionspartei im nordirischen Parlament wahrnehmen wollte, was sie mit schier unbeugsamer Hartnäkkigkeit seit 1921 stets verweigert hatte.

Damals konnten weder Terence O'Neill noch Seán Lemass absehen, daß ihr politisches Rendezvous, so wohlmeinend und vernünftig es auch war, letztlich den Funken schlagen sollte, der die Lunte in Brand setzte, die den Nordirlandkonflikt ausbrechen ließ. Schließlich war im Norden der Grünen Insel schon einige Monate vor den Treffen die »Campaign for Social Justice« entstanden, aus der sich bald die »Northern Ireland Civil Rights Association« entwickelte. Diese Bürgerrechtsorganisation forderte im Prinzip nichts anderes, als was O'Neill ohnehin schon versprochen hatte – die Gleichberechtigung der nordirischen Katholiken in einer mehrheitlich protestantischen Gemeinschaft. Doch stellte sie die Forderungen auf eine Weise, die viele nordirische Unionisten schlicht überforderte. Diese hatten sich in den zurückliegenden Jahrzehnten an eine katholische Minderheit gewöhnt, die weitgehend zurückgezogen lebte, die die staatlichen Einrichtungen des Landes dort, wo möglich, boykottierte, oder die einfach versuchte, sich anzupassen. Nun jedoch gingen besonders viele junge Katholiken auf die Straßen und verlangten in großen Demonstrationen und Protestmärschen lauthals die Gleichberechtigung, also implizit die Anerkennung der Daseinsberechtigung nordirischer Katholiken durch die Protestanten. Alte Feindbilder wurden wieder wach, trefflich von fundamentalistischen Agitatoren vom Schlage eines Ian Paisley geschürt, und die Spirale der Gewalt begann sich zu drehen.

Seán Lemass selbst erlebte nur noch den explosionsartigen Ausbruch des Nordirlandkonflikts – er erlag im Jahre 1971 einem Herzleiden, das ihn bereits 1966 gezwungen hatte, sein Amt an Jack Lynch zu übergeben. Der neue Regierungschef galt zwar als der Wunschkandidat seines Vorgängers, doch mußte er sich zunächst gegen einige innerparteiliche Rivalen behaupten. Erst ein überzeugender Wahlsieg im Juli 1969, der Fianna Fáil mit 75 Mandaten seit längerer Zeit wieder die absolute Mehrheit im Parlament sicherte, schuf ihm den nötigen Rückhalt, um das Land durch die wirtschaftlichen und politischen Krisen zu führen, die es zu Beginn der siebziger Jahre einer großen Belastungsprobe aussetzten. In diesem Zusammenhang an erster Stelle zu nennen wäre der Nordirlandkonflikt, der nach der Entsendung von britischen Truppen im August 1969, die zunächst die von radikalen Unionisten bedrohten Katholiken in Westbelfast und in der Bogside von Londonderry schützen sollten, schon bald eskalierte. Die Empörung im Süden Irlands über die Übergriffe auf die nordirischen Katholiken war groß, viele Iren, auch unter den Anhängern der bürgerlichen Parteien, entdeckten ihr republikanisches Herz und forderten die Entsendung von südirischen Truppen nach Nordirland, die dort den bedrohten Landsleuten zur Seite stehen sollten. Dabei wiesen die »Interventionisten« auf die südirische Verfassung hin, die seit 1937 unveränderte Gültigkeit für Gesamtirland beanspruchte und in deren Artikel 44 die besondere Rolle der katholischen Kirche in der irischen Gesellschaft festgeschrieben war. Schon Lemass hatte eine Revision der Verfassung angestrebt, um sie gegebenenfalls auch für die nordirischen Protestanten akzeptabel zu machen. Lynch teilte die Ansicht seines Vorgängers, auch wenn ein entsprechender Verfassungsausschuß im Dezember 1967 keine zufriedenstellenden Vorschläge vorlegen konnte. Vor dem Hintergrund der wachsenden Spannungen im Norden Irlands war die Diskussion darüber zunächst unterbrochen worden, um dann durch den Disput zwischen Interventionisten und Nicht-Interventionisten neu zu entbrennen.

Jack Lynch selbst lehnte jede Form der Einmischung in nordirische Angelegenheiten strikt ab. Das Risiko eines direkten Konflikts mit dem ohnehin verunsicherten Großbritannien war zu groß und zu unkalkulierbar, als daß es von einer rationalen Maßstäben gehorchenden Regierung in Dublin eingegangen werden konnte. Statt dessen ging er rigoros gegen alle Kabinettsmitglieder vor, die sich für einen Eingriff in Nordirland ausgesprochen hatten. Zu diesen zählte auch der Schwiegersohn seines Vorgängers, Charles Haughey, der selber nie einen Hehl aus seinen eigenen politischen Ambitionen machte und sich nach dem Amtsantritt Lynchs als ein heftiger Kritiker von dessen vorgeblich zu konturenschwacher Politik erwiesen hatte. Nun sah er erneut eine Gelegenheit, sich zu Lasten des ungeliebten Parteiführers und Regierungschefs zu profilieren und forderte, sehr zur Freude des »republikanischen« Flügels seiner Partei, die Versorgung der nordirischen IRA zu »Verteidigungszwecken« mit Waffen aus dem Süden. Lynch reagierte sofort, entließ Haughey zusammen mit einem weiteren Minister aus dem Kabinett und veranlaßte im Mai 1970 deren Verhaftung und Anklage wegen beabsichtigter Verschwörung zum Zwecke des Imports von Waffen und Munition. Zwar wurde diese Anklage bereits im Oktober wieder fallengelassen, doch ein Versuch Haugheys, den Regierungschef im Gegenzug zum Rücktritt zu zwingen, scheiterte an der Vertrauensfrage, die Lynch mit Bravour im Parlament bestand.

Jack Lynch und Charles Haughey persönlich arrangierten sich nach dieser Abstimmung, doch der Nordirlandkonflikt beeinflußte die Dubliner politische Szene auch in den nächsten Jahren nachhaltig, besonders seit sich die Spirale der Gewalttätigkeit immer schneller drehte. Ereignisse wie die Übergriffe der Armee am »Bloody Sunday« gegen demonstrierende Katholiken in Londonderry nutzte die IRA mit Erfolg zur Mobilisierung der öffentlichen Meinung auch im Süden Irlands aus – im Januar 1972 stürmte eine aufgebrachte Menge die britische Botschaft in Dublin und ließ das Gebäude in Flammen aufgehen. Die Spannungen in der Bevölkerung Südirlands nahmen merklich zu und drohten eine Zeitlang sogar, die innere Sicherheit des Landes nachdrücklich zu gefährden. Lange nicht genutzte Notstandsverordnungen wurden wieder in Kraft gesetzt, die es der Polizei erlaubten, schneller als bisher gegen verdächtige Personen vorzugehen und sie vor Gericht zu stellen. Darüber hinaus beschäftigte sich das Kabinett erstmals seit der Lemass-

O'Neill-Initiative von 1965 wieder intensiv mit der Entwicklung von langfristigen Perspektiven in bezug auf das innerirische Verhältnis und gestand dabei erstmals seit der Teilung des Landes öffentlich den nordirischen Protestanten eine eigene Identität zu. Vor einer Wiedervereinigung müsse, so das Fazit der Regierung, eine grundlegende Revision bestehender Herrschaftsstrukturen erfolgen und eine neue Verfassung, die allen Bewohnern Irlands gerecht werde, verabschiedet werden, die einfache Übernahme der sechs Grafschaften Nordirlands in den bestehenden südirischen Staat könne angesichts der bestehenden Probleme nicht mehr empfohlen werden. Im Oktober 1972 revanchierte sich der britische Premierminister Heath für dieses Entgegenkommen und erkannte die »irische Dimension« des Nordirlandproblems an, womit er Dublin Mitspracherechte bei künftigen Lösungsversuchen einräumte. Doch trotz dieser anglo-irischen Annäherung in der Nordirlandfrage zeichnete sich dort keine Lösung ab, im Gegenteil bemühte sich die IRA weiterhin mit Erfolg um Unterstützung durch Teile der südirischen Bevölkerung. Die Regierung Lynch versuchte, solche Hilfeleistungen durch eine weitere Verschärfung der Notverordnungen zu unterbinden, darin unterstützt durch Fine Gael, die größte der Oppositionsparteien, die seit 1965 von Liam Cosgrave, dem Sohn des Parteigründers geführt wurde. Gleichzeitig schrieb der *Taoiseach* vorgezogene Neuwahlen für Februar 1973 aus, die damit gut ein Jahr vor dem eigentlichen Wahltermin lagen.

Jack Lynch konnte sich begründete Hoffnungen auf einen erneuten Wahlsieg machen, hatte doch ein Bombenanschlag am 1. Dezember 1972 in Dublin zwei Menschenleben gefordert. Obwohl die Herkunft der Bombe niemals zweifelsfrei geklärt werden konnte, wurde der Anschlag von der irischen Öffentlichkeit der IRA zugeschrieben, die danach einen starken Sympathieverlust besonders im Süden des Landes verbuchen mußte, während die zurückhaltende und auf Ausgleich bedachte Politik des Regierungschefs an Popularität gewann. Doch noch vor dem Wahltermin einigten sich Fine Gael und Labour auf ein Wahlbündnis. Eine Besonderheit des irischen Wahlrechts, das Verhältniswahlrecht *(proportional representation)*, das solche Bündnisse begünstigt, verschaffte dieser Koalition trotz eines gleichzeitigen Stimmengewinns von Fianna Fáil die Sitzmehrheit im Parlament – eine neue »nationale Koalition« unter der Führung von Liam Cosgrave übernahm im März 1973 die Regierungsgeschäfte in Dublin.

Cosgrave trat ein schweres Erbe an. Zwar war die Republik Irland seit Januar des Jahres Mitglied der Europäischen Gemeinschaft, doch alle Hoffnungen auf einen raschen wirtschaftlichen Aufschwung wurden durch die Ölkrise dieses Jahres zunichte gemacht. Statt des erwarteten Wirtschaftsbooms stieg die Staatsverschuldung des Landes bis Ende 1976 von 126 Millionen £ auf 1024 Millionen £ an, die Arbeitslosenquote im selben Zeitraum von 8 Prozent auf 12,5 Prozent. Doch wußte die »nationale Koalition« die EG-Mitgliedschaft durchaus sinnvoll zu nutzen. Dies betraf nicht nur die beträchtlichen Summen, die in diesen Jahren von Brüssel nach Dublin flossen, sondern den Gewinn internationaler Reputation. Wesentlichen Anteil daran hatte Außenminister Garret FitzGerald, der das Amt gleichsam in Familientradition übernahm, war doch sein Vater Desmond FitzGerald einer der ersten Außenminister des Freistaats gewesen, der das damalige Department of External Affairs Mitte der zwanziger Jahre eigentlich erst aufgebaut hatte. Die Souveränität und Effizienz seines internationalen Auftretens, besonders als Präsident des EG-Ministerrates im Jahre 1975, verschuf dem Land im Kreise der EG-Partner, aber auch darüber hinaus große Achtung und dem Außenminister daheim jene Anerkennung, die er geschickt als Grundlage für seine weitere politische Karriere zu nutzen wußte.

Das Verhältnis Südirlands zum Norden durchlief in diesen Jahren eine bemerkenswerte Veränderung. Während sich 1968 nur 20 Prozent der südirischen Bevölkerung dafür ausgesprochen hatten, die Wiedervereinigung des Landes von einem Mehrheitsvotum der Nordiren abhängig zu machen, bevorzugten im Jahre 1978 bereits 60 Prozent diese Lösung. Die Gründe dafür waren zweifellos vielfältig und abhängig von zahlreichen Einflüssen. Doch fand die Umfrage des Jahres 1978 vor dem Hintergrund einer hitzigen Debatte über die Rahmenbedingungen der irischen Wiedervereinigung statt, die wenigstens zum Teil durch die provozierenden Äußerungen des Postministers Conor Cruise O'Brien ausgelöst worden waren. O'Brien, der für Labour im Dáil saß, konnte bereits vor seiner Ernennung zum Minister auf eine lange Karriere als Schriftsteller und Diplomat zurückblicken und erfreute sich in der Bevölkerung großer Reputation, die weit über die Parteigrenzen hinausging. Joseph Lee vermutet gar hinter der Ernennung O'Briens den Versuch Cosgraves, auf diese Weise einen unbequemen Intellektuellen und Querdenker aus der relativen Freiheit des Parlaments in die Kabinettsdisziplin einzubinden. Als Postminister indes war O'Brien unter anderem letztverantwortlich für die Programmgestaltung von RTE, der nationalen Radio- und Fernsehstation. Im Jahre 1976 legte er einen Gesetzentwurf vor, der der IRA jede Gelegenheit zur Selbstdarstellung in den irischen Funkmedien nehmen sollte. Zur selben Zeit entfachte er über diese Medien eine emotionsgeladene Kampagne gegen die IRA, die er als eine grundsätzliche Gefahr für die Zivilisation im allgemeinen und für die irische Gesellschaft im besonderen bezeichnete. Darüber hinaus verdammte er den nach wie vor gültigen Verfassungsanspruch auf alle 32 Grafschaften der Insel als eine Sonderform des Imperialismus. Auch wenn er in Form und Inhalt in vielerlei Hinsicht dabei weit über sein eigentliches Ziel hinausschoß, zwang er seine Landsleute damit, erstmals überhaupt öffentlich über das eigene nationale Selbstverständnis, ausgedrückt in der Verfassung von 1937, nachzudenken.

Im Juni 1977, neun Monate vor Ablauf seiner Amtszeit, stellte sich Cosgrave erneut zur Wahl. Die Koalition war kurz zuvor aus zwei Nachwahlen als unumstrittene Siegerin hervorgegangen, auch ließen sämtliche Wahlprognosen keinen Zweifel daran, daß Liam Cosgrave die nächste irische Regierung führen würde. Das Wahlergebnis durfte daher mit Fug und Recht als Sensation empfunden werden – Fianna Fáil, immer noch unter der Führung von Jack Lynch, ging nach einem engagiert fast ausschließlich zu Wirtschaftsthemen geführten Wahlkampf mit 50,6 Prozent aller Stimmen und 84 von 148 Mandaten, der größten bislang in der irischen Geschichte jemals von einer Partei erreichten Mehrheit, als eindeutiger und absoluter Sieger aus den Wahlen hervor. Mit Erfolg hatte die Parteispitze gerade um die Stimmen der Jungwähler geworben, denen sie die Schaffung von neuen Arbeitsplätzen in Aussicht stellte. Ebenso ungewöhnlich wie der Sieg Lynchs war die Reaktion des Verlierers – noch nie hatte ein unterlegener Kandidat derart schnell die Konsequenzen gezogen wie Liam Cosgrave, der den Parteivorsitz von Fine Gael nach Bekanntwerden der Niederlage abgab und damit den Weg für Garret FitzGerald an die Spitze der Partei und des Schattenkabinetts freimachte.

Im Wahlkampf hatte Lynch seinen Landsleuten einen neuen Wirtschaftsaufschwung in Aussicht gestellt. Die Vorhersagen, die sein Wirtschaftsministerium für die nächsten Jahre machte, klangen optimistisch – im Jahre 1981 sollte das Wirtschaftswachstum 5 Prozent betragen, die Inflationsrate unter 5 Prozent gefallen sein, Arbeitslosigkeit nicht mehr existieren und die Ausgaben der öffentlichen Hand drastisch reduziert werden. Die Prognosen schienen zu stimmen, erwies sich das Jahr 1978 doch als außergewöhnlich erfolgreich in der irischen Wirtschaftsgeschichte, schließlich betrug die Wachstumsrate, wie im Jahr zuvor versprochen, tatsächlich 7 Prozent und übertraf damit diejenige Japans. Im Dezember 1978 faßte das Kabinett den Beschluß, im März des kommenden Jahres dem Europäischen Währungssystem beizutreten, hatte Brüssel doch als Ausgleich für den Beitritt zum System harter europäischer Währungen insgesamt 500 Millionen £ an Beihilfen und Krediten in Aussicht gestellt, Geld, das die Regierung dringend benötigte, um die eigenen Ausgaben zu decken, die ständig stiegen, da die Inflationsrate mittlerweile bei 15 Prozent lag. Eine Bindung an die starke D-Mark konnte sich zudem dämpfend auf die hohe Inflation auswirken – so lautete zumindest ein Argument, das viele Regierungsvertreter zugunsten des EWS-Beitritts in die Waagschale warfen. Daß damit jedoch eine Einschränkung der großzügigen Staatsausgaben verbunden war, die sich direkt auf die mittlerweile erfolgsverwöhnten Landsleute auswirken würde, wurde geflissentlich verschwiegen. Die zweite Ölkrise machte alle Prognosen des Wirtschaftsministers Martin O'Donoghue zunichte – im Gegensatz zu den Vorhersagen von 1978 lag im Jahre 1981 die Wachstumsrate nur bei 2,6 Prozent, die Inflationsrate hatte 20,4 Prozent erreicht, die Arbeitslosenquote lag bei knapp unter 20 Prozent und die Staatsausgaben mußten wie die Neuverschuldung weiter steigen.

Am 5. Dezember 1979 hatte Jack Lynch vor der wachsenden Kritik aus der eigenen Partei kapituliert und seinen Abschied aus der aktiven Politik genommen. Charles Haughey, der Gegner aus früheren Regierungsjahren, war zu seinem Nachfolger als Parteivorsitzender und als Regierungschef gewählt worden. Doch auch er konnte den ökonomischen Niedergang seines Landes nicht bremsen, zumal sich auch die internationale Wirtschaft spätestens seit 1979 auf Talfahrt befand. Als sich im Verlauf des Jahres 1980 immer deutlicher abzuzeichnen begann, daß die ökonomischen Daten für 1981 noch schlechter als erwartet ausfallen würden, entschloß sich der neue Regierungschef zu einer Wähleroffensive und legte für Juni 1981 um ein Jahr vorgezogene Neuwahlen fest. Da die Wirtschaftsfragen für ihn verständlicherweise kein geeignetes Wahlkampfthema boten, konzentrierte er sich im Wahlkampf fast ausschließlich auf die Perspektiven einer möglichen irischen Wiedervereinigung und unterstrich diese Aussicht durch ein mit Margaret Thatcher im Dezember 1980 getroffenes Abkommen über die Schaffung einer anglo-irischen Expertengruppe, die sich ausschließlich mit der Suche nach möglichen inneririschen Kooperationsfeldern befassen sollte. Damit hoffte er, einen Großteil jener republikanischen Wähler wiedergewinnen zu können, die sich durch die eher auf Ausgleich zielende Nordirlandpolitik Jack Lynchs von Fianna Fáil abgewendet hatten. Doch am 1. März 1981 begann im H-Block des Maze-Gefängnisses der zweite große IRA-Hungerstreik, angeführt von Bobby Sands, neun der Hungerstreikenden wurden von wohlmeinenden Republikanern eher symbolisch als unabhängige Kandidaten für den Dáil nominiert – doch entzogen sie damit Haughey einen großen Teil der Wähler, auf die er gesetzt hatte.

Fine Gael und Labour hatten den Wahlkampf erneut gemeinsam als ein Wahlbündnis bestritten und die Wirtschaftsmisere in den Mittelpunkt ihrer Argumente gestellt. Das Bündnis lieferte sich mit Fianna Fáil ein hartes Kopf-an-Kopf-Rennen, das nach der Stimmenauszählung nahezu unentschieden ausgegangen war – Fianna Fáil hatte 78 Sitze, Fine Gael/Labour 80 Sitze gewinnen können. Acht unabhängige Parlamentarier mußten somit über die Bildung einer in jedem Fall labilen Regierung entscheiden. Garret FitzGerald machte das Rennen. Er wurde am 30. Juni 1981 zum neuen Premierminister der Republik Irland gewählt. Für ihn persönlich bedeutete dies den Höhepunkt einer ohnehin bemerkenswerten politischen Karriere, die den ausgebildeten Wirtschaftswissenschaftler über engagierte parlamentarische Oppositionsarbeit ins Außenministerium führte, das unter seiner Leitung erheblich an Einfluß im irischen Regierungsspektrum gewann, um danach den Vorsitz der zweitgrößten Partei des Landes zu übernehmen, der ihn schließlich an die Spitze der irischen Regierung gelangen ließ. Schon bald jedoch wurde auch FitzGerald von den Problemen der Alltagspolitik eingeholt, denn nur wenige Tage nach seiner Wahl wurde seine Regierung das erste Mal herausgefordert, als Teilnehmer eines Protestmarsches zugunsten der Hungerstreikenden die Straßenzüge um die britische Botschaft verwüsteten. Erneut wurde in den Medien die Frage nach der inneren Sicherheit des Landes gestellt, doch gelang es der Regierung diesmal noch verhältnismäßig schnell, die Situation zu meistern. Die wirtschaftlichen Schwierigkeiten des Landes erwiesen sich auch für die neue

Regierung als der eigentliche Prüfstein, zumal die Zahlen für das Jahr 1981 schlechter ausfielen, als selbst notorische Pessimisten prophezeit hatten. Nachdem die Regierung im Januar 1982 versuchte, das Haushaltsdefizit durch eine kleine Drehung an der Mehrwertsteuerschraube etwas zu verringern, entzogen die Unabhängigen ihre Unterstützung und machten damit bereits im Februar 1982 Neuwahlen notwendig, aus denen Haughey als Sieger hervorging, der jedoch schon im November des Jahres wieder abgelöst wurde.

Diesmal verfügte die von Garret FitzGerald geführte Fine Gael-Labour-Koalition über 86 von 166 Sitzen und damit über eine arbeitsfähige Parlamentsmehrheit. Der neue *Taoiseach* hatte den Schwerpunkt seiner Regierung von vornherein auf die Suche nach einem Ausweg aus der Wirtschaftskrise gelegt. Indes erwies sich der Schaden, den seine Vorgänger angerichtet hatten, als derart groß, daß es ihm bis 1987 nicht gelang, die Staatsverschuldung in einer Größenordnung abzubauen, die notwendig gewesen wäre, um der Regierung auch finanziellen Spielraum für notwendige Investitionen zu verschaffen. Durch drastische Einsparungen und eine Politik des knappen Geldes gelang es ihm immerhin, die Inflation des Landes zu senken, die 1987 wieder die 5 Prozent-Marke unterschritt. Als FitzGerald jedoch im Haushaltsentwurf des Jahres 1987 weitere Einschnitte bei den Staatsausgaben, vornehmlich im sozialen Bereich ankündigte, versagten ihm die Labour-Abgeordneten die Gefolgschaft und erzwangen Neuwahlen. Fine Gael verteidigte im Wahlkampf ihren Sparkurs, Fianna Fáil erkannte in ihrem Wahlkampf ebenfalls die Notwendigkeit von Einsparungen an, stellte jedoch Investitionen in bestimmten Bereichen in Aussicht, die dazu dienen sollten, das Wirtschaftswachstum anzukurbeln, konstatierte die Notwendigkeit der Schaffung neuer Arbeitsplätze und die Aufrechterhaltung der staatlichen Sozialleistungen.

Das Ergebnis des Wahlkampfes war ein Regierungswechsel – Charles Haughey übernahm erneut das Amt des Regierungschefs an der Spitze eines reinen Fianna Fáil-Kabinetts, das von Labour im Parlament gestützt wurde. Zunächst setzte Haughey den Sparkurs seines Vorgängers fort, der 1988/89 erste Früchte zu tragen begann, denn die Statistiken dieser Jahre belegen eindeutige und spürbare Verbesserungen der ökonomischen Eckwerte. Mit längerer Verzögerung griffen nun auch in Irland die günstigen internationalen Konjunkturdaten. Im Juni 1989 fühlte sich Haughey bereits stark genug, um einen weiteren Urnengang zu riskieren – und konnte trotz einiger Stimmenverluste zusammen mit den »Progressive Democrats«, einer zu Beginn der achtziger Jahre von ehemaligen, meist konservativen Fianna Fáil-Mitgliedern gegründeten Partei, die neue Regierung bilden, ohne daß sich seine Politik geändert hätte. Ein Korruptionsskandal beendete schließlich seine Karriere am 11. Februar 1992, als er zurücktreten und die Regierungsgeschäfte an Albert Reynolds übergeben mußte. Dieser stellte sich am 25. November 1992 bereits Neuwahlen und konnte nach längeren und schwierigen Koalitionsverhandlungen schließlich am 12. Januar 1993 mit Labour eine neue Regierung bilden, die immerhin über 101 von 160 Mandaten im Parlament verfügt.

Auf den ersten Blick scheint sich also in den vergangenen zehn Jahren nicht allzu viel im irischen politischen Spektrum verändert zu haben, sieht man einmal von dem regelmäßigen Regierungs-Wechsel zwischen Fianna Fáil und Fine Gael ab – der indes selbst schon wieder so etwas wie eine Konstante in der irischen Politik geworden war. Doch der Schein trügt. Die irische Gesellschaft befindet sich zur Zeit in einer entscheidenden Umbruchphase, die den Abschied von der Dominanz der katholischen Kirche in politisch-moralischen Fragen bedeutet, die sie seit der Gründung des Irish Free State ausgeübt hat. Die Wahl von Mary Robinson am 7. November 1990 zur irischen Staatspräsidentin in der Nachfolge Patrick Hillerys ist ein deutliches Indiz für diesen Umbruch. Frau Robinson war als Kandidatin der Labour Party, der Workers Party und anderer linker Gruppen angetreten, hatte jedoch schon im Vorfeld der Kandidatur auch Unterstützung aus konservativen Kreisen erfahren. Sehr zur Überraschung der etablierten Parteien konnte sie sich im zweiten Wahlgang souverän gegen Brian Lenihan von Fianna Fáil und Austin Currie von Fine Gael durchsetzen. Mary Robinson selbst gehörte früher der Labour Party an, bezeichnet sich aber heute ausdrücklich nicht mehr als »Sozialistin«. Sie hatte ihre Kandidatur mit dem Wunsch begründet, einen Beitrag zur Gleichberechtigung der Frau in der irischen Gesellschaft leisten zu wollen und dabei auch die Bereiche Ehescheidung, Abtreibung und Empfängnisverhütung ausdrücklich mit einbezogen. Die katholische Kirche mußte diese Aussagen als direkte Herausforderung empfinden, hatte sie bislang doch mit Erfolg ihren Einfluß auf die Politik geltend gemacht, um eine Liberalisierung der entsprechenden Gesetze zu verhindern.

Heute jedoch stehen die Themen sogar auf der Tagesordnung der Präsidentin des Landes – wenn auch ihr Handlungsspielraum begrenzt ist und sie schon kraft Amtes darum bemüht sein muß, eine Polarisierung der Gesellschaft in diesen Fragen zu vermeiden. Der Dissens zwischen der katholischen Kirche und der Präsidentin symbolisiert jedoch einen weitergehenden grundsätzlichen Dissens zwischen Alt und Jung ebenso wie zwischen Stadt und Land. Während die traditionell liberalere urbane Gesellschaft die Politik der Präsidentin begrüßt und unterstützt, ist der Einfluß der katholischen Kirche besonders in den ländlichen Gebieten Irlands immer noch sehr groß. Ein Blick auf demographische Zahlen gestattet indes eine relativ einfache Prognose: Da die irische Gesellschaft eine junge Gesellschaft ist, die mehrheitlich vom Land in die Stadt zieht, dürfte sich in ihr in den nächsten Jahren ein erheblicher Wertewandel vollziehen, der nur zum Teil mit der Zurückdrängung des Einflusses der Kirche erklärt werden kann. Es wird sich dabei um den Abschied von einer Politik handeln, die seit der Gründung des Irish Free State im wesentlichen von zwei politischen Parteien in Verbindung mit der Kirche und verbündeten gesellschaftlichen Interessengruppen geprägt worden ist. Doch sowohl Fianna Fáil als auch Fine Gael leiten ihre Legitimation nicht aus einem bestimmten, im gängigen Rechts-Links-Schematismus einzuordnenden politischen Programm ab, sondern verstehen sich beide als gesamtgesellschaftliche Interessenvertretungen, die aufgrund der eigenen Verbandsgeschichte die Geschichte der irischen Republik verkörpern und daher nicht nur staatstragend wirken, sondern den Staat an sich repräsentieren. Solange dieser Staat von außen in Frage gestellt wurde oder sich selbst als noch nicht vollendet empfand, mochte dieser Mechanismus funktionieren. Doch vor allem in den vergangenen 20 Jahren hat sich die Republik Irland als unabhängiges Mitglied der internationalen Staatenwelt etablieren können und die Besonderheiten der ersten Jahrzehnte ihrer Geschichte überwunden. Die heutige junge Generation in Irland vermag die eigene politische Überzeugung nicht mehr aus der Beurteilung eines vor 70 Jahren zwischen Briten und Iren geschlossenen Vertrags herzuleiten. Sie sucht nach neuen politischen Ausdrucksformen und gesellschaftlichen Werten, die denen in den Staaten der Europäischen Gemeinschaft und den USA vergleichbar sind und sie wird der irischen Gesellschaft im nächsten Jahrtausend ein grundsätzlich anderes Gesicht verleihen.

7. Jtsd. v. Chr.	Erste Siedlungen in Irland
4. Jtsd. v. Chr.	Einwanderung kontinentaleuropäischer Bauern, Beginn der Jungsteinzeit, Megalithgräber
3. Jtsd. v. Chr.	Boynekultur, späte Jungsteinzeit, Peterboroughkultur, Glockenbecherkultur
2. Jtsd. v. Chr.	Bronzezeit
1. Jtsd. v. Chr.	Eisenzeit
7. Jh. v. Chr.	Hallstattkultur
3. Jh. v. Chr.	Einwanderung der Kelten
1. Jh. n. Chr.	Die Römer erwägen die Eroberung Irlands
2. Jh.	Ptolemaios berichtet über Irland
4.–6. Jh.	Älteste Schriftzeugnisse in irischer Sprache
4.–5. Jh.	Häufige Angriffe der Iren (Gälen) auf die Westküste Britanniens
5. Jh.	Beginn der Christianisierung in Irland, Missionstätigkeit von Palladius und hl. Patrick, Zentren Armagh, Iona
431	Palladius wird von Papst Cölestin I. als Missionar nach Irland geschickt
um 432–457/493	Hl. Patrick als Missionar in Irland
6.–7. Jh.	Blüte der irischen Gelehrsamkeit und Kultur
563	Gründung des Klosters Iona durch den hl. Columba
um 590	Hl. Columbanus beginnt seine Missionstätigkeit auf dem Kontinent
7. Jh.	›Book of Durrow‹, erste irische Bilderhandschrift
7.–8. Jh.	*Brehon Laws* (Richtergesetze)
7.–9. Jh.	Irische Missionstätigkeit in Britannien und auf dem Kontinent
651	Tod Aidans (Missionar, Gründer des Klosters Lindisfarne)
664	Vereinbarung von Whitby, Übernahme der römischen Osterrechnung
um 673–735	Beda Venerabilis (Geschichtsschreiber, Theologe)
697	Synode von Birr, ›Law of the Innocents‹
8. Jh.	Etablierung verschiedener Dynastien in Munster (Eóganacht), Connacht (Uí Briúin), Leinster, Armagh (Uí Néill)
721–742	Cathal mac Finguine König von Munster
743	Clann Cholmáin wird Oberkönig der Uí Néill
792	Tod von Mael-Rúain, Führer der Reformbewegung von Culdee
9.–10. Jh.	Einfälle und Siedlungen der Wikinger

807	Gründung bzw. Neuerrichtung des Klosters von Kells
841	Gründung der Wikingersiedlung Dublin
846–862	Maelsechnaill I. Oberkönig der Uí Néill, faktischer Hochkönig von Irland
10. Jh.	Gründung der ersten territorialen Bistümer (Dublin, Waterford, Limerick)
919	Schlacht von Dublin
997	Aufteilung Irlands zwischen BrianBorú, König von Munster, und Maelsechnaill II., Oberkönig der Uí Néill
999	Schlacht von Glenn Máma
1002–1014	BrianBorú, seit 975 König von Munster, erster unumstrittener irischer Hochkönig
1014	Tod von BrianBorú in der Schlacht von Clontarf bei Dublin
11. Jh.	Dublin wird politisches Zentrum des Landes
1093–1114	Muirchertach O'Brien, König von Munster, irischer Hochkönig
12. Jh.	›Book of Leinster‹
1101	Synode von Cashel
1106–1156	Turlough O'Conor, König von Connacht, irischer Hochkönig
1111	Synode von Ráth Breasail
1134–1171	Diarmait MacMurrough, König von Leinster
1142/1157	Gründung des ersten irischen Zisterzienserklosters in Mellifont
1152	Synode von Kells beschließt Autonomie der irischen Kirche von Canterbury, Einrichtung von vier Erzbistümern unter dem Primat von Armagh
um 1155	König Heinrich II. von England erhält in der Bulle ›Laudabiliter‹ die päpstliche Erlaubnis, die irische Kirche zu reformieren und in Irland einzugreifen
1162	Laurence O'Toole wird Erzbischof von Dublin
1166	Diarmait MacMurrough sucht Hilfe bei Heinrich II. von England
1169	Richard FitzGilbert »Strongbow« (gest. 1176) beginnt die anglo-normannische Eroberung von Irland
1171–1172	Heinrich II. von England in Irland
1171	FitzGilbert wird nach dem Tode MacMurroughs König von Leinster
1172	Synode von Cashel anerkennt König Heinrich II. von England als Herrscher über Irland
1175	Vertrag von Windsor zwischen Heinrich II. und Ruaidri O'Conor
1177	Versammlung von Oxford: Prinz Johann wird zum *Lord* von Irland proklamiert

13.–15. Jh.	Blüte der irischen Kultur und Literatur
13. Jh.	Gründung von Klöstern der Reformorden: Dominikaner, Franziskaner, Karmeliter, Augustiner
13. Jh.	Höhepunkt der englischen Herrschaft in Irland, Beginn der gälischen Erneuerungsbewegung
1224	Tod von Cathal Crovderg, letzter unabhängiger König von Connacht
1235	Richard de Burgh erobert Connacht
1258	Treffen von Caol Uisce zwischen Aed O'Connor, Tadg O'Brien und Brian O'Neill
1260	Schlacht bei Down, Tod von Brian O'Neill
1261	Schlacht von Callann
1297	Erstmalige Einberufung eines anglo-irischen Parlaments in Dublin
1315–1316	Edward Bruce (gest. 1318), Bruder des Königs Robert von Schottland, erobert Ulster und Connacht und wird Hochkönig
1316	Schlacht von Athenry
1318	Schlacht von Faughart, Tod von Edward Bruce
1333	William de Burgh, Graf von Ulster, wird ermordet
1348	Pestepidemie
1361–1366	Lionel, Sohn König Edwards III. von England, als Statthalter in Irland
1366	Statut von Kilkenny
1394–1395	König Richard II. von England in Irland
1414–1447	Konflikt zwischen James Butler, Graf von Ormond, und John Talbot, Graf von Shrewsbury, um die Oberherrschaft in Irland
1449–1450	Herzog Richard von York als Statthalter in Irland
1459/1460	Parlament von Drogheda
1462	Schlacht von Piltown
1468	Hinrichtung von Thomas Fitzgerald, Graf von Desmond
1477–1513	Garret Mór Fitzgerald, Graf von Kildare
1494/1495	›Poynings' Law‹ über die Gesetzgebung des irischen Parlaments
16.–17. Jh.	Ausbau der englischen Herrschaft, unterstützt durch staatliche Ansiedlungen (»Plantation«) von Engländern in Ulster, Leinster und Munster, politisch-religiös motivierte Rebellionen Irlands gegen die englische Herrschaft, z. T. von Spanien unterstützt
1504	Schlacht von Knockdoe, Garret Mór Fitzgerald, Graf von Kildare, erringt die Oberherrschaft in Irland
1534–1535	Aufstand »Silken« Thomas Fitzgeralds (Lord Offaly, Graf von Kildare und Sohn des Gouverneurs von Irland, Garrett Og Fitzgerald) gegen Heinrich VIII.

1536–1537	Erstes Irisches Reformationsparlament
1537	Hinrichtung Thomas Fitzgeralds und seiner Mitverschwörer in London
1541	Heinrich VIII. läßt sich zum »König von Irland« ausrufen
1541–1543	Frieden von St. Leger: Parlament beschließt ein Programm zur Restituierung der englischen Oberherrschaft *(surrender and regrant)*
1542	Erste Jesuitenmission in Irland
1548–1553	Ausbau der Befestigung des anglo-irischen Herrschaftsbereichs (»Pale«)
1549–1557	Staatsansiedlungen in Laois und Offaly
1553–1558	Rekatholisierungswelle in Irland
1557–1558	Militärstrafaktionen gegen Laois, Offaly und Ulster
1560	Das zweite Irische Reformationsparlament beschließt die Annahme der Elisabethanischen Kirchenreform
1562–1567	Aufstand Shane O'Neills
1565	Schlacht von Glenshesk
1566–1567	Militäraktionen des Statthalters Sir Henry Sidney gegen Ulster und Munster
1567	Schlacht von Cushendun, Tod Shane O'Neills
1568–1572	Aufstand James FitzMaurice Fitzgeralds, Graf von Desmond
1569–1571	Parlament von Dublin
1571–1576	Halb- bzw. nichtstaatliche Siedlungspolitik in Munster und Ulster
1575–1583	James FitzMaurice Fitzgerald, Graf von Desmond, und James Eustace, Viscount Baltinglass, führen eine katholische Rebellion gegen England an
1584	Hinrichtung des Erzbischofs von Cashel, Dermot O'Hurley
1585–1586	Parlament von Dublin (»Perrot's Parliament«)
1586–1592	Staatsansiedlungen in Munster
1589/1590	Militärstrafaktionen gegen Connacht und Ulster
1590	Gründung von Alcala, erste irische Universität auf dem Kontinent
1592	Gründung der Universität von Dublin (Trinity College)
1595–1603	Aufstand Hugh O'Neills, Graf von Tyrone
1601	Schlacht von Kinsale, vernichtende Niederlage der Iren
1603–1609	Beginn der Durchsetzung des englischen Rechts auf der Insel
1607	Flucht des Hochadels aus Ulster (»Flight of the Earls«)
1608–1610	Staatsansiedlungen in Ulster
1626–1628	Einführung der *graces* (kgl. Gunsterweise)
1633–1640	Sir Thomas Wentworth, Graf von Strafford, *lord deputy*

1641	Hinrichtung Wentworths, katholischer Aufstand in Ulster mit blutigen Ausschreitungen gegen die Protestanten (»Portadown 1641«)
1641–1651	Aufstand der Iren, von Oliver Cromwell niedergeschlagen
1642–1649	Englischer Bürgerkrieg
1642	Katholische Konföderation von Kilkenny, Owen Roe O'Neill trifft in Ulster ein
1646	Frieden von Ormond, Schlacht von Benburb
1647	Kapitulation von Dublin, Schlacht von Dungan's Hill, Niederlage der Katholischen Konföderation
1649	Zweiter Friede von Ormond, Schlacht von Rathmines
1649–1650	Cromwell in Irland
1660–1685	König Karl II., wirtschaftliche Kampfmaßnahmen gegen Irland
1660–1671	Seehandelsgesetze *(navigation acts)* (1660, 1663 und 1671)
1662	Ansiedlungsgesetz
1663 u. 1666	Gesetze zur Beschränkung des Viehexports von Irland nach England
1678–1681	»Popish Plot«
1681	Hinrichtung von Oliver Plunkett, Erzbischof von Armagh, in London
1688–1691	»Glorreiche Revolution«; König Jakob II. flüchtet nach seinem Sturz nach Irland, daraufhin beginnt ein Aufstand der Iren
1689	Belagerung von Londonderry
1690	Schlacht am Boyne, Sieg Wilhelms III.
1690–1691	Wilhelm III. in Irland
1691	Schlacht von Aughrim, Friede von Limerick
1691–1703	Wilhelminische Landkonfiskationen
1692	Katholiken werden aus dem irischen Parlament ausgeschlossen
1693	Schlacht von Landen, Tod von Patrick Sarsfield
1695	Beginn der Zwangsgesetze *(penal laws)* gegen Katholiken
1699	Gesetz gegen den Export von irischer Wolle
18. Jh.	Formierung des irischen Widerstands in festeren Strukturen, allmähliche Lockerung der englischen Herrschaft, Entstehung der »Protestant Ascendancy«
1704	Gesetz gegen protestantische Abweichler (»Dissenters«), vorwiegend Presbyterianer (aufgehoben 1720)
1715	Erneuter Aufstand der Jakobiten in Schottland
1719/20	Deklarationsakte des britischen Parlaments über sein Gesetzgebungsrecht in Irland
1740–1741	Große Hungerkatastrophe

1745	Letzter Aufstand der Jakobiten in Schottland, angeführt von Karl Edward Stuart
1751–1753	Konflikt um den Staatshaushalt zwischen Parlament und Regierung
1759	Aufhebung der Importbeschränkung für irisches Vieh
1760	Gründung des Catholic Committee durch John Curry, Charles O'Connor und Thomas Wyse
1761	Beginn der Whiteboy-Bewegung
1765	Zwangsgesetz gegen die Whiteboys
1766	Hinrichtung von Nicholas Sheehy in Clonmel
1768	Acht-Jahres-Gesetz
1775	Henry Grattan wird Führer der Patriotenpartei
1776–1783	Amerikanischer Unabhängigkeitskrieg
1778	Gründung der Volunteers; Beginn der Aufhebung der Repressionen gegen die katholische Kirche
1779–1780	Aufhebung der meisten Handelsbeschränkungen
1780	Grattan verlangt Unabhängigkeit des irischen Parlaments
1782	Konvent der Volunteers in Dungannon, Aufhebung der Deklarationsakte, Abschwächung des ›Poynings' Law‹, politische Gleichberechtigung Irlands
1783	Verzichtsgesetz (›Renunciation Act‹), Erster Konvent der Volunteers in Dublin
1784	Korngesetz, Zweiter Konvent der Volunteers in Dublin
1791	Theobald Wolfe Tone (1763–1798) veröffentlicht das ›Argument on behalf of the catholics of Ireland‹, Begründung der Gesellschaft der United Irishmen in Belfast und Dublin
1792	Katholischer Konvent in Dublin
1793–1802	Englisch-französischer Krieg
1793	Gründung der Katholischen Hochschule von Carlow (St. Patrick's College)
1795	Selbstmord von William Jackson, Tone wandert über Amerika nach Frankreich aus, Gründung der Orange Society
1796	Zusammenstellung von Bauernmilizen (Yeomanry Corps), Tone landet mit französischer Invasionsflotte in Bantry Bay
1798	Gefangennahme der Führer der United Irishmen von Leinster, Erhebung der United Irishmen, Prozeß und Hinrichtung Tones
1800	›Act of Union‹: Union Großbritanniens und Irlands zum Vereinigten Königreich, Inkrafttreten am 1. Januar 1801

1802	Gründung der ersten Schule der Irish Christian Brothers in Waterford
1803–1815	Englisch-französischer Krieg
1803	Aufstand und Hinrichtung Robert Emmets
1823	Daniel O'Connell (1775–1847) gründet die Catholic Association
1829	›Catholic Emancipation Bill‹: Politische Gleichstellung der Katholiken
1830	Beginn des »Zehntkriegs« (»Tithe War«)
1831	Einrichtung des Grundschulwesens
1832	Beginn der englischen Parlamentsreform
1835	Vertrag von Lichfield House zwischen O'Connell und den Whigs
1836	Gründung der Irish Constabulary (seit 1867 Royal Irish Constabulary)
1840	O'Connell gründet die Loyal National Repeal Association
1841	Höchststand der irischen Bevölkerung: ca. 8 Millionen
1841–1842	O'Connell Oberbürgermeister *(Lord Mayor)* von Dublin
1842	Thomas Davis, Charles Duffy und John Dillon gründen die Zeitschrift ›The Nation‹
1843	O'Connell initiiert das »Repeal Year«
1844	O'Connell in Haft
1845	Queen's College-Plan
1845–1849	»Great Famine« (Große Hungersnot), beginnend mit einer Kartoffelkrankheit
1846	O'Connell und die Young Irelanders zerstreiten sich über die Gewaltfrage
1847	»Irish Confederation«, Einrichtung öffentlicher Suppenküchen
1848	John Mitchel (1815–1875) gründet die Zeitschrift ›United Irishman‹, Aufstand der Young Irelanders
1849	Königin Victoria besucht Irland
1850	Gründung der Pächterliga (Tenant League)
1851	Gründung der Katholischen Verteidigungsgemeinschaft (Catholic Defence Association) und der Irischen Brigade, Kooperation mit der Pächterliga
1852	Konferenz der Pächterliga in Dublin zur Abstimmung des Verhaltens der Unterhausabgeordneten
1854	Auseinandersetzung zwischen Pächterliga und Erzbischof Paul Cullen, Gründung der Katholischen Universität von Irland, erster Rektor John Henry Newman
1856	Gründung der Phoenix Society
1858	Gründung der Irish Republican Brotherhood (IRB) in

	Dublin, Gründung der Fenier-Bewegung in New York
1865	Festnahme der Gründer der Bruderschaft Thomas Clarke Luby, John O'Leary und Jeremiah O'Donovan Rossa
1866	Festnahme von John Devoy
1867	Aufstand der Fenier in Irland, Abkommen von Manchester
1868–1874	Erste Regierung William Gladstones
1869	Trennung von Staat und Kirche, Abschaffung der Anglikanischen Kirche als Staatskirche in Irland, Gründung der Amnesty Association
1870	Erstes Landgesetz, Isaac Butt gründet die Home-Rule-Bewegung
1872	Wahlrechtsreform
1873	Gründung der britischen Home-Rule-Konföderation in Manchester
1875	Charles Stewart Parnell (1846–1891), Gründer der Irischen Landliga, wird Unterhausabgeordneter, John Mitchels Wahl wird abgewiesen, Tod Mitchels
1877	Parnell wird Vorsitzender der Home-Rule-Konföderation
1879	Gründung der Irish National Land League in Dublin
1879–1882	Auseinandersetzung um die Landreform
1880–1885	Zweites Kabinett Gladstone
1880	Captain Charles Boycotts »Boycotting«, Beginn des Hochverratsprozesses gegen Parnell
1881	Polizeigesetz, zweites Landgesetz, Verbot der Landliga
1882	Vertrag von Kilmainham, wiederholte Anschläge gegen britische Regierungsvertreter, Schuldengesetz, Gründung der Nationalen Liga
1883	Prozeß gegen die Invincibles
1884	Wahlrechtsreform
1886	Drittes Kabinett Gladstone, Home-Rule-Gesetzentwurf scheitert im Unterhaus am Widerstand der Liberalen Unionisten (Joseph Chamberlain, 1863–1914), im ›United Ireland‹ wird der ›Plan of Campaign‹ veröffentlicht
1890	Parnells Manifest an das irische Volk
1892–1894	Viertes Kabinett Gladstone
1892	Gründung der Unionist Party (UP)
1893	Gründung der Gälischen Liga (Gaelic League), Home-Rule-Gesetz wird vom Unterhaus verabschiedet, aber vom Oberhaus abgelehnt
1896	›Irish Race Convention‹

1898	Einrichtung von County-Parlamenten, James Connolly veröffentlicht ›Worker's Republic‹
1899	Arthur Griffith (1871–1922) gibt ›United Irishman‹ heraus, die Gälische Liga gründet die Zeitschrift ›An Claidheamh Soluis‹
20. Jh.	Blüte der irischen Literatur
1900	Gründung von Cumann na nGaedheal
1904	Eröffnung des Abbey Theatre
1905	Arthur Griffith gründet Sinn Féin
1908	Zusammenschluß von Sinn Féin und National Council
1909	Gründung der Irischen Transport- und Allgemeinen Arbeiter-Gewerkschaft (Irish Transport and General Worker's Union), erster Generalsekretär James Larkin
1910	Edward Carson wird Vorsitzender der Irish Unionist Party
1911	Parlamentsreform
1912–1914	Unterhaus setzt gegen den Widerstand des Oberhauses ein Home-Rule-Gesetz durch, das aber wegen des Krieges nicht in Kraft gesetzt werden kann
1912	Gründung der irischen Labour-Party
1913	Gründung einer Provisorischen Regierung in Ulster, unterstützt von der Ulster Volunteer Force, Gründung der Irischen Bürgerwehr (Citizen Army) und der Irish Volunteers
1914–1918	Erster Weltkrieg
1914	Irish Republican Brotherhood beschließt Aufstand vor Kriegsende, Spaltung der Irish Volunteers wegen Beteiligung an der britischen Kriegführung
1916	Osteraufstand in Dublin, Proklamierung der Republik (24. 4.), blutig unterdrückt, Hinrichtung der Anführer, Hinrichtung von Roger Casement
1918	Unterhauswahlen (14.12.)
1919	Die in Irland gewählten Abgeordneten gründen im Januar in Dublin ein eigenes Nationalparlament *(Dáil Éireann)* unter der provisorischen Regierung Eamon de Valera (1. 4.), Unabhängigkeitserklärung (21. 1.); Beginn des bewaffneten Kampfes der neugegründeten Irisch-Republikanischen Armee (IRA); »Blutiger Sonntag« in Dublin (21. 11.)
1919–1921	Unabhängigkeitskrieg
1920	›Government of Ireland Act‹, politische Zweiteilung Irlands (23. 12.), von Dublin abgelehnt
1921	Georg V. eröffnet das Nordirische Parlament (22. 6.), Irisch-britischer Waffenstillstand (11. 7.), Anglo-Iri-

	scher Vertrag: Irland erhält als Freistaat *(Saorstát Éireann)* Dominion-Status, Abtrennung Nordirlands (6. 12.)
1922	Irisch-Britischer Vertrag über den Dominion-Status vom irischen Parlament ratifiziert (7. 1.) und durch Referendum bestätigt (Juni); Inkrafttreten der irischen Verfassung (6. 12.), Ermordung von Michael Collins
1922–1923	Bürgerkrieg zwischen Vertragsgegnern (u. a. de Valera) und Vertragsanhängern (u. a. Cosgrave), Anlaß ist die Abtrennung Nordirlands
1923	Irland Mitglied des Völkerbundes
1925	Grenzkommission
1926	Gründung der Partei Fianna Fáil (FF)
1931	Westminsterstatut
1932–1938	Irisch-britischer Zoll- und Wirtschaftskrieg
1932	Gründung der Partei Fine Gael (FG)
1936	Irisch-Britischer Handelsvertrag, Beginn der Entspannung zwischen beiden Ländern, Verbot der IRA
1937	Neue Verfassung für Irland *(Éire)*
1938	Parlamentswahlen, Sieg de Valeras (17. 6.)
1939–1945	Zweiter Weltkrieg, Neutralität Irlands
1941	Deutscher Luftangriff auf Belfast (15./16. 4.)
1945	Parlamentswahlen, Sieg de Valeras (30. 5.)
1948	Irland Gründungsmitglied der OEEC (seit 1961 OECD) (16. 4.)
1949	›Republic of Ireland Act‹: Austritt Irlands aus dem Commonwealth rechtskräftig, Irland wird unabhängige Republik (18. 4.), Großbritannien verabschiedet die ›Ireland-Bill‹, Bestandsgarantie für Nordirland (3. 5.)
1951	Ian Paisley (geb. 1926) gründet die Free Presbyterian Church of Ulster
1952	Aufhebung der letzten Lebensmittelrationierungen (20. 5.)
1953	Erskine Childers gründet das Comhairle Radio Éireann (Jan.)
1955	Radikalisierung der IRA; Irland Mitglied der UNO (14. 12.)
1956	Wirtschaftskrise
1957	Die irische Regierung beginnt, gegen die Aktivitäten der IRA einzuschreiten (8. 7.); Irland Mitglied der Weltbank und des Internationalen Währungsfonds (15. 9.)
1958	Irland beteiligt sich erstmalig an Blauhelm-Einsatz der UNO im Libanon
1961	Irland beantragt Aufnahme in die EWG (1. 8.), Ab-

lehnung durch Frankreich, Irland Mitglied der UNESCO (3. 10.)

1962 IRA verzichtet auf weitere terroristische Tätigkeit, daraufhin Entlassung von 29 IRA-Angehörigen aus der Haft

1963 Irland beantragt Beitritt in EGKS und EURATOM (21. 1.)

1964/1965 Erste Demonstrationen für Wahlrechts- und Sozialreformen

1965 Erste Konsultationen zwischen der irischen und der nordirischen Regierung, vornehmlich über Wirtschaftsfragen (14. 1.), Treffen zwischen O'Neill und Sean Lemass (9. 2.); Irisch-Britisches Freihandelsabkommen (15. 12.)

1966 Gesetz über den zollfreien Warenverkehr mit Großbritannien (1. 7.), Treffen zwischen Jack Lynch und Premierminister Wilson zur Abstimmung des Vorgehens im Hinblick auf den Beitritt zur EWG (19. 12.)

1967 Irland beantragt erneut Aufnahme in EWG, EGKS und EURATOM (12. 5.), erneute Ablehnung durch Frankreich; Gründung der Northern Ireland Civil Rights Association, People's Democracy

1968 Irland Mitglied des GATT (11. 9.); Bürgerrechtsmarsch in Londonderry mit Straßenschlachten zwischen Protestanten, Katholiken und Polizei (5. 10.); erneute terroristische Radikalisierung der IRA

1969 Stationierung britischer Truppeneinheiten in Nordirland; Wahl der Radikalsozialistin Bernadette Devlin zur Unterhausabgeordneten (bis 1974)

1970 Verschärfung des Bürgerkriegs in Nordirland; Gründung der Social Democratic Labour Party (SDLP)

1971 Internierungen und Verhaftungswellen durch die britische Armee in Nordirland; Gründung der Democratic Unionist Party durch Ian Paisley

1972 Beitritt Großbritanniens und Irlands zur EG (22. 1.); »Blutsonntag« von Londonderry (30. 1.); die britische Regierung überträgt vorübergehend (bis Dezember 1973) einem Nordirlandminister die Regierungsgewalt (30. 3.); irisches Gesetz zur Bekämpfung der IRA (10. 5.); durch ein Referendum wird die Sonderstellung der katholischen Kirche abgeschafft (2. 12.)

1973 Generalstreik in Nordirland

1974 ›Northern Ireland Act‹: Einsetzung eines Nordirlandministers *(Secretary of State for Northern Ireland)*

1975 Erste Tagung des Europäischen Rates der EG in Dublin (10./11. 3.); eine gemischtkonfessionelle Ver-

	fassunggebende Versammlung für Nordirland scheitert
1976	Anti-Terrorismus-Gesetze, Ausrufung des nationalen Notstandes; erste Friedensdemonstrationen von Frauen in Nordirland
1977	Irisch-Britisches Fischereiabkommen (2. 12.); Betty Williams und Mairead Corrigan, Sprecherinnen der nordirischen Friedensbewegung, erhalten den Friedensnobelpreis
1978	Großbritannien und Irland werden Vollmitglieder der EG (1. 1.)
1981	Wahl des inhaftierten IRA-Kämpfers Bobby Sands zum britischen Unterhausabgeordneten; er stirbt an den Folgen eines Hungerstreiks (Juni)
1982	›Northern Ireland Act‹
1983	Verbot der Irish National Liberation Army (INLA) in Irland
1984	IRA-Attentat gegen Margaret Thatcher in Brighton (12.10.)
1985	Hillsborough-Abkommen zwischen Irland und Großbritannien über Nordirland (15. 11.)
1986	Gründung der Partei der Progressive Democrats
1991	Irisch-britische Gespräche über Nordirland (Juni/Juli)
1992	Referendum lehnt generelles Abtreibungsverbot in Irland ab (25. 11.)

Die irischen Staats- und Ministerpräsidenten

Irische Staatspräsidenten

1938–1945	Douglas Hyde (1860–1949)
1945–1959	Sean Thomas O'Kelly (1882–1966) (FF)
1959–1973	Eamon de Valera (1882–1975) (FF)
1973–1974	Erskine Childers (1905–1974) (FF, Protestant)
1974–1976	Cearbhall O'Dalaigh (1911–1978) (FF)
1976–1990	Patrick Hillery (geb. 1923) (FF)
1990–	Mary Robinson (geb. 1944)

Irische Ministerpräsidenten

1921–1922	Eamon de Valera (1882–1975)
1922	Arthur Griffith (1872–1922)
1922–1932	William Cosgrave (1880–1965) (Cumann na nGhael, später FG)
1932–1948	Eamon de Valera (FF)
1948–1951	John A. Costello (1891–1976) (FG)
1951–1954	Eamon de Valera
1954–1957	John A. Costello
1957–1959	Eamon de Valera
1959–1966	Sean Lemass (1899–1971) (FF)
1966–1973	Jack Lynch (geb. 1917) (FF)
1973–1977	Liam Cosgrave (geb. 1920) (FG, mit der Labour Party)
1977–1979	Jack Lynch
1979–1981	Charles James Haughey (geb. 1925) (FF)
1981–1982	Garret FitzGerald (geb. 1926) (FG)
1982	Charles James Haughey
1982–1987	Garret FitzGerald
1987–1992	Charles James Haughey
1992–	Albert Reynolds (geb. 1935) (FF)

Nordirische Ministerpräsidenten

1921–1940	James Craig (Lord Craigavon, 1871–1940) (UP)
1940–1943	John Miller Andrews (1871–1956) (UP)
1943–1963	Sir Basil Stanlake Brooke (Lord Brookeborough, 1888–1973) (UP)
1963–1969	Terence O'Neill (geb. 1914) (UP)

Die Könige Englands und des »United Kingdom«

Anjou-Plantagenet

1154–1189	Heinrich II.
1189–1199	Richard I. Löwenherz
1199–1216	Johann Ohneland
1216–1272	Heinrich III.
1272–1307	Eduard I.
1307–1327	Eduard II.
1327–1377	Eduard III.
1377–1399	Richard II.

Lancaster

1399–1413	Heinrich IV.
1413–1422	Heinrich V.
1422–1461	Heinrich VI.

York

1461–1470	Eduard IV.

Lancaster

1470–1471	Heinrich VI.

York

1471–1483	Eduard IV.
1483	Eduard V.
1483–1485	Richard III.

Tudor

1485–1509	Heinrich VII.
1509–1547	Heinrich VIII.
1547–1553	Eduard VI.
1553	Johanna
1553–1558	Maria I.
1558–1603	Elisabeth I.

Stuart

1603–1625	Jakob I.
1625–1649	Karl I.

Lordprotektoren des Commonwealth

1653–1658	Oliver Cromwell
1658–1659	Richard Cromwell

Stuart

1660–1685	Karl II.
1685–1688	Jakob II.
1689–1694	Maria II.

Oranien

1689–1702	Wilhelm III.

Stuart

1702–1714	Anna

Hannover

1714–1727	Georg I.
1727–1760	Georg II.
1760–1820	Georg III.
1820–1830	Georg IV.
1830–1837	Wilhelm IV.
1837–1901	Victoria

Sachsen-Coburg-Gotha (Windsor)

1901–1910	Eduard VII.
1910–1936	Georg V.
1936	Eduard VII.
1936–1952	Georg VI.
1952–	Elisabeth II.

Literaturverzeichnis

1. Überblicksdarstellungen

Beckett, James Camlin, Geschichte Irlands. 2. Aufl., Stuttgart 1982.

Bottigheimer, Karl S., Geschichte Irlands. Stuttgart u. a. 1985.

Brady, Anne M. u. Brian Cleeve, A Biographical Dictionary of Irish Writers. Gigginstown 1985.

Buckland, Patrick, A History of Northern Ireland. Dublin 1981.

Comerford, Richard Vincent u. a. (Hg.), Religion, Conflict and Coexistence in Ireland. Dublin 1990.

Corish, Patrick J. (Hg.), A History of Irish Catholicism. Dublin 1968 ff.

Cosgrove, Art (Hg.), A New History of Ireland. 1987.

Cosgrove, Art u. Donal McCartney (Hg.), Studies in Irish History. Dublin 1979.

Crawford, Margaret (Hg.), Famine: the Irish Experience 900–1900. Subsistence Crises and Famines in Ireland. Edinburgh 1989.

Crozier, Maurna (Hg.), Cultural Traditions in Northern Ireland. Belfast 1989.

Curtin, C. u. a. (Hg.), Gender in Irish Society. Galway 1987.

Curtis, Edmund u. Robert Brendan McDowell (Hg)., Irish Historical Documents 1172–1922. London 1977.

Curtis, Edmund, A History of Ireland. 5. Aufl., London 1945.

De Breffny, B. (Hg.), Ireland. A. Cultural Encyclopedia. London 1983.

De Paor, Liam, The Peoples of Ireland. From Prehistory to Modern Times. London u. a. 1986.

Edwards, Ruth Dudley, A New History of Ireland. Dublin 1972.

Edwards, Ruth Dudley, An Atlas of Irish History. 2. Aufl., London 1981.

Foster, Robert Fitzroy (Hg.), The Oxford Illustrated History of Ireland. Oxford u. a. 1989.

Hanna, E. (Hg.), Poverty in Ireland. Dublin 1987.

Harbison, Peter u. a., Irish Art and Architecture. Dublin 1978.

Hellenkemper, H. (Hg.), Irische Kunst aus drei Jahrtausenden. München 1983 (Ausstellungskatalog).

Henry, F., Irish Art. 3 Bde, Dublin 1965–1970.

Hudson, Kenneth u. Ann Nicholls. The Cambridge Guide to the Historic Places of Britain and Ireland. Cambridge u. a. 1989.

Inglis, Brian, The Story of Ireland. 2. Aufl., London 1965.

Jaeger, Helmut, Irland. Darmstadt 1990.

Kearney, Hugh, The British Isles. A History of Four Nations. Cambridge u. a. 1989.

Kearney, Richard (Hg.), The Irish Mind. Exploring Intellectual Traditions. Dublin 1985.

Kee, Robert, The Green Flag. Dublin 1972.
Kellenbenz, Hermann (Hg.), Handbuch der Europäischen Wirtschafts- und Sozialgeschichte. Stuttgart 1980ff.
Kosok, Heinz, Geschichte der anglo-irischen Literatur. Berlin 1990.
Larkin, Emmet, The Historical Dimensions of Irish Catholicism. New York 1976.
Leask, H. G., Irish Churches and Monastic Buildings. Dublin 1955–1960.
Lydon, James F. u. a. (Hg.), The Gill History of Ireland. 11 Bde, Dublin 1972–1975.
McHugh, Roger u. Maurice Harmon, Short History of Anglo-Irish Literature. From its Origins to the Present Day. Dublin 1982.
Meally, V. (Hg.), Encyclopaedia of Ireland. Dublin 1971.
Moody, Theodore William u. Francis Xavier Martin (Hg.), The Course of Irish History. 10. Aufl., Cork 1977.
Moody, Theodore William u. a. (Hg.), A New History of Ireland. Oxford 1976ff.
Ranelagh, John O'Beirne, A Short History of Ireland. Cambridge u. a. 1983.
Rockel, Martin, Grundzüge einer Geschichte der irischen Sprache. Wien 1989.
Ryan, J. u. Patrick J. Corish (Hg.), A History of Irish Catholicism. Dublin 1972.
Ryan, M. (Hg.), Treasures of Ireland. Irish Art 3000 B. C. – 1500 A. D. Dublin 1983.
Schieder, Theodor (Hg.), Handbuch der Europäischen Geschichte. 7 Bde, Stuttgart 1968–1987.
Siegmund-Schultze, Dorothea (Hg.), Irland. Gesellschaft und Kultur. 4 Bde, Halle, Wittenberg 1976–1985.
Somerset Fry, Peter u. Fiona Somerset Fry, A History of Ireland. London u. a. 1988.
Trésors d'Irlande. Paris 1982 (Ausstellungskatalog).
Wild, Friedrich, Die Kultur Großbritanniens und Irlands. 2. Aufl., Konstanz 1960.

2. Bibliographien

Eager, Alan Robert, A Guide to Irish Bibliographical Material. A Bibliography of Irish Bibliographies and Sources of Information. 2. Aufl., London 1980.
Irish Committee of Historical Sciences and A New History of Ireland (Hg.), Writings on Irish History. Dublin 1968.
Moody, Theodore William u. Francis Xavier Martin (Hg.), A New History of Ireland. Ancillary Publications, Dublin 1971.
Royal Historical Society (Hg.), Annual Bibliography of British and Irish History.

Schneider, Jürgen u. Ralf Sotschek, Irland. Eine Bibliographie selbständiger deutschsprachiger Publikationen. 16. Jahrhundert bis 1986, Darmstadt 1988.

3. Historisch interessante Literatur

Bauer, Robert, Irland, die Insel der Heiligen und Rebellen. Leipzig 1938.

Bauer, Robert, Irland im Schatten Englands. Berlin 1940.

Bauer, Robert, Irland–Éire. 2. Aufl., Berlin 1942 (Kleine Auslandskunde 7).

Bombelles, Marc Marquis de, Journal de voyage en Grande Bretagne et en Irlande 1784. Hg. Jacques Gury, Oxford 1989.

Bringmann, Rudolf, Geschichte Irlands. Ein Kampf um die völkische Freiheit. Berlin 1939.

Derricke, John, The Image of Ireland. London 1581.

Fromme, Franz, Irlands Kampf um die Freiheit. Darstellung und Beispiel einer völkischen Bewegung bis in die neueste Zeit. Berlin 1933.

Gordon, James, A History of Ireland from the Earliest Accounts to the Accomplishment of the Union with Great Britain in 1801. 2 Bde, London 1806.

Hegewisch, Diederich Hermann, Uebersicht der irlaendischen Geschichte zur richtigen Einsicht in die entferntern und naehern Ursachen der Rebellion 1798, der Union Irlands mit Großbritannien 1801, und der noch nicht erfolgten sogenannten Emancipation der Katholiken. Altona 1806.

Kautsky, Karl, Irland. Kultur-historische Skizze. Stuttgart o.J. (um 1880).

Lynch, John, Cambrensis Eversus, seu potius historica fides in rebus Hibernisis Giraldo Cambrensi abrogata ... Hg. Matthew Kelly, 3 Bde, Dublin 1848–1852.

Moore, Thomas Esq., The History of Ireland. 2 Bde, Paris 1835–1837; dt. Ausg. u. d. T.: Die Geschichte von Irland. Würzburg, Leipzig 1835.

Nemnich, Philipp Andreas, Neueste Reise durch England, Schottland, und Ireland hauptsächlich in Bezug auf Produkte, Fabriken, und Handlung. Tübingen 1807.

O'Flaherty, Rodericus, Ogygia seu serum Hibernicarum Chronologia. 1. Bd. ersch., London 1685.

Pückler-Muskau, Hermann Fürst von, Reisebriefe aus Irland. Hg. Therese Erler, 2. Aufl., Berlin 1979.

Rodenberg, Julius, Die Insel der Heiligen. Eine Pilgerfahrt durch Irlands Städte, Dörfer und Ruinen. 2 Bde, 2. Aufl., Berlin 1864.

Stanihurst, Richard, De Rebus in Hibernia Gestis... Antwerpen 1584.

Ussher, James, Veterum epistolarum Hibernicarum Sylloge... Paris 1665.

Venedey, Jac., Irland. 1. Bd. ersch., Leipzig 1844.

Volkmann, Joh. Jac., Neueste Reisen durch Schottland und Ireland, vorzüglich in Absicht auf die Naturgeschichte, Oekonomie, Manufakturen und Landsitze der Grossen. Leipzig 1784.
Vossen, Alphonsus Franciscus, Two Books of the History of Ireland. Hg. Edmund Campian, Assen 1963.
Young, Arthur, Reise durch Ireland. Leipzig 1780.

4. Ur- und Frühgeschichte, Altertum

Champion, Timothy u. a., Prehistoric Europe. London 1984.
Eogan, G., The Hoards of the Irish Later Bronze Age. Dublin 1983.
Gowen, Margaret, Three Irish Gas Pipelines. New Archaeological Evidence in Munster. Dublin 1988.
Harbison, Peter, Pre-Christian Ireland. From the First Settlers to the Early Celts. London 1988.
Herity, Michael u. a., Ireland in Prehistory. 2. Aufl., London 1989.
Megaw, J. V. S. u. D. D. A. Simpson (Hg.), Introduction to British Prehistory. 3. Aufl., Leicester 1984.
Raftery, B., La Tène in Ireland. Problems of Origin and Chronology. Marburg 1984.
Renfrew, C. (Hg.), British Prehistory. A New Outline. London 1974.
Whittle, Alasdair, Neolithic Europe. A Survey. 2. Aufl., Cambridge 1988.
The Celts. Mailand 1991 (Begleitband zur Keltenausstellung im Palazzo Grassi, Venedig).
Kruta, Venceslas u. Werner Forman, Die Kelten. Die Herren des Westens. Luzern, Herrsching 1986.
Markale, Jean, Die Keltische Frau. Mythos, Geschichte, soziale Stellung. München 1984; Ndr. München 1991.
Miscellany of the Celtic Society. Dublin 1849.
Rankin, H. D., Celts in the Classical World. London, Sidney 1987.
Spindler, Konrad, Die frühen Kelten. Stuttgart 1983.

5. Mittelalter

Asplin, Peter William Anthony, Medieval Ireland 1170–1495. A Bibliography of Secondary Works. Dublin 1971.
Barry, Terence B., The Archaeology of Medieval Ireland. London u. a. 1987.
Binchy, D. A., Corpus Iuris Hibernici. 6 Bde, Dublin 1978.
Bradley, John (Hg.), Settlement and Society in Medieval Ireland. Kilkenny 1988.
Brown, R. Allan, Die Normannen. München 1991.

Bugge, Alexander, Contributions to the History of the Norsemen in Ireland. 3 Bde, Christiania (Oslo) 1900.
Byrne, F. J., Irish Kings and High-Kings. 1973.
Cosgrove, Art, Late Medieval Ireland 1370–1541. Dublin 1981.
Davies, Robert Rees (Hg.), The British Isles 1100–1500. Comparisions, Contrasts, and Connections. Edinburgh 1988.
Davies, Robert Rees, Domination and Conquest. The Experience of Ireland, Scotland and Wales 1100–1300. Cambridge u. a. 1990.
De Paor, Máire u. Liam De Paor, Early Christian Ireland. Dublin 1958; dt. Ausg. u. d. T.: Alt-Irland. Frühchristliches Irland. Köln 1958.
Driscoll, Stephen T. u. Margaret R. Nieke (Hg.), Power and Politics in Early Medieval Britain and Ireland. Edinburgh 1988.
Flanagan, Marie Therese, Irish Society, Anglo-Norman Settlers, Angevin Kingship. Interactions in Ireland in the Late 12th Century. Oxford 1989.
Frame, Robin, English Lordship in Ireland 1318–1361. Oxford 1982.
Grabowski, Kathryn u. David Dumville, Chronicles and Annals of Medieval Ireland and Wales. The Clonmacnoise-Group Texts. Woodbridge 1984.
Green, Alice Stopford, History and the Irish State to 1014. London 1925.
Hughes, Kathleen, Church and Society in Ireland 400–1200. London 1987.
Hughes, Kathleen, The Church in Early Irish Society. 2. Aufl., London 1972.
Kelly, F., A Guide to Early Irish Law. 1988.
Kilian, Mönch aus Irland – Aller Franken Patron. 689–1989. Katalog der Sonderausstellung zur 1300-Jahrfeier des Kiliansmysteriums. Würzburg 1989.
Laing, L., The Archaeology of the Late Celtic Britain and Ireland 400–1200. London 1975.
Los, Cornelis, Die altirische Kirche. Urchristentum im Westen. Stuttgart 1954.
Löwe, Heinz (Hg.), Die Iren und Europa im frühen Mittelalter. 2 Bde, Stuttgart 1982.
Lydon, James F. (Hg.), England and Ireland in the Later Middle Ages. Dublin 1981.
Lydon, James F. (Hg.), The English in Medieval Ireland. Dublin 1984.
Lydon, James F., The Lordship of Ireland in the Middle Ages. Dublin 1972.
MacNamara, Martin, Studies on Texts of Early Irish Gospels (600–1200). Steenbrugis 1990.
MacNeill, John Thomas, The Celtic Churches. A History 200 to 1200. 2. Aufl., Chicago u. a. 1974.
MacNiocaill, G., Ireland before the Vikings. 1972.
Magnusson, Magnus, Vikings! London u. a. 1980.

Maund, K. L., Ireland, Wales, and England in the Eleventh Century. Woodbridge u.a. 1991.
McCone, K., Pagan Past and Christian Present in Early Irish Literature. Dublin 1990.
Mytum, Harold C., The Origins of Early Christian Ireland. London u.a. 1992.
NíChatháin, Próinséas u. Michael Richter (Hg.), Irland und die Christenheit. Bibelstudien und Mission. Stuttgart 1987.
NíChatháin, Próinséas u. Michael Richter (Hg.), Irland und Europa. Die Kirche im Frühmittelalter. Stuttgart 1984.
Ó Corráin, D., Ireland before the Normans, Dublin 1972.
O'Dwyer, Barry W. (Hg.), Stephen of Lexington, Letters from Ireland 1228–1229. Kalamazoo, Mich. 1982.
O'Neill, Timothy, Merchants and Mariners in Medieval Ireland. Dublin 1987.
Otway-Ruthven, Annette Jocelyn, A History of Medieval Ireland. 2. Aufl., London 1980.
Richter, Michael, Irland im Mittelalter. Kultur und Geschichte. Stuttgart u.a. 1983.
Simms, Katharine, From Kings to Warlords. The Changing Political Structure of Gaelic Ireland in the Later Middle Ages. Woodbridge u.a. 1987.
Stokes, George T., Ireland and the Celtic Church. A History of Ireland from St. Patrick to the English Conquest in 1172. 7. Aufl., London 1928.
Whitelock, Dorothy u.a. (Hg.), Ireland in Early Medieval Europe. Cambridge u.a. 1982.

6. *Neuzeit*

Beckett, James Camlin, The Making of Modern Ireland 1603–1923. 2. Aufl., London u.a. 1981.
Cullen, Louis Michael, The Emergence of Modern Ireland 1600–1900. London 1981.
Cullen, Louis Michael, An Economic History of Ireland since 1660. London 1972.
Doherty, James E. u. Denis Joseph Hickey, A Chronology of Irish History since 1500. Dublin 1989.
Foster, Robert Fitzroy, Modern Ireland 1600–1972. 7. Aufl., London u.a. 1988.
Moody, Theodore William, The Ulster Question 1603–1973. 3. Aufl., Dublin 1978.
Stewart, Anthony Terence Quincey, The Narrow Ground. Aspects of Ulster 1609–1969. London 1977.

Bagwell, R., Ireland under the Stuarts and during the Interregnum. 3 Bde, London 1909–1916; Ndr. London 1963.
Bagwell, R., Ireland under the Tudors. 3 Bde, London 1885–1890; Ndr. London 1963.
Barnard, Toby Christopher, Cromwellian Ireland. English Government and Reform in Ireland 1649–1660. London u.a. 1975.
Bartlett, Thomas u. David W. Hayton (Hg.), Penal Era and Golden Age. Essays in Irish History 1690–1800. Belfast 1979.
Bartlett, Thomas, Macartney in Ireland 1768–1772. A Calendar of the Chief Secretaryship Papers of Sir George Macartney. Belfast 1979.
Brady, Ciaran u. Raymond Gillespie (Hg.), Natives and Newcomers. Essays on the Making of Irish Colonial Society 1534–1641. Dublin 1986.
Caldicott, C. Eric J. u.a. (Hg.), The Huguenots and Ireland. Anatomy of an Emigration. Dublin 1987.
Canny, Nicholas Patrick, Kingdom and Colony. Ireland in the Atlantic World 1560–1800. Baltimore u.a. 1988.
Canny, Nicholas Patrick, The Elizabethan Conquest of Ireland. A Pattern Established 1565–1576. Hassocks 1976.
Casway, Jerrold I., Owen Roe O'Neill and the Struggle for Catholic Ireland. Philadelphia 1984.
Davis, Thomas Osborne, The Patriot Parliament of 1689 with its Statutes, Votes, and Proceedings. 3. Aufl., London 1893.
Edwards, Ruth Dudley u. Mary O'Dowd (Hg.), Sources for Early Modern Irish History 1534–1641. Cambridge u.a. 1985.
Ellis, Steven G., Reform and Revival. English Government in Ireland 1470–1534. Woodbridge u.a. 1986.
Ellis, Steven G., Tudor Ireland. Crown, Community, and the Conflict of Cultures 1470–1603. London u.a. 1985.
Fitzpatrick, Brendan, Seventeenth-Century Ireland. The War of Religions. Totowa, N.J. 1989.
Gilbert, John Thomas (Hg.), History of the Irish Confederation and the War in Ireland 1641–1649. 7 Bde, Dublin 1882–1891; Ndr. New York 1973.
Guy, John, Tudor England. Oxford, New York 1990.
James, Francis Godwin, Ireland in the Empire 1688–1770. A History of Ireland from the Williamite Wars to the Eve of the American Revolution. Cambridge, Mass. 1973.
Kearney, Hugh, Strafford in Ireland 1633–1641. A Study in Absolutism. Cambridge u.a. 1989.
Lawless, Emily (Hg.), Henry Harvey: With Essex in Ireland. Being Extracts from a Diary Kept in Ireland during the Year 1599. Leipzig u.a. 1891.
Lennon, Colm, Richard Stanihurst. The Dubliner. 1547–1618. A Biography. Blackrock 1981.

Lennon, Colm, The Lords of Dublin in the Age of Reformation. Dublin 1989.
MacCurtain, Margaret u. Mary O'Dowd (Hg.), Women in Early Modern Ireland. Edinburgh 1991.
McDowell, Robert Brendan, Ireland in the Age of Imperialism and Revolution 1760–1801. Oxford 1979.
O'Grady, Hugh, Strafford and Ireland. The History of his Vice-Royalty with an Account of his Trial. 2 Bde, Dublin 1923.
Renzing, Rüdiger, Pfälzer in Irland. Studien zur Geschichte deutscher Auswandererkolonien des frühen 18. Jahrhunderts. Kaiserslautern 1989.
Simms, John Gerald, War and Politics in Ireland 1649–1730. London u. a. 1986.
Stevenson, David, Scottish Covenanters and Irish Confederates. Scottish-Irish Relations in the Mid-Seventeenth Century. Belfast 1981.
Troost, Wouter, William III. and the Treaty of Limerick (1691–1697). A Study of Irish Policy. Leiden 1983.
Truxes, Thomas M., Irish-American Trade 1660–1783. Cambridge u. a. 1988.

8. Späte Neuzeit

Akenson, Donald Harman, Small Differences. Irish Catholics and Irish Protestants 1815–1922. An International Perspective. 2. Aufl., Dublin u. a. 1991.
Alter, Peter, Die irische Nationalbewegung zwischen Parlament und Revolution. Der konstitutionelle Nationalismus in Irland 1880–1918. München, Wien 1971.
Atkinson, Norman, Irish Education. A History of Educational Institutions. Dublin 1969.
Black, R. D. Collison, Economic Thought and the Irish Question 1817–1870. Cambridge 1960.
Boyce, David George, Nationalism in Ireland. London u. a. 1982.
Casement, Roger, The Crime against Ireland and How the War May Right It. New York 1914.
Coogan, Tim Pat, Michael Collins. A Biography. London u. a. 1990.
Cronin, Sean, Irish Nationalism. A History of its Roots and Ideology. Dublin 1980.
Curtis, L. P., Coercion and Conciliation in Ireland 1880–1892. A Study in Conservative Unionism. Princeton, N.J. 1963.
Elliott, Marianne, Partners in Revolution. The United Irishmen and France. New Haven u. a. 1982.
Fitzpatrick, David, Politics and Irish Life 1913–1921. Provincial Experience of War and Revolution. Dublin u. a. 1977.
Garvin, Tom, Nationalist Revolutionaries in Ireland 1858–1928. Oxford 1987.

Garvin, Tom, The Evolution of Irish National Politics. Dublin 1981.

Großmann, Anton J. J., Irische Nationalbewegungen 1884–1915. München 1979.

Hickey, Denis Joseph u. James E. Doherty, A Dictionary of Irish History since 1800. Dublin 1980.

Holl, Karl, Die irische Frage in der Ära Daniel O'Connells und ihre Beurteilung in der politischen Publizistik des deutschen Vormärz. Diss. Mainz 1959.

Hoppen, Karl Theodore, Elections, Politics, and Society in Ireland 1832–1885. Oxford 1984.

Hoppen, Karl Theodore, Ireland since 1800. Conflict and Conformity. London u. a. 1989.

Hyams, Charles Berry, Irland im 19. Jahrhundert. Die Bauern, Hungersnot, Emigration. Marburg 1977.

Inglis, Brian, Roger Casement. London u. a. 1973.

Keenan, Desmond, The Catholic Church in Nineteenth-Century Ireland. A Sociological Study. Dublin 1983.

Kerr, Donald A., Peel, Priests, and Politics. Sir Robert Peel's Administration and the Roman Catholic Church in Ireland 1841–1846. Oxford 1982.

Laffan, Michael, The Partition of Ireland 1911–1925. Dundalk 1983.

Larkin, Emmet, The Consolidation of the Roman Catholic Church in Ireland 1860–1870. Dublin 1987.

Lawlor, Sheila, Britain and Ireland 1914–1923. Dublin u. a. 1983.

Lyons, Francis Stewart Leland, Culture and Anarchy in Ireland 1890–1939. Oxford 1982.

Lyons, Francis Stewart Leland, Ireland since the Famine. London 1971.

MacDonagh, Oliver, States of Mind. A Study of Anglo-Irish Conflict 1780–1980. London u. a. 1983.

MacDonagh, Oliver, The Hereditary Bondsman. Daniel O'Connell 1775–1829. London 1988.

MacGiolla Choille, Breandán (Hg.), Chief Secretary's Office, Dublin Castle. Intelligence Notes 1913–1916. Baile Átha Cliath (Dublin) 1966.

Mackey, Herbert Owen (Hg.), The Crime against Europe. The Writings and Poetry of Roger Casement. Dublin 1958.

Mansergh, Nicholas, The Irish Question 1840–1921. A Commentary on Anglo-Irish Relations and on Political Forces in Ireland in the Age of Reform and Revolution. 3. Aufl., London 1975.

McDowell, Robert Brendan, The Irish Administration 1801–1914. London 1964.

Metscher, Priscilla, Republicanism and Socialism in Ireland. A Study in the Relationship of Politics and Ideology from the United Irishmen to James Connolly. Frankfurt a. M. u. a. 1986.

Mickley, Angela, Politischer Katholizismus und konstitutionelle Bewegung. Daniel O'Connells irischer Weg. Diss. Berlin 1984.

Miller, David W., Church State and Nation in Ireland 1898–1921. Dublin 1973.
Miller, Kerby A., Emigrants and Exiles. Ireland and the Irish Exodus to North America. New York u. a. 1985.
O'Brien, Joseph V., William O'Brien and the Course of Irish Politics 1881–1918. Berkeley u. a. 1976.
O'Broin, Leon, Revolutionary Underground. The Story of the Irish Republican Brotherhood 1858–1924. Dublin 1976.
O'Connell, Maurice Richard (Hg.), The Correspondence of Daniel O'Connell. 8 Bde, Dublin 1972–1980.
O'Day, Alan u. John Stevenson (Hg.), Irish Historical Documents since 1800. Dublin 1992.
O'Halpin, Eunan, The Decline of the Union. British Government in Ireland 1892–1920. Dublin 1987.
Phillips, Walter Alison, The Revolution in Ireland 1906–1923. 2. Aufl., London u. a. 1926.
Philpin, Charles H. E., Nationalism and Popular Protest in Ireland. Cambridge u. a. 1987.
Reid, Benjamin Lawrence, The Lives of Roger Casement. New Haven u. a. 1976.
Rüdebusch, Eckhardt, Irland im Zeitalter der Revolution. Politik und Publizistik der United Irishmen 1791–1798. Frankfurt a. M. u. a. 1989.
Said, Edward, Yeats and Decolonization. Derry 1988.
Sheehy, Jeanne, The Rediscovery of Ireland's Past. The Celtic Revival 1830–1930. London 1980.
Stewart, Anthony Terence Quincey, Edward Carson. Dublin 1981.
Titley, E. B., Church, State, and the Control of Schooling 1900–1944. Dublin 1983.
Townshend, Charles, Political Violence in Ireland. Government and Resistance since 1848. Oxford 1983.
Warwick-Haller, Sally, William O'Brien and the Irish Land War. Dublin 1990.
Winstanley, Michael J., Ireland and the Land Question 1800–1922. London u. a. 1984.
Woggon, Helga, Integrativer Sozialismus und nationale Befreiung. Politik und Wirkungsgeschichte James Connollys in Irland. Göttingen, Zürich 1990.
Wolf, Karin, Sir Roger Casement und die deutsch-irischen Beziehungen. Berlin 1972.
Woodham-Smith, Cecil, The Great Hunger. Ireland 1845–1849. 4. Aufl., London 1963.

Aberg, A., Irland. Insel des Unfriedens. München 1973.
Akenson, Donald Harman, The United States and Ireland. Cambridge, Mass. 1973.
Alexander, Yonah u. Alan O'Day (Hg.), Terrorism in Ireland. London 1984.
Berger, Gerhard, Nationalstaatsbildung, Industrialisierung und berufliche Zivilisierung in der Republik Irland. Frankfurt a.M. u.a. 1987.
Blanchard, Jean, The Church in Contemporary Ireland. Dublin 1963.
Blanshard, Paul, The Irish and Catholic Power. An American Interpretation. Boston 1953.
Bowen, Desmond, Paul Cardinal Cullen and the Shaping of Modern Irish Catholicism. Dublin 1983.
Bowen, Kurt, Protestants in a Catholic State. Ireland's Privileged Minority. Dublin 1983.
Boyle, Kevin u. Tom Hadden, Ireland. A Positive Proposal. Dublin 1985.
Brown, Terence, Ireland. A Social and Cultural History 1922–1985. 3. Aufl., London 1985.
Browne, V. (Hg.), The Magill Book of Irish Politics. Dublin 1981.
Carroll, J. T., Ireland in the War Years. Newton Abbot 1975.
Carter, Carolle J., The Shamrock and the Swastika. German Espionage in Ireland in World War II. Palo Alto, Calif. 1977.
Chubb, Basil, The Government and Politics of Ireland. 2. Aufl., London 1982.
Clancy, P. u.a. (Hg.), Ireland. A Sociological Profile. Dublin 1986.
Cooney, John, The Crozier and the Dail. Church and State in Ireland 1922–1986. Dublin, Cork 1986.
De Rosa, Peter, Rebellen des Glaubens. Der irische Freiheitskampf 1916–1921. München 1991.
Dunleavy, Janet Egleson u. Gareth W. Dunleavy, Douglas Hyde. The Maker of Modern Ireland. Berkeley u.a. 1991.
Edwards, Owen Dudley, Éamon de Valera. Cardiff 1987.
Eipper, Chris, The Ruling Trinity. A Community Study of Church, State, and Business in Ireland. Aldershot 1986.
Elvert, Jürgen, Vom Freistaat zur Republik. Der außenpolitische Faktor im irischen Unabhängigkeitsstreben zwischen 1921 und 1948. Bochum 1989.
Fanning, Ronan, Independent Ireland. Dublin 1983.
Faulkner, Brian, Memoirs of a Statesman. London 1978.
Fennell, Desmond, The Changing Face of Catholic Ireland. London 1968.
Finnegan, Richard B., Ireland. The Challenge of Conflict and Change. Boulder, Col. 1983.

Fisk, Robert, The Time of War. Ireland, Ulster, and the Price of Neutrality 1939–1945. Philadelphia 1983.
FitzGerald, Garrett, Irish Identities. London 1982.
Gallagher, Michael, Political Parties in the Republic of Ireland. Dublin 1985.
Gallagher, Tom u. James O'Connell (Hg.), Contemporary Irish Studies. Manchester 1983.
Guillaume, André, L'Irlande, une ou deux nations? Paris 1987.
Gundelach, Thomas, Die irische Unabhängigkeitsbewegung 1916–1922. 2 Bde, Frankfurt a. M., Bern 1977.
Hand, Geoffrey J. (Hg.), Irish Boundary Commission 1925. Report. Shannon 1969.
Harkness, David William, The Restless Dominion. The Irish Free State and the British Commonwealth of Nations 1921–1931. London u. a. 1969.
Hederman, Miriam, The Road to Europe. Irish Attitudes 1948–1961. Dublin 1983.
Hepburn, Anthony C., The Conflict of Nationality in Modern Ireland. London 1980.
Inglis, Tom, Moral Monopoly. The Catholic Church in Modern Irish Society. Dublin 1987.
Keatinge, Patrick, A Place among the Nations. Issues of Irish Foreign Policy. Dublin 1978.
Kennedy, Dennis, The Widening Gulf. Northern Attitudes to the Independent Irish State. Belfast 1988.
Keogh, Dermot, Ireland and Europe 1919–1948. Dublin 1988.
Keogh, Dermot, The Vatican, the Bishops, and Irish Politics 1919–1939. Cambridge u. a. 1986.
Kirsch, Hans-Christian, Rebellen in Dublin. Legende und Wirklichkeit des irischen Osteraufstands von 1916. Frankfurt a. M. 1981.
Lee, Joseph J., Ireland 1912–1985. Politics and Society. Cambridge u. a. 1990.
MacArdle, Dorothy, The Irish Republic. 4. Aufl., Dublin 1951.
MacMahon, Deirdre, Republicans and Imperialists. Anglo-Irish Relations in the 1930s. New Haven 1984.
Mair, Peter, The Changing Irish Party System. Organisation, Ideology, and Electoral Competition. London 1987.
Manning, M., Irish Political Parties. Dublin 1972.
Marx, Roland, Eamon de Valera. Paris 1990.
McColgan, John, British Policy and the Irish Administration 1920–1922. London u. a. 1983.
Morgan, A. u. Bob Purdie (Hg.), Ireland. Divided Nation, Divided Class. Dublin 1980.
Morrissey, Hazel, Women in Ireland and the Impact of 1922. Belfast 1989.
Murphy, J. A., Ireland in the 20th Century. 4. Aufl., Dublin 1981.

Nowlan, K. B. (Hg.), The Making of 1916. Dublin 1969.
Nowlan, K. B. u.a. (Hg.), Ireland in the War Years and after 1939–1951. Dublin 1969.
O'Brien, Conor Cruise, States of Ireland. St. Albans 1974.
O'Broin, Leon, Dublin Castle and the 1916 Rising. The Story of Sir Matthew Nathan. Dublin 1966.
O'Halloran, Clare, Partition and the Limits of Irish Nationalism. An Ideology under Stress. Dublin 1987.
Pakenham, Frank u. Thomas Patrick O'Neill, Eamon de Valera. Dublin 1970.
Pakenham, Frank, Forty Years of Anglo-Irish Relations. Cork 1958.
Paulin, Tom, Ireland and the English Crisis. Newcastle 1984.
Peillon, Michel, Contemporary Irish Society. An Introduction. Dublin 1982.
Robinson, Mary T. W., Europäisches Parlament. Die Rolle des irischen Parlaments. Straßburg 1974.
Rumpf, Erhard u. Anthony C. Hepburn, Nationalism and Socialism in Twentieth-Century Ireland. Liverpool 1977.
Rumpf, Erhard, Nationalismus und Sozialismus in Irland. Historisch-soziologischer Versuch über die irische Revolution seit 1918. Meisenheim a. Gl. 1959.
Salmon, Trevor C., Unneutral Ireland. An Ambivalent and Unique Security Policy. Oxford 1989.
Stephan, Enno, Geheimauftrag Irland. Deutsche Agenten im irischen Unabhängigkeitskampf 1939–1945. Oldenburg, Hamburg 1961.
Sturm, Hubert, Hakenkreuz und Kleeblatt. Irland, die Alliierten und das »Dritte Reich« 1933–1945. 2 Bde, Frankfurt a. M. 1984.
Whyte, John H., Church and State in Modern Ireland 1923–1979. 2. Aufl., Dublin 1980.

10. Nordirland im 20. Jahrhundert

Akenson, Donald Harman, Education and Enmity. The Control of Schooling in Northern Ireland 1920–1950. Newton Abbot 1973.
Arthur, Paul u. Keith Jeffery, Northern Ireland since 1968. 2. Aufl., London 1989.
Arthur, Paul, The Government and Politics of Northern Ireland. 2. Aufl., London 1987.
Arthur, Paul, The People's Democracy 1968–1973. Belfast 1974.
Aughey, Arthur u.a., Northern Ireland in the European Community. An Economic and Political Analysis. Belfast 1989.
Aughey, Arthur, Under Siege. Ulster Unionism and the Anglo-Irish Agreement. Belfast 1989.
Barrit, Denis P. u. Charles F. Carter, The Northern Ireland Problem. A Study in Group Relations. 2. Aufl., London 1972.

Barzilay, D., The British Army in Ulster. 4 Bde., Belfast 1973–1981.
Bell, Geoffrey, The Protestants of Ulster. London 1976.
Bell, Geoffrey, Troublesome Business. The Labour Party and the Irish Question. London 1982.
Bell, J. Bowyer, The Secret Army. The IRA 1916–1979. Dublin 1979.
Beresford, David, Ten Men Dead. The Story of the 1981 Hunger Strike. London 1987.
Bew, Paul Gibbon u. Henry Patterson, The British State and the Ulster Crisis. From Wilson to Thatcher. Manchester 1986.
Bew, Paul Gibbon u. Henry Patterson, The State in Northern Ireland 1921–1972. Political Forces and Social Classes. Manchester 1979.
Birrell, D. u. A. Murie, Policy and Government in Northern Ireland. Lessons of Devolution. Dublin 1980.
Boulton, David, The UVF. An Anatomy of Loyalist Rebellion. Dublin 1973.
Bowman, John, De Valera and the Ulster Question 1917–1973. 4. Aufl., Oxford 1989.
Bruce, Steven, God Save Ulster. The Religion and Politics of Paisleyism. Oxford 1986.
Buchanan, R. H. u. B. M. Walker (Hg.), Province, City, and People. Belfast and its Region. 1987.
Buckland, Patrick, James Craig, Lord Craigavon. Dublin 1980.
Buckland, Patrick, The Northern Ireland Question 1886–1986. Dublin 1987.
Burton, Frank, The Politics of Legitimacy. Struggles in a Belfast Community. London 1978.
Callaghan, James, A House Divided. The Dilemma of Northern Ireland. London 1973.
Darby, John (Hg.), Northern Ireland. The Background to the Conflict. Belfast u. a. 1983.
Deutsch, Richard u. Vivien Magowan, Northern Ireland 1968–1974. A Chronology of Events. 3 Bde, Belfast 1973–1975.
Devlin, Bernadette, Irland. Religionskrieg oder Klassenkampf? Reinbek 1969 (dt. Ausg. von The Price of My Soul).
Edwards, Owen Dudley, The Sins of Our Fathers. Roots of Conflict in Northern Ireland. Dublin 1970.
Elliott, Sydney, Northern Ireland Parliamentary Election Results 1921–1972. Chichester 1973.
Farrell, Michael, Northern Ireland, the Orange State. 3. Aufl., London 1983.
Farrell, Michael, Arming the Protestants. The Formation of the Ulster Special Constabulary and the Royal Ulster Constabulary 1920–1922. Dingle 1983.
Flackes, W. D., Northern Ireland. A Political Directory 1968–1983. 2. Aufl., London 1983.

Gallagher, Eric u. Stanley Worrall, Christians in Ulster 1968–1980. Oxford 1982.
Guelke, Adrian, Northern Ireland. The International Perspective. Dublin 1988.
Harbinson, John F., The Ulster Unionist Party 1882–1973. Its Development and Organisation. Belfast 1973.
Harkness, David William, Northern Ireland since 1920. Dublin 1983.
Hermle, Reinhard, Der Konflikt in Nordirland. Ursachen, Ausbruch und Entwicklung unter besonderer Berücksichtigung des Zeitraums 1963–1972. München 1979.
Herz, Dietmar, Frieden und Stabilität. Die Nordirland-Politik der Republik Irland 1969–1987. Bochum 1989.
Heskin, Ken, Northern Ireland. A Psychological Analysis. Dublin 1980.
Hezlitt, Sir A., The »B« Specials. A History of the Ulster Special Constabulary. London 1972.
Hickey, John, Religion and the Northern Ireland Problem. Dublin 1984.
Hughes, Eamonn (Hg.), Culture and Politics in Northern Ireland 1960–1990. Ballmoor, Bristol 1991.
Jeffery, Keith (Hg.), The Divided Province. The Troubles in Northern Ireland 1969–1985. Dublin 1985.
Kelley, Kevin, The Longest War. Northern Ireland and the IRA. Dingle u.a. 1982.
Kennedy, Anthony, The Road to Hillsborough. The Shaping of the Anglo-Irish Agreement. Oxford 1986.
Lee, Alfred McClung, Terrorism in Northern Ireland. New York 1983.
Longford, Lord u. Anne McHardy, Ulster. London 1981.
MacGarry, John u.a., The Future of Northern Ireland. Oxford 1991.
Magee, John, Northern Ireland. Crisis and Conflict. London 1974.
Mansergh, Nicholas, The Government of Northern Ireland. A Study in Devolution. London 1936.
McAllister, Ian, The Northern Ireland Social Democratic and Labour Party. Political Opposition in a Divided Society. London u.a. 1977.
McElroy, Gerald, The Catholic Church and the Northern Ireland Crisis 1968–1986. Dublin 1991.
Miller, David, Queen's Rebels. Ulster Loyalism in Historical Perspective. Dublin 1978.
Multhaupt, Wulf Friedrich, Die Irisch-Republikanische Armee (IRA). Von der Guerilla-Freiheitsarmee zur modernen Untergrundorganisation. Diss. Bonn 1988.
Murray, Dominic, Worlds Apart. Segregated Schools in Northern Ireland. Belfast 1985.
Nelson, Sarah, Ulster's Uncertain Defenders. Loyalists and the Northern Ireland Conflict. Belfast 1984.

Norhern Ireland Civil Rights Association (NICRA), We Shall Overcome. The History of the Struggle for Civil Rights in Northern Ireland. Belfast 1978.
Ó Malley, Padraig, The Uncivil Wars. Ireland Today. Belfast 1983.
O'Neill, Terence, The Autobiography of Terence O'Neill, Prime Minister of Northern Ireland 1963–1969. 3. Aufl., London 1972.
Paisley, Ian u. a., Ulster. The Facts. Belfast 1982.
Patterson, Glenn, Burning Your Own. London 1988.
Purdie, Bob, Politics in the Streets. The Origins of the Civil Rights Movement in Northern Ireland. Belfast 1990.
Raatz, Hans, Der Nordirland-Konflikt und die britische Nordirland-Politik seit 1968. Stuttgart 1990.
Rapp, Michael, Nordirland am Scheideweg. Britische Direktherrschaft, anglo-irische Dimension und internationale Verflechtung. München 1987.
Schulze-Marmeling, Dietrich u. Ralf Sotschek, Der lange Krieg. Macht und Menschen in Nordirland. Göttingen 1989.
Smyth, Clifford, Ian Paisley. The Voice of Protestant Ulster. Edinburgh 1987.
Stadler, Klaus, Nordirland. Analyse eines Bürgerkriegs. München 1979.
Stewart, Anthony Terence Quincey, The Ulster Crisis. London 1967.
Teague, Paul (Hg.), Beyond the Rhetoric. Politics, the Economy, and Social Policy in Northern Ireland. London 1987.
Vogt, Hermann, Konfessionskrieg in Nordirland? Stuttgart 1973.
Wallace, Martin, British Government in Northern Ireland from Devolution to Direct Rule. Newton Abbot 1982.
Wallace, Martin, Northern Ireland. 50 Years of Self-Government. Newton Abbot 1971.
Wallis, Roy u. a., »No Surrender«. Paisleyism and the Politics of Ethnic Identity in Northern Ireland. Belfast 1986.
Whyte, John H., Interpreting Northern Ireland. Oxford 1990.
Wilson, Tom, Ulster. Conflict and Consent. Oxford 1989.
Wright, Frank, Northern Ireland. A Comparative Analysis. Dublin 1988.
Younger, Calton, Ireland's Civil War. 3. Aufl., Glasgow 1979.

Register

Aberdeen, George Hamilton-Gordon, Earl of 364
Adams, Gerry 429
Aethelstan, König von Wessex 71
Afrika 26–28, 137, 148, 258, 286
Agricola, Iulius 38, 40
Agulla, Don Juan de 176
Ägypten 23f., 28, 58
Aidan, Missionar 481
Ailbhe von Imlech Iubhair 54
Akenson, Donald Harman 360
Alcala 484
Alfred der Große, König von Wessex 70f.
Alpen 12, 33
Altona 7
Amerika 137, 162, 168, 259, 286
Amiens 333
Andomnán 58, 63f.
Andrews, John Miller 493
Anian, Mönch 61
Anjou 97
Anjou, Familie 494
Anna, Königin von England 270–272, 274f., 495
Annagassan 67
Annegray 61
Antrim, Grafschaft 12–14, 55, 74, 154, 163f., 167, 170, 179, 327, 412
Aoife, Prinzessin von Leinster 92, 94
Aquitanien 97
Ard Macha 57
Ardmore 75
Ardnacrusha 441
Argentinien 411
Arigna 327
Arklow 16
Armagh, Grafschaft 13f., 55, 60, 75, 78, 88f., 124, 154, 156, 163, 184, 192, 195, 214, 239, 312f., 412, 481f., 485
Arthur, Lord Grey 173
Ashton, Arthur 228
Asien 27, 69, 286
Asquith, Herbert 391, 399
Athankip 100
Athenry 483
Athlone 153, 327
Atlantik 16, 35f., 65, 137, 233, 258f., 292
Aughrim 485
Augsburg 168
Australien 322, 356, 366

Bagenal, Henry 172, 174
Balfour, Arthur 383
Ballinskelligs 19
Ballintober 20
Ballycastle 327
Baltinglass, Viscount James
Bandon 218
Bangor 61
Bann 22
Bannockburn 103
Bantry Bay 315, 486
Barnewell, Patrick 198
Barrow 17
Barton, Robert 414, 416
Basel 314
Bayern 61
Beara-Halbinsel 17
Beda Venerabilis 62, 64, 481
Bedford 71
Belach Mugna 77
Belfast 11, 230, 261–263, 307, 319, 327f., 364, 390, 392, 415, 421–423, 425, 427, 469–471, 486, 490
Belgien 25, 27, 36, 351
Bellingham, Edward 153f., 158
Benburb 485
Benedikt von Nursia 62
Benmore 22
Berkeley, Georges 268
Berlin 411, 453
Bern 33
Bernhard von Clairvaux 88
Berwick 170
Biagini, Eugenio F. 380
Birr 481
Blackwater 167, 172, 174, 215
Blount, Charles, Lord Mountjoy 175f.
Bobbio 61
Bodensee 26
Boleyn, Anne, Königin von England 145f., 152

Bolingbroke, Henry St. John Viscount 274
Bologna 145
Bonn 8
Boycott, Charles 376, 488
Boyle, Roger, Lord Broghill 235–237
Boyne 15, 25, 253, 394, 481
Bray 16
Breifne 85
Brennan, Robert 411
Brest 315
Brest-Litowsk 402
Bretagne 12, 26, 34f., 97
Brian Ború, König von Munster 78–82, 87, 348, 482
Brighton 492
Brigid, Gottheit 56
Brigid, Hl. 56
Bristol 90, 96, 424
Britannien 22, 34–38, 40f., 49, 52–55, 58f., 61, 67, 69f., 74, 87, 90, 102, 183, 200, 227, 481, 497, 501
Britische Inseln 27, 29, 32f., 54, 62, 66, 68, 70, 170, 240, 271, 280, 316, 320, 328, 331, 497, 501
Brookeborough 419, 425, 493
Browne, George, Erzbischof von Dublin 156
Browne, Noel 456–458
Bruce, Edward 103f., 483
Brugha, Cathal 405, 407, 417, 433
Brüssel 463, 468, 474, 476
Buckinghamshire, John Hobart, Graf von 288, 292, 295
Budapest 27
Buenos Aires 411
Burgh, Richard de 483
Burgh, William de, Graf von Ulster 483
Burgund 132
Burke, Edmund 305, 310
Burke, T. H. 377
Burke, Ulick, Fürst von Clanrickard 138
Burkhard, Bischof von Würzburg 61
Burren, The 17
Bury, J. B. 53
Butler, Familie 124, 131, 133
Butler, James, Graf von Ormond und Wiltshire 123–125, 127
Butler, James, Grafen von Ormond 133, 216, 220–228, 230f., 234, 236, 239, 242, 483
Butler, James, Herzog von Ormond 270f.
Butler, John, Graf von Ormond und Wiltshire 127
Butler, Piers, Graf von Ormond 140f., 143f.
Butler, Thomas, gen. »Black Tom«, Graf von Ormond 165, 174
Butlin, R. A. 181
Butt, Isaac 370–372, 488

Caboto, Giovanni (ist John Cabot) 137
Cadiz 201
Caesar, Gaius Iulius 32, 35, 37, 49f.
Caha-Berge 17
Calais 121, 125f.
Callann 100, 483
Campbell-Bannerman, Henry 390f.
Canny, Nicholas 169
Canterbury 70, 82f., 96, 146, 482
Caol Uisce 99, 483
Capbell, Henry Lord 270
Carlow, Grafschaft 15, 486
Carnac 26
Carnot, Lazare 314f.
Carrick-on-Suir 17
Carrickfergus 99, 116, 154, 164, 167, 172, 217, 230
Carrowceel 25
Carrowmore 25
Carson, Sir Edward 391, 489, 506
Carteret, John Lord 278f.
Casement, Sir Roger 395, 489, 505f.
Cashel 18, 76–78, 89, 96, 173, 203, 482, 484
Castlecomer 327
Cathal Crovderg, König von Connacht 20, 483
Cathal Mac Finguine, König von Munster 481
Cathleen naHoulihan, mythische Figur 387
Caulfield, James, Lord Charlemout 297, 301
Cavan, Grafschaft 13, 192, 195, 215, 323, 413
Cavendish, Frederick Lord 377
Cellach, Abt von Kells 66
Cenél, Eógain, Familie 74, 99
Cenél gConaill, Familie 59, 74

Cennetig, König von Cashel 78
Chamberlain, Arthur Neville 449, 452
Chamberlain, Joseph 488
Champagne 36
Chester 71, 223
Chichester, Arthur 178, 189, 192
Childers, Erskine 414, 416f., 490, 493
Chile 411
China 162, 342
Churchill, John Herzog von Marlborough 270
Churchill, Randolph Lord 381f.
Churchill, Winston 452
Ciaran von Saighir 54
Ciarán, Mönch 59
Clairvaux 88
Clandeboy 166
Clann Cholmáin, König von Leinster 481
Clare, Grafschaft 17, 232, 339f.
Clarenee 130
Clarke, Aidan 188, 201, 207
Clew Bay 12
Clonfert 76
Clonmacnoise 59f., 73, 83f., 230, 501
Clonmel 290, 486
Clontarf 72, 81, 90, 348, 482
Cloughouter 231
Clyn, Mönch 103
Coleraine 21, 191
Coleraine, Grafschaft = Londonderry
Cölestin I., Papst 54, 481
Collins, Michael 409, 414–417, 428, 434, 443, 490, 504
Columcille = Columbanus
Colonat, Hl., Mönch 61
Columba = Columbanus
Columbanus, Hl. 58f., 61–63, 481
Conall 74
Conchobar, mythische Figur 50
Condren, Conal 266
Cong 20, 84
Conn »der Hundert Schlachten« 42
Connacht, Provinz 13, 17, 19f., 42, 82–87, 92f., 97, 99f., 122, 138, 167, 169, 174, 179, 208, 213, 232f., 290, 313, 350, 481–483
Connachta, Familie 42
Connolly, James 392, 395, 455, 489, 505f.
Coote, Charles 235, 323
Corish, Patrick J. 221, 229
Cork, Grafschaft 17, 352
Cork, Stadt 76, 115, 167, 174, 218, 220, 230, 261, 346, 364
Cormac 18
Cormac Mac Cuilennáin, König von Cashel 77
Cornwallis, Charles 319
Coroticus, britannischer Fürst 55
Corrigan, Mairead 492
Cosgrave, Liam 473–475, 493
Cosgrave, William T. 419, 434f., 440–445, 454, 490, 493
Cosgrove, Art 121, 128
Costello, John A. 454–457, 459f., 493
Côtes-du-Nord 35
Cotton, Roger 133
Craig, James, Lord Craigavon 418f., 493, 510
Cranmer, Thomas, Erzbischof von Canterbury 146
Cripps, Stafford 459
Croagh, Patrick 12
Croft, James 154, 156
Cromwell, Henry 234
Cormwell, Oliver 19, 212, 226–231, 233–235, 238, 246, 254, 256f., 261f., 485, 495, 503
Cromwell, Richard 235, 495
Cromwell, Thomas 146, 152
Cú Chullain, mythische Figur 50, 387, 397
Cuilcagh Mountain 13
Culdee 481
Cullen, Louis Michael 257, 262, 326, 336, 440
Cullen, Paul, Erzbischof von Dublin 363f., 487, 507
Culloden Muir 283
Currie, Austin 479
Curry, John 299, 486
Cushendun 484

Dál Cais 78
Dál Fiatach, Familie 74
Dál Riate, Familie 74
Dänemark 7, 66f., 70–72, 410
Darlington 424
Davles, John 178, 189
Davis, Thomas 346, 365, 487
Davitt, Michael 372f., 375f., 378
Declan von Ardmore 54
Deichtire, mythische Figur 50

Derry, Grafschaft 13, 209, 230
Derry, Stadt 164, 191, 394
Dési, Familie 78, 81
Desmond 85, 127, 134, 164, 483f.
Deutschland 8, 32f., 102, 110, 145, 251, 385, 395, 402, 410f., 454, 466f., 469, 505–507, 509
Devereux, Robert, Graf von Essex 175, 503
Devereux, William, Graf von Essex 167
Devlin, Bernadette 491, 510
Devorgilla, Fürstin von Breifne 85
Devoy, John 488
Diamond, The 313
Dillon, John 487
Dingle-Halbinsel 18
Disraeli, Benjamin 342, 370
Djoser, Pharao 24
Doheny, Michael 365
Donau 33, 36
Donegal, Grafschaft 12–14, 74, 192, 195, 215, 217, 343, 352, 413
Donnchad, König von Munster 81f.
Dorset 66
Dover 37, 239
Dowdall, George, Erzbischof von Armagh 156
Down, Grafschaft 13f., 55, 74, 412
Down, Stadt 342, 483
Downpatrick 55, 100
Drogheda 15, 103, 116, 125, 135, 217, 227–230, 253, 328, 483
Drummond, John 442
Drummond, Thomas 345
Drury, William 167
Dublin passim
Dublin, Grafschaft 15
Dudley, John, Herzog von Northumberland 153
Duffy, Charles Gavan 346, 363, 365, 487
Duffy, George Gavan 416
Duggan, E. J. 416
Dumville, David 54
Dundalk 67, 108, 217, 227, 262
Dungan's Hill 485
Dungannon 155, 161f., 171f., 215, 296, 486
Dunon 39
Durrow 59, 481
Duval, Paul-Marie 32
Ebdana 39
Edgecomb, Richard 132
Edward I., der Bekenner, König von England 72, 494
Edward II., König von England 103f., 494
Edward III., König von England 105, 483, 494
Edward IV., König von England 126f., 129–132, 494
Edward V., König von England 494
Edward VI., König von England 132, 152, 156, 494
Edward VII., König von England 495
Edwards, R. Dudley 86, 188
Egan, Patrick 371
Eider 66
Eithne, mythische Figur 50
Elbe 110
Elisabeth I., Königin von England 137, 152, 159f., 162, 164–167, 169–171, 173–177, 196, 484, 494, 503
Elisabeth II., Königin von England 495
Ellis, Steven G. 128, 134, 141, 147, 150
Emhain Macha 57
Emly 75
Emmet, Robert 321, 334, 487
England passim
Ennis 26
Enniscorthy 317
Enniskillen 172, 174
Eógan 74
Eóganacht, Familie 74, 76–78, 481
Ephesus 54
Erainne, Familie 42
Erikson, Leif 137
Erne 99
Eugen, Prinz von Savoyen 270
Eustace, James, Viscount Baltinglass 484

Fairyhouse 397
Falkland-Inseln 201
Faröer-Inseln 67
Faughart 104, 483
Faulkner, Brian 424, 507
Fawkes, Guy 198
Feetham, Henry 418
Feidlimid Mac Crimthainn, König von Cashel 76f.

Fermanagh, Grafschaft 13, 192, 195, 214, 413, 418
Fermo 223
Ferner Osten 116
Ferns 92
Finan, Hl. 19
Finian, Hl. 58
Finistère, Département 35
FitzGerald, Desmond 442, 474
Fitzgerald, Familie 17, 124, 129, 133, 139f., 164
FitzGerald, Garret 425, 474f., 477f., 493, 508
Fitzgerald, Garret Mór, Graf von Kildare 130–141, 483
Fitzgerald, Garret Og, Graf von Kildare 139–141, 143f., 146f., 483
Fitzgerald, Garret, Graf von Desmond 128
Fitzgerald, Gerald FitzJames, Graf von Desmond 164f.
Fitzgerald, Gerald, Graf von Kildare 149
Fitzgerald, James, FitzMaurice, Graf von Desmond 484
Fitzgerald, James, Graf von Kildare 135
Fitzgerald, Thomas, Fitzmaurice, Graf von Kildare 124, 128–130, 132, 144
Fitzgerald, Thomas, »Silken Thomas«, Lord Offaly 146–148, 151, 483f.
Fitzgerald, Thomas, Graf von Desmond 127, 139, 145, 483
Fitzgerald, Vesey 339
FitzGilbert, Richard, Earl von Bembroke, gen. »Strongbow« 91f., 94–96, 482
FitzHarding, Robert 90
Fitzmaurice, James, Graf von Desmond 146
Fitzsimons, Walter, Erzbischof von Dublin 133
Flandern 92, 214, 218, 254
Fleetwood, Charles 230, 234
Flood, Henry 297
Forman, Werner 34, 36
Franco, Francisco 445
Frankenreich 66f.
Frankreich 25, 27, 36, 61, 80, 86, 89, 91, 99, 102, 104f., 108, 114, 116, 121f., 150f., 154, 160f., 163, 177, 183, 185, 188, 203f., 219, 237, 239–241, 248, 251, 253f., 262f., 270f., 279, 284, 286–289, 300, 303–306, 310f., 314–317, 320f., 326, 333f., 351, 399, 402, 410f., 469, 486f., 491
Friedrich II., der Große 284

Gall, Mönch 61
Gallien 36, 41, 49, 53f., 58
Galway, Grafschaft 12, 17, 19, 116, 138, 352
Galway, Stadt 226, 231, 259, 261, 364
Gap, The 17
Gascogne 116
Gatterer, Johann Christoph 21
Gaulle, Charles de 463, 469
Genf 442
Georg I., König von England 275, 277, 495
Georg II., König von England 284, 495
Georg III., König von England 285, 287, 305, 331–333, 495
Georg IV., König von England 305, 340, 495
Georg V., König von England 413, 423, 489, 495
Georg VI., König von England 495
Germanus von Auxerre 54
Giant's Causeway 14
Gilbert, Humphrey 167
Gladstone, William 367–370, 376–384, 391, 488
Glamorgan 222
Glasgow 323
Glendalough 16f., 60
Glengariff 17
Glenn Máma 482
Glens of Antrim 12
Glenshesk 163, 484
Gloucester 95
Golden Vale 17f.
Golfstrom 17
Gonne, Maud 390
Goodland, Graham D. 380
Governor = Philipstown
Gowen, Margaret 24
Graham, James 351
Grattan, Henry 289, 294f., 297f., 302, 304–306, 311, 317, 320f., 336, 371, 389, 486
Grey, Lord = Arthur Lord Grey
Grey, Lord = Henry Lord Grey
Grey, Lord = Leonard Lord Grey

Griechenland 32, 34–36
Griffith, Arthur 389f., 398, 404, 408, 414f., 434, 489, 493
Grönland 67, 69
Großbritannien passim
Grotius, Hugo 265
Guthrum, normannischer Fürst 71
Guy, John 141, 152
Gweedore 343

Haakon, König von Norwegen 100
Hadrian IV. Papst 87, 89
Hallein-Dürrnberg 30f.
Hallstatt 30–33, 481
Hammerich, Johann Friedrich 7
Hampshire 36
Hannover 275, 284
Harald Schönhaar, König von Norwegen 71
Harvey, Henry 503
Haughey, Charles James 472, 476–479, 493
Hearne, John J. 446, 448
Hearst, Randolph 408
Heath, Edward 418, 423, 473
Hegewisch, Dietrich Hermann 7f., 21, 53
Heinrich II., König von England 7, 21, 81, 83, 85, 87, 89–91, 95–97, 109f., 267, 482, 494
Heinrich III., König von England 494
Heinrich IV., König von England 108, 494
Heinrich V., König von England 108, 494
Heinrich VI., König von England 108, 122f., 125f., 129, 494
Heinrich VII., König von England 131–138, 141, 161, 177, 494
Heinrich VIII., König von England 100, 137, 139, 141, 143–153, 155, 157, 177, 197, 483, 494
Hekataios von Milet 32
Henrietta Maria, Königin von England 225
Henry Lord Grey 130
Herder, Johann Gottfried 21
Herm, Gerhard 49
Herodot 32
Heuß, Alfred 30
Higounet, Charles 109
Hillery, Patrick 479, 493
Hillsborough 425, 492, 511
Himilcon aus Karthago 34–36
Hitler, Adolf 453
Hobbes, Thomas 265
Hoche, Lazare 315
Hoppen, Karl Theodore 466
Howard, Frederick, Graf von Carlisle 295
Howard, Thomas, Graf von Surrey 141–143
Hugh de Lacy, Fürst von Meath 96f.
Hughes, Kathleen 54
Humbert, General 317
Hyde, Douglas 386f., 448, 493, 507
Hyde, Henry, Graf von Clarendon 243–246
Hyde, Laurence, Graf von Rochester 243

Ibarus von Begerin 54
Illyrien 33
Inchiquin, Lord 225, 227f., 231
Indien 137, 348
Inishowen 74, 193
Innozenz X., Papst 223
Iona 58–61, 65f., 481
Irische See 12, 15, 94, 315
Irschenberg 61
Isamnion 39
Island 34, 67, 69
Isle of Man 37, 81
Isle of Wight 351
Italien 27, 32, 58, 61, 114, 137, 226, 410f., 469
Iveragh-Halbinsel 18

Jackson, Alvin 392
Jackson William
Jakob I., König von England 195–197, 199, 275, 494
Jakob II., König von England 240–243, 246–254, 263, 265f., 270, 394, 485, 495
Jakob III., König von Schottland 132
Jakob VI., König von Schottland 170, 176
Jakob, Herzog von York 137
James, Edward 54
Jane, Königin von England 494
Japan 476
Jarrow 66

Johann Ohneland, König von England 98, 482, 494
Johann XXII., Papst 104
Johnson, Thomas 405
Jones, Michael 225
Jones, Theophilus 235
Jones, Todd 298
Jütland 65

Kanada 322, 356, 370, 416, 443
Kanal 67, 170
Karibik 258f.
Karl der Große 63, 80
Karl der Kühne, Herzog von Burgund 132
Karl Edward Stuart 283, 486
Karl I., König von England 199–207, 209–214, 217, 220, 222–227, 238, 494
Karl II., König von England 226, 231, 235–240, 243, 254, 260, 262, 265, 485, 495
Karl V., Kaiser 145f.
Karthago 34–36
Karharina von Aragon, Königin von England 145, 152
Kells 65f., 88, 117, 482
Kenmare 17
Keogh, John 308
Keogh, William 364
Kerry, Grafschaft 17, 100, 336, 352
Kevin, Hl. 16
Keynes, John Maynard 441
Kickham, Charles 365
Kildare, Grafschaft 15, 56, 60, 75, 124, 128–132, 143, 483
Kilian, Hl. 61, 501
Kilkenny, Grafschaft 15, 327
Kilkenny, Stadt 103, 105, 128, 134, 165, 217f., 223f., 226, 230, 328, 483, 485
Killala 317
Kilmainham 377f., 488
Kinsale 175f., 218, 251, 484
Kleinasien 23, 26, 32
Knockdoe 138, 483
Knockmealdown-Berge 17
Knowth 25f.
Knut der Große, König von England 71
Kohn, Leo 435
Konstantin, römischer Kaiser 64
Kruta, Venceslas 34, 36
La Tène-Zeit 31, 33, 63
Lagin, Familie 42
Lakelands 13
Lalor, James Fintan 362
Lancaster, Familie 108, 121, 123f., 128f., 131, 137, 494
Landen 485
Laois, Grafschaft 15, 122, 153, 158f., 166, 188, 484
Larkin, James 392, 455, 489
Larne 103
Laud, William, Erzbischof 210
Lawson, George 266
Lee, Joseph 415, 474
Leicester 71
Leinster, Provinz 13, 15–17, 19f., 42, 75, 81f., 85f., 90–93, 95f., 99, 106, 111f., 122, 174, 183f., 290, 481–483, 486
Leitrim, Grafschaft 19, 342
Lemass, Seán 61, 462, 469f., 472, 491, 493
Lenihan, Brian 479
Leonard Lord Grey 149
Libanon 490
Lichfield House 187
Liffey 67–69, 285
Ligurien 33
Lilbume, John 225
Limerick, Grafschaft 17, 24
Limerick, Stadt 26, 69, 78, 99, 115, 165, 173, 240, 253f., 263, 266, 269, 279, 327f., 482, 485, 504
Lindisfarne 59, 66, 481
Lionel, Prinz von England 105, 483
Lismore 17, 83
Liverpool 323, 356
Lloyd George, David 391, 401f., 412–416
Locke, John 265f., 268, 273
London passim
Londonderry, Grafschaft 191f., 195, 412f.
Londonderry, Stadt 252, 344, 421f., 471f., 485, 491
Longford, Grafschaft 15, 342
Lough Allan 13
Lough Derg 13, 17
Lough Foyle 164, 174
Lough Gur 24
Lough Neagh 14
Lough Swilly 74, 178

Loughcrew 25
Loughgall 313
Louth, Grafschaft 15, 104
Löwe, Heinz 61
Luby, Thomas Clarke 365, 488
Ludford Bridge 124
Ludwig XIV., König von Frankreich 239, 241, 248, 251, 253, 270
Lugh, Gottheit 49
Lugnaquilla 16
Luther, Martin 145
Luxeuil 61
Lydon James F. 79, 83, 113f.
Lynch, Jack 471–473, 475–477, 491, 493

Maastricht 469
Mac Cerbhaill, Diarmit, König von Tara 63f.
Mac Mael-na-mBó, Diarmait, König von Leinster 82
Macartney, George 503
Macbride, Seán 454, 457f.
Maccarthy, Familie 85, 100
Macdonald, Malcom 449–451
Macentee, Seán 459–461
Macloughlin, Domnall 83
Macloughlin, Familie 81
Macloughlin, Muirchertach, König von Ulster 85
Macmurrough, Art, König von Leinster 106, 108
Macmurrough, Diarmait, König von Leinster 85f., 89–94, 482
Macneill, Eoin = Macneill, John
Macneill, James 447
Macneill, John 386
Macwhite, Michael 442
Madrid 219
Maelsechnaill = Ul Neill, Maelsechnaill
Magnus Barfuß, König von Norwegen 83
Magnusson, Magnus 65, 70
Maguire, Conor, Lord von Fermanagh 214
Maguire, Familie 172
Maguire, Hugh, Baron von Fermanagh 172
Malachias, Erzbischof von Armagh 88
Malby, Nicholas 167
Maldon 71
Manchester 323, 488
Mann, Golo 30
Margarete, Herzogin von Burgund 132
Maria I., Königin von England 494
Maria II., Königin von England 242, 247f., 270, 495
Maria Stuart, Königin von Schottland 152, 156–160, 170, 176, 196
Maria von Modena, Königin von England 247
Marian, Mönch 61
Markale, Jean 42, 45, 52
Marseille 34
Marshall, G. C. 456
Marston Moor 222, 227
Martin, F. X. 101f., 181, 188, 207, 221, 229
Maryborough 153, 159
Mathgamain, König von Cashel 78
Maudling, Reginald 463
Maxwell, John, General 398
Mayhew, britischer Nordirlandminister 425
Maynooth 148, 363
Mayo, Grafschaft 12, 19f., 342, 352, 375
Mazzini, Giuseppe 346
McAteer, Edward 470
Maccabe, Erzbischof von Dublin 379
Mccoy, 159
Mccracken, J. L. 276, 282
Mcdowell, R. B. 289
Mcdowell, R. B. 322, 325
Mckitterick, Rosamond 54
Mckye, Patrick 343
Meath, Grafschaft 15, 25, 42, 96, 127, 130
Meelick 17
Megaw, J. V. S. 28
Melbourne, Lord, brit. Premierminister 344f.
Mellifont 88, 176f., 189, 482
Melrose 59
Meyer, Kuno 53
Mide, Provinz 42, 82
Mitchel, John 363, 487f.
Mitteleuropa 28
Mittelmeer 35, 53, 67, 102, 109, 185
Molesworth, Robert 268, 272
Molyneux, Adam 121, 125
Molyneux, William 267f., 272

Monaghan, Grafschaft 13, 172, 174, 413
Monro, Robert 217
Moody, T. W. 102, 178, 188, 207, 221, 229, 267, 276, 282, 322, 325
Moone 15
Moore, George 387
More, Thomas 146
Mortimer, Edmund 122
Mortimer, Roger 122
Mosel 33
Moskau 411
Mount Errigal 12
Mount Sandel 21
Mountbatten, Lord 424
Mountjoy, Lord = Blount, Charles
Mountrath 235
Mourne Mountains 13
Mull of Kintyre 22
Munster, Provinz 13, 17–20, 42, 75f., 78, 81–83, 85f., 92f., 99, 127, 164f., 167, 169, 171, 173–175, 183f., 188, 225f., 290, 481–484, 500

Naher Osten 27, 58
Napoleon Bonaparte 316, 331, 333, 436
Naseby 222, 227
Nathan, Sir Matthew 509
Nenagh 153
Neuenburger See 33
Neufundland 67, 322
New Ross 116
New York 365, 488
Newburn 212
Newcastle 223
Newcastle-upon-Tyne 212
Newgrange 25f.
Newman, John Henry 364, 487
Newry 172, 184, 215, 217, 227
Niall »der neun Geiseln« 42
Niall Glúndubh, König von Tara 74, 77
Niederlande 109, 185, 239, 242, 245, 247, 251, 253, 265, 303, 351
Nil 28
Nordafrika 26–28, 148
Nordamerika 232, 241, 272f., 286–289, 292, 300, 302f., 306, 322, 359, 486, 506
Nordeuropa 23, 35, 64, 453
Nordirland 7, 11–13, 149, 187, 195, 215, 252, 394, 412f., 415–440, 452, 469–473, 477, 490–492, 509–512
Nordsee 12, 65, 67
Norfolk 143
Normandie 35, 85, 97, 102
North Channel 13, 22, 74
North, Frederick Lord 292
Northampton 126
Northumberland 153f.
Norwegen 34, 67, 71f., 83, 100
Nugent, Richard, Lord Delvin 144

O'Brien, Art 414
O'Brien, Conor Cruise 474f.
O'Brien, Familie 17, 81, 83, 85f.
O'Brien, Muirchertach, König von Munster 82f., 482
O'Brien, Tadg, Fürst von Thomond 99, 483
O'Brien, Turlough, König von Munster 82
O'Brien, William 506
O'Connel, Daniel 331, 336–341, 344–350, 361f., 364, 397, 487, 505f.
O'Connor, Aed 483
O'Connor, Roderick 20
O'Conor, Aed, Fürst von Connacht 99f.
O'Conor, Charles 299, 486
O'Conor, Familie 81, 83
O'Conor, Ruaidri, König von Connacht, irischer Hochkönig 85, 90, 92–98, 482
O'Conor, Turlough, König von Connacht 83–86, 482
O'Dalaigh, Cearbhall 493
O'Day, Alan 333, 337
O'Donnell, Familie 163
O'Donnell, Hugh, gen. »red Hugh«, Graf von Tyrconnell 164, 172f., 176
O'Donoghue, Martin 476
O'Donovan, Jeremiah 488
O'Duffy, Eoin 445
O'Grady, Standish 387
O'Higgins, Kevin 434
O'Hurley, Dermot, Erzbischof von Cashel 173, 484
O'Kelly, Seán Thomas 407, 461, 493
O'Leary, John 365, 488
O'Mahony, John 365
O'More, Rory 214

O'Neill, Brian Macphelim, Graf von Clandeboy 166f.
O'Neill, Brian, Baron von Dungannon 162
O'Neill, Brian, Fürst von Cenél Eógan 99, 483
O'Neill, Conn Bacach, Graf von Tyrone 155, 159–161
O'Neill, Conn, Graf von Tyrone 128
O'Neill, Conn, Graf von Tyrone 150
O'Neill, Eoghan, Fürst von Tyrone 122
O'Neill, Familie 42, 150, 155, 161, 163, 166, 172f., 214
O'Neill, Hugh, Graf von Tyrone 163, 171–178, 185, 190, 197, 484
O'Neill, Matthew, Baron von Dungannon 155f., 158, 160–162, 171
O'Neill, Owen Roe 214, 217, 230, 485, 503
O'Neill, Phelim, Graf von Ulster 214f.
O'Neill, Shane, Graf von Tyrone 155, 158–161, 163f.
O'Neill, Terence 419f., 469f., 473, 493, 512
O'Neill, Turlough, Graf von Tyrone 170–172
O'Rourke, Tiernan, Fürst von Breifne 85, 90
O'Sullivan, Familie 100
O'Toole, Laurence 482
Oder 72, 110
Offaly, Grafschaft 15, 17, 153, 158f., 166, 188, 484
Offaly, Lord = Fitzgerald, Thomas
Oldbridge 253
Oranien, Familie 495
Orient 116
Orkney-Inseln 35
Ormond 123f., 131, 133, 143, 164f., 174, 216, 234, 270, 483, 485
Orrery 235
Ostasien 137
Österreich 30, 284, 389, 410
Osteuropa 67
Ouessant 34
Oxford 36,482

Paisley 510
Paisley 512
Paisley, Jan 393, 421, 424–427, 471, 490f., 510, 512
Palästina 53
Pale 108f., 121f., 128–130, 143f., 147, 149–153, 158, 161, 163, 169, 177, 183–185, 191, 198, 216, 218f., 227, 237, 484
Palladius 54, 481
Paor, Liam de 39, 42, 75, 82, 84, 89, 197, 302, 343, 388, 399
Paris 219, 225, 284f., 297f., 314f., 336, 403, 407f., 411
Parnell, Charles Stewart 371–373, 376–379, 381–384, 389, 488
Patrick, Hl. 15, 18, 52–55, 57, 75, 481
Pearse, Patrick 388, 395, 397
Peel, Robert 340, 349, 351–354, 363, 505
Pelagius 54
Pembroke 91
Perrot, John 169
Peterborough 481
Pfalz 504
Philadelphia 407
Philipp II., König von Spanien 157, 168, 173
Philipp III., König von Spanien 175
Philipp IV., König von Spanien 200
Philipstown 153, 159
Piltown 483
Pitt, William d. Ä. 284
Pitt, William d. J. 301–304, 310, 318f., 331–333, 336
Pittioni, Richard 30
Plantagenet, Familie 494
Plunkett, George N. Count 405, 408
Plunkett, Oliver, Erzbischof von Armagh 239, 485
Plunkett, William Conyngham 337
Polen 27
Polk, James Knox 358
Pollock, Joseph 298
Polybios 32
Portadown 215, 485
Portugal 137, 284
Power, John O'Connor 371
Poynings, Edward 134–136
Preston 226
Preston, Thomas 218
Preußen 284, 314
Protector = Maryborough
Ptolemaios, Klaudios 39f., 481
Pytheas von Massalia 34f

Radcliffe, Thomas, Graf von Sussex 158f., 161–163, 166
Raftery, Barry 32
Rankin, H. D. 38
Ráth Breasail 482
Rathlin 14
Rathmines 228
Rathmines 485
Rathmullan 178
Reba 39
red Hugh = O'Donnell, Hugh
Redmond, John 384, 389f., 395, 401
Regia 39
Reichenhall 30f.
Reid, A. J. 380
Reynolds, Albert 479, 493
Rhein 28, 33, 110
Richard I., Löwenherz, König von England 98, 494
Richard II., König von England 106, 108, 483, 494
Richard III., König von England 131, 494
Richard, Herzog von York 121–127, 131, 483
Rijswijk 269
Rinuccini, Giovanni Battista, Erzbischof von Fermo 223f., 226, 230
Robert, König von Schottland 103f., 483
Robinson, Mary 11, 479f., 493
Rolleston, T. W. 387
Rom 32f., 36, 38, 54, 56, 64, 83, 87f., 150, 214, 219, 238, 363, 411, 481
Roscommon, Grafschaft 19f., 327
Rossa, Jeremiah O'Donovan 365
Russell, George 387
Russell, John 354–356, 361
Rußland 405, 410f.
Rutland, Lord 302
Ryan, James 458, 461

Saale 110
Sachsen 63
Sachsen-Coburg-Gotha, Familie 495
Sadleir, John 364
Salisbury 178
Salisbury, Premierminister 379, 381
Salzkammergut 30
Samildánach, Gottheit 49
Sands, Bobby 425, 477, 492
Santiago de Chile 411
Sarsfield, Patrick 253f., 485
Schabert, Tilo 188
Schleswig-Holstein 8
Schlözer, August Ludwig 21
Schomberg, Graf, holländischer General 253
Schottland 13, 22, 37f., 55, 58f., 62, 71f., 74, 80, 89, 97, 99f., 103f., 114, 121, 132, 150–152, 154, 160–164, 170, 174, 176, 179, 190–192, 195, 199, 210–213, 216f., 221f., 225–227, 231f., 235, 246, 250f., 255, 262f., 271, 273, 283, 323, 328, 331, 483, 485f., 501, 504
Schweiz, 25, 33, 61, 410f., 442
Seymour, Edward, Herzog von Somerset 152f., 156
Seymour, Johanna 152
Shannon 13, 15, 17, 19f., 59, 441
Shannon Pot 13
Sheehy, Nicholas 290, 486
Sheppard, Oliver 397
Sheppey 70
Sherwood, William, Bischof von Meath 127, 130f.
Shetland-Inseln 67
Shrewsbury 483
Shrewsbury, Herzog von 274
Sidney, Henry 159, 161, 163, 165f., 484
Sidney, Henry Viscount 269
Sigtrygg Seidenbart, König 70
Silken Thomas = Fitzgerald, Thomas
Simms, J. G. 267, 270, 273
Simnel, Lambert 131f., 135
Simpson, D. D. A. 28
Sizilien 27, 102
Skandinavien 12, 22, 26, 65, 69f., 72
Skeffington, William 146–149, 151
Skellig Michael 18f.
Skibbereen 365
Slemish 55
Slieve Aughty-Berge 17
Sligo, Grafschaft 19, 25, 174, 424
Smiddy, Timothy A. 442
Smith, Thomas 166f.
Smuts, Jan Christiaan 414
Somerset 152
Somerset, Edward, Graf von Glamorgan 222
Somme 399
Sowjetunion 454

Spanien 25, 27, 32, 109, 137, 145, 148, 168, 173–175, 183, 185, 197, 200, 203 f., 214, 219, 251, 270, 274, 284, 287–289, 300, 303, 306, 410, 445, 469, 483
Spencer, Robert, Graf von Sunderland 243
Spindler, Konrad 31 f.
Spinoza, Baruch 265
St. Albans 124
St. Comgall 61
St. Gallen 61, 65
St. John, Elisabeth, Gräfin von Kildare 138
St. Leger, Anthony 149–155, 157 f., 161, 167, 187, 484
St. Leger, William 167
St. Mochta 15
St.-Germain-en-Laye 251, 253
Stack, Austin 414
Stanihurst, Richard 503
Stephen von Lexington 502
Stephens, James 365, 387
Stevenson, John 333, 337
Stoke-on-Trent 132
Stonehenge 26
Strabon 32
Strafford 504
Strongbow = Richard FitzGilbert
Stuart, Familie 283, 494 f., 503
Sturm, Roland 432
Südafrika 366, 414, 418, 443
Südeuropa 62
Südosteuropa 23
Suir 17
Sunningdale 424
Sussex 36, 158
Sven Gabelbart, König von Dänemark 71
Swift, Jonathan 268, 273, 277 f.
Synge, John Millington 387
Syrien 58

Tacitus 38, 40
Tadg, König von Munster 81 f.
Talbot, John, Graf von Shrewsbury 483
Talbot, Peter, Erzbischof von Dublin 239
Talbot, Richard, Graf von Tyrconnell 237, 243–246, 249–253
Tandy, Napper 298, 307
Tankardstown 24
Tara 42 f., 57, 64, 72, 76–78, 347 f.
Thatcher, Margaret 424 f., 477, 492, 510
Themse 36, 70
Thomas, J. I. 446
Thomond 85, 99
Timahoe 15
Tipperary, Grafschaft 17 f., 76, 385, 406
Tipperary, Stadt 165
Tiptoft, John, Graf von Worcester 128 f.
Toland, John 268, 272
Tone, Theobald Wolfe 306–309, 311 f., 314, 317, 362, 486
Tory 14
Totnan, Hl., Mönch 61
Tralee 218
Trevelyan, Charles Edward 351, 354–356, 361
Trim 122, 227
Tuam 84, 89
Tudor, Familie 121, 131, 136, 144, 147, 494, 503
Tullaghobegly 343
Tullaghoge 172
Turlough ua Briain = O'Brien, Turlough
Turner's Rock 18
Tyrconnell 74, 163 f., 172 f., 243
Tyrone, Grafschaft 13, 42, 74, 122, 128, 150, 155, 158 f., 161, 163, 170–173, 176, 180, 192, 195, 413, 418, 484

Ui Briúin, Familie 481
Ui Neill, Familie 42, 59, 66, 74, 77 f., 481 f.
Ui Neill, Maelsechnaill I., König von Leinster 482
Ui Neill, Maelsechnaill II., König von Leinster 77 f., 81, 482
Uiaid, Familie 42, 74
Ulster, Provinz 13–15, 17, 42, 74, 76, 78, 82, 85 f., 122, 128, 134, 136, 153–155, 159–164, 166 f., 170, 172, 175, 176–179, 184, 187–191, 193, 195, 209 f., 214–216, 221, 226, 230, 233, 262, 287, 290, 296, 307, 311–313, 316, 346, 376, 381 f., 385, 391–393, 395, 398, 402 f., 412 f., 417, 421,

423 f., 426 f., 430 f., 483–485, 489, 502, 508–512
Ungarn 32, 389
United Kingdom = Vereinigtes Königreich
Unteruhldingen 26
Urban II., Papst 109
USA 266, 287 f., 292, 300, 303, 306, 312, 314, 322, 351, 356, 358–360, 366 f., 372 f., 395, 399, 401–403, 407–411, 442, 450, 453, 480, 486, 503 f., 507
Ushant 34
Ussher, James 203
Utrecht 274

Valera, Eamon de 405–409, 411, 414 f., 419, 428, 433, 436, 442–455, 457 f., 460–462, 489 f., 493, 507–510
Vaughan, W. E. 267, 276, 282, 322, 325
Venedig 32
Vereinigtes Königreich 321, 331–333, 335 f., 340 f., 346–348, 353, 361 f., 367, 380 f., 389, 392, 395, 397 f., 418, 432, 494 f.
Victoria, Königin von England 487, 495
Villiers, Georges, Herzog von Buckingham 201
Vinegar Hill 317

Wadding, Luke 219
Wakefield 126
Wales 37 f., 52, 56, 80, 83, 89–92, 95, 97, 99, 121, 135, 227, 259, 501 f.
Walpole, Horace 278
Walsh, William, Erzbischof von Dublin 379
Walshe, Joseph P. 445
Warbeck, Perkin 133, 136
Warner, F. G. 121
Warrington 424
Washington 359, 411, 442
Waterford, Grafschaft 17
Waterford, Stadt 17, 69, 92 f., 95, 106, 115, 127, 224, 229, 240, 261, 328, 482, 487
Watson-Wentworth, Charles, Markgraf von Rockingham 296, 301
Wearmouth 62
Wellington, Arthur Wellesley, Herzog von 339 f.
Wendehorst, Alfred 61
Wentworth, Thomas Viscount, Graf von Strafford 204–214, 220, 484 f.
Wessex 70 f.
Westeuropa 23, 25 f., 28, 34, 62, 67, 96, 321, 327, 456, 463, 469
Westmeath, Grafschaft 15, 42
Westminster 443, 447
Westport 12
Wexford, Grafschaft 15
Wexford, Stadt 69, 93, 95, 115, 218, 229 f.
Whitaker, T. K. 461 f., 465
Whitby 61, 481
Whitelaw, William 423 f.
Whitelock, Dorothy 54
Whyte, John 431
Wicklow Mountains 16
Wicklow, Grafschaft 15 f., 69, 371
Wilhelm I., der Eroberer, König von England, Herzog von der Normandie 21, 85 f., 89
Wilhelm III. 503
Wilhelm III. 504
Wilhelm III. von Oranien, König von England 242, 245, 247 f., 250–254, 263, 265 f., 269 f., 312, 394, 485, 495
Wilhelm IV., König von England 495
William de la Pole, Herzog von Suffolk 122
Williams, Betty 492
Wilson, H. 510
Wilson, Harold 419, 469, 491
Wilson, Woodrow 399, 401, 407–409
Wiltshire 123 f.
Windsor 97, 482, 495
Wolga 67
Wolsey, Thomas, Kardinal 141, 146, 149
Wolverhampton 277
Wood, Charles 354 f.
Wood, William 277 f.
Woodham-Smith, Cecil 343, 350
Worcester 128
Würzburg 61
Wyse, Thomas 299, 486

Yeats, William Butler 387 f., 390, 506
Yellow Ford 174
York 121–124

York, Familie 108, 121, 124, 126, 129, 131, 136f., 494
Yorkshire 36
Youghal 174, 218, 230
Zentraleuropa 23, 28, 62, 327
Zeuss, Johann Kaspar 385
Zimmer, Heinrich 53
Zweistromland 23